Jürgen Jandt
Ellen Falk-Kalms

Investitionsmanagement mit SAP®

Aus dem Bereich IT erfolgreich nutzen

Controlling mit SAP®
von Gunther Friedl, Christian Hilz und Burkhard Pedell

Unternehmensführung mit SAP BI®
von Heinz-Dieter Knöll, Christoph Schulz-Sacharow und Michael Zimpel

SAP R/3® – Praxishandbuch Projektmanagement
von Holger Gubbels

SAP®-gestütztes Rechnungswesen
von Andreas Gadatsch und Detlev Frick

Grundkurs SAP ERP
von Detlev Frick, Andreas Gadatsch und Ute G. Schäffer-Külz

Controlling für Industrieunternehmen
von Jürgen Bauer und Egbert Hayessen

Investitionsmanagement mit SAP®
von Jürgen Jandt und Ellen Falk-Kalms

Jürgen Jandt
Ellen Falk-Kalms

Investitionsmanagement mit SAP®

SAP ERP Central Component anwendungsnah. Mit durchgängigem Fallbeispiel und Customizing. Für Studierende und Praktiker

Mit 159 Abbildungen

Bibliografische Information Der Deutschen Nationalbibliothek
Die Deutsche Nationalbibliothek verzeichnet diese Publikation in der
Deutschen Nationalbibliografie; detaillierte bibliografische Daten sind im Internet über
<http://dnb.d-nb.de> abrufbar.

Höchste inhaltliche und technische Qualität unserer Produkte ist unser Ziel. Bei der Produktion und Auslieferung unserer Bücher wollen wir die Umwelt schonen: Dieses Buch ist auf säurefreiem und chlorfrei gebleichtem Papier gedruckt. Die Einschweißfolie besteht aus Polyäthylen und damit aus organischen Grundstoffen, die weder bei der Herstellung noch bei der Verbrennung Schadstoffe freisetzen.

1. Auflage 2008

Lektorat: Günter Schulz / Andrea Broßler

Der Vieweg Verlag ist ein Unternehmen von Springer Science+Business Media.
www.vieweg.de

Konzeption und Layout des Umschlags: Ulrike Weigel, www.CorporateDesignGroup.de
Druck- und buchbinderische Verarbeitung: MercedesDruck, Berlin
Gedruckt auf säurefreiem und chlorfrei gebleichtem Papier
Printed in Germany

ISBN 978-3-8348-0267-5

Vorwort

Investitionsentscheidungen gehören zu den weitreichenden und fundamentalen Entscheidungen. Daher liegt es auf der Hand, sich mit diesen Entscheidungen im Unternehmen und in der Betriebswirtschaftslehre differenziert und umfassend auseinanderzusetzen. Investitionsentscheidungen sind als integraler Bestandteil eines Investitionsmanagements anzusehen, um über dieses Investitionen erfolgreich auszulösen, anzugehen und zu realisieren. Aufgrund der Komplexität des Investitionsmanagements bietet es sich an, die Verwaltung von Investitionen beginnend von einer beschreibbaren Investitionsidee und endend mit einer finanzbuchhalterischen und kostenrechnerischen Aktivierung durch den Einsatz eines Softwareproduktes systematisch zu unterstützen. Als Softwareprodukt wird die ERP-Software der SAP AG, die in vielen Unternehmen ihren Einzug gehalten hat, herangezogen.

Der Leser und Teilnehmer ist eingeladen, die Gedankenkette eines Investitionsmanagements selbst aufzunehmen. Es werden die einzelnen Schritte aufgezeigt und über einen Tastenteil, dem das Fallbeispiel Fajalt GmbH zugrunde liegt, aktiv umgesetzt. Im SAP-System sollen alle Tätigkeiten durchlaufen werden, die notwendig sind, um das Investitionsmanagement in SAP nutzen zu können. Dazu zählen die Arbeiten zum Customizing, zur Stammdatenpflege und die Erfassung konkreter Bewegungsdaten. Zur Förderung des Verständnisses und zur Gewährleistung der Praxisnähe dient ein entwickeltes Fallbeispiel – genannt Fajalt GmbH –, das als roter Faden einen Großteil des Buches durchzieht. Handlungsorientiert und schrittweise sollen die einzelnen Arbeitsfelder abgearbeitet und erprobt werden, um mit den wesentlichen Inhalten und Funktionalitäten des SAP-gestützten Investitionsmanagements vertraut zu werden.

Das Investitionsmanagement ist eine vergleichsweise junge Komponente des SAP-Systems. Erste Ansätze an der Fachhochschule Dortmund zu einer Anwendung in SAP Investitionsmanagement hat mit ihrer Diplomarbeit von 1998 Frau Katja Leiße geliefert, die sich unter Begleitung von Frau Falk-Kalms durch das SAP-System, damals SAP R/3 Release 4.0, geschlagen hat. Besonderer Dank gebührt dem Kollegen Franz Klenger, der unermüdlich und unbeirrt den steinigen Weg an der Fachhochschule Dortmund aufgenommen und beschritten hat, die SAP-Software an der Fachhochschule Dortmund für den Einsatz in der Lehre einzuführen und zu etablieren. Der Kollege Klenger hat auch den Kollegen Jandt insistierend motiviert, sich mit einer SAP-Anwendung im Kanon des Studiums auf dem Gebiet des Rechnungswesens zu beteiligen. Im Team der Autoren dieses Buches ist seit Beginn 2000 daraus eine regelmäßige Lehrveranstaltung zum

Investitionsmanagement mit SAP entstanden. Im Laufe der Zeit hat der Inhalt und Umfang der Anwendungskomponente Investitionsmanagement seitens der SAP AG zugenommen, so dass verschiedentliche Erweiterungen sowie Release- und Systemwechsel folgten. Das Ergebnis der Erfahrungen und Bemühungen, die von Höhen und Tiefen der Entwicklung durchzogen sowie erfreulichen und frustrierenden Phasen der Erkenntnisgewinnung begleitet wurden, ist das vorliegende Buch.

Bereitstellung und Unterhalt des SAP-Systems erfolgte im Rahmen einer Kooperation durch das SAP-Hochschulkompetenzzentrum (HCC) der Technischen Universität München. Für die Bereitstellung der Frontend-Software und des Netzzuganges an der Fachhochschule Dortmund hat Herr Günter Brinkmann Sorge getragen. In der Schlussphase der Formatierung hat uns Frau Christina Wapelhorst kompetent unterstützt.

Nun heißt es: „Hinein in die Dinge". Wir wünschen dem Leser und Teilnehmer erfolgreiche Stunden und Tage, verbunden mit einem soliden Beharrungsvermögen, bei der Aufarbeitung und Erarbeitung eines betriebswirtschaftlich geprägten Investitionsmanagements unter direkter Hinzuziehung der Software SAP ERP Central Component.

Dortmund, im November 2007

Jürgen Jandt Ellen Falk-Kalms

Inhalt

1 Betriebswirtschaftliches Investitionsmanagement

1 Betriebswirtschaftliches Investitionsmanagement

1.1 Die Investition als Objekt eines Investitionsmanagements

1.1.1 Charakterisierung einer Investition

Investitionen nehmen weitreichenden Einfluss auf Potentiale, Geschäftsprozesse und Ergebnisgestaltung eines Unternehmens. Über Investitionen werden die Potentiale eines Unternehmens geschaffen, innerhalb derer ein Unternehmen seine Geschäfte betreibt. Über diese Potentiale werden Ergebnisse aufgebaut und schließlich erwirtschaftet. Daher wird über gegenwärtige und zukünftige Investitionen das Handlungsfeld des Unternehmens ergebnisessentiell eingegrenzt.

Investitionen weisen aufgrund ihrer Potentialschaffung für ein Unternehmen spezifische Merkmale auf. Diese Merkmale, die typischerweise eine Investition ausmachen, sind in der Abbildung 1.01 niedergelegt.

Merkmale einer Investition

- Einsatz finanzieller Mittel
- Hohe Kapitaleinsatzbeträge
- Langfristige Kapital- und Ressourcenbindung
- Ungewissheit in den Ergebnissen
- Komplexität der Datensituation und Prognose
- Längerfristige Erfolgserwartungen
- Relative Einmaligkeit der Entscheidung
- Faktische Unumkehrbarkeit (sog. Irreversibilität)

Abb. 1.01: Merkmale von Investitionen

Nicht alle Merkmale müssen gleichzeitig vorliegen, um das Objekt als Investition einzustufen, jedoch werden in der Praxis die meisten der Merkmale kombiniert auftreten. Für die Einstufung als Investition kommt es überdies nicht darauf an, dass eine Aktivierungsfähigkeit des Objektes vorliegt.

Etymologisch ist „investieren" lateinischen Ursprungs und bedeutet „einkleiden". Folglich beinhaltet investieren betriebswirtschaftlich: Geld einkleiden in Nichtgeld. Es wird das Objekt Geld hingegeben, um dafür ein Objekt zu erlangen, was selbst nicht Geld ist.

Wählt man eine betriebswirtschaftlich umfassendere Aussageform, so lässt sich Investition definieren durch die Gesamtheit aller Vorgänge, die darauf gerichtet ist, durch Geldausgaben die Entstehung eines Leistungspotentials zu bewirken und mit denen zu einem späteren Zeitpunkt höhere Geldeinnahmen oder niedrigere Geldausgaben erreicht werden sollen (Definition in Anlehnung an Erwin Staehelin, Investitionsrechnung, 8. Aufl., Chur/Zürich 1993, S. 12). Wesentlich für die Begriffsfassung der Investition ist die Herbeiführung eines in künftigen Perioden wirksam werden könnendes Nutzungspotentials.

Die Deutung des Investitionsbegriffs ist bipolar angelegt. Investitionen besitzen stets gleichzeitig eine Vermögenseigenschaft und eine Zahlungseigenschaft. Die Bipolarität verhält sich wie die zwei Seiten einer Medaille. Abbildung 1.02 vermittelt diese beiden Deutungen.

Bipolare Deutung des Investitionsbegriffs	
Vermögensbezogenheit (Bonitär)	Zahlungsbezogenheit (Monetär)
Erlangung einer Vermögensposition aus Erwerb oder Selbstschaffung	Anfangs Auszahlungen leisten, um später Einzahlungen zu erhalten
Eine Investition ist ein Vermögenswert zur Generierung von Nutzungsentnahmen.	Eine Investition ist eine Folge von Zahlungen, die mit einer Auszahlung beginnt.

Abb. 1.02: Bipolarität der Investition

1.1.2 Systematisierung von Investitionen

Die industrielle Praxis klassifiziert die Investitionen, um daran Auswertungen anknüpfen zu können. Diese Auswertungen über das Investitionsvolumen sollen internen Interessen (Geschäftsführung, Aufsichtsgremium) genügen, aber auch externen Erfordernissen Rechnung tragen (z. B. Gesellschafter, Statistisches Bundesamt). Als Beispielauswertung für externe Belange seien Investitionen in den Umweltschutz genannt. Die Klassifizierung bezieht sich vordringlich auf das Objekt der Investition.

Die Systematisierung nach Investitionsarten des Objektes führt zu einer Einteilung zwischen Sach- und Finanzinvestitionen. Sachinvestitionen (auch Realinvestitionen genannt) richten sich auf die Möglichkeiten von Nutzungen aus dem Objekt, die sich nicht auf Geldansprüche beschränken. Es werden Leistungen aus dem Potential entnommen, die Unternehmensaktivitäten verkörpern. Demgegenüber geht es bei Finanzinvestitionen (auch Nominalinvestitionen genannt) um unmittelbare geldwerte Ansprüche, die Finanztitel als Objekt zur Grundlage haben. Finanzinvestitionen berühren ausschließlich die Finanzsphäre, während Sachinvestitionen zunächst auf die Leistungssphäre einwirken und daraufhin die Finanzsphäre betreffen.
Eine tiefer gehende Aufgliederung nach Investitionsarten liefert die Abbildung 1.03.

- Grundstücke und Gebäude
- Technische Anlagen und Maschinen
- Fahrzeuge
- Betriebs- und Geschäftsausstattung
- Vorratsvermögen

- Forschungs- und Entwicklungsinvestitionen
- Aus- und Fortbildungsinvestitionen
- Sozialinvestitionen
- Investitionen in Patente, Konzessionen, Lizenzen u.ä.
- Werbeinvestitionen

Materielle Sachinvestitionen

Immaterielle Sachinvestitionen

Sachinvestitionen

Investitionsarten

Finanzinvestitionen

Investitionen in Beteiligungstitel

Investitionen in Forderungstitel

- Aktien
- Investmentanteile
- Gesellschaftereinlagen

- Festverzinsliche Anleihen und langfristige Darlehen
- Schuldverschreibungen und Obligationen
- Termingeldanlagen
- Devisentermingeschäfte
- Finanzinnovationen

Abb. 1.03: Arten von Investitionen

Eine weitere für Unternehmensauswertungen bedeutsame Unterscheidung von Objekten der Investition ist diejenige nach dem Investitionsanlass bzw. -zweck. Zugrunde liegt die Einordnung eines Objektes der Investition nach dem Gegenstandsbereich der bereits vorhandenen Investitionen. Die Aufgliederung erfolgt nach Errichtungs-, Erhaltungs- und Ergänzungsinvestitionen. Errichtungsinvestitionen liegen vor, wenn Investitionen im Zusammenhang mit dem erstmaligen Aufbau von Kapazitäten oder Potentialen stehen. Erhaltungsinvestitionen dienen der gleichartigen Fortführung des Unternehmens, während Ergänzungsinvestitionen vorhandene Investitionen komplettieren und eine Änderung in der Unternehmensfortführung begründen. Die Differenzierung nach der Zwecksetzung des Objektes der Investition ist jedoch nicht notwendig trennscharf, insbesondere die weitere Untergliederung nicht, da meist mehrere Zwecke gleichzeitig verfolgt werden. Dennoch wird eine Einordnung nach dem Hauptzweck der Investition vorgenommen, um in der Unternehmenspraxis überhaupt eine Klassifizierung nach dem Anlass der Investition zu ermöglichen. Abbildung 1.04 zeigt die Klassifikation nach dem Investitionsanlass.

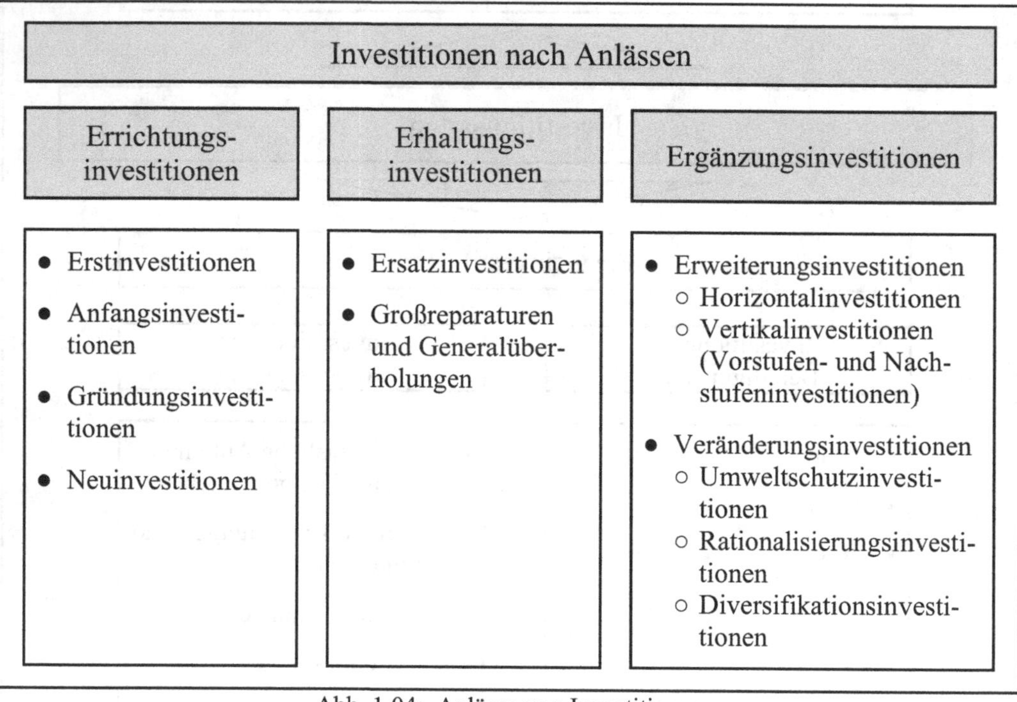

Abb. 1.04: Anlässe von Investitionen

Darüber hinaus lassen sich die Objekte von Investitionen nach dem Investitionsvolumen und nach dem Investitionsbereich aufgliedern. Das finanzielle Volumen von Investitionen dient in der Praxis häufig zur Festlegung der Unternehmensinstanz, die über die Investitionen endgültig entscheidet oder an die in einer bestimmten Aufgliederungsform eine Berichterstattung zu erfolgen hat.

1.1.3 Investitionsanalyse

Investitionen im Unternehmen zeitigen zum einen kapazitätswirksame und zum anderen fundamentale ergebniswirksame Konsequenzen. Daher sollte das jeweilige Investitionsobjekt nach verschiedenen Richtungen analysiert werden.

Diese Analyserichtungen sind:

(1) Technizitätswirtschaftlichkeit,
(2) Erfolgswirtschaftlichkeit,
(3) Liquiditätswirtschaftlichkeit und
(4) Risikowirtschaftlichkeit.

Die jeweiligen Aspekte innerhalb der Analyserichtungen gibt strukturiert die Abbildung 1.05 an.

Investitionsanalyse

Technizitätswirtschaftliche Analyse
- Sachdienlichkeit
- Einsatz-/Verwendungsfähigkeiten
- Leistungsvermögen
- Leistungsspektrum
- Integrationsfähigkeit
- Flexibilität
- Akzeptanz
- Zuverlässigkeit
- Technologiebeherrschung
- Kopplungen mit anderen Potentialen
- Auflagen, Einschränkungen, Genehmigungen
- Sonstige Umfeldwirkungen

Erfolgswirtschaftliche Analyse
- Grundsätzlicher Investitionserfolg
- Kapitaleinsatz, Investitionsausgaben
- Investitionslaufzeit
- Erfolgsrealisationszeitpunkte
- Laufende Erlöse bzw. laufende Einzahlungen
- Laufende Kosten bzw. laufende Auszahlungen
- Investitionslaufzeit
- Restverkaufs-/Liquidationserlös

Investitionswirtschaftliche Analyse

Liquiditätswirtschaftliche Analyse
- Zahlungsanfallzeitpunkte
- Zahlungshöhen
- Zahlungsausgleichsmaßnahmen
- Eigen- und Fremdmittelaufbringung
- Zins- und Tilgungsleistungen
- Sonstige Rückzahlungen von Kapitalpositionen
- Besicherung
- Abhängigkeit von Kapitalgebern

Risikowirtschaftliche Analyse
- Investitionsergebnisrisiken
- Prognoserisiken
- Risiken in der Bemessung der Investitionsinputgrößen
- Zins- und Tilgungsrisiken
- Innerbetriebliche Veränderungsrisiken im Umfeld der Investition
- Außerbetriebliche Veränderungsrisiken im Umfeld der Investition
- Finanzstabilitätsrisiken
- Sonstige Durchführungsrisiken

Abb. 1.05: Analyse von Investitionen

1.1.4 Entscheidungsprozess von Investitionen

Investitionsentscheidungen sollten im hohem Maße dem Rationalitätsgedanken Rechnung tragen. Dieses Rationalitätspostulat fordert eine Planung, die zu Sollwerten führt, eine Realisation, die Istwerte hervorbringt, und eine Kontrolle, die einen Soll-Ist-Vergleich verlangt. Damit schließt sich der Regelkreis und setzt wieder neu an.

Auf der Grundlage der Rationalität wirtschaftlichen Handelns lässt sich ein Phasenschema des Investitionsentscheidungsprozesses ableiten, vgl. dazu Abbildung 1.06.

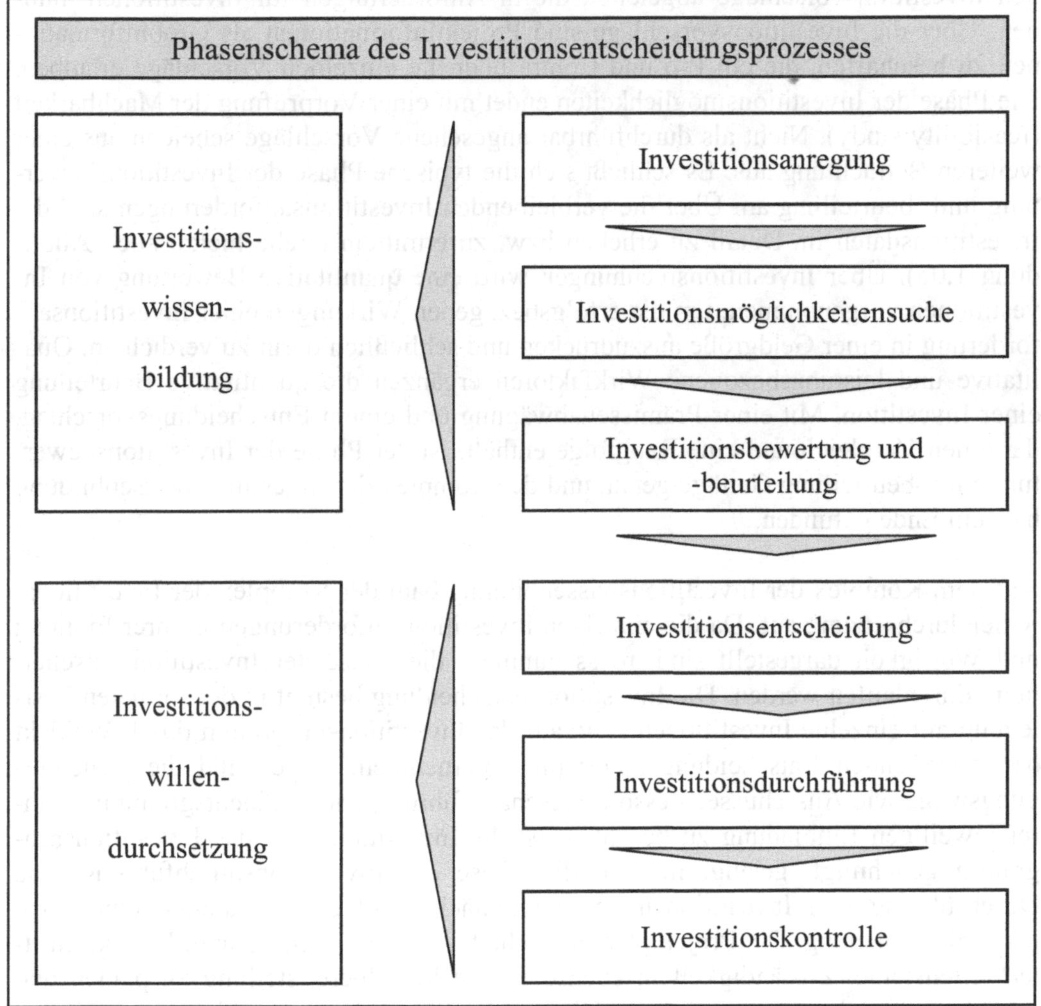

Abb. 1.06: Ablauf von Investitionsentscheidungen

Der Entscheidungsprozess über Investitionen beginnt mit dem Komplex der Wissenbildung über die Investition. Auslöser einer Investition sind Anregungen, die intern oder extern empfangen werden. Investitionsanregungen können sich aus betrieblichen Arbeitsabläufen, aus der Konkurrenzsituation des Unternehmens, aus der Produktstellung am Markt, aus Innovationen und Trends in der menschlichen Gesellschaft, aus Kundennutzen oder Kundenwünschen, aus Erkenntnissen der eigenen Forschung und Entwicklung oder schlicht aus der Gewinn- und Finanzsituation des Unternehmens ergeben. Nachzugehende Investitionsanregungen bedingen eine Investitionsmöglichkeitensuche. Es sind Umfeldinformationen durch Befragung, Beobachtung, Anfragen oder Situationsanalysen zu gewinnen. Aus den relevanten Umfeldinformationen werden Investitionsvorschläge abgeleitet, die in Anforderungen für Investitionen münden. Über die Investitionsvorschläge sind Projektinformationen als Grobinformationen zu beschaffen, die ein Pro und Contra über die einzelnen Vorschläge erlauben. Die Phase der Investitionsmöglichkeiten endet mit einer Vorprüfung der Machbarkeit (feasibility study). Nicht als durchführbar angesehene Vorschläge scheiden aus einer weiteren Betrachtung aus. Es schließt sich die typische Phase der Investitionsbewertung und -beurteilung an. Über die verbleibenden Investitionsanforderungen sind die Investitionsdaten im Detail zu erheben bzw. zu ermitteln (siehe hierzu auch Abbildung 1.05). Über Investitionsrechnungen wird eine quantitative Bewertung von Investitionen vorgenommen, um die erfolgsbezogenen Wirkungen einer Investitionsanforderung in einer Geldgröße auszudrücken und schließlich darin zu verdichten. Qualitative und leistungsbezogene Wirkfaktoren ergänzen die quantitative Beurteilung einer Investition. Mit einer Prämissenabwägung und einem Entscheidungsvorschlag, der einen Vergleich und eine Rangfolge enthält, ist der Phase der Investitionsbewertung und -beurteilung Genüge getan, und der Komplex der Investitionswissenbildung hat sein Ende gefunden.

Auf dem Komplex der Investitionswissenbildung baut der Komplex der Investitionswillendurchsetzung auf. Da die einzelnen Investitionsanforderungen in ihrer Eignung und Wertigkeit dargestellt sind, muss nunmehr die Phase der Investitionsentscheidung durchlaufen werden. Die Investitionsentscheidung besteht in der formalen Festlegung auf einzelne Investitionen bzw. auf das Investitionsprogramm durch Wahlakt der zutreffenden Entscheidungsträger im Unternehmen. Dabei sind die Genehmigungswege wie Ausschüsse, Ressort, Geschäftsführung und Aufsichtsgremium in ihrer jeweiligen Einbindung zu beachten. Ist die Investition oder das Investitionsprogramm genehmigt, gelangt man in die Phase der Investitionsdurchführung. Die Durchführung von Investitionen beginnt zunächst mit einer Planung, einer Projekt(ablauf)planung. Die Projektplanung richtet sich auf Terminierung, Projektschritte/Meilensteine, Zuständigkeiten; ebenso ist die Mittelbereitstellung zu planen und die Mittelfreigabe zu veranlassen. Die engere Phase der Investitionsdurchführung folgt mit der Einholung von Angeboten, der Erteilung von Bestellungen und der Vergabe von konkreten Arbeitsaufträgen. Die Lieferung oder Herstellung, Montage und

Installation oder die direkte Entgegennahme des Investitionsobjektes führt zur Eingliederung der Investition in den Unternehmensbestand. Probeläufe, Schulungen, Einweisungen komplettieren die Phase der Investitionsdurchführung. Mit der Abnahme oder der Erreichung der Inbetriebnahme ist die Investitionsdurchführung vollendet. Die Phase der Investitionskontrolle bezieht sich zuallererst auf die Verfolgung der Investitionsnutzung, wobei einzelne Aufschreibungen erfolgen. Die Investitionskontrolle besteht im engeren Sinne aus einer Investitionsnachrechnung in Form eines Soll-Ist-Vergleichs und einer darauf aufbauenden Analyse der Abweichungsgründe zwischen Erwartung und Ist. Entsprechend sind Korrektur- und Verbesserungsmaßnahmen einzuleiten, die sich zum einen auf die jeweilige konkrete Investition oder zum zweiten auf zukünftige Investitionen beziehen. Eine abschließende Beurteilung der erfolgten Investition im Gesamtgefüge beschließt die Phase der Investitionskontrolle. Zwar ist die Investitionskontrolle als letzte Phase des Entscheidungsablaufs über Investitionen angeordnet, doch wirkt sie in den anderen vorherigen Phasen begleitend im Sinne einer Rückkopplung. Insofern ist die Investitionskontrolle als Kontrolle in den einzelnen Phasen jeweils enthalten so wie auch die Planung des Tuns stets am Anfang einer Phase steht. Im Sinne der Gesamtphasen stellt die Investitionskontrolle gleichwohl den Abschluss eines Zyklus des Investitionsprozesses dar.

1.2 Strukturen eines Investitionsmanagements

1.2.1 Investitionsmanagement als Inhaltskategorie

Unternehmen sind komplexe organisatorische soziotechnische Einheiten, die arbeitsteilig agieren und vielfältige Beziehungen zu ihrem Umfeld aufweisen. Diese Komplexität und Interdependenz führt zum Gedanken des Management dieser Gebilde.

Unter Management hat man allgemein die Gesamtheit von Institutionen, Regeln, Prozessen und Instrumenten zu verstehen, die im Unternehmen führend und steuernd in die Gestaltung des Unternehmens eingreift. Management betrifft die Einflussnahme auf gemeinsame Ausführungsaktivitäten im Unternehmen. Folglich steht dem Managementsystem als führender Baustein das Ausführungssystem als vollziehender Baustein gegenüber und komplettiert dieses.

Management besitzt im umfassenden Sinne folgende Betrachtungsdimensionen:

- die funktionale Dimension (Management bezieht sich auf unterschiedliche, dispositiv unterlegte Sachaufgaben, z. B. Produktionsbereich, Investitionsbereich, Personalbereich, Gesamtunternehmen),
- die personale Dimension (Management besitzt personale Aufgabenträger, die führend tätig werden, z. B. Anreize, Motivation, Persönlichkeit, Beteiligung, Sozialkompetenz),
- die prozessuale Dimension (Management betrachtet Aufgaben ablaufbezogen in ihrer Erfüllung, z. B. Planung, Realisation, Nutzung und Kontrolle),
- die institutionale Dimension (Managementaufgaben sind Instanzen und Stellen zugewiesen und hierarchisch strukturiert, z. B. Sachgebietsleiter, Bereichsleiter, Vorstandsmitglieder),
- die instrumentale Dimension (Managementaufgaben haben eine Anzahl von verschiedenen Methoden zur Verfügung, z. B. Direkte Weisung, Koordination durch Pläne, Einzelabstimmung, Förderung, Coaching, Führungsrichtlinien, Personalbeurteilungsregeln, Entscheidungsrechnungsverfahren).

Das Investitionsmanagement ist Teil des Management und betrifft eine spezielle Führungsaufgabe. Im Vordergrund steht die managementbezogene Sachaufgabe des Investitionsbereichs im Unternehmen, die gleichwohl die anderen weiteren Dimensionen eines Management auslöst. Entsprechend kann das Investitionsmanagement als die Gesamtheit von Institutionen, Regelungen, Prozessen und Methoden verstanden werden, um die Gestaltung des Investitionsbereichs in einem bestimmten Unternehmen wirkungseffizient zu erreichen.

Nach dem Durchdringungsgrad des Investitionsmanagements lässt sich eine Differenzierung zwischen dem strategischen und dem operativen Investitionsmanagement gewinnen. Die Abbildung 1.07 verdeutlicht die inhaltlichen und ebenenzugehörigen Zusammenhänge.

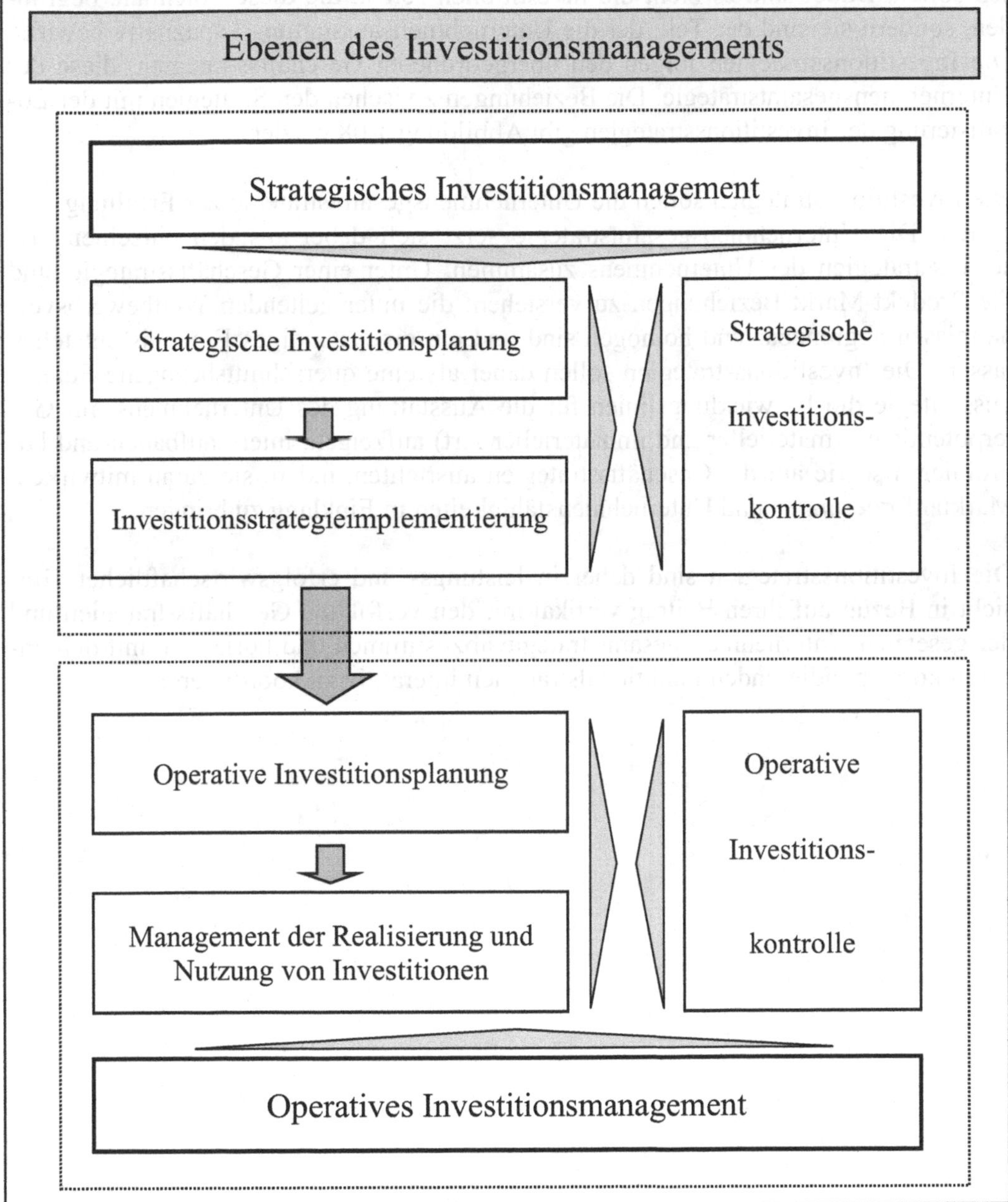

Abb. 1.07: Managementebenen von Investitionen

1.2.2 Strategisches Investitionsmanagement

Das strategische Investitionsmanagement richtet sich auf die Ermöglichung der Schaffung von Erfolgspotenzialen, die es mit Hilfe auch dieser Investitionen einzurichten gilt, und eine langfristige Existenzsicherung des Unternehmens erreichen lassen sollen. Dabei sind es nicht die Investitionen selbst, die diese Potentiale begründen, sondern sie sind der Teil, der die Unternehmensausstattung kapazitativ bewirkt. Die Investitionsstrategien folgen den übergeordneten Geschäftsstrategien, diese der Unternehmensgesamtstrategie. Die Beziehungen zwischen den Strategien mit der Lokalisierung der Investitionsstrategien gibt Abbildung 1.08 wieder.

Die Investitionsstrategien sollen die Unternehmensgesamtstrategie zur Erfüllung verhelfen. Die Unternehmensgesamtstrategie setzt sich dabei aus den einzelnen Geschäftsstrategien des Unternehmens zusammen. Unter einer Geschäftsstrategie sind die Produkt-Markt-Beziehungen zu verstehen, die unter geltenden Wettbewerbsverhältnissen abgrenzbar und homogen sind und ein eigenständiges Ergebnis entstehen lassen. Die Investitionsstrategien sollen dabei als eine querschnittsbezogene Funktionsstrategie die Entwicklungslinien für die Ausstattung des Unternehmens mit Güterpotentialen (materieller und immaterieller Art) aufzeigen, intern aufbauen und koordinieren sowie auf die Geschäftsstrategien ausrichten, indem sie daran mitwirken, Marktanforderungen und Unternehmensfähigkeiten in Einklang zu bringen.

Die Investitionsstrategien sind daher in leistungs- und erfolgswirtschaftlicher Hinsicht in Bezug auf ihren Beitrag vertikal mit den verfolgten Geschäftsstrategien und der gesetzten Unternehmensgesamtstrategie abzustimmen und horizontal mit den anderen korrespondierenden Funktionalstrategien interaktiv zu koordinieren.

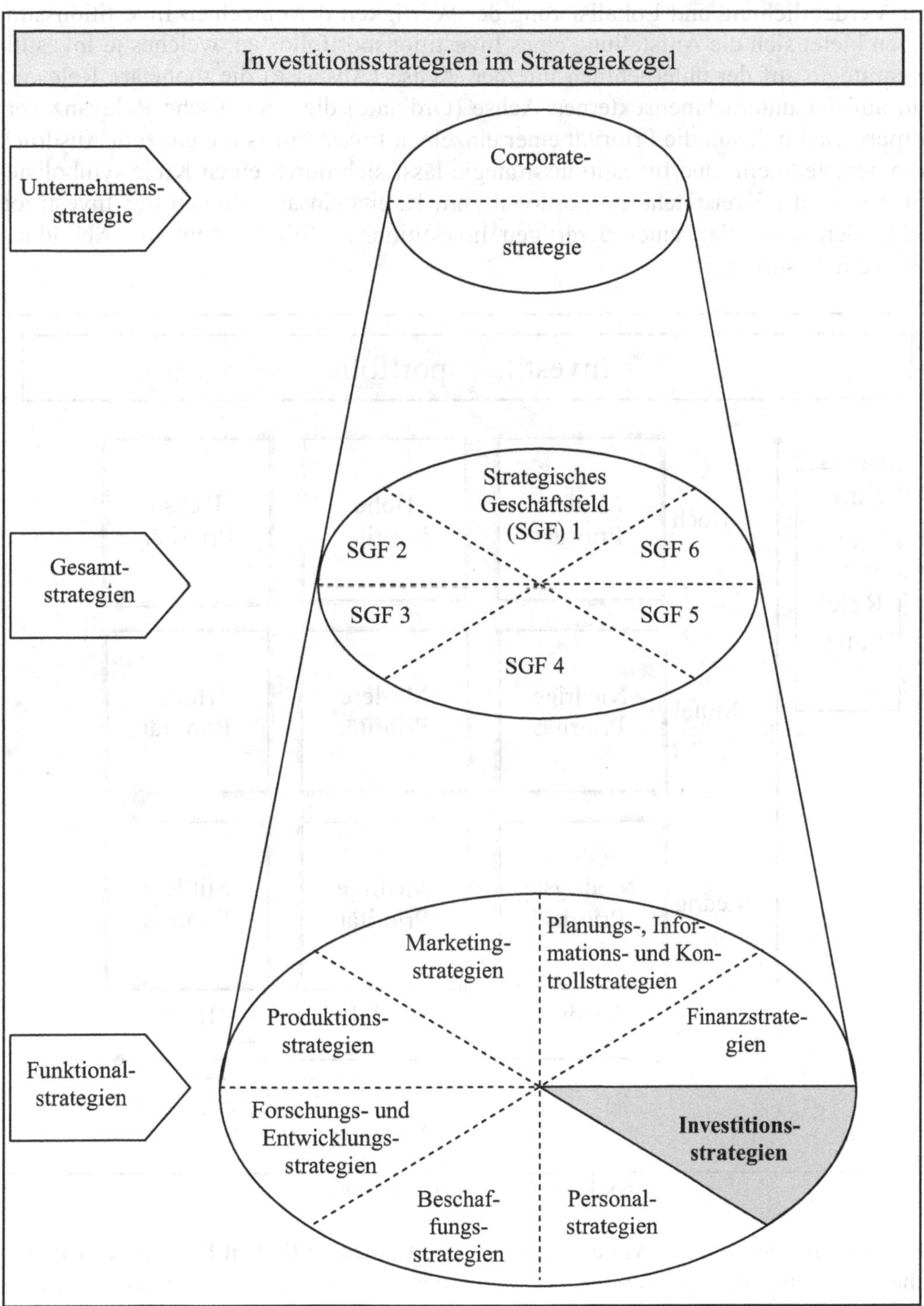

Abb. 1.08: Investitionsstrategien im Strategiekegel

Zur Verdeutlichung und Lokalisierung der Wertigkeit der einzelnen Investitionsstrategien bietet sich die Aufstellung eines Investitionsportfolios an, welches je Investitionsstrategie auf der unternehmensinternen Achse (Abszisse) die monetäre Relevanz und auf der unternehmensexternen Achse (Ordinate) die strategische Relevanz verkörpert. Dadurch soll die Priorität einer einzelnen Investitionsstrategie zum Ausdruck kommen. Jede einzelne Investitionsstrategie lässt sich durch einen Kreis symbolisieren, wobei die Kreisfläche proportional zum Kapitaleinsatzvolumen der Investition steht. Den Vorschlag eines derartigen Investitionsportfolios bringt die Abbildung 1.09 zum Ausdruck.

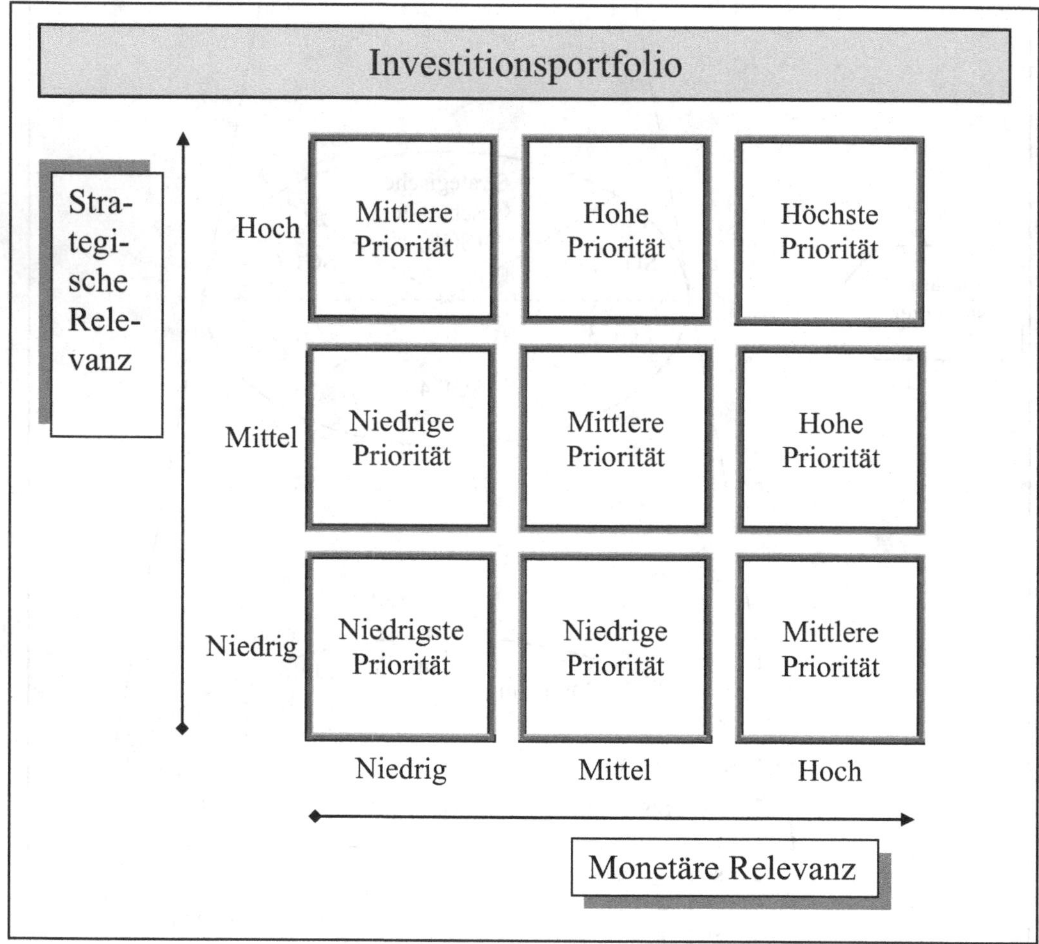

Abb. 1.09: Portfolio von Investitionen

Das strategische Investitionsmanagement besitzt einen zeitlichen Bezugsrahmen zwischen fünf und fünfzehn Jahren. Die Erschließung, Nutzung und Sicherung von Erfolgspotenzialen, an die das strategische Investitionsmanagement seinen Anteil leistet, ist Voraussetzung für die zeitlich spätere Erfolgsrealisierung.

Das strategische Investitionsmanagement hat die folgenden Wirkungsrichtungen zu berücksichtigen:

- Kernkompetenzen des Unternehmens,
- Vorhandenes Know How des Management,
- Fokussierte Produkt-Markt-Beziehungen,
- Kundennutzen und Produktattraktivität,
- Verfolgte Wettbewerbsstrategien,
- Technologische Dynamik und Komplexität,
- Tiefe, Breite und Variation der Marktbearbeitung,
- Zeitpunkte, Zyklen und Genehmigungsverfahren der Investitionsaktivitäten im Unternehmen.

1.2.3 Operatives Investitionsmanagement

Das operative Investitionsmanagement richtet sich auf die unmittelbare Einwirkung und Beeinflussung der unternehmensbezogenen Wertschöpfungsprozesse über Ausstattungspotentiale des Unternehmens in Art, Qualität, Quantität und Zeit. Der zeitliche Bezugsrahmen liegt bei einem Jahr bis zu fünf Jahren. Er umfasst zum einen die Jahresplanung und zum anderen die Mittelfristplanung. Die in der strategischen Handlungsebene des Investitionsmanagements erfolgten Festlegungen werden in der operativen Handlungsebene des Investitionsmanagements konkretisiert und durch eine weitgehende Detaillierung auf ihre zweckadäquate Umsetzung vorbereitet.

Sachlogisch beschäftigt sich das operative Investitionsmanagement zum Ersten mit dem einzelnen Investitionsobjekt mit dessen Investitionslaufzeit über die jeweiligen Geschäftsjahre und zum Zweiten mit dem Investitionsprogramm als der Gesamtheit der gebündelten Investitionsobjekte, die in einem betrachteten Geschäftsjahr begonnen bzw. fortgesetzt werden.

Die Handlungsfelder des operativen Investitionsmanagements listet die Abbildung 1.10 auf.

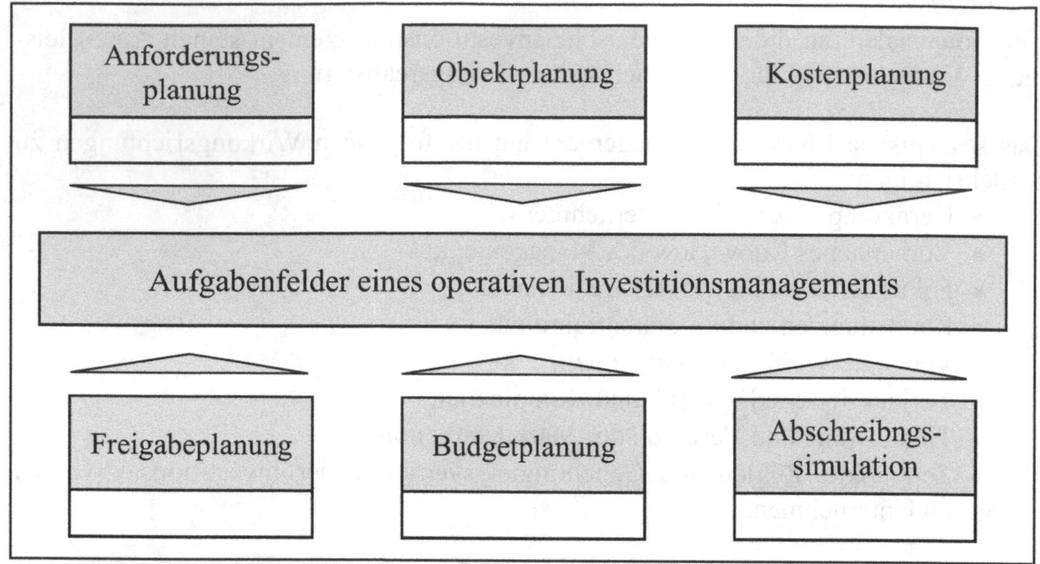

Abb. 1.10: Operatives Management von Investitionen

Die **Anforderungsplanung** besteht in der Gewinnung von Investitionsvorschlägen, die konkrete Investitionsvorhaben werden können. Gründe für einzelne Investitionsanforderungen können sowohl aus der unternehmensexternen Motivation (z. B. Wettbewerbssituation, Marktentwicklung, Kundenwünsche) oder der unternehmensinternen Motivation (betriebliche Störungen oder kapazitive Disharmonien, Erfolgsschwäche, Vorhandensein ausreichender Finanzmittel, umsetzbare Forschungs- und Entwicklungsergebnisse) erwachsen. Die Entwicklung von Investitionsideen kommt vornehmlich aus den einzelnen Fachabteilungen bzw. den Teilbereichen des Unternehmens, in denen die jeweilige Investition verwirklicht werden soll. Daneben muss die Unternehmenszentrale für die Investitionsanforderungen tätig werden, die die Infrastruktur des Unternehmens oder neue Unternehmensbereiche betreffen. Die Investitionsanforderungen sind in Investitionsanträgen zu dokumentieren und zu beschreiben. Diese Beschreibung richtet sich auf eine Kurzkennzeichnung der Investition, die Investitionsgründe, die Einordnung nach Investitionsanlass, die generellen Erfolgsaussichten der Investition und ihre zeitliche Elastizität. Von einer zentralen Unternehmensinstanz sind die Investitionsanträge auf Plausibilität, Vollständigkeit, Realitätsnähe und Informationsgehalt in einem frühen Stadium zu überprüfen.

Eng verzahnt mit der Anforderungsplanung ist die **Objektplanung**. Mit der Objektplanung geht die isolierte Investitionsanalyse einher, die sachbezogen, erfolgsbezogen, risikobezogen und liquiditätsbezogen zu erfolgen hat. Die Erfolgskomponenten positiver und negativer Art sind transparent zu machen und zu begründen. Nach der jeweiligen Investitionsrichtlinie des Unternehmens sind bestimmte monetäre Rechnungen für das Investitionsobjekt vorzunehmen, z. B. nach der häufig herangezogenen Kapitalwertmethode sowie der internen Zinssatzmethode. Dabei werden vorbestimmte Bewertungsregeln für die Erfolgsgrößen, z. B. Verrechnungspreise für Strom, benutzt, um die Einheitlichkeit der Rechnungen sicherzustellen. Die Investitionsrechnungen werden von den beantragenden Stellen im Unternehmen erstellt. Diese Rechnungen sind in der Argumentation um qualitative Einflussgrößen der Investition zu ergänzen. Daneben sollte eine Aussage über die strategische Wirkung dieser Investition gefordert werden.

Die **Kostenplanung** betrifft die Koordination der Investitionsobjekte zu einem Investitionsprogramm. Die einzelnen Investitionsobjekte sind zueinander auf Interdependenzen zu analysieren sowie in der Abhängigkeit zu bereits bestehenden oder zukünftig nachfolgenden Investitionen zu betrachten. Das zu entwickelnde Investitionsprogramm manifestiert den Kapitaleinsatz für die Erreichung der in das Investitionsprogramm aufgenommenen Investitionen des betrachteten Geschäftsjahres. Mit dem Kapitaleinsatz sind investitionstheoretisch die sog. Investitionsausgaben gemeint, die dazu dienen, dass die Investition dem Unternehmen zum Einsatz zur Verfügung steht. Die Kostenplanung des Investitionsprogramms erfolgt in der Regel bottom up, entsteht also durch eine Aggregation der Kostenplanung aus den einzelnen Investitionsobjekten.
Eine häufige Gruppierung innerhalb des Investitionsprogramms ist die nach Sach- und Finanzinvestitionen. Darüber hinaus wird im Investitionsprogramm in der Unternehmenspraxis eine Position Kleininvestitionen eingestellt, die mit einer Pauschale versehen wird, um einzelne Kleinbetragsanträge und Berechnungen entbehrlich zu machen sowie für die Zukunft eine Auftrittsoffenheit zu erreichen. Das Investitionsprogramm mit der Kostenplanung als Mittelbindung dient zur Beschlussfassung der Unternehmensinvestitionen und ist nach interner Abstimmung den entsprechenden Entscheidungsgremien zur Beschlussfassung und Genehmigung vorzulegen. Dabei kann es sein, dass für bestimmte Investitionen nur eine Kenntnisnahme erfolgt, da die Entscheidungskompetenz für diese Investitionen auf unteren Unternehmensebenen liegt. Praktisch macht man dies vom Investitionsvolumen, der Unternehmensreichweite und der strategischen Bedeutung der Investitionen abhängig. Das genehmigte Investitionsprogramm des Geschäftsjahres mit der zugehörigen Kostenplanung ist die Basis der Investitionsverwirklichung im Unternehmen.

Vor der konkreten Umsetzung einer Investition aus dem Investitionsprogramm wird ein **Freigabeverfahren** vorgeschaltet. Dieses separate Freigabeverfahren soll gewährleisten, dass für die Investition geprüft wird, ob die bei der Bewilligung gesetzten Rahmenprämissen weiterhin gültig sind, die Erfolgsbeurteilung weiterhin plausibel erscheint und die Unterstützung der strategischen Unternehmensausrichtung erreicht wird. Die Planung der Investitionsfreigabe erfolgt meist über einen Vorstandsumlauf, bei dem involvierte zentrale Unternehmensbereiche wie Betriebswirtschaft/Controlling, Rechnungswesen, Finanzen und Technik durch Handzeichen dokumentieren, dass gegen die anstehende Verwirklichung der Investition aus der Sicht des jeweiligen Bereichs keine grundsätzlichen Einschränkungen im Vergleich zur damaligen Beschlussfassung existieren. Die zusätzliche Einschaltung einer Investitionsfreigabe erklärt sich aus dem zeitlichen Abstand zwischen der Genehmigung des Investitionsprogramms und der konkreten Umsetzung eines einzelnen Investitionsobjektes. Die Investition soll mit einer vorhandenen aktuellen Kenntnislage konfrontiert werden.

Durch die **Budgetplanung** werden den organisatorischen Unternehmenseinheiten finanzielle Mittel zur Erfüllung der Investitionsausgaben der ihnen zugeordneten Investitionen zugewiesen. Über Budgets soll eine effiziente Ressourcenallokation zur Investitionsverwirklichung erreicht werden. Mit Hilfe der Investitionsbudgets sollen Befugnisse an Unternehmenseinheiten zum einen delegiert und zum anderen im Sinne des Gesamtunternehmens koordiniert werden. Budgets sind formalzielorientiert, geldmäßig ausgedrückt und weisen für die jeweilige Periode einen Verbindlichkeitscharakter auf. Für die Einhaltung des Investitionsbudgets ist die jeweilige organisatorische Unternehmenseinheit verantwortlich. Die budgetverantwortliche Unternehmenseinheit weist den einzelnen Investitionen Budgetmittel zu. Folglich vollzieht sich die Budgetplanung des operativen Investitionsmanagements nach dem top down-Ansatz. Über die Budgetierung der Unternehmenseinheiten im Rahmen des Investitionsprogramms des Unternehmens soll viererlei erreicht werden:

- Planungswirkung durch Vorgabe eines Budgets für die zugeteilten Investitionsvorhaben;
- Koordinationswirkung durch die isolierbare Aufgabenzuteilung für die zugeteilten Investitionsvorhaben;
- Motivationswirkung durch geschaffene Handlungsbefugnisse für die zugeteilten Investitionsvorhaben;
- Kontrollwirkung durch Vergleich mit der Budgeteinhaltung für die zugeteilten Investitionsvorhaben;
- Anreizwirkung durch Kopplung von Vergütungssystemen mit der Budgethöhe für die zugeteilten Investitionsvorhaben.

Neben der Weitergabe des Budgets einer organisatorischen Unternehmenseinheit an deren Investitionsobjekte wird die Budgetüberwachung um eine Verfügbarkeitskontrolle mit einer Obligoverwaltung ergänzt, um zu erkennen, welche Mittelfestlegung durch Bestellungen bereits erfolgt ist und welcher Verfügungsrahmen entsprechend verbleibt.

Die **Abschreibungssimulation** soll im Rahmen des operativen Investitionsmanagement die Ergebnisbelastung aufzeigen, die aus (planmäßigen) Abschreibungen in den Geschäftsjahren aus der Einsatzfähigkeit der Investitionsobjekte, die zeitlich begrenzt nutzbar sind, erwachsen. Diese Ergebnisbelastung zeigt sich im bilanziellen Jahresabschluss für die Handels- und für die Steuerbilanz als Abschreibungsaufwand und für die Kostenrechnung als Abschreibungskosten. Dieser Abschreibungsvorschau werden die Investitionsausgaben unterlegt, die aus der Kostenplanung des Investitionsprogramms kommen, oder alternativ die Investitionsbudgetwerte aus der individuellen Weiterverteilung von den organisatorischen Unternehmenseinheiten auf ihre Investitionsobjekte für die Errichtung der Investitionen. Damit die Abschreibungssimulation die spätere Belastungssituation hinreichend genau abbildet, müssen die Investitionsobjekte für diesen Zweck so konfiguriert werden, wie sie eigenständige Abschreibungsobjekte des bilanziellen oder kalkulatorischen Anlagevermögens darstellen. Entsprechend sind auch Abschreibungsverfahren, Nutzungsdauer und Abschreibungsbeginn sowie sonstige Abschreibungsmodalitäten (z. B. monatsgenaue Abschreibung) festzulegen.

1.3 Investitionsrechnungsverfahren zur qualifizierten Beurteilung von Investitionen

1.3.1 Differenzierung der Verfahrensgruppen

Mit Hilfe von Verfahren der Investitionsrechnung soll eine Aussage über die Vorteilhaftigkeit einer Investition generiert werden. Dabei liegen den Verfahren unterschiedliche Vorstellungsinhalte zugrunde. Eine Gruppierung der Verfahrenswege zeigt die Abbildung 1.11.

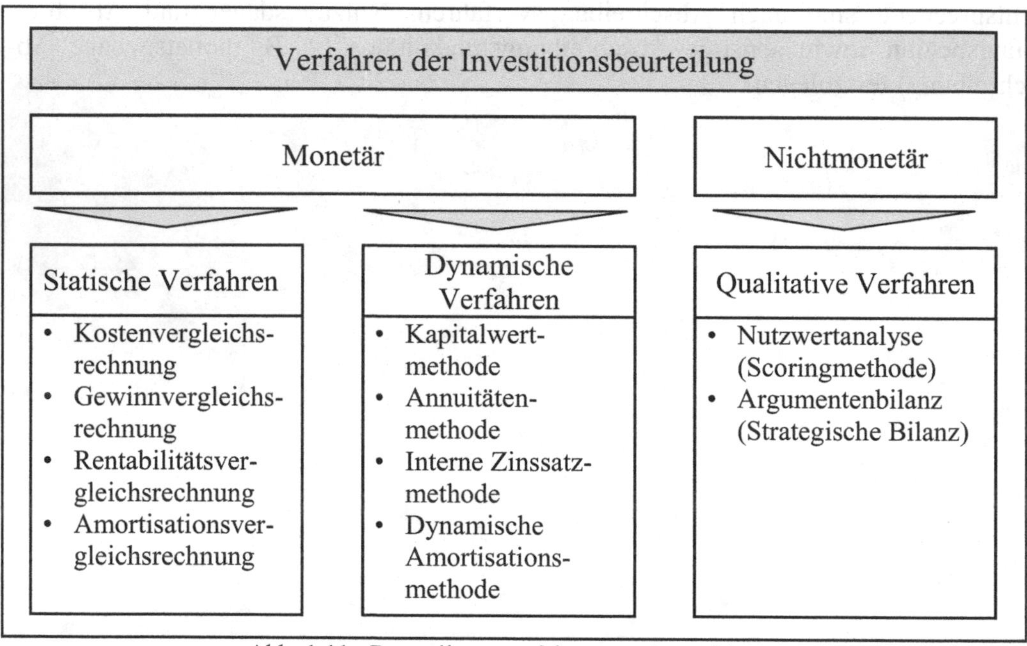

Abb. 1.11: Beurteilungsverfahren von Investitionen

Im Allgemeinen errechnen die Methoden einen Vorteilswert, der in Geld ausgedrückt ist; dies sind die monetären Verfahren. Während die statischen Methoden eine Einperiodenrechnung darstellen, sind die dynamischen Methoden auf eine mehrperiodige Rechnung ausgelegt.

Dem gegenüber stehen die nichtmonetären Verfahren. Sie gründen auf der Überlegung, dass nicht alle Faktoren in Geld spezifiziert werden können oder sollen. Die nichtmonetären Methoden sind als qualitative Verfahren konzipiert, da sie immer auch qualitative Komponenten der Investition in die Vorteilhaftigkeitsaussage integrieren. Der bekannteste Ansatz ist die Nutzwertanalyse, die über Kriterien der Investitionsauswirkungen, deren Gewichtung über Wichtigkeitsfaktoren und über Merkmalsausprägungen für die Kriterien aus einer Addition von Einzelziffernbewertungen einen sog. Nutzwert der Investition erzeugt. Je höher der Nutzwert ausfällt, um so höher wird der Vorteilhaftigkeitsgrad der Investition eingeschätzt. Allgemein geht diese in der Betriebswirtschaftslehre allseits bekannte Methode auf Zangemeister zurück. Inzwischen existieren verschiedentliche Abwandlungen im Sinne einer erweiterten Wirtschaftlichkeitsanalyse. Ganz ohne einen Bezifferungswert kommt die Argumentenbilanz aus. In der Argumentenbilanz werden die Vor- und Nachteile eines Investitionsobjektes in einer bilanzorientierten Darstellung zusammengetragen. Auf der Aktivseite erscheinen die Vorteile, auf der Passivseite die Nachteile. Zur weiteren Differenzierung wird auf jeder Seite eine Trennung der Einflussfaktoren nach innerbetrieblichen Aspekten (Innenwirkungen) und Marktaspekten (Außenwirkungen) vorgenommen. Aus der Gegenüberstellung der beiden Seiten wird versucht, einen Argumentengewinn bei Dominanz der Aktivseite oder einen Argumentenverlust bei Dominanz der Passivseite herauszufiltern.

Die gebräuchlichsten Verfahren zur Investitionsbeurteilung sind die monetären Verfahren. Sie erlauben es trotz aller Unterschiedlichkeit, den Erfolg einer Investition in einem Wert auszudrücken, der aus einer Geldbewertung entsteht. Abbildung 1.12 bringt eine Merkmalsunterscheidung der statischen und dynamischen Verfahren.

Merkmale der monetären Verfahren der Investitionsbeurteilung

Merkmal	Statische Verfahren	Dynamische Verfahren
• Rechnungsgrößen	• Kalkulatorische Erfolgsgrößen, d. h. Kosten und Erlöse	• Zahlungsgrößen, d. h. Auszahlungen und Einzahlungen
• Rechnungszeitraum	• Rechnung für eine repräsentative Periode (Durchschnittsjahr)	• Rechnung für die jeweilige Investitionslaufzeit

Abb. 1.12: Merkmale monetärer Beurteilungsverfahren von Investitionen

Die statischen Verfahren gründen auf der Kostenrechnung, indem sie Kosten und Erlöse in der Kostenrechnungsdefinition verwenden. Kosten und Erlöse werden dabei allerdings stets pagatorisch verstanden, um Wertverbräuche (Kosten) und Wertentstehungen (Erlöse), die aus Ansprüchen gegenüber der Investition erwachsen, zu erfassen. Ein Tageswertprinzip ist der statischen Investitionsrechnung konzeptionell fremd. Die statischen Verfahren bewegen sich folglich auf der (pagatorischen) Wertstromebene. Die dynamischen Verfahren stellen auf den unmittelbaren Zahlungsvorgang ab, der mit der Investition zu jeweils bestimmten Zeitpunkten einhergeht. Neben der Zahlungshöhe (und Zahlungsrichtung) ist auch der Zahlungszeitpunkt relevant. Zahlungen in gleicher Höhe zu unterschiedlichen Anfallszeitpunkten sind ökonomisch nicht gleichwertig. Die Vergleichbarkeit der Zahlungen zu unterschiedlichen Zahlungszeitpunkten wird über eine Auf- bzw. Abzinsung, um der Zeitpräferenz Rechnung zu tragen, hergestellt. Die dynamischen Verfahren fokussieren sich auf die (reine) Finanzstromebene.

Die Gruppe der statischen Verfahren betont die Vermögenseigenschaft als Investitionsdeutung, die Gruppe der dynamischen Verfahren die Zahlungseigenschaft.

1.3.2 Statische Investitionsrechnungsverfahren

Durch den strikten Einperiodenwert als Durchschnittswert eines Jahres der Investitionslaufzeit sind sie auf jahresbezogene Kostenrechnungskennwerte beschränkt. Je nach Verfahren lassen sich aufbauend Kosten, Gewinn, Rentabilität oder Amortisationszeit als Beurteilungswert der Investition benutzen. Dies führt zur Kostenvergleichsrechnung, Gewinnvergleichsrechnung, Rentabilitätsvergleichsrechnung und Amortisationsvergleichsrechnung. Eine systematische Darstellung der Verfahren nach Kriterium, Maßstab, Algorithmus und Interpretation für die einzelnen Verfahren zeigen die Abbildungen 1.13 bis 1.16.

Kostenvergleichsrechnung

Kriterium

- Eine Investition, deren Kosten eine vorgegebene Kostenschranke unterschreitet, ist absolut vorteilhaft (Fall der Einzelinvestition).
- Die Investition, die von den jeweils betrachteten Investitionen die geringsten Kosten besitzt und zugleich eine vorgegebene Kostenschranke unterschreitet, ist relativ vorteilhaft (Fall der Alternativinvestitionen).

Maßstab

Die Kosten der Kostenvergleichsrechnung (KVR) setzen sich additiv aus den Betriebskosten (laufende Kosten) und den Kapitalkosten (kalkulatorische Abschreibungen und kalkulatorische Zinsen) der Investition zusammen.
Die Kosten können alternativ als (durchschnittliche) Jahreskosten oder als Stückkosten der Leistung ausgedrückt werden.

Algorithmus

$$K := K_{fix} + K_{var}(x) \ \ und \ \ k := \frac{K}{x}$$

mit

$$K_{fix} = K_{fix}^{Ab} + K_{fix}^{Zi} + K_{fix}^{So} \quad \text{und}$$

$$K_{var}(x) = K_{var}^{Ma}(x) + K_{var}^{Lo}(x) + K_{var}^{En}(x) + K_{var}^{So}(x),$$

wobei

$$K_{fix}^{Ab} = \frac{AW - RVE}{n} \quad und$$

$$K_{fix}^{Zi} = \underbrace{\left(\frac{AW - RVE}{2} + RVE\right)}_{KB} \cdot i \, .$$

K : *Kosten gem. KVR*
k : *Stückkosten gem. KVR*
x : *Beschäftigung*

K_{fix} : *Fixe Kosten*
K_{var} : *Variable Kosten*
K_{fix}^{Ab} : *Abschreibungskosten (fix)*
K_{fix}^{Zi} : *Zinskosten (fix)*
K_{fix}^{So} : *Sonstige Kosten (fix)*
K_{var}^{Ma} : *Materialkosten (var iabel)*
K_{var}^{Lo} : *Lohnkosten (var iabel)*
K_{var}^{En} : *Energiekosten (var iabel)*
K_{var}^{So} : *Sonstige Kosten (var iabel)*
AW : *Anschaffungswert*
RVE : *Restverkaufserlös*
n : *Investitionslaufzeit*
i : *Kalkulationszinssatz*
KB : *Durchschnittliche Kapitalbindung*

Interpretation

Die Kostenvergleichsrechnung gibt die durchschnittliche Veränderung der Kosten aus der Investition je Jahr der Investitionslaufzeit bzw. je Leistungsmengeneinheit der jährlichen Leistungsinanspruchnahme an.

Abb. 1.13: Strukturen der Kostenvergleichsrechnung

Gewinnvergleichsrechnung

Kriterium

- Eine Investition, deren Gewinn positiv ausfällt, ist absolut vorteilhaft (Fall der Einzelinvestition).
- Die Investition, die von den jeweils betrachteten Investitionen den höchsten positiven Gewinn bewirkt, ist relativ vorteilhaft (Fall der Alternativinvestitionen).

Maßstab

Der Gewinn gemäß Gewinnvergleichsrechnung (GVR) ergibt sich als Differenz aus den Erlösen und den Kosten laut Kostenvergleichsrechnung. Der Gewinn kann alternativ als (durchschnittlicher) Jahresgewinn oder als Stückgewinn der Leistung formuliert werden.

Algorithmus

$$G := E - K$$

und

$$g := \frac{G}{x} \ .$$

G : *Gewinn gem. GVR*
E : *Erlöse*
K : *Kosten gem. KVR*
g : *Stückgewinn gem. GVR*
x : *Beschäftigung*

Interpretation

Die Gewinnvergleichsrechnung legt die durchschnittliche Veränderung des Gewinns aus der Investition je Jahr der Investitionslaufzeit bzw. je Leistungsmengeneinheit der jährlichen Leistungsinanspruchnahme fest. Daher zeigt der Gewinn den Nettoerfolg der Investition auf.

Abb. 1.14: Strukturen der Gewinnvergleichsrechnung

Rentabilitätsvergleichsrechnung

Kriterium

- Eine Investition, deren Rentabilität positiv und höher als die Vorgaberentabilität ausfällt, ist absolut vorteilhaft (Fall der Einzelinvestition).
- Die Investition, welche die von den jeweils betrachteten Investitionen höchste positive Rentabilität hervorbringt, ist relativ vorteilhaft (Fall der Alternativinvestitionen).

Maßstab

Die Rentabilität gemäß Rentabilitätsvergleichsrechnung (RVR) resultiert als Gewinn vor Zinsen bezogen auf die durchschnittliche Kapitalbindung.

Algorithmus

$$R := \frac{G + K^{Zi}}{KB} \cdot 100[\%]$$

mit

$$KB = \frac{AW - RVE}{2} + RVE = \frac{AW + RVE}{2}.$$

R : *Rentabilität gem. RVR*
G : *Gewinn gem. GVR*
K^{Zi} : *Kalkulatorische Zinsen gem. KVR*
KB : *Durchschnittliche Kapitalbindung (gem. KVR)*
AW : *Anschaffungswert*
RVE : *Restverkaufserlös*

Interpretation

Die Rentabilitätsvergleichsrechnung zeigt die durchschnittliche Veränderung der Verzinsung aus dem durchschnittlich gebundenen Kapital für die betrachtete Investition je Jahr der Investitionslaufzeit. Folglich ist die Rentabilität auch eine Maßgröße für den Kapitalkostensatz, den diese Investition für ihre Finanzierung durchschnittlich tragen kann.

Abb. 1.15: Strukturen der Rentabilitätsvergleichsrechnung

Amortisationsvergleichsrechnung

Kriterium

- Eine Investition, deren statische Amortisationszeit geringer als eine vorgegebene Amortisationshöchstzeit ausfällt, ist absolut vorteilhaft (Fall der Einzelinvestition).
- Die Investition, welche von den jeweils betrachteten Investitionen die kürzeste Amortisationszeit besitzt und zugleich eine vorgegebene Amortisationshöchstzeit unterschreitet, ist relativ vorteilhaft (Fall der Alternativinvestitionen).

Maßstab

Die statische Amortisationszeit der Amortisationsvergleichsrechnung (AVR) bestimmt sich als Vielfaches des ursprünglichen Kapitaleinsatzes an der jährlichen Wiedergewinnung des Kapitaleinsatzes durch den Gewinn vor Abschreibungen aus der Investition.

Algorithmus

$$AZ := \frac{KE}{G + K^{Ab}}.$$

AZ : *Statische Amortisationszeit gem. AVR*

KE : *Kapitaleinsatz (Anschaffungs- bzw. Herstellungswert)*

G : *Gewinn gem. GVR*

K^{Ab} : *Kalkulatorische Abschreibungen gem. KVR*

Interpretation

Die Amortisationsvergleichsrechnung gibt die Anzahl der Jahre an, die durchschnittlich bis zur Wiedererlangung des ursprünglichen Kapitaleinsatzes aus der Investition vergehen. Die statische Amortisationszeit bringt daher die durchschnittliche Rückflusszeit des Kapitaleinsatzes zum Ausdruck.

Abb. 1.16: Strukturen der Amortisationsvergleichsrechnung

1.3.3 Dynamische Investitionsrechnungsverfahren

Durch die Rechnung über alle Perioden der Investitionslaufzeit müssen die dynamischen Verfahren die vektorwertige Zahlungsdarstellung über die Zinsausgleichsfunktion zu einem einzigen Wert zusammenführen. Dies verlangt die Festlegung eines Angleichungszeitpunktes und die Heranziehung eines Angleichungszinssatzes je nach Methode für die Berechnung oder für den Vergleich. Als Beurteilungswert dient der Kapitalwert, die Annuität, der interne Zinssatz oder die dynamische Amortisationszeit. Demzufolge sind Kapitalwertmethode, Annuitätenmethode, Interne Zinssatzmethode und dynamische Amortisationsmethode virulent.

Die Abbildungen 1.17 bis 1.20 vermitteln strukturiert nach Kriterium, Maßstab, Algorithmus und Interpretation die Inhaltsform der jeweiligen dynamischen Verfahren.

Kapitalwertmethode

Kriterium

- Eine Investition, deren Kapitalwert positiv ausfällt, ist absolut vorteilhaft (Fall der Einzelinvestition).
- Eine Investition, die von den jeweils betrachteten Investitionen den höchsten positiven Kapitalwert erbringt, ist relativ vorteilhaft (Fall der Alternativinvestitionen).

Maßstab

Der Kapitalwert einer Investition ist der Wert aller Zahlungen aus einer Investition bezogen auf den Investitionsbeginnzeitpunkt bei Verwendung eines vorgegebenen Kalkulationszinssatzes. Mithin ist der Kapitalwert finanzmathematisch ein spezieller Barwert.

Algorithmus

$$C_0 = \sum_{t=0}^{n} N_t \, (1+i)^{-t}$$

mit

$$N_t = E_t - A_t,$$

$$t \in \{0,1,...,n\}.$$

C_0	: *Kapitalwert*
N_t	: *Nettozahlung zu t*
E_t	: *Einzahlung zu t*
A_t	: *Auszahlung zu t*
i	: *Kalkulationszinssatz (dezimal)*
$(1+i)^{-t}$	: *Abzinsungsfaktor zu t*
t	: *Ende der Periode (Periodenindex)*
n	: *Investitionslaufzeitende*

Interpretation

Der Kapitalwert gibt die Veränderung des Geldvermögens aus der Investition zum Beginnzeitpunkt dieser Investition bei der verwendeten Höhe des Kalkulationszinssatzes an. Es handelt sich um einen Geldbetrag in der Höhe, den die zu beurteilende Investition mehr oder weniger erbringt als zum einen eine alternative Investition, die eine Rendite zum Kalkulationszinssatz liefert, oder zum anderen eine Finanzierung dieser Investition aufweist, die einen Kapitalkostensatz in Höhe des Kalkulationszinssatzes besitzt.

Abb. 1.17: Strukturen der Kapitalwertmethode

Annuitätenmethode

Kriterium

- Eine Investition, die eine positive Annuität erbringt, ist absolut vorteilhaft (Fall der Einzelinvestition).
- Eine Investition, die von den jeweils betrachteten Investitionen die höchste positive Annuität liefert, ist relativ vorteilhaft (Fall der Alternativinvestitionen).

Maßstab

Die Annuität einer Investition stellt denjenigen gleichbleibenden Zahlungsbetrag je Jahr der Investitionslaufzeit dar, deren Kapitalwert der Annuitätenfolge dem Kapitalwert der ursprünglichen Zahlungsfolge der Investition gleich ist.

Algorithmus

$$AN = C_0 \cdot AF(n;i)$$

mit

$$C_0 = \sum_{t=0}^{n} N_t \, (1+i)^{-t}$$

und

$$N_t = E_t - A_t,$$
$$t \in \{0,1,...,n\}.$$

AN : *Annuität*
C_0 : *Kapitalwert*
AF : *Annuitätenfaktor*
n : *Investitionslaufzeit*
i : *Kalkulationszinssatz (dezimal)*
N_t : *Nettozahlung zu t*
E_t : *Einzahlung zu t*
A_t : *Auszahlung zu t*
$(1+i)^{-t}$: *Abzinsungsfaktor zu t*
t : *Ende der Periode (Periodenindex)*

Interpretation

Die Annuität weist die konstante Veränderung des Geldvermögens aus der Investition je Jahr der Investitionslaufzeit unter Zugrundelegung eines vorab fest gewählten Kalkulationszinssatzes aus. Die Höhe der Annuität beschreibt den Geldbetrag, der in jedem Jahr der Investitionslaufzeit zum Jahresende entnommen werden kann (positive Annuität) oder zusätzlich für die Investition bereitgestellt werden muss (negative Annuität), welcher aus den Erfolgswirkungen der Investition resultiert.

Abb. 1.18: Strukturen der Annuitätenmethode

Interne Zinssatzmethode

Kriterium	Maßstab
• Eine Investition, deren (positiver) interner Zinssatz den Vorgabezinssatz überschreitet, ist absolut vorteilhaft (Fall der Einzelinvestition). • Die Investition, die von den jeweils betrachteten Investitionen den höchsten (positiven) internen Zinssatz liefert, der zugleich den Vorgabezinssatz übersteigt, ist relativ vorteilhaft (Fall der Alternativinvestitionen).	Der interne Zinssatz ist der Zinssatz einer Investition, der den Kapitalwert dieser Investition zum Verschwinden bringt. Mithin wird der Kapitalwert durch die Verzinsung genau aufgezehrt. Gesucht sind daher die Nullstellen des Polynoms Kapitalwertgleichung.

Algorithmus

$$C_0 = \sum_{t=0}^{n} N_t \, (1+r)^{-t} \overset{!}{=} 0$$

Die Auflösung der Kapitalwertgleichung erfolgt in der Regel über eine lineare Interpolation nach der regula falsi-Methode.
Für einen Versuchszinssatz i_1 mit $C_{01}(i_1)$ und einem zweiten Versuchszinssatz i_2 mit $C_{02}(i_2)$, wobei $C_{01}(i_1) \cdot C_{02}(i_2) < 0$ zu gelten hat, lautet die Bestimmungsgleichung zur Findung eines angenäherten internen Zinssatzes

$$\tilde{r} = i_1 - C_{01}(i_1) \cdot \frac{i_2 - i_1}{C_{02}(i_2) - C_{01}(i_1)} \, .$$

r : *Interner Zinssatz*
C_0 : *Kapitalwert*
N_t : *Nettozahlung zu t*
t : *Ende der Periode (Periodenindex)*
n : *Investitionslaufzeitende*
i_1, i_2 : *Versuchszinssätze (dezimal)*
C_{01}, C_{02} : *Kapitalwerte der Versuchs-zinssätze*
$\tilde{r}$: *Angenäherter Interner Zinssatz*

Interpretation

Der interne Zinssatz bringt die durchschnittliche Verzinsung der periodenabhängigen Kapitalbindung aus der Investition zum Ausdruck, die je Jahr der Investitionslaufzeit erwirtschaftet wird. Er stellt damit die mehrperiodige Rendite – also die Effektivverzinsung – der betrachteten Investition dar.

Abb. 1.19: Strukturen der Internen Zinssatzmethode

Dynamische Amortisationsmethode

Kriterium	Maßstab
• Eine Investition, deren dynamische Amortisationszeit die vorgegebene Amortisationshöchstdauer unterschreitet, ist absolut vorteilhaft (Fall der Einzelinvestition). • Die Investition, die von den jeweils betrachteten Investitionen die kürzeste Amortisationszeit aufweist und zugleich die vorgegebene Amortisationshöchstdauer unterschreitet, ist relativ vorteilhaft (Fall der Alternativinvestitionen).	Die dynamische Amortisationszeit entspricht der erforderlichen Laufzeit einer Investition, die (erstmalig) einen Kapitalwert von Null erwirtschaftet. Die Auszahlungen aus der Investition werden zeitwertig dann genau durch die Einzahlungen aus der Investition ausgeglichen, so dass sich zum Amortisationszeitpunkt die Investition selbst ökonomisch tragen kann.

Algorithmus

$$C_0(t^*) = \sum_{t=0}^{t^*} N_t \, (1+i)^{-t} \overset{!}{=} 0$$

Die Auflösung der Null gesetzten Kapitalwertgleichung nach der Zeit liefert im Allgemeinen keinen ganzzahligen Periodenwert. Die angenäherte dynamische Amortisationszeit ($\tilde{t}^*$) nach der linearen Interpolation ergibt sich aus der Bestimmungsgleichung

$$\tilde{t}^* = [t^*] + \frac{C_0([t^*])}{C_0([t^*]) - C_0([t^*+1])}.$$

t^* : *Dynamische Amortisationszeit*

C_0 : *Kapitalwert*

t : *Ende der Periode (Periodenindex)*

N_t : *Nettozahlung zu t*

i : *Kalkulationszinssatz (dezimal)*

$\tilde{t}^*$: *Angenäherte dynamische Amortisationszeit*

$[.]$: *Größter ganzzahliger Jahresperiodenwert*

Interpretation

Die dynamische Amortisationszeit gibt die Periodenzahl (Jahre) an, die erforderlich ist, damit die Anschaffungsauszahlungen der Investition (Investitionsausgaben) über die zeitlich nachfolgenden Zahlungsrückflüsse aus der Investition wiedergewonnen werden können. Damit stellt die dynamische Amortisationszeit die Wiedergeldwerdungsdauer der Investition dar.

Abb. 1.20: Strukturen der dynamischen Amortisationsmethode

1.3.4 Aussagefähigkeit der Investitionsrechnungsverfahren

Jedes der statischen und jedes der dynamischen Verfahren misst die Vorteilhaftigkeit der Investition anders und muss daher spezifische Vor- und Nachteile aufweisen. Da die statischen und dynamischen sich zudem fundamental unterscheiden, kommen gruppenspezifische Vor- und Nachteile hinzu.

Daher sollen in den Abbildungen 1.21 bis 1.23 getrennt für die statischen und dynamischen Verfahren die wesentlichen Vorteile und Nachteile angeführt werden sowie generell für die monetären Verfahren (d. h. die statischen und die dynamischen Verfahren gemeinsam) ebenso die Vor- und Nachteile dargeboten werden.

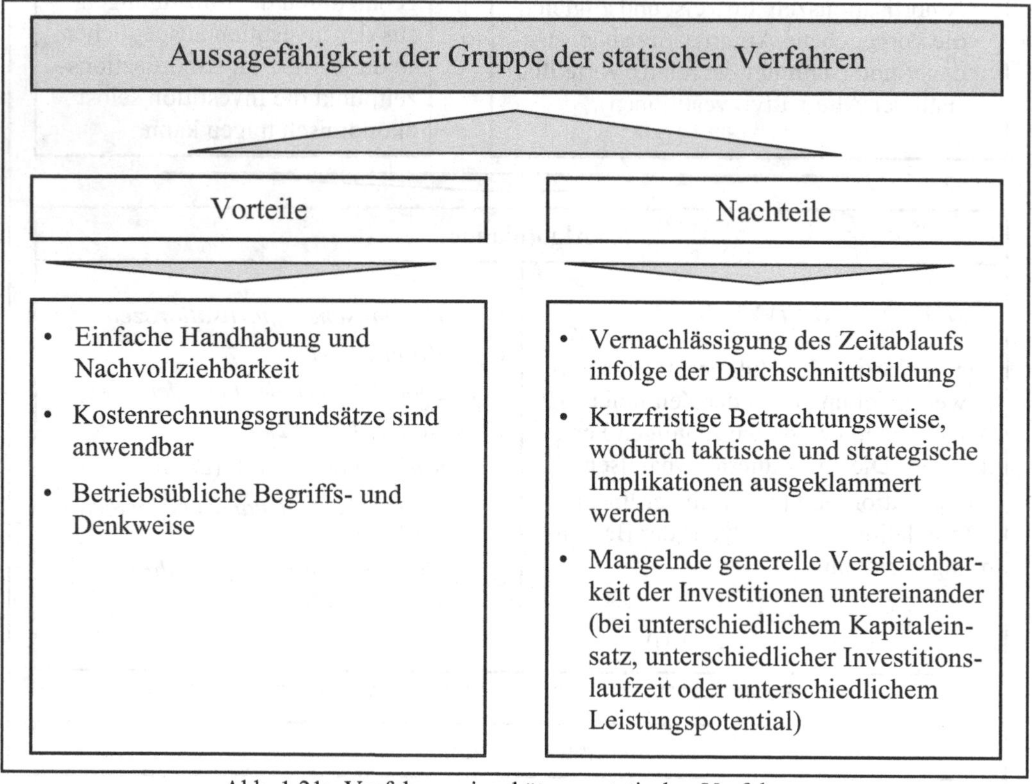

Aussagefähigkeit der Gruppe der statischen Verfahren
Vorteile
Nachteile
• Einfache Handhabung und Nachvollziehbarkeit
• Kostenrechnungsgrundsätze sind anwendbar
• Betriebsübliche Begriffs- und Denkweise
• Vernachlässigung des Zeitablaufs infolge der Durchschnittsbildung
• Kurzfristige Betrachtungsweise, wodurch taktische und strategische Implikationen ausgeklammert werden
• Mangelnde generelle Vergleichbarkeit der Investitionen untereinander (bei unterschiedlichem Kapitaleinsatz, unterschiedlicher Investitionslaufzeit oder unterschiedlichem Leistungspotential)

Abb. 1.21: Verfahrenseinschätzung statischer Verfahren

Aussagefähigkeit der Gruppe der dynamischen Verfahren

Vorteile	Nachteile
• Gesamte Laufzeit der Investition individuell erfasst • Zeitwertigkeit des Geldes berücksichtigt • Verfahren sind kapitaleinsatz- und prinzipalkonform	• Bestimmung eines rechnungszieladäquaten Zinssatzes • Liquidität formal stets gewährleistet • Unmittelbarer Investitionsvergleich nur durch die (modellimmanente) Einschaltung impliziter Komplementärinvestitionen zu führen, die Zahlungsstromdifferenzen zwischen Investitionen ausgleichen

Abb. 1.22: Verfahrenseinschätzung dynamischer Verfahren

Aussagefähigkeit der Gruppe der monetären Verfahren

Vorteile	Nachteile
• Ermittlung eines rechnerischen Ergebnisbeitrages aus der Investition • Erlangung von Transparenz in den Erfolgskomponenten einer Investition • Intersubjektive Prüfbarkeit der geldlichen Investitionswirkungen • Gewinnung einer Grundlage für eine Investitionsentscheidung und -bewilligung	• Unsicherheit in den Investitionsdaten unbeachtet (sog. Annahme einwertiger Erwartungen) • Nicht geldmäßig ausdrückbare Faktoren (z. B. Flexibilität, Auswirkungen auf den Arbeitsablauf) liegen außerhalb der Rechnung (sog. Abwesenheit von Imponderabilien) • Unterstellung vollkommener Kapitalmärkte (z. B. Unterschiedslosigkeit der Zinssätze, vollständige Kapitalmarktübersicht) • Interdependenzen zwischen Investitionen bleiben außer Acht (sog. Nichtbestehen zeitlich horizontaler und zeitlich vertikaler Wechselwirkungen von Investitionen)

Abb. 1.23: Verfahrenseinschätzung allgemein monetärer Verfahren

1.4 Nachschau von Investitionen

1.4.1 Investitionsfehler

Dadurch, dass Investitionen komplex, interdisziplinär und stark finanzbeanspruchend angelegt sind, kann es zu einer Vielzahl von Fehlern im Geschäftsprozess der Investitionsobjekte kommen. Die grundsätzlichen Fehler, die in Unternehmen zu konstatieren sind, seien in der Abbildung 1.24 zusammengestellt.

Generalisierende Fehler bei Investitionen

- Fehlende oder unklare Festlegung von Verantwortlichkeiten
- Oberflächlich geführte Datenerhebung und -gewinnung
- Unzureichende Analyse der betreffenden Investition
- Mängelbehaftetes Verfahren der Investitionsrechnung
- Vernachlässigung von Investitionsabhängigkeiten
- Kein (eindeutig) geregeltes Genehmigungs- und Freigabeverfahren
- Mangelnde Berichterstattung über den Investitionsfortschritt
- Fehlende Integration in die Kostenrechnung
- Ausklammern strategischer Investitionswirkungen
- Beschränkung auf die monetäre Betrachtung
- Unterlassung von Investitionsnachrechnungen
- Unzureichende Koordination des Investitionsprozesses

Abb. 1.24: Generalisierende Investitionsfehler

1.4.2 Investitionskontrolle

Die Investitionskontrolle ist eine sachlogische Folge aus Investitionsplanung und Investitionsdurchführung. Im Vordergrund steht die Kontrolle einzelner Investitionsobjekte; darüber hinaus ist auch das Investitionsprogramm als Ganzes der Investitionskontrolle zu unterziehen. Wegen der langfristigen Bindungswirkung von Investitionen sind die Kontrollen während des gesamten Investitionsprozesses aufzunehmen. Zeitpunkt, Umfang, Dauer, Dringlichkeit und Intensität der Kontrollhandlungen bestimmen sich nach der Bedeutung und dem Volumen der Investitionen.

Die Ziele der Investitionskontrolle enthält die Abbildung 1.25.

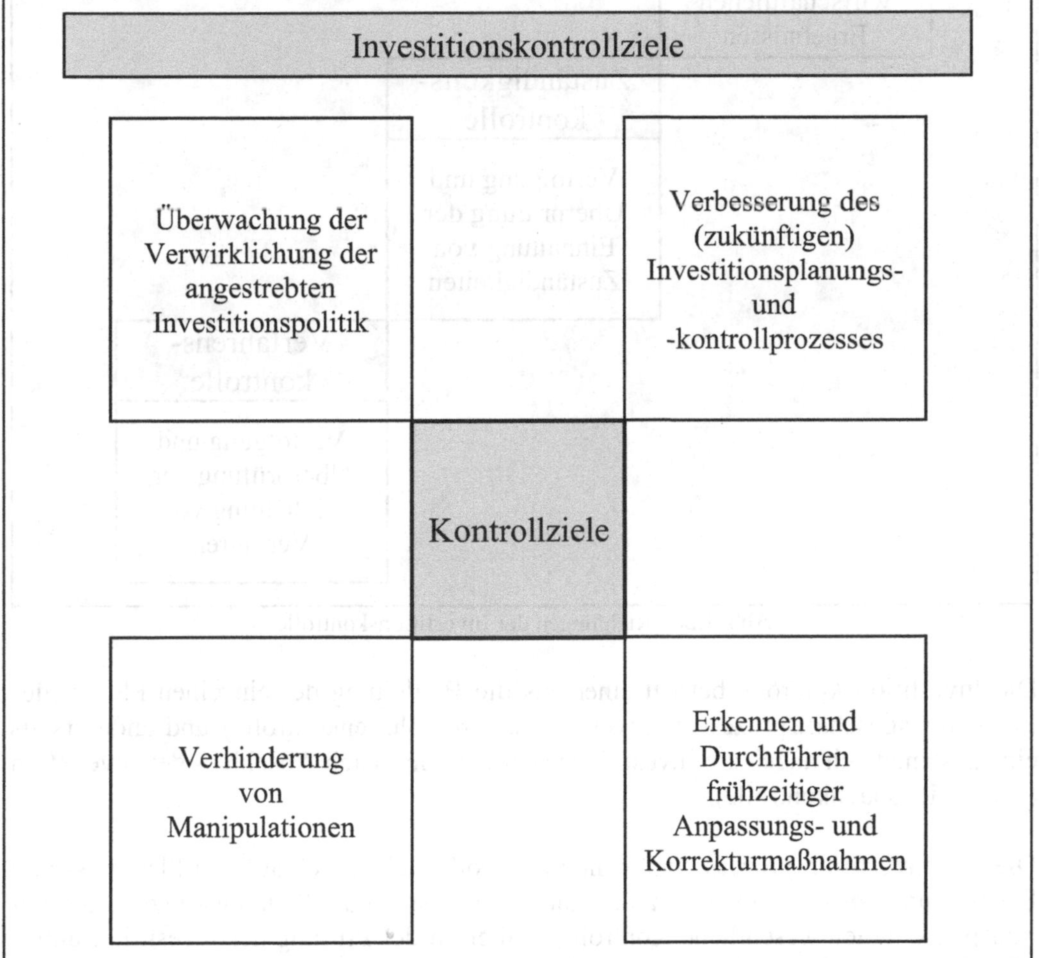

Abb. 1.25: Ziele der Investitionskontrolle

Die Richtungen der Investitionskontrolle in Bezug auf den relevanten Analyseaspekt gibt Abbildung 1.26 wieder.

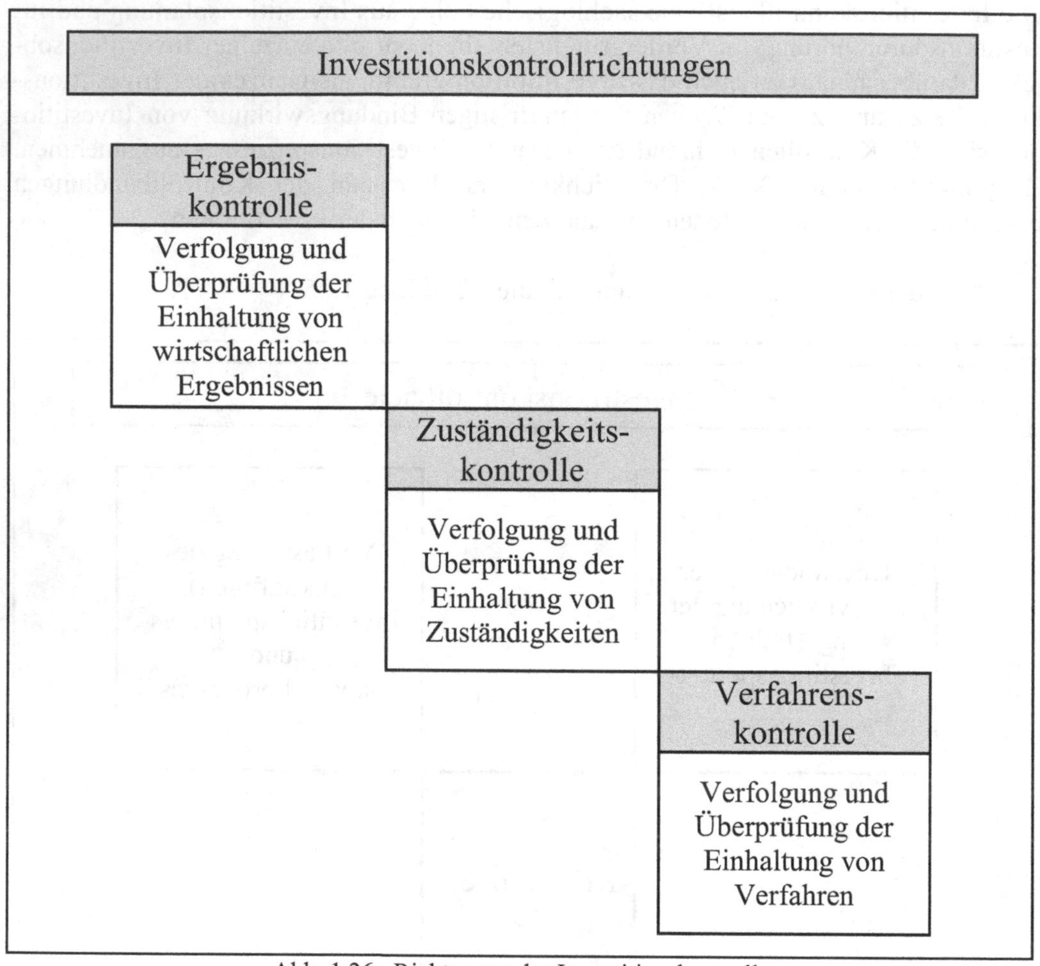

Abb. 1.26: Richtungen der Investitionskontrolle

Die Investitionskontrolle betrifft einerseits die Begleitung der einzelnen Phasen des Investitionsgeschäftsprozesses (Investitionsprozessphasenkontrolle) und andererseits eine systematisch angelegte Investitionsnachrechnung nach Abschluss der Investition (Investitionsnachkontrolle).

Die den Investitionsprozess begleitende Kontrolle richtet sich auf den Planungs- und Koordinationsprozess sowie den Realisationsprozess. In der Planungs- und Koordinationsphase liegen wesentliche Kontrollaufgaben in der Prüfung der Investitionsanträge auf plausible Prämissen und Einzeldaten, in der inhaltlichen Begründung der Investitionsvorschläge, in der Einhaltung der Investitionsrichtlinien, in der Verträglichkeit der Investitionsvorschläge mit der verfolgten Investitionspolitik im Unternehmen, in der Integrationsfähigkeit der Investitionsteilpläne mit der Unternehmensgesamtplanung sowie in den Budgetauswirkungen der Investitionen. In der Durchführungsphase findet vorzugsweise eine objektorientierte Investitionskontrolle statt. Hervorzuheben sind Budgetkontrollen (verausgabte Budgetmittel, Bestellobligo, Investitionsauszahlungen, die eine Aktivierungspflicht auslösen oder zu einer unmittelbaren Ergebnisbelastung führen, vorgesehene Eigenleistungen, vereinnahmte Zuschüsse), Erfassungskontrollen (nicht investitionsmaßnahmengerechte Kostenzuweisungen, Kontierungen auf nicht zutreffende Bezugsobjekte zur Vermeidung von Kostenüberschreitungen, z. B. auf Kostenstellen), Terminkontrollen (Bestell-, Liefer-, Fertigungs-, Montage- und Zahlungstermine), Prämissenkontrollen (Fortgeltung bzw. Veränderungen der unterstellten Rahmenprämissen und Einzelannahmen im Innenfeld und Außenfeld des Unternehmens) und Sachfortschrittskontrollen (Abarbeitung der sachlich aufeinander folgenden Ausführungsteilschritte in Umfang, Qualität und Kosten). (Siehe zu Überlegungen in dieser Hinsicht auch Christoph Lange/Sigrid Schäfer: Aufgaben, Aktivitäten und Instrumente eines DV-gestützten Investitions-Controllingsystems, in: Die Betriebswirtschaft, 52 Jg., 1992, S. 493 – 495).

Die Kontrolle von Investitionen in der Kontrollphase als Abschlussphase im Investitionsgeschäftsprozess stellt demgegenüber eine Investitionsnachkontrolle dar, mit der während der Investitionslaufzeit die Ergebniserreichung analysiert werden soll und Reaktionen in dieser Einsatzphase der Investition auslösen können.

Die Schrittfolge im Ablauf der Investitionskontrolle entspricht in allgemeiner Form dem Kontrollablauf in der Plankostenrechnung oder in anderen Planungs- und Kontrollsystemen. Das Vorgehen für die ergebnisbezogene Investitionskontrolle ist in der Abbildung 1.27 niedergelegt.

Vorgehen der ergebnisbezogenen Investitionskontrolle

1. Feststellung der Durchführungsresultate
   (Istwerte)
2. Vergleich der Istwerte mit den Sollwerten als den Daten des Investitionsplans
   (Soll-Ist-Vergleich)
3. Analyse der Kontrollergebnisse auf Ursachen möglicher Unterschiede
   (Abweichungsanalyse)
4. Anregung, Erarbeitung und Einleitung von Anpassungsmaßnahmen
   (Maßnahmeninitiierung)
5. Formulierung und Aufstellung eines Reports der investitionsrelevanten Zielerreichung
   (Investitionsabschlussberichterstattung)

Abb. 1.27: Vorgehen der ergebnisbezogenen Kontrolle von Investitionen

Die systematisch und institutionell angelegte Investitionsnachkontrolle soll den ergebnisbezogenen Investitionserfolg ausweisen und Nachkorrekturen in der Laufzeit der Investition ermöglichen sowie zu Verbesserungen in künftigen Investitionsgeschäftsprozessen Anlass geben. Besondere Probleme der Investitionsnachrechnung ergeben sich aus der Zurverfügungstellung investitionsobjektbezogener Ist-Daten. Derartige Daten entstehen in der laufenden Kostenrechnung des Unternehmens, vor allem auf Kostenstellen, oder in vorgelagerten Rechnungssystemen wie Anlagenbuchhaltung oder Finanzbuchhaltung. Die dort erlangte Struktur der Daten und ihre Zuordnung entspricht typischerweise nicht der der Investitionsplanung. Abhilfe bringt hier die Schaffung eines zusätzlichen Kontierungsobjektes der einzelnen Investitionsmaßnahme oder eine angehängte Zusatzkontierung. Verbundeffekte erschweren zusätzlich eine Investitionsnachrechnung wie auch nachträgliche Prämissenänderungen, z. B. über den konkreten Investitionseinsatz.

Wichtige Parameter der Beurteilung bilden Änderungen im Kapitaleinsatz, in den laufenden Kosten bzw. laufenden Auszahlungen sowie in den laufenden Erlösen bzw. laufenden Einzahlungen während der Investitionsnutzung, in den Einsatzgüterpreisen, in den Zinssätzen, in der Nutzungszeit oder der Nutzungsintensität. Analysefeststellungen und Folgerungen sind abschließend in einem Kontrollbericht zu dokumentieren, um präventive Wirkungen auszuschöpfen.

1.5 Hypothesen zu Erfolgsdeterminanten von Investitionen

Investitionen werden in ihren Erfolgswirkungen durch ein weitreichendes Geflecht von Einflussgrößen im Umfeld und im Innenfeld des Unternehmens bestimmt und sind zudem weder einwertig noch statisch noch deterministisch. Daher wären Erkenntnisse darüber hilfreich, was erfolgreiche Investitionen charakterisiert. Hypothesen, was Unternehmen, die erfolgreiche Investitionen getätigt haben, ausmacht, hat Horst Albach in einer Studie an börsennotierten Industrieunternehmen untersucht. (Vgl. Horst Albach, Investitionspolitik erfolgreicher Unternehmen, in: Zeitschrift für Betriebswirtschaft, 57. Jg., 1987, S. 636 – 661).
Erfolgreiche Unternehmen lagen nach den Feststellungen von Albach sowohl in den kurzfristigen Erfolgskriterien (Kriterien des Gewinns) wie in den langfristigen Erfolgskriterien (Kriterien des nachhaltigen Unternehmenswachstums) deutlich besser als die schlechten Unternehmen.

In Bezug auf die Investitionen lassen sich nach den Erkenntnissen von Albach aus den erfolgreichen Unternehmen Leitsätze der Investitionspolitik generieren, die die Abbildung 1.28 zusammenstellt.

Interessant sind darüber hinaus Hypothesen, welche Fehler erfolgreiche Unternehmen vermieden bzw. weniger häufig, im nachhinein beurteilt, begangen haben. Die kardinalen Fehler der Investitionspolitik nach Albach listet Abbildung 1.29 auf.

Leitsätze in der Investitionspolitik erfolgreicher Unternehmen

1.	Erfolgreiche Unternehmen investieren in den Markt.	Analyse des Kundennutzens, permanente Marktforschung, Produktbeobachtung und Konkurrenzanalyse sowie Vorrang für neue Produkte, gezielte Innovation und Imitation
2.	Erfolgreiche Unternehmen investieren in den Fertigungsprozess.	Stärkung der Fertigungs-technologie, Steigerung der Arbeitsproduktivität, Kostengünstige Fertigung zur Gewinnung von Preisspielräumen
3.	Erfolgreiche Unternehmen investieren in die Flexibilität.	Anpassungsfähige Fertigungs-systeme, Variabilität der Fertigungsorgani-sation, Anpassung der Belegschaft
4.	Erfolgreiche Unternehmen investieren in den Risikoschutz.	Begrenzung der Marktrisiken durch Kundennähe und Kundenbindung, Stabilisierung der Ergebnisse durch begleitende Finanzinvestitionen
5.	Erfolgreiche Unternehmen investieren in die Mitarbeiter.	Erhöhung der Einsatzfähigkeit und des Einsatzspektrums, Senkung der Fluktuationsrate, Stärkung der Motivation

Abb. 1.28: Leitsätze erfolgreicher Investitionen

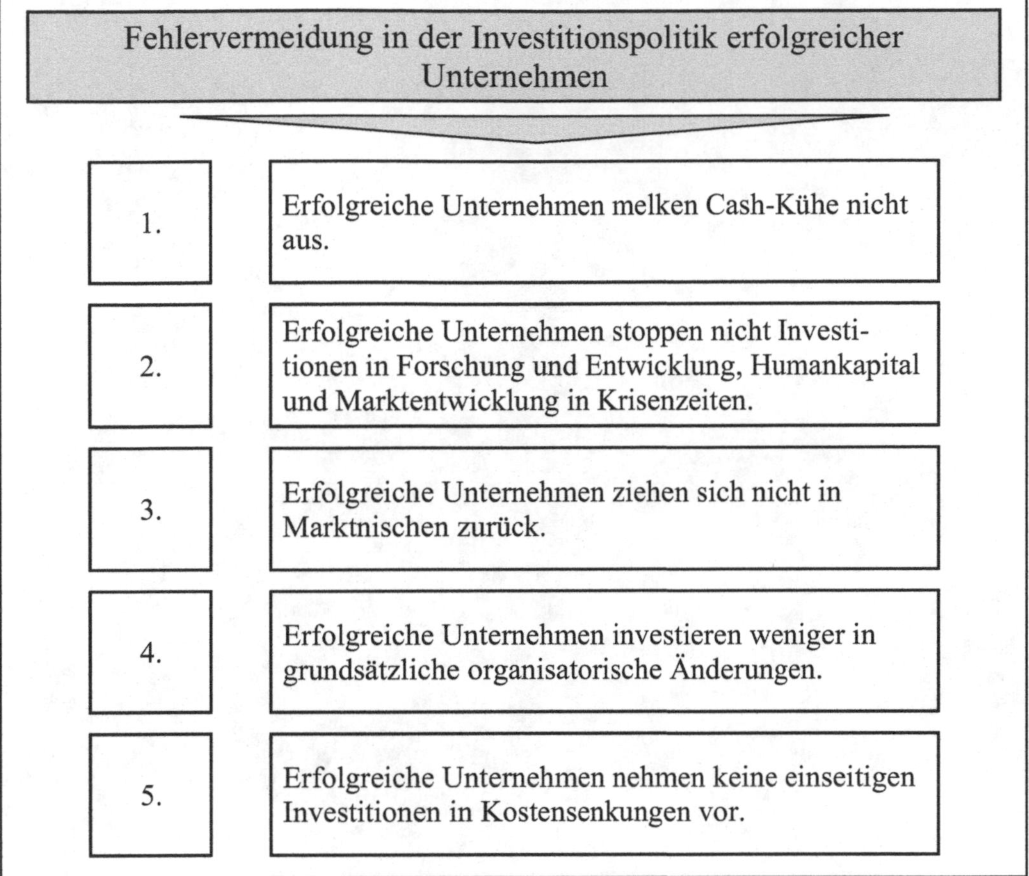

Abb. 1.29: Fehlerabstinenz erfolgreicher Investitionen

2 Investitionsmanagement auf der Grundlage des Einsatzes von SAP ERP Central Component (SAP ECC)

2 Investitionsmanagement auf der Grundlage des Einsatzes von SAP ERP Central Component (SAP ECC)

2.1 SAP ECC und seine integrierte Anwendungskomponente Investitionsmanagement (IM)

Die SAP-Applikation ECC und die vorausgegangene SAP-Applikation R/3 verstehen sich als ein ERP (Enterprise Resource Planning)-Produkt, welches als integrierte branchenneutrale Standardsoftware konzipiert alle unternehmensbezogenen betriebswirtschaftlich fundierten mengen- und wertorientierten Prozesse – Geschäftsprozesse genannt – abbilden soll. Es handelt sich um ein Softwaresystem, das eine Vielzahl von Funktionen im Unternehmen unterstützt und über eine einheitliche Datenbasis verknüpft.

Die Verarbeitung erfolgt in Echtzeit (Realtime), wodurch eine sofortige Verbuchung und Aktualisierung der in einem Geschäftsprozess auftretenden Daten erfolgt. Diese Daten stehen nach ihrer Speicherung allen betroffenen Anwendungsgebieten in SAP und ihren SAP-Nutzern zur Verfügung. Zur Gewährleistung der personenbezogenen Sicherung der Daten und des Systems existiert ein verzweigtes Berechtigungskonzept, wodurch der jeweilige Nutzer Zugriff auf bestimmte Anwendungsgebiete erhält, Lese-, Änderungs- oder Buchungsrechte sowie über definierte Partnerrollen Antrags- und Genehmigungsrechte zugesprochen bekommt.

Die Softwaregeneration SAP R/3, die 1992 ihre Marktfähigkeit erreichte, wurde 2004 mit mySAP ERP in die nächste Softwaregeneration überführt. Der Applikationskern mit den Transaktionen und den Tabellen zur Datenspeicherung ist im wesentlichen unverändert erhalten geblieben. Der Focus der Weiterentwicklung liegt in der Integrationsfähigkeit heterogener IT-Landschaften, der Verbindung gesamter, nicht nur unternehmensinterner Geschäftsprozesse (End to End-Prozesse) und der ganzheitlichen Geschäftsabwicklung in Echtzeit. mySAP ERP bildet innerhalb der mySAP-Lösungen das zentrale Produkt. Weitere mySAP-Lösungen sind mySAP CRM (Customer Relationship Management), mySAP SRM (Supplier Relationship Management), mySAP PLM (Lifecycle Management) und mySAP SCM (Supply Chain Management). Die mySAP-Lösungen werden unter mySAP Business Suite zusammengefasst.

SAP ERP Central Component (kurz SAP ECC) ist der direkte technische Nachfolger von SAP R/3 Enterprise und besitzt, bezogen auf die Anwendungen, den gleichen grundsätzlichen Aufbau.

SAP ECC ist im Standard (Standardsystem von SAP) als Mandantengefüge konzipiert. Mit der Auslieferung des Standardsystems stehen im Rahmen eines Standardsystems eine jeweils zulässige Anzahl von Mandanten zur Verfügung. Mandanten sind allgemein ein technisches Strukturmerkmal des SAP-Systems. Das Standardsystem stellt ein Applikationssystem dar, welches eine Vielzahl von Funktionen eingebettet und eigenständig darstellt. Das SAP-Standardsystem enthält in sich Funktionalitäten der Erfassung, Dokumentation, Kommunikation, Steuerung, Analyse und Auswertung für Abläufe, Ereignisse und Strukturen eines anwendenden Unternehmens, die nach SAP den Anforderungen an die Systemarchitektur wie Flexibilität, Zugänglichkeit, Mehrdimensionalität, Bedienerfreundlichkeit, Reaktionsgeschwindigkeit, Offenheit, Datenkonsistenz und -integrität, Zugriff mehrerer Benutzer, Vorhandensein geteilter Zugriffsrechte, offene Technologieplattform, Ermöglichung der Nutzung von gesamten Wertschöpfungsnetzwerken und Konsolidierung heterogener IT-Landschaften Rechnung tragen sollen.

Die oberste Organisationseinheit im Rahmen eines SAP-Standardsystems stellt der **Mandant** dar. Unter ihm finden die notwendigen Konkretisierungen statt. Der Mandant verkörpert insgesamt fünferlei:

1. Der Mandant bildet eine organisatorisch und datentechnisch abgeschlossene Einheit mit eigenen Stammsätzen und einem eigenständigen Satz von Tabellen.

2. Der Mandant stellt datenbezogen ein Primärschlüsselfeld in (fast) allen Tabellen dar.

3. Der Mandant ist die systemtechnische Nutzungseinheit, unter der alle Eingaben mit der Sicherstellung einheitlicher Verarbeitungsregeln gespeichert werden.

4. Der Mandant lässt sich betriebswirtschaftlich als die oberste Unternehmenseinheit (z. B. Konzern) deuten, die mehrere rechtlich oder wirtschaftlich eigenständige Unternehmen oder Unternehmensteile subsumiert.

5. Der Mandant nimmt in der Hierarchie der Organisationseinheiten eines SAP-Standardsystems die höchste logische Hierarchiestufe ein.

Die Zugangsberechtigung wird getrennt nach Mandanten erteilt und verlangt die Anlage eines Benutzerstammsatzes innerhalb dieses Mandanten.

Unterhalb der Organisationseinheit Mandant finden sich weitere Organisationseinheiten, die dazu dienen, eine Unternehmensstruktur zu schaffen. Eine Organisationseinheit kann eine technische, juristische oder betriebswirtschaftliche Gegebenheit in einem Unternehmen sein. Organisationseinheiten können obligatorisch für den Einsatz sein oder optional wirken, wenn bestimmte Geschäftsprozesse abgebildet werden sollen. Beispielhaft seien als Organisationseinheiten Buchungskreis, Ergebnisbereich, Sparte, Geschäftsbereich, Werk, Verkaufsorganisation und Lagerort genannt. Zwischen den Organisationseinheiten bestehen diverse Abhängigkeiten, die in Unter- oder Überordnungen bestehen und Einfach- und Mehrfachabhängigkeiten bewirken. Der spezifische Unternehmensaufbau muss mit den SAP-Organisationseinheiten abgestimmt sein.

Das **SAP-Standardsystem** wird als sog. leeres System ausgeliefert. Dies bedeutet, dass nur bestimmte allgemeine Voreinstellungen systemseitig vorhanden sind. Für den Einsatz im Unternehmen muss daher das Standardsystem auf die organisatorischen, strukturellen und prozessualen Belange des Unternehmens konfiguriert werden. Diese Einstellungen sind zum einem für den Ersteinsatz vorzunehmen sowie zum anderen bei Erweiterungen oder Änderungen des Einsatzes. Diese Einstellungen im Sinne von Anpassungen auf die konkreten Bedingungen eines Unternehmens werden mit Customizing bezeichnet. In Abhängigkeit davon, welche betriebswirtschaftlichen Daten konfiguriert werden, liegt entweder ein mandantenabhängiges oder mandantenunabhängiges Customizing vor. Ein mandantenunabhängiges Customizing wirkt sich als mandantenübergreifendes Customizing auf alle vorhandenen Mandanten eines SAP-Systems aus; mandantenübergreifende Customizingeinstellungen sind allerdings die Ausnahme. Mit der Installation eines SAP-Systems steht mit dem Mandant 000 ein SAP-Referenzmandant zur Verfügung. Der SAP-Referenzmandant enthält voreingestellte Tabellen und eine Standard-Customizing-Einstellung als Mustereintrag. Voreinstellungen des SAP-Referenzmandanten können in einen anderen Mandanten übernommen (kopiert) werden.

Das **Customizing** des SAP-Standardsystems umfasst im Allgemeinen die folgenden Einrichtungsarbeiten:

- Anpassung des Systems an die Organisationsstruktur des Unternehmens;
- Auswahl der einzusetzenden SAP-Komponenten;
- Integration der eingesetzten Komponenten des Systems;
- Anpassung von Bildschirmmasken, Formularen und Reports;
- Einstellung und Vergabe der System- und Benutzerberechtigungen;

- Weitere unternehmensspezifische Anpassungen von Geschäftsprozessen.

Im Wesentlichen besteht die kundenspezifische Anpassung des ausgelieferten SAP-Systems (Customizing) im Einstellen von bestimmten Tabelleninhalten, die im SAP-System steuernde Funktionen besitzen.

Die Anwendungen im SAP-System erfolgen menügeführt und können auch über einen sog. Transaktionscode ausgelöst werden. Den obersten Menübaum in SAP liefert die Abbildung 2.01.

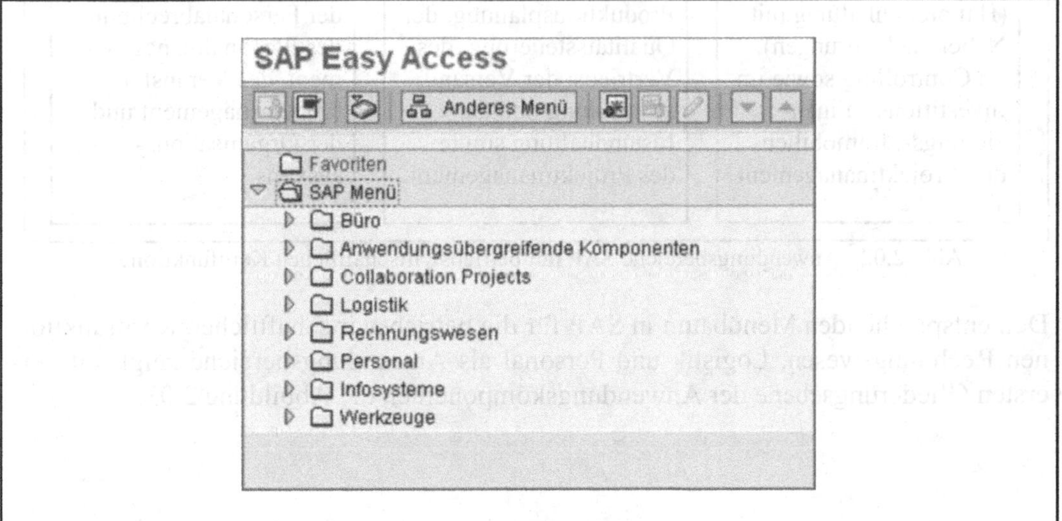

Abb. 2.01: SAP-Menübaum

Das SAP-System unterstützt die Abbildung betriebswirtschaftlich orientierter Geschäftsprozesse eines Unternehmens. Diese Funktionen sind in den sog. Anwendungskomponenten zu finden. Die Anwendungskomponenten enthalten die betriebswirtschaftlichen Anwendungsprogramme und sind selbst als Komponentenhierarchie aufgebaut, die in deren Gliederung den Leistungsumfang der jeweiligen Anwendungskomponente angibt. Die Anzahl der Teilkomponenten und die Strukturebenen hängen vom Umfang einer Anwendungskomponente ab. Zusammengehörige Anwendungskomponenten bilden einen Anwendungsbereich. Die von einer einzelnen Anwendungskomponente geforderten Organisationseinheiten und Zuordnungen machen die Organisationsstruktur dieser Anwendungskomponente aus.

Die SAP-Anwendungsbereiche mit den betriebswirtschaftlichen Kernfunktionen verdeutlicht die Abbildung 2.02.

Betriebswirtschaftliche Kernfunktionen im SAP-Standardsystem		
SAP-Rechnungswesen	SAP-Logistik	SAP-Personal
Der Bereich Rechnungswesen deckt vor allem Funktionalitäten in der Finanzbuchhaltung (Hauptbuchhaltung mit Nebenbuchhaltungen), im Controlling sowie im Investitions-, Finanzierungs-, Immobilien- und Projektmanagement ab.	Der Bereich Logistik enthält hauptsächlich Funktionalitäten der Materialwirtschaft, der Produktionsplanung, der Qualitätssteuerung, des Vertriebs, der Versandabwicklung und der Instandhaltung sowie des Projektmanagement.	Der Bereich Personal umschließt insbesondere Funktionalitäten der Personalzeiterfassung, der Personalabrechnung, des Personalmanagement, des Veranstaltungsmanagement und des Organisationssystems.

Abb. 2.02: Anwendungsbereiche SAP mit betriebswirtschaftlichen Kernfunktionen

Den entsprechenden Menübaum in SAP für die betriebswirtschaftlichen Kernfunktionen Rechnungswesen, Logistik und Personal als Anwendungsbereiche zeigt mit der ersten Gliederungsebene der Anwendungskomponenten die Abbildung 2.03.

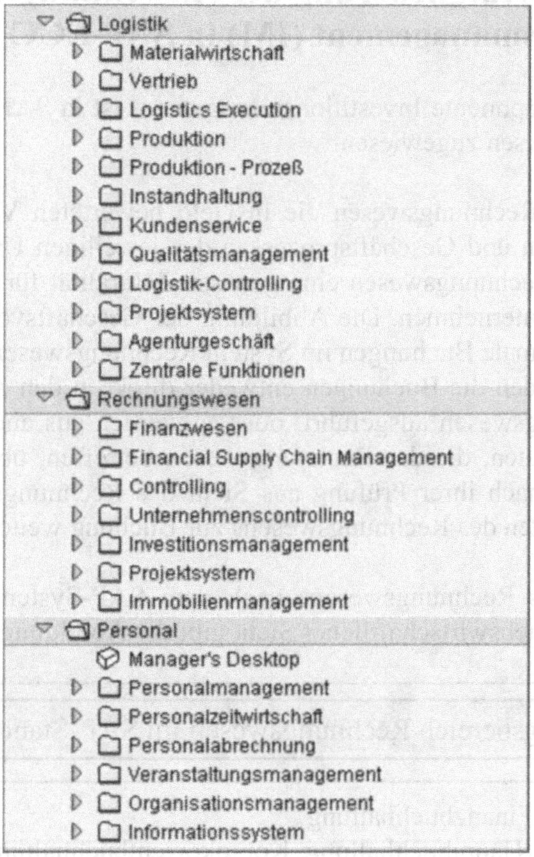

- Logistik
  - Materialwirtschaft
  - Vertrieb
  - Logistics Execution
  - Produktion
  - Produktion - Prozeß
  - Instandhaltung
  - Kundenservice
  - Qualitätsmanagement
  - Logistik-Controlling
  - Projektsystem
  - Agenturgeschäft
  - Zentrale Funktionen
- Rechnungswesen
  - Finanzwesen
  - Financial Supply Chain Management
  - Controlling
  - Unternehmenscontrolling
  - Investitionsmanagement
  - Projektsystem
  - Immobilienmanagement
- Personal
  - Manager's Desktop
  - Personalmanagement
  - Personalzeitwirtschaft
  - Personalabrechnung
  - Veranstaltungsmanagement
  - Organisationsmanagement
  - Informationssystem

Abb. 2.03: Menübaum SAP für die betriebswirtschaftlichen Kernfunktionen

2.2 Inhalt und Aufgliederung der Anwendungskomponente Investitionsmanagement (IM) in SAP ECC

Die Anwendungskomponente Investitionsmanagement ist in SAP dem Anwendungsbereich Rechnungswesen zugewiesen.

Generell bildet das Rechnungswesen die in Geld bewerteten Vorgänge in den geschaffenen Strukturen und Geschäftsprozessen des jeweiligen Unternehmens ab. Insofern genießt das Rechnungswesen eine gewisse Zentralität für das gesamte und in sich differenzierte Unternehmen. Die Abbildung der Geschäftsvorgänge erfolgt typischerweise durch formale Buchungen im System Rechnungswesen.
Im SAP-System werden die Buchungen entweder direkt in den Anwendungskomponenten des Rechnungswesen ausgeführt, oder es werden aus anderen Komponenten des SAP-Systems Daten, die das Rechnungswesen betreffen, über eine Rechnungswesen-Schnittstelle nach ihrer Prüfung aus Sicht des Rechnungswesens an die Anwendungskomponenten des Rechnungswesens zur Buchung weitergeleitet.

Eine Gliederung des Rechnungswesens nach dem SAP-System mit den zentralen Teilgebieten aus betriebswirtschaftlicher Sicht gibt die Abbildung 2.04 wieder.

Anwendungsbereich Rechnungswesen im SAP-Standardsystem

- Finanzbuchhaltung (Hauptbuchhaltung, Kontokorrentbuchhaltung, Anlagenbuchhaltung, Bankbuchhaltung, Kassenbuchhaltung)
- Kostenrechnung und Kostenmanagement (Controlling) (Kostenartenrechnung, Kostenstellenrechnung, Kostenträgerkalkulationsrechnung, Unternehmensergebnisrechnung, Centererfolgsrechnung, Prozesskostenrechnung)
- Investitionsmanagement
- Finanzierungsmanagement (Treasurymanagement)
- Immobilienmanagement

Abb. 2.04: Gliederung des SAP-Rechnungswesens aus betriebswirtschaftlicher Sicht

Das Investitionsmanagement bildet im SAP-Rechnungswesen eine eigenständige Anwendungskomponente. Nach SAP stellt eine (Anwendungs-)Komponente die kleinste installierbare, separat nutzbare und wartbare Softwareeinheit dar.

Die Anwendungskomponente IM dient der Unterstützung von Vorschlag, Strukturierung, Planung, Wirtschaftlichkeitsrechnung, Steuerung und Kontrolle von Investitionen. Investitionen im SAP-Sinne sind allgemein Objekte, für die im Zeitablauf Kosten anfallen, wobei diese Objekte in einem gemeinsamen System verfolgt werden sollen. Dabei kommt es nicht darauf an, ob es für diese Objekte anlagen- oder finanzbuchhalterisch oder kostenrechnerisch zu einer Aktivierung von Kostenbeträgen kommt.

Die Abbildungen 2.05 bis 2.08 informieren über wesentliche Inhalte der Anwendungskomponente IM. Abbildung 2.05 zeigt den Funktionsumfang von IM, Abbildung 2.06 die verwendeten Objekte für IM auf. Abbildung 2.07 bringt die Investitionsarten im SAP-Verständnis, die über IM verwaltet werden können, zum Ausdruck, während die Abbildung 2.08 die Zentralität des Investitionsprogramms in IM näher charakterisiert.

Funktionsumfang von SAP IM

Allgemein	Das Investitionsmanagement von SAP leistet Unterstützung in der Abwicklung von Investitionen über Antragstellung, Strukturierung, Wirtschaftlichkeitsrechnungen, Planung, Budgetierung, Abrechnung und Aktivierung.			
Kategorie	**Investitions-programme**	**Maßnahmen-anforderungen**	**Investitions-maßnahmen**	**Informations-system**
Gegenstand	Zeitzyklische Administration, Planung und Budgetierung maßnahmenübergreifender hierarchisierter Investitionspakete von Unternehmen.	Verwaltung und Beurteilung von Investitionen und ihrer Varianten in der Vorschlags- und Genehmigungsphase.	Abwicklung sowie kostenrechnerische und finanzbuchhalterische Unterstützung der Durchführung einzelner Investitionsmaßnahmen.	Verfolgung, Steuerung und Auswertung der Kosten und Ausgaben von Investitionen durch Plan-Ist-Vergleiche, periodenübergreifende Überwachung und investitionsebenenabhängiger Analysemöglichkeiten.

Abb. 2.05: Funktionsumfang von SAP IM

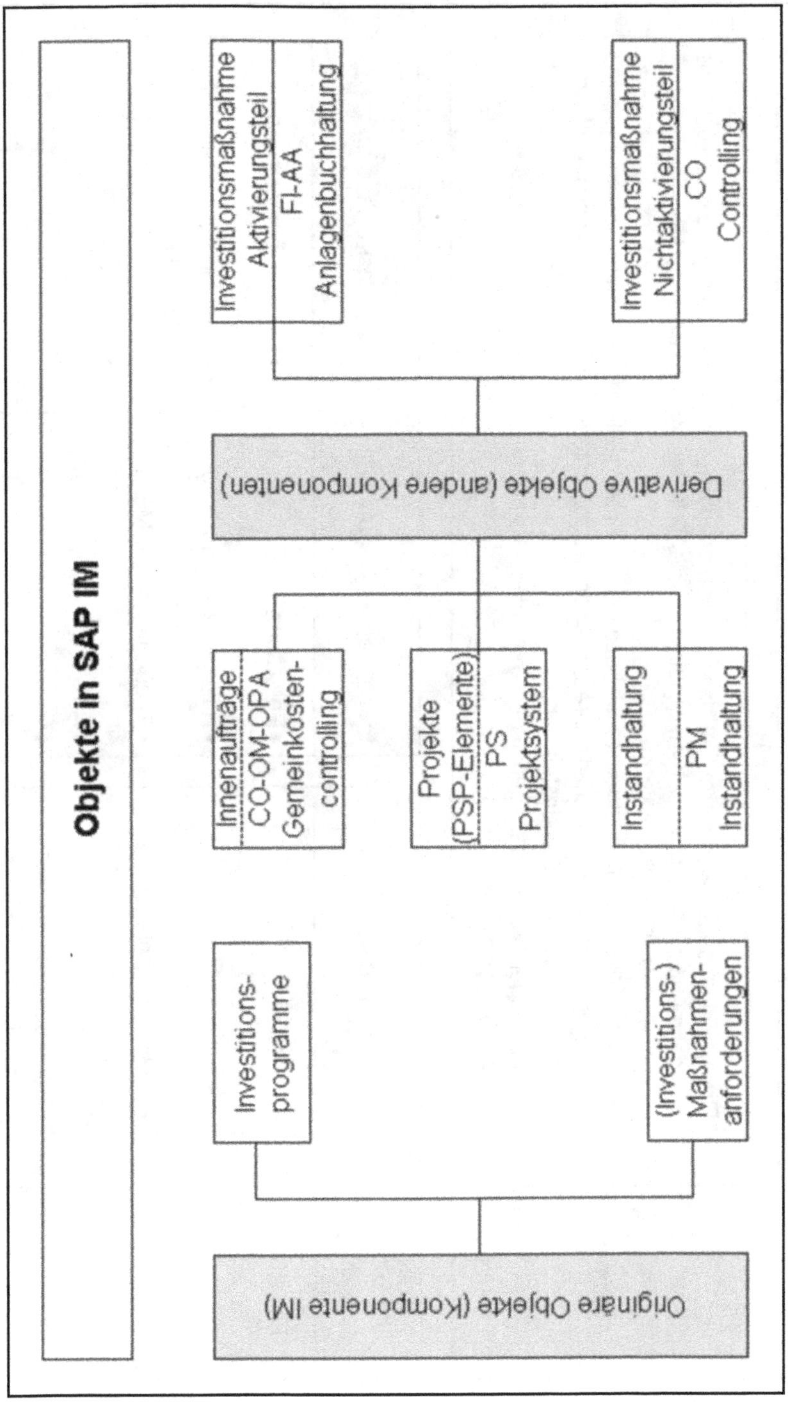

Objekte in SAP IM

Originäre Objekte (Komponente IM)

- Investitionsprogramme
- (Investitions-) Maßnahmenanforderungen

Derivative Objekte (andere Komponenten)

- Innenaufträge – CO-OM-OPA Gemeinkostencontrolling
- Projekte (PSP-Elemente) – PS Projektsystem
- Instandhaltung – PM Instandhaltung
- Investitionsmaßnahme Aktivierungsteil – FI-AA Anlagenbuchhaltung
- Investitionsmaßnahme Nichtaktivierungsteil – CO Controlling

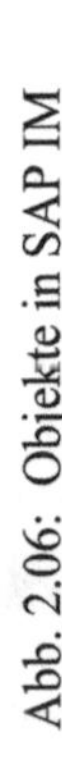

Abb. 2.06: Objekte in SAP IM

Investitionsarten in SAP IM

Allgemein	Die Investitionsarten werden im SAP Investitionsmanagement nach Genehmigung als Investitionsmaßnahmen bzw. kurz Maßnahmen geführt. Unter SAP IM lassen sich in einem Investitionsprogramm alle Maßnahmen verwalten, die - in einem Kostenrechnungskreis (auch buchungskreisübergreifend) liegen und - in den Währungs- und Geschäftsjahresangaben mit der hinterlegten Währungs- und Geschäftsjahresdetermination übereinstimmen. Finanzanlagen werden dagegen in der Anwendungskomponente Financial Supply Chain Management administriert.		
Unterscheidung	**Sachanlagevermögen**	**Immaterielles Vermögen**	**Instandhaltung**
Beispiele	• Gebäude • Grundvermögen • Technische Anlagen und Maschinen • Betriebs- und Geschäftsausstattung	• Forschung und Entwicklung • Aus- und Weiterbildung • Akquisition neuer Märkte • Geschäfts- oder Firmenwert	• Generalüberholungen • Grunderneuerungen/Teilerneuerungen • Großreparaturen

Abb. 2.07: Investitionsarten in SAP IM

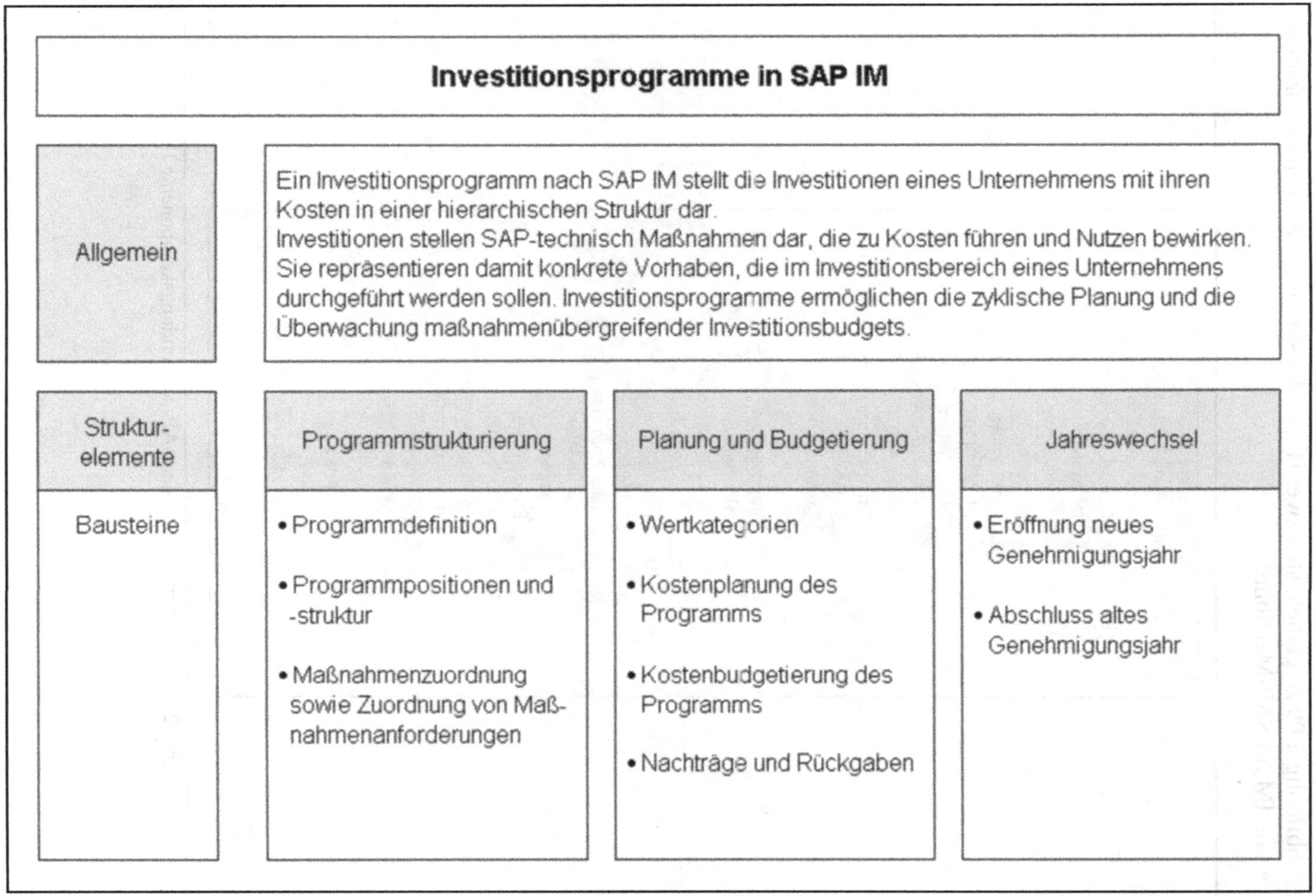

Investitionsprogramme in SAP IM

Allgemein	Ein Investitionsprogramm nach SAP IM stellt die Investitionen eines Unternehmens mit ihren Kosten in einer hierarchischen Struktur dar. Investitionen stellen SAP-technisch Maßnahmen dar, die zu Kosten führen und Nutzen bewirken. Sie repräsentieren damit konkrete Vorhaben, die im Investitionsbereich eines Unternehmens durchgeführt werden sollen. Investitionsprogramme ermöglichen die zyklische Planung und die Überwachung maßnahmenübergreifender Investitionsbudgets.		

Struktur-elemente	Programmstrukturierung	Planung und Budgetierung	Jahreswechsel
Bausteine	• Programmdefinition • Programmpositionen und -struktur • Maßnahmenzuordnung sowie Zuordnung von Maßnahmenanforderungen	• Wertkategorien • Kostenplanung des Programms • Kostenbudgetierung des Programms • Nachträge und Rückgaben	• Eröffnung neues Genehmigungsjahr • Abschluss altes Genehmigungsjahr

Abb. 2.08: Investitionsprogramme in SAP IM

Die Abbildung 2.09 zeigt die ersten zwei Hierarchiestufen der Anwendungskomponente von IM im SAP-Menübild.

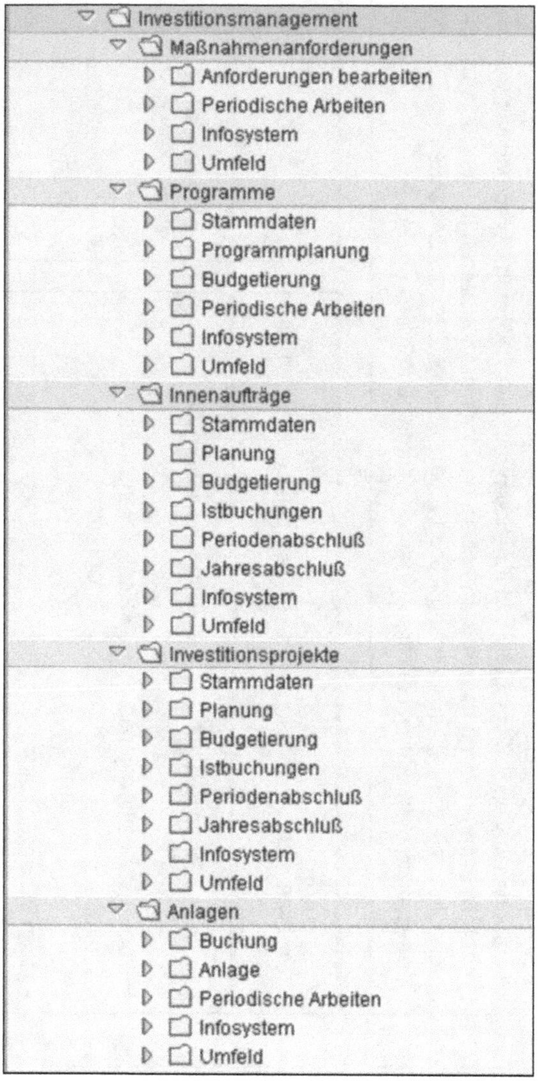

- Investitionsmanagement
  - Maßnahmenanforderungen
    - Anforderungen bearbeiten
    - Periodische Arbeiten
    - Infosystem
    - Umfeld
  - Programme
    - Stammdaten
    - Programmplanung
    - Budgetierung
    - Periodische Arbeiten
    - Infosystem
    - Umfeld
  - Innenaufträge
    - Stammdaten
    - Planung
    - Budgetierung
    - Istbuchungen
    - Periodenabschluß
    - Jahresabschluß
    - Infosystem
    - Umfeld
  - Investitionsprojekte
    - Stammdaten
    - Planung
    - Budgetierung
    - Istbuchungen
    - Periodenabschluß
    - Jahresabschluß
    - Infosystem
    - Umfeld
  - Anlagen
    - Buchung
    - Anlage
    - Periodische Arbeiten
    - Infosystem
    - Umfeld

Abb. 2.09: Teilkomponenten der SAP-Anwendungskomponente IM

2.3 Integriertes Fallbeispiel Fajalt GmbH

2.3.1 Beschreibung des Fallbeispiels Fajalt GmbH

Zur Demonstration eines betriebswirtschaftlich umfassenden Investitionsmanagements für ein Unternehmen unter Einsatz der SAP-Standardsoftware wurde eine Fallstudie „Fajalt GmbH“ entwickelt. Mit Hilfe dieser Fallstudie soll für verschieden ausgestaltete Investitionen eines Geschäftsjahres dieses Unternehmens von den Vorüberlegungen, die zu Investitionsanträgen führen, bis hin zur Aktivierung der realisierten Investitionen auf Anlagen als bilanzielle Posten der Geschäftsprozess in allen mit den Investitionen verbundenen Aktivitäten durchlaufen werden. Dabei sind die Investitionsobjekte auf der einen Seite teils einfacher, teils komplexer – also mehrteiliger – Natur und auf der anderen Seite mit einer Direktaktivierung auf fertige Anlagen oder durch mittelbare Kostenweiterverrechnungen mit einer sukzessiven Aktivierung auf Anlagen verbunden. Die Investitionsobjekte des betrachteten Geschäftsjahres werden zu einem Investitionsprogramm zusammengeführt, über das eine Planung, Budgetierung und Abrechnung vorgenommen wird. Ferner werden Genehmigungswege beschritten und Kostenvorschauen für künftige Ergebnisbelastungen aus Investitionen betrachtet.

Die Abwicklung der Investitionsvorstellungen der Fajalt GmbH soll unter Verwendung der Softwarekonfiguration SAP ERP CC erfolgen, vor allem mit der Anwendungskomponente „Investitionsmanagement (IM)“, um die weitere SAP-Anwendungskomponenten arrondiert werden.

Die Abbildung 2.10 enthält die zugrunde gelegte Unternehmens- und Investitionssituation der Fajalt GmbH.

Das Unternehmen **„Fajalt GmbH“** mit Sitz und Betriebsstätte in Dortmund fertigt und vertreibt hochwertige Spritz- und Hochdruckdüsensysteme für den industriellen Einsatz aus unterschiedlichen metallurgischen Materialien.

Bei der Fajalt GmbH entspricht das Plan- und Geschäftsjahr dem Kalenderjahr. Ferner versteuert die Fajalt GmbH ihre Umsätze nach den allgemeinen Vorschriften des Umsatzsteuergesetzes und ist in vollem Umfang zum Vorsteuerabzug berechtigt.

Für das Geschäftsjahr *Aktuell* soll das Investitionsprogramm aufgestellt und durchgeführt werden. Das Investitionsprogramm soll den Titel „Modernisierung Fajalt“ tragen.
Die Einzelinvestitionen des Investitionsprogramms sollen in die hierarchische Unternehmensstruktur der Fajalt GmbH eingebettet werden.

Vorgesehen sind:

1. Anschaffung einer **Pressmaschine** für die Erweiterung der Produktion.
   In die nähere Investitionsanalyse werden zwei technisch unterschiedlich automatisierte Maschinentypen genommen. Die Pressmaschine der Luffa GmbH ist im Fertigungsablauf voll integrationsfähig und damit erst im Laufe des nachfolgenden Geschäftsjahres betriebsbereit. Die Pressmaschine der Zobbel AG kann dagegen als teilintegrierte Fertigungsanlage im aktuellen Geschäftsjahr fertiggestellt werden. Die Pressmaschine wird organisatorisch dem Produktionsbereich der Grundfertigung zugewiesen.

2. Anschaffung einer **Galvanisieranlage** für die Ersetzung in der Produktion.
   Die grundsätzlichen Überlegungen der Auswahl sind bereits abgeschlossen, so dass die Realisierung unmittelbar angestoßen werden kann. Die Galvanisieranlage gehört organisatorisch im Produktionsbereich zur Endfertigung.

3. Grundsätzliche Erneuerung und Verbesserung des **EDV-Systems.**
   Organisatorisch gehört diese Investition in den Verwaltungsbereich. Die Investition „EDV-System“ besteht aus den Investitionsteilen „Hardware“ und „Software“, wobei die Hardware die Untereinheiten „Hardware-Technik“ und „Verkabelung“ besitzt. Einige Arbeiten der Verkabelung werden durch die Kostenstelle „Instandhaltung“ durchgeführt, die übrigen Arbeiten durch ein Fremdunternehmen. Die Software soll speziell für die Fajalt GmbH auf ihre individuellen Bedürfnisse hin durch ein Fremdunternehmen entwickelt werden.

4. Anschaffung eines weiteren **Transportfahrzeugs** für die Auslieferung.
   Die Vorverhandlungen mit der Spezifizierung des Fahrzeuges und des Lieferunternehmens sind in die Wege geleitet worden und stehen vor dem Abschluss. Das Transportfahrzeug soll dem Vertriebsbereich der Auslieferung zukommen.

Die Aufbauorganisation der Fajalt GmbH zeigt einen kaufmännischen und einen technischen Bereich. Der kaufmännische Bereich ist in den Verwaltungsbereich und den Vertriebsbereich gegliedert, während der technische Bereich in den Produktionsbereich und den Instandhaltungsbereich eingeteilt ist. Der Verwaltungsbereich besitzt eine einzige Verwaltungsstelle, während der Vertriebsbereich eine Untergliederung in die Vertriebsstellen Verkauf und Auslieferung aufweist. Der Produktionsbereich besteht aus den zwei Produktionsstellen Grundfertigung und Endfertigung, der Instandhaltungsbereich hat eine Instandhaltungsstelle.

Abb. 2.10: Fallbeschreibung für die Fajalt GmbH

Zwischen der Organisationsstruktur und den Investitionsvorhaben besteht eine doppelte Beziehung. Nach dem Organigramm der Fajalt GmbH werden in der Verantwortung die einzelnen Investitionsvorhaben den Unternehmensbereichen und hier schließlich den Kostenstellen zugewiesen, so dass das Investitionsprogramm in der Strukturierung der Gebildeorganisation der Fajalt GmbH folgt. Den Zusammenhang zwischen Organigramm und Investitionsvorhaben für das Fallbeispiel Fajalt GmbH bringt die Abbildung 2.11 zum Ausdruck.

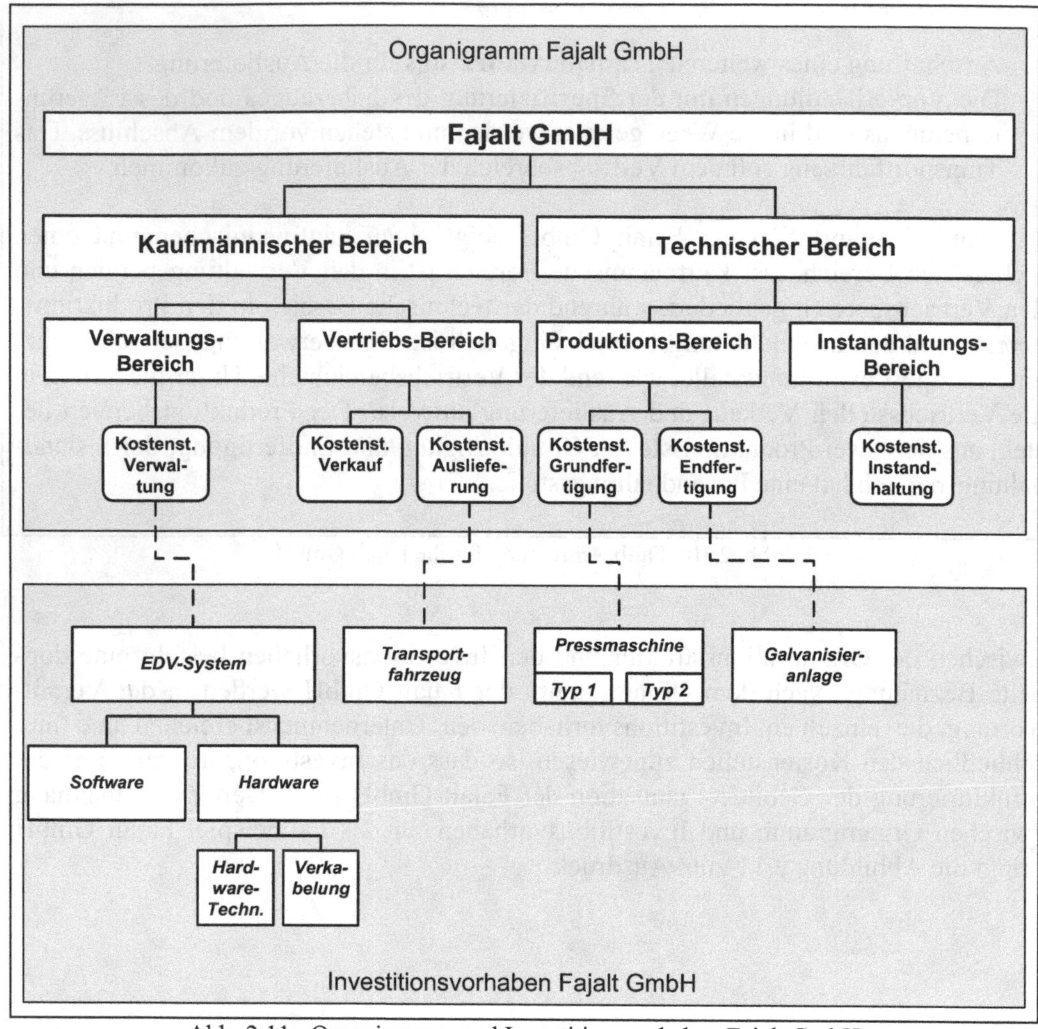

Abb. 2.11: Organigramm und Investitionsvorhaben Fajalt GmbH

2.3.2 Einbettung des Fallbeispiels Fajalt GmbH in SAP ECC

Im Mittelpunkt steht der Einsatz der SAP-Anwendungskomponente Investitionsmanagement (IM), die mit ihren Teilkomponenten speziell zur Unterstützung der Verwaltung von Investitionen zur Verfügung steht. Darüber hinaus werden weitere Anwendungskomponenten, wie Finanzwesen (FI) mit einigen Teilkomponenten, Controlling (CO) mit einer Teilkomponente und Projektsystem (PS) mit zwei Teilkomponenten, herangezogen und miteinander verzahnt. Abbildung 2.12 soll die Einbettung der Anwendungskomponente IM zu anderen Komponenten schematisiert aufzeigen.

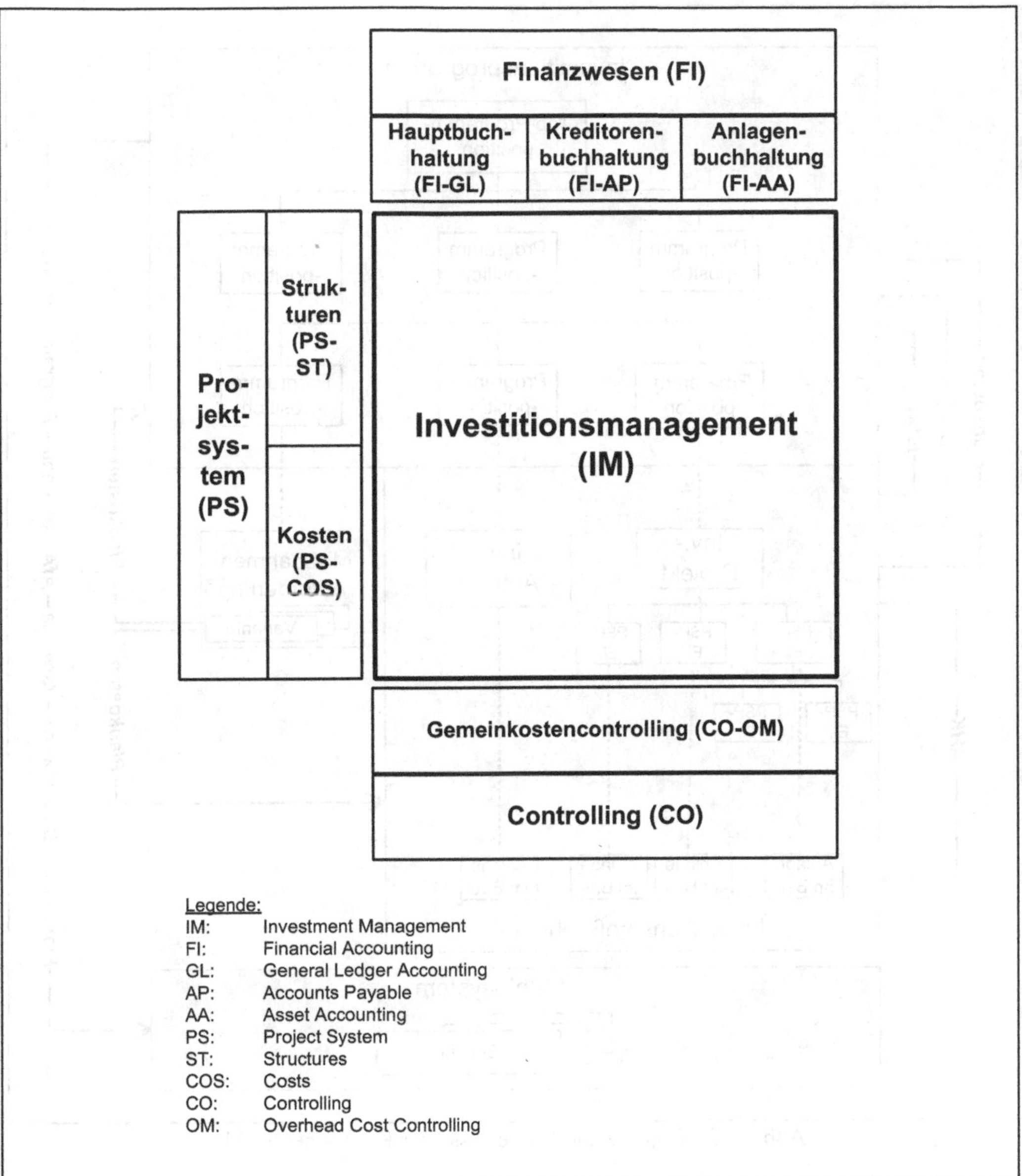

Abb. 2.12: Verzahnung der SAP-Anwendungskomponenten für die Fajalt GmbH

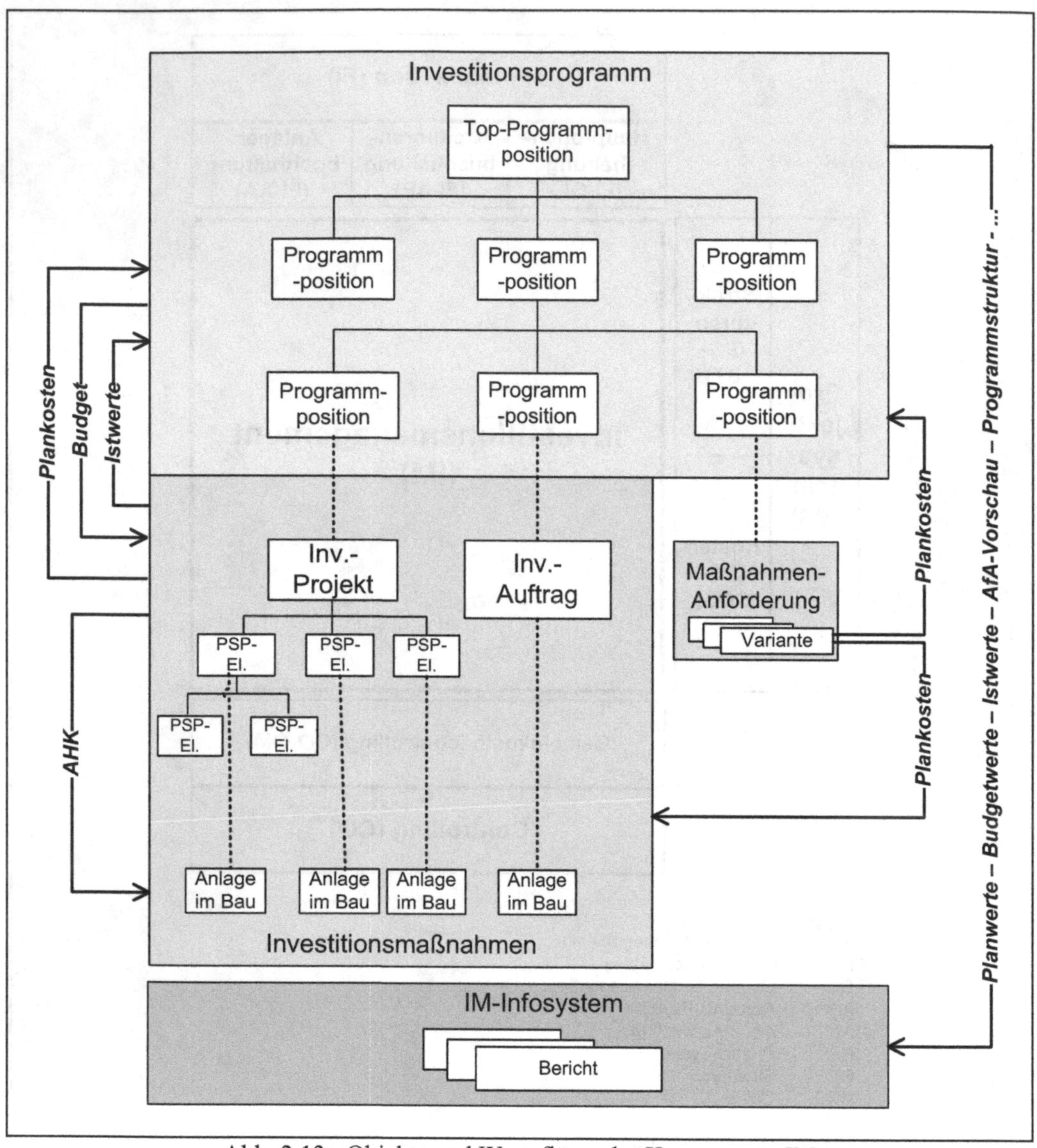

Abb. 2.13: Objekte und Werteflüsse der Komponente IM

Die Abbildung 2.13 zeigt wesentliche Objekte und Werteflüsse der Komponente IM.

Das Investitionsprogramm besitzt eine hierarchische Struktur und besteht aus einer TOP-Programmposition mit untergeordneten Programmpositionen. Den Positionen auf der untersten Ebene können Investitionsmaßnahmen und Investitionsmaßnahmen-anforderungen zugeordnet (untergehängt) werden.

Investitionsmaßnahmen lassen sich durch PSP-Elemente (Projektstrukturplanelemente) von Investitionsprojekten oder Investitionsaufträge realisieren, die derivative Objekte der Anwendungskomponente IM sind. Sie unterscheiden sich von den klassischen CO-Objekten PSP-Elemente bzw. Aufträge durch die Zuordnung einer Anlage im Bau.

Investitionsanträge können in Maßnahmenanforderungen als originäre Objekte der Komponente IM abgebildet und zur frühzeitigen Einbeziehung der Plankosten in die Gesamtplanung des Investitionsprogramms einer Programmposition zugeordnet werden. Eine Maßnahmenanforderung wird konkretisiert über alternative Varianten.

Die Pfeile sollen die Werteflüsse zwischen den Objekten angeben. Die Planung erfolgt in der Regel buttom-up, geplant wird auf den Investitionsmaßnahmen, und die Plankosten werden auf die Programmpositionen hochgerollt. Budgetiert wird normalerweise top-down, die Budgets werden zunächst auf die Programmpositionen verteilt und von dort auf die zugeordneten Maßnahmen weitergegeben. Belastungen mit Istkosten werden direkt auf den Investitionsmaßnahmen kontiert und über die Programmpositionen zusammengeführt.

Wird eine Variante einer Maßnahmenanforderung zur potenziellen Realisierung ausgewählt, so werden die Plankosten dieser Variante in die Kostenplanung der Maßnahmen übergeleitet.

Die aktivierungsfähigen Kostenbelastungen auf Maßnahmen werden als Anschaffungs- bzw. Herstellungskosten (AHK) auf die zugeordneten Anlagen im Bau abgerechnet.

Schließlich können Planwerte, Budgetwerte, Istwerte, Abschreibungsvorschauwerte, Programmstruktur und anderes über Berichte im IM-Informationssystem aufgerufen und analysiert werden.

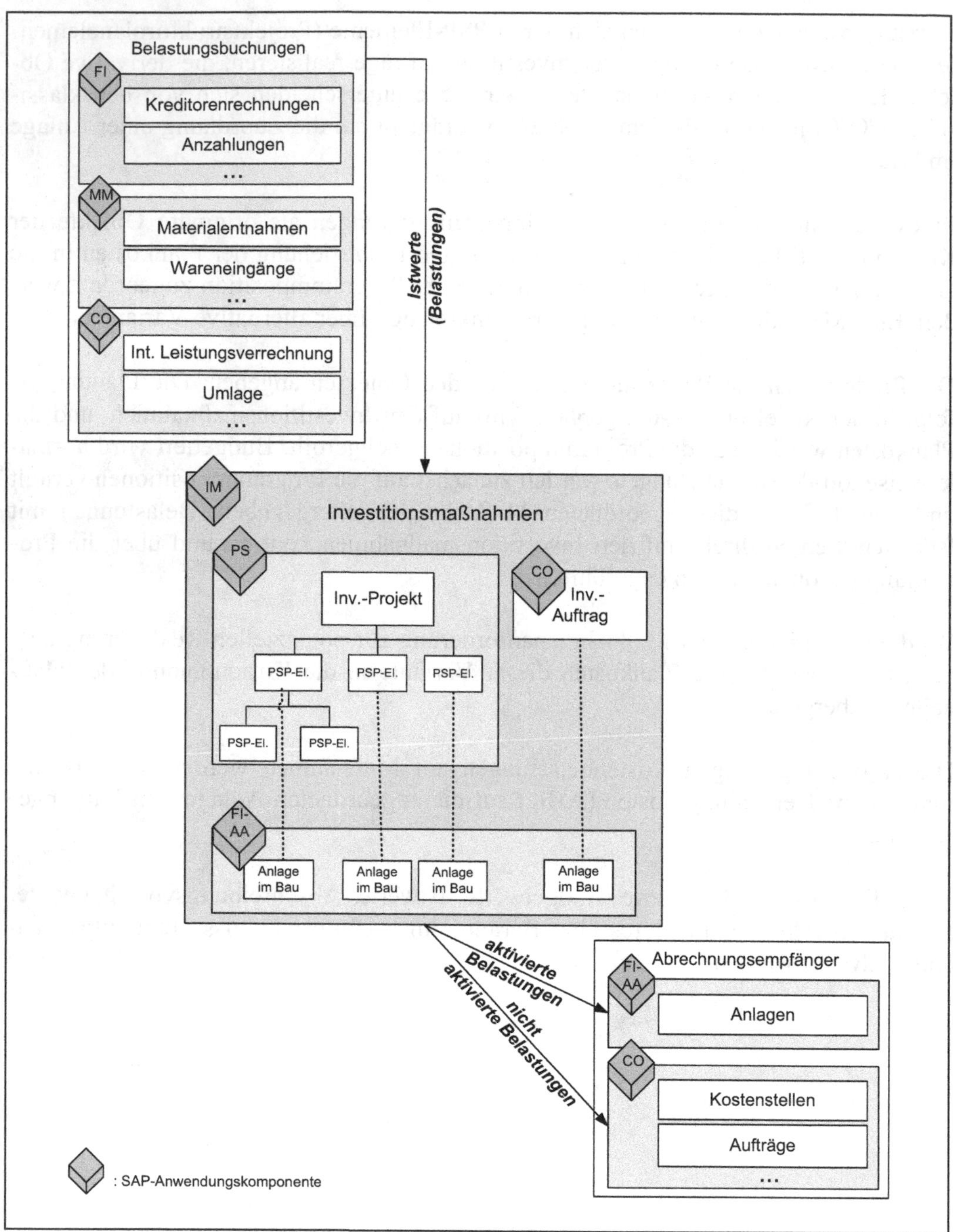

Abb. 2.14: Integration der Komponente IM

Die Abbildung 2.14 konkretisiert die Integration der Anwendungskomponente IM mit anderen SAP-Anwendungskomponenten.

Zur Abbildung von Investitionsmaßnahmen verwendet IM Aufträge der Komponente CO-OM (Gemeinkostencontrolling) und PSP-Elemente der Komponente PS (Projektsystem). Die Integration mit der Anlagenbuchhaltung FI-AA stellt die Aktivierung der bilanzierungsfähigen Kosten auf Anlagen sicher. Belastungen mit Istwerten werden gebucht in der Komponente

- FI (Finanzwesen) über z. B. Kreditorenrechnungen und Anzahlungen,
- MM (Materialwirtschaft) über z. B. Materialentnahmen und Wareneingänge,
- CO (Controlling) über z. B. interne Leistungsverrechnungen und Umlagen.

Im Rahmen einer endgültigen Abrechnung der Kosten von Investitionsmaßnahmen gehen die aktivierten Belastungen auf (fertige) Anlagen der Komponente FI-AA (Anlagenbuchhaltung), während die nicht zu aktivierenden Belastungen in CO (Controlling), z. B. über Kostenstellen oder Aufträge, abgegrenzt werden.

Abbildung 2.15 zeigt zusammengefasst auf einer Seite Struktur und Ergebnis der Fallstudie Fajalt GmbH. Anhand dieser Übersicht lässt sich für den Leser und Teilnehmer das jeweilige Stadium, in dem sich die Investitionsverwaltung der Fajalt GmbH befindet, nachvollziehen, um am Ende der Fallbeispielbehandlung die in der Abbildung dargestellte Situation zu erreichen.

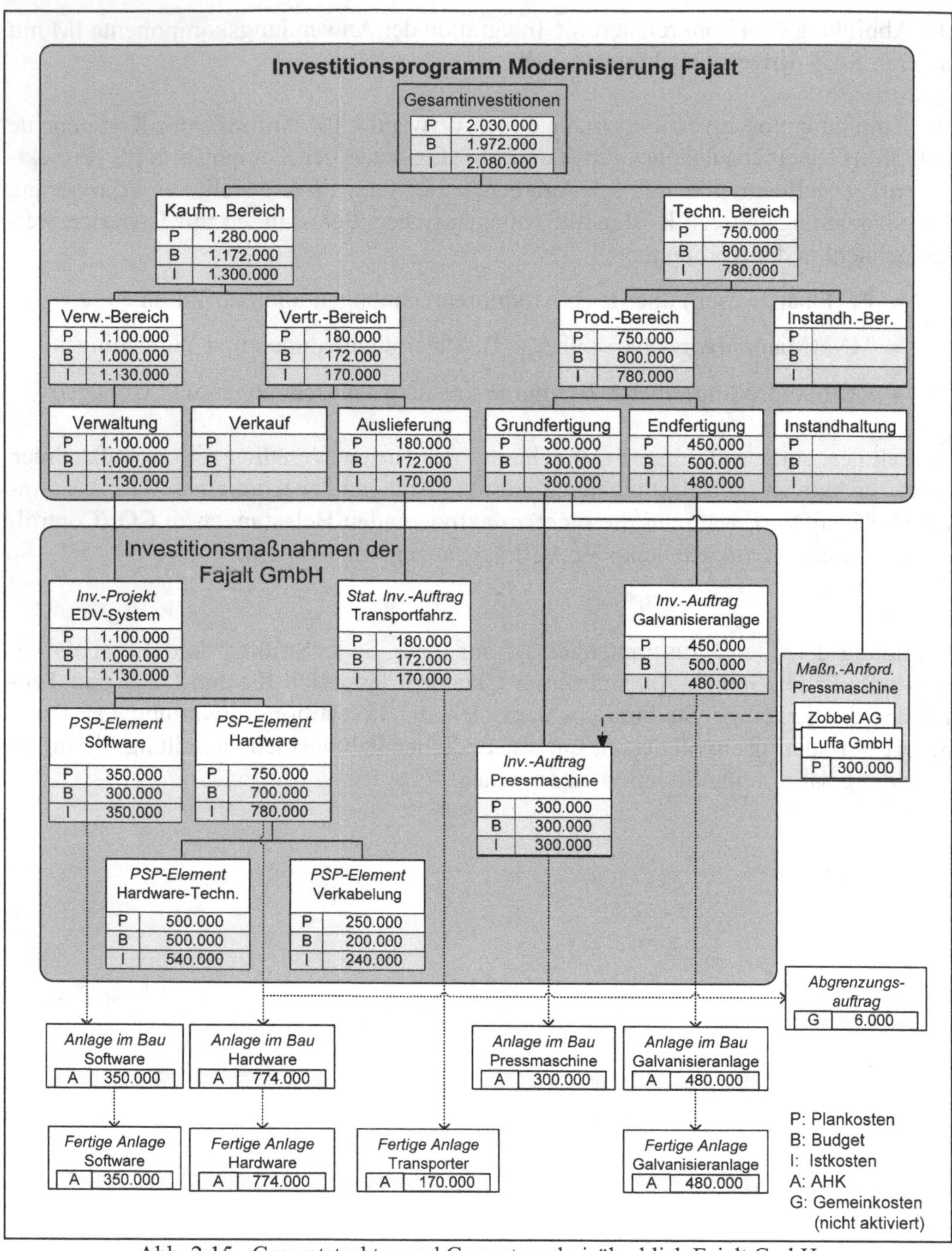

Abb. 2.15: Gesamtstruktur und Gesamtergebnisüberblick Fajalt GmbH

2.4 Aufbau eines Workshop in IM

2.4.1 Seminarablauf im Workshop

Über die Durchführung eines Workshop zum Thema „Investitionsmanagement in einem Unternehmen unter Einsatz der Standardsoftware SAP ECC“ sollen die Teilnehmer in die Lage versetzt werden, alle erforderlichen Aktivitäten, die der unternehmenszentrale Geschäftsprozess Investitionsmanagement bewirkt, über das SAP-System abzubilden, systemtechnisch im Handling auszuführen und betriebswirtschaftlich zu analysieren.

Im Sinne der Outputorientierung von Auffassen, Verstehen, Anwenden und Internalisieren sollen die Teilnehmer des Workshop bestimmte operationale Erkenntnisziele erlangen. Diese können wie folgt formuliert werden:

- Die Teilnehmer erkennen die Notwendigkeit eines durchgängig gehaltenen und ganzheitlich gestalteten betriebswirtschaftlichen Investitionsmanagement für die Unternehmenspraxis und verstehen die Vernetztheit der einzelnen betrieblichen Teilkomplexe.

- Die Teilnehmer können die im SAP-Standardsystem vorhandenen Funktionalitäten für ein Investitionsmanagement anführen, erläutern, begründen und einsetzen.

- Die Teilnehmer sind imstande, im SAP-Standardsystem für ein Investitionsmanagement die entsprechenden Customizingeinstellungen und die Stammdatenpflege vorzunehmen sowie die konkreten (Bewegungs-)Daten für IM umzusetzen und die Inhalte hinsichtlich Objekte und Werteflüsse zu interpretieren.

- Die Teilnehmer kombinieren Arbeitsmethoden und berufstypische Kenntnisse und transferieren diese in die SAP-Anwendungen für ein effizientes Investitionsmanagement.

Zeitrahmen und Ausgestaltung eines Workshop im Investitionsmanagement mit SAP hängen unter anderem von den Vorkenntnissen der Teilnehmer, den vorgenommenen Zusammenfassungen und Erläuterungen sowie dem Tageszeitumfang und den Pausenregelungen ab.
Für eine Kompaktveranstaltung hat sich die in den Abbildungen 2.16 bis 2.18 entwickelte Konzeption des Workshop-Aufbaus bewährt.

1. Seminartag

Zeit	Ort	Personen	Inhalt
Beginn			
09.00 – 10.30	Plenum	Jandt/ Falk-Kalms	Einleitungsteil: Begrüßung/Organisation/Seminarablauf/Seminarunterlagen; Allgemeiner Teil IM-Seminar: Betriebswirtschaftliches Investitionsmanagement in Verbindung mit SAP IM; Fallbeispiel „Fajalt GmbH".
10.30 – 11.00	Plenum	Falk-Kalms	SAP ECC: Überblick und Komponenten; Hinweise zu den Bedienungsgrundlagen in M 0.
11.00 – 11.20	Plenum	Jandt	Grundeinstellungen mit den Fajalt-Abbildungen „Was ist zu tun" für M 01 bis M 04.
11.20 – 13.15	PC-Raum	Teilnehmer	Eingaben M 01 bis M 04.
Mittagspause			
14.00 – 14.15	Plenum	Jandt	Fajalt-Abbildungen „Was ist zu tun" für M 05 und M 06.
14.15 – 15.00	PC-Raum	Teilnehmer	Eingaben M 05 und M 06.
15.00 – 15.45	Plenum	Falk-Kalms	Erläuterungen zu den Grundeinstellungen (M 01 bis M 06).
15.45 – 16.00	Plenum	Jandt	Fajalt-Abbildungen „Was ist zu tun" für M 07 und M 08.
16.00 – 16.45	PC-Raum	Teilnehmer	Eingaben M 07 und M 08.
16.45 – 16.55	Plenum	Jandt	Fajalt-Abbildungen „Was ist zu tun" für M 09 und M 10.
16.55 – 17.30	PC-Raum	Teilnehmer	Eingaben M 09 und M 10.
Ende			

Abb. 2.16: Ablaufplan Workshop IM erster Seminartag

2. Seminartag

Zeit	Ort	Personen	Inhalt
Beginn			
09.00 – 10.30	Plenum	Jandt/ Falk-Kalms	Wiederholung und Festigung vom Vortag: Grundeinstellungen für IM außerhalb der Komponente IM mit Klassifizierung über Karten mittels Pinnwand (sog. Dach für IM) durch die Teilnehmer mit deren Kurzerläuterung.
10.30 – 10.50	Plenum	Jandt	Fajalt-Abbildungen „Was ist zu tun" für M 11 und M 12.
10.50 – 12.00	PC-Raum	Teilnehmer	Eingaben M 11 und M 12.
12.00 – 12.45	Plenum	Falk-Kalms	Erläuterungen zu den Einstellungen in IM (M 07 bis M 12).
Mittagspause			
13.30 – 14.15	Plenum	Jandt/ Falk-Kalms	Wiederholung und Festigung: Grundeinstellungen in IM über Karten mittels Pinnwand (sog. Gerüst für IM) durch die Teilnehmer mit deren Kurzerläuterung.
14.15 – 14.30	Plenum	Jandt	Fajalt-Abbildungen „Was ist zu tun" für M 13 und M 14.
14.30 – 15.15	PC-Raum	Teilnehmer	Eingaben M 13 und M 14.
15.15 – 15.30	Plenum	Jandt	Fajalt-Abbildungen „Was ist zu tun" für M 15 und M 16.
15.30 – 16.10	PC-Raum	Teilnehmer	Eingaben M 15 und M 16.
16.10 – 16.25	Plenum	Jandt	Fajalt-Abbildungen „Was ist zu tun" für M 17 und M 18.
16.25 – 17.05	PC-Raum	Teilnehmer	Eingaben M 17 und M 18.
Ende			

Abb. 2.17: Ablaufplan Workshop IM zweiter Seminartag

3. Seminartag

Zeit	Ort	Personen	Inhalt
Beginn			
09.00 – 10.45	Plenum	Jandt/ Falk-Kalms	Wiederholung und Festigung von den Vortagen: Präsentation ausgewählter Steuerungsparameter in der Komponente IM durch die Teilnehmer im SAP-Standardsystem bezüglich der Kriterien Funktion und Verknüpfung.
10.45 – 11.00	Plenum	Jandt	Fajalt-Abbildungen „Was ist zu tun“ für M 19.
11.00 – 12.00	PC-Raum	Teilnehmer	Eingaben M 19.
12.00 – 12.45	Plenum	Falk-Kalms	Erläuterungen zu den Umsetzungen in IM (M 13 bis M 19).
Mittagspause			
13.30 – 13.45	Plenum	Jandt	Fajalt-Abbildungen „Was ist zu tun“ für M 20.
13.45 – 14.30	PC-Raum	Teilnehmer	Eingaben M 20.
14.30 – 14.45	Plenum	Jandt	Fajalt-Abbildungen „Was ist zu tun“ für M 21.
14.45 – 15.30	PC-Raum	Teilnehmer	Eingaben M 21.
15.30 – 16.00	Plenum	Falk-Kalms	Erläuterungen zu den Umsetzungen in IM (M 20 und M 21).
16.00 – 16.45	Plenum	Jandt/ Falk-Kalms	Wiederholung und Festigung: Umsetzungen in IM über Karten mittels Pinnwand (sog. Füllung für IM) durch die Teilnehmer mit deren Kurzerläuterung.
16.45 – 17.10	Plenum	Jandt/ Falk-Kalms	Schlussteil: Abschließende Diskussion und Verabschiedung.
Ende			

Abb. 2.18: Ablaufplan Workshop IM dritter Seminartag

2.4.2 Strukturmerkmale des Workshop

Um ein unternehmensbezogenes Investitionsmanagement betriebswirtschaftlich begründbar und hinterfragbar darzustellen und um die Funktionalitäten, die das SAP-Standardsystem im Investitionsmanagement bietet, erfahrbar und nachvollziehbar auszugestalten, werden verschiedene Arbeitstechniken und Lernmethoden benutzt. Der Methodenmix soll dem Teilnehmer eine Inhaltsansprache auf unterschiedlichen Kommunikationsebenen ermöglichen.

1. Das betriebswirtschaftliche Investitionsmanagement wird in Kapitel eins als ein umfassender und integrierender Ansatz verstanden. Investitionsmanagement ist weit mehr als die Lehre von Verfahren der Investitionsrechnung, wie sich die Werke zur Investition hauptsächlich präsentieren. Empfohlen wird es, dieses Kapitel vor Beginn des Workshop durchgearbeitet zu haben.

2. Zum Auftakt des Workshop (Kapitel zwei) wird ein Überblick über das Standardsystem SAP ECC gegeben, seine Anwendungsbereiche und Anwendungskomponenten aufgezeigt, die für den Workshop zentrale Anwendungskomponente Investitionsmanagement in ihren Grundstrukturen offengelegt und die Vernetzung der SAP-Komponenten erörtert. Des weiteren wird das integrierte Fallbeispiel „Fajalt GmbH“, welches die gesamte SAP-Anwendung durchziehen soll, erläutert, und die Investitionsvorhaben in die Organisation der Fajalt GmbH eingefügt. Anschließend wird der Einsatz des SAP-Systems für das Fallbeispiel Fajalt GmbH verdeutlicht.

3. Der Einsatz des SAP-Systems erfolgt gestreckt über 21 Module und konkret auf Basis des Fallbeispiels Fajalt GmbH. Vor dem Tastenteil, den jeder Teilnehmer gebeten wird durchzuführen, wird für die jeweiligen Module nach und nach jeweils eine Erläuterung des Inhalts im Plenum dargeboten, die mit einer Arbeitsanleitung „Was ist zu tun“ schließt.

4. Die Teilnehmer führen ihr eigenes Unternehmen „Fajalt GmbH“ und damit ihr eigenständiges Investitionsvorhaben. Im leeren, geringfügig voreingestellten SAP-Standardsystem SAP ECC führen die Teilnehmer vollständig die Tastenarbeiten durch. Sie werden innerhalb des jeweiligen Moduls konsequent durch alle zu vollziehenden Aktivitäten geleitet und können schrittweise alle Eingaben mit ihren Ergebnissen im zu bearbeitenden Modultext wieder finden. Wünschenswert ist es, wenn die Teilnehmer im Laufe ihrer Arbeiten im System Hilfefunktionen, SAP-Dokumentation und Glossar sukzessiv unterstützend hinzuziehen, um auch die SAP-Bibliothek zu Rate zu ziehen.

Die im vorgeschlagenen Ablaufplan des Workshop angegebenen Zeiten für die Eingaben sind Erfahrungswerte. Sie können je nach Kenntnisgrad der Teilnehmer abweichen. Insbesondere kann es in den letzten Modulen zu zeitlichen Abweichungen kommen, die ihre Begründung in Eingabefehlern der Teilnehmer haben. Im Umsetzungsteil wird sich dann ergeben, dass bestimmte Funktionalitäten nicht benutzt werden können, weil in vorhergehenden Modulen einzelne Customizingeinstellungen nicht vorgenommen oder Stammsätze nicht oder nicht vollständig gepflegt worden sind. In diesem Falle müssen diese Angaben nachträglich vorgenommen werden, und es muss auf die vorherigen Module zurückgegangen werden.

5. Nach Beendigung homogener Module wird eine Zusammenfassung vorgestellt und mit den Teilnehmern gemeinsam durchgegangen. Diese Überlegungen werden SAP-systemtechnisch und betriebswirtschaftlich ausgerichtet.
   Ferner wird im Plenum mit den Teilnehmern für die großen thematischen Blöcke „Grundeinstellungen außerhalb IM" (sog. Dach), „Einstellungen in IM" (sog. Gerüst) und „Umsetzungen für IM" (sog. Füllung) über eine Pinnwand durch die von Dozenten vorbereiteten Kärtchen eine Strukturierung vorgenommen. Die Teilnehmer erhalten jeweils Kärtchen mit einem Ausdruck (z. B. einer Organisationseinheit, einem SAP-Objekt oder einem Tätigkeitskomplex) mit der Bitte, das Kärtchen an der richtigen Stelle auf der Pinnwand zu positionieren und zu erläutern, was der Ausdruck auf dem eigenen Kärtchen bedeutet, wofür diese Einheit dient und warum es an dieser Stelle auf der Pinnwand zu platzieren ist.
   Darüber hinaus werden im Plenum einzelne Analysefragen erörtert, die eine besondere Relevanz für ein betriebswirtschaftliches Investitionsmanagement aufweisen; dies kann sich z. B. auf erzeugte Berichte aus dem SAP-System beziehen wie Abschreibungsvorschau, berechnete Wirtschaftlichkeitskennzahlen, budgetierte Werte.
   Überdies werden von Teilnehmern angeregte Fragestellungen aufgegriffen und im Rahmen des Plenums diskutiert sowie die während der Eingaben entstehenden Einzelfragen individuell behandelt.

Die Abbildungen 2.19 bis 2.22 zeigen Teilnehmer eines Workshop zum Investitionsmanagement mit SAP während der Tasteneingaben im PC-Raum (Abbildung 2.19), bei Arbeiten im Plenumsraum (Abbildungen 2.20 und 2.21) und bei Darlegungen an der Pinnwand (Abbildung 2.22).

Abb. 2.19: Arbeiten im PC-Raum

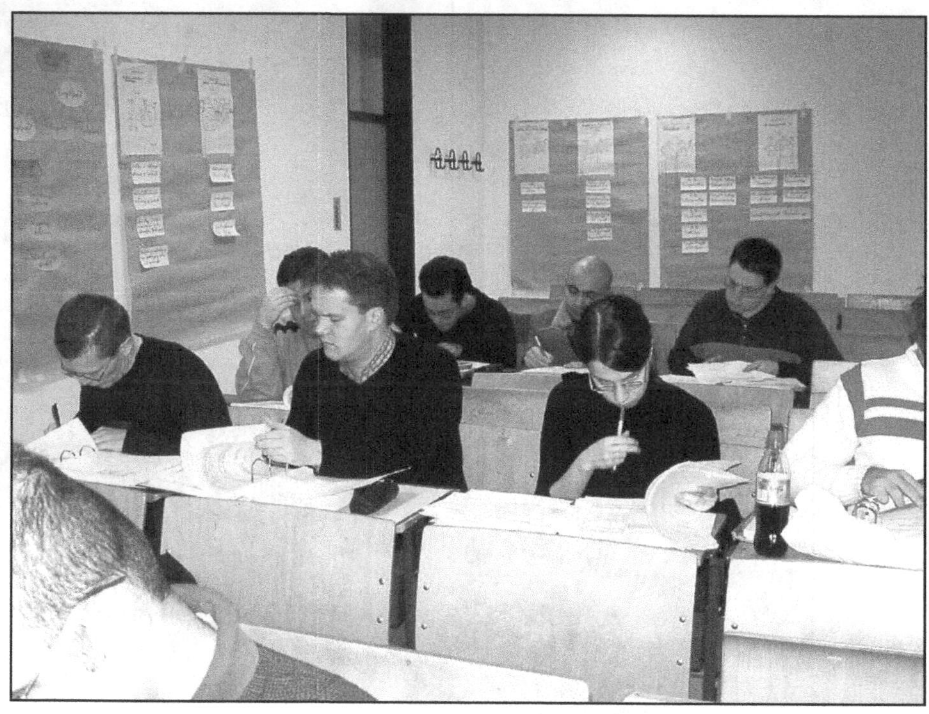

Abb. 2.20: Arbeiten im Plenumsraum 1

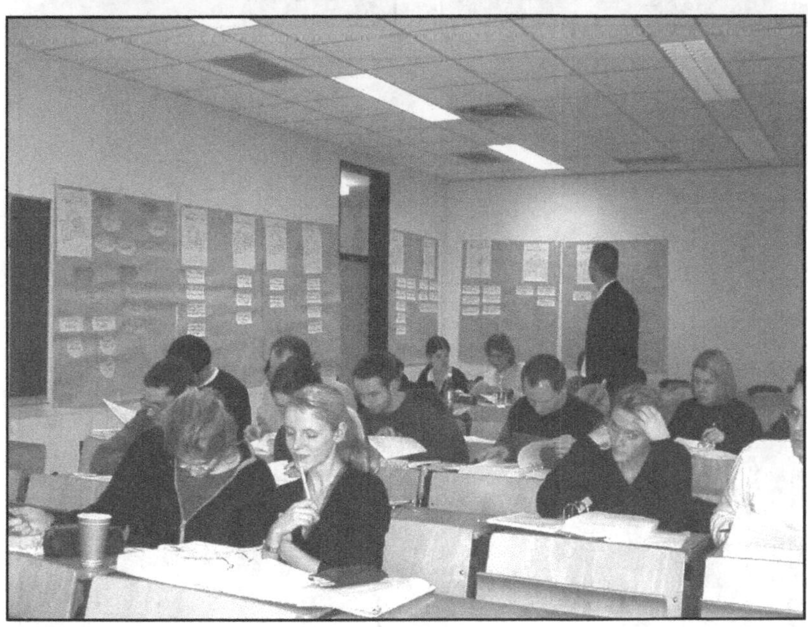

Abb. 2.21: Arbeiten im Plenumsraum 2

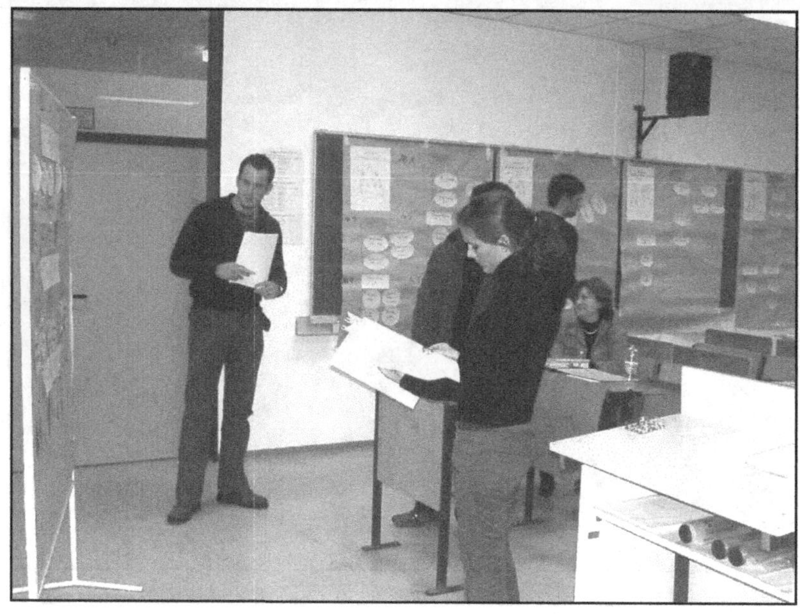

Abb. 2.22: Arbeiten an der Pinnwand

2.5 Bedienungsgrundlagen zu SAP ECC

SAP ECC verlangt zu seiner Nutzung ein bestimmtes Procedere für die Benutzung von Funktionalitäten im Customizing- und im Anwendungsmenü sowie für An- und Abmeldung. Die Anleitung hierzu wird in diesem Kapitel als Bedienungsgrundlagen in einem Modul 0 dargestellt, in welchem ansonsten noch keine Umsetzung des Fallbeispiels Fajalt GmbH erfolgt.

Durch den zweispaltigen Aufbau des ausführlichen "Tastenteils" mit "Eingabe/Auswahl" und "Anzeige" wird der Leser/Teilnehmer durch die Umsetzung des in die Module 1 bis 21 gegliederten Fallbeispiels geführt, so dass keine SAP-Vorkenntnisse erforderlich sind.

Zur Unterstützung des Verständnisses stehen im Anhang Datentabellen zur Verfügung, die Stamm-, Struktur- und Bewegungsdaten des Fallbeispiels enthalten.

Jeder Teilnehmer bzw. jedes Teilnehmerteam soll ein eigenständiges Investitionsvorhaben Fajalt in einem "eigenen Unternehmen" Fajalt GmbH (= Buchungskreis im SAP-System) umsetzen. Wir unterstellen, dass die Teilnehmer in einem "leeren" SAP-Standardsystem arbeiten, also sämtliche erforderlichen Customizing-Einstellungen für die Fallstudie selbst ausführen müssen.

Ausnahmen bilden einige wenige administrative Einstellungen, wie z. B. das Einrichten von Benutzerkennungen für die Teilnehmer oder andere Einstellungen, die auf Mandantenebene erfolgen müssen. Einzelheiten dazu enthält der Anhang 6.2 "Hinweise für den Systemadministrator".

Die Teilnehmer führen also sowohl Funktionalitäten des Customizing als auch Funktionalitäten in der betriebswirtschaftlichen Anwendung aus (Abb. 2.23). Daher ist es erforderlich, sich in zwei unterschiedlichen Menüs des SAP-Systems zu bewegen:

- für das **Customizing** im sogenannten Einführungsleitfaden, einem Werkzeug für die kundenspezifische Anpassung des SAP-Systems, auch als SAP-Referenz-IMG (Implementation Guide) bezeichnet;
- für die **betriebswirtschaftliche Anwendung** im Standard SAP-(Anwendungs-)Menü, das unter SAP Easy Access bei jedem Start das SAP-Systems angezeigt wird.

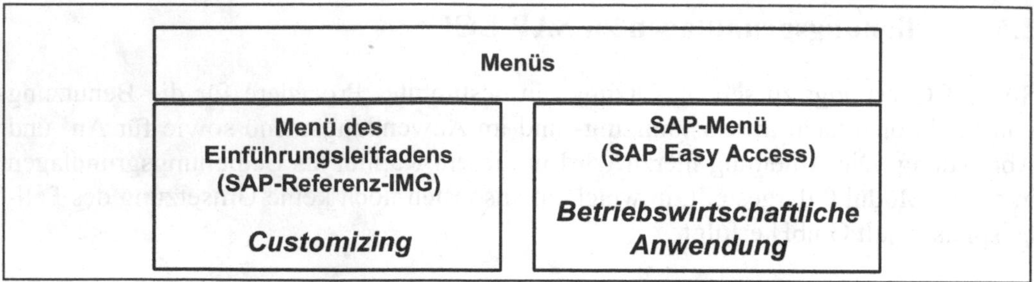

Abb. 2.23: Hauptarbeitsweisen für die Fallstudie Fajalt GmbH
(in Anlehnung an Klenger/Falk-Kalms, Kostenträgerrechnung mit SAP R/3®, S. 105)

Die Abb. 2.24 zeigt – als Prinzipskizze – wie man aus dem SAP-Menü in den Einführungsleitfaden gelangt.

SAP-Menü (SAP Easy Access)

Büro

Anwendungsübergreifende Komponenten

Collaboration Projects

Logistik

Rechnungswesen

Personal

betriebswirtschaftliche Anwendungen

Infosysteme

Werkzeuge

Customizing (Einführungsleitfaden, SAP-Referenz-IMG)

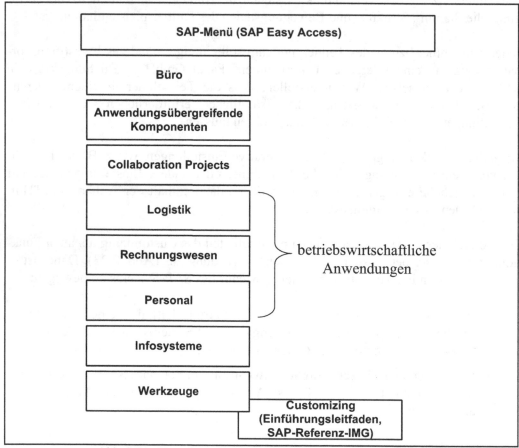

Abb. 2.24: Vom SAP-Menü zum Einführungsleitfaden (Prinzip)
(in Anlehnung an Klenger/Falk-Kalms, Kostenträgerrechnung mit SAP R/3®, S. 106)

Die konkrete Menüführung im SAP-Standardsystem liefert die Abbildung 2.25.

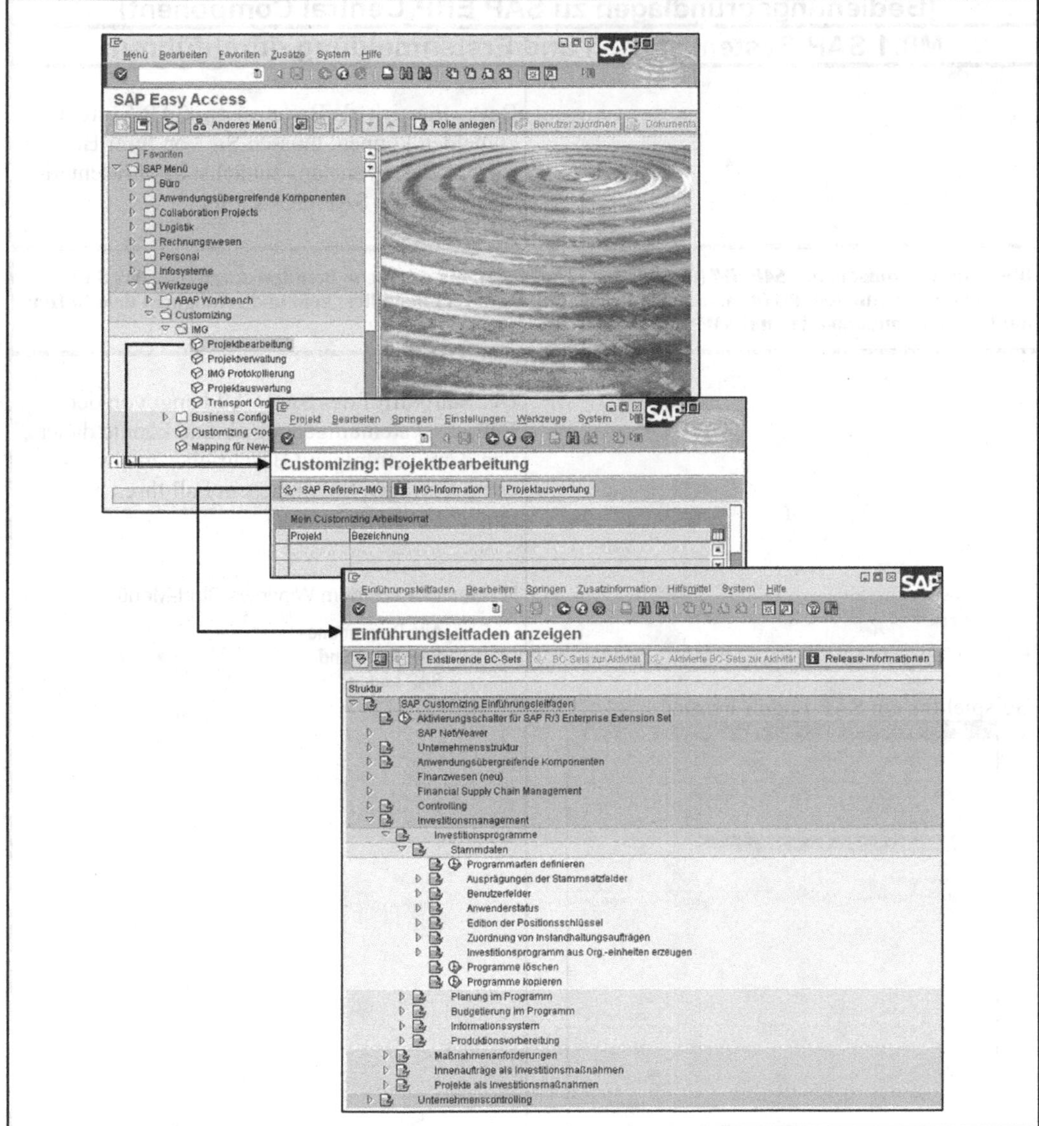

Abb. 2.25: Vom SAP-Menü zum Einführungsleitfaden (konkret)

Anzeige	Eingabe/Auswahl

Modul 0: Arbeiten mit dem SAP-System
(Bedienungsgrundlagen zu SAP ERP Central Component)
M0.1 SAP-System starten und Erstanmeldung durchführen

Anzeige	Eingabe/Auswahl
	Bevor Sie sich als Benutzer am SAP-System anmelden können, müssen Sie von Ihrer Betriebssystemebene aus zunächst das Präsentationsprogramm SAP GUI starten.

Die Softwarekomponente *SAP GUI* (Graphic User Interface), die grafische Benutzeroberfläche des SAP-Systems, muss auf dem PC (d. h. auf dem Präsentationsserver) installiert sein und ermöglicht dem Nutzer am PC die Kommunikation mit SAP-Systemen.

Anzeige	Eingabe/Auswahl
	Der Startaufruf des SAP GUI hängt von der Betriebssystemumgebung ab und könnte daher von dem nachfolgend Beschriebenen abweichen. Befragen Sie in diesem Fall Ihren Systemverwalter. Wählen Sie aus dem Windows Start-Menü: **Alle Programme -** **SAP Front End** **SAP Logon**
Beispiel für ein SAP Logon-Fenster: 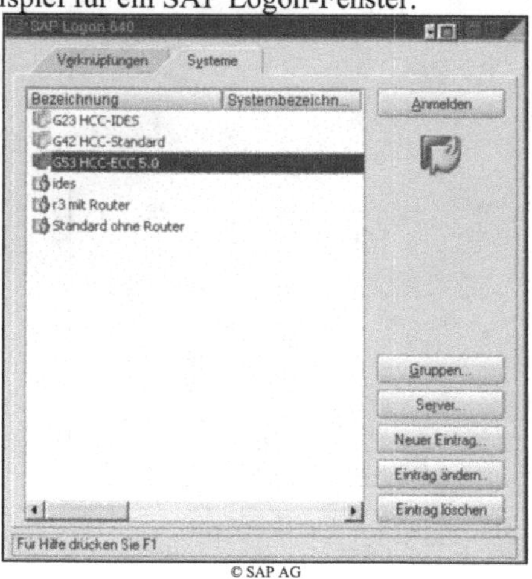 © SAP AG	SAP Logon ist ein Windows-Programm, mit dem Sie sich auf Windows-PCs an SAP-Systemen anmelden können. Es zeigt eine Liste der verfügbaren SAP-Systeme an.

Anzeige	Eingabe/Auswahl
	Wählen Sie im SAP Logon-Fenster das SAP-System, an dem Sie arbeiten wollen und klicken Sie auf Anmelden
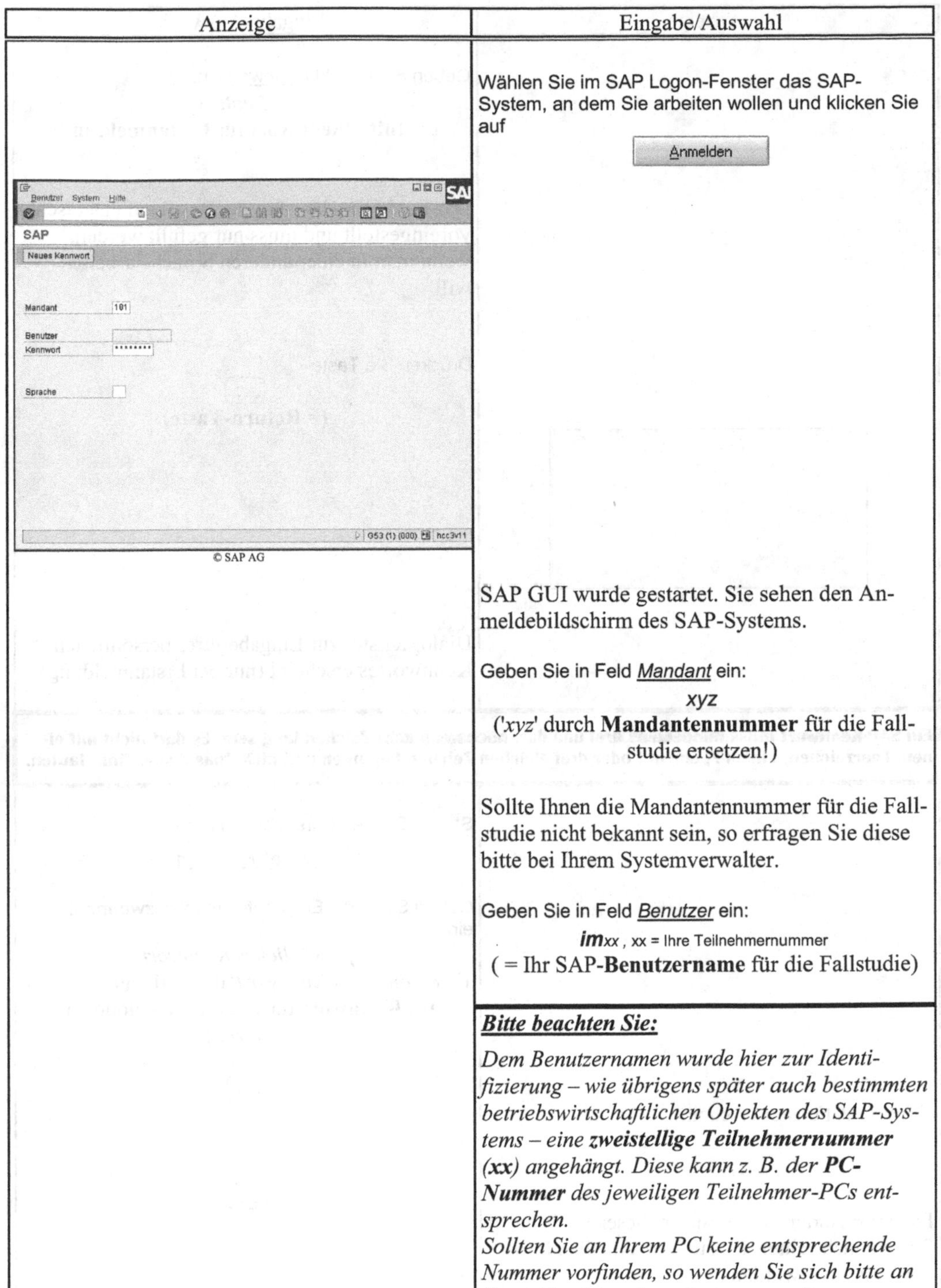 © SAP AG	SAP GUI wurde gestartet. Sie sehen den Anmeldebildschirm des SAP-Systems. Geben Sie in Feld *Mandant* ein: *xyz* ('*xyz*' durch **Mandantennummer** für die Fallstudie ersetzen!) Sollte Ihnen die Mandantennummer für die Fallstudie nicht bekannt sein, so erfragen Sie diese bitte bei Ihrem Systemverwalter. Geben Sie in Feld *Benutzer* ein: ***im****xx* , xx = Ihre Teilnehmernummer (= Ihr SAP-**Benutzername** für die Fallstudie)
	Bitte beachten Sie: *Dem Benutzernamen wurde hier zur Identifizierung – wie übrigens später auch bestimmten betriebswirtschaftlichen Objekten des SAP-Systems – eine **zweistellige Teilnehmernummer (xx)** angehängt. Diese kann z. B. der **PC-Nummer** des jeweiligen Teilnehmer-PCs entsprechen.* *Sollten Sie an Ihrem PC keine entsprechende Nummer vorfinden, so wenden Sie sich bitte an Ihren Kursleiter bzw. Systemverwalter.*

Anzeige	Eingabe/Auswahl
	Geben Sie in Feld *Kennwort* ein: ***fajalt*** (= **Initialkennwort** für **Erstanmeldung**) Das Feld Sprache ist in der Regel auf "Deutsch" voreingestellt und muss nur gefüllt werden, wenn man in einer anderen Sprache arbeiten will. Drücken Sie Taste ⏎ **(= Return-Taste)**
SAP Neues Kennwort Kennwort wiederholen © SAP AG	Dialogfenster zur Eingabe Ihres persönlichen Kennwortes erscheint (nur bei Erstanmeldung).

Ein SAP-Kennwort muss mindestens drei und darf höchstens acht Zeichen lang sein. Es darf nicht mit einem Leerzeichen, einem ?, einem ! oder drei gleichen Zeichen beginnen und nicht "pass" oder "init" lauten.

Anzeige	Eingabe/Auswahl
	Stellen Sie den Cursor auf das Feld *Neues Kennwort* Geben Sie in die Eingabefelder (also **zweimal !**) ein: *persönliches Kennwort* (*'persönliches Kennwort'* durch **Ihr gewünschtes Kennwort** für weitere Anmeldungen ersetzen) ⏎
Copyright-Fenster erscheint.	⏎
Falls vorhanden, sehen Sie an dieser Stelle das Systemnachrichten-Fenster mit aktuellen Infos der Systemverwaltung.	

Anzeige	Eingabe/Auswahl
Einstiegsbild "**SAP Easy Access**" mit **SAP Menü:**	

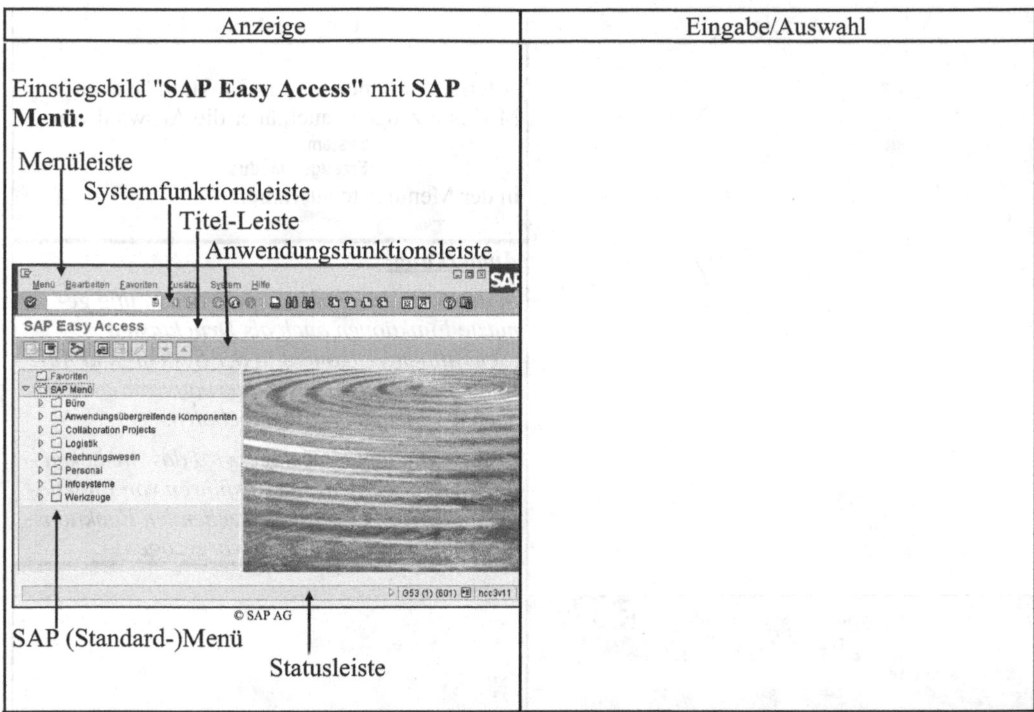

© SAP AG

SAP Easy Access heißt das Einstiegsmenü des SAP-Systems, das entweder als _SAP-Standardmenü_ alle verfügbaren Menüs des SAP-Systems umfassen kann und damit den Zugang zu sämtlichen Transaktionen (Anwendungen) bietet oder aber ein vom Systemverwalter eingeschränktes Menü als benutzerspezifischen Einstieg in das System anzeigt.

Anzeige	Eingabe/Auswahl
	Sollte das angezeigte Menü von dem hier abgebildeten **SAP-Standardmenü** abweichen, so hat Ihr Systemverwalter für Sie ein spezifisches Benutzermenü definiert. Öffnen Sie in diesem Fall das SAP-Standardmenü, indem Sie aus der Menüleiste **Menü –** **SAP Menü** wählen. Dadurch werden alle verfügbaren Menüs des SAP-Systems angezeigt.

M0.2 Weiteren SAP-Modus (Bildschirm) öffnen

Anzeige	Eingabe/Auswahl
	Klicken Sie (in der Systemfunktionsleiste) auf  (= Neuen Modus erzeugen)

Anzeige	Eingabe/Auswahl
	Alternativ können Sie die Funktion "Neuen Modus erzeugen“ auch über die Auswahl von **System –** **Erzeugen Modus** in der Menüleiste ausführen.
	Anmerkung: *In den SAP-Anwendungen werden häufig genutzte Funktionen auch als **Drucktasten** (Schaltflächen, Ikonen) in der System- und Anwendungsfunktionsleiste alternativ zur entsprechenden Menüauswahl angeboten.* *In der aktuellen Unterlage wird das Anklicken dieser Drucktasten zum Ausführen von Funktionen in der Regel der entsprechenden Funktionsauswahl in der Menüleiste vorgezogen.*
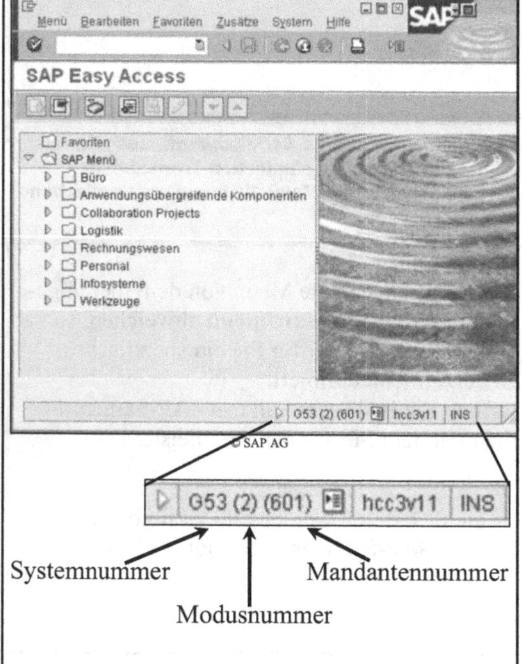 © SAP AG	Der SAP-Einstiegsbildschirm "SAP Easy Access“ erscheint in einem zusätzlichen Fenster, dem neuen Modus. Die Modusnummer (hier: 2) ist in der Statusleiste (in Klammern neben dem Systemnamen) ersichtlich.

Anzeige	Eingabe/Auswahl
Windows-Taskleiste: Start | SAP Easy Access | SAP Easy Access	In der (Windows-)Taskleiste befinden sich nun zwei Programmschaltflächen "SAP Easy Access".

M0.3 Im SAP-(Standard-)Menü arbeiten

M0.3.1 Untermenüs des SAP-Menüs öffnen

Die einzelnen *Untermenüs* im SAP-Menü lassen sich durch Mausklick auf den jeweils links vom Menüeintrag stehenden Pfeil öffnen (aufklappen) ▷ bzw. wieder schließen (zuklappen) ▽ .

Anzeige	Eingabe/Auswahl
SAP Easy Access mit **SAP Menü**	Wählen Sie im SAP-Menü die Untermenüs (jeweils durch Anklicken von ▷): **Werkzeuge -** **Customizing -** **IMG**
▽ SAP Menü ▷ Büro ▷ Anwendungsübergreifende Komponenten ▷ Collaboration Projects ▷ Logistik ▷ Rechnungswesen ▷ Personal ▷ Infosysteme ▽ Werkzeuge ▷ ABAP Workbench ▽ Customizing ▽ IMG Projektbearbeitung Projektverwaltung IMG Protokollierung Projektauswertung Transport Organizer (Erweiterte Sicht) ▷ Business Configuration Sets Customizing Cross-System Viewer Mapping für New-Dimension-Systeme ▷ Administration © SAP AG	Ausgewählte Untermenüs werden geöffnet (aufgeklappt).

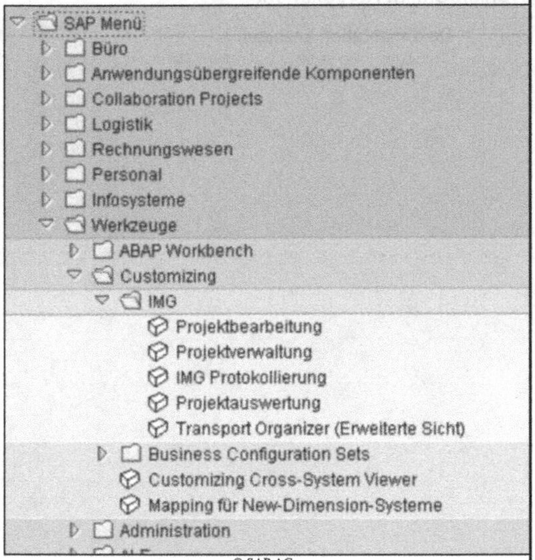

Anzeige	Eingabe/Auswahl
M0.3.2 Dokumentation zur markierten Anwendung anzeigen	
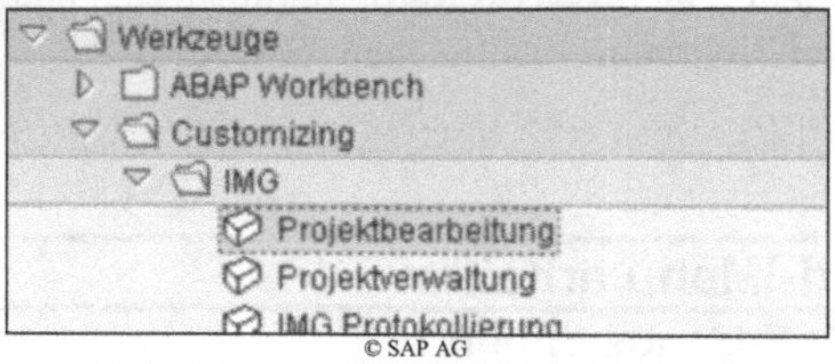 Werkzeuge ABAP Workbench Customizing IMG Projektbearbeitung Projektverwaltung IMG Protokollierung © SAP AG	Markieren Sie (durch Anklicken) im Untermenü IMG die Anwendung (Transaktion): **Projektbearbeitung**
Kontextmenü zur markierten Transaktion: 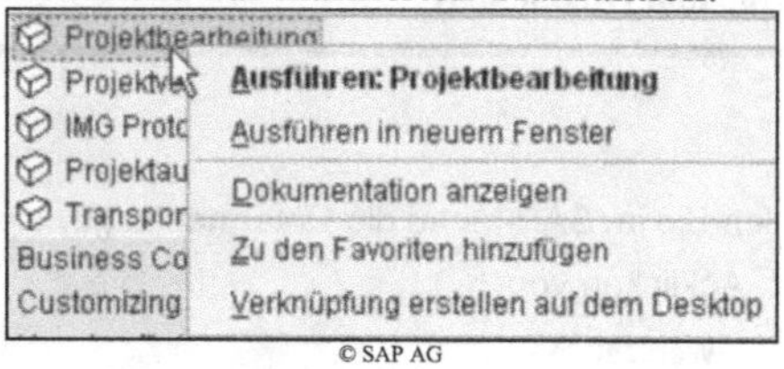 Projektbearbeitung Ausführen: Projektbearbeitung Ausführen in neuem Fenster Dokumentation anzeigen Zu den Favoriten hinzufügen Verknüpfung erstellen auf dem Desktop © SAP AG	Halten Sie den Mauszeiger auf der markierten Anwendung und drücken Sie die **rechte** Maustaste.
Online-Hilfe (Dokumentation) zur markierten Anwendung: 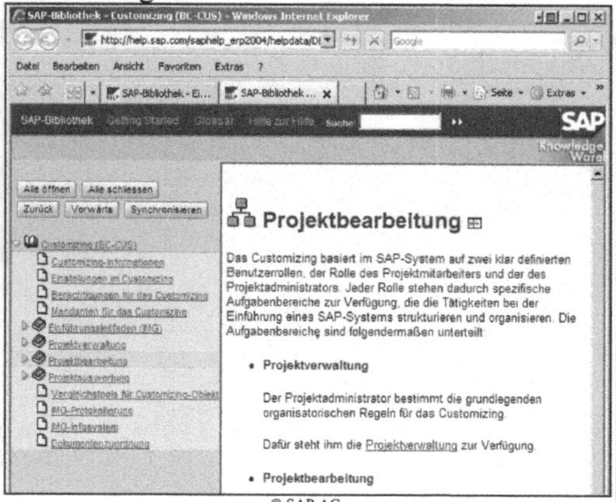 SAP-Bibliothek - Customizing (BC-CUS) - Windows Internet Explorer Projektbearbeitung Das Customizing basiert im SAP-System auf zwei klar definierten Benutzerrollen, der Rolle des Projektmitarbeiters und der des Projektadministrators. Jeder Rolle stehen dadurch spezifische Aufgabenbereiche zur Verfügung, die die Tätigkeiten bei der Einführung eines SAP-Systems strukturieren und organisieren. Die Aufgabenbereiche sind folgendermaßen unterteilt: • Projektverwaltung Der Projektadministrator bestimmt die grundlegenden organisatorischen Regeln für das Customizing. Dafür steht ihm die Projektverwaltung zur Verfügung. • Projektbearbeitung © SAP AG	Wählen Sie im Kontextmenü: **Dokumentation anzeigen**
	Das Browser-Fenster mit Online-Hilfe zur markierten Anwendung (hier: "Projektbearbeitung") wird geöffnet. Schließen Sie das Browser-Fenster wieder.

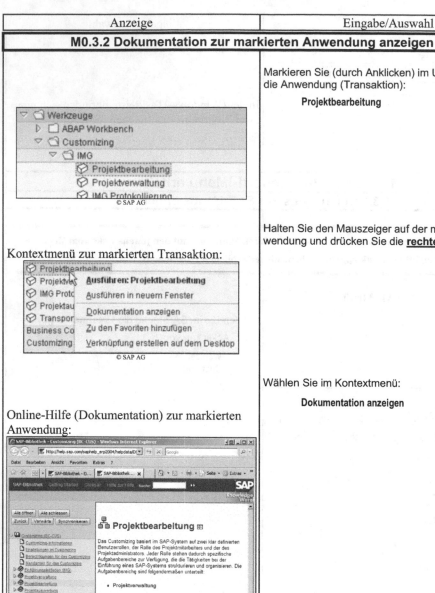

Anzeige	Eingabe/Auswahl

M0.3.3 SAP-Anwendung (Transaktion) starten

Eine Anwendung (Transaktion) (Symbol:) kann in einem geöffneten SAP-Untermenü entweder durch Doppelklick oder Anwahl (Anklicken) plus - Taste gestartet werden.

Wählen Sie (durch Doppelklicken) im Untermenü IMG die Transaktion:

Projektbearbeitung

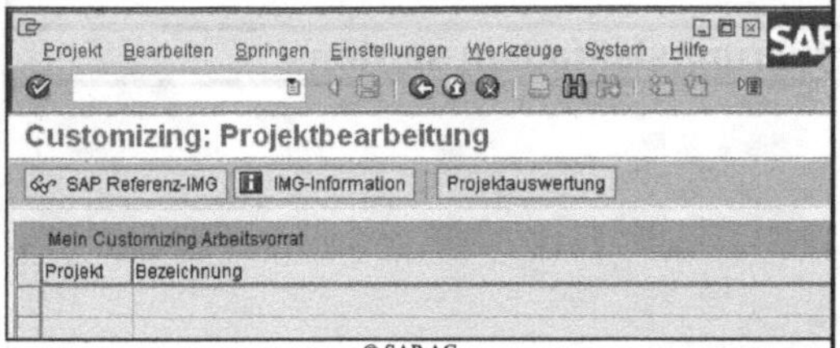

© SAP AG

Die Transaktion wurde gestartet, der erste Anwendungsbildschirm (hier: "Customizing: Projektbearbeitung") der Transaktion ist geöffnet.

M0.3.4 Online-Hilfe zur aktuellen Anwendung starten

Wählen Sie aus der Menüleiste:

Hilfe -
Hilfe zur Anwendung

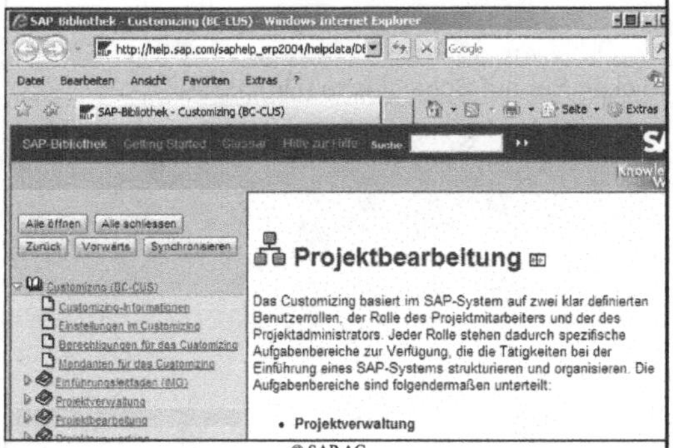

© SAP AG

Das Browser-Fenster mit Online-Hilfe zum gerade aktuellen Bildschirm (zur aktuellen Anwendung) wird geöffnet (hier wieder zu "Projektbearbeitung").

Schließen Sie das Browser-Fenster wieder.

Anzeige	Eingabe/Auswahl

M0.4 Mit dem Einführungsleitfaden (SAP-Referenz-IMG) arbeiten

Als Werkzeug für das *Customizing* (Konfiguration, unternehmensspezifische Anpassung des SAP-Systems) liefert SAP den so genannten *Einführungsleitfaden* oder *SAP-Referenz-IMG (IMG: Implementation Guide)* aus. Über diesen sind alle Arbeitsschritte zur Einstellung sämtlicher Anwendungen samt zugehöriger Dokumentation zusammengefasst. Seine Gliederung orientiert sich an der Anwendungskomponentenhierarchie des SAP-Systems.

Für einzelne Einführungsprojekte benötigte Funktionen (z. B. für die Einführung einer einzelnen SAP-Anwendungskomponente) können als sogenannte *Projekt-IMGs*, die echte Teilmengen des sehr komplexen SAP-Referenz-IMG darstellen, zusammengefasst und generiert werden.

M0.4.1 SAP-Referenz-IMG (Einführungsleitfaden) starten

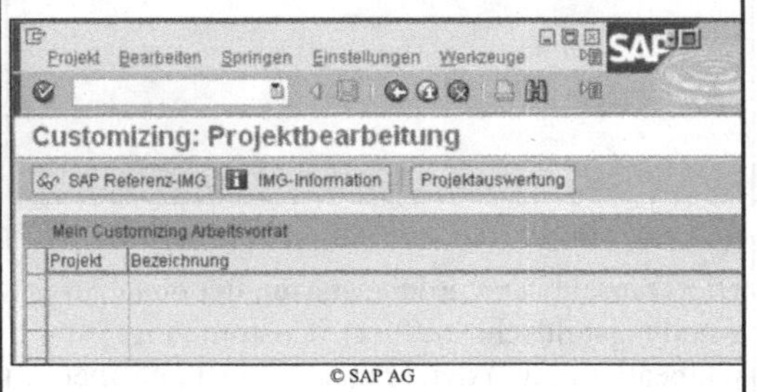

© SAP AG

Der aktuelle Bildschirm zeigt hier unter "Mein Customizing Arbeitsvorrat“ keine Projekt-IMGs an. (Dies wäre der Fall, wenn Ihrer SAP-Benutzerkennung ein Projekt zugeordnet wäre, d.h. Sie als Projektmitarbeiter eingetragen wären.)

Klicken Sie auf Schaltfläche (Drucktaste)

SAP Referenz-IMG

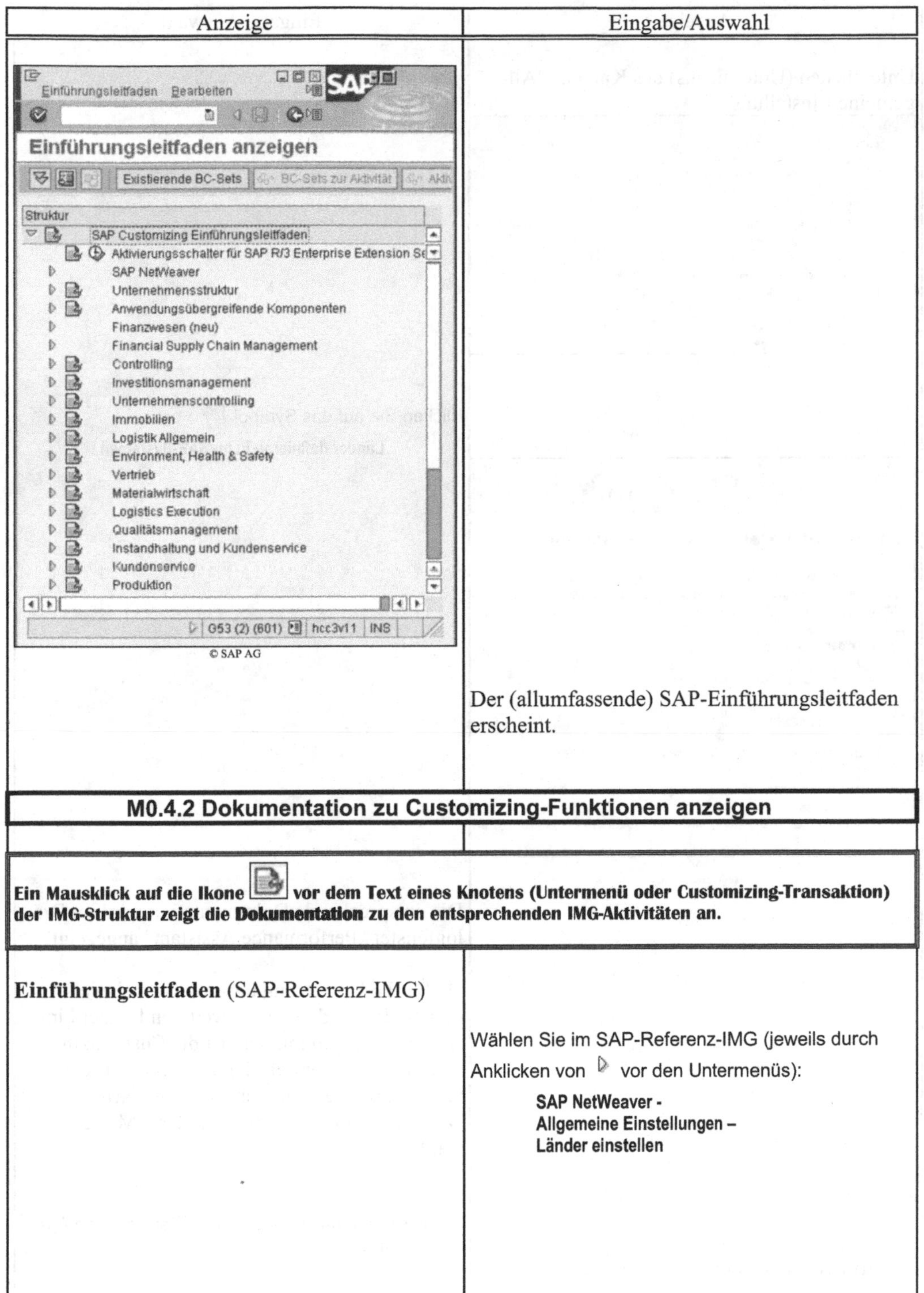

© SAP AG

Anzeige	Eingabe/Auswahl
(Screenshot)	Der (allumfassende) SAP-Einführungsleitfaden erscheint.

M0.4.2 Dokumentation zu Customizing-Funktionen anzeigen

Ein Mausklick auf die Ikone vor dem Text eines Knotens (Untermenü oder Customizing-Transaktion) der IMG-Struktur zeigt die Dokumentation zu den entsprechenden IMG-Aktivitäten an.

Anzeige	Eingabe/Auswahl
Einführungsleitfaden (SAP-Referenz-IMG)	Wählen Sie im SAP-Referenz-IMG (jeweils durch Anklicken von ▷ vor den Untermenüs): **SAP NetWeaver -** **Allgemeine Einstellungen –** **Länder einstellen**

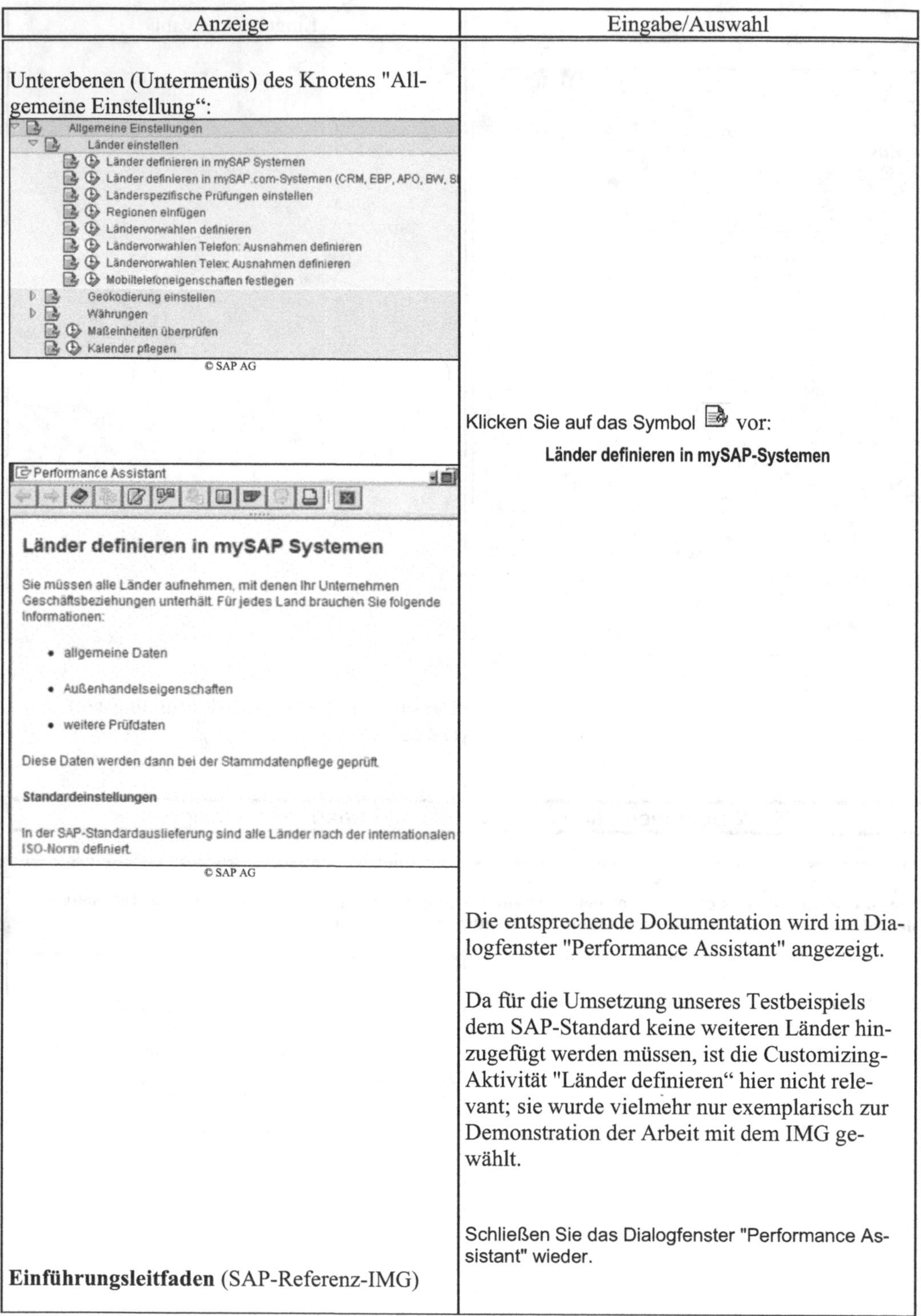

Anzeige	Eingabe/Auswahl
Unterebenen (Untermenüs) des Knotens "Allgemeine Einstellung“: © SAP AG	
 © SAP AG	Klicken Sie auf das Symbol vor: **Länder definieren in mySAP-Systemen**
	Die entsprechende Dokumentation wird im Dialogfenster "Performance Assistant" angezeigt. Da für die Umsetzung unseres Testbeispiels dem SAP-Standard keine weiteren Länder hinzugefügt werden müssen, ist die Customizing-Aktivität "Länder definieren“ hier nicht relevant; sie wurde vielmehr nur exemplarisch zur Demonstration der Arbeit mit dem IMG gewählt.
Einführungsleitfaden (SAP-Referenz-IMG)	Schließen Sie das Dialogfenster "Performance Assistant" wieder.

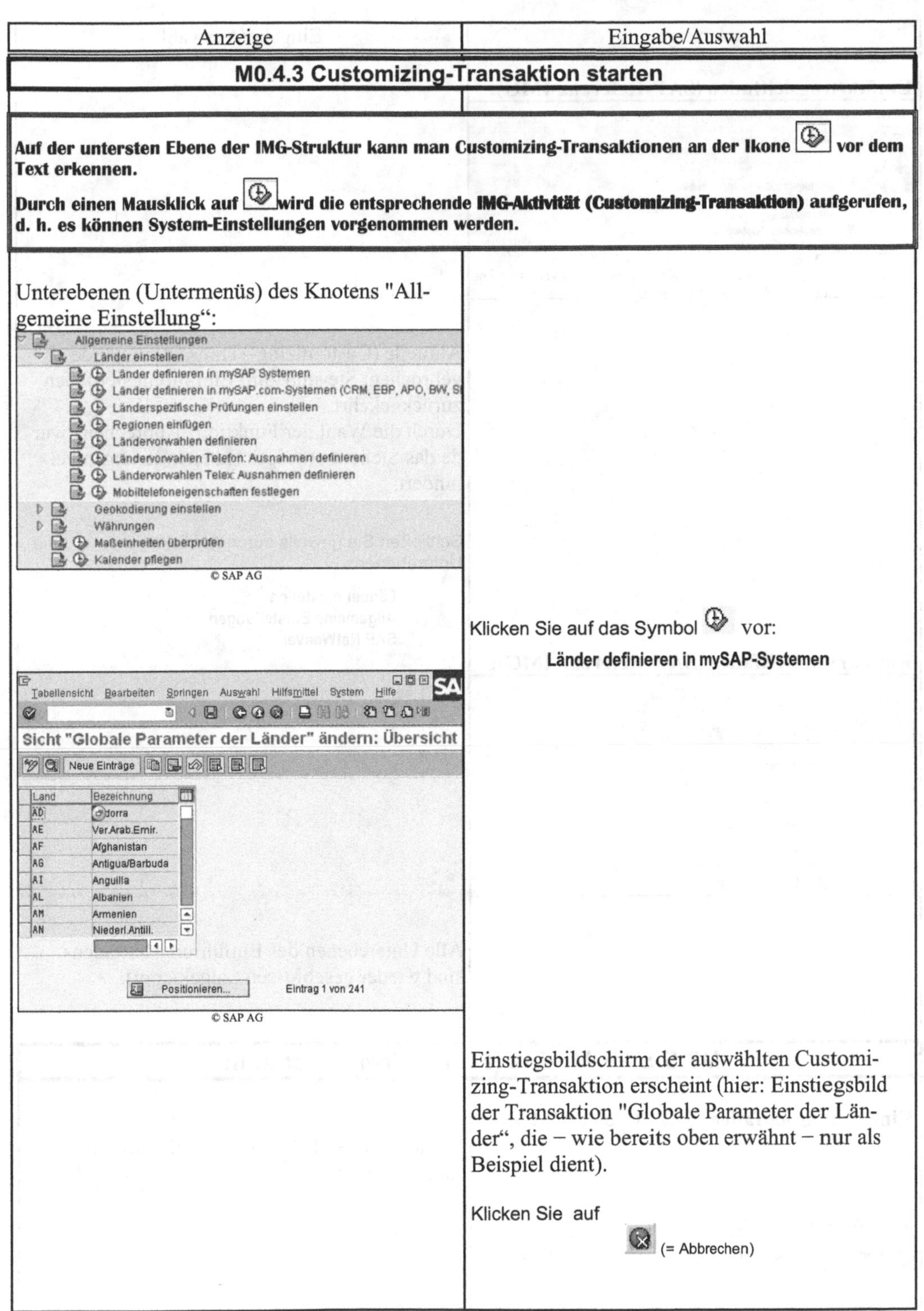

Anzeige	Eingabe/Auswahl

M0.4.3 Customizing-Transaktion starten

Auf der untersten Ebene der IMG-Struktur kann man Customizing-Transaktionen an der Ikone vor dem Text erkennen.

Durch einen Mausklick auf wird die entsprechende IMG-Aktivität (Customizing-Transaktion) aufgerufen, d. h. es können System-Einstellungen vorgenommen werden.

Anzeige	Eingabe/Auswahl
Unterebenen (Untermenüs) des Knotens "Allgemeine Einstellung": Allgemeine Einstellungen; Länder einstellen; Länder definieren in mySAP Systemen; Länder definieren in mySAP.com-Systemen (CRM, EBP, APO, BW, S; Länderspezifische Prüfungen einstellen; Regionen einfügen; Ländervorwahlen definieren; Ländervorwahlen Telefon: Ausnahmen definieren; Ländervorwahlen Telex: Ausnahmen definieren; Mobiltelefoneigenschaften festlegen; Geokodierung einstellen; Währungen; Maßeinheiten überprüfen; Kalender pflegen. © SAP AG	Klicken Sie auf das Symbol vor: **Länder definieren in mySAP-Systemen**
Sicht "Globale Parameter der Länder" ändern: Übersicht (Land / Bezeichnung: AD Andorra; AE Ver.Arab.Emir.; AF Afghanistan; AG Antigua/Barbuda; AI Anguilla; AL Albanien; AM Armenien; AN Niederl.Antill.; Positionieren...; Eintrag 1 von 241). © SAP AG	Einstiegsbildschirm der auswählten Customizing-Transaktion erscheint (hier: Einstiegsbild der Transaktion "Globale Parameter der Länder", die – wie bereits oben erwähnt – nur als Beispiel dient). Klicken Sie auf (= Abbrechen)

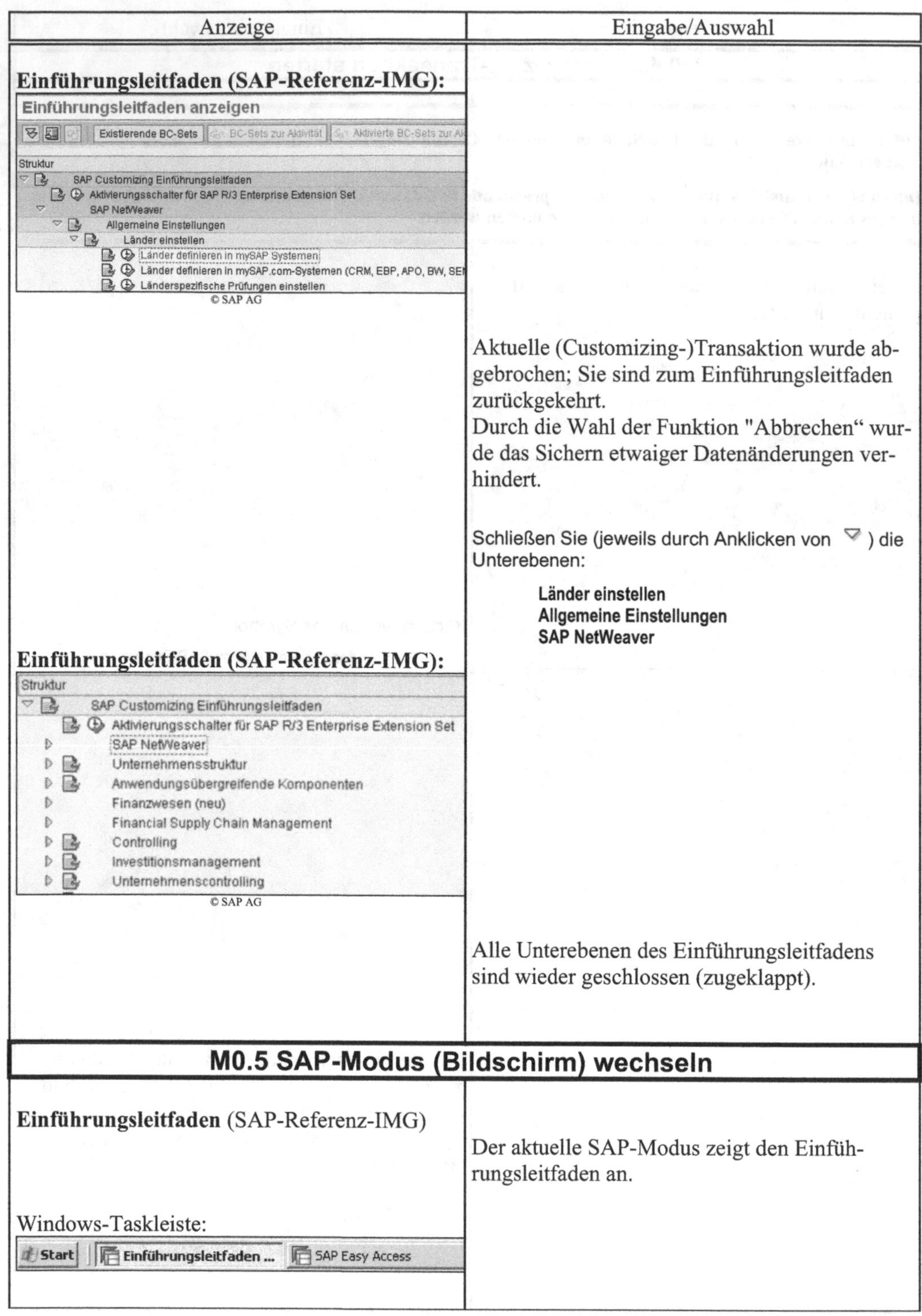

Anzeige	Eingabe/Auswahl
Einführungsleitfaden (SAP-Referenz-IMG): Einführungsleitfaden anzeigen Existierende BC-Sets · BC-Sets zur Aktivität · Aktivierte BC-Sets zur Ak Struktur SAP Customizing Einführungsleitfaden Aktivierungsschalter für SAP R/3 Enterprise Extension Set SAP NetWeaver Allgemeine Einstellungen Länder einstellen Länder definieren in mySAP Systemen Länder definieren in mySAP.com-Systemen (CRM, EBP, APO, BW, SE Länderspezifische Prüfungen einstellen © SAP AG	Aktuelle (Customizing-)Transaktion wurde abgebrochen; Sie sind zum Einführungsleitfaden zurückgekehrt. Durch die Wahl der Funktion "Abbrechen“ wurde das Sichern etwaiger Datenänderungen verhindert. Schließen Sie (jeweils durch Anklicken von ▽) die Unterebenen: **Länder einstellen** **Allgemeine Einstellungen** **SAP NetWeaver**
Einführungsleitfaden (SAP-Referenz-IMG): Struktur SAP Customizing Einführungsleitfaden Aktivierungsschalter für SAP R/3 Enterprise Extension Set SAP NetWeaver Unternehmensstruktur Anwendungsübergreifende Komponenten Finanzwesen (neu) Financial Supply Chain Management Controlling Investitionsmanagement Unternehmenscontrolling © SAP AG	Alle Unterebenen des Einführungsleitfadens sind wieder geschlossen (zugeklappt).
M0.5 SAP-Modus (Bildschirm) wechseln	
Einführungsleitfaden (SAP-Referenz-IMG) Windows-Taskleiste: Start · Einführungsleitfaden ... · SAP Easy Access	Der aktuelle SAP-Modus zeigt den Einführungsleitfaden an.

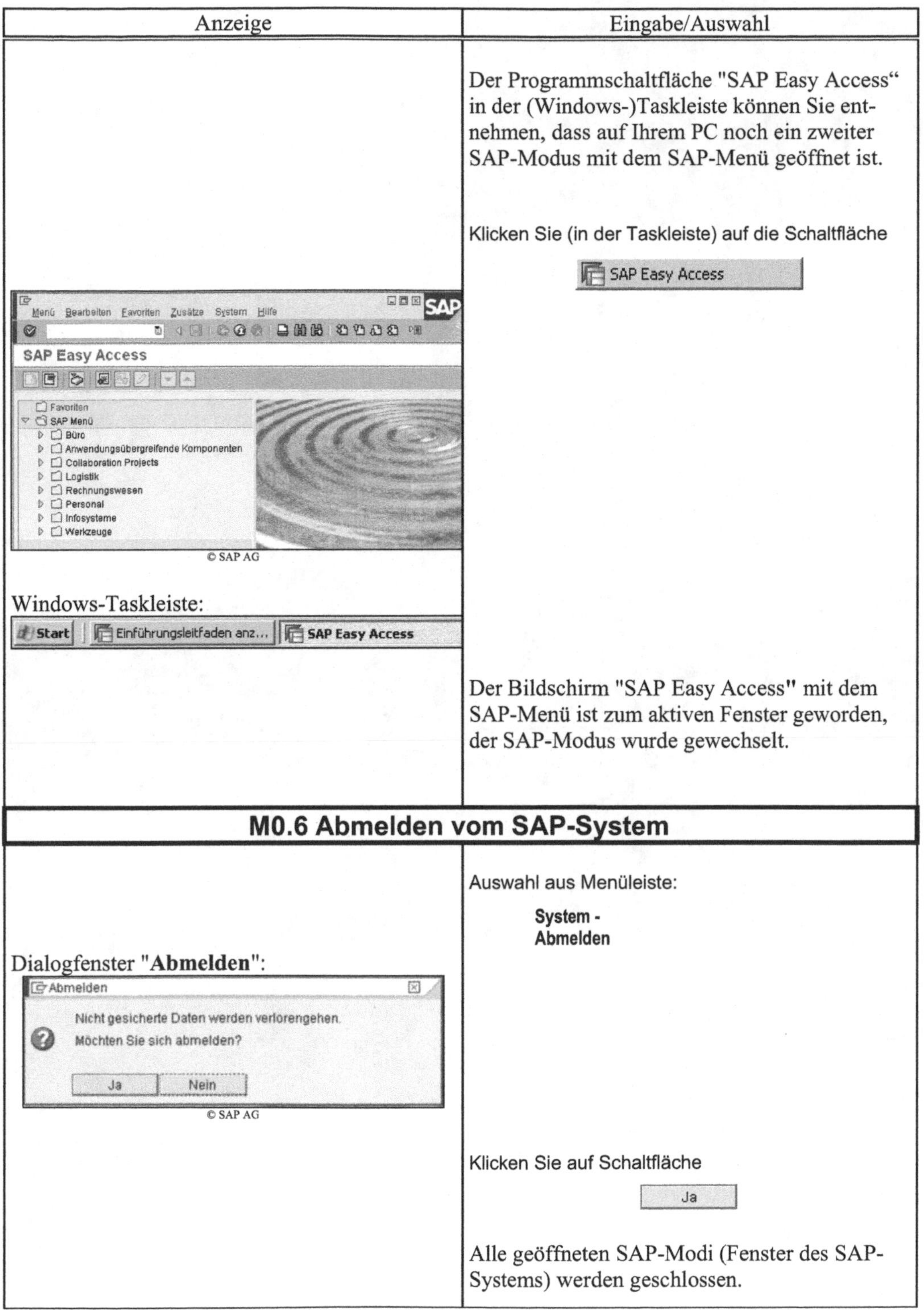

Anzeige	Eingabe/Auswahl
	Der Programmschaltfläche "SAP Easy Access“ in der (Windows-)Taskleiste können Sie entnehmen, dass auf Ihrem PC noch ein zweiter SAP-Modus mit dem SAP-Menü geöffnet ist.
SAP Easy Access Menü Bearbeiten Favoriten Zusätze System Hilfe Favoriten SAP Menü Büro Anwendungsübergreifende Komponenten Collaboration Projects Logistik Rechnungswesen Personal Infosysteme Werkzeuge © SAP AG	Klicken Sie (in der Taskleiste) auf die Schaltfläche SAP Easy Access
Windows-Taskleiste: Start | Einführungsleitfaden anz... | SAP Easy Access	Der Bildschirm "SAP Easy Access" mit dem SAP-Menü ist zum aktiven Fenster geworden, der SAP-Modus wurde gewechselt.
M0.6 Abmelden vom SAP-System	
Dialogfenster "**Abmelden**": Abmelden Nicht gesicherte Daten werden verlorengehen. Möchten Sie sich abmelden? Ja | Nein © SAP AG	Auswahl aus Menüleiste: **System -** **Abmelden**
	Klicken Sie auf Schaltfläche Ja Alle geöffneten SAP-Modi (Fenster des SAP-Systems) werden geschlossen.

3 Einstellungen (Customizing und Stammdatendefinition) für das Fallbeispiel in FI (Finanzwesen), CO (Controlling) und FI-AA (Anlagenbuchhaltung)

3.1 Unternehmensstruktur

Modul 1: Customizing Unternehmensstruktur

3.2 Finanzwesen

Modul 2: Customizing Finanzbuchhaltung (FI)

Modul 3: Customizing Anlagenbuchhaltung (FI-AA)

Modul 4: Stammdaten der Finanzbuchhaltung (FI)

3.3 Kostenrechnung

Modul 5: Customizing Controlling allgemein (CO)

Modul 6: Stammdaten der Kostenrechnung (CO)

3 Einstellungen (Customizing und Stammdatendefinition) für das Fallbeispiel in FI (Finanzwesen), CO (Controlling) und FI-AA (Anlagenbuchhaltung)

Grundeinstellungen

Da im integrierten SAP-Standardsystem gearbeitet wird, ist es notwendig, zunächst allgemeine Einstellungen vorzunehmen, die außerhalb der Anwendungskomponente Investitionsmanagement (IM) liegen. Dazu dienen die folgenden sechs Module.

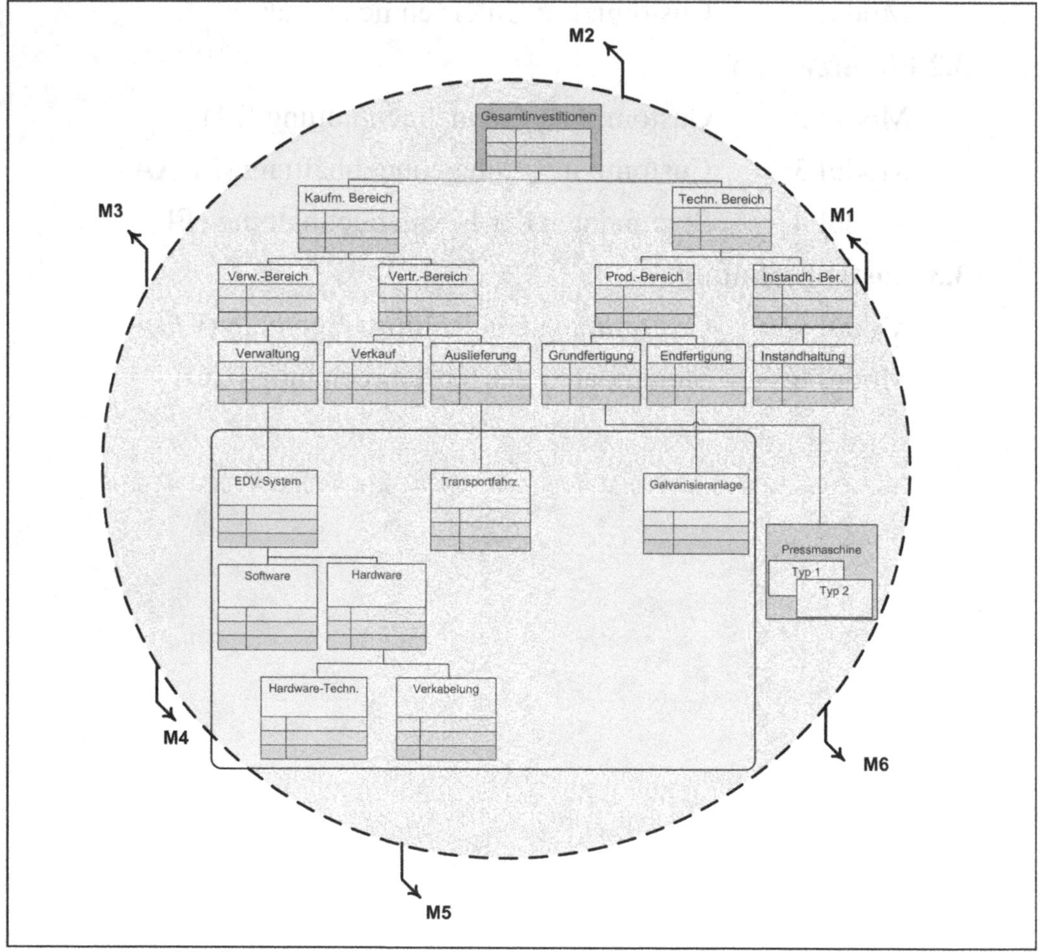

Abb. 3.01: Grundeinstellungen in SAP für die Fajalt GmbH außerhalb IM (Fokus)

3.1 Unternehmensstruktur

Modul 1: Customizing Unternehmensstruktur

Organisationsstrukturen im Rechnungswesen

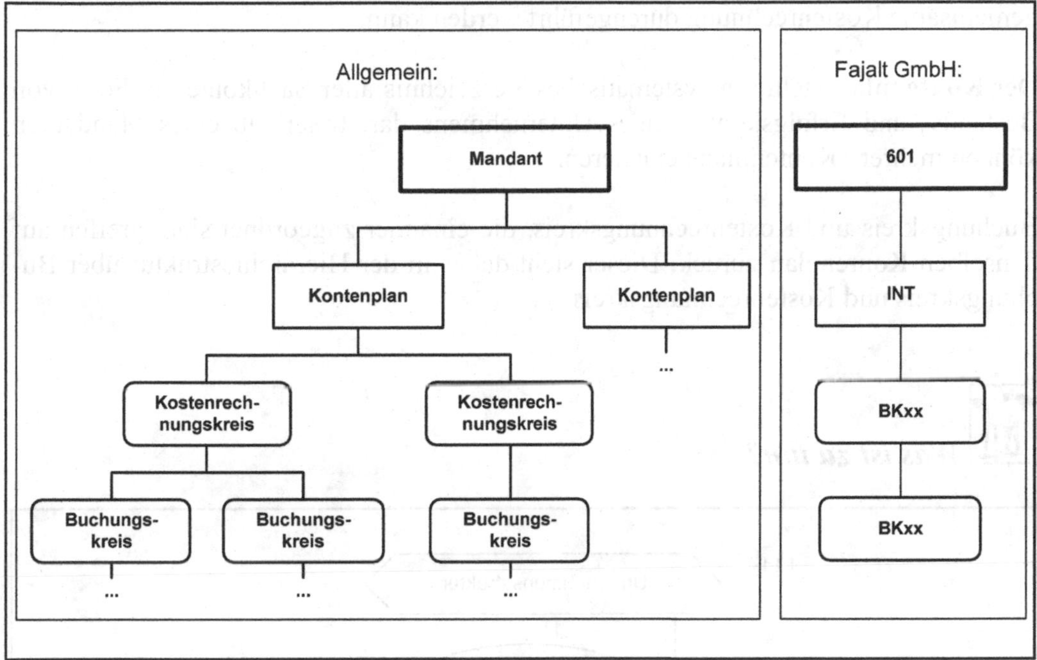

Abb. 3.02: Unternehmensstruktur

Ausgehend vom Mandanten, der innerhalb eines SAP-Systems die höchste organisatorische Ebene bildet, müssen bestimmte Organisationsstrukturen hinterlegt werden, um eine Arbeitsfähigkeit des SAP-Systems, vor allem auch im Rechnungswesen, zu erreichen. Dazu stehen in SAP sogenannte Organisationseinheiten zur Verfügung, im Rechnungswesen z. B. Buchungskreis und Kostenrechnungskreis.

Der **Buchungskreis** ist die kleinste organisatorische Einheit, für die ein vollständiger Jahresabschluss (Bilanz, Gewinn- und Verlustrechnung) aufgestellt werden kann. Er gehört zu der SAP-Anwendungskomponente FI und ist obligatorisch, da er zur Erfassung sämtlicher Geschäftvorfälle eines Unternehmens herangezogen wird.

Wenn eine Kostenrechnung betrieben werden soll, wird zusätzlich ein **Kostenrechnungskreis** benötigt. Er dient zur Abbildung sämtlicher Vorgänge des internen Rechnungswesens eines Unternehmens.

Zwischen Buchungskreis und Kostenrechnungskreis bestehen funktionale Abhängigkeiten in Form einer n:1-Beziehung. Mehrere Buchungskreise können einem Kostenrechnungskreis zugeordnet werden, wodurch für die einbezogenen Unternehmen eine gemeinsame Kostenrechnung durchgeführt werden kann.

Der **Kontenplan** stellt ein systematisches Verzeichnis aller Sachkonten in Form von Bestands- und Erfolgskonten eines Unternehmens dar. Innerhalb eines Mandanten können mehrere Kontenpläne existieren.

Buchungskreis und Kostenrechnungskreis, die einander zugeordnet sind, greifen auf denselben Kontenplan zurück. Dieser steht daher in der Hierarchiestruktur über Buchungskreis und Kostenrechnungskreis.

Was ist zu tun?

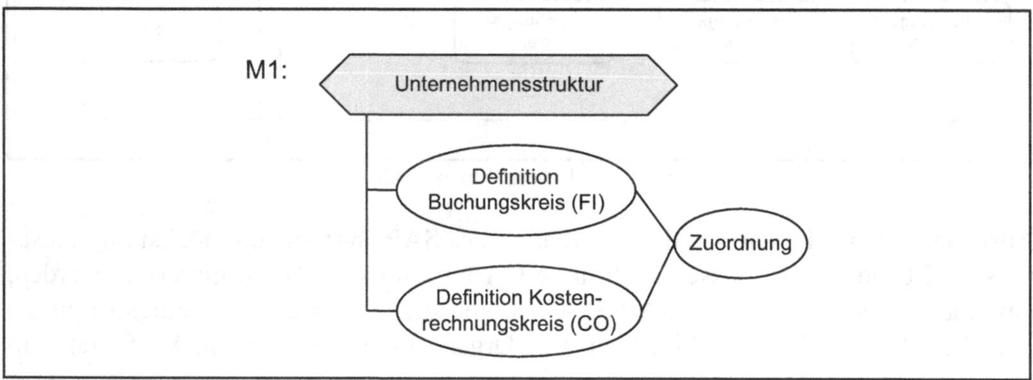

Abb. 3.03: Grundeinstellungen in SAP für die Fajalt GmbH außerhalb IM: Unternehmensstruktur (Überblick)

Damit jedes Teilnehmerteam die Fallstudie in einem eigenen Unternehmen "Fajalt GmbH" abbilden kann, werden separate Buchungs- und Kostenrechnungskreise eingerichtet. Der Buchungskreis wird durch Kopieren des SAP-Standardbuchungskreises "0001" generiert. Dabei soll hier der Standard-Kontenplan "INT" (SAP-Musterkontenplan für Deutschland) für jedes Unternehmen mit übernommen werden.

<table>
<tr><th>Anzeige</th><th>Eingabe/Auswahl</th></tr>
<tr><td colspan="2">

Modul 1: Customizing Unternehmensstruktur

</td></tr>
<tr><td colspan="2">

Im SAP-System stehen zur Abbildung der Unternehmensstruktur Schlüsselelemente, sogenannte *Organisationseinheiten* für die Unternehmensbereiche Rechnungswesen, Logistik und Personalwirtschaft zur Verfügung.
Nach Definition der bereichsspezifischen Organisationseinheiten müssen diese über entsprechende Zuordnungsfunktionen zueinander in Beziehung gesetzt werden.

</td></tr>
<tr><td colspan="2">

M1.1 Buchungskreis anlegen (Finanzwesen)

</td></tr>
<tr><td colspan="2">

Die Organisationseinheit *Buchungskreis* stellt eine selbstständige bilanzierende Einheit dar. Im Buchungskreis werden die Geschäftsvorfälle des externen betrieblichen Rechnungswesens abgebildet.
Bevor das System FI (Finanzbuchhaltung) eingesetzt werden kann, muss als Mindeststruktur ein Buchungskreis vorhanden sein.

</td></tr>
<tr><td></td><td>Im aktuellen Mandanten sind bereits einige Buchungskreise vorhanden. Für das Testbeispiel soll jeder Teilnehmer bzw. jede Teilnehmergruppe innerhalb eines eigenen Buchungskreises arbeiten. Dieser wird im Folgenden zunächst durch Kopieren des von SAP ausgelieferten Standardmandanten 0001 angelegt.</td></tr>
<tr><td></td><td>Starten Sie das SAP-System und melden Sie sich als Benutzer an.</td></tr>
<tr><td>SAP Easy Access mit SAP Menü</td><td>Wählen Sie im SAP-Menü:
Werkzeuge -
Customizing -
IMG -
Projektbearbeitung</td></tr>
<tr><td>Bildschirm: "Customizing: Projektbearbeitung"

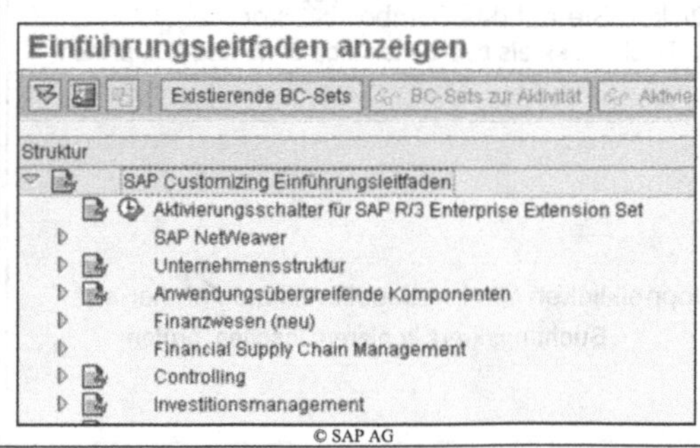

© SAP AG</td><td>Klicken Sie auf
SAP Referenz-IMG</td></tr>
</table>

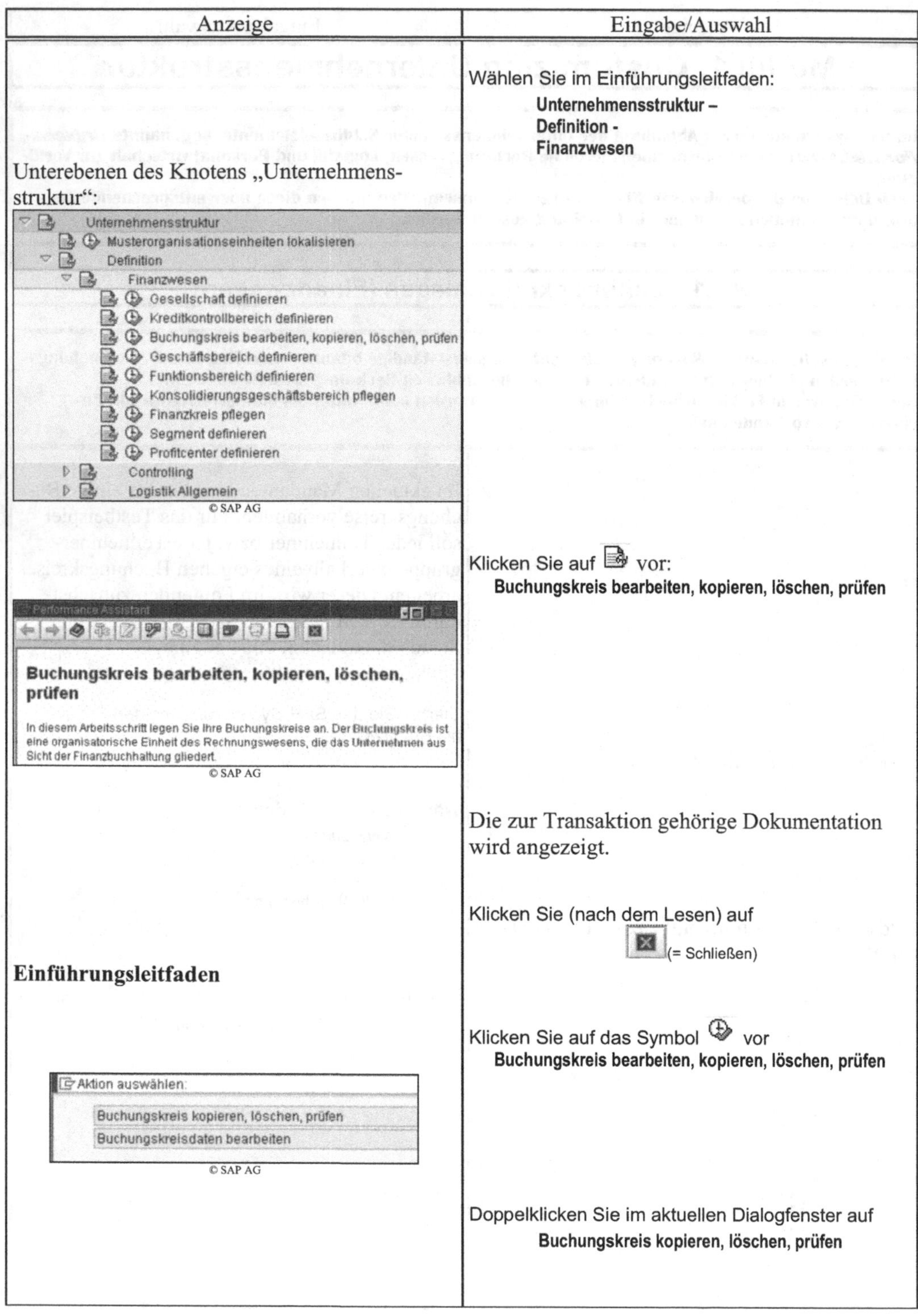

Anzeige	Eingabe/Auswahl
	Wählen Sie im Einführungsleitfaden: **Unternehmensstruktur – Definition - Finanzwesen**
Unterebenen des Knotens „Unternehmens-struktur“: Unternehmensstruktur Musterorganisationseinheiten lokalisieren Definition Finanzwesen Gesellschaft definieren Kreditkontrollbereich definieren Buchungskreis bearbeiten, kopieren, löschen, prüfen Geschäftsbereich definieren Funktionsbereich definieren Konsolidierungsgeschäftsbereich pflegen Finanzkreis pflegen Segment definieren Profitcenter definieren Controlling Logistik Allgemein © SAP AG	Klicken Sie auf [Symbol] vor: **Buchungskreis bearbeiten, kopieren, löschen, prüfen**
Performance Assistant **Buchungskreis bearbeiten, kopieren, löschen, prüfen** In diesem Arbeitsschritt legen Sie Ihre Buchungskreise an. Der Buchungskreis ist eine organisatorische Einheit des Rechnungswesens, die das Unternehmen aus Sicht der Finanzbuchhaltung gliedert. © SAP AG	Die zur Transaktion gehörige Dokumentation wird angezeigt.
	Klicken Sie (nach dem Lesen) auf [Symbol] (= Schließen)
Einführungsleitfaden	Klicken Sie auf das Symbol [Symbol] vor **Buchungskreis bearbeiten, kopieren, löschen, prüfen**
Aktion auswählen: Buchungskreis kopieren, löschen, prüfen Buchungskreisdaten bearbeiten © SAP AG	Doppelklicken Sie im aktuellen Dialogfenster auf **Buchungskreis kopieren, löschen, prüfen**

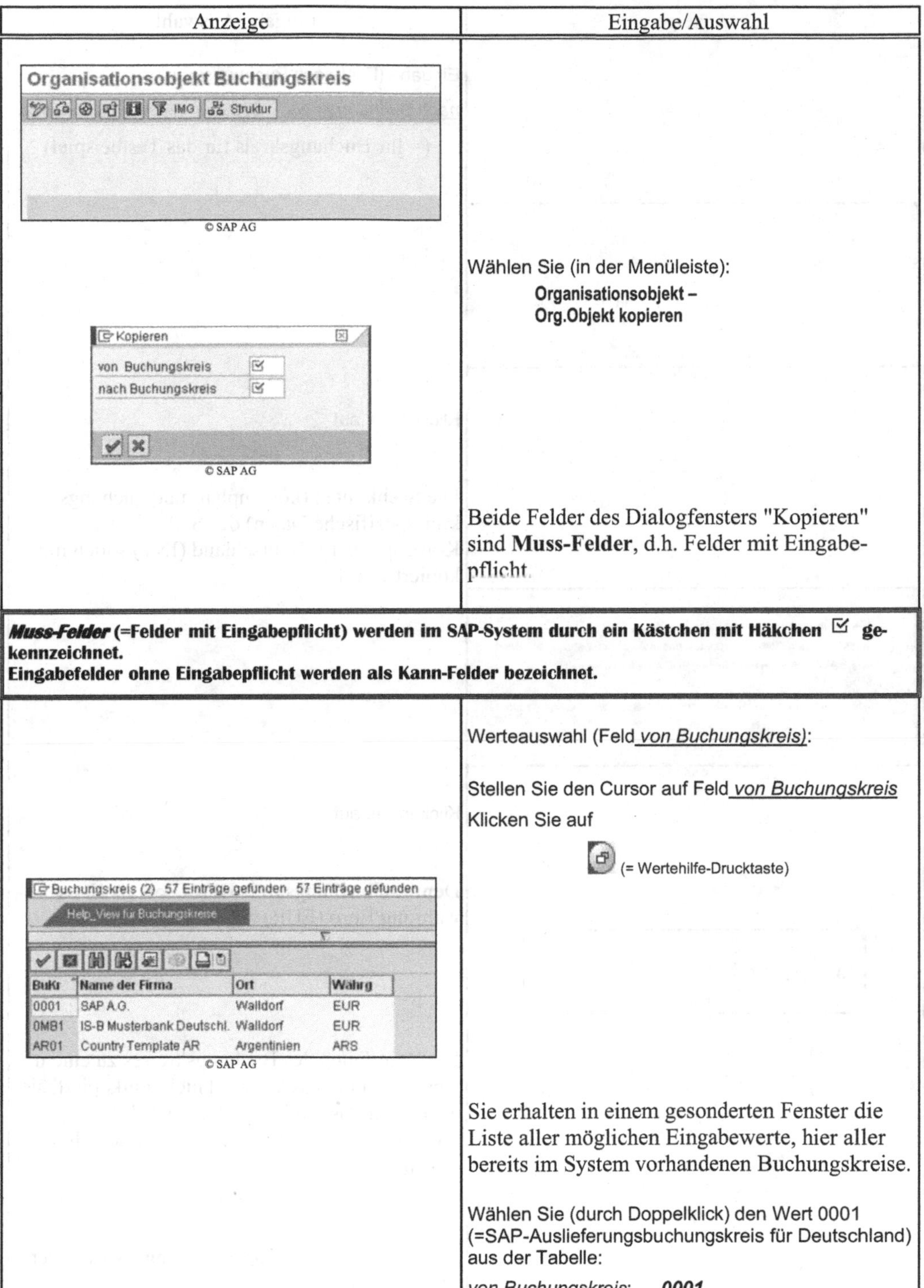

Anzeige	Eingabe/Auswahl
Organisationsobjekt Buchungskreis IMG Struktur © SAP AG	
Kopieren von Buchungskreis nach Buchungskreis © SAP AG	Wählen Sie (in der Menüleiste): **Organisationsobjekt – Org.Objekt kopieren** Beide Felder des Dialogfensters "Kopieren" sind **Muss-Felder**, d.h. Felder mit Eingabepflicht.

Muss-Felder **(=Felder mit Eingabepflicht) werden im SAP-System durch ein Kästchen mit Häkchen ☑ gekennzeichnet.**
Eingabefelder ohne Eingabepflicht werden als Kann-Felder bezeichnet.

Anzeige	Eingabe/Auswahl
Buchungskreis (2) 57 Einträge gefunden 57 Einträge gefunden Help_View für Buchungskreise © SAP AG	Werteauswahl (Feld *von Buchungskreis)*: Stellen Sie den Cursor auf Feld *von Buchungskreis* Klicken Sie auf (= Wertehilfe-Drucktaste) Sie erhalten in einem gesonderten Fenster die Liste aller möglichen Eingabewerte, hier aller bereits im System vorhandenen Buchungskreise. Wählen Sie (durch Doppelklick) den Wert 0001 (=SAP-Auslieferungsbuchungskreis für Deutschland) aus der Tabelle: *von Buchungskreis*: ***0001***

BuKr	Name der Firma	Ort	Währg
0001	SAP A.G.	Walldorf	EUR
0MB1	IS-B Musterbank Deutschl.	Walldorf	EUR
AR01	Country Template AR	Argentinien	ARS

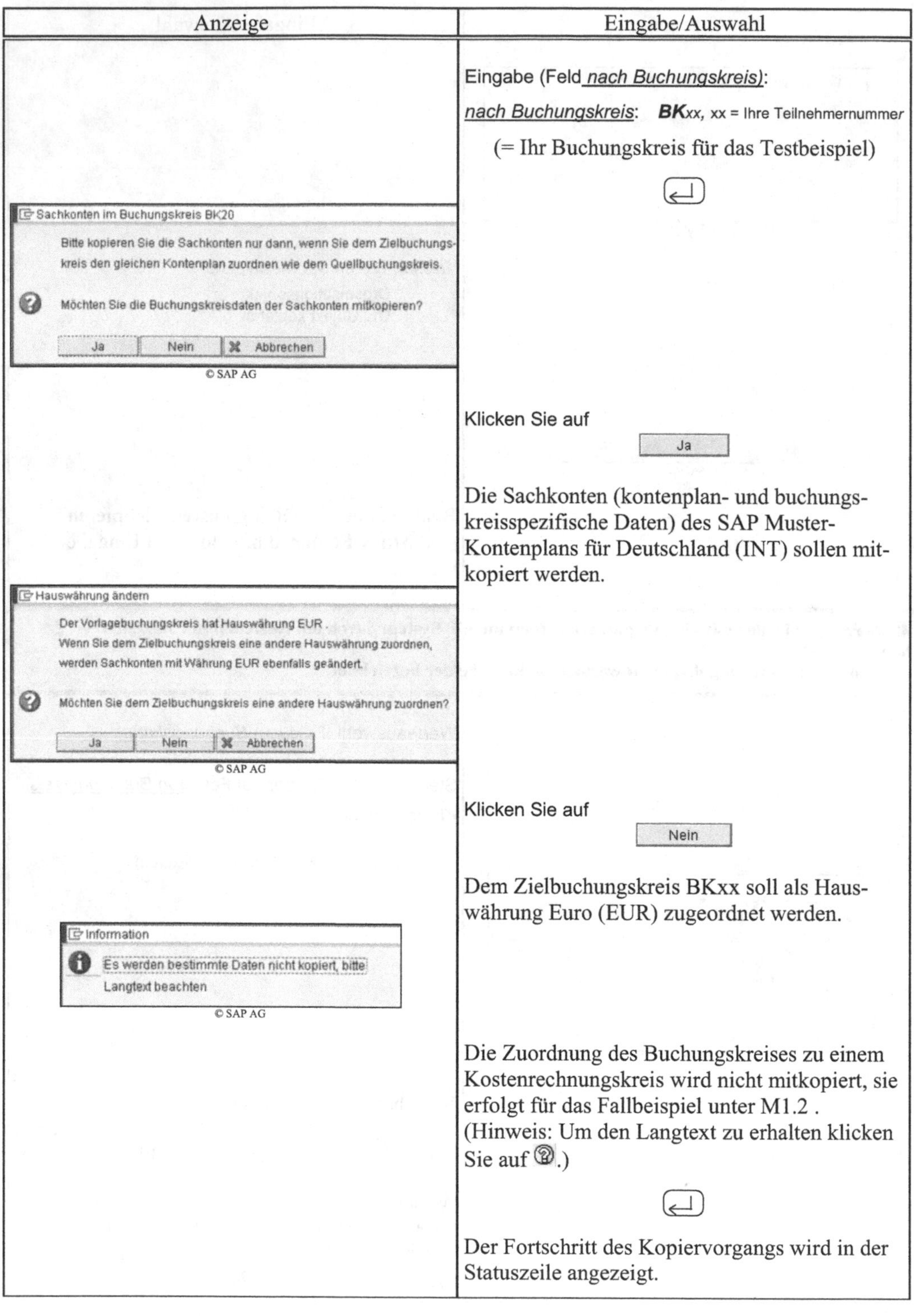

Anzeige	Eingabe/Auswahl
	Eingabe (Feld *nach Buchungskreis*): *nach Buchungskreis*: **BK***xx*, xx = Ihre Teilnehmernummer (= Ihr Buchungskreis für das Testbeispiel)
Sachkonten im Buchungskreis BK20 Bitte kopieren Sie die Sachkonten nur dann, wenn Sie dem Zielbuchungskreis den gleichen Kontenplan zuordnen wie dem Quellbuchungskreis. Möchten Sie die Buchungskreisdaten der Sachkonten mitkopieren? Ja / Nein / Abbrechen © SAP AG	Klicken Sie auf Ja Die Sachkonten (kontenplan- und buchungskreisspezifische Daten) des SAP Muster-Kontenplans für Deutschland (INT) sollen mitkopiert werden.
Hauswährung ändern Der Vorlagebuchungskreis hat Hauswährung EUR . Wenn Sie dem Zielbuchungskreis eine andere Hauswährung zuordnen, werden Sachkonten mit Währung EUR ebenfalls geändert. Möchten Sie dem Zielbuchungskreis eine andere Hauswährung zuordnen? Ja / Nein / Abbrechen © SAP AG	Klicken Sie auf Nein Dem Zielbuchungskreis BKxx soll als Hauswährung Euro (EUR) zugeordnet werden.
Information Es werden bestimmte Daten nicht kopiert, bitte Langtext beachten © SAP AG	Die Zuordnung des Buchungskreises zu einem Kostenrechnungskreis wird nicht mitkopiert, sie erfolgt für das Fallbeispiel unter M1.2 . (Hinweis: Um den Langtext zu erhalten klicken Sie auf .) Der Fortschritt des Kopiervorgangs wird in der Statuszeile angezeigt.

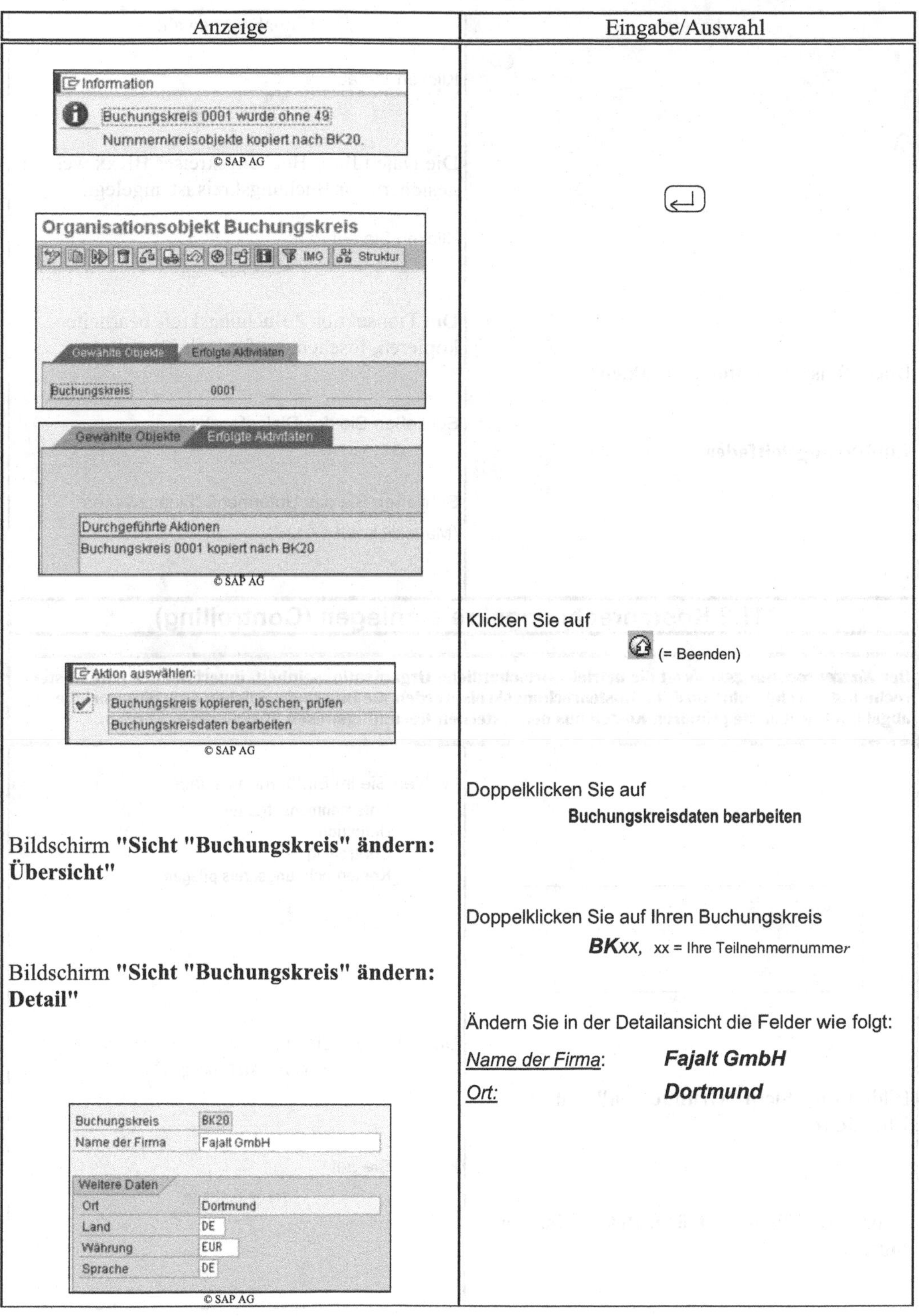

Anzeige	Eingabe/Auswahl
Information: Buchungskreis 0001 wurde ohne 49 Nummernkreisobjekte kopiert nach BK20. © SAP AG Organisationsobjekt Buchungskreis Gewählte Objekte / Erfolgte Aktivitäten Buchungskreis 0001 Durchgeführte Aktionen Buchungskreis 0001 kopiert nach BK20 © SAP AG	⏎
Aktion auswählen: Buchungskreis kopieren, löschen, prüfen Buchungskreisdaten bearbeiten © SAP AG	Klicken Sie auf (= Beenden) Doppelklicken Sie auf **Buchungskreisdaten bearbeiten**
Bildschirm **"Sicht "Buchungskreis" ändern: Übersicht"**	Doppelklicken Sie auf Ihren Buchungskreis ***BKxx***, xx = Ihre Teilnehmernummer
Bildschirm **"Sicht "Buchungskreis" ändern: Detail"** Buchungskreis BK20 Name der Firma Fajalt GmbH Weitere Daten Ort Dortmund Land DE Währung EUR Sprache DE © SAP AG	Ändern Sie in der Detailansicht die Felder wie folgt: *Name der Firma*: ***Fajalt GmbH*** *Ort:* ***Dortmund***

Anzeige	Eingabe/Auswahl
	Klicken Sie auf (= Sichern)
	Die Daten Ihres Buchungskreises BKxx werden gesichert. Ihr Buchungskreis ist angelegt.
	Klicken Sie auf (= Beenden)
	Die Transaktion " Buchungskreis bearbeiten, kopieren, löschen, prüfen" wird beendet.
Dialogfenster "**Aktion auswählen**"	Schließen Sie das Dialogfenster
Einführungsleitfaden	Schließen Sie das Untermenü "Finanzwesen" (Mausklick auf)

M1.2 Kostenrechnungskreis anlegen (Controlling)

Der *Kostenrechnungskreis* ist die betriebswirtschaftliche Organisationseinheit, innerhalb der eine Kostenrechnung durchgeführt wird. Im Kostenrechungskreis werden die innerbetrieblichen Geschäftsvorfälle abgebildet, wobei die primären Kosten aus dem externen Rechnungswesen übernommen werden.

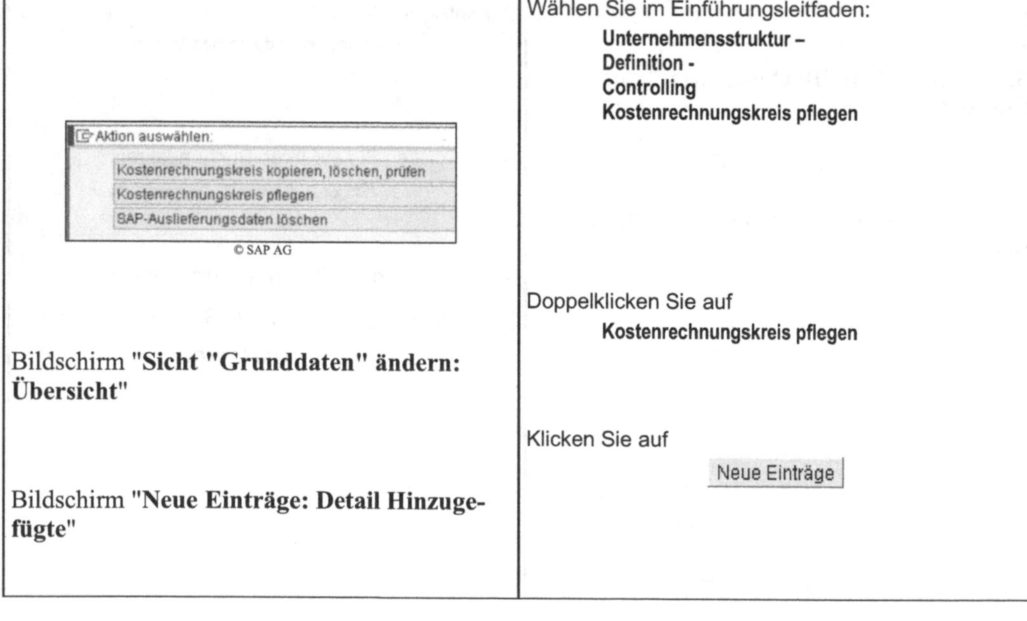

Anzeige	Eingabe/Auswahl
	Wählen Sie im Einführungsleitfaden: **Unternehmensstruktur –** **Definition -** **Controlling** **Kostenrechnungskreis pflegen**
© SAP AG	Doppelklicken Sie auf **Kostenrechnungskreis pflegen**
Bildschirm "**Sicht "Grunddaten" ändern: Übersicht**"	Klicken Sie auf Neue Einträge
Bildschirm "**Neue Einträge: Detail Hinzugefügte**"	

Anzeige	Eingabe/Auswahl
	Klicken Sie auf Kokrs = Bukrs
Dialogfenster "**Auswahl Buchungskreis**"	Eingabe bzw. Auswahl: *Buchungskreis:* ***BKxx,*** xx = Ihre Teilnehmernummer ⏎
Bildschirm "**Neue Einträge: Detail Hinzugefügte**"	Eingabe (Änderung): *Bezeichnung:* ***KoreKrs. Fajalt GmbH*** Auswahl: *Bukrs->Kokrs (Zuordnungssteuerung):* **Kostenrechnungskreis analog Buchungskreis**
Kostenrechnungskreis: BK20 [Kokrs = Bukrs] Bezeichnung: KoreKrs. Fajalt GmbH Verantwortlich: Zuordnungssteuerung Bukrs->Kokrs: Kostenrechnungskreis analog Buchungskreis Währungseinstellung Währungstyp: 10 Buchungskreiswährung Währung: EUR Europäischer Euro W&B-Profil: weitere Einstellungen Kontenplan: INT Muster-Kontenplan GeschJahresvariante: K4 Kalenderjahr, 4 Sonderperioden © SAP AG	Die Schaltfläche [Kokrs = Bukrs] bewirkt die Definition des Kostenrechnungskreises durch Gleichsetzung mit dem Buchungskreis. Schlüssel, Kontenplan, Währung und Geschäftsjahresvariante des Buchungskreises werden übernommen. Zur besseren Unterscheidung der Objekte (Kostenrechnungskreis und Buchungskreis) ist hier die Bezeichnung geändert worden. Sichern Sie Ihre Eingaben und beenden Sie die Transaktion. Ihr Kostenrechnungskreis BKxx ist angelegt.
Dialogfenster "**Aktion auswählen**"	Schließen Sie das Dialogfenster.

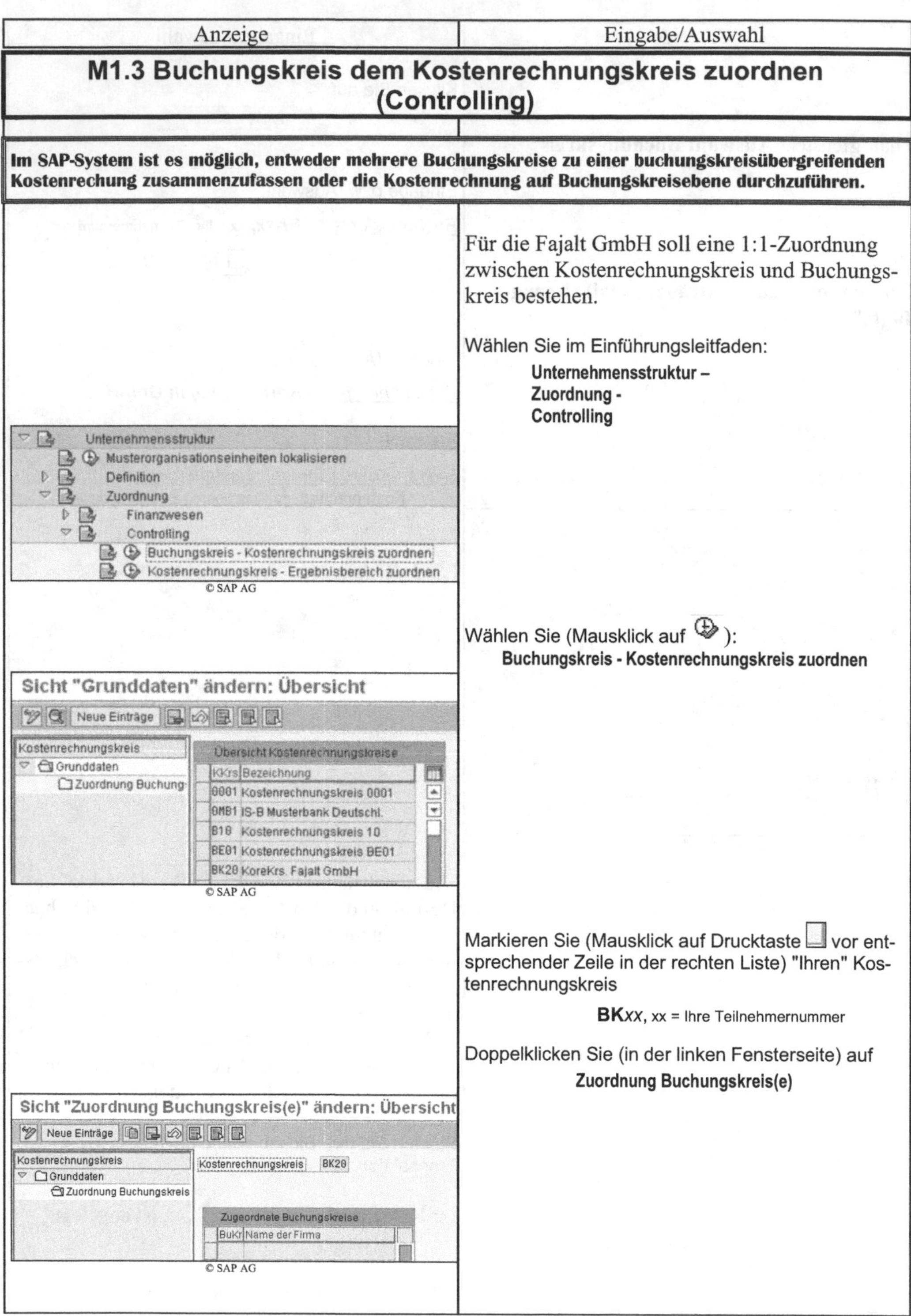

Anzeige	Eingabe/Auswahl
M1.3 Buchungskreis dem Kostenrechnungskreis zuordnen (Controlling)	
Im SAP-System ist es möglich, entweder mehrere Buchungskreise zu einer buchungskreisübergreifenden Kostenrechung zusammenzufassen oder die Kostenrechnung auf Buchungskreisebene durchzuführen.	
	Für die Fajalt GmbH soll eine 1:1-Zuordnung zwischen Kostenrechnungskreis und Buchungskreis bestehen.
 © SAP AG	Wählen Sie im Einführungsleitfaden: **Unternehmensstruktur – Zuordnung - Controlling**
 © SAP AG	Wählen Sie (Mausklick auf): **Buchungskreis - Kostenrechnungskreis zuordnen**
 © SAP AG	Markieren Sie (Mausklick auf Drucktaste vor entsprechender Zeile in der rechten Liste) "Ihren" Kostenrechnungskreis **BK*xx***, xx = Ihre Teilnehmernummer Doppelklicken Sie (in der linken Fensterseite) auf **Zuordnung Buchungskreis(e)**

Anzeige	Eingabe/Auswahl
	Klicken Sie auf Neue Einträge
Bildschirm "**Neue Einträge: Übersicht Hinzugefügte**"	Eingabe bzw. Auswahl (rechte Fensterseite): *<u>BuKr:</u>* **BK***xx*, xx = Ihre Teilnehmernummer
Kostenrechnungskreis BK20 Zugeordnete Buchungskreise BuKr Name der Firma BK20 Fajalt GmbH © SAP AG	
	Sichern Sie Ihre Eingaben und beenden Sie die Transaktion.
Einführungsleitfaden	

3.2 Finanzwesen

Modul 2: Customizing Finanzbuchhaltung (FI)

Steuerung der Belegerfassung

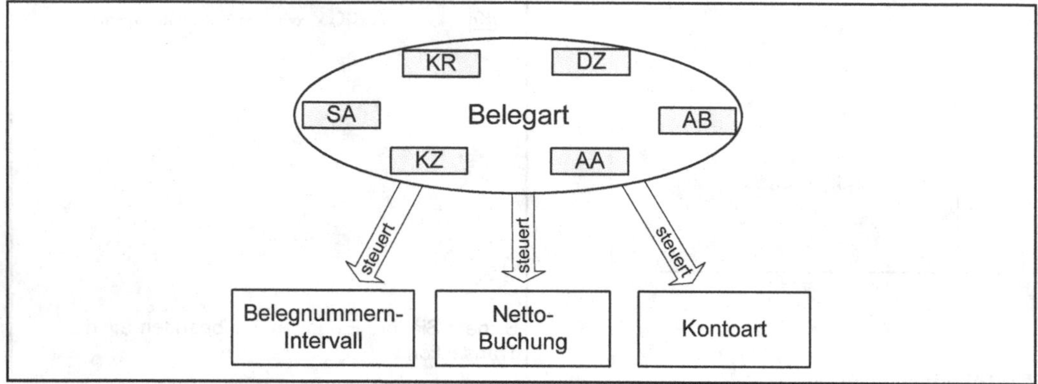

Abb. 3.04: Belegart

Jede Buchung unterliegt einer **Belegart**. Als Standard-Belegarten stehen in SAP z. B. zur Verfügung: KR Kreditorenrechnung, DZ Debitoren Zahlung, AB Buchhaltungsbeleg, AA Anlagenbuchung, KZ Kreditoren Zahlung, SA Sachkontenbeleg. Für jede Buchung wird ein Beleg erzeugt, der unter der jeweiligen Belegart abgelegt wird.

Die Belegart steuert u. a. die Belegablage über Zuordnung von Nummernkreisen, die Skontierung bei Kreditorenrechnungen und schränkt die zu bebuchenden Kontoarten (Sachkonten, Kreditoren, Debitoren, Anlagen) ein.

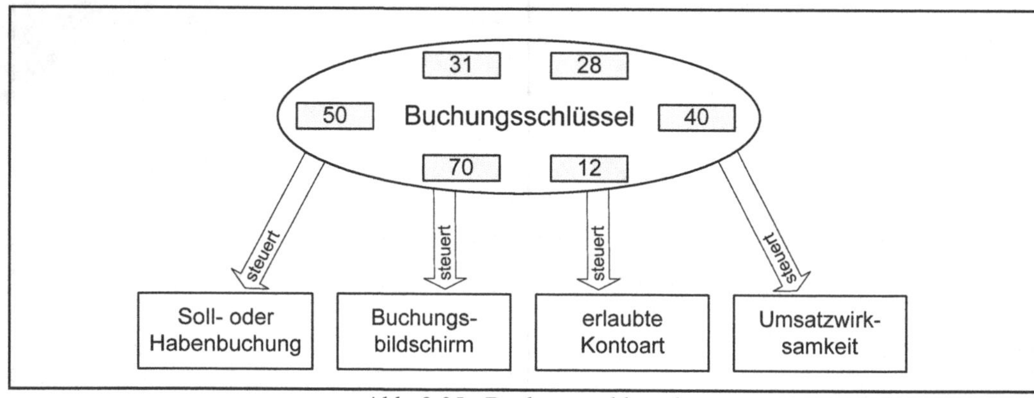

Abb. 3.05: Buchungsschlüssel

Der **Buchungsschlüssel** dient der Erfassung (Aufbau des Buchungsbildschirms), Weiterverarbeitung (Kontoart, Soll oder Haben) und Fortschreibung (Umsatzerlöse) von Daten der Finanzbuchhaltung. Zu den vorhandenen Standard-Buchungsschlüsseln zählen: 31 Kreditor Rechnung Haben, 28 Kreditor Zahlungsverrechnung Soll, 40 Sachkonto Soll, 12 Debitor Storno Rechnung Haben, 70 Anlage Soll, 50 Sachkonto Haben.

Einstellungen für Vorsteuerbuchungen

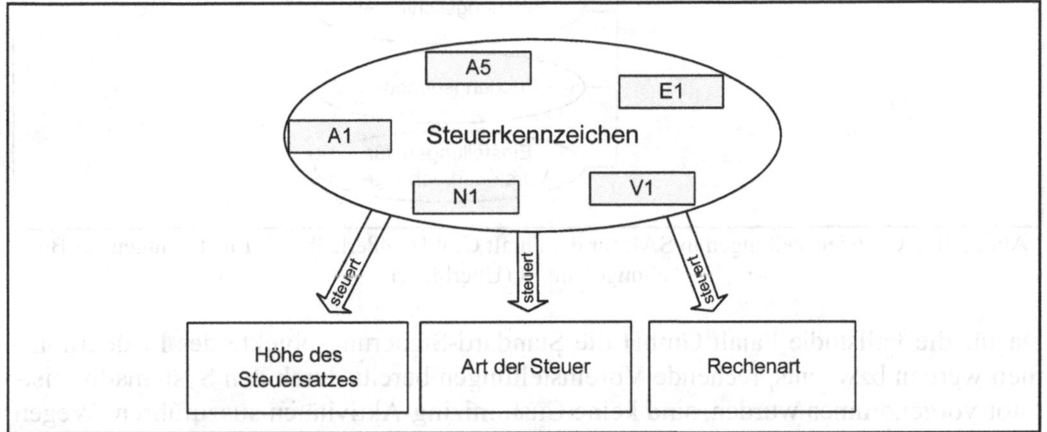

Abb. 3.06: Steuerkennzeichen

Das **Steuerkennzeichen** wird zur Berechnung und zum Ausweis der Umsatzsteuer herangezogen. Verwendete Standard-Steuerkennzeichen in SAP sind beispielsweise: A5 Ausgangssteuer EG-Land steuerfrei, E1 Erwerbssteuer EG-Warenlieferung, V1 Vorsteuer Inland, N1 Vorsteuer nicht abzugsfähig, A1 Ausgangssteuer.

Es bestimmt den Steuersatz (z. B. 0%, 7%, 19%), die Steuerart (z. B. Vorsteuer, Ausgangssteuer) und ob vom Hundert oder im Hundert gerechnet werden soll.

Was ist zu tun?

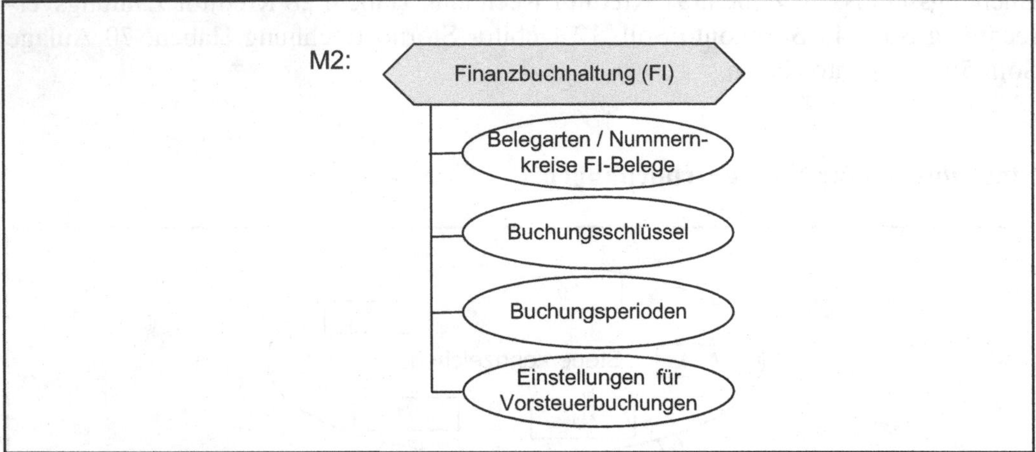

Abb. 3.07: Grundeinstellungen in SAP für die Fajalt GmbH außerhalb IM: Einstellungen für Buchungen im FI (Überblick)

Da für die Fallstudie Fajalt GmbH die Standard-Steuerungsobjekte des FI übernommen werden bzw. entsprechende Voreinstellungen bereits durch den Systemadministrator vorgenommen wurden, sind keine Customizing-Aktivitäten auszuführen. Wegen ihrer grundsätzlichen Bedeutung sollen diese den Teilnehmern im System gezeigt werden.

Anzeige	Eingabe/Auswahl

Modul 2: Customizing Finanzbuchhaltung (FI)

Um – später – Buchungen in der Finanzbuchhaltung durchführen zu können (für die Fallstudie Fajalt sind das Kreditorenrechnungen, die auf Investitionsmaßnahmen belastet werden, s. M 19.2), sollen bereits hier die dazu notwendigen Customizing-Einstellungen für erlaubte Buchungsperioden, Vorsteuerbuchungen, Belegarten und Buchungsschlüssel gezeigt werden.

M2.1 (Standard-)Belegarten und zugeordnete Nummernkreise ansehen

Die *Belegart* dient u.a. zur Differenzierung der zu buchenden Geschäftsvorfälle und zur Steuerung der Belegablage. Sie wird auf Mandantenebene definiert und gilt somit für alle Buchungskreise.

Für die Fallstudie Fajalt werden nur Belegarten verwendet werden, die bereits im Standardsystem enthalten sind.

<u>Belegarten und zugeordnete Nummernkreise ansehen:</u>

Wählen Sie im Einführungsleitfaden:

Finanzwesen -
Grundeinstellungen Finanzwesen -
Beleg -
Belegarten –
Belegarten der Erfassungssicht definieren

Sicht "Belegarten" ändern: Übersicht

Neue Einträge

Art	Bezeichnung
AA	Anlagenbuchung
AB	Buchhaltungsbeleg
AF	AfA-Buchungen
AN	Anlagenbuchung netto
CH	Vertragsabrechnung
DA	Debitorenbeleg

© SAP AG

Die Liste zeigt alle SAP-Standard-Belegarten. Für die späteren Buchungen der Fallstudie werden aus dieser Liste die Belegarten **"KR Kreditoren-Rechnung"**, **"KZ Kreditoren-Anzahlung"** und **"ZV Zahlungsverrechnung"** benötigt.
Bei evtl. Stornierungen schreibt das System Belege der Belegart **"KA Kreditorenbeleg"**.

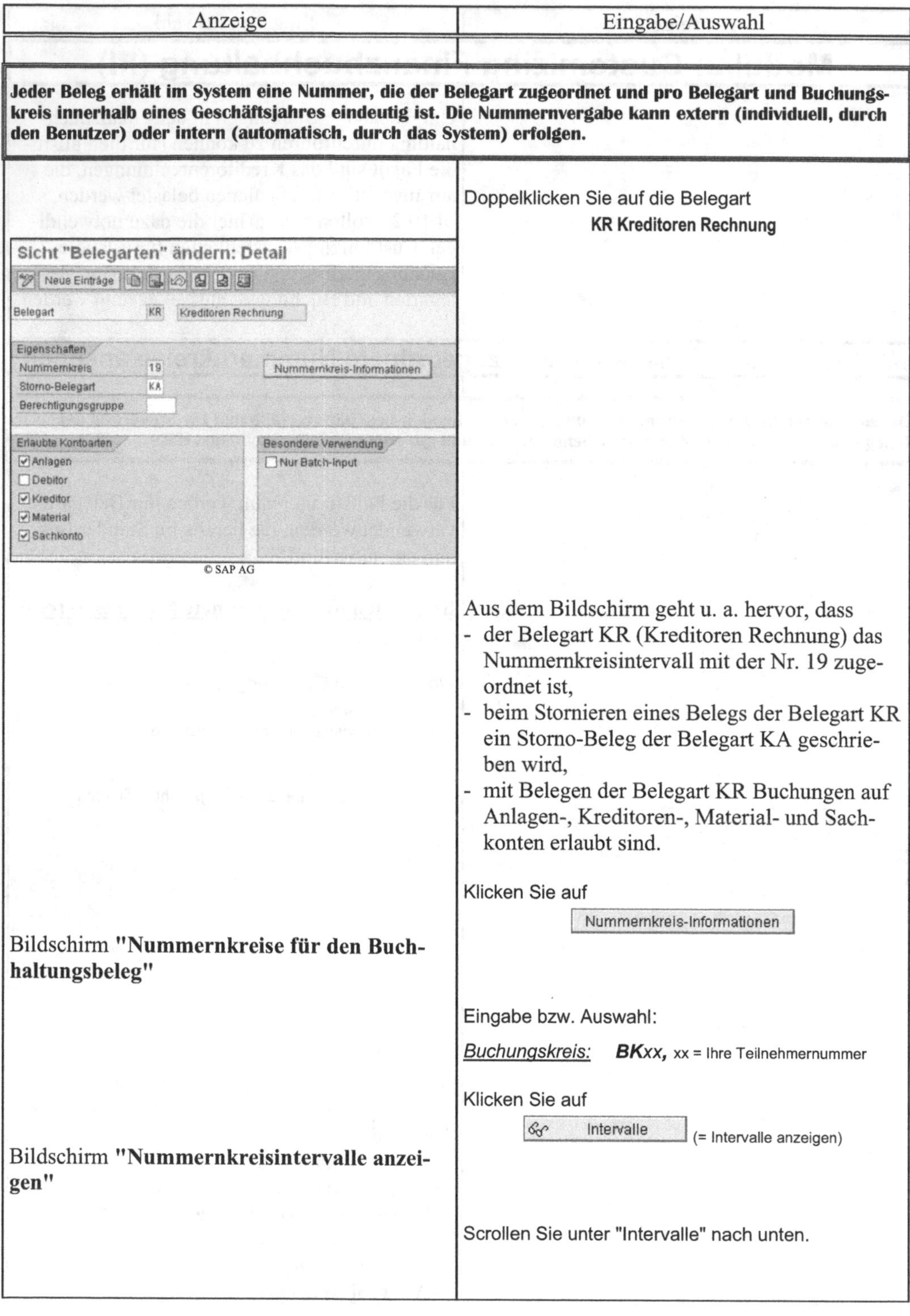

Anzeige	Eingabe/Auswahl
Jeder Beleg erhält im System eine Nummer, die der Belegart zugeordnet und pro Belegart und Buchungskreis innerhalb eines Geschäftsjahres eindeutig ist. Die Nummernvergabe kann extern (individuell, durch den Benutzer) oder intern (automatisch, durch das System) erfolgen.	
© SAP AG	Doppelklicken Sie auf die Belegart **KR Kreditoren Rechnung**
	Aus dem Bildschirm geht u. a. hervor, dass - der Belegart KR (Kreditoren Rechnung) das Nummernkreisintervall mit der Nr. 19 zugeordnet ist, - beim Stornieren eines Belegs der Belegart KR ein Storno-Beleg der Belegart KA geschrieben wird, - mit Belegen der Belegart KR Buchungen auf Anlagen-, Kreditoren-, Material- und Sachkonten erlaubt sind.
	Klicken Sie auf Nummernkreis-Informationen
Bildschirm **"Nummernkreise für den Buchhaltungsbeleg"**	Eingabe bzw. Auswahl: *Buchungskreis:* ***BKxx,*** xx = Ihre Teilnehmernummer Klicken Sie auf Intervalle (= Intervalle anzeigen)
Bildschirm **"Nummernkreisintervalle anzeigen"**	Scrollen Sie unter "Intervalle" nach unten.

Anzeige	Eingabe/Auswahl
Nummernkreisintervalle anzeigen Nummernkreisobjekt: Buchhaltungsbeleg Buchungskreis: BK20 Intervalle Nr: 19, Jahr: 9999, Von Nummer: 1900000000, Bis Nummer: 1999999999, Nummernstand: 0, Ext: ☐ © SAP AG	
	Zu sehen sind die Intervallgrenzen des Nummernkreisintervalls 19, der aktuelle Nummernstand (hier 0, da noch keine Buchungen erfolgt sind), die Gültigkeitsdauer des Intervalls (hier bis zum Jahre 9999, d. h. unbegrenzt). Da das Feld "Ext" nicht markiert wurde, erfolgt die Nummernvergabe für das Intervall intern.
Bildschirm **"Sicht "Belegarten" ändern: Übersicht"**	Klicken Sie dreimal auf (= Zurück)
	Sehen Sie sich nun in analoger Weise noch die Nummernkreisintervalle an, die den Belegarten KZ, ZV und KA zugeordnet sind.
Einführungsleitfaden	Beenden Sie anschließend die Transaktion.

M2.2 Buchungsschlüssel ansehen

***Buchungsschlüssel* werden, wie Belegarten, auf Mandantenebene definiert.**

Der Buchungsschlüssel steuert die Erfassung der Belegpositionen und beinhaltet Buchungsinformationen, wie Seite (Soll oder Haben) und Kontoart des zu bebuchenden Kontos.

Anzeige	Eingabe/Auswahl
	Für die Fallstudie werden keine eigenen Buchungsschlüssel definiert, sondern – wie allgemein von SAP empfohlen – die Standardbuchungsschlüssel übernommen.

Anzeige	Eingabe/Auswahl

Wählen Sie im Einführungsleitfaden:

Finanzwesen -
Grundeinstellungen Finanzwesen -
Beleg -
Buchungsschlüssel definieren

Konfiguration Buchhaltung pflegen : Buchungss

Buchungsschl.	Bedeutung	Soll/Haben	Kontoart
00	Kontierungsmuster		
01	Rechnung	Soll	Debitor
02	Storno Gutschrift	Soll	Debitor
03	Spesen	Soll	Debitor

Doppelklicken Sie auf Buchungsschlüssel

31 Rechnung Haben Kreditor

Bildschirm **"Konfiguration Buchhaltung pflegen: Buchungsschlüssel - Detailbild"**

Dem Detailbild ist u. a. zu entnehmen, dass es sich um einen Buchungsschlüssel für das Buchen von Haben-Positionen auf Kreditorenkonten handelt.

Sehen Sie sich auch die Details des Buchungsschlüssel 40 und 50 an und beenden Sie anschließend die Transaktion.

Einführungsleitfaden

M2.3 Offene Buchungsperioden ansehen

Beim Buchen eines Belegs prüft das System, ob die ermittelte Periode bebucht werden kann.

Die Festlegung, welche Buchungskreise wann zum Buchen offen sind, wird buchungskreisübergreifend über *Varianten für offene Buchungsperioden* festgelegt. Diese können in beliebig vielen Buchungskreisen verwendet werden.

Zuordnung Variante – Buchungskreis:

Wählen Sie im Einführungsleitfaden:

Finanzwesen -
Grundeinstellungen Finanzwesen -
Bücher -
Geschäftsjahr und Buchungsperioden –
Buchungsperioden –
Buchungskreis Varianten zuordnen

Anzeige	Eingabe/Auswahl

Sicht "Zuordnung Bukrs -> Variante Buchungsperioden

BuKr	Ort	Variante
AR01	Argentinien	0001
AT01	Austria	0001
AU01	Australia	0001
B10		KORE
BE01	Belgium	0001
BK20	Dortmund	0001
BR01	Brazil	0001

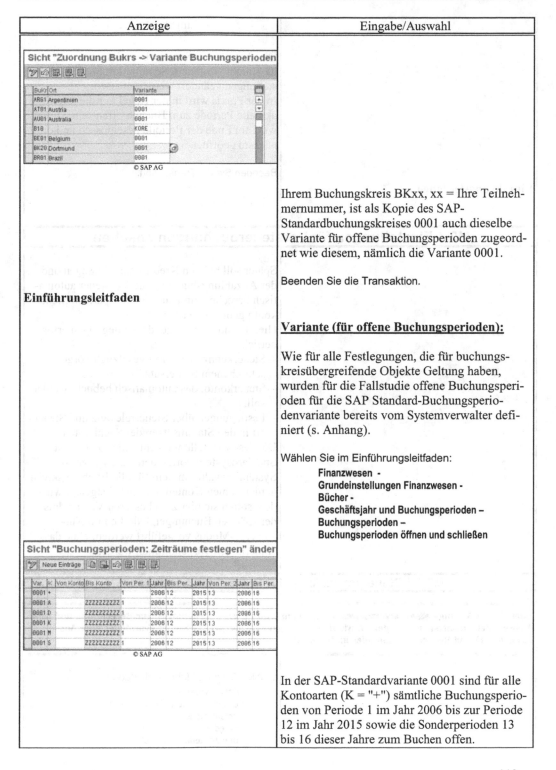

Ihrem Buchungskreis BKxx, xx = Ihre Teilnehmernummer, ist als Kopie des SAP-Standardbuchungskreises 0001 auch dieselbe Variante für offene Buchungsperioden zugeordnet wie diesem, nämlich die Variante 0001.

Beenden Sie die Transaktion.

Einführungsleitfaden

Variante (für offene Buchungsperioden):

Wie für alle Festlegungen, die für buchungskreisübergreifende Objekte Geltung haben, wurden für die Fallstudie offene Buchungsperioden für die SAP Standard-Buchungsperiodenvariante bereits vom Systemverwalter definiert (s. Anhang).

Wählen Sie im Einführungsleitfaden:

Finanzwesen -
Grundeinstellungen Finanzwesen -
Bücher -
Geschäftsjahr und Buchungsperioden –
Buchungsperioden –
Buchungsperioden öffnen und schließen

Sicht "Buchungsperioden: Zeiträume festlegen" änder

Neue Einträge

Var.	K	Von Konto	Bis Konto	Von Per. 1	Jahr	Bis Per.	Jahr	Von Per. 2	Jahr	Bis Per.
0001	+			1	2006	12	2015	13	2006	16
0001	A		ZZZZZZZZZZ	1	2006	12	2015	13	2006	16
0001	D		ZZZZZZZZZZ	1	2006	12	2015	13	2006	16
0001	K		ZZZZZZZZZZ	1	2006	12	2015	13	2006	16
0001	M		ZZZZZZZZZZ	1	2006	12	2015	13	2006	16
0001	S		ZZZZZZZZZZ	1	2006	12	2015	13	2006	16

In der SAP-Standardvariante 0001 sind für alle Kontoarten (K = "+") sämtliche Buchungsperioden von Periode 1 im Jahr 2006 bis zur Periode 12 im Jahr 2015 sowie die Sonderperioden 13 bis 16 dieser Jahre zum Buchen offen.

Anzeige	Eingabe/Auswahl
	Dies hat für den Seminarbetrieb den Vorteil, dass nicht vor jedem Seminardurchlauf die Einstellungen geändert werden müssen. In der Praxis wird in der Regel nur die jeweils aktuelle Periode zum Buchen offen sein. Diese wird am Ende der Periode geschlossen und die nächste geöffnet. Beenden Sie die Transaktion.
Einführungsleitfaden	

M2.4 Einstellungen für Vorsteuerbuchungen ansehen

	Später soll bei den Kreditorenrechnungen und der Anzahlungsbuchung die Vorsteuer automatisch berechnet und auf einem separaten Steuerkonto gebucht werden. Hierzu sind z. B. folgende Festlegungen erforderlich: - Steuerkennzeichen mit gesetzlich vorgeschriebenem Steuersatz, - Steuerkonto, das automatisch bebucht werden soll, - Festlegungen über Steuerrelevanz und Steuerart in den Stammsätzen der Sachkonten. Da diese Einstellungen entweder bereits im Standardsystem vorhanden waren oder vom Systemverwalter in dem für alle Buchungskreise gemeinsamen Kontenplan INT festgelegt wurden, sollen sie hier zum besseren Verständnis der späteren Buchungen lediglich im Nur-Anzeige-Modus vorgeführt werden, ohne dass Änderungen vorgenommen werden.

M2.4.1 Steuerkennzeichen für Deutschland ansehen

Über das zweistellige *Steuerkennzeichen* werden landesspezifisch Informationen zur Berechnung und zum Ausweis der Umsatzsteuer festgelegt, wie Höhe des Steuersatzes, Art der Steuer (Vorsteuer oder Ausgangsteuer) und Rechenart (vom oder im Hundert).

	Wählen Sie im Einführungsleitfaden: **Finanzwesen –** **Grundeinstellung Finanzwesen -** **Umsatzsteuer -** **Berechnung -** **Umsatzsteuerkennzeichen definieren**

<table>
<tr><th>Anzeige</th><th>Eingabe/Auswahl</th></tr>
<tr><td>Dialogfenster "Land"</td><td>Eingabe bzw. Auswahl:
<u>Land:</u> DE
(= Deutschland)
↵</td></tr>
<tr><td>Dialogfenster "Steuerkennzeichen pflegen: Einstieg"</td><td>Eingabe bzw. Auswahl:
<u>Steuerkennzeichen:</u> V1
(= Vorsteuer Inland 19%)
↵</td></tr>
<tr><td>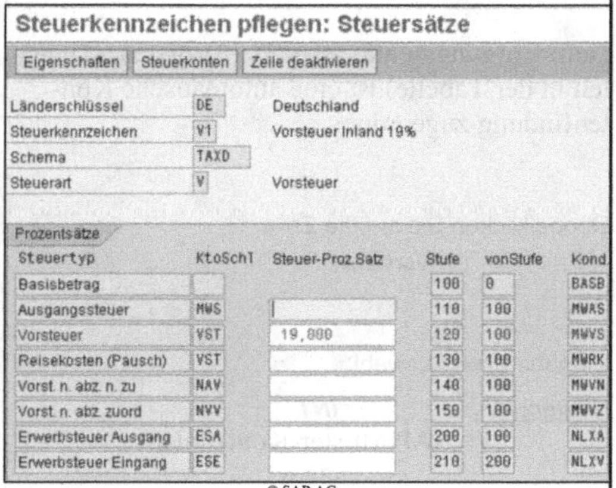
Steuerkennzeichen pflegen: Steuersätze
Eigenschaften | Steuerkonten | Zeile deaktivieren
Länderschlüssel DE Deutschland
Steuerkennzeichen V1 Vorsteuer Inland 19%
Schema TAXD
Steuerart V Vorsteuer
Prozentsätze
<table>
<tr><th>Steuertyp</th><th>KtoSchl</th><th>Steuer-Proz.Satz</th><th>Stufe</th><th>vonStufe</th><th>Kond.</th></tr>
<tr><td>Basisbetrag</td><td></td><td></td><td>100</td><td>0</td><td>BASB</td></tr>
<tr><td>Ausgangssteuer</td><td>MWS</td><td></td><td>110</td><td>100</td><td>MWAS</td></tr>
<tr><td>Vorsteuer</td><td>VST</td><td>19,000</td><td>120</td><td>100</td><td>MWVS</td></tr>
<tr><td>Reisekosten (Pausch)</td><td>VST</td><td></td><td>130</td><td>100</td><td>MWRK</td></tr>
<tr><td>Vorst. n. abz. n. zu</td><td>NAV</td><td></td><td>140</td><td>100</td><td>MWVN</td></tr>
<tr><td>Vorst. n. abz. zuord</td><td>NVV</td><td></td><td>150</td><td>100</td><td>MWVZ</td></tr>
<tr><td>Erwerbsteuer Ausgang</td><td>ESA</td><td></td><td>200</td><td>100</td><td>NLXA</td></tr>
<tr><td>Erwerbsteuer Eingang</td><td>ESE</td><td></td><td>210</td><td>200</td><td>NLXV</td></tr>
</table>
© SAP AG</td><td>Das Fenster zeigt ein Kalkulationsschema mit Vorgangsschlüsseln ("KtoSchl") zur Ermittlung von Konten für automatische Buchungen (s. 2.4.2), Steuerprozentsätzen je Vorgangsschlüssel und Stufennummern zur Ermittlung der Basen für die Steuerberechnung.
Hier ist dem Vorgangschlüssel VST = Vorsteuer ein Prozentsatz von 19 % zugeordnet, der auf einen Basisbetrag der Stufe 100 gerechnet werden soll. Dieser Basisbetrag ist hier noch nicht festgelegt und muss bei der Buchung angegeben werden.

Beenden Sie die Transaktion <u>ohne etwaige Änderungen zu sichern</u>.</td></tr>
<tr><td>Einführungsleitfaden</td><td></td></tr>
</table>

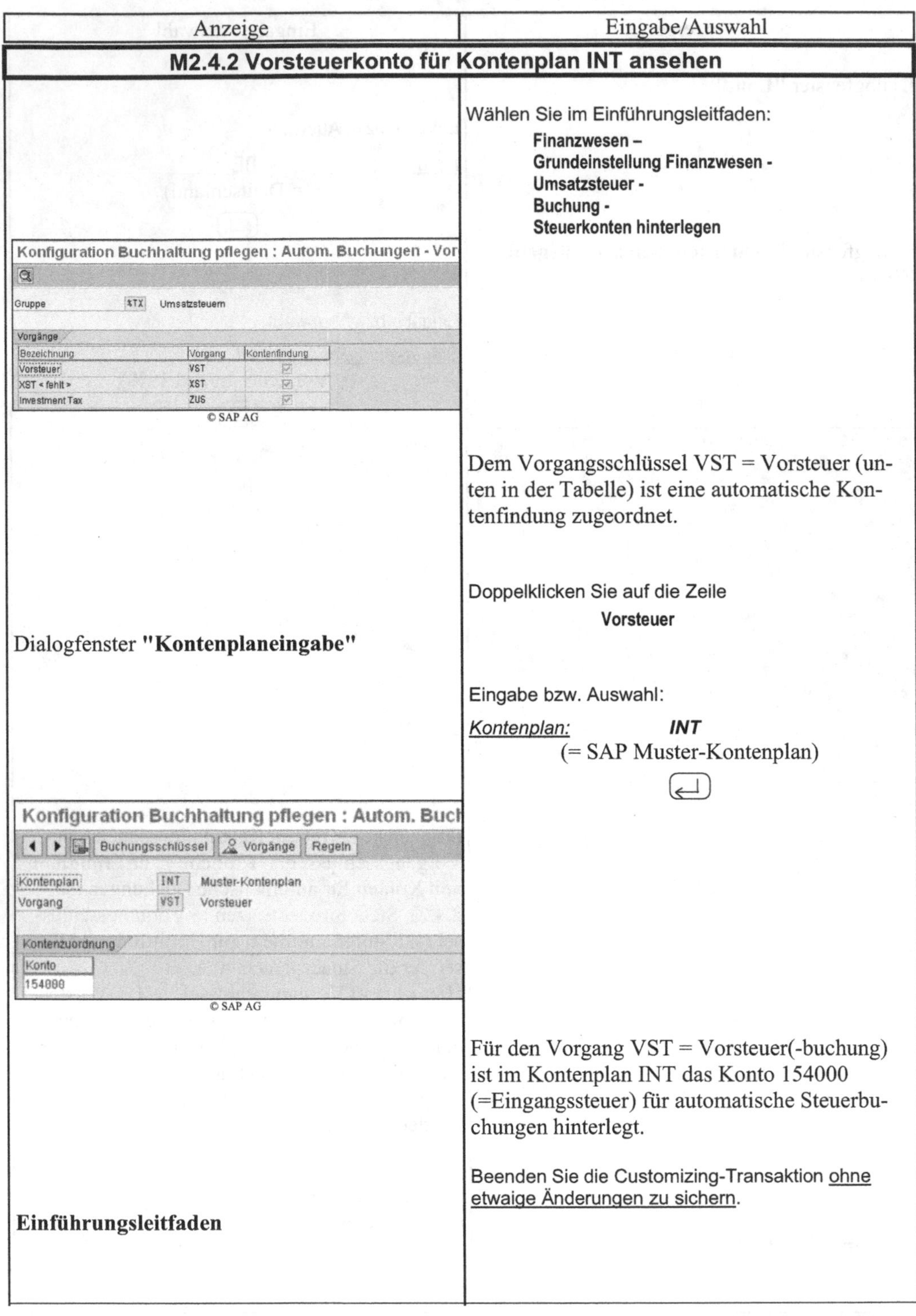

Anzeige	Eingabe/Auswahl

M2.4.2 Vorsteuerkonto für Kontenplan INT ansehen

Wählen Sie im Einführungsleitfaden:

Finanzwesen –
Grundeinstellung Finanzwesen -
Umsatzsteuer -
Buchung -
Steuerkonten hinterlegen

© SAP AG

Dem Vorgangsschlüssel VST = Vorsteuer (unten in der Tabelle) ist eine automatische Kontenfindung zugeordnet.

Doppelklicken Sie auf die Zeile

Vorsteuer

Dialogfenster **"Kontenplaneingabe"**

Eingabe bzw. Auswahl:

Kontenplan: ***INT***
(= SAP Muster-Kontenplan)

© SAP AG

Für den Vorgang VST = Vorsteuer(-buchung) ist im Kontenplan INT das Konto 154000 (=Eingangssteuer) für automatische Steuerbuchungen hinterlegt.

Beenden Sie die Customizing-Transaktion ohne etwaige Änderungen zu sichern.

Einführungsleitfaden

Modul 3: Customizing Anlagenbuchhaltung (FI-AA)

Bewertungsplan

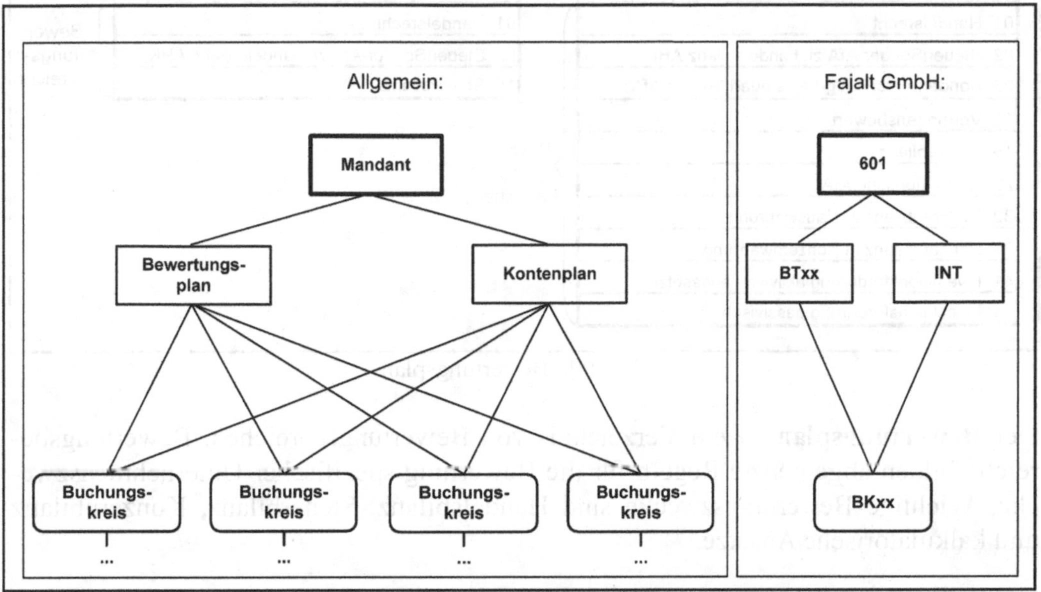

Abb. 3.08: Organisationsstruktur Anlagenbuchhaltung

Die **Anlagenbuchhaltung** steht für die Bilanzierung und Bewertung von Vermögensgegenständen des (Sach-)Anlagevermögens zur Verfügung.

Grundlage für die Bewertung bildet der Bewertungsplan, der die landesspezifischen Bewertungsvorschriften zusammenfasst und unabhängig von den anderen Organisationseinheiten sowie vom Kontenplan definiert wird. Jedem Buchungskreis muss genau ein Bewertungsplan zugewiesen sein. Erst durch diese Zuweisung kann der Buchungskreis auch für die Anlagenbuchhaltung genutzt werden.

Jede Teilnehmergruppe definiert für die Fajalt GmbH einen eigenen Bewertungsplan "BTxx", der mit dem Buchungskreis "BKxx" für die Fajalt GmbH verknüpft wird.

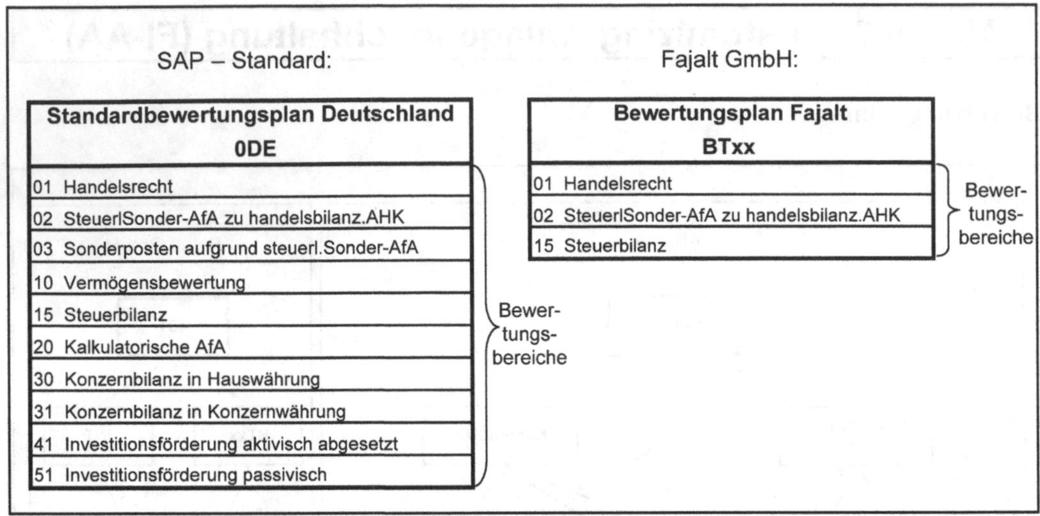

Abb. 3.09: Bewertungsplan

Der **Bewertungsplan** ist ein Verzeichnis von Bewertungsbereichen. Bewertungsbereiche bilden abgegrenzte Regeln für die Bewertung spezifischer Unternehmenszwecke. Wichtige Bewertungszwecke sind Handelsbilanz, Steuerbilanz, Konzernbilanz und kalkulatorische Ansätze.

Der Bewertungsbereich Handelsrecht bildet den Leitbereich, der auf jeden Fall aktiv sein muss.

Für die Fajalt GmbH wird der Standardbewertungsplan Deutschland übernommen und auf die wichtigen Bewertungsbereiche 01 Handelsrecht, 02 Steuerliche Sonder-AfA zu handelsbilanziellen Anschaffungs-/bzw. Herstellungskosten und 15 Steuerbilanz eingeschränkt.

Anlagenklassen

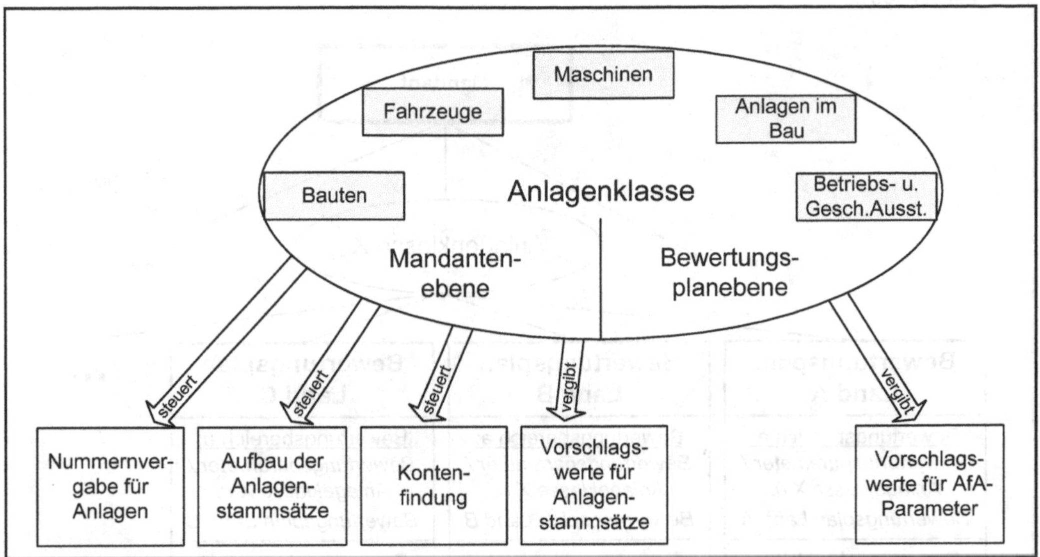

Abb. 3.10: Funktionen der Anlagenklasse

Anlagenklassen strukturieren das Anlagevermögen aus betriebswirtschaftlicher und bilanzrechtlicher Sicht. Der SAP-Standard enthält u. a. Anlagenklassen wie Bauten, Fahrzeuge, Maschinen und Anlagen im Bau.

Anlagenklassen sind grundsätzlich buchungskreisübergreifend. Sie enthalten Informationen, die sich auf die Mandantenebene (also für alle Buchungskreise gültig) und auf die Bewertungsplanebene (nur für dem jeweiligen Bewertungsplan zugeordnete Buchungskreise gültig) beziehen.

Die Daten der Mandantenebene legen Nummernkreise für Anlagennummern fest, bestimmen die Felder des Anlagenstammsatzes, steuern die vorgangsbezogene Verwendung von Konten für automatische Buchungen und zeigen Vorschlagswerte für die zu einer Klasse gehörigen Anlagenstammsätze auf.

Dagegen sind Vorschlagswerte für Abschreibungsparameter (z. B. AfA-Schlüssel, Nutzungsdauer) auf der Bewertungsplanebene hinterlegt.

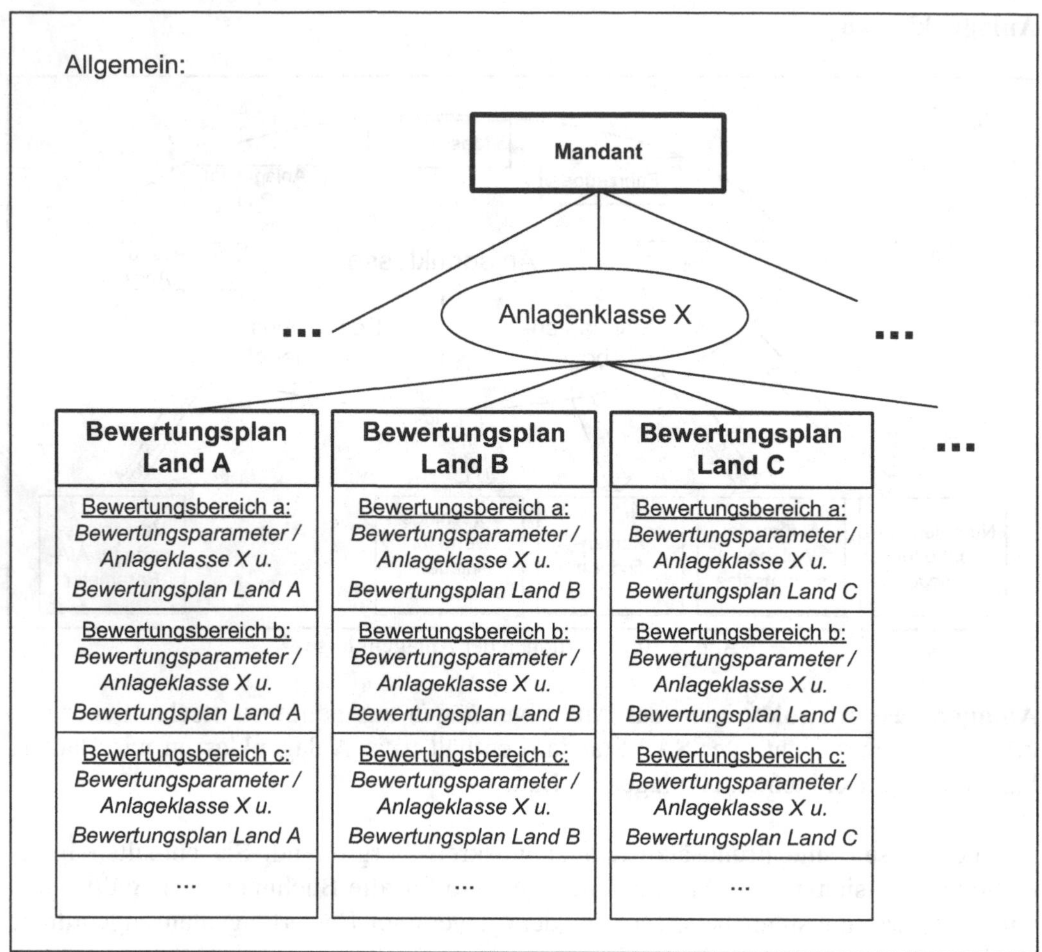

Abb. 3.11: Anlagenklassenbewertung allgemein

Abschreibungsparameter werden pro Anlagenklasse und pro Bewertungsbereich eines Bewertungsplans formuliert.

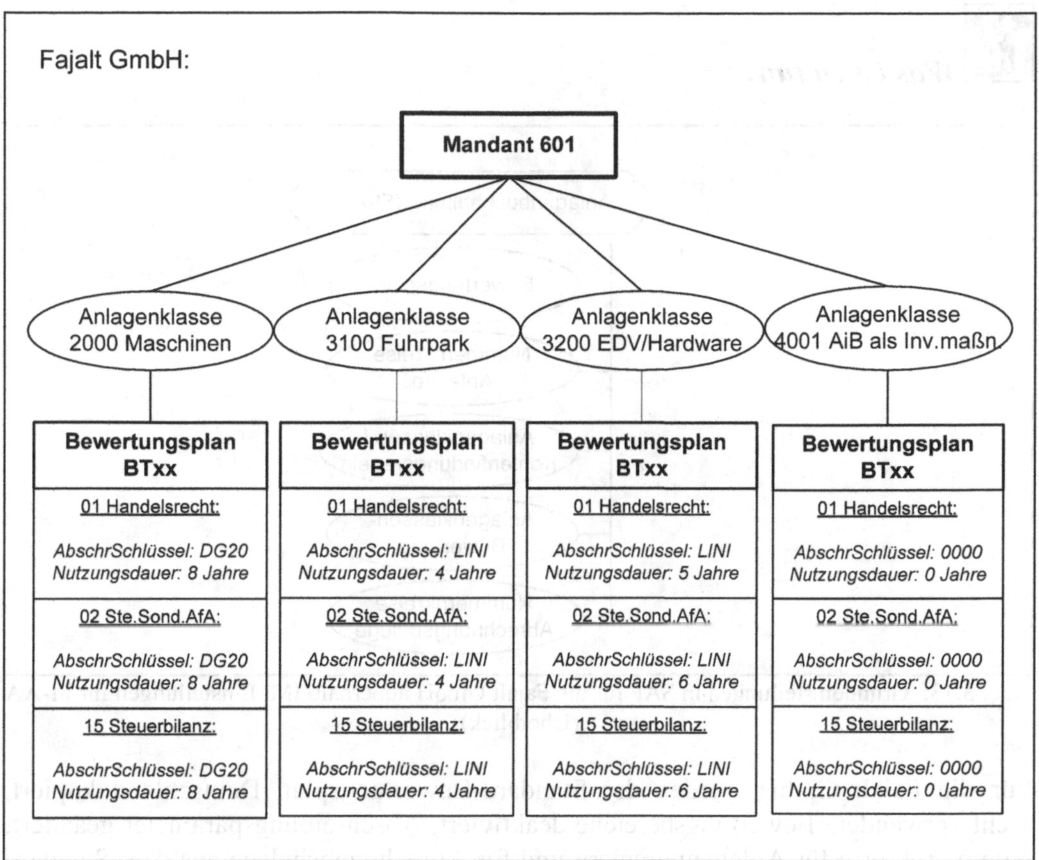

Abb. 3.12: Anlagenklassenbewertung Fajalt GmbH

Die Fajalt GmbH setzt vier Anlagenklassen bei einem Bewertungsplan mit drei Bewertungsbereichen ein.

Was ist zu tun?

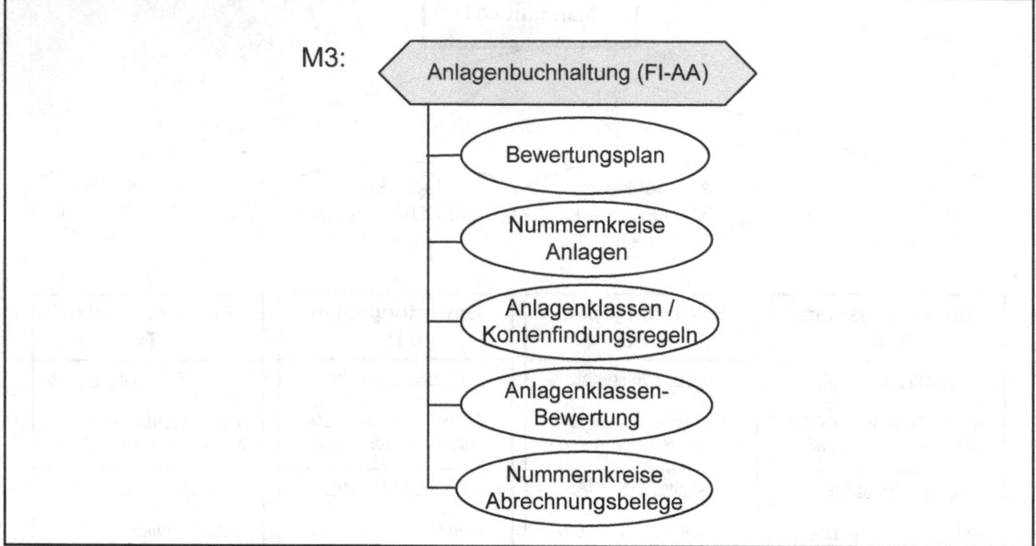

Abb. 3.13: Grundeinstellungen in SAP für die Fajalt GmbH außerhalb IM: Einstellungen für FI-AA (Überblick)

Für die Fajalt GmbH werden der Standard-Bewertungsplan Deutschland kopiert, nicht verwendete Bewertungsbereiche deaktiviert, Abschreibungsparameter geändert, Nummernkreise für Anlagennummern und für Abrechnungsbelege aus dem Standard übernommen sowie vorhandene (Standard-)Kontenfindungsregeln gezeigt.

Anzeige	Eingabe/Auswahl

Modul 3: Customizing Anlagenbuchhaltung (FI-AA)

	Die Integration des Investitionsmanagement mit der Anlagenbuchhaltung (FI-AA) ermöglicht - das Führen von Anlagen im Bau zu Investitionsmaßnahmen während der Investitionsphase, - die Durchführung von Abschreibungssimulationen für geplante Investitionen und - die Aktivierung der aktivierungsfähigen Kostenanteile von Investitionsmaßnahmen auf Anlagen. Hier sollen nun die dazu im Rahmen der Fallstudie notwendigen Einstellungen der Anlagenbuchhaltung vorgenommen werden.

M3.1 Bewertungsplan definieren und dem Buchungskreis zuordnen

Ein *Bewertungsplan* dient der Verwaltung länderspezifischer Bewertungsvorschriften zum Anlagevermögen und stellt ein *Verzeichnis von Bewertungsbereichen* dar.

In einem *Bewertungsbereich* kann das Anlagevermögen zweckgebunden bewertet werden (z.B. für bilanzielle, kalkulatorische oder steuerliche Belange). Hierfür können je Anlage alle notwendigen Bewertungsparameter (z. B. Schlüssel für automatische AfA) und Werte auf Ebene des Bewertungsbereichs geführt werden.

Für die Anlagenbuchhaltung muss jeder Buchungskreis auf genau einen Bewertungsplan verweisen.

	SAP liefert pro Land typische Referenz-Bewertungspläne aus, die kopiert und für unternehmensspezifische Belange modifiziert werden können.
	<u>Musterbewertungsplan kopieren:</u>
	Wechseln Sie zum Einführungsleitfaden
Einstiegsbild des **Einführungsleitfadens**(SAP-Referenz-IMG)	Wählen Sie im Einführungsleitfaden: **Finanzwesen – Anlagenbuchhaltung - Organisationsstrukturen – Referenzbewertungsplan/Bewertungsbereiche kopieren**
Dialogfenster "**Aktion auswählen**"	Doppelklicken Sie auf **Referenzbewertungsplan kopieren**

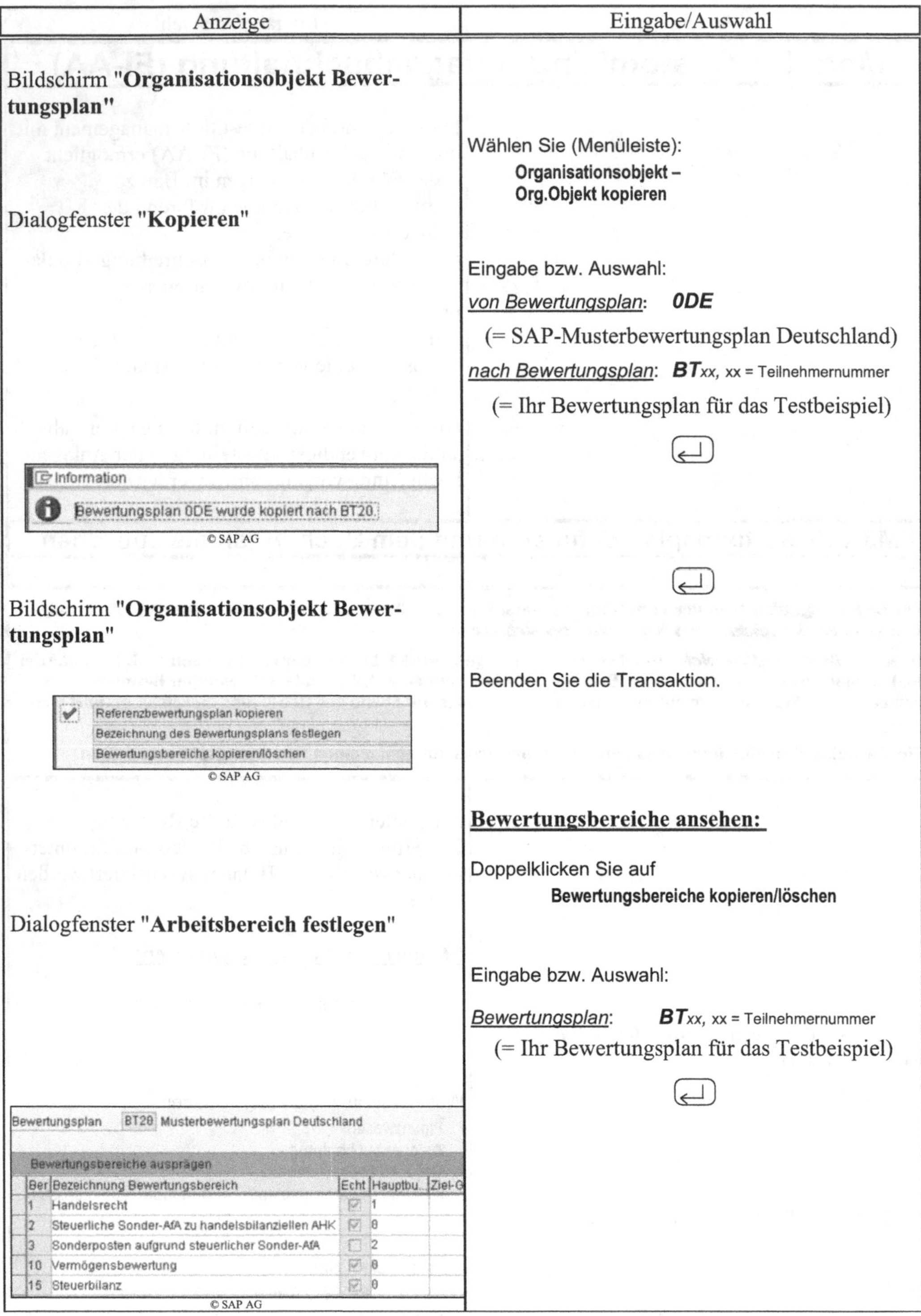

Anzeige	Eingabe/Auswahl
Bildschirm "**Organisationsobjekt Bewertungsplan**"	Wählen Sie (Menüleiste): **Organisationsobjekt – Org.Objekt kopieren**
Dialogfenster "**Kopieren**"	Eingabe bzw. Auswahl: *von Bewertungsplan*: ***0DE*** (= SAP-Musterbewertungsplan Deutschland) *nach Bewertungsplan*: ***BT****xx*, xx = Teilnehmernummer (= Ihr Bewertungsplan für das Testbeispiel) [Enter]
Information Bewertungsplan 0DE wurde kopiert nach BT20. © SAP AG	[Enter]
Bildschirm "**Organisationsobjekt Bewertungsplan**" Referenzbewertungsplan kopieren Bezeichnung des Bewertungsplans festlegen Bewertungsbereiche kopieren/löschen © SAP AG	Beenden Sie die Transaktion. **Bewertungsbereiche ansehen:** Doppelklicken Sie auf **Bewertungsbereiche kopieren/löschen**
Dialogfenster "**Arbeitsbereich festlegen**"	Eingabe bzw. Auswahl: *Bewertungsplan*: ***BT****xx*, xx = Teilnehmernummer (= Ihr Bewertungsplan für das Testbeispiel) [Enter]

Bewertungsplan BT20 Musterbewertungsplan Deutschland

Bewertungsbereiche ausprägen

Ber	Bezeichnung Bewertungsbereich	Echt	Hauptbu...	Ziel-G
1	Handelsrecht	☑	1	
2	Steuerliche Sonder-AfA zu handelsbilanziellen AHK	☑	0	
3	Sonderposten aufgrund steuerlicher Sonder-AfA	☐	2	
10	Vermögensbewertung	☑	0	
15	Steuerbilanz	☑	0	

© SAP AG

Anzeige	Eingabe/Auswahl
Bewertungsplan BT28 Musterbewertungsplan Deutschland BewertgBereich 1 Handelsrecht Handelsrecht Bewertungsbereiche ausprägen Echter Bewertungsbereich ☑ Buchen im Hauptbuch: Bereich bucht realtime Ziel-Ledger-Gruppe Abweichender Bewertungsbereich Globaler Bereich Werteführung Anschaffungswert: Nur positive Werteführung (inkl. Null) Restbuchwert: Nur positive Werteführung (inkl. Null) © SAP AG	Doppelklicken Sie auf die Zeile des Bewertungsbereichs **1 Handelsrecht** Abschreibungen und Bestandsveränderungen des Bewertungsbereichs "1 Handelsrecht" werden realtime in der Hauptbuchhaltung mitgebucht. Im Bewertungsbereich 1 ist das Führen von nichtnegativen Anschaffungs- und Herstellungskosten sowie auch nichtnegativen Restbuchwerten erlaubt. Klicken Sie auf (= Zurück) Sehen Sie sich nun noch die Eigenschaften der übrigen Bewertungsbereiche an, insbesondere von **"15 Steuerbilanz"**. Beenden Sie anschließend die Customizing-Transaktion.
Dialogfeld **"Aktion auswählen"**	**Bezeichnung des Bewertungsplans ändern:** Doppelklicken Sie auf **Bezeichnung des Bewertungsplans festlegen**
Bildschirm **"Sicht "Bewertungsplan: Bezeichnung festlegen" ändern: Übersicht"**	Eingabe (hinter Ihrem Bewertungsplan BTxx, xx=Ihre Teilnehmernummer): *Bezeichnung*: ***Bewertungsplan Fajalt***

Anzeige	Eingabe/Auswahl
BewPl / Bezeichnung 0PH Musterbewertungsplan Korea BT20 Bewertungsplan Fajalt © SAP AG	
	Sichern Sie Ihre Eingabe und beenden Sie die (Customizing-)Transaktion.
Dialogfeld "**Aktion auswählen**"	Schließen Sie das Dialogfeld.
Einführungsleitfaden	**Bewertungsplan Buchungskreis zuordnen:** Wählen Sie im Einführungsleitfaden: **Finanzwesen – Anlagenbuchhaltung - Organisationsstrukturen – Zuordnung Buchungskreis/Bewertungsplan festlegen**
Bildschirm "**Buchungskreis in der Anlagenbuchhaltung pflegen" ändern: Übersicht**	Eingabe bzw. Auswahl hinter Ihrem Buchungskreis BKxx, xx=Ihre Teilnehmernummer: *Bew.Plan*: ***BTxx***, xx = Teilnehmernummer
BuKr / Name der Firma / Bew.Plan / Bezeichnung BK20 Fajalt GmbH BT20 Bewertungsplan Fajalt © SAP AG	
	Sichern Sie Ihre Eingaben und beenden Sie die (Customizing-)Transaktion.
Einführungsleitfaden	

M3.2 Nummernkreise für Anlagennummern definieren

Jede Anlage wird in der Anlagenbuchhaltung durch eine *Anlagennummer* eindeutig identifiziert. Die *Nummernvergabe* kann im System grundsätzlich durch externe oder durch interne Nummernvergabe erfolgen.

Bei der automatischen Erzeugung einer Anlage im Bau zu einer Investitionsmaßnahme (s. Modul 15) oder der Erzeugung einer fertigen Anlage bei der Gesamtabrechnung (s. Modul 21) erfolgt die Nummernvergabe intern, die Steuerung der Nummernvergabe erfolgt über die Anlagenklasse (s. u.).

Die Nummernkreise für die interne und die externe Nummernvergabe müssen je Buchungskreis definiert werden.

Anzeige	Eingabe/Auswahl
	Von SAP werden für den Buchungskreis 0001 Standard-Nummernkreisintervalle ausgeliefert. Diese sollen Sie nun für Ihren Buchungskreis BKxx, xx = Teilnehmernummer, kopieren.

Anzeige	Eingabe/Auswahl
	Wählen Sie im Einführungsleitfaden: **Finanzwesen – Anlagenbuchhaltung - Organisationsstrukturen – Anlagenklassen – Nummernkreisintervalle definieren**
Nummernkreise Anlagen Buchungskreis...... Intervalle Stand Intervalle © SAP AG	Klicken Sie auf (=Kopieren)
Dialogfeld "**Kopieren Buchungskreis**"	Eingabe bzw. Auswahl: *Von..* **0001** *Nach..* **BK***xx*, xx = Teilnehmernummer
Dialogfeld "**Transport Nummernkreisintervalle**"	Das Dialogfeld bezieht sich auf den Transport von Nummernkreisen zwischen verschiedenen SAP-Systemen und ist für die Fallstudie nicht relevant. Dialogfeld wird wieder geschlossen, die Nummernkreise wurden kopiert.
Bildschirm "**Nummernkreise Anlagen**"	Eingabe bzw. Auswahl: *Buchungskreis..* **BK***xx*, xx = Teilnehmernummer Klicken Sie auf Intervalle

Anzeige	Eingabe/Auswahl

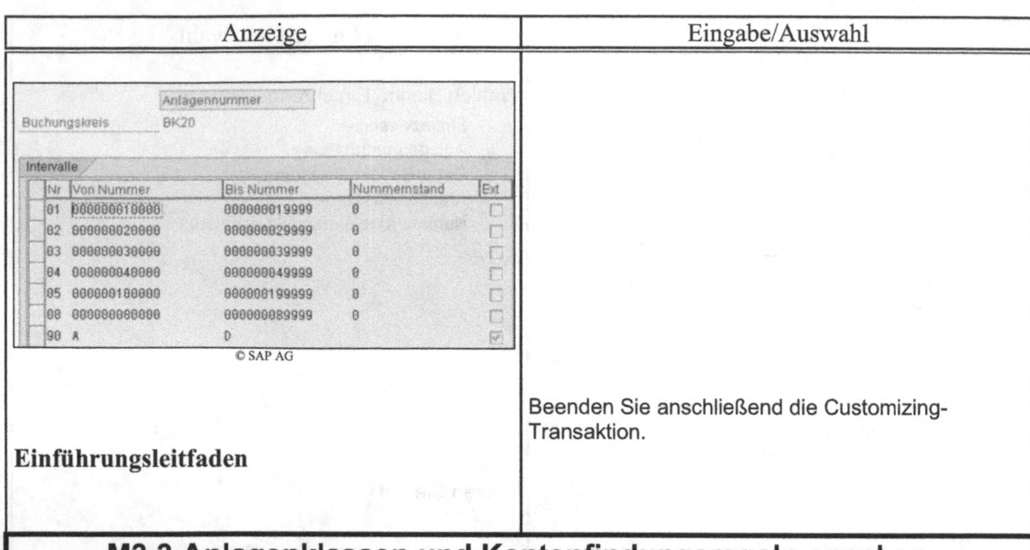

Anlagennummer

Buchungskreis BK20

Intervalle

Nr	Von Nummer	Bis Nummer	Nummernstand	Ext
01	000000010000	000000019999	0	☐
02	000000020000	000000029999	0	☐
03	000000030000	000000039999	0	☐
04	000000040000	000000049999	0	☐
05	000000100000	000000199999	0	☐
08	000000080000	000000089999	0	☐
90	A	D		☑

Beenden Sie anschließend die Customizing-Transaktion.

Einführungsleitfaden

M3.3 Anlagenklassen und Kontenfindungsregeln ansehen

Mit *Anlagenklassen* lässt sich das Anlagevermögen gemäß rechtlichen und betriebswirtschaftlichen Erfordernissen strukturieren (z. B. Bauten, Fahrzeuge, Maschinen).

Die Anlagenklasse steuert Bildaufbau und Feldeigenschaften von Anlagenstammsätzen sowie die Nummernvergabe für Anlagen. Sie liefert außerdem Vorschlagswerte für die zu einer Klasse gehörigen Stammsätze und ordnet über eine zugehörige Kontenfindung die Anlagen den einzelnen Bilanzpositionen für Anlagevermögen zu.

Allgemein können über die *Kontenfindung* einer Anlagenklasse die Hauptbuchkonten des jeweiligen Kontenplans festgelegt werden, die bei den verschiedenen Geschäftsvorfällen automatisch bebucht werden sollen.

Anlagenklassen ansehen:

Wählen Sie im Einführungsleitfaden:

Finanzwesen –
Anlagenbuchhaltung –
Organisationsstrukturen -
Anlagenklassen –
Anlagenklassen definieren

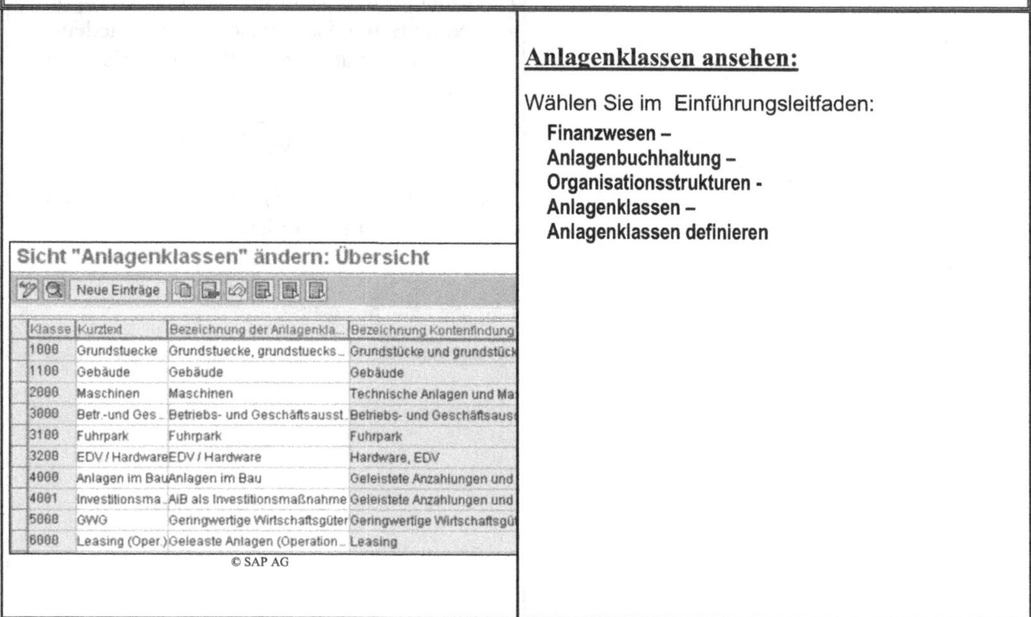

Sicht "Anlagenklassen" ändern: Übersicht

Neue Einträge

Klasse	Kurztext	Bezeichnung der Anlagenkla...	Bezeichnung Kontenfindung
1000	Grundstuecke	Grundstuecke, grundstuecks...	Grundstücke und grundstück
1100	Gebäude	Gebäude	Gebäude
2000	Maschinen	Maschinen	Technische Anlagen und Ma
3000	Betr.-und Ges...	Betriebs- und Geschäftsausst...	Betriebs- und Geschäftsauss
3100	Fuhrpark	Fuhrpark	Fuhrpark
3200	EDV / Hardware	EDV / Hardware	Hardware, EDV
4000	Anlagen im Bau	Anlagen im Bau	Geleistete Anzahlungen und
4001	Investitionsma...	AiB als Investitionsmaßnahme	Geleistete Anzahlungen und
5000	GWG	Geringwertige Wirtschaftsgüter	Geringwertige Wirtschaftsgü
6000	Leasing (Oper.)	Geleaste Anlagen (Operation...	Leasing

Anzeige	Eingabe/Auswahl
Bildschirm **"Sicht "Anlagenklassen" <u>anzeigen</u>: Übersicht"**	Klicken Sie auf (= Ändern → Anzeigen) Sie sind in den "Nur-Anzeige"-Modus des Bildschirms gewechselt, Änderungen sind jetzt nicht möglich. Der Bildschirm zeigt die von SAP ausgelieferten Standard-Anlagenklassen mit zugeordneten Kontenfindungen. Für die Investitionsmaßnahmen der Fallstudie soll später die von SAP ausgelieferte Anlagenklasse 4001 verwendet werden, deren wichtigste Parameter Sie sich hier im Folgenden lediglich ansehen sollen. Doppelklicken Sie auf die Zeile der Anlagenklasse **4001 AiB als Investitionsmaßnahme**

Anlagen im Bau **sind eine besondere Form der Sachanlagen. Sie werden meist als eigene Bilanzposition dargestellt und benötigen deshalb eine eigene Kontenfindung in den entsprechenden Anlagenklassen. Anlagen im Bau werden genau wie fertige Anlagen als einzelne Anlagenstammsätze verwaltet.**

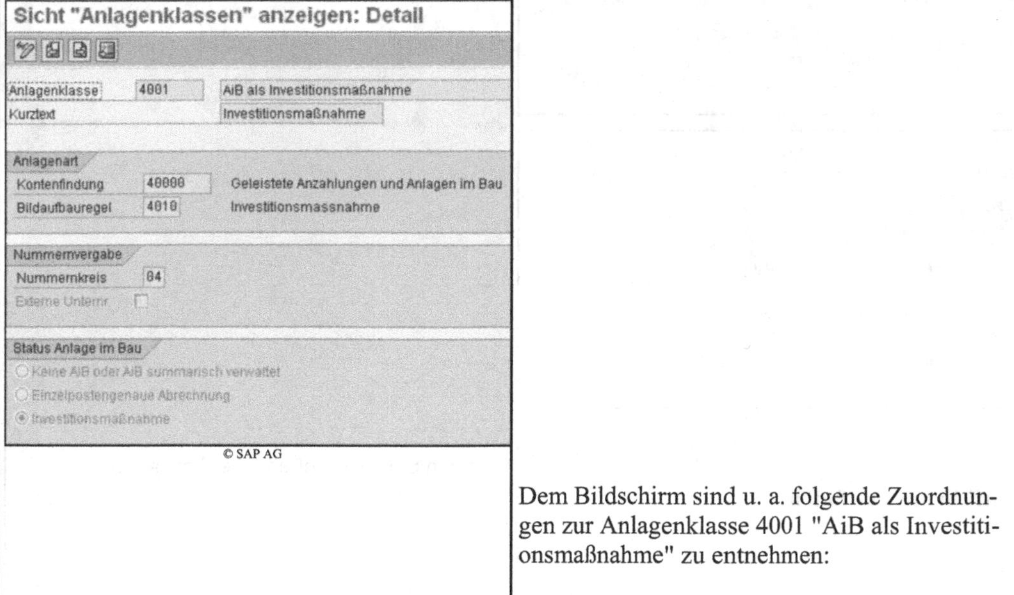

© SAP AG

Dem Bildschirm sind u. a. folgende Zuordnungen zur Anlagenklasse 4001 "AiB als Investitionsmaßnahme" zu entnehmen:

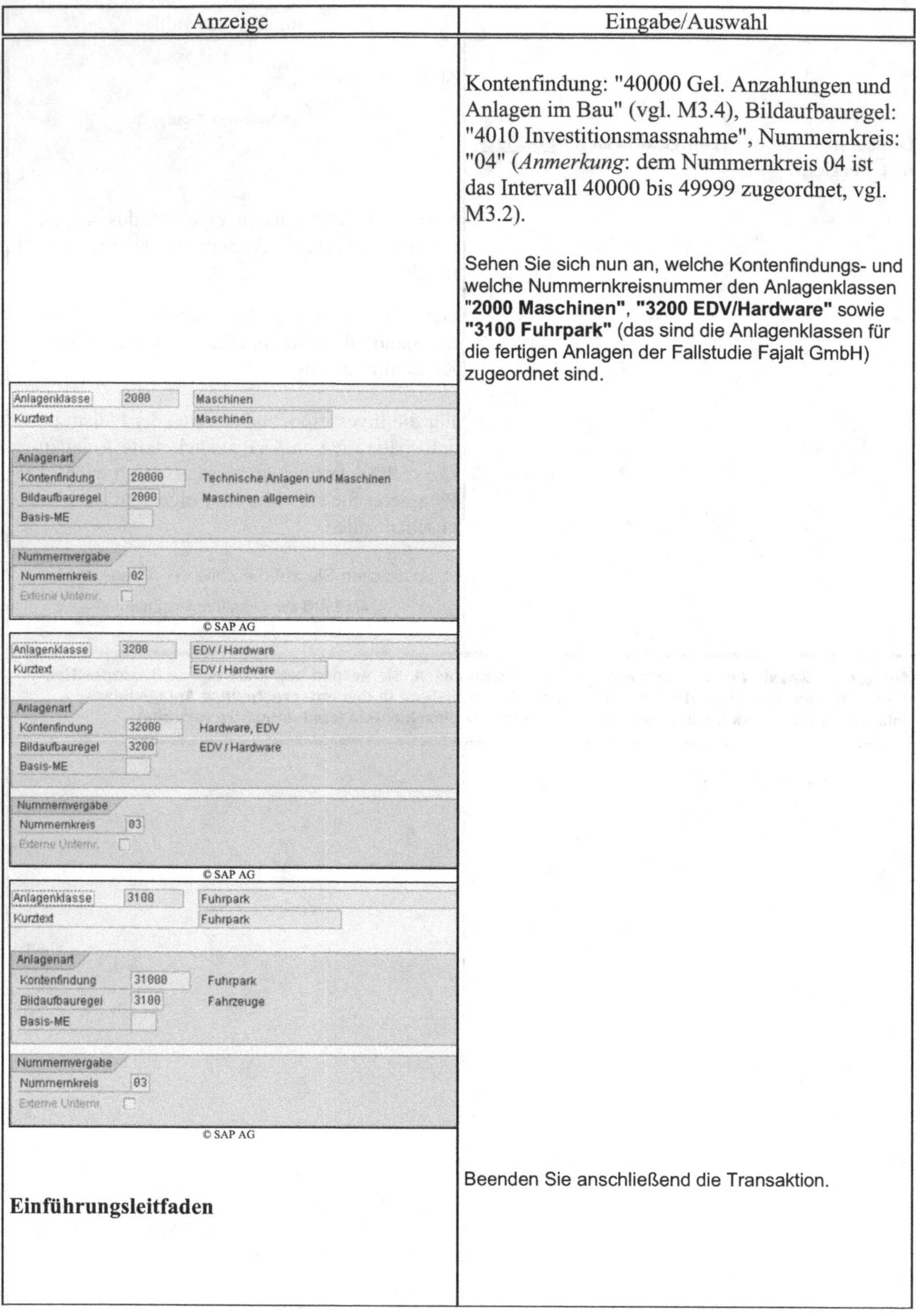

Anzeige	Eingabe/Auswahl
	Kontenfindung: "40000 Gel. Anzahlungen und Anlagen im Bau" (vgl. M3.4), Bildaufbauregel: "4010 Investitionsmassnahme", Nummernkreis: "04" (*Anmerkung*: dem Nummernkreis 04 ist das Intervall 40000 bis 49999 zugeordnet, vgl. M3.2).
© SAP AG © SAP AG © SAP AG	Sehen Sie sich nun an, welche Kontenfindungs- und welche Nummernkreisnummer den Anlagenklassen **"2000 Maschinen"**, **"3200 EDV/Hardware"** sowie **"3100 Fuhrpark"** (das sind die Anlagenklassen für die fertigen Anlagen der Fallstudie Fajalt GmbH) zugeordnet sind.
Einführungsleitfaden	Beenden Sie anschließend die Transaktion.

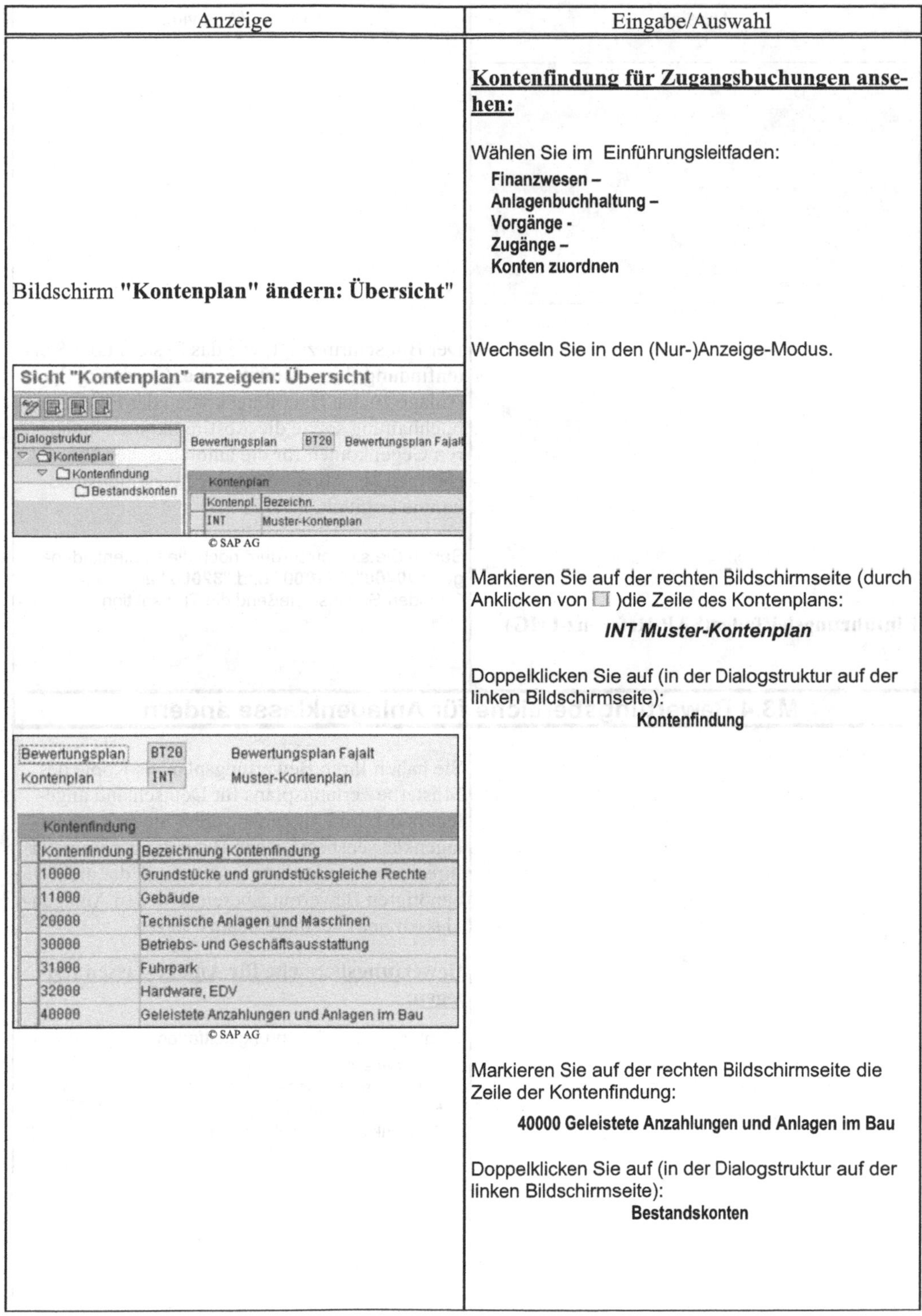

Anzeige	Eingabe/Auswahl
	Kontenfindung für Zugangsbuchungen ansehen:
	Wählen Sie im Einführungsleitfaden: **Finanzwesen –** **Anlagenbuchhaltung –** **Vorgänge -** **Zugänge –** **Konten zuordnen**
Bildschirm **"Kontenplan" ändern: Übersicht"**	
Sicht "Kontenplan" anzeigen: Übersicht Dialogstruktur: Kontenplan / Kontenfindung / Bestandskonten Bewertungsplan BT20 Bewertungsplan Fajalt Kontenplan: Kontenpl. Bezeichn. — INT Muster-Kontenplan © SAP AG	Wechseln Sie in den (Nur-)Anzeige-Modus.
	Markieren Sie auf der rechten Bildschirmseite (durch Anklicken von ☐)die Zeile des Kontenplans: ***INT Muster-Kontenplan***
	Doppelklicken Sie auf (in der Dialogstruktur auf der linken Bildschirmseite): **Kontenfindung**
Bewertungsplan BT20 Bewertungsplan Fajalt Kontenplan INT Muster-Kontenplan Kontenfindung Kontenfindung / Bezeichnung Kontenfindung 10000 Grundstücke und grundstücksgleiche Rechte 11000 Gebäude 20000 Technische Anlagen und Maschinen 30000 Betriebs- und Geschäftsausstattung 31000 Fuhrpark 32000 Hardware, EDV 40000 Geleistete Anzahlungen und Anlagen im Bau © SAP AG	
	Markieren Sie auf der rechten Bildschirmseite die Zeile der Kontenfindung: **40000 Geleistete Anzahlungen und Anlagen im Bau**
	Doppelklicken Sie auf (in der Dialogstruktur auf der linken Bildschirmseite): **Bestandskonten**

Anzeige	Eingabe/Auswahl

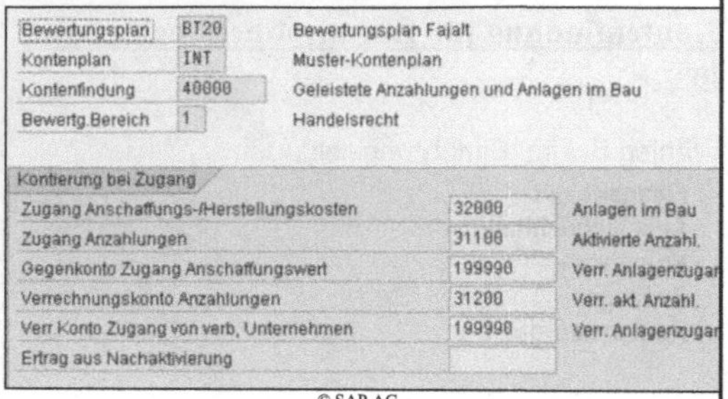

Bewertungsplan	BT20	Bewertungsplan Fajalt
Kontenplan	INT	Muster-Kontenplan
Kontenfindung	40000	Geleistete Anzahlungen und Anlagen im Bau
Bewertg.Bereich	1	Handelsrecht

Kontierung bei Zugang

Zugang Anschaffungs-/Herstellungskosten	32000	Anlagen im Bau
Zugang Anzahlungen	31100	Aktivierte Anzahl.
Gegenkonto Zugang Anschaffungswert	199990	Verr. Anlagenzugar
Verrechnungskonto Anzahlungen	31200	Verr. akt. Anzahl.
Verr Konto Zugang von verb, Unternehmen	199990	Verr. Anlagenzugar
Ertrag aus Nachaktivierung		

© SAP AG

Der Bildschirm zeigt, wie das System über Kontenfindung (hier: "**40000**") die Zuordnung der Anlage zu den Hauptbuchkonten der Finanzbuchhaltung sowie die Abstimmkonten und deren Gegenkonten für die automatischen Buchungen bei Abrechnung der Investitionsmaßnahme ermittelt.

Sehen Sie sich außerdem noch die Kontenfindungen **"20000"**, **"31000"** und **"32000"** an.
Beenden Sie anschließend die Transaktion.

Einführungsleitfaden(SAP-Referenz-IMG)

M3.4 Bewertungsbereiche für Anlagenklasse ändern

Sie haben Ihren Bewertungsplan als Kopie des Musterbewertungsplans für Deutschland angelegt (s.o.). Im Folgenden sollen Sie sich die anlagenklassenspezifischen Bewertungsparameter Ihres Bewertungsplans ansehen und die nicht benötigten Bewertungsbereiche in den Anlagenklassen der Fallstudie inaktiv setzen.

Bewertungsbereiche für Anlageklassen festlegen:

Wählen Sie im Einführungsleitfaden:

Finanzwesen –
Anlagenbuchhaltung –
Bewertung allgemein -
Anlagenklassenbewertung bestimmen

Anzeige	Eingabe/Auswahl

Sicht "Anlagenklasse" ändern: Übersicht

Dialogstruktur
- Anlagenklasse
  - Bewertungsbereiche

Anlagenklasse	Bezeichnung der Anlagenklasse
1000	Grundstuecke, grundstuecksgleiche Re
1100	Gebäude
2000	Maschinen
3000	Betriebs- und Geschäftsausstattung
3100	Fuhrpark
3200	EDV / Hardware
4000	Anlagen im Bau
4001	AiB als Investitionsmaßnahme
5000	Geringwertige Wirtschaftsgüter
6000	Geleaste Anlagen (Operational Lease)

© SAP AG

Markieren Sie auf der rechten Bildschirmseite die Zeile:

4001 AiB als Investitionsmaßnahme

Doppelklicken Sie in der Dialogstruktur auf

Bewertungsbereiche

Anlagenklasse 4001 AiB als Investitionsmaßnahme
Bewertungsplan BT20 Bewertungsplan Fajalt

Ber	Bewtg.ber.	Deakt	Absch	Ntz	Per	Index	Regel
01	Handelsrecht	☐	0000	0	0		1000
02	Ste.Sond.AfA	☐	0000	0	0		1000
03	Sonderposten	☐					
10	Vermögens-St	☐	0000	0	0		1000
15	Steuerbilanz	☐	0000	0	0		1000
20	Kalkulation	☐	0000	0	0		1000
30	Konzern DEM	☐	0000	0	0		1000
31	Konzern USD	☐	0000	0	0		1000
32	HBI (KonzWh)	☐	0000	0	0		1000
41	Inv.Zulage 1	☐	0000	0	0		1000
51	Inv.Zulage 2	☐	0000	0	0		1000

© SAP AG

Der Bildschirm zeigt, dass für alle Bewertungsbereiche der Standard-Anlagenklasse "4001 AiB als Investitionsmaßnahme" der Wert 0000 (=Keine Abschreibungen und keine Zinsen) als Abschreibungsschlüssel (Feld "Absch") gesetzt ist, da Normalabschreibungen für Anlagen im Bau prinzipiell nicht erlaubt sind.

Setzen Sie das Deaktivierungs-Kennzeichen in der Spalte "Deakt" (durch Anklicken) für die Bereiche:

10
20
30
31
32
41
51

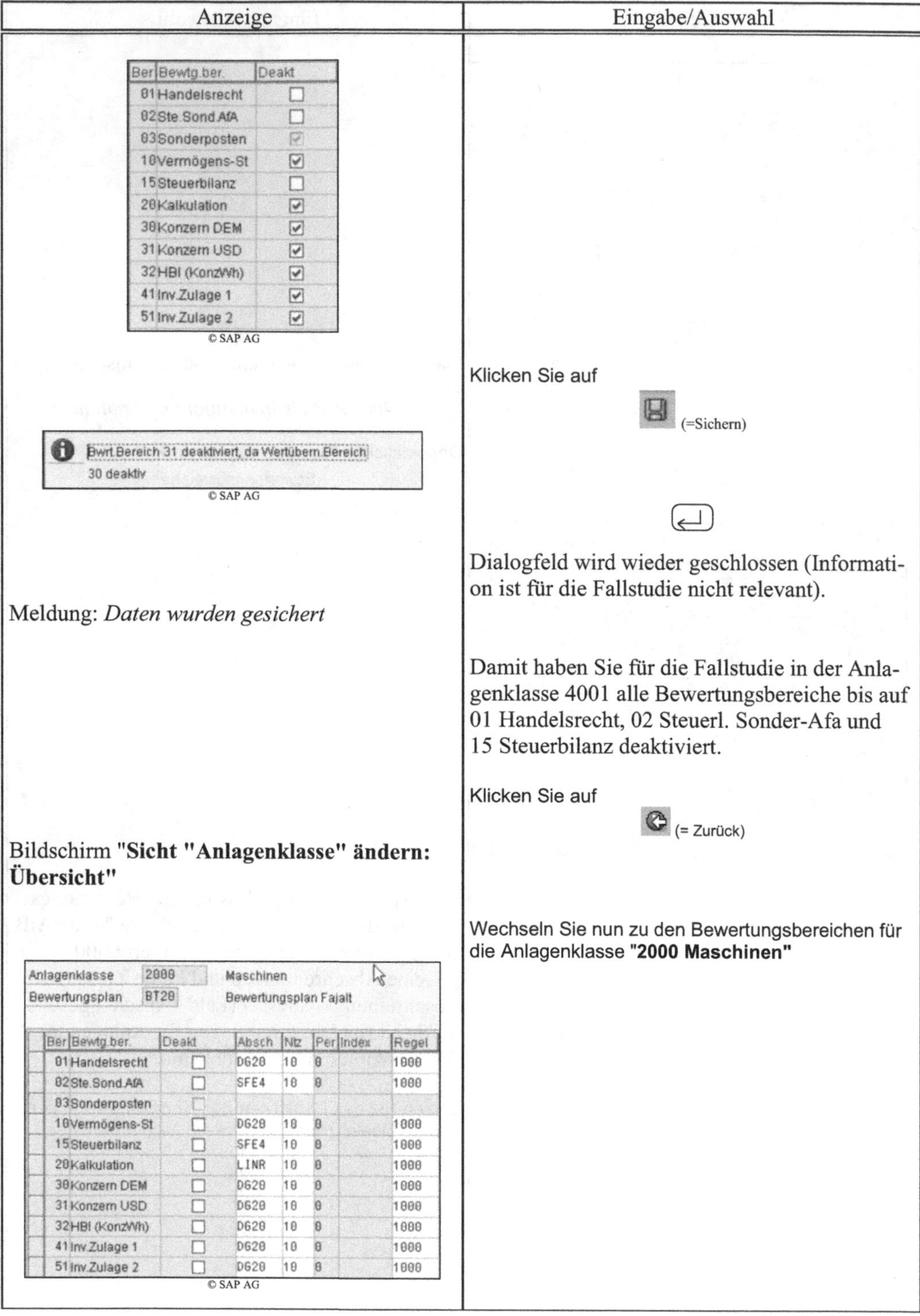

Anzeige	Eingabe/Auswahl

Ber	Bewtg.ber.	Deakt
01	Handelsrecht	☐
02	Ste.Sond.AfA	☐
03	Sonderposten	☑
10	Vermögens-St	☑
15	Steuerbilanz	☐
20	Kalkulation	☑
30	Konzern DEM	☑
31	Konzern USD	☑
32	HBI (KonzWh)	☑
41	Inv.Zulage 1	☑
51	Inv.Zulage 2	☑

© SAP AG

Klicken Sie auf (=Sichern)

Bwrt.Bereich 31 deaktiviert, da Wertübern.Bereich 30 deaktiv

© SAP AG

Dialogfeld wird wieder geschlossen (Information ist für die Fallstudie nicht relevant).

Meldung: *Daten wurden gesichert*

Damit haben Sie für die Fallstudie in der Anlagenklasse 4001 alle Bewertungsbereiche bis auf 01 Handelsrecht, 02 Steuerl. Sonder-Afa und 15 Steuerbilanz deaktiviert.

Klicken Sie auf (= Zurück)

Bildschirm **"Sicht "Anlagenklasse" ändern: Übersicht"**

Wechseln Sie nun zu den Bewertungsbereichen für die Anlagenklasse **"2000 Maschinen"**

Anlagenklasse 2000 Maschinen
Bewertungsplan BT20 Bewertungsplan Fajalt

Ber	Bewtg.ber.	Deakt	Absch	Nlz	Per	Index	Regel
01	Handelsrecht	☐	D620	10	0		1000
02	Ste.Sond.AfA	☐	SFE4	10	0		1000
03	Sonderposten	☐					
10	Vermögens-St	☐	D620	10	0		1000
15	Steuerbilanz	☐	SFE4	10	0		1000
20	Kalkulation	☐	LINR	10	0		1000
30	Konzern DEM	☐	D620	10	0		1000
31	Konzern USD	☐	D620	10	0		1000
32	HBI (KonzWh)	☐	D620	10	0		1000
41	Inv.Zulage 1	☐	D620	10	0		1000
51	Inv.Zulage 2	☐	D620	10	0		1000

© SAP AG

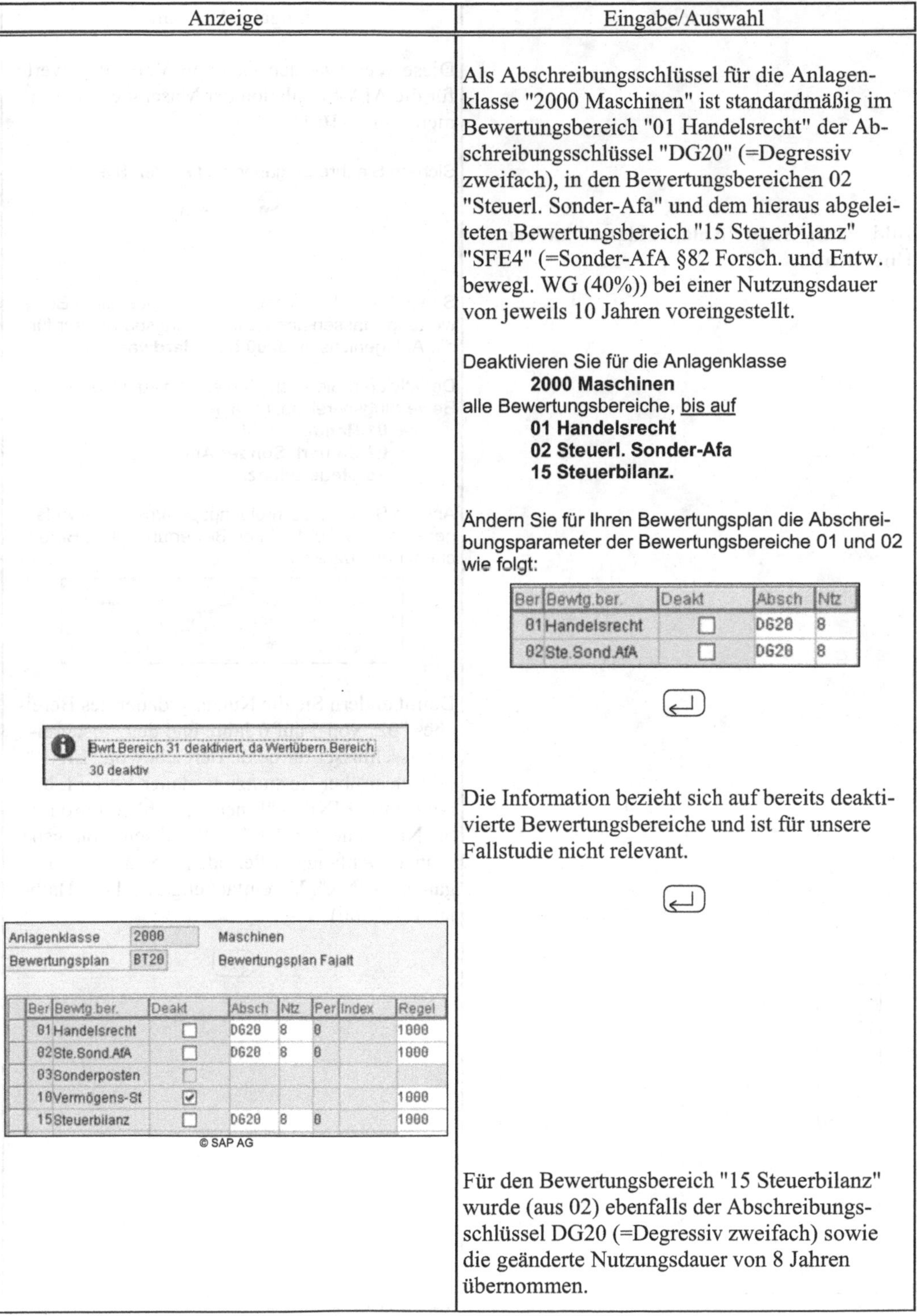

Anzeige	Eingabe/Auswahl
	Als Abschreibungsschlüssel für die Anlagenklasse "2000 Maschinen" ist standardmäßig im Bewertungsbereich "01 Handelsrecht" der Abschreibungsschlüssel "DG20" (=Degressiv zweifach), in den Bewertungsbereichen 02 "Steuerl. Sonder-Afa" und dem hieraus abgeleiteten Bewertungsbereich "15 Steuerbilanz" "SFE4" (=Sonder-AfA §82 Forsch. und Entw. bewegl. WG (40%)) bei einer Nutzungsdauer von jeweils 10 Jahren voreingestellt.
	Deaktivieren Sie für die Anlagenklasse **2000 Maschinen** alle Bewertungsbereiche, bis auf **01 Handelsrecht**, **02 Steuerl. Sonder-Afa**, **15 Steuerbilanz.**
	Ändern Sie für Ihren Bewertungsplan die Abschreibungsparameter der Bewertungsbereiche 01 und 02 wie folgt:
Bwrt.Bereich 31 deaktiviert, da Wertübern.Bereich 30 deaktiv	Die Information bezieht sich auf bereits deaktivierte Bewertungsbereiche und ist für unsere Fallstudie nicht relevant.
(Bildschirmausschnitt siehe unten) © SAP AG	Für den Bewertungsbereich "15 Steuerbilanz" wurde (aus 02) ebenfalls der Abschreibungsschlüssel DG20 (=Degressiv zweifach) sowie die geänderte Nutzungsdauer von 8 Jahren übernommen.

Ber	Bewtg.ber.	Deakt	Absch	Ntz
01	Handelsrecht	☐	DG20	8
02	Ste.Sond.AfA	☐	DG20	8

Anlagenklasse 2000 Maschinen
Bewertungsplan BT20 Bewertungsplan Fajalt

Ber	Bewtg.ber.	Deakt	Absch	Ntz	Per	Index	Regel
01	Handelsrecht	☐	DG20	8	0		1000
02	Ste.Sond.AfA	☐	DG20	8	0		1000
03	Sonderposten	☐					
10	Vermögens-St	☑					1000
15	Steuerbilanz	☐	DG20	8	0		1000

© SAP AG

Anzeige	Eingabe/Auswahl
	Diese Werte werden später als Vorschlagswerte für die AfA-Simulation der Maschinen genommen (vgl. M16.1).
	Sichern Sie Ihre Eingaben und klicken Sie auf (= Zurück)
Bildschirm **"Sicht "Anlagenklasse" ändern: Übersicht"**	Sehen Sie sich nun noch die voreingestellten Bewertungsklassen und Abschreibungsparameter für die Anlagenklasse **"3200 EDV/Hardware"** an.
	Deaktivieren Sie auch für diese Anlagenklasse alle Bewertungsbereiche, bis auf **01 Handelsrecht** **02 Steuerl. Sonder-Afa** **15 Steuerbilanz.**
	Ändern Sie die Abschreibungsparameter der Anlagenklasse "3200" für Ihren Bewertungsplan, Bereiche 01 und 02 wie folgt:
	Damit ändern Sie die Nutzungsdauer des Bereiches "02" von 5 auf 6 Jahre und den Abschreibungsschlüssel für beide Bereiche von "LINR" = "Linear über Restnutzungsdauer Vereinf. bis Null" auf "LINI" = "Linear AnschWert pro rata bis Null ohne Zins". ("LINI": Abschreibungsbeginn am Anfang der Periode (Monat) des Zugangs; "LINR": Vereinfachungsregel per Halbjahresbeginn)

Ber	Bewtg.ber.	Deakt	Absch	Ntz
01	Handelsrecht	☐	LINI	5
02	Ste.Sond.AfA	☐	LINI	6

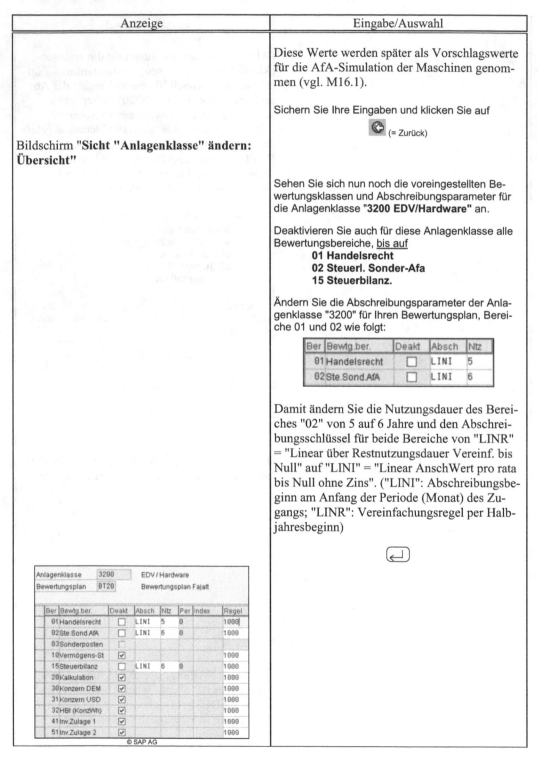

Anlagenklasse 3200 EDV / Hardware
Bewertungsplan BT20 Bewertungsplan Fajalt

Ber	Bewtg.ber.	Deakt	Absch	Ntz	Per	Index	Regel
01	Handelsrecht	☐	LINI	5	0		1000
02	Ste.Sond.AfA	☐	LINI	6	0		1000
03	Sonderposten	☐					
10	Vermögens-St	☑					1000
15	Steuerbilanz	☐	LINI	6	0		1000
20	Kalkulation	☑					1000
30	Konzern DEM	☑					1000
31	Konzern USD	☑					1000
32	HBI (KonzWh)	☑					1000
41	Inv.Zulage 1	☑					1000
51	Inv.Zulage 2	☑					1000

Anzeige	Eingabe/Auswahl

Für den Bewertungsbereich "15 Steuerbilanz" wurde (aus "02") die geänderte Nutzungsdauer von 6 Jahren übernommen. Handelsbilanz und Steuerbilanz sollen also unterschiedliche Nutzungsdauern verwenden.

Diese Werte werden später als Vorschlagswerte für die AfA-Simulation des EDV-Systems genommen (vgl. M16.2).

Sichern Sie Ihre Eingaben.

Deaktivieren Sie nun noch für die Anlagenklasse

3100 Fuhrpark

alle Bewertungsbereiche, bis auf

01 Handelsrecht
02 Steuerl. Sonder-Afa
15 Steuerbilanz.

Ändern Sie hier die Nutzungsdauer der Bewertungsbereiche "01" und "02" von 5 auf 4 Jahre und den Abschreibungsschlüssel je Bereich auf "LINI":

Ber	Bewtg.ber.	Deakt	Absch	Ntz
01	Handelsrecht	☐	LINI	4
02	Ste.Sond.AfA	☐	LINI	4

Anlagenklasse 3100 Fuhrpark
Bewertungsplan BT20 Bewertungsplan Fajalt

Ber	Bewtg.ber.	Deakt	Absch	Ntz	Per	Index	Regel
01	Handelsrecht	☐	LINI	4	0		1000
02	Ste.Sond.AfA	☐	LINI	4	0		1000
03	Sonderposten	☐					
10	Vermögens-St	☑					1000
15	Steuerbilanz	☐	LINI	4	0		1000
20	Kalkulation	☑					1000
30	Konzern DEM	☑					1000
31	Konzern USD	☑					1000
32	HBI (KonzWh)	☑					1000
41	Inv.Zulage 1	☑					1000
51	Inv.Zulage 2	☑					1000

Für den Bewertungsbereich "15 Steuerbilanz" wurde die geänderte Nutzungsdauer von 4 Jahren übernommen.

Sichern Sie Ihre Eingaben und beenden Sie die Transaktion.

Einführungsleitfaden(SAP-Referenz-IMG)

Anzeige	Eingabe/Auswahl

M3.5 Nummernkreise für Abrechnungsbelege pflegen

Bei der Verbuchung der Abrechnung von Investitionsmaßnahmen auf Anlagen im Bau (Aktivierung) werden in der Anlagenbuchhaltung Belege geschrieben, für die zuvor pro Buchungskreis Nummernkreisintervalle definiert sein müssen.
Die Zuordnung der Nummernkreisintervalle erfolgt im Customizing pro Nummernkreisgruppe. Jeder Buchungskreis muss einer Nummernkreisgruppe zugeordnet sein.

Für die Fajalt GmbH soll hier die von SAP ausgelieferte Standard-Nummernkreisgruppe für die Abrechnung „Standard Abrechnungsbeleg" verwendet werden, so dass Sie im Folgenden lediglich Ihren Buchungskreis dieser Gruppe zuordnen müssen.

Wählen Sie im Einführungsleitfaden:

Finanzwesen –
Anlagenbuchhaltung –
Vorgänge -
Aktivierungen Anlagen im Bau –
Nummernkreise für Belege der Einzelpostenabrechnung pflegen

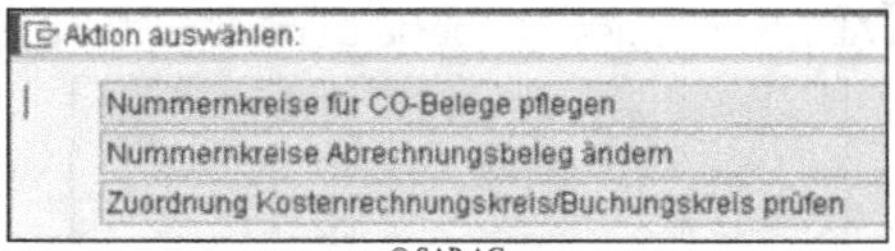

Aktion auswählen:
Nummernkreise für CO-Belege pflegen
Nummernkreise Abrechnungsbeleg ändern
Zuordnung Kostenrechnungskreis/Buchungskreis prüfen

Doppelklicken Sie auf

Nummernkreise Abrechnungsbeleg ändern

Bildschirm "**Nummernkreis für Abrechnungsbelege CO-Objekte**"

Klicken Sie auf

Gruppen

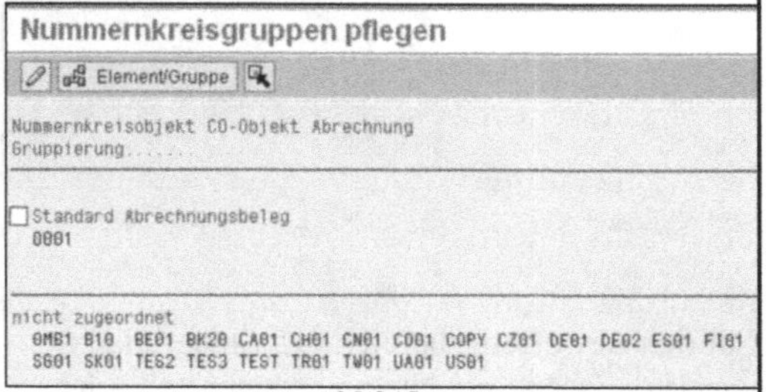

Nummernkreisgruppen pflegen

Element/Gruppe

Nummernkreisobjekt CO-Objekt Abrechnung
Gruppierung.....

Standard Abrechnungsbeleg
0001

nicht zugeordnet
0MB1 B10 BE01 BK20 CA01 CH01 CN01 CO01 COPY CZ01 DE01 DE02 ES01 FI01
SG01 SK01 TES2 TES3 TEST TR01 TW01 UA01 US01

Unter „Nicht zugeordnet" sind alle Buchungskreise aufgeführt, die noch nicht der Nummernkreisgruppe „Standard Abrechnungsbeleg" zugeordnet sind, d.h. in denen den Belegen für die Abrechnung auf AiB (Aktivierung) noch kein Nummernkreisintervall zugeordnet ist.

Anzeige	Eingabe/Auswahl
Standard Abrechnungsbeleg © SAP AG	Markieren Sie (durch Anklicken) **Standard Abrechnungsbeleg**
Standard Abrechnungsbeleg 0001 BK20 © SAP AG	Klicken Sie (unter „nicht zugeordnet") auf Ihren Buchungskreis ***BKxx***, xx = Teilnehmernummer Klicken Sie anschließend auf (= Element markieren) und dann auf Element/Gruppe (= Elem. Grp. zuordnen)
	Ihr Buchungskreis ist nun der Nummernkreisgruppe „Standard Abrechnungsbeleg" zugeordnet.
Statuszeile: *Änderungen sind gesichert.*	Sichern Sie die Änderungen.
	Klicken Sie auf (= Zurück)
Bildschirm "**Nummernkreis für Abrechnungsbelege CO-Objekte**"	Klicken Sie auf (= Übersicht)
Nummernkreisobjekt Übersicht Gruppe Element Elementtext Von Nummer Bis Nummer Standard Abrechnungsbeleg 0000000001 0001000000 0001 BK20 © SAP AG	Die Belegnummern der späteren Abrechnungsbelege werden vom System aus dem aufgeführten Nummernkreisintervall vergeben.
	Beenden Sie die Customizing-Transaktion.
Dialogfeld "**Aktion auswählen**"	Schließen Sie das Dialogfeld.
Einführungsleitfaden	

Modul 4: Stammdaten der Finanzbuchhaltung (FI)

Stammdaten und Bewegungsdaten (FI)

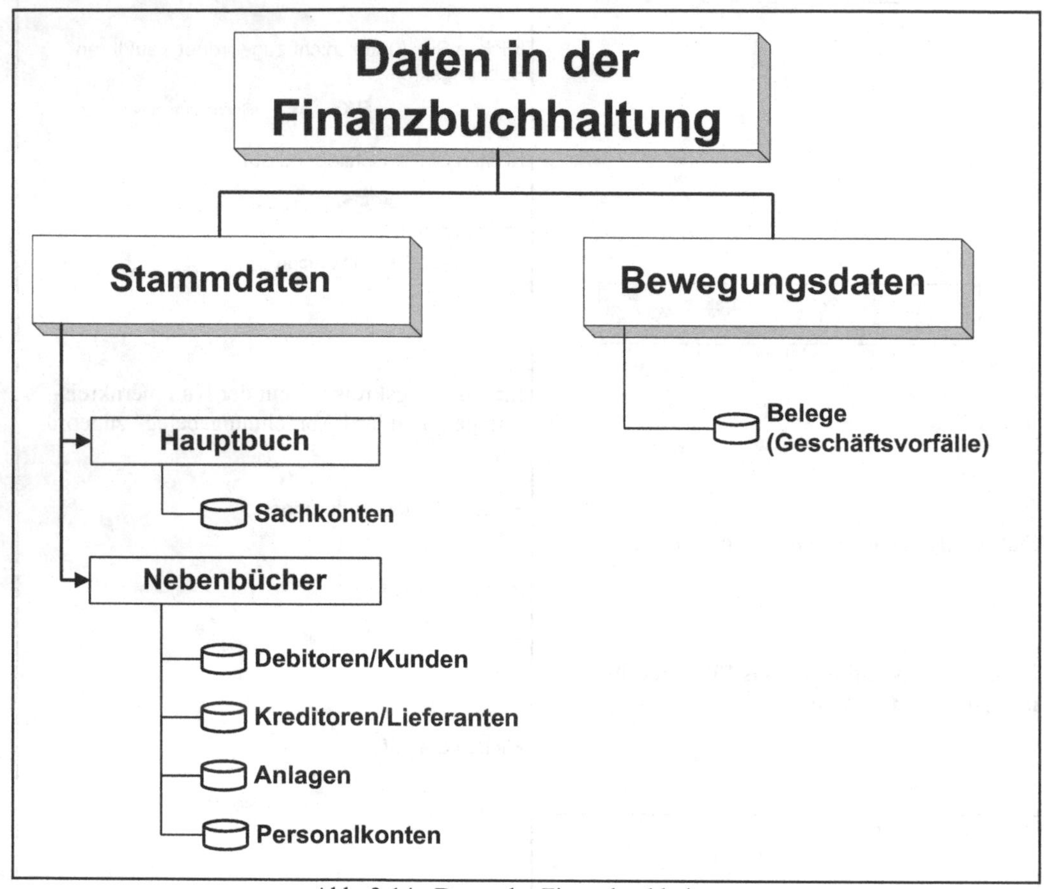

Abb. 3.14: Daten der Finanzbuchhaltung
(Quelle: Klenger/Falk-Kalms, Masterkurs Kostenstellenrechnung mit SAP®, 4. Aufl., S. 99)

Daten werden in ihrer Art nach Stamm- und Bewegungsdaten unterschieden.

Stammdaten enthalten Informationen, die in gleicher Weise für verschiedene Geschäftvorfälle benötigt werden und für diese Steuerungsangaben, z. B. Belegaufbau oder Währung, machen. Daher bleiben Stammdaten in der Regel über eine längere Zeit unverändert. Stammdaten der Finanzbuchhaltung finden sich zum einen in der Hauptbuchhaltung und zum anderen in den Nebenbuchhaltungen.

Bewegungsdaten sind Daten, die dem System ständig vorgangsbezogen hinzugefügt werden und ein Buchungsdatum aufweisen. Sie müssen stets den Stammdaten zugeordnet werden. Die Bewegungsdaten der Finanzbuchhaltung bestehen aus den Geschäftvorfällen (Buchungsbelegen).

Aufbau von Stammsätzen

Stammsätze nehmen Bezug auf die Organisationsstruktur eines Unternehmens.

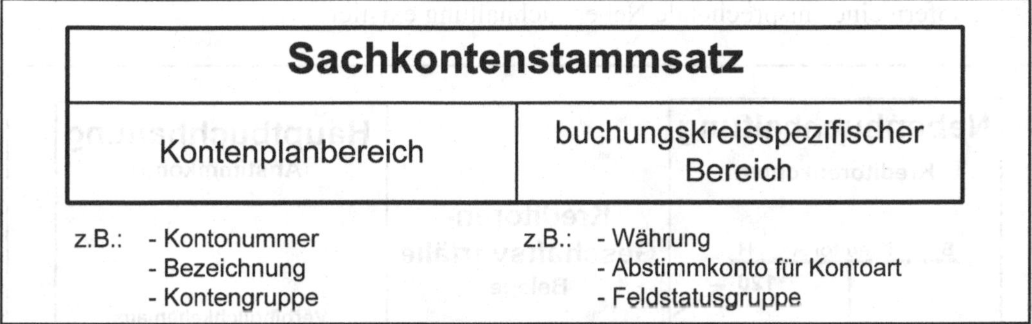

Abb. 3.15: Hierarchie Sachkontenstammdaten
(Quelle: Klenger/Falk-Kalms, Masterkurs Kostenstellenrechnung mit SAP®, 4. Aufl., S. 134)

Da mehrere Buchungskreise demselben Kontenplan unterliegen können (vgl. Abb. 3.2), verfügen **Sachkontenstammsätze** sowohl über kontenplanspezifische Datenfelder, deren Werte somit für alle unterliegenden Buchungskreise gelten, als auch über Datenfelder, die für jeden Buchungskreis unterschiedliche Werte annehmen können.

Kreditorenstammsatz

Allgemeine Daten (Mandant)
z.B.: - Name
- Anschrift
- Sprache

Buchhaltungsdaten (Buchungskreis, FI)
z.B.: - Abstimmkonto
- Zahlungsbedingungen

Einkaufsdaten (Einkaufsorganisation, MM)
z.B.: - Daten zu Bestellungen

Abb. 3.16: Hierarchie Kreditorenstammdaten
(Quelle: Klenger/Falk-Kalms, Masterkurs Kostenstellenrechnung mit SAP®, 4. Aufl., S. 136)

Kreditorenstammsätze werden auf Mandantenebene angelegt und enthalten über allgemeine Daten, wie Name und Anschrift, Informationen, die für alle Buchungskreise eines Mandanten bindend sind. Andere Datenfelder des Kreditorenstammsatzes, z. B. Felder zu Zahlungsbedingungen, können spezifisch für jeden Buchungskreis unterschiedliche Werte annehmen. Darüber hinaus können im Rahmen von Einkaufsorganisationen unterhalb der Ebene des Buchungskreises bestimmte Einkaufsdaten gepflegt werden, die jedoch den Einsatz der Komponente MM (Materialwirtschaft) voraussetzen.

Integration Haupt- und Nebenbuchhaltungen

Geschäftsvorfälle werden durch Buchungen auf Konten in der Nebenbuchhaltung erfasst, sofern eine entsprechende Nebenbuchhaltung existiert.

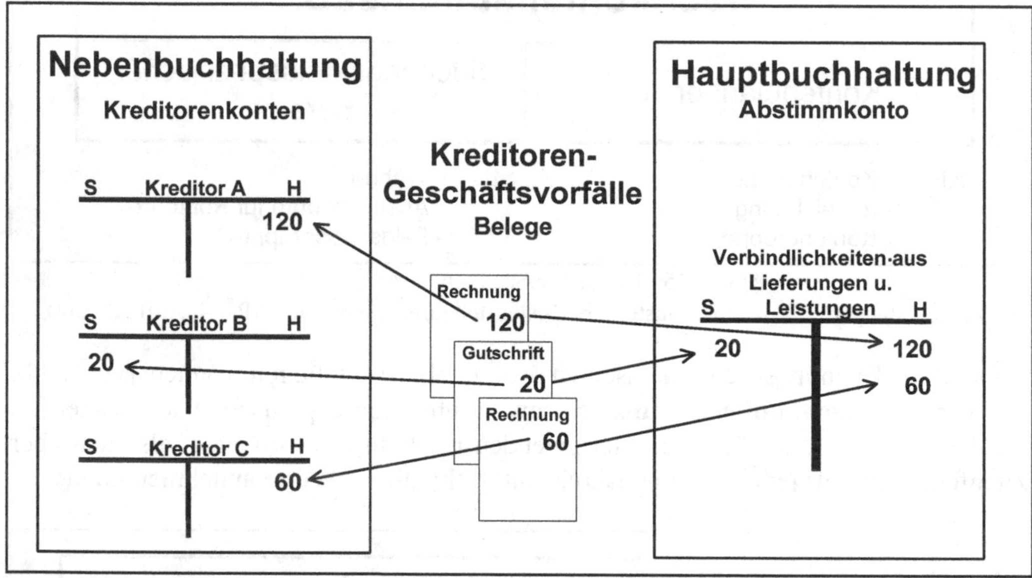

Abb. 3.17: Mitbuchtechnik: Abstimmkonto Kreditoren (in Anlehnung an Klenger/Falk-Kalms, Masterkurs Kostenstellenrechnung mit SAP®, 4. Aufl., S. 135)

Geschäftsvorfälle von Kreditoren werden in der Kreditorenbuchhaltung auf Einzelkonten gebucht und dabei vom System automatisch auf das im Kreditorenstammsatz festgelegte **Abstimmkonto** in der Hauptbuchhaltung mitgebucht. Dieses Abstimmkonto muss im Sachkontenstammsatz das Attribut Abstimmkonto für Kreditoren haben und ist dadurch nicht direkt bebuchbar. Das Abstimmkonto, z. B. Verbindlichkeiten aus Lieferungen und Leistungen, ist ein Sammelkonto und dient dem Bilanzausweis.

Buchungen auf Anlagen erfolgen in der Anlagenbuchhaltung als Nebenbuchhaltung. Dazu wird zusätzlich die Bewegungsart zur Steuerung der Mitbuchkonten benötigt.

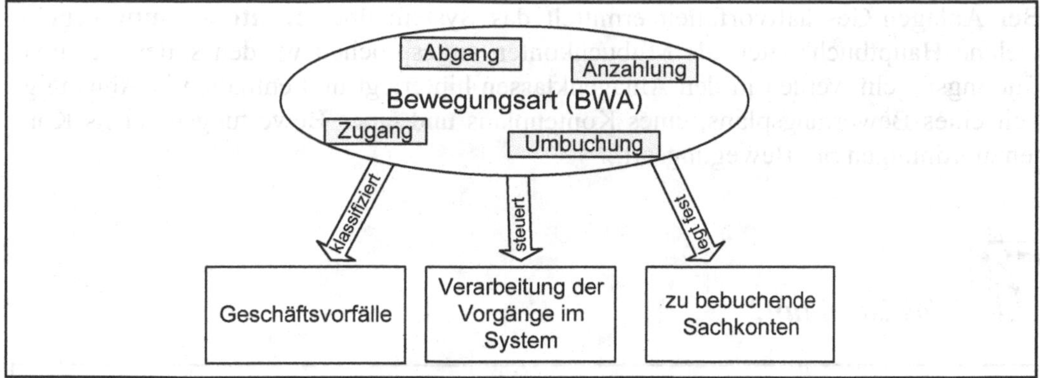

Abb. 3.18: (Anlagen-)Bewegungsart

Wesentliche **Standardbewegungsarten** in SAP sind Anzahlung, Zugang, Umbuchung und Abgang. Mit Hilfe einer Bewegungsart wird beispielsweise die Zuordnung eines Geschäftsvorfalls zu einer Spalte des Anlagengitters des Jahresabschlusses festgelegt.

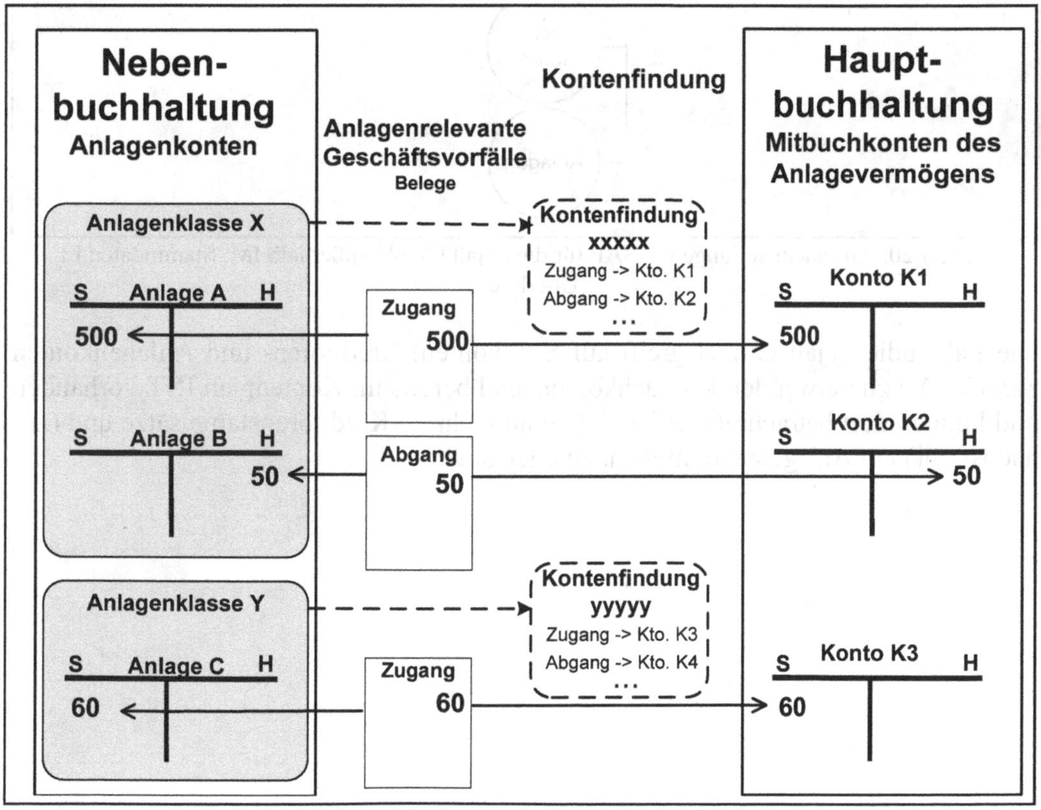

Neben-buchhaltung
Anlagenkonten
Kontenfindung
Haupt-buchhaltung
Mitbuchkonten des Anlagevermögens
Anlagenrelevante Geschäftsvorfälle
Belege
Anlagenklasse X
S Anlage A H
500
Kontenfindung xxxxx
Zugang -> Kto. K1
Abgang -> Kto. K2
...
Zugang 500
Konto K1
S H
500
S Anlage B H
50
Abgang 50
Konto K2
S H
50
Anlagenklasse Y
S Anlage C H
60
Kontenfindung yyyyy
Zugang -> Kto. K3
Abgang -> Kto. K4
...
Zugang 60
Konto K3
S H
60

Abb. 3.19: Mitbuchtechnik: Kontenfindung Anlagen

Bei Anlagen-Geschäftvorfällen ermittelt das System über **Kontenfindungsregeln**, welche Hauptbuchkonten als Mitbuchkonten angesprochen werden sollen. Kontenfindungsregeln werden in den Anlagenklassen hinterlegt und enthalten in Abhängigkeit eines Bewertungsplans, eines Kontenplans und eines Bewertungsbereichs Kontenzuordnungen pro Bewegungsart.

Was ist zu tun?

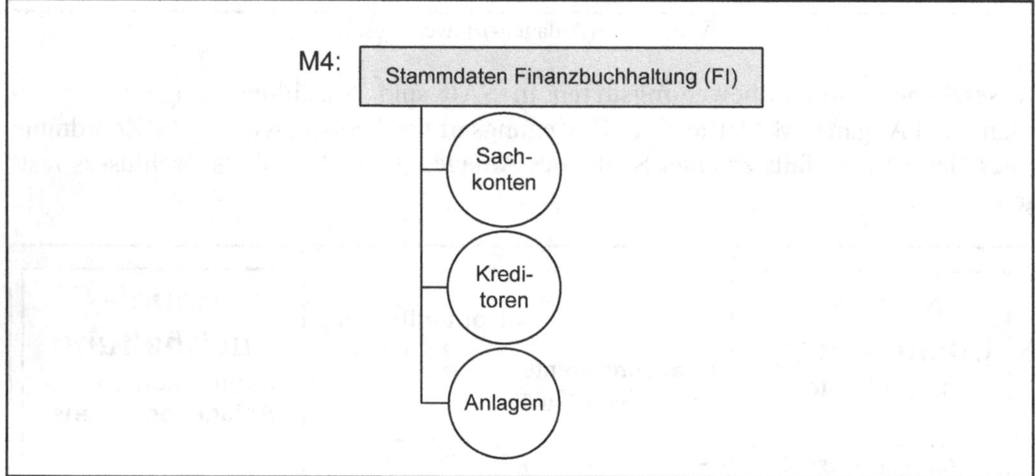

Abb. 3.20: Grundeinstellungen in SAP für die Fajalt GmbH außerhalb IM: Stammdaten FI (Überblick)

Die Fallstudie Fajalt GmbH greift auf Sachkonten, Kreditoren- und Anlagenkonten zurück. Die zu verwendenden Sachkonten sind bereits im Kontenplan INT vorhanden und können dort betrachtet werden, während mehrere Kreditorenstammsätze und (zunächst nur) ein Anlagenstammsatz anzulegen sind.

Anzeige	Eingabe/Auswahl

Modul 4: Stammdaten der Finanzbuchhaltung (FI)

M4.1 Sachkontenstammsätze des Kontenplans INT ansehen

Der *Kontenplan* ist im SAP-System ein Verzeichnis aller Sachkonten, die von einem oder von mehreren Buchungskreisen gemeinsam verwendet werden.
Jedem Buchungskreis muss ein Kontenplan zugeordnet werden, nach dem die Buchungen für diesen Buchungskreis vorgenommen werden.

Anzeige	Eingabe/Auswahl
	Mit dem Kopieren des SAP-Standardbuchungskreises 0001 haben Sie die Sachkonten des **SAP-Musterkontenplans "INT"** mitkopiert und den Kontenplan Ihrem Buchungskreis zugeordnet. Im Folgenden sollen Sie sich nun diejenigen Sachkonten dieses Kontenplans, die später für die Buchungen des Fallbeispiels benötigt werden, ansehen.
SAP Easy Access mit **SAP Menü**	Wechseln Sie zum **SAP-Menü** (Eingangebild schirm).
Bildschirm **"Sachkonto Anzeigen: Zentral"**	Wählen Sie im SAP-Menü: **Rechnungswesen -** **Finanzwesen –** **Hauptbuch -** **Stammdaten –** **Sachkonten -** **Einzelbearbeitung –** **Zentral**
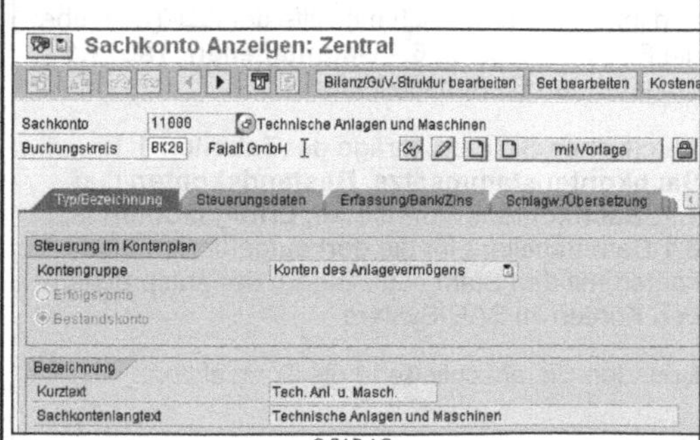 © SAP AG	Eingabe bzw. Auswahl: Sachkonto: ***011000*** Buchungskreis: ***BK****xx, xx = Ihre Teilnehmernummer* (= Ihr Buchungskreis für das Fallbeispiel) ↵

Anzeige	Eingabe/Auswahl
	Die Transaktion "Sachkonto anzeigen: Zentral" zeigt, verteilt auf verschiedene Registerkarten, sämtliche Felder des Sachkontenstammsatzes zum Konto "Technische Anlagen und Maschinen", d.h. sowohl den buchungskreis- als auch den kontenplanspezifischen Teil. Der aktuellen Registerkarte "Typ/Bezeichnung" können Sie zum Beispiel entnehmen, dass das Konto 011000 ein Bestandskonto ist und der Kontengruppe "Konten des Anlagevermögens" zugeordnet ist. Stellen Sie den Cursor auf das Feld "Kontengruppe" und drücken Sie: F1 (=Hilfe-Taste)
SAP-Hilfefenster (Performance Assistant): Performance Assistant **Kontengruppe Sachkonten** Die Kontengruppe ist ein klassifizierendes Merkmal innerhalb der Sachkontenstammsätze. Die Kontengruppe ist eine Muß-Eingabe. Mit der Kontengruppe werden die Felder für die Erfassungsbilder festgelegt, wenn Sie einen Stammsatz im Buchungskreis anlegen oder © SAP AG	Dem Hilfefenster können Sie die Bedeutung des Feldes "Kontengruppe" entnehmen.

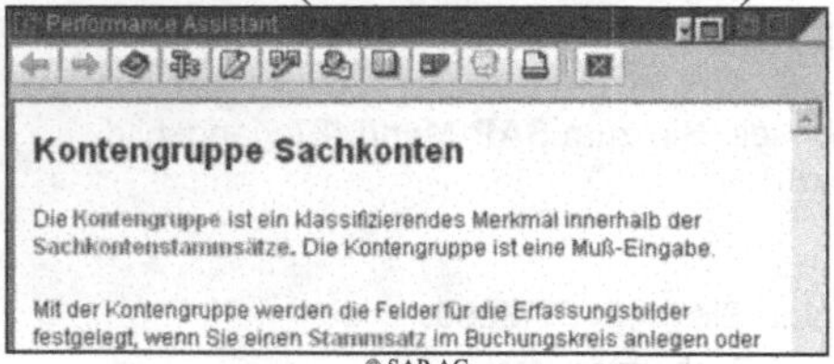

Mit der F1-Taste erhalten Sie ein Hilfe-Fenster (Dialogfenster "Performance Assistant) mit Feldhilfe zum gerade aktuellen Feld.

Bildschirm "Sachkonto bearbeiten: Zentral"	Schließen Sie das Dialogfenster "Performance Assistant" nach dem Lesen wieder. Sehen Sie sich nun die anderen Registerkarten des Sachkontenstammsatzes an (Kartentitel anklicken) und informieren Sie sich mit Hilfe der F1-Taste über die Bedeutung der in **6.1 Datentabellen, Tab. 1.1** aufgeführten Stammsatzfelder. Vergleichen Sie die Einträge der **Tabellen 1.1: Sachkontenstammsätze, Bestandskonten** und **1.2: Sachkontenstammsätze, Erfolgskonten** (s. 6.1 Datentabellen) für die dort aufgeführten Sachkonten mit den Stammsatzfeldern der entsprechenden Konten im SAP-System.
SAP Easy Access mit **SAP Menü**	Beenden Sie anschließend die Transaktion.

Anzeige	Eingabe/Auswahl
M4.2 Kreditorenstammsätze anlegen	
Der *Kreditorenstammsatz* enthält Daten, die für die Geschäftsbeziehungen zu Kreditoren benötigt werden (Adressdaten etc.) und Daten, die Buchungsvorgänge im Zusammenhang mit Kreditoren steuern (z.B. Nummernkreise für die Belege). Kreditorenstammsätze werden von der Finanzbuchhaltung und von der Materialwirtschaft (MM) gemeinsam benutzt.	
	Für die Fremdbeschaffungen im Fallbeispiel werden einige Kreditoren benötigt, deren Stammdaten nun zunächst in der Kreditorenbuchhaltung angelegt werden müssen.
SAP Easy Access mit **SAP Menü**	Wählen Sie im SAP-Menü: **Rechnungswesen - Finanzwesen – Kreditoren - Stammdaten - Anlegen**
Bildschirm **"Kreditor anlegen: Einstieg"**	Eingabe bzw. Auswahl: *Kreditor*: ***BUHA**xx*, xx = Ihre Teilnehmernummer *Buchungskreis:* ***BK**xx*, xx = Ihre Teilnehmernummer (= Ihr Buchungskreis für das Fallbeispiel) *Kontengruppe*: ***LIEF*** (= Kreditoren mit externer Nummernvergabe) ⏎
Bildschirm **"Kreditor anlegen: Anschrift"**	Eingabe bzw. Auswahl: *Anrede:* ***Firma*** *Name*: ***Busch*** *Suchbegriff 1*: ***Computer*** *Suchbegriff 2*: ***xx***, *xx = Ihre Teilnehmernummer* *Postleitzahl*: ***21079*** *Ort*: ***Hamburg*** *Land*: ***DE***

Anzeige	Eingabe/Auswahl
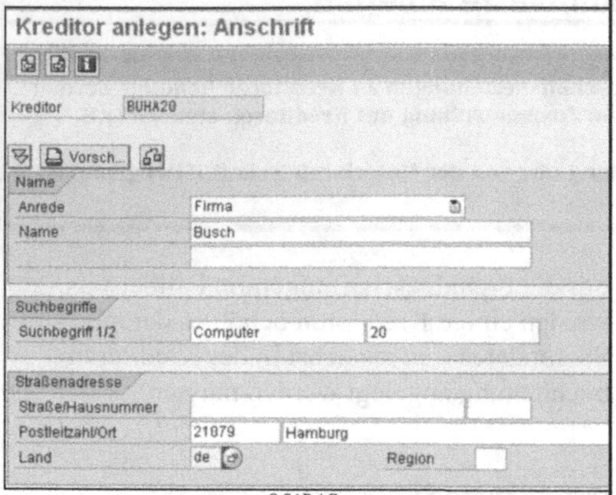 **Kreditor anlegen: Anschrift** Kreditor BUHA20 Vorsch... Name Anrede Firma Name Busch Suchbegriffe Suchbegriff 1/2 Computer 20 Straßenadresse Straße/Hausnummer Postleitzahl/Ort 21079 Hamburg Land de Region © SAP AG	
Bildschirm "**Kreditor anlegen: Steuerung**"	
Bildschirm "**Kreditor anlegen: Zahlungsverkehr**"	In den Kreditor-Sichten "Steuerung" und "Zahlungsverkehr" sind keine relevanten Daten zu pflegen.
Bildschirm "**Kreditor anlegen: Kontoführung Buchhaltung**"	Eingabe bzw. Auswahl: *Abstimmkonto:* ***160000*** (= Kreditoren Verbindlichkeiten Inland) Klicken Sie auf (= Sichern) Ihre Daten werden gesichert.
Meldung: *Der Kreditor BUHAxx wurde im Buchungskreis BKxx angelegt*	Legen Sie nun noch die restlichen Kreditoren nach **6.1 Datentabellen, Tab. 2,** an. Beenden Sie anschließend die Transaktion "Kreditor anlegen".
SAP Easy Access mit **SAP Menü**	

Anzeige	Eingabe/Auswahl

M4.3 Anlagenstammsatz anlegen

Der *Anlagenstammsatz* beinhaltet alle langfristig unveränderlichen Informationen zu einer Anlage. Hierzu gehören
- **sachbezogene Stammdaten, wie z. B. allgemeine Angaben (Bezeichnung, Menge usw.),**
- **Informationen zur Instandhaltung, Herkunfts- oder Inventurdaten,**
- **organisatorische Zuordnungen (wie z. B. Kostenstellen)**

und
- **Bewertungsparameter (wie z. B. AfA-Schlüssel oder Nutzungsdauer).**

Anzeige	Eingabe/Auswahl
	Hier ist zunächst nur ein Anlagenstammsatz für den späteren Zugang des Transportfahrzeugs (Direktaktivierung) anzulegen.
SAP Easy Access mit **SAP Menü**	Wählen Sie im SAP-Menü: **Rechnungswesen -** **Finanzwesen –** **Anlagen –** **Anlage -** **Anlegen -** **Anlage**
Bildschirm **"Anlage anlegen: Einstieg"**	Eingabe bzw. Auswahl: *Anlagenklasse*: ***3100*** (= Fuhrpark) *Buchungskreis:* ***BK****xx*, xx = Ihre Teilnehmernr. (= Ihr Buchungskreis für das Fallbeispiel) *Anzahl gleichartiger Anlagen*: ***1*** ⏎

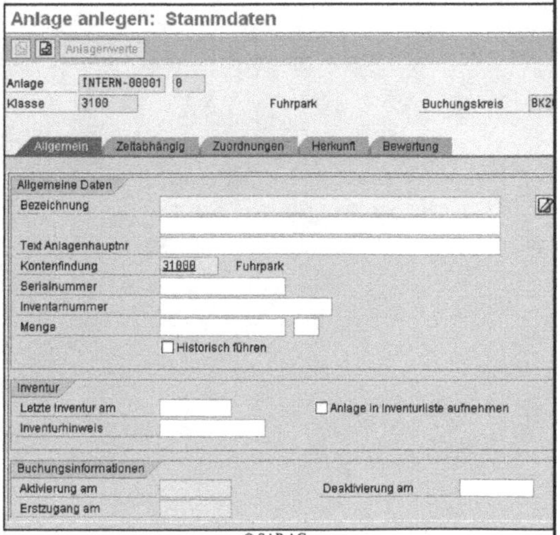

Anlage anlegen: Stammdaten

Anlagenwerte

Anlage INTERN-00001 0
Klasse 3100 Fuhrpark Buchungskreis BK2

Allgemein | Zeitabhängig | Zuordnungen | Herkunft | Bewertung

Allgemeine Daten
Bezeichnung
Text Anlagenhauptnr
Kontenfindung 31000 Fuhrpark
Serialnummer
Inventarnummer
Menge
Historisch führen

Inventur
Letzte Inventur am
Anlage in Inventurliste aufnehmen
Inventurhinweis

Buchungsinformationen
Aktivierung am
Deaktivierung am
Erstzugang am

Anzeige	Eingabe/Auswahl
	Eingabe: Bezeichnung: ***Transporter*** Klicken Sie auf (= Sichern)
Meldung: *Die Anlage... ist angelegt*	Notieren Sie die Anlagennummer in der entsprechenden Zeile der **Tabelle 3.2 Fertige Anlagen** unter 6.1 Datentabellen. Beenden Sie anschließend die Transaktion "Anlage anlegen".
SAP Easy Access mit **SAP Menü**	Schließen Sie das Untermenü "Finanzwesen".

3.3 Kostenrechnung

Modul 5: Customizing Controlling allgemein (CO)

Teilkomponenten und Kontierungsobjekte im Kostenrechnungskreis

SAP-Standard:

aktivierbare Teilkomponenten der Kostenrechnung	zugehörige CO - Kontierungsobjekte
Kostenstellenrechnung	Kostenstellen
Kostenstellenrechnung / Kont. Leistungsarten	Leistungsarten
Auftragsverwaltung (mit oder ohne Obligoverw.)	(Gemeinkosten-) Aufträge
Ergebnisrechnung	Ergebnisobjekte
Prozesskostenrechnung	Geschäftsprozesse
Profit-Center Rechnung	Profit Center
Projekt-Kostenrechnung	PSP-Elemente und Netzpläne
SD-Auftragsbearbeitung (mit oder ohne Obligoverw.)	Kundenauftrags-positionen
Kostenträgerrechnung	Kostenträger-Ident-nummern
Immobilienverwaltung	Immobilienobjekte

Fajalt GmbH:

aktivierte Teilkomponenten der Kostenrechnung	mögliche CO - Kontierungsobjekte
Kostenstellenrechnung	Kostenstellen
Auftragsverwaltung (ohne Obligoverwaltung)	(Gemeinkosten-) Aufträge
Projekt-Kostenrechnung	PSP-Elemente

Abb. 3.21: Teilkomponenten der Kostenrechnung – CO-Kontierungsobjekte

Um im Kostenrechnungskreis Buchungen übernehmen oder auslösen zu können, müssen bei der Einrichtung bestimmte Teilkomponenten des Kostenrechnungskreises explizit aktiv gesetzt werden. Erst dadurch wird es ermöglicht, für Kontierungsobjekte in CO Buchungen darzustellen. Dabei kann es sich um Buchungen in anderen Anwendungskomponenten handeln, die mit CO-Kontierungsobjekten versehen sind (z. B. Personalkosten, die auf Kostenstelle kontiert werden), oder um solche, die unmittelbar in CO erzeugt werden (z. B. innerbetriebliche Leistungsverrechnung zwischen Kostenstellen).

Durch die Aktivsetzung der Teilkomponenten "Kostenstellenrechnung", "Auftragsverwaltung" und "Projekt-Kostenrechnung" ist es für die Fajalt GmbH möglich, auf Kostenstellen, Aufträge und PSP-Elemente zu kontieren.

Was ist zu tun?

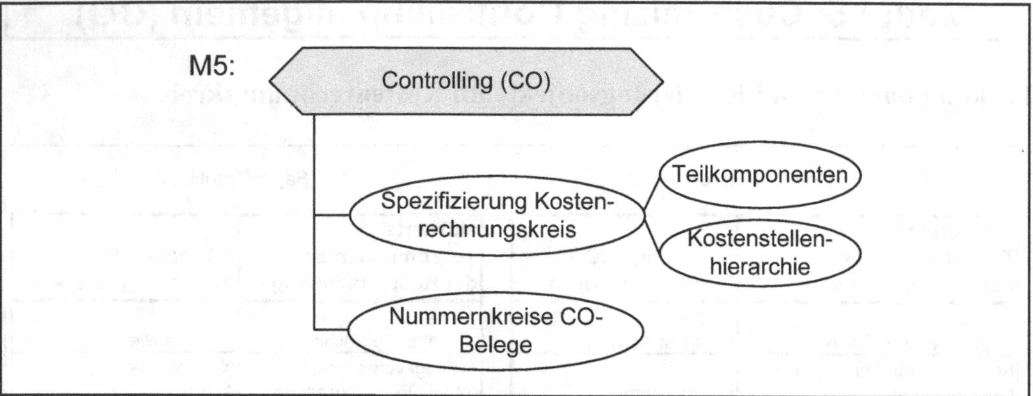

Abb. 3.22: Grundeinstellungen in SAP für die Fajalt GmbH außerhalb IM: Einstellungen für CO (Überblick)

Für die Fajalt GmbH werden nur die für die Fallstudie notwendigen Teilkomponenten der Kostenrechnung aktiviert (s. o.), darüber hinaus muss für die Spezifizierung (= "Pflege" in SAP) des Kostenrechnungskreises eine Kostenstellen(standard)hierarchie, d. h. der Schlüssel des obersten Knotens der Hierarchie, zugeordnet werden.

Für jeden CO-relevanten Vorgang wird ein CO-Beleg geschrieben, wozu Nummernkreisintervalle in CO erforderlich sind. Diese können getrennt nach Vorgangsgruppen (z. B. Primärbuchungen, Planungsvorgänge) festgelegt werden. Für die Fajalt GmbH werden die SAP-Standardnummernkreise CO kopiert.

Anzeige	Eingabe/Auswahl

Modul 5: Customizing Controlling allgemein (CO)

M5.1 Kostenrechnungskreis pflegen

Nachfolgend werden die notwendigen Grunddaten des Kostenrechnungskreises ergänzt, soweit sie für das Fallbeispiel relevant sind.
Außerdem müssen die Komponenten des Controlling, mit denen später im Fallbeispiel gearbeitet werden soll (Kostenstellenrechnung, Auftrags- und Projektverwaltung) aktiviert werden.

Anzeige	Eingabe/Auswahl
	Wechseln Sie wieder zum **Einführungsleitfaden**.
Einführungsleitfaden	Wählen Sie im Einführungsleitfaden: **Controlling –** **Controlling Allgemein -** **Organisation –** **Kostenrechnungskreis pflegen**
Dialogfenster "**Aktion auswählen**"	Doppelklicken Sie auf **Kostenrechnungskreis pflegen**
Sicht "Grunddaten" ändern: Übersicht Neue Einträge Kostenrechnungskreis Grunddaten Komponenten aktivieren/Steuerung Zuordnung Buchungskreis(e) Übersicht Kostenrechnungskreise KKrs Bezeichnung 0001 Kostenrechnungskreis 0001 BMB1 IS-B Musterbank Deutschl. 010 Kostenrechnungskreis 10 © SAP AG	**(Schlüssel für) Standardhierarchie eintragen:** Doppelklicken Sie in der Liste auf der rechten Bildschirmseite auf Ihren Kostenrechnungskreis ***BK****xx, xx = Ihre Teilnehmernummer*
Sicht "Grunddaten" ändern: Detail Neue Einträge Kostenrechnungskreis Grunddaten Komponenten aktivieren/St Zuordnung Buchungskreis(Kostenrechnungskreis BK20 Bezeichnung KoreKrs. Fajalt GmbH Verantwortlich Zuordnungssteuerung Bukrs->Kokrs Kostenrechnungskreis analog Buchungskre Währungseinstellung Währungstyp 10 Buchungskreiswährung Währung EUR Europäischer Euro W&B-Profil weitere Einstellungen Kontenplan INT Muster-Kontenplan GeschJahresvariante K4 Kalenderjahr, 4 Sonderperio KStellenStandardhier ☑ © SAP AG	

Anzeige	Eingabe/Auswahl
	Der Bildschirm enthält das Mussfeld "Kostenstellenstandardhierarchie".

Die *(Kostenstellen-)Standardhierarchie* stellt eine Kostenstellengruppe bzw. eine Baumstruktur zur Gliederung von Kostenstellen dar, die durch feste Zuordnung zum Kostenrechnungskreis unter allen Kostenstellenhierarchien eines Kostenrechnungskreises ausgezeichnet ist.
Für jeden neu angelegten Kostenrechnungskreis muss zunächst der Name für den obersten Knoten der Standardhierarchie dieses Kostenrechnungskreises festgelegt werden.

Anzeige	Eingabe/Auswahl
	Hier muss also nun zunächst nur ein Name für die Standardhierarchie eingetragen werden; die Struktur dieser Kostenstellengruppe wird dann später bei der Stammdatenpflege definiert.
	Eingabe: _KStellenStandardhier:_ ***KSHIERxx,*** xx = Teilnehmernr. [Enter]
Prüfen Standardhierarchie Die Standardhierarchie KSHIER20 existiert nicht. Soll das System KSHIER20 als Standardhierarchie anlegen? © SAP AG	Klicken Sie auf [Ja]
	Teilkomponenten der Kostenrechnung aktivieren: Doppelklicken Sie in der Hierarchiestruktur auf der linken Bildschirmseite auf **Komponenten aktivieren/Steuerungskennz.**
Bildschirm "**Sicht: Komponenten aktivieren /Steuerungskennzeichen ändern: Übersicht**"	Klicken Sie auf [Neue Einträge]
Bildschirm "**Neue Einträge: Detail Hinzugefügte**"	Eingabe: _Geschäftsjahr:_ ***jjjj***, *jjjj=aktuelles Jahr* Auswahl: _Kostenstellen:_ ***Komponente aktiv*** _Auftragsverwaltung:_ ***Komponente aktiv***

Anzeige	Eingabe/Auswahl
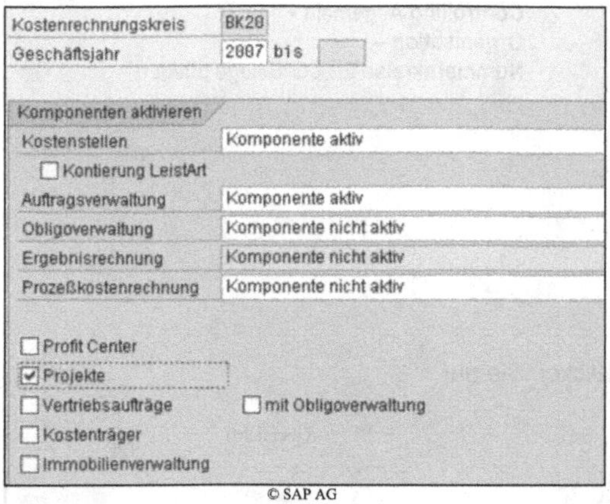 Kostenrechnungskreis BK20 Geschäftsjahr 2007 bis Komponenten aktivieren Kostenstellen: Komponente aktiv ☐ Kontierung LeistArt Auftragsverwaltung: Komponente aktiv Obligoverwaltung: Komponente nicht aktiv Ergebnisrechnung: Komponente nicht aktiv Prozeßkostenrechnung: Komponente nicht aktiv ☐ Profit Center ☑ Projekte ☐ Vertriebsaufträge ☐ mit Obligoverwaltung ☐ Kostenträger ☐ Immobilienverwaltung © SAP AG	Markieren Sie (durch Anklicken): **Projekte**
Meldung: *Daten wurden gesichert*	Sichern Sie Ihre Eingaben.
	Damit haben Sie die Komponenten Kostenstellenrechnung, Auftragsverwaltung und Projektsystem des Moduls CO aktiviert.
Dialogfenster "**Aktion auswählen**"	Beenden Sie die (Customizing-)Transaktion.
Einführungsleitfaden	Schließen Sie das Dialogfenster.

M5.2 Nummernkreise für Controllingbelege pflegen

Für jeden Buchungsvorgang im Controlling wird ein nummerierter Beleg erzeugt. Die *Belegnummern* sind pro Kostenrechnungskreis eindeutig. Jedem Vorgang muss dazu ein Nummernkreisintervall zugeordnet werden.

	Von SAP werden für den Kostenrechnungskreis 0001 Standardzuordnungen von Vorgängen zu Nummernkreisintervallen ausgeliefert. Diese Zuordnungen sollen Sie nun in Ihren Kostenrechnungskreis kopieren.

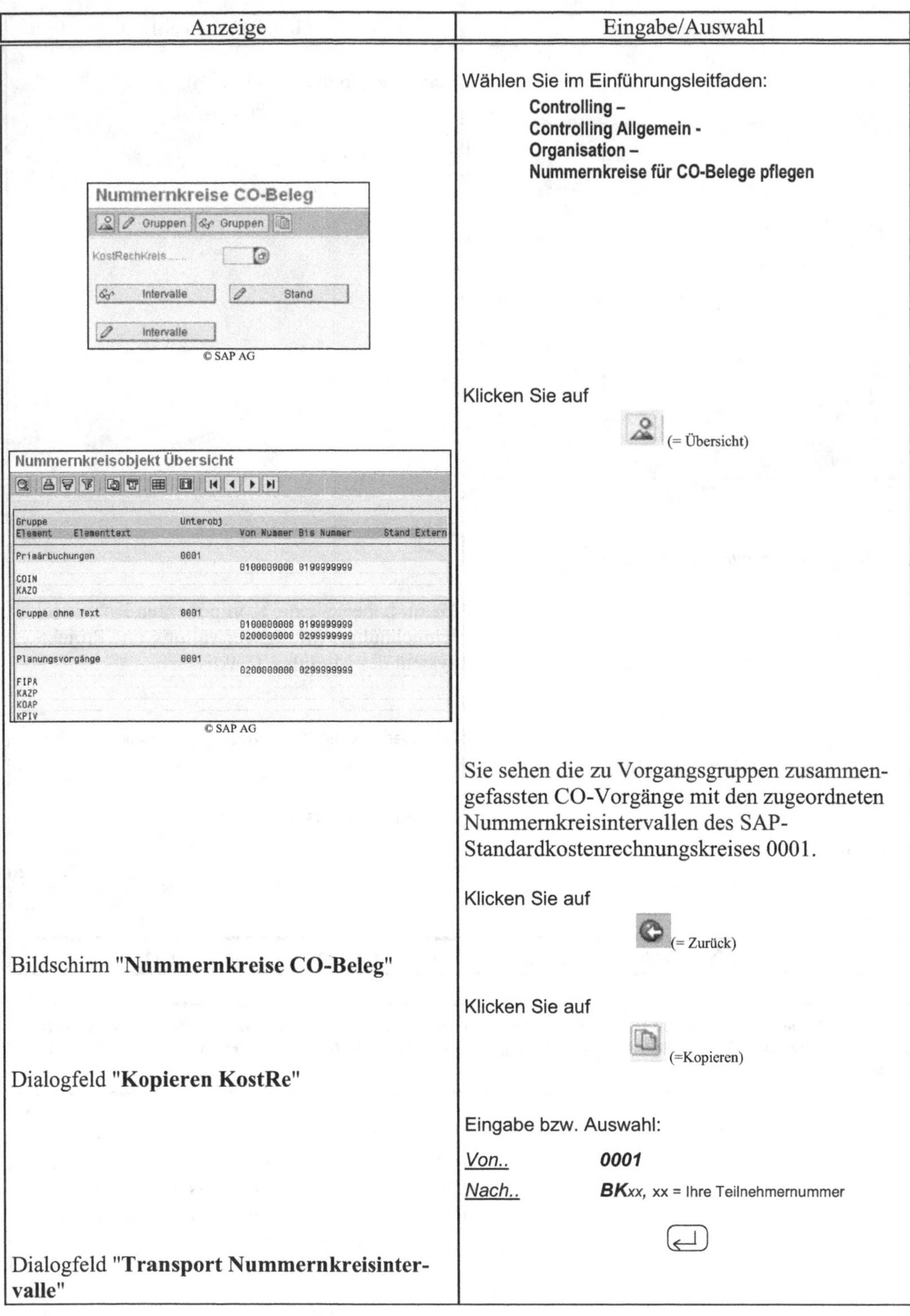

Anzeige	Eingabe/Auswahl
	Wählen Sie im Einführungsleitfaden: **Controlling –** **Controlling Allgemein -** **Organisation –** **Nummernkreise für CO-Belege pflegen**
Nummernkreise CO-Beleg Gruppen Gruppen KostRechKreis Intervalle Stand Intervalle © SAP AG	Klicken Sie auf (= Übersicht)
Nummernkreisobjekt Übersicht Gruppe Unterobj Element Elementtext Von Nummer Bis Nummer Stand Extern Primärbuchungen 0001 0100000000 0199999999 COIN KAZO Gruppe ohne Text 0001 0100000000 0199999999 0200000000 0299999999 Planungsvorgänge 0001 0200000000 0299999999 FIPA KAZP KOAP KPIV © SAP AG	
	Sie sehen die zu Vorgangsgruppen zusammengefassten CO-Vorgänge mit den zugeordneten Nummernkreisintervallen des SAP-Standardkostenrechnungskreises 0001. Klicken Sie auf (= Zurück)
Bildschirm "**Nummernkreise CO-Beleg**"	Klicken Sie auf (=Kopieren)
Dialogfeld "**Kopieren KostRe**"	Eingabe bzw. Auswahl: <u>Von..</u> ***0001*** <u>Nach..</u> **BK***xx*, xx = Ihre Teilnehmernummer
Dialogfeld "**Transport Nummernkreisintervalle**"	

Anzeige	Eingabe/Auswahl
	Das Dialogfeld bezieht sich auf den Transport von Nummernkreisen zwischen verschiedenen SAP-Systemen und ist für die Fallstudie nicht relevant. Dialogfeld wird wieder geschlossen.
Bildschirm "**Nummernkreise CO-Beleg**" Meldung: *KoRechKrs 0001 nach BKxx kopiert*	Klicken Sie auf (= Übersicht) Suchen Sie nach den Vorgangsgruppen mit Nummernkreiszuordnungen für "Ihren" Kostenrechnungskreis BK*xx* (in Spalte "Unterobj.").
	Anmerkung zur Navigation: *Verwenden Sie zur Navigation im aktuellen Bildschirm die "**Blättern**"-Drucktasten:*
Gruppe / Unterobj. Element / Elementtext / Von Nummer / Bis Nummer / Stand / Extern Primärbuchungen BK20 0100000000 0199999999 COIN KAZO Gruppe ohne Text BK20 0100000000 0199999999 0200000000 0299999999 Planungsvorgänge BK20 0200000000 0299999999 FIPA KAZP © SAP AG	Beenden Sie die Customizing-Transaktion und wechseln Sie wieder zum **SAP-Menü** (SAP-Eingangsbildschirm Easy Access).
SAP Easy Access mit **SAP Menü**	

Modul 6: Stammdaten der Kostenrechnung (CO)

Stammdaten und Bewegungsdaten (CO)

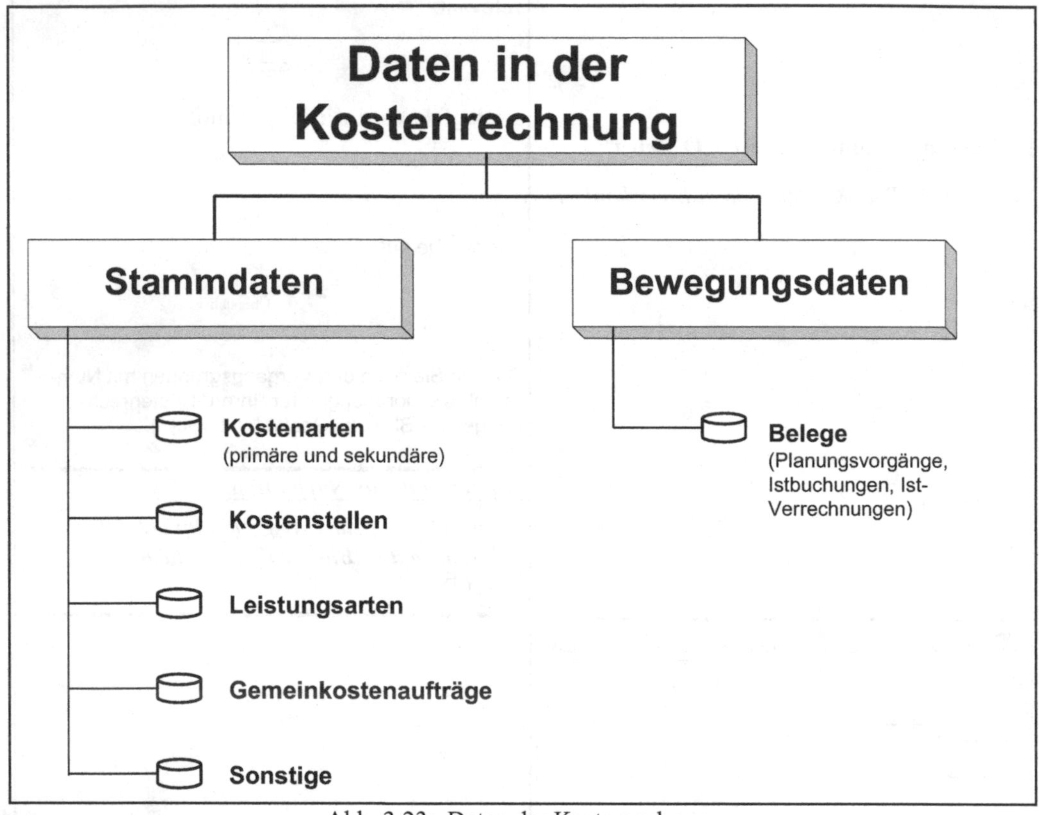

Abb. 3.23: Daten der Kostenrechnung
(Quelle: Klenger/Falk-Kalms, Masterkurs Kostenstellenrechnung mit SAP®, 4. Aufl., S. 153)

Auch in der Kostenrechnung wird – wie in FI – nach Stamm- und Bewegungsdaten differenziert.

Die Stammdaten legen die Struktur der Kostenrechnung fest und dienen als Bezugs- bzw. Erfassungsobjekte. Sie besitzen eine frei wählbare, aber festzulegende Gültigkeitsdauer, die Bestandteil des Stammsatzes wird.

Kostenarten sollen gleichartige Wertverzehre zusammenfassen, Kostenstellen den organisatorischen Ort der Kostenentstehung und der -verantwortung wiedergeben, Leistungsarten den (mengenmäßigen) Output einer Kostenstelle abbilden. Gemeinkostenaufträge sind Innenaufträge zur Sammlung und Verfolgung der Kosten zeitlich begrenzter Maßnahmen. Unter "Sonstige" fallen z. B. Profit Center und Geschäftsprozesse.

Bewegungsdaten entstehen durch Geschäftsvorgänge, deren Erfassung zu Belegen führt. In CO werden Belege bei Primärkostenbuchungen (zusätzlich zum FI-Beleg) oder bei CO-internen Vorgängen, wie etwa Planungsvorgänge oder Umlagen, geschrieben.

Kostenartentyp

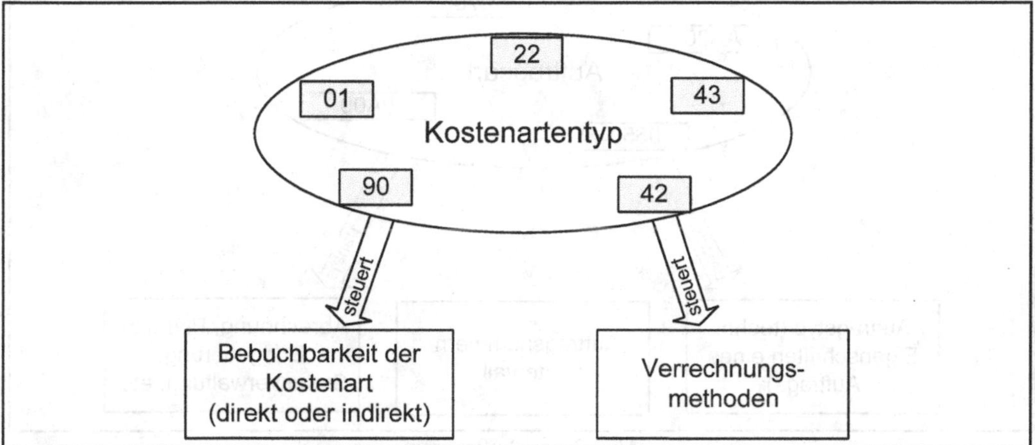

Abb. 3.24: Kostenartentyp

Der **Kostenartentyp** regelt die Verwendbarkeit von Kostenarten für die Erfassung und Verrechnung von Kosten. Verwendet werden können Kostenarten z. B. des Standard-Kostenartentyps

01 "Primärkosten" für alle Primärbuchungen, die auf CO-Objekte kontiert werden,

22 "Abrechnung extern" für alle originären Buchungen aus CO an andere Anwendungskomponenten (z. B. an FI-AA),

43 "Verrechnungen von Leistungen/Prozessen" für alle internen Verrechnungen von Leistungen innerhalb von CO,

42 "Umlage" für alle internen Verrechnungen von Kosten innerhalb von CO,

90 "Kostenart für Bestandskonten der Finanzbuchhaltung" für Kostenarten, deren korrespondierende Sachkonten Mitbuchkonten des Anlagevermögens sind.

Kostenarten des Typs 01, 22 und 90 sind primäre, diejenigen des Typs 42 und 43 sekundäre Kostenarten. Sekundäre Kostenarten können nur indirekt gebucht werden, da im Rahmen des Buchungsvorganges das zutreffende Konto erst vom SAP-System ermittelt wird; primäre können durch eine unmittelbare Kontoangabe direkt gebucht werden.

Auftragsart

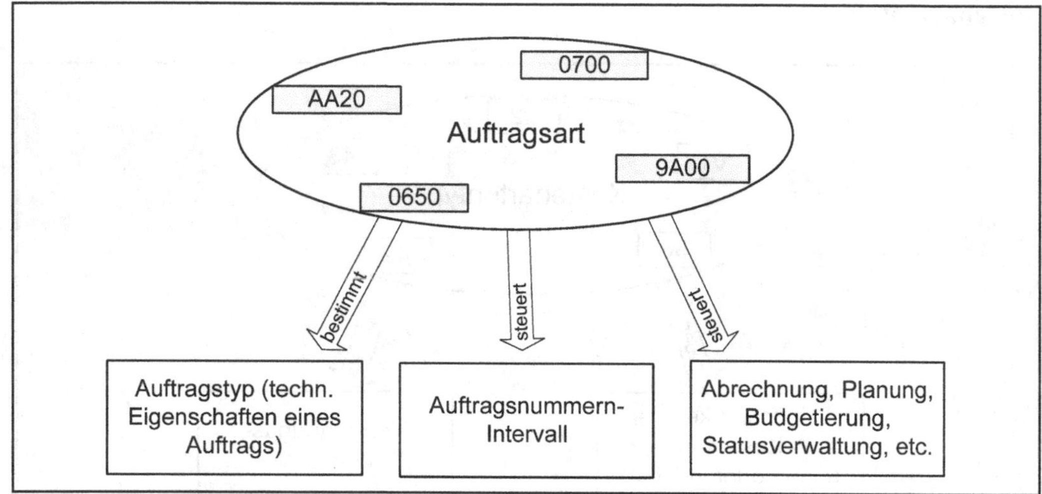

Abb. 3.25: Auftragsart

Auftragsarten legen nach Auftragsinhalten die Eigenschaften ihrer Verarbeitung im SAP-System fest und bestimmen die Nummernkreise für die Auftragsnummern.

Standard-Auftragsarten sind z. B. 0700 "Innenauftrag Fertigung", 9A00 "Innenauftrag – Abgrenzung Kostenrechnung", 0650 "Investitionsauftrag". Die Auftragsart "AA20" wird – später – für die Fallstudie Fajalt angelegt werden.
Aufträge der aufgeführten Typen haben folgende Eigenschaften: Der "Innenauftrag – Fertigung" gestattet es, geplante Kosten und Istkosten für Sonderfragen der Fertigung für eine bestimmte Zeit zu sammeln und zu analysieren. Der "Investitionsauftrag" erlaubt für Investitionsmaßnahmen eine Weiterverrechnung von Kosten zur Aktivierung auf Anlagen im Bau in FI-AA. Der "Abgrenzungsauftrag" weist in erster Linie Differenzen zwischen den Aufwendungen im Sinne der Finanzbuchhaltung und Kosten im Sinne der Kostenrechnung aus.

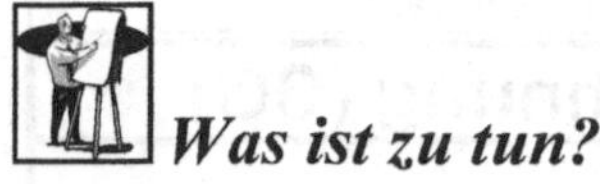

Was ist zu tun?

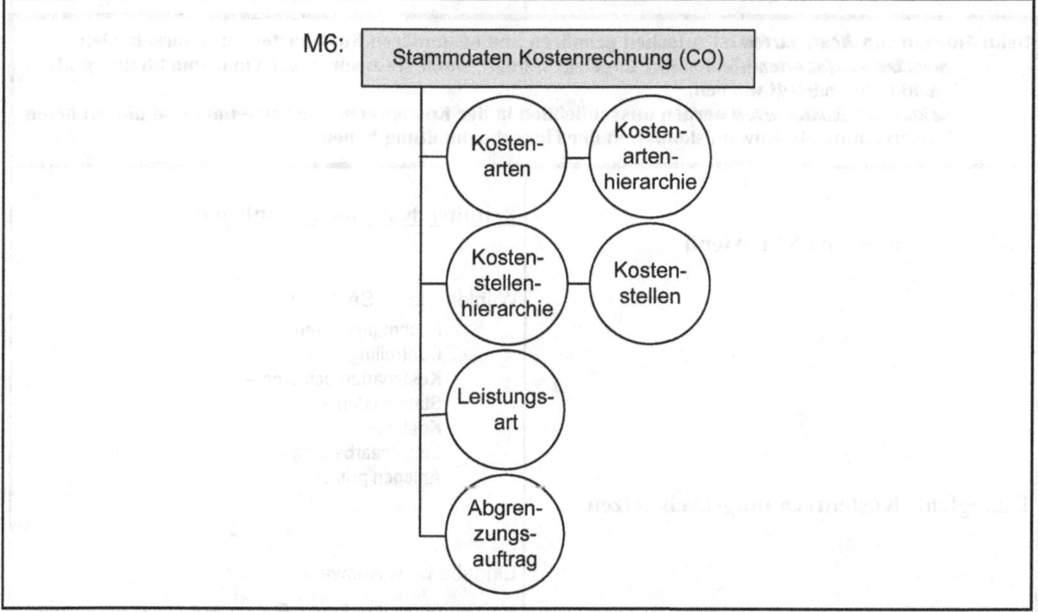

Abb. 3.26: Grundeinstellungen in SAP für die Fajalt GmbH außerhalb IM: Stammdaten der Kostenrechnung (Überblick)

Für die Fajalt GmbH müssen die entsprechenden Kostenarten definiert und in einer zu bildenden Kostenartenhierarchie zusammengefasst werden.

Für die Kostenstellenstandardhierarchie, deren oberster Knoten bereits dem Kostenrechnungskreis zugewiesen wurde, müssen zunächst die Knoten der Hierarchie angelegt werden. Jede Kostenstelle muss bei ihrer Einrichtung einem Knoten untergeordnet werden.

Für die zu erbringenden Eigenleistungen wird eine Leistungsart (Instandhaltungsstunden) angelegt, für die Verrechnung nicht zu aktivierender Kosten ein Abgrenzungsauftrag.

Anzeige	Eingabe/Auswahl

Modul 6: Stammdaten der Kostenrechnung (CO)

M6.1 Kostenarten definieren

Beim Anlegen von *Kostenarten* ist zwischen primären und sekundären Kostenarten zu unterscheiden:
- ***primäre Kostenarten* können nur angelegt werden, wenn sie zuvor in der Finanzbuchhaltung als Sachkonto angelegt wurden,**
- ***sekundäre Kostenarten* werden ausschließlich in der Kostenrechnung verwendet und dürfen keine Entsprechung als Aufwandskonten in der Finanzbuchhaltung haben.**

Anzeige	Eingabe/Auswahl
SAP Easy Access mit **SAP Menü**	**Primäre Kostenarten anlegen** Wählen Sie im SAP-Menü: **Rechnungswesen - Controlling - Kostenartenrechnung – Stammdaten – Kostenart – Einzelbearbeitung – Anlegen primär**
Dialogfeld "**Kostenrechnungskreis setzen**"	Eingabe bzw. Auswahl: *Kostenrechnungskreis:* ***BKxx**, xx* = Teilnehmernummer (= Ihr Kostenrechnungskreis) ⏎
Bildschirm "**Kostenart anlegen: Einstiegsbild**"	Eingabe bzw. Auswahl: *Kostenart*: ***400020*** *Gültig ab:* ***01.01**.jjjj*, , *jjjj* = aktuelles Jahr *gültig bis:* ***31.12.9999*** (= Gültigkeitszeitraum) *Hinweis*: Beachten Sie bitte – auch bei den folgenden Kostenarten –, dass die untere Grenze des Gültigkeitszeitraums stets auf den **01.01. des aktuellen Kalenderjahrs** gesetzt werden muss, da sonst die Geschäftsvorgänge des Testbeispiels nicht abbildbar sind! ⏎

Anzeige	Eingabe/Auswahl
 **Kostenart anlegen: Grundbild** Kostenart: 400020 Mat.Verbr.ohne Kont. Kostenrechnungskreis: BK20 KoreKrs. Fajalt GmbH Gültig ab: 01.01.2007 bis 31.12.9999 Grunddaten / Kennzeichen / Vorschlagskontierung / Historie Bezeichnungen Bezeichnung: Mat.Verbr.ohne Kont. Beschreibung: Material Verbrauch/Handelswaren ohne kon Grunddaten Kostenartentyp Eigenschaftsmix © SAP AG	
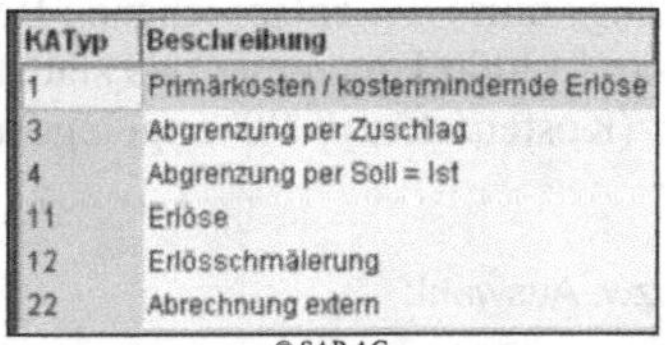 KATyp / Beschreibung 1 Primärkosten / kostenmindernde Erlöse 3 Abgrenzung per Zuschlag 4 Abgrenzung per Soll = Ist 11 Erlöse 12 Erlösschmälerung 22 Abrechnung extern © SAP AG	Stellen Sie den Cursor auf das Feld "Kostenartentyp" und klicken Sie auf (=Wertehilfe) Die Werteliste zeigt alle möglichen (SAP-Standard-) Kostenartentypen für primäre Kostenarten an.

Der *Kostenartentyp* klassifiziert Kostenarten nach ihrer Verwendung und steuert, welche Verrechnungsmethoden für eine Kostenart zulässig sind.

So können z. B. primäre Kostenarten des Typs 01 bei allen Primärbuchungen in der Finanzbuchhaltung belastet werden, diejenigen des Typs 03 nur bei der Abgrenzung mit Hilfe des Zuschlagsverfahrens in der Kostenstellenrechnung.

Bei den sekundären Kostenarten legt z. B. der Kostenartentyp 43 (Innerbetriebliche Leistungsverrechnung) fest, dass eine Kostenart nur für die Durchführung innerbetrieblicher Leistungsverrechnungen benutzt werden kann.

Eine Besonderheit unter den Primärkostenarten stellen *Kostenarten des Kostenartentyps 90* dar. Diese werden automatisch erzeugt, wenn deren zugehörige Sachkonten Anlagenkonten sind. Kostenarten dieses Typs ermöglichen bei Direktaktivierungen von Anlagen die statistische Belastung zugeordneter Investitionsmaßnahmen und so deren kostenrechnerische Kontrolle.

	Eingabe bzw. Auswahl: Kostenartentyp: ***1*** (= Primärkosten) Sichern Sie die Eingaben.

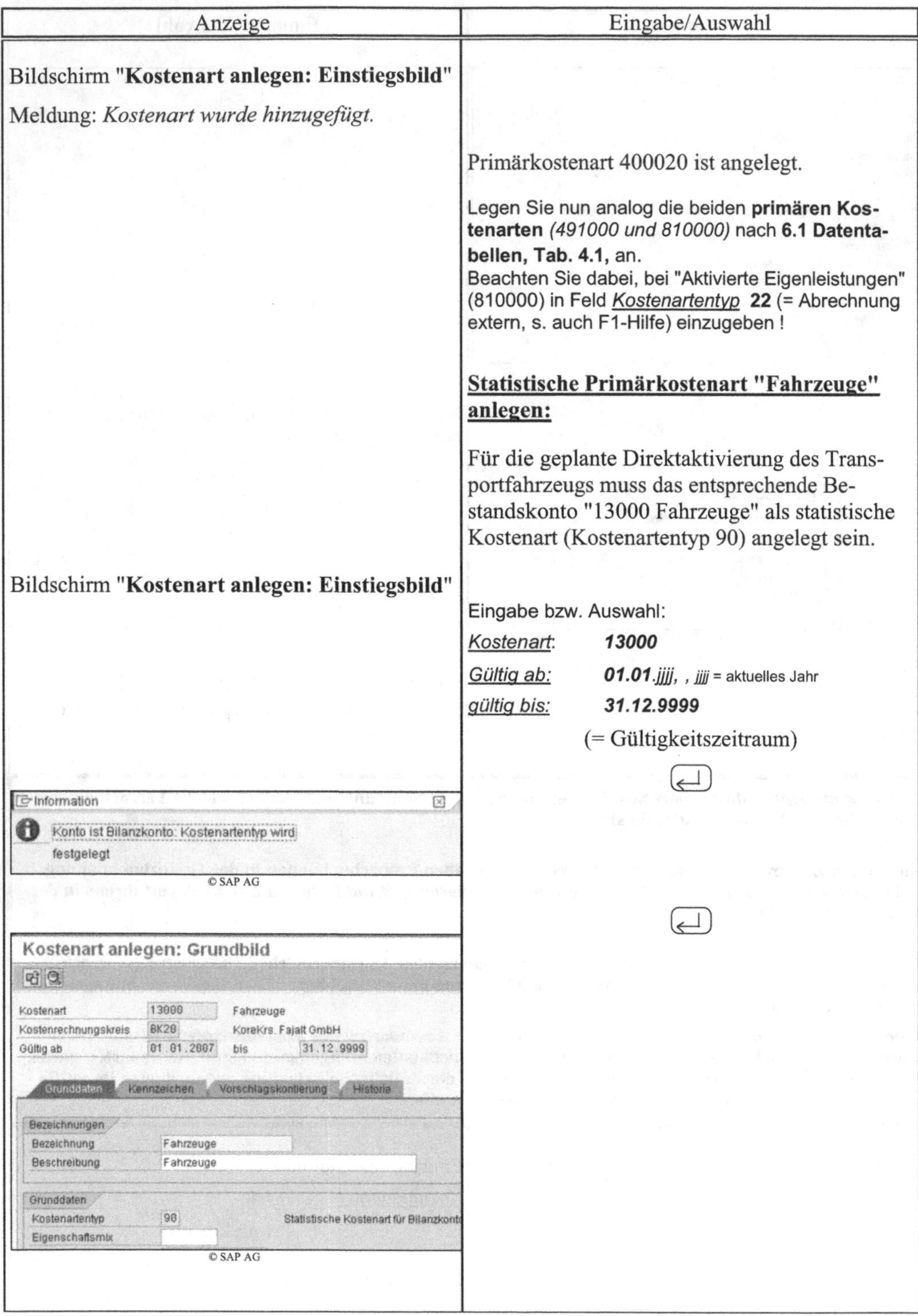

Anzeige	Eingabe/Auswahl
Bildschirm "**Kostenart anlegen: Einstiegsbild**" Meldung: *Kostenart wurde hinzugefügt.*	Primärkostenart 400020 ist angelegt. Legen Sie nun analog die beiden **primären Kostenarten** *(491000 und 810000)* nach **6.1 Datentabellen, Tab. 4.1,** an. Beachten Sie dabei, bei "Aktivierte Eigenleistungen" (810000) in Feld *Kostenartentyp* **22** (= Abrechnung extern, s. auch F1-Hilfe) einzugeben !
	Statistische Primärkostenart "Fahrzeuge" anlegen: Für die geplante Direktaktivierung des Transportfahrzeugs muss das entsprechende Bestandskonto "13000 Fahrzeuge" als statistische Kostenart (Kostenartentyp 90) angelegt sein.
Bildschirm "**Kostenart anlegen: Einstiegsbild**"	Eingabe bzw. Auswahl: *Kostenart*: ***13000*** *Gültig ab:* ***01.01****.jjjj*, , *jjjj* = aktuelles Jahr *gültig bis:* ***31.12.9999*** (= Gültigkeitszeitraum) ↵
Information Konto ist Bilanzkonto: Kostenartentyp wird festgelegt © SAP AG	↵
Kostenart anlegen: Grundbild Kostenart 13000 Fahrzeuge Kostenrechnungskreis BK20 KoreKrs. Fajalt GmbH Gültig ab 01.01.2007 bis 31.12.9999 Grunddaten | Kennzeichen | Vorschlagskontierung | Historie Bezeichnungen Bezeichnung Fahrzeuge Beschreibung Fahrzeuge Grunddaten Kostenartentyp 90 Statistische Kostenart für Bilanzkont Eigenschaftsmix © SAP AG	

Anzeige	Eingabe/Auswahl
	Der Kostenartentyp 90 (= Statistische Kostenart für Bilanzkonten) wurde vom System automatisch gesetzt, da es sich bei dem zugehörigen Sachkonto 13000 um ein Anlagenmitbuchkonto handelt. Dieser Kostenartentyp ist im Stammsatz nicht änderbar.
	Klicken Sie auf (= Sichern)
Bildschirm "**Kostenart anlegen: Einstiegsbild**" Meldung: *Kostenart wurde hinzugefügt*	Statistische Kostenart 13000 ist angelegt.
SAP Easy Access mit **SAP Menü**	Beenden Sie nach Eingabe der primären Kostenarten die Transaktion (Anwendung).
	Sekundäre Kostenart anlegen Wählen Sie im SAP-Menü: **Rechnungswesen -** **Controlling -** **Kostenartenrechnung –** **Stammdaten –** **Kostenart –** **Einzelbearbeitung –** **Anlegen sekundär**
Bildschirm "**Kostenart anlegen: Einstiegsbild**"	Eingabe: Kostenart: ***622000*** Gültig ab: ***01.01.jjjj***, , *jjjj* = aktuelles Jahr gültig bis: ***31.12.9999*** (= Gültigkeitszeitraum)
Bildschirm "**Kostenart anlegen: Grundbild**"	Eingabe bzw. Auswahl: Bezeichnung: ***ILV Instandhaltung*** Kostenartentyp: ***43*** (= Verrechnungen Leistungen/Prozesse) Sichern Sie die Eingaben.

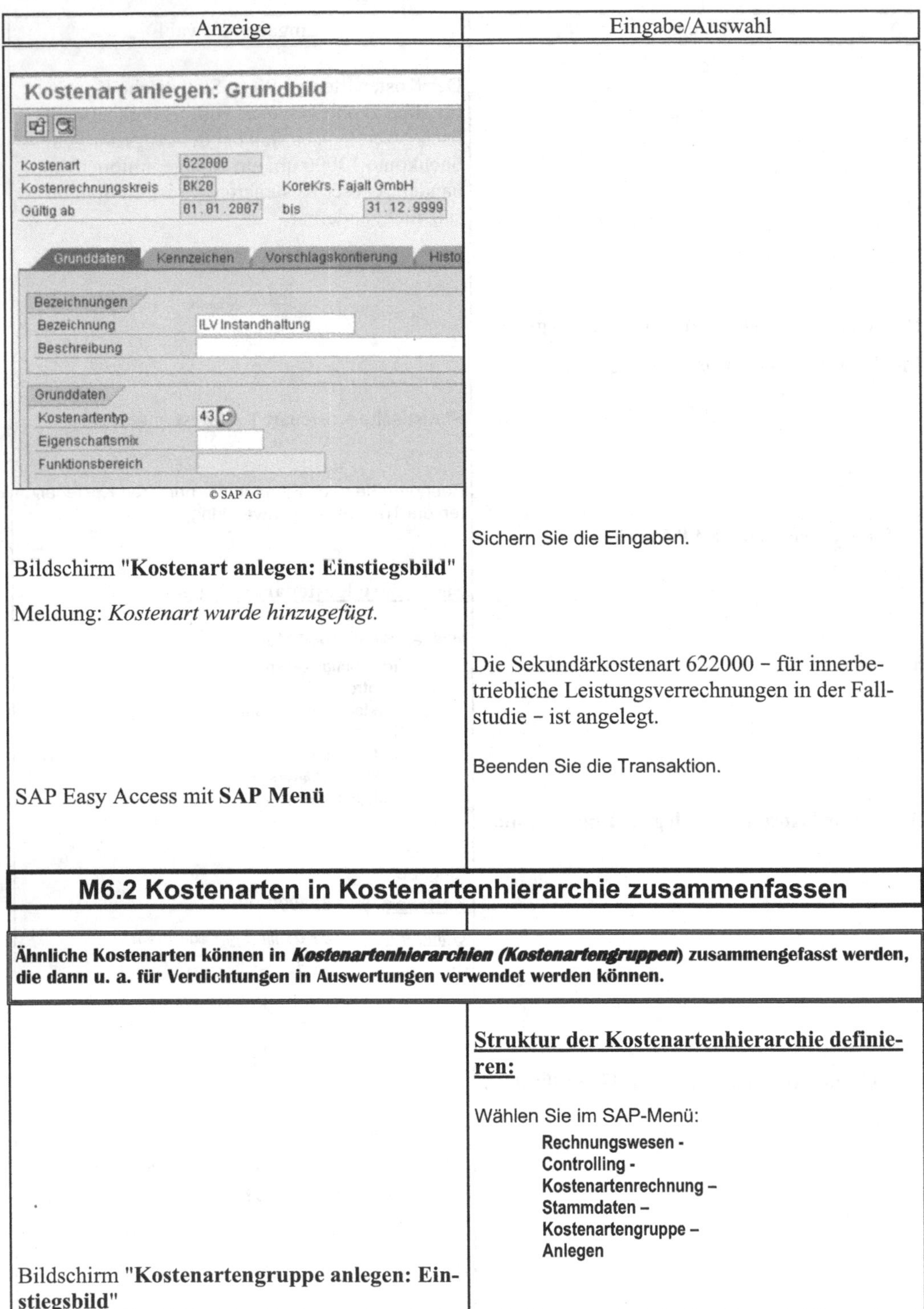

© SAP AG

Anzeige	Eingabe/Auswahl
	Sichern Sie die Eingaben.
Bildschirm "**Kostenart anlegen: Einstiegsbild**" Meldung: *Kostenart wurde hinzugefügt.*	Die Sekundärkostenart 622000 – für innerbetriebliche Leistungsverrechnungen in der Fallstudie – ist angelegt.
SAP Easy Access mit **SAP Menü**	Beenden Sie die Transaktion.

M6.2 Kostenarten in Kostenartenhierarchie zusammenfassen

Ähnliche Kostenarten können in *Kostenartenhierarchien (Kostenartengruppen)* zusammengefasst werden, die dann u. a. für Verdichtungen in Auswertungen verwendet werden können.

Anzeige	Eingabe/Auswahl
	Struktur der Kostenartenhierarchie definieren:
	Wählen Sie im SAP-Menü: **Rechnungswesen - Controlling - Kostenartenrechnung – Stammdaten – Kostenartengruppe – Anlegen**
Bildschirm "**Kostenartengruppe anlegen: Einstiegsbild**"	

Anzeige	Eingabe/Auswahl
	Eingabe: *Kostenartengruppe:* ***IM-GESxx***, *xx = Teilnehmernr.* (= Gruppe, oberster Hierarchieknoten) [Enter]
Bildschirm "**Kostenartengruppe anlegen: Struktur**"	Eingabe (hinter IM-GESxx): ***Alle Kostenarten*** (= Bezeichnung) [Enter]
 Knoten IM-GESxx ist markiert.	Klicken Sie auf [Ebene darunter]
IM-GES20 Alle Kostenarten © SAP AG	Eingabe: ***IM-PRIMxx***, *xx = Ihre Teilnehmernummer* (= neuer Knoten) ***Primäre Kosten*** (= Bezeichnung) Klicken Sie auf [Gleiche Ebene]
Neue Eingabefelder erscheinen auf gleicher Ebene.	Eingabe: ***IM-SEKxx***, *xx = Ihre Teilnehmernummer* (= neuer Knoten) ***Sekundäre Kosten*** (= Bezeichnung) [Enter]
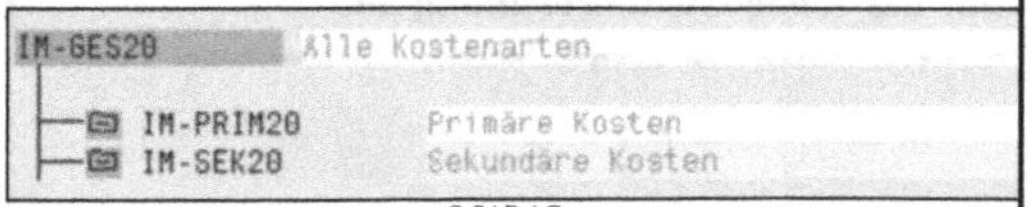 IM-GES20 Alle Kostenarten IM-PRIM20 Primäre Kosten IM-SEK20 Sekundäre Kosten © SAP AG	

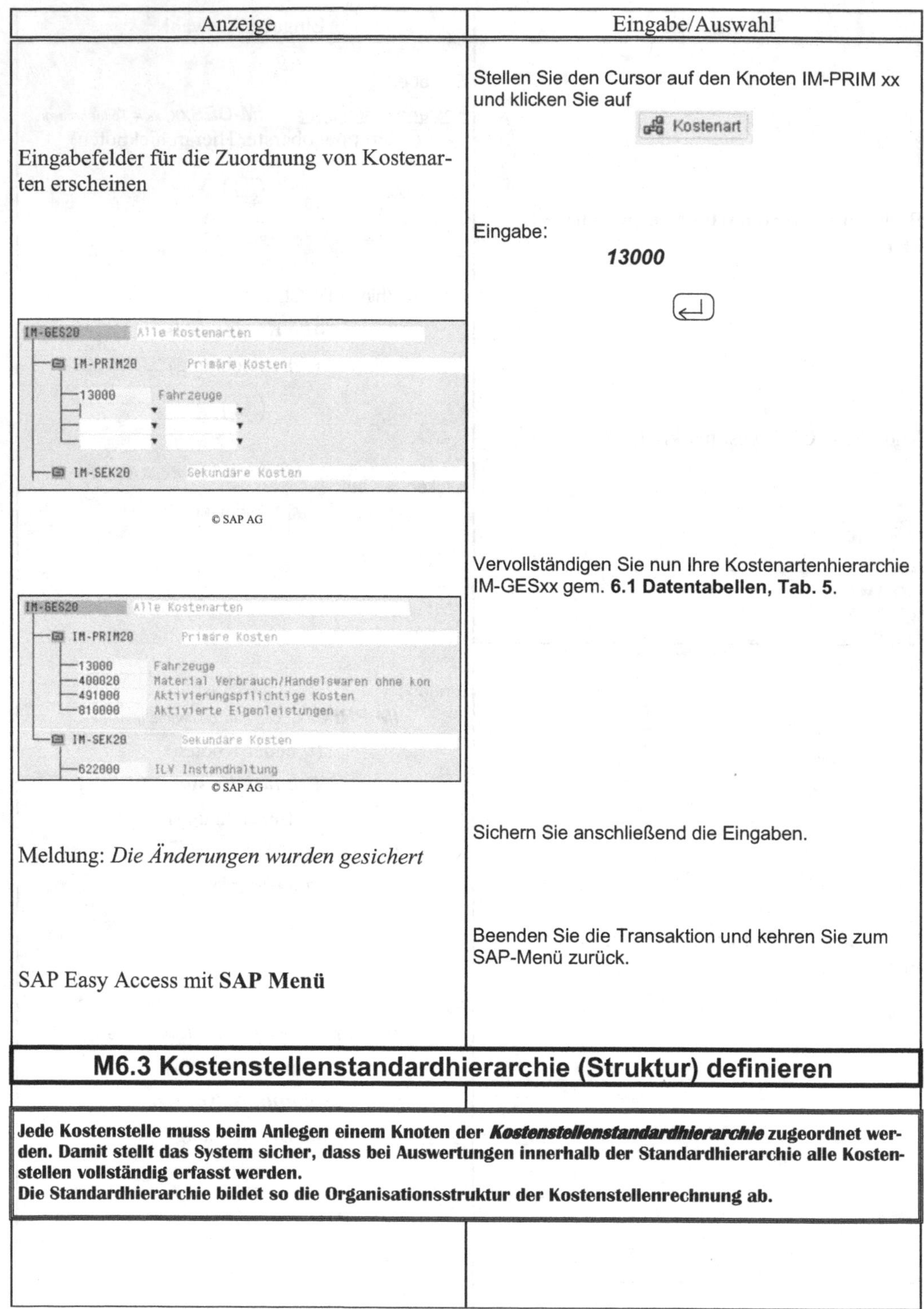

Anzeige	Eingabe/Auswahl
	Stellen Sie den Cursor auf den Knoten IM-PRIM xx und klicken Sie auf Kostenart
Eingabefelder für die Zuordnung von Kostenarten erscheinen	Eingabe: ***13000*** ↵
IM-GES20 Alle Kostenarten IM-PRIM20 Primäre Kosten 13000 Fahrzeuge IM-SEK20 Sekundäre Kosten © SAP AG	
IM-GES20 Alle Kostenarten IM-PRIM20 Primäre Kosten 13000 Fahrzeuge 400020 Material Verbrauch/Handelswaren ohne kon 491000 Aktivierungspflichtige Kosten 810000 Aktivierte Eigenleistungen IM-SEK20 Sekundäre Kosten 622000 ILV Instandhaltung © SAP AG	Vervollständigen Sie nun Ihre Kostenartenhierarchie IM-GESxx gem. **6.1 Datentabellen, Tab. 5**.
Meldung: *Die Änderungen wurden gesichert*	Sichern Sie anschließend die Eingaben.
SAP Easy Access mit **SAP Menü**	Beenden Sie die Transaktion und kehren Sie zum SAP-Menü zurück.

M6.3 Kostenstellenstandardhierarchie (Struktur) definieren

Jede Kostenstelle muss beim Anlegen einem Knoten der *Kostenstellenstandardhierarchie* zugeordnet werden. Damit stellt das System sicher, dass bei Auswertungen innerhalb der Standardhierarchie alle Kostenstellen vollständig erfasst werden.
Die Standardhierarchie bildet so die Organisationsstruktur der Kostenstellenrechnung ab.

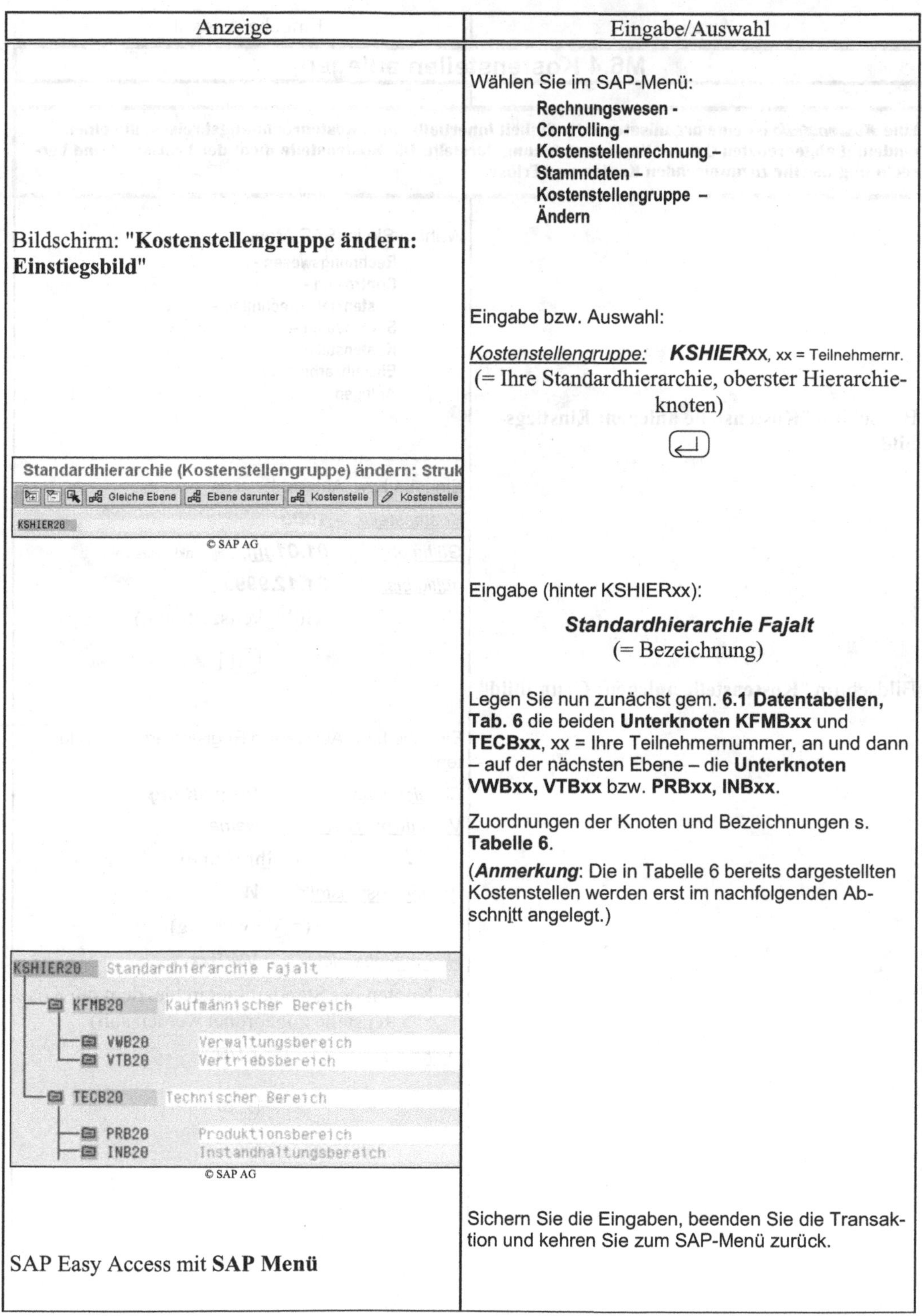

Anzeige	Eingabe/Auswahl
	Wählen Sie im SAP-Menü: **Rechnungswesen -** **Controlling -** **Kostenstellenrechnung –** **Stammdaten –** **Kostenstellengruppe –** **Ändern**
Bildschirm: "**Kostenstellengruppe ändern: Einstiegsbild**"	Eingabe bzw. Auswahl: *Kostenstellengruppe:* ***KSHIER***xx, xx = Teilnehmernr. (= Ihre Standardhierarchie, oberster Hierarchieknoten) ⏎
Standardhierarchie (Kostenstellengruppe) ändern: Struk Gleiche Ebene · Ebene darunter · Kostenstelle · Kostenstelle KSHIER20 © SAP AG	Eingabe (hinter KSHIERxx): ***Standardhierarchie Fajalt*** (= Bezeichnung)
KSHIER20 Standardhierarchie Fajalt KFMB20 Kaufmännischer Bereich VWB20 Verwaltungsbereich VTB20 Vertriebsbereich TECB20 Technischer Bereich PRB20 Produktionsbereich INB20 Instandhaltungsbereich © SAP AG	Legen Sie nun zunächst gem. **6.1 Datentabellen, Tab. 6** die beiden **Unterknoten KFMBxx** und **TECBxx**, xx = Ihre Teilnehmernummer, an und dann – auf der nächsten Ebene – die **Unterknoten VWBxx, VTBxx** bzw. **PRBxx, INBxx**. Zuordnungen der Knoten und Bezeichnungen s. **Tabelle 6**. (***Anmerkung***: Die in Tabelle 6 bereits dargestellten Kostenstellen werden erst im nachfolgenden Abschnitt angelegt.)
SAP Easy Access mit **SAP Menü**	Sichern Sie die Eingaben, beenden Sie die Transaktion und kehren Sie zum SAP-Menü zurück.

Anzeige	Eingabe/Auswahl
M6.4 Kostenstellen anlegen	
Eine *Kostenstelle* ist eine organisatorische Einheit innerhalb eines Kostenrechnungskreises, die einen eindeutig abgegrenzten Ort der Kostenentstehung darstellt. Die Kostenstelle dient der Erfassung und Verrechnung der ihr zuzuweisenden Kosten und Erlöse.	
	Wählen Sie im SAP-Menü: **Rechnungswesen -** **Controlling -** **Kostenstellenrechnung –** **Stammdaten –** **Kostenstelle –** **Einzelbearbeitung** **Anlegen**
Bildschirm "**Kostenstelle anlegen: Einstiegsbild**"	Eingabe bzw. Auswahl: Kostenstelle: ***1000*** Gültig ab: ***01.01.jjjj***, , jjjj = aktuelles Jahr gültig bis: ***31.12.9999*** (= Gültigkeitszeitraum) ⏎
Bildschirm "**Kostenstelle anlegen: Grundbild**"	Eingabe bzw. Auswahl in Registerkarte "Grunddaten": Bezeichnung: ***Verwaltung*** Verantwortlicher: *Name* (= Ihr Name) Art der Kostenstelle: ***W*** (= Verwaltung) Hierarchiebereich: ***VWB***xx (= Knoten der Standardhierarchie, dem die Kostenstelle zugeordnet werden soll) Währung: ***EUR*** ⏎

Anzeige	Eingabe/Auswahl
Grunddaten | Steuerung | Templates | Anschrift | Kommunika **Bezeichnungen** Bezeichnung: Verwaltung Beschreibung: Verwaltung **Grunddaten** Verantwortlicher: Falk-Kalms Abteilung: Art der Kostenstelle: W – Verwaltung Hierarchiebereich: VWB20 – Verwaltungsbereich Geschäftsbereich: Funktionsbereich: Währung: EUR Profit Center: © SAP AG	
	Sichern Sie Ihre Eingaben.
Bildschirm "**Kostenstelle anlegen: Einstiegsbild**" Meldung in Statuszeile: *Kostenstelle wurde hinzugefügt.*	Ergänzen Sie nun noch die restlichen Kostenstellen gem. 6.1 Datentabellen, **Tabelle 7**. Beenden Sie anschließend die Transaktion.
SAP Easy Access mit **SAP Menü**	Um noch einmal die vollständige Standardhierarchie anzusehen, gehen Sie wie folgt vor: Wählen Sie im SAP-Menü: **Rechnungswesen -** **Controlling -** **Kostenstellenrechnung –** **Stammdaten –** **Kostenstellengruppe –** **Anzeigen**
Bildschirm "**Kostenstellengruppe anzeigen: Einstiegsbild**"	Eingabe (falls noch nicht vorgegeben): <u>*Kostenstellengruppe:*</u> ***KSHIER***XX*, xx = Teilnehmernr.* (= Ihre Standardhierarchie) [↵]
Bildschirm "**Standardhierarchie (Kostenstellengruppe) anzeigen: Struktur**"	Expandieren Sie alle Knoten.

Anzeige	Eingabe/Auswahl
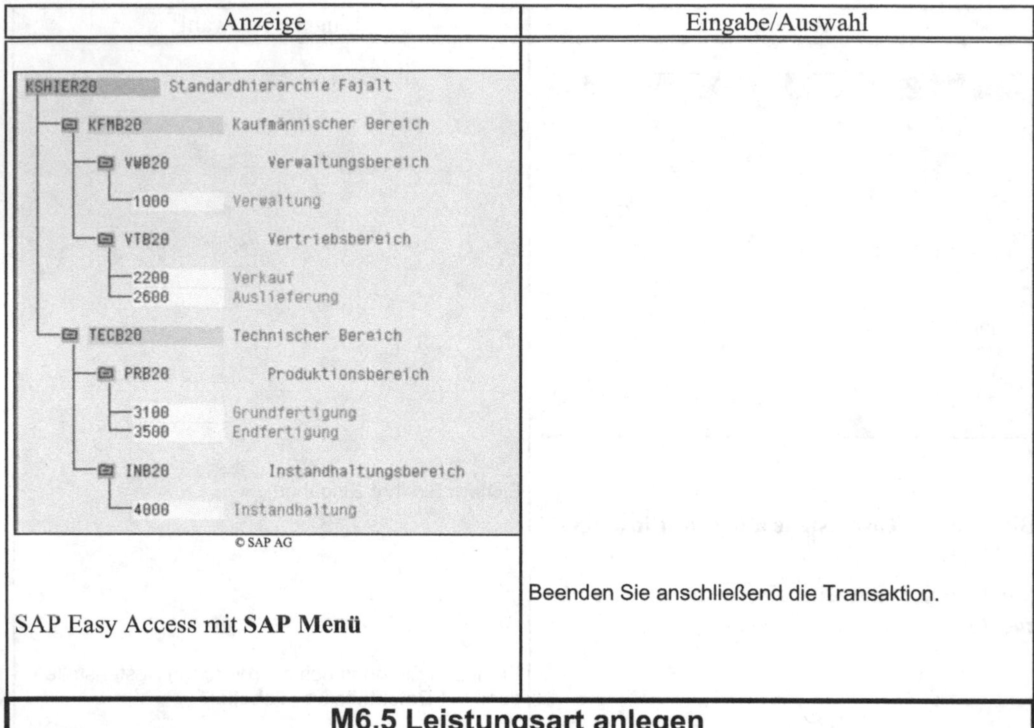 © SAP AG	
SAP Easy Access mit **SAP Menü**	Beenden Sie anschließend die Transaktion.

M6.5 Leistungsart anlegen

Leistungsarten **(Bezugsgrößen) beschreiben den mengenmäßigen Output einer Kostenstelle. Sie werden benötigt, um eine innerbetriebliche Leistungsverrechnung durchführen zu können.**

Anzeige	Eingabe/Auswahl
Bildschirm: "**Leistungsart anlegen: Einstiegsbild**"	Wählen Sie im SAP-Menü: **Rechnungswesen -** **Controlling -** **Kostenstellenrechnung –** **Stammdaten –** **Leistungsart –** **Einzelbearbeitung** **Anlegen**
Bildschirm "**Leistungsart anlegen : Grundbild**"	Eingabe: *Leistungsart*: ***INSTD*** *Gültig ab:* ***01.01.jjjj***, , *jjjj* = aktuelles Jahr *gültig bis:* ***31.12.9999*** (= Gültigkeitszeitraum) ⏎

Anzeige	Eingabe/Auswahl
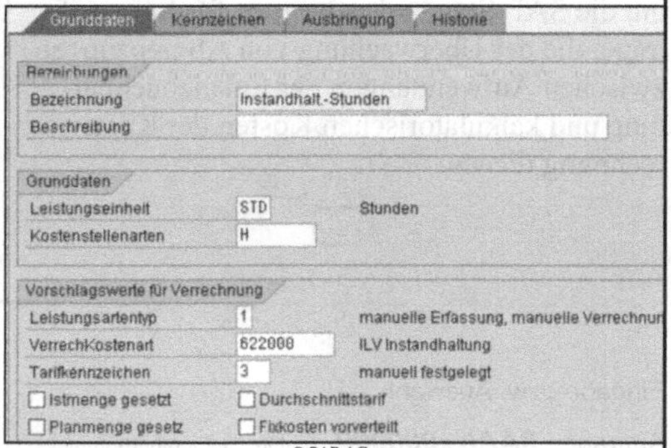 Grunddaten Kennzeichen Ausbringung Historie Bezeichnungen Bezeichnung Instandhalt.-Stunden Beschreibung Grunddaten Leistungseinheit STD Stunden Kostenstellenarten H Vorschlagswerte für Verrechnung Leistungsartentyp 1 manuelle Erfassung, manuelle Verrechnun VerrechKostenart 622000 ILV Instandhaltung Tarifkennzeichen 3 manuell festgelegt ☐ Istmenge gesetzt ☐ Durchschnittstarif ☐ Planmenge gesetz ☐ Fixkosten vorverteilt © SAP AG	Eingabe bzw. Auswahl in Registerkarte "Grunddaten": Bezeichnung: ***Instandhalt.-Stunden*** Leistungseinheit: ***STD*** (= Stunden) Kostenstellenarten: ***H*** (= Hilfskostenstellen) Leistungsartentyp: ***1*** (= manuelle Erfassung, manuelle Verrechnung) VerrechKostenart: ***622000*** (= ILV Instandhaltung) Tarifkennzeichen: ***3*** (= manuell festgelegt) ⏎
Bildschirm **"Leistungsart anlegen : Einstiegsbild"** Meldung: *Leistungsart wurde hinzugefügt*	Sichern Sie Ihre Eingaben.
SAP Easy Access mit **SAP Menü**	Beenden Sie die Transaktion.

M6.6 Abgrenzungsauftrag anlegen

	Im Fallbeispiel sollen später (s. Modul 20) ein Teil der erbrachten Eigenleistung für die Verkabelung der Hardware nicht aktiviert, sondern an einen CO-Abgrenzungsauftrag weiterverrechnet werden.

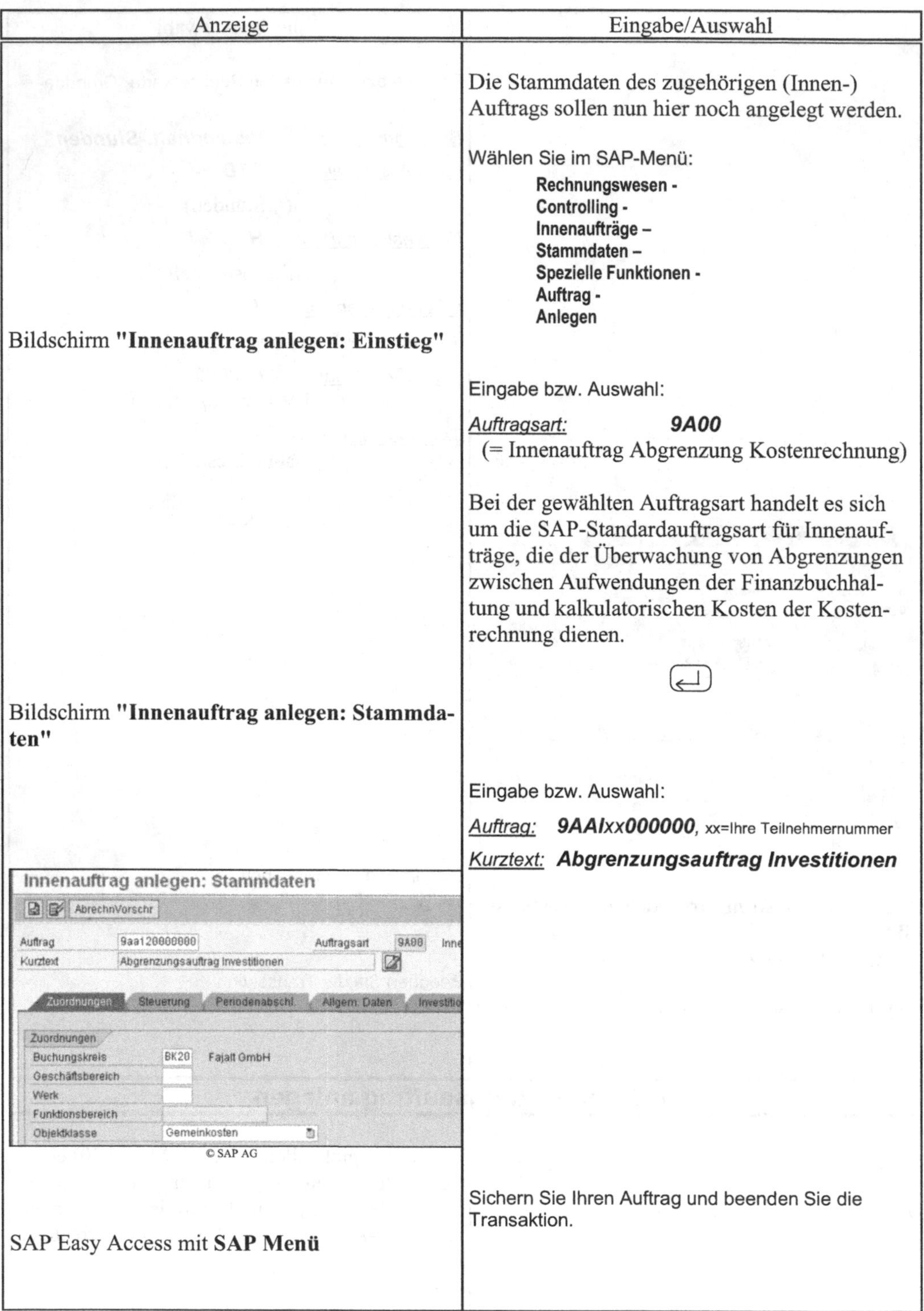

Anzeige	Eingabe/Auswahl
	Die Stammdaten des zugehörigen (Innen-) Auftrags sollen nun hier noch angelegt werden. Wählen Sie im SAP-Menü: **Rechnungswesen -** **Controlling -** **Innenaufträge –** **Stammdaten –** **Spezielle Funktionen -** **Auftrag -** **Anlegen**
Bildschirm **"Innenauftrag anlegen: Einstieg"**	Eingabe bzw. Auswahl: *Auftragsart:* ***9A00*** (= Innenauftrag Abgrenzung Kostenrechnung) Bei der gewählten Auftragsart handelt es sich um die SAP-Standardauftragsart für Innenaufträge, die der Überwachung von Abgrenzungen zwischen Aufwendungen der Finanzbuchhaltung und kalkulatorischen Kosten der Kostenrechnung dienen. ↵
Bildschirm **"Innenauftrag anlegen: Stammdaten"** Innenauftrag anlegen: Stammdaten AbrechnVorschr Auftrag 9aa120000000 Auftragsart 9A00 Inne Kurztext Abgrenzungsauftrag Investitionen Zuordnungen | Steuerung | Periodenabschl. | Allgem. Daten | Investitio Zuordnungen Buchungskreis BK20 Fajalt GmbH Geschäftsbereich Werk Funktionsbereich Objektklasse Gemeinkosten © SAP AG	Eingabe bzw. Auswahl: *Auftrag:* ***9AAIxx000000***, xx=Ihre Teilnehmernummer *Kurztext:* ***Abgrenzungsauftrag Investitionen*** Sichern Sie Ihren Auftrag und beenden Sie die Transaktion.
SAP Easy Access mit **SAP Menü**	

4 Einstellungen (Customizing und Stammdatendefinition) für das Fallbeispiel in IM (Investitionsmanagement)

4.1 Investitionsprogramm

Modul 7: Customizing IM: Steuerungsparameter für das Investitionsprogramm

Modul 8: Definition und Strukturierung des Investitionsprogramms

4.2 Maßnahmenanforderung

Modul 9: Customizing IM: Steuerungsparameter für Maßnahmenanforderung

Modul 10: Definition der Maßnahmenanforderung

4.3 Investitionsmaßnahmen

Modul 11: Customizing IM: Steuerungsparameter für Investitionsmaßnahmen

Modul 12: Definition von Investitionsmaßnahmen

4 Einstellungen (Customizing und Stammdatendefinition) für das Fallbeispiel in IM (Investitionsmanagement)

4.1 Investitionsprogramm

Modul 7: Customizing IM: Steuerungsparameter für das Investitionsprogramm

Programmart

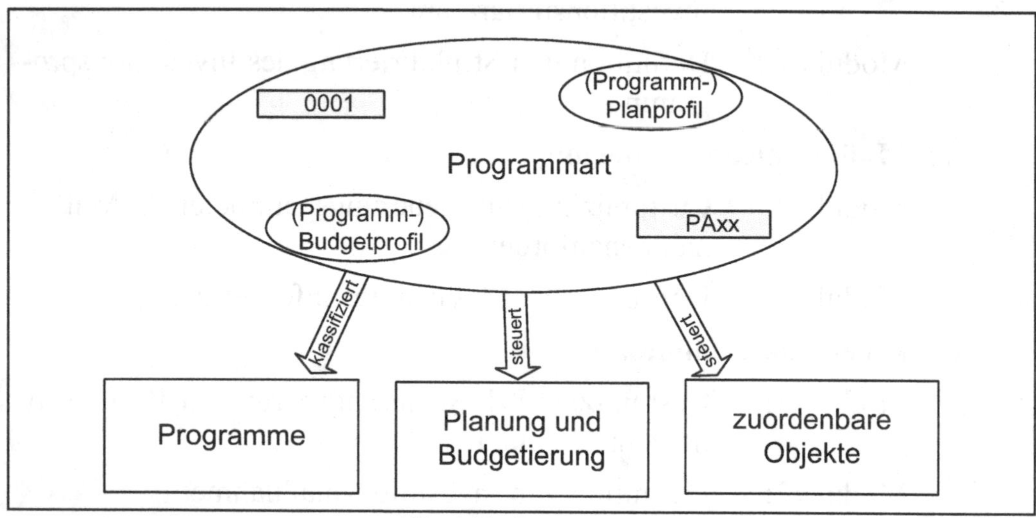

Abb. 4.01: Programmart

Jedes Investitionsprogramm verlangt zu seiner Klassifizierung eine **Programmart**, die Steuerungsinformationen für dieses Programm enthält.

SAP liefert im Standard die Programmart 0001 "Investitionsprogramm Muster" aus, für die Fajalt GmbH wird von jeder Teilnehmergruppe eine Programmart PAxx "Programmart Fajalt" (xx steht für die jeweilige Teilnehmernummer) angelegt.

Die Programmart klassifiziert allgemein Programme; ein Investitionsprogramm entsteht durch das Setzen der Objektklasse "INVST" (Investition).

Die Programmart enthält Steuerungsparameter für Planung (z. B. Planungshorizont, und Planungswährung) und Budgetierung (z. B. Budgetierungshorizont und Budgetierungswährung) des Programms, die wiederum in gesonderten Profilen zusammengefasst sind. Der Programmart sind als Objektarten Aufträge, PSP-Elemente und Maßnahmenanforderungen zuordenbar.

Was ist zu tun?

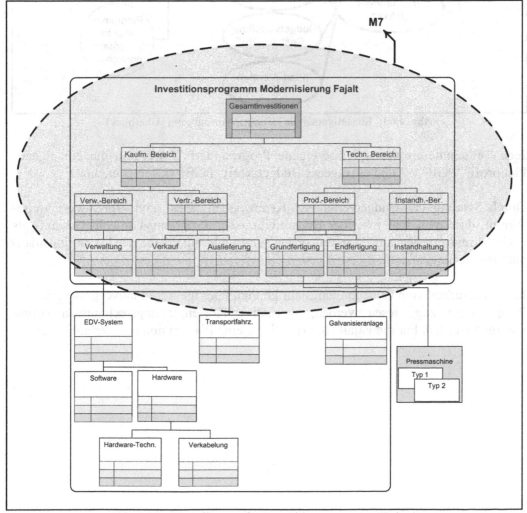

Abb. 4.02: Einstellungen für Investitionsprogramm (Fokus)

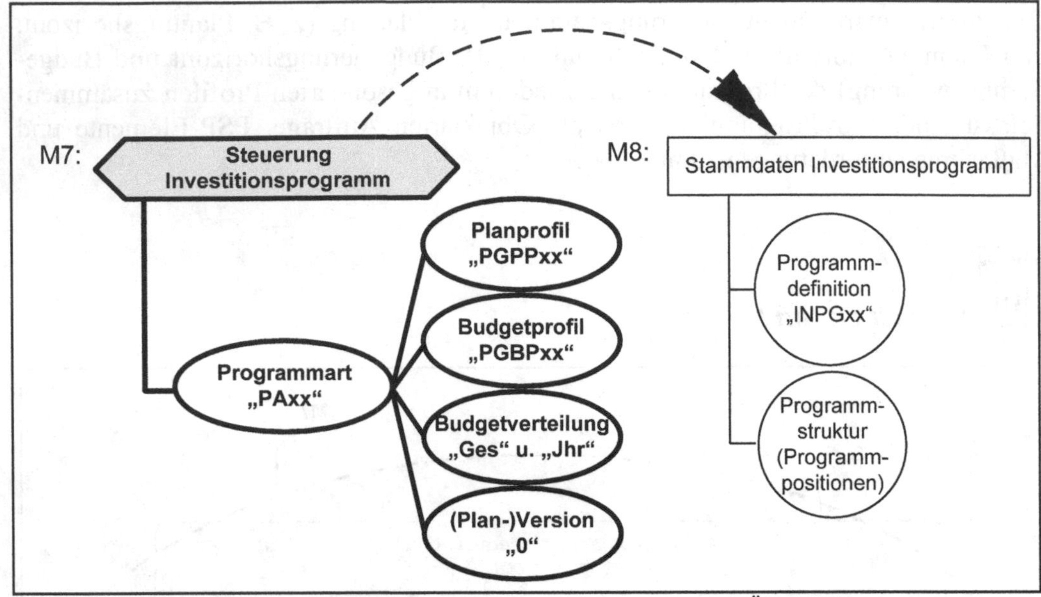

Abb. 4.03: Einstellungen für Investitionsprogramm (Überblick)

Jede Teilnehmergruppe legt ihre eigene Programmart "PAxx", in die ein eigenes Planprofil "PGPPxx" und ein eigenes Budgetprofil "PGBPxx" eingeht, an.

Durch Setzung der Budgetverteilungs-Kennzeichen "Ges" und "Jhr", wird vorbestimmt, dass man später bei der Budgetierung des Programms sowohl Gesamt- als auch Jahreswerte nur auf Programmebene (und nicht auf Ebene der Investitionsmaßnahmen) festlegen kann.

In Abhängigkeit vom Genehmigungsjahr können über mehrere Planversionen, die der Programmart zugewiesen werden, alternative Kostenplanungsrechnungen vorgenommen werden. Für die Fajalt GmbH soll nur eine Planversion ("0") erlaubt sein.

Anzeige	Eingabe/Auswahl

Modul 7: Customizing IM: Steuerungsparameter für das Investitionsprogramm

Mit Hilfe eines *Investitionsprogramms* können die geplanten und budgetierten Investitionskosten eines Unternehmens in Form einer hierarchischen Struktur dargestellt werden.

Die einzelnen Investitionsmaßnahmen oder -maßnahmenanforderungen werden den Programmpositionen der untersten Ebene (die sog. Blätter der Hierarchie) zugeordnet.

Innerhalb der Hierarchie eines Investitionsprogramms ist es möglich, Kosten für Investitionen bottom-up zu planen und top-down zu budgetieren.

M7.1 Programmart definieren

Jedem Investitionsprogramm muss beim Anlegen eine Programmart zugeordnet werden. Die Programmart dient zur Klassifizierung von Investitionsprogrammen und enthält Steuerungsinformationen für das gesamte Investitionsprogramm (z.B. Steuerungsparameter für Planung und Budgetierung, zuordenbare operative Objekte).

Anzeige	Eingabe/Auswahl
Einstiegsbild des **Einführungsleitfadens**	Wechseln Sie zum Einführungsleitfaden. Wählen Sie im Einführungsleitfaden: **Investitionsmanagement – Investitionsprogramme - Stammdaten – Programmarten definieren**
 Sicht "Investitionsprogrammarten" ändern: Über Neue Einträge Dialogstruktur Investitionsprogrammarten Zuordenbare operative Objekte PArt | Bezeichnung 0001 | Investitionsprogramm Muste © SAP AG	Klicken Sie auf Neue Einträge
Bildschirm "**Neue Einträge: Detail Hinzugefügte**"	Eingabe bzw. Auswahl: <u>Programmart:</u> ***PAxx***, xx = Teilnehmernummer ***Programmart Fajalt*** <u>DarstForm:</u> ***2*** (= Text InvProgrammposition/Text Maßnahme) <u>Objektklasse:</u> ***INVST*** (= Investition) ↵

Anzeige	Eingabe/Auswahl
Programmart PA20 Programmart Fajalt Budgetprofil Planprofil Statusschema DarstForm 2 Text InvProgrammposition / Text Maßnahm Objektklasse INVST Investition InvestProfil Budgetverteilung ☐ BudgVert Gesamtwerte ☐ BudgVert Jahreswerte Zuordnung Maßn./Anford. ☐ Einfachzuordnung © SAP AG	
	Damit haben Sie festgelegt, dass Programme dieser Programmart immer Investitionsprogramme sind und dass in grafischen Darstellungen dieser Investitionsprogramme sowohl Programmpositionen als auch Maßnahmen durch den Bezeichnungstext (und nicht den Schlüssel =ID-Kennung) dargestellt werden. Die Felder Budgetprofil und Planprofil (Steuerung von Planung und Budgetierung im Programm) werden später, nach Anlegen der entsprechenden Objekte, durch Zuordnung gefüllt, danach können dann auch die Kennzeichen für die Budgetverteilung gesetzt werden (s. unten).
	Sichern Sie die Eingaben.
	Doppelklicken Sie (in der Dialogstruktur der linken Bildschirmseite) auf. **Zuordenbare operative Objekte**
	Klicken Sie auf Neue Einträge
Bildschirm "**Neue Einträge: Übersicht Hinzugefügte**"	
	Eingabe bzw. Auswahl: *1. Zeile* *<u>ObArt</u>:* ***IQ*** (= Maßnahmeanforderungen) *2. Zeile* *<u>ObArt</u>:* ***OR*** (= Aufträge)

Anzeige	Eingabe/Auswahl
Programmart PA20 Programmart Fajalt ObArt | Kurzbeschreibung IQ | Maßnahmenanforderungen OR | Aufträge PR | PSP-Elemente © SAP AG	*3. Zeile ObArt:* ***PR*** (= PSP-Elemente) Sichern Sie die Eingaben.
	Damit wurde hinterlegt, dass an die Programmpositionen von Investitionsprogrammen dieser Programmart sowohl Maßnahmenanforderungen als auch Aufträge und/oder PSP-Elemente als Investitionsmaßnahmen angehängt werden dürfen. Beenden Sie die Transaktion.
Einführungsleitfaden	

M7.2 Verantwortliche definieren

Anzeige	Eingabe/Auswahl
	Unter dem Punkt (Knoten) "Ausprägungen der Stammsatzfelder" des IMG können Sie zulässige Eingabewerte für die Stammsätze von Investitionsprogrammen (Programmdefinitionen und Programmpositionen) festlegen. Hier sollen nur Werte für das Feld "Verantwortlicher" gepflegt werden; für die restlichen Felder werden in der Fallstudie SAP-Standardwerte verwendet. Wählen Sie im Einführungsleitfaden: **Investitionsmanagement – Investitionsprogramme - Stammdaten – Ausprägungen der Stammsatzfelder – Verantwortliche definieren**
Sicht "Verantwortliche für Projekte / Investitionsprogra Neue Einträge Verantw. | Verantwortlicher | Benutzername 1 | Verantwortlicher A | 2 | Verantwortlicher B | © SAP AG	

Anzeige	Eingabe/Auswahl
Bildschirm "**Neue Einträge: Übersicht Hinzugefügte**"	Klicken Sie auf Neue Einträge Eingabe: *Verantw.:* **xx**, xx= Teilnehmernummer *Verantwortlicher:* *Name* (= Ihr Nachname) *Benutzername:* ***IMxx,*** xx= Teilnehmernummer (= Ihr SAP-Benutzername, Anmeldename) Sichern Sie Ihre Eingaben und beenden Sie die Transaktion.
Einführungsleitfaden	

M7.3 Planprofil für Investitionsprogramm anlegen und der Programmart zuordnen

Planprofile **für Investitionsprogramme fassen Steuerungsparameter für die Kostenplanung im Programm, direkt oder durch Hochrollen der Planungen zugeordneter Maßnahmen (bottom-up) zusammen (z.B. Zeithorizonte der Planung, Aufbau von Planungsbildschirmen).**

Ein Planprofil wird einem Investitionsprogramm über die Programmart zugeordnet.

Anzeige	Eingabe/Auswahl
	Planprofil anlegen Wählen Sie im Einführungsleitfaden: **Investitionsmanagement – Investitionsprogramme - Planung im Programm – Kostenplanung – Planprofile pflegen**
Bildschirm "**Sicht "Planprofil Investitionsprogramme" ändern: Übersicht**"	Klicken Sie auf Neue Einträge
Bildschirm "**Neue Einträge: Detail Hinzugefügte**"	Eingabe bzw. Auswahl: *Profil:* ***PGPPxx,*** xx = Teilnehmernummer *Text* ***Programm-Planprofil Fajalt***

Anzeige	Eingabe/Auswahl
Profil: pgpp20 Text: Programm-Planprofil Fajalt **Zeithorizont** ☑ Gesamtwerte ☑ Jahreswerte Vergangenheit Zukunft: 6 Start **Darstellung** Dezimalstellen: 0 Skalierungsfaktor **Währungsumrechnung** Kurstyp Wertstellungsdatum ☐ Umrechung Restwert **Planungswährung** ◉ Kostenrechnungskreiswährung ○ Objektwährung ○ Transaktionswährung ☐ Objektwährung als Default © SAP AG	Markieren Sie (durch Anklicken): **Gesamtwerte** **Jahreswerte** Eingabe: *Zukunft:* **6** *Dezimalstellen:* **0** Damit ist sowohl eine Planung von Gesamt- als auch von Jahreswerten möglich. Der mögliche Planungszeitraum beträgt 6 Jahre in die Zukunft. Außerdem haben Sie festgelegt, dass alle Planwerte ohne Nachkommastellen aufbereitet werden. Sichern Sie die Eingaben und kehren Sie zum Einführungsleitfaden zurück.
	Planprofil der Programmart zuordnen
Einführungsleitfaden	Wählen Sie im Einführungsleitfaden: **Investitionsmanagement –** **Investitionsprogramme -** **Planung im Programm –** **Kostenplanung –** **Zuordnung Programmart/Planprofil festlegen**
Sicht "Planprofil zu InvProgrammart zuordnen" änd PArt | Bezeichnung | Profil | Text 0001 | Investitionsprogramm Muster | 000001 | Planung InvProgramme PA20 | Programmart Fajalt | | © SAP AG	Eingabe/Auswahl unter "Profil" hinter Ihrer Programmart PAxx, xx=Ihre Teilnehmernummer: ***PGPP****xx*, xx = Teilnehmernummer

Anzeige	Eingabe/Auswahl
	Sichern Sie die Eingaben und kehren Sie zum Einführungsleitfaden zurück.

M7.4 Planversion der Programmart zuordnen

Für Investitionsprogramme ist es möglich, wie allgemein im Controlling, alternative Planungen abzubilden. Die einzelnen Versionen werden dann separat im System gespeichert.

Hierzu müssen im Customizing des Controlling sogenannte *Versionen* (=*Planversionen*) auf Ebene des Kostenrechnungskreises geschäftsjahresabhängig gepflegt sein. Mindestens eine Version muss pro Kostenrechnungskreis vorhanden sein. Beim Anlegen eines Kostenrechnungskreises erzeugt das System automatisch die Standard-Planversion "0" für 5 Geschäftsjahre.

Für die Planung in einem Investitionsprogramm muss dem Programm (über die Programmart) mindestens eine (Plan-)Version für das Planjahr zugeordnet sein.

In der Fallstudie wird später nur eine Planversion erstellt werden. Hierzu muss nun im Customizing lediglich die SAP-Standardplanversion "0" noch der Programmart zeitbezogen zugeordnet werden.

Wählen Sie im Einführungsleitfaden:

Investitionsmanagement –
Investitionsprogramme -
Planung im Programm –
Versionen –
Version einem Genehmigungsjahr/Programmart zuordnen

Sicht "Versionen je Genehmigungsjahr und Programmart - IM"

Neue Einträge

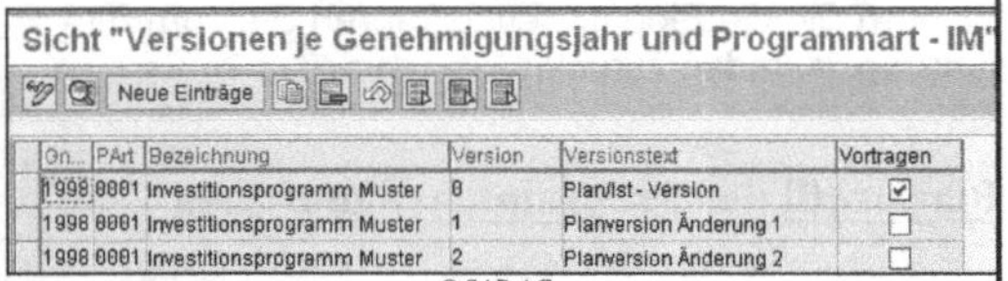

Gn...	PArt	Bezeichnung	Version	Versionstext	Vortragen
1998	0001	Investitionsprogramm Muster	0	Plan/Ist - Version	☑
1998	0001	Investitionsprogramm Muster	1	Planversion Änderung 1	☐
1998	0001	Investitionsprogramm Muster	2	Planversion Änderung 2	☐

Klicken Sie auf

Neue Einträge

Bildschirm "**Neue Einträge: Detail Hinzugefügte**"

Eingabe bzw. Auswahl:

<u>*Genehmingungs-GJ:*</u> ***jjjj***, jjjj= aktuelles Jahr
(= Genehmigungsjahr des Inv.-Programms)

<u>*Programmart:*</u> ***PA****xx*, xx = Teilnehmernummer

<u>*Version:*</u> ***0***
(= SAP-Standard-Planversion)

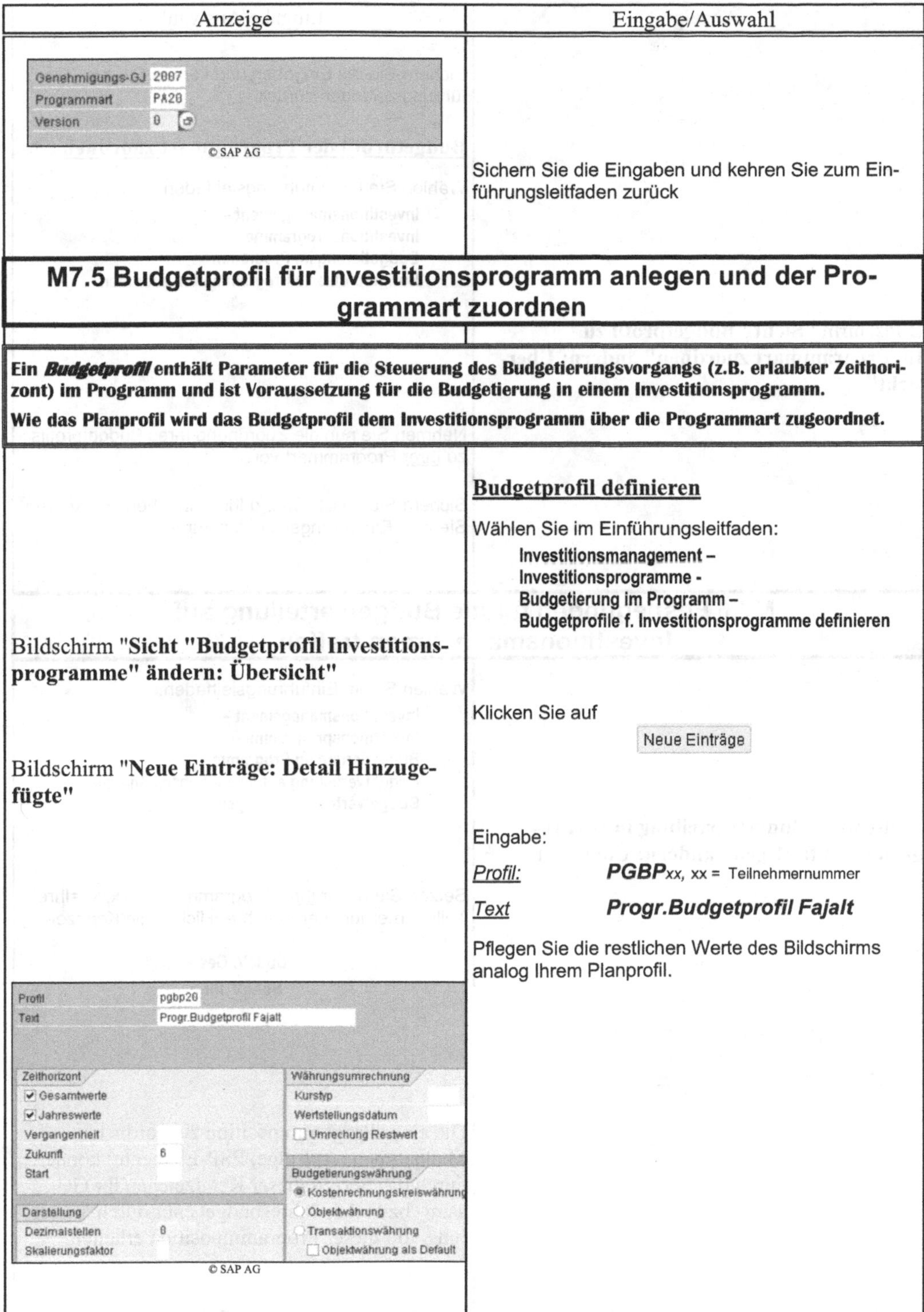

Anzeige	Eingabe/Auswahl
Genehmigungs-GJ 2007 Programmart PA20 Version 0 © SAP AG	Sichern Sie die Eingaben und kehren Sie zum Einführungsleitfaden zurück

M7.5 Budgetprofil für Investitionsprogramm anlegen und der Programmart zuordnen

Ein *Budgetprofil* enthält Parameter für die Steuerung des Budgetierungsvorgangs (z.B. erlaubter Zeithorizont) im Programm und ist Voraussetzung für die Budgetierung in einem Investitionsprogramm.

Wie das Planprofil wird das Budgetprofil dem Investitionsprogramm über die Programmart zugeordnet.

Anzeige	Eingabe/Auswahl
	<u>Budgetprofil definieren</u> Wählen Sie im Einführungsleitfaden: **Investitionsmanagement –** **Investitionsprogramme -** **Budgetierung im Programm –** **Budgetprofile f. Investitionsprogramme definieren**
Bildschirm **"Sicht "Budgetprofil Investitionsprogramme" ändern: Übersicht"**	Klicken Sie auf Neue Einträge
Bildschirm **"Neue Einträge: Detail Hinzugefügte"** Profil pgbp20 Text Progr.Budgetprofil Fajalt Zeithorizont ☑ Gesamtwerte ☑ Jahreswerte Vergangenheit Zukunft 6 Start Darstellung Dezimalstellen 0 Skalierungsfaktor Währungsumrechnung Kurstyp Wertstellungsdatum ☐ Umrechung Restwert Budgetierungswährung ◉ Kostenrechnungskreiswährung ○ Objektwährung ○ Transaktionswährung ☐ Objektwährung als Default © SAP AG	Eingabe: *<u>Profil:</u>* ***PGBP****xx, xx =* Teilnehmernummer *<u>Text</u>* ***Progr.Budgetprofil Fajalt*** Pflegen Sie die restlichen Werte des Bildschirms analog Ihrem Planprofil.

Anzeige	Eingabe/Auswahl

Sichern Sie die Eingaben und kehren Sie zum Einführungsleitfaden zurück.

Budgetprofil der Programmart zuordnen

Wählen Sie im Einführungsleitfaden:

Investitionsmanagement –
Investitionsprogramme -
Budgetierung im Programm –
Budgetprofile zu Programmarten zuordnen

Bildschirm **"Sicht "Budgetprofil zu InvProgrammart zuordnen" ändern: Übersicht"**

Nehmen Sie nun die Zuordnung Ihres Budgetprofils zu Ihrer Programmart vor.

Sichern Sie anschließend Ihre Eingaben und kehren Sie zum Einführungsleitfaden zurück.

M7.6 Festlegungen für die Budgetverteilung auf Investitionsmaßnahmen treffen

Wählen Sie im Einführungsleitfaden:

Investitionsmanagement –
Investitionsprogramme -
Budgetierung im Programm –
Budgetverteilung auf Investitionsmaßnahmen –
Budgetverteilung festlegen

Bildschirm "**Budgetverteilung in InvProgrammart festlegen" ändern: Übersicht**

Setzen Sie hinter Ihrer Programmart PAxx, xx=Ihre Teilnehmernummer, durch Anklicken die Kennzeichen:

BudgV. Ges
BudgV Jhr

PArt	Bezeichnung	Profil	Text	BudgV. Ges	BudgV. Jh
0001	Investitionsprogramm M..	000001	Budgetierung InvProgra..	☐	☐
PA20	Programmart Fajalt	PGBP20	Progr.Budgetprofil Fajalt	☑	☑

Die einer Programmposition zugeordneten Maßnahmen (Aufträge, PSP-Elemente) können durch das Setzen dieser Kennzeichen ihr Gesamt- bzw. ihre Jahresbudgets nur durch Verteilung von dieser Programmposition erhalten.

Anzeige	Eingabe/Auswahl
	Sichern Sie Ihre Eingaben und kehren Sie zum Einführungsleitfaden zurück. Falls noch nicht geschehen, schließen Sie die Unterstrukturen "Planung im Programm" und "Budgetierung im Programm" wieder. Kehren Sie noch einmal zur Unterstruktur "Stammdaten" zurück und sehen Sie sich noch einmal die Parameter Ihrer Programmart an.
Sicht "Investitionsprogrammarten" ändern: Detail Neue Einträge Dialogstruktur Investitionsprogrammarten Zuordenbare operative Objekte Programmart PA20 Programmart Fajalt Budgetprofil PGBP20 Progr.Budgetprofil Fajalt Planprofil PGPP20 Programm-Planprofil Fajalt Statusschema DarstForm 2 Text InvProgrammposition / Text Maß Objektklasse INVST Investition InvestProfil Budgetverteilung ☑ BudgVert Gesamtwerte ☑ BudgVert Jahreswerte Zuordnung Maßn./Anford. ☐ Einfachzuordnung Konzernberichtswesen Kurstyp aktuell Kons.Sicht © SAP AG	Die Felder "Budgetprofil" und "Planprofil" sind jetzt gefüllt und die Budgetverteilungskennzeichen gesetzt. Beenden Sie die Transaktion wieder und kehren Sie zum Einführungsleitfaden zurück. Schließen Sie die Unterstruktur "Investitionsprogramme".

Modul 8: Definition und Strukturierung des Investitionsprogramms

Investitionsprogramm

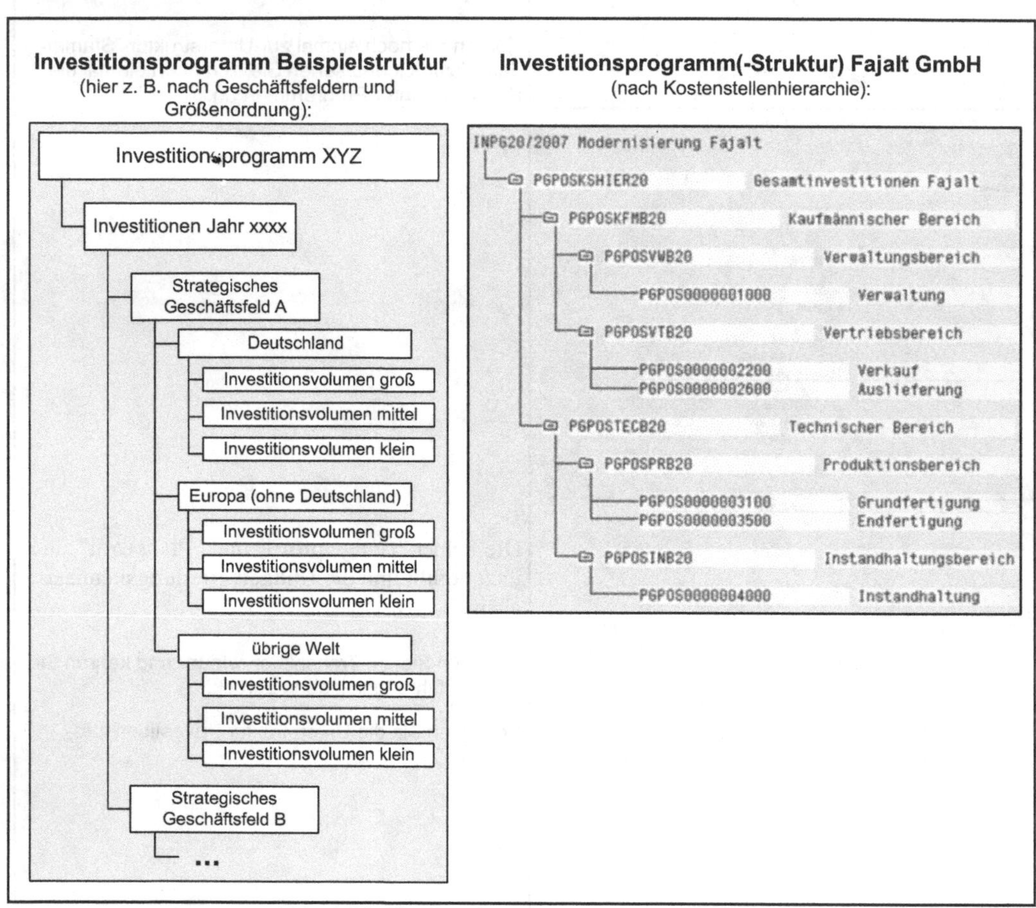

Abb. 4.04: Strukturierung Investitionsprogramm

Investitionsprogramme können nach unterschiedlichen Kriterien hierarchisch gegliedert werden und erhalten darüber ihre Programmstruktur. Derartige Kriterien können nach Geschäftsfeldern, Investitionsvolumen, geografischen Gesichtspunkten und organisatorischen Aspekten gebildet werden.

Für die Fajalt GmbH wird die Kostenstellenstruktur für die Investitionsprogrammstrukturierung herangezogen.

Was ist zu tun?

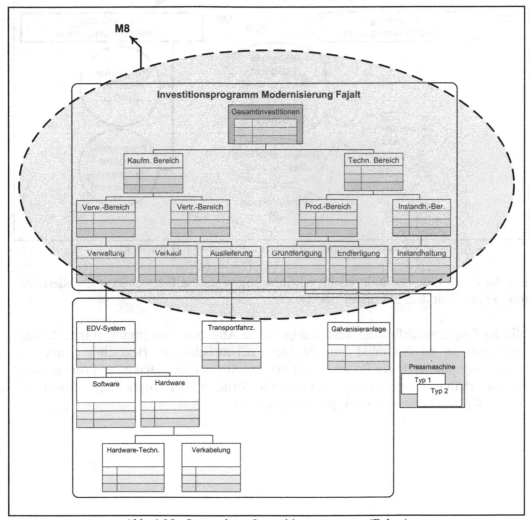

Abb. 4.05: Stammdaten Investitionsprogramm (Fokus)

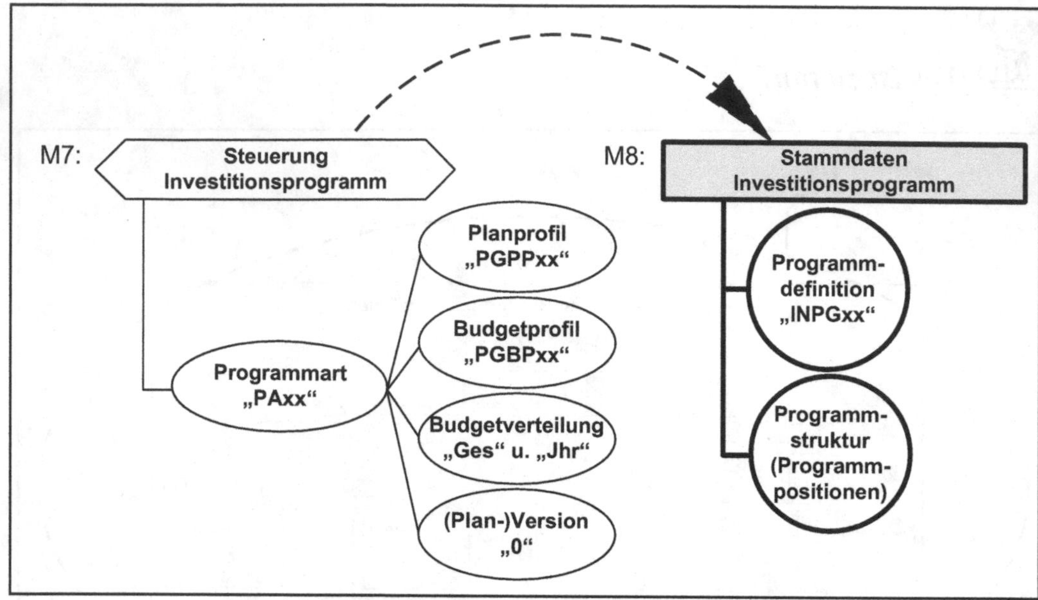

Abb. 4.06: Stammdaten Investitionsprogramm (Überblick)

Für die Fajalt GmbH erhält das Investitionsprogramm die Bezeichnung "Modernisierung Fajalt" mit dem Schlüssel "INPGxx".

Mit der Programmdefinition werden allgemeine Angaben zum gesamten Investitionsprogramm der Fajalt GmbH gemacht, wozu neben Schlüssel, Bezeichnung und Genehmigungsjahr auch die Programmart gehört. Auf der Grundlage der Programmdefinition erhält das Investitionsprogramm seine Struktur über Programmpositionen, die aus der Kostenstellenhierarchie gewonnen werden.

Anzeige	Eingabe/Auswahl

Modul 8: Definition und Strukturierung des Investitionsprogramms

Ein *Investitionsprogramm* besteht aus

- **der *Programmdefinition* mit allgemeinen Angaben, die für das gesamte Programm gelten (z. B. Programmart mit Steuerungsinformationen (s. oben) und Genehmigungsjahr),**
- **dem *hierarchischen Strukturaufbau* des Programms,**
- **Angaben zu den einzelnen Programmpositionen.**

M8.1 Programmdefinition anlegen

Anzeige	Eingabe/Auswahl
	Wechseln Sie zum SAP-Menü (SAP Easy Access, SAP-Eingangsbildschirm).
SAP Easy Access mit **SAP Menü**	Wählen Sie im SAP-Menü: **Rechnungswesen -** **Investitionsmanagement -** **Programme –** **Stammdaten –** **Programmdefinition –** **Anlegen**
Bildschirm "**Programmdefinition anlegen**"	Eingabe bzw. Auswahl: *InvProgramm:* ***INPGxx****, xx* = Teilnehmernummer (= Schlüssel des Investitionsprogramms) *Genehmigungs-GJ: jjjj*, , jjjj = aktuelles Jahr (= Genehmigungsgeschäftsjahr) *Programmart:* ***PAxx****, xx* = Teilnehmernummer (↵)
Bildschirm "**Programmdefinition anlegen**"	Eingabe bzw. Auswahl: *InvProgramm:* ***Modernisierung Fajalt*** (= Bezeichnung des Investitionsprogramms) *Verantwortlich:* *XX* , *xx*= Teilnehmernummer (= Verantwortlicher für das ges. Inv.-Progr.) *GJahresvariante:* ***K4*** (=Kalenderjahr + 4 Sonderperioden) *Währung:* ***EUR*** (↵)

Anzeige 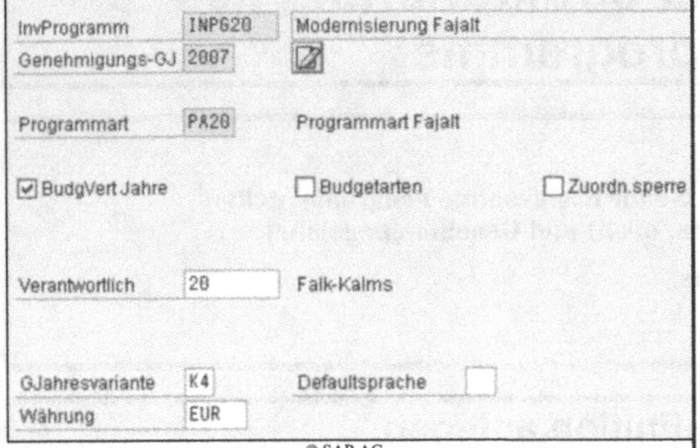	Eingabe/Auswahl
InvProgramm INP628 Modernisierung Fajalt Genehmigungs-GJ 2007 Programmart PA28 Programmart Fajalt ☑ BudgVert Jahre ☐ Budgetarten ☐ Zuordn.sperre Verantwortlich 28 Falk-Kalms GJahresvariante K4 Defaultsprache Währung EUR © SAP AG	
Bildschirm "**Programmdefiniton anlegen**" Statuszeile: *InvProgramm INPGxx/jjjj angelegt.*	Sichern Sie die Eingaben. Die Programmdefinition ist angelegt. Beenden Sie die Transaktion.

M8.2 Programmstruktur anlegen

Die *hierarchische Struktur* eines Investitionsprogramms ist grundsätzlich beliebig definierbar. Sie kann organisatorische Strukturen der Aufbauorganisation abbilden, kann aber auch nach anderen Gesichtspunkten strukturiert sein, z.B. nach der Größenordnung von Investitionsmaßnahmen.

Das Anlegen des Hierarchiebaums kann entweder
- **direkt durch die Erfassung der entsprechenden Programmpositionen und deren Einordnung an die gewünschte Stelle der Hierarchie erfolgen**

oder
- **entsprechend bereits vorhandener unternehmensspezifischer Strukturen aus den Organisationseinheiten erzeugt werden.**

Der TOP-Position eines Investitionsprogramms muss immer ein Kostenrechnungskreis zugeordnet sein, der dann vom System an alle untergeordneten Programmpositionen weiter gegeben wird. Jeder Programmposition können weitere Organisationseinheiten zugewiesen werden (z.B. Buchungskreis, Geschäftsbereich, Werk, Kostenstelle). Grundsätzlich gibt das System automatisch die Zuordnungen und allgemeinen Daten von der hierarchisch übergeordneten an die darunter neu angelegten Positionen weiter.

	<u>**Programmstruktur entsprechend Standardhierarchie anlegen**</u> Für die Fallstudie soll die Programmstruktur nicht explizit über das SAP-Menü angelegt werden, sondern aus der Kostenstellenstandardhierarchie erzeugt werden. Dies geschieht im Customizing.

Anzeige	Eingabe/Auswahl
Einführungsleitfaden	Wechseln Sie zum Einführungsleitfaden.
	Wählen Sie im Einführungsleitfaden: **Investionsmanagement – Investitionsprogramme - Stammdaten – Investitionsprogramm aus Org.-einheiten erzeugen – Programme aus Profit Center-/Kostenstellen-hierarchie erzeugen**
Bildschirm "**Anlegen Investitionsprogramm**"	Eingabe bzw. Auswahl: *Programmdefinition:* ***INPG****xx*, xx = Teilnehmernr.r (= Schlüssel Ihres Investitionsprogramms) *Genehmigungs-GJ:* *jjjj*, , jjjj = aktuelles Jahr (= Genehmigungsgeschäftsjahr) Markieren Sie (unter "Vorlage für Investitionsprogrammhierarchie"): *Kostenstellenhierarchie* Eingabe bzw. Auswahl: *Gruppe:* ***KSHIER****xx*, xx = Teilnehmernummer (= Ihre Kostenstellenstandardhierarchie) *Kostenrechnungskreis:* ***BK****xx*, xx = Teilnehmernummer (= Ihr Kostenrechnungskreis) *Präfix Hierarchiebereich:* ***PGPOS*** *Präfix Kostl/PrCtr:* ***PGPOS*** Aktivieren Sie (falls Markierung noch nicht vorhanden sein sollte) die Option: *Testlauf* Durch die Aktivierung von "Testlauf" werden zunächst noch keine Daten in der Datenbank fortgeschrieben, sondern es wird vom System lediglich ein Protokoll erzeugt. Klicken Sie auf (= Ausführen)

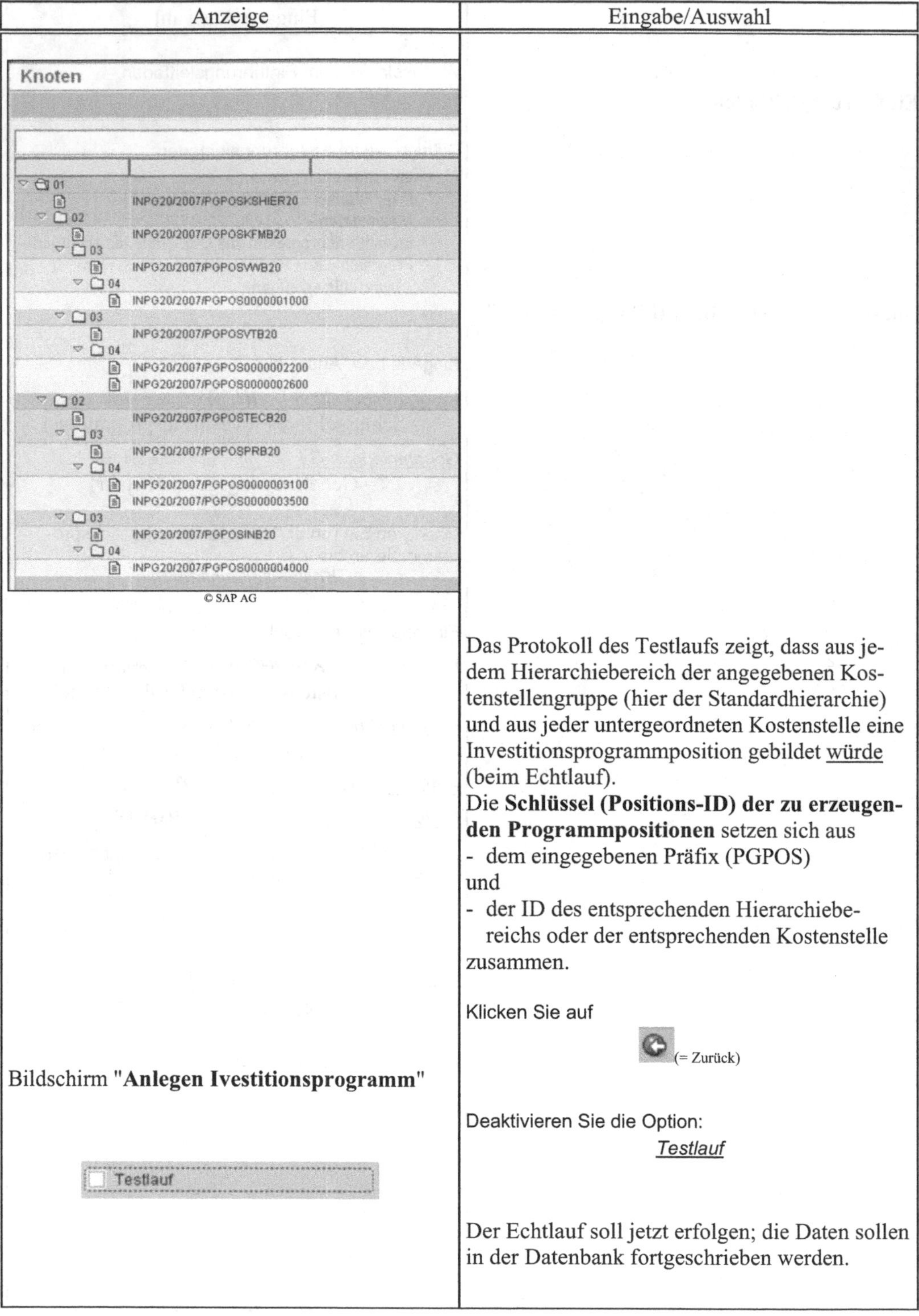

Anzeige	Eingabe/Auswahl
© SAP AG	Das Protokoll des Testlaufs zeigt, dass aus jedem Hierarchiebereich der angegebenen Kostenstellengruppe (hier der Standardhierarchie) und aus jeder untergeordneten Kostenstelle eine Investitionsprogrammposition gebildet würde (beim Echtlauf). Die **Schlüssel (Positions-ID) der zu erzeugenden Programmpositionen** setzen sich aus - dem eingegebenen Präfix (PGPOS) und - der ID des entsprechenden Hierarchiebereichs oder der entsprechenden Kostenstelle zusammen. Klicken Sie auf (= Zurück)
Bildschirm "**Anlegen Ivestitionsprogramm**"	Deaktivieren Sie die Option: *Testlauf* Der Echtlauf soll jetzt erfolgen; die Daten sollen in der Datenbank fortgeschrieben werden.

Anzeige	Eingabe/Auswahl
	Klicken Sie auf (= Ausführen)
Bildschirm "**Knoten**"	Die Struktur (hierarchisch angeordnete Programmpositionen) des Investitionsprogramms wurde analog zur Kostenstellenstruktur der Standardhierarchie angelegt.
Einführungsleitfaden	Beenden Sie die Transaktion.
SAP Easy Access mit **SAP Menü**	Wechseln Sie wieder zum SAP-Menü.
	<u>**Programmstruktur ansehen und bearbeiten**</u> Wählen Sie im SAP-Menü: **Rechnungswesen -** **Investitionsmanagement -** **Programme –** **Stammdaten –** **Programmstruktur -** **Ändern**
Bildschirm "**Programmstruktur ändern**"	Eingabe bzw. Auswahl: <u>*InvProgramm:*</u> ***INPGxx***, xx = Teilnehmernr. (= Schlüssel Ihres Investitionsprogramms) <u>*GenehmigungsGJ:*</u> ***jjjj***, jjjj = aktuelles Jahr
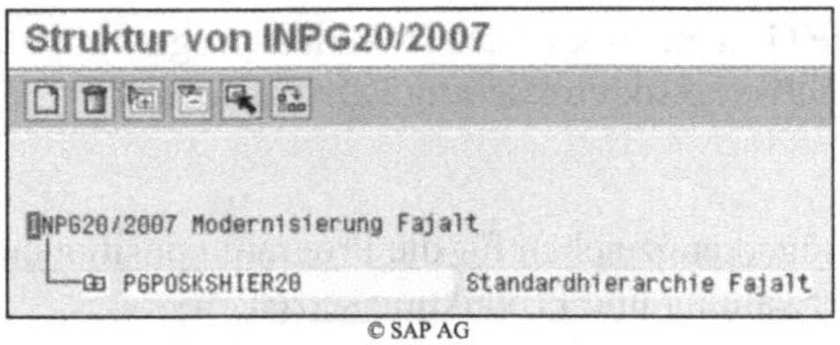 Struktur von INPG20/2007 INPG20/2007 Modernisierung Fajalt PGPOSKSHIER20 Standardhierarchie Fajalt © SAP AG	Struktur des Investitionsprogramms INPGxx wird in komprimierter Form angezeigt, nur die TOP-Programmposition PGPOSKSHIERxx ist sichtbar. Doppelklicken Sie auf ***PGPOSKSHIERxx***, xx = Teilnehmernummer
Bildschirm "**Programmposition ändern**"	

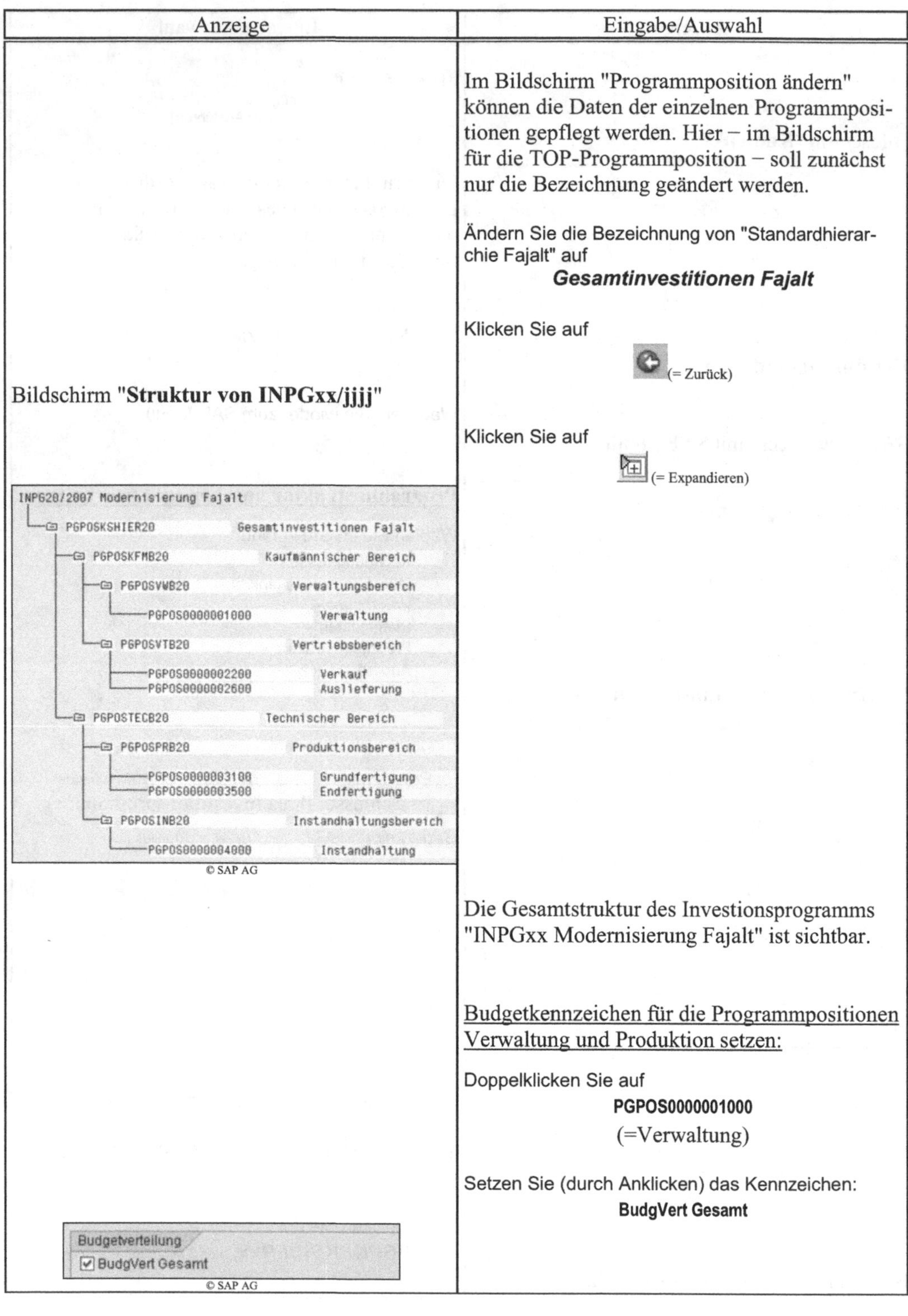

Anzeige	Eingabe/Auswahl
	Im Bildschirm "Programmposition ändern" können die Daten der einzelnen Programmpositionen gepflegt werden. Hier – im Bildschirm für die TOP-Programmposition – soll zunächst nur die Bezeichnung geändert werden. Ändern Sie die Bezeichnung von "Standardhierarchie Fajalt" auf ***Gesamtinvestitionen Fajalt*** Klicken Sie auf (= Zurück)
Bildschirm "**Struktur von INPGxx/jjjj**" INPG20/2007 Modernisierung Fajalt PGPOSKSHIER20 Gesamtinvestitionen Fajalt PGPOSKFMB20 Kaufmännischer Bereich PGPOSVWB20 Verwaltungsbereich PGPOS0000001000 Verwaltung PGPOSVTB20 Vertriebsbereich PGPOS0000002200 Verkauf PGPOS0000002600 Auslieferung PGPOSTECB20 Technischer Bereich PGPOSPRB20 Produktionsbereich PGPOS0000003100 Grundfertigung PGPOS0000003500 Endfertigung PGPOSINB20 Instandhaltungsbereich PGPOS0000004000 Instandhaltung © SAP AG	Klicken Sie auf (= Expandieren) Die Gesamtstruktur des Investionsprogramms "INPGxx Modernisierung Fajalt" ist sichtbar. <u>Budgetkennzeichen für die Programmpositionen Verwaltung und Produktion setzen:</u> Doppelklicken Sie auf **PGPOS0000001000** (=Verwaltung)
Budgetverteilung ☑ BudgVert Gesamt © SAP AG	Setzen Sie (durch Anklicken) das Kennzeichen: **BudgVert Gesamt**

Anzeige	Eingabe/Auswahl
	Durch das Setzen dieses Kennzeichens stellen Sie sicher, dass die Investitionsmaßnahmen, die der Programmposition "Verwaltung" (später) zugeordnet werden, ihr Budget nur von der Programmposition erhalten können und nicht direkt budgetierbar sind.
	Klicken Sie auf (= Zurück)
Bildschirm "**Struktur von INPGxx/jjjj**"	Wiederholen Sie den Vorgang (Budgetverteilungs-Kennzeichen setzen) für die Programmpositionen **"Auslieferung"**, **"Grundfertigung"**, **"Endfertigung"** und **"Instandhaltung"**.
	Sichern Sie anschließend die gemachten Änderungen.
Bildschirm "**Programmstruktur ändern**"	Beenden Sie die Transaktion.
SAP Easy Access mit **SAP Menü**	Schließen Sie die Unterstruktur "Programme" des Teilbaums "Investitionsmanagement" wieder.

4.2 Maßnahmenanforderung

Modul 9: Customizing IM: Steuerungsparameter für Maßnahmenanforderung

Maßnahmenanforderungen stellen Vorschläge für Investitionen dar, deren Genehmigung oder Ablehnung noch aussteht. Daher dienen Maßnahmenanforderungen vor allem der Zusammentragung, Analyse und Beurteilung möglicher Investitionen und bestehen in der Regel aus mehreren alternativen Varianten. Durch die Bildung von Maßnahmenanforderungen können Investitionsvorschläge frühzeitig in eine Gesamtplanung des Investitionsprogramms einbezogen werden.

Anforderungsart

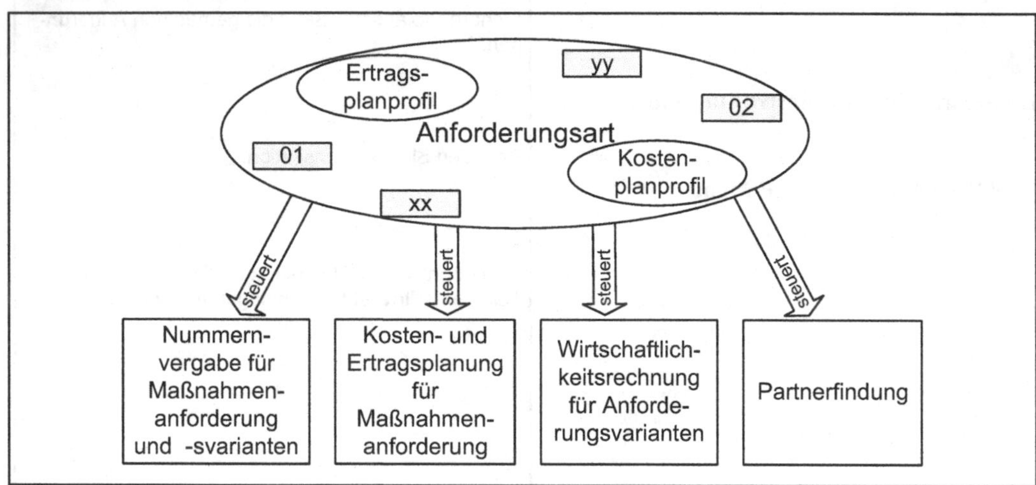

Abb. 4.07: Anforderungsart

Maßnahmenanforderungen werden über die Zuweisung einer **Anforderungsart** charakterisiert.

Die Anforderungsart bestimmt Nummernkreisintervalle für Maßnahmenanforderungen, legt – wieder über gesonderte Profile – Zeithorizont und Währung für die Planung von Kosten und Erträgen fest, beinhaltet das Bezugsdatum für die Wirtschaftlichkeitsrechnung und pflegt die Rollenverteilung der an einer Maßnahmenanforderung beteiligten Personen (Antragsteller, Genehmiger) über das sogenannte Partnerfindungsschema. Daneben wird über die Anforderungsart die Einbindung der Maßnahmenanforderungen in bestimmte Investitionsprogramme gestattet oder unterbunden.

Zinskurven

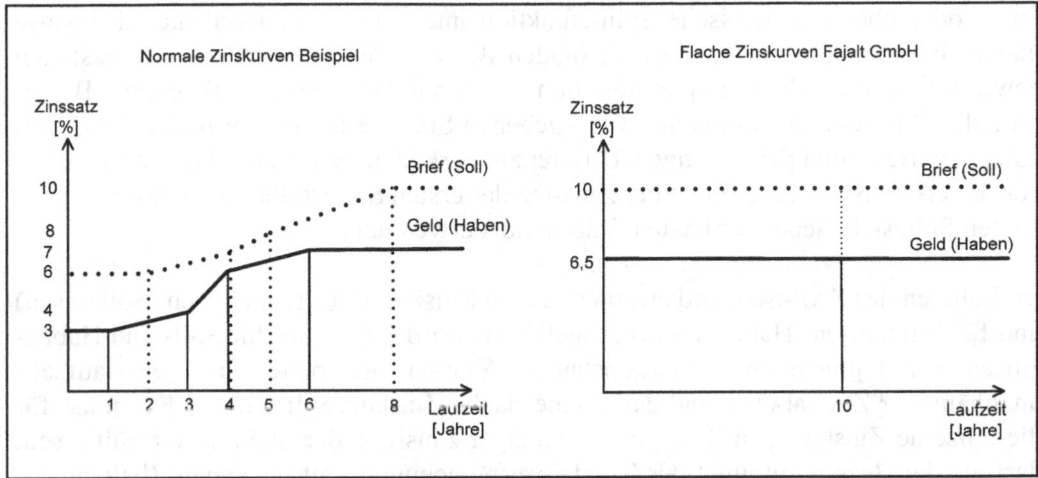

Abb. 4.08: Zinskurven

Wirtschaftlichkeitsrechnungen, die sog. dynamische Verfahren heranziehen, erfordern für die quantitative Investitionsbeurteilung einen Zinssatz. Kapitalwertbezogene Berechnungen verlangen diesen Zinssatz bereits als Eingangsgröße für die Berechnungsdurchführung. Der Zinssatz ist Ausdruck der Zeitpräferenz aus dem zeitlich heterogenen Zahlungsanfall in der Zahlungsfolge der betreffenden Investition.

Der SAP-Standard zieht die Zinssätze aus den sog. Zinskurven heran, die auf Mandantenebene angelegt werden. Zinskurven formulieren je Währung die laufzeitabhängige Zinsstruktur. Die Zinsstruktur zeigt die Zinssätze, die für jede Fristigkeit denen jeweils am Kapitalmarkt zugehörigen Einperiodenzinssätzen entsprechen. In einem friktionslosen und arbitragefreien Finanzmarkt entspricht der jeweilige kapitalbindungsbezogene Diskontierungszinssatz aus der Zinskurve dem Abzinsungszinssatz einer ausfallfreien Null-Kuponanleihe (Zerobond) mit dem Nennwert eins für die jeweils gleiche Fälligkeit.

Zinsstrukturen erklären sich allgemein aus der Fristentransformation. Mit der Fristigkeit streng monoton wachsende Einperiodenzinssätze liefern eine normale Zinsstruktur, identische Einperiodenzinssätze eine flache Zinsstruktur (Irrelevanz des Fristentransformationsbeitrages) und streng monoton fallende Einperiodenzinssätze eine inverse Zinsstruktur. Auch nichtmonotone Zinsstrukturen sind denkbar, z. B. eine Zinsstruktur mit Höcker oder mit Senke.

Eine Zinskurve wird im SAP-Standard über Zinssätze mit zugewiesenen Referenzzeiträumen festgelegt. Der gebildete Referenzzeitraum für einen Zinssatz markiert die Stützstelle. Zwischen zwei Stützstellen einer Zinskurve wird der Zinssatz (Stützwert) linear oder über eine kubische Splinefunktion interpoliert. Während die stückweise lineare Interpolation ein lineares Verbinden der Zinssätze benachbarter Stützstellen bewirkt, führt die kubische Splinefunktion (Polynom vom Grade drei) zu einer Biegelinie des Zinsverlaufes durch alle vorgegebenen Stützwerte und verbindet diese glatt unter der Bedingung der stetigen Differenzierbarkeit miteinander. Für Fristigkeiten vor der ersten Stützstelle findet der Zinssatz der ersten Stützstelle, für solche nach der letzten Stützstelle jener der letzten Stützstelle Verwendung.

Im Rahmen des SAP-Standards werden je eine Zinskurve für Briefzinsen (Sollzinsen) und für Geldzinsen (Habenzinsen) ausgeliefert. Wird – getrennt für Soll- und Habenzinsen – mit einem einzigen (konstanten) Zinssatz gearbeitet, liegt ein laufzeitunabhängiger Zinssatz vor und damit eine flache Zinskurve. In diesem Fall muss für die einzelne Zinskurve in SAP nur ein einziger Zinssatz, der nicht später gültig sein darf als der Bezugszeitpunkt der Kapitalwertberechnung, mit nur einem (beliebigen) Referenzzeitraum angegeben werden. Für alle Fristigkeiten (Laufzeiten) wird daraufhin stets dieser eine Zinssatz je Zinskurve herangezogen.

Für die Fallstudie Fajalt GmbH wird von einer flachen Zinsstruktur mit einer in Brief- und Geldzinsen getrennten unterschiedlichen Zinskurve ausgegangen.

Was ist zu tun?

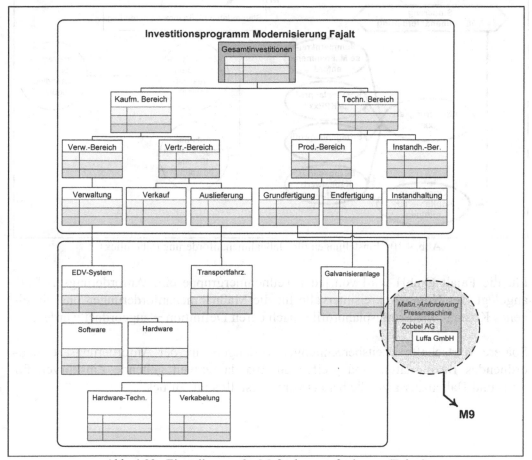

Abb. 4.09: Einstellungen für Maßnahmenanforderung (Fokus)

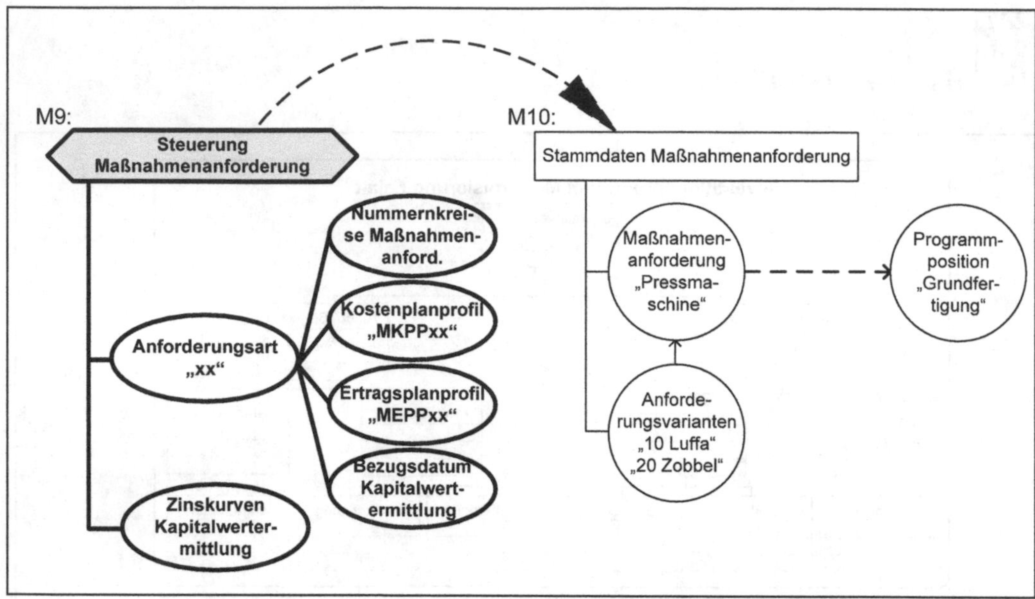

Abb. 4.10: Einstellungen für Maßnahmenanforderung (Überblick)

Für die Fajalt GmbH wird von jeder Teilnehmergruppe eine Anforderungsart "xx" angelegt, der Nummernkreisintervalle für die Maßnahmenanforderungen und ein eigenes Kosten- wie Ertragsplanprofil – nach deren Definition – zugeordnet werden.

Spätere Wirtschaftlichkeitsberechnungen verlangen ein, der Anforderungsart zuzuordnendes Bezugsdatum und greifen auf mandantenweit geltende Zinskurven für Soll- und Habenzinssätze, die bereits voreingestellt sind, zurück.

Anzeige	Eingabe/Auswahl

Modul 9: Customizing IM: Steuerungsparameter für Maßnahmenanforderung

Ideen oder Wünsche zur Durchführung einer Investition können im SAP-System durch *Maßnahmenanforderungen* schon im Stadium vor einer etwaigen Realisierung repräsentiert werden.

Maßnahmenanforderungen können geplant und hinsichtlich ihrer Wirtschaftlichkeit analysiert werden. Sie dienen zur frühzeitigen Einbeziehung geplanter Investitionen in die zyklische (jährliche) Investitionsplanung in Form eines Investitionsprogramms.

M9.1 Anforderungsart definieren

Die *Anforderungsart* enthält alle Steuerungsparameter für die Abwicklung von Maßnahmenanforderungen. Sie steuert u. a. Nummernvergabe für die Stammsätze und Wirtschaftlichkeitsplanung für die Anforderungsvarianten. Außerdem enthält die Anforderungsart Angaben für die Zuordnung der Maßnahmenanforderung zu einem Investitionsprogramm.

Beim Anlegen einer Maßnahmenanforderung muss eine Anforderungsart angegeben werden.

Anzeige	Eingabe/Auswahl
Einführungsleitfaden	Wechseln Sie zum Einführungsleitfaden.
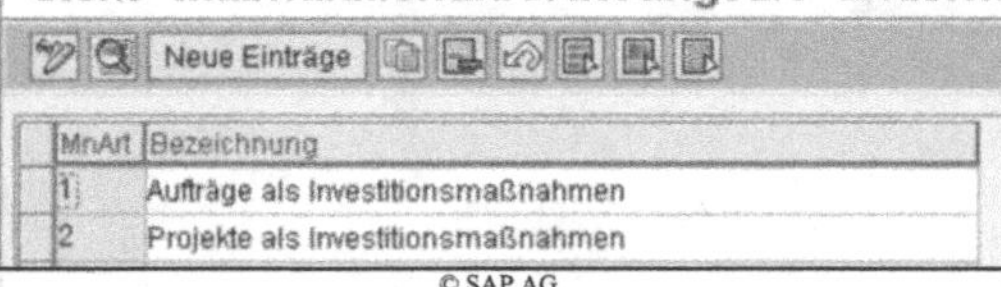 Sicht "Maßnahmenanforderungsart" ändern: Neue Einträge MnArt | Bezeichnung 1 | Aufträge als Investitionsmaßnahmen 2 | Projekte als Investitionsmaßnahmen © SAP AG	Wählen Sie im Einführungsleitfaden: **Investitionsmanagement – Maßnahmenanforderungen - Stammdaten – Steuerung - Anforderungsarten pflegen**
Bildschirm **"Neue Einträge: Detail Hinzugefügte"**	Klicken Sie auf Neue Einträge Eingabe: *<u>MaßnAnforderArt:</u>* *XX*, xx = Ihre Teilnehmernummer ***Anforderungsart Fajalt*** Wählen Sie unter "Steuerung": **Eigenständige Nummernvergabe anhand der Nummernkreise**

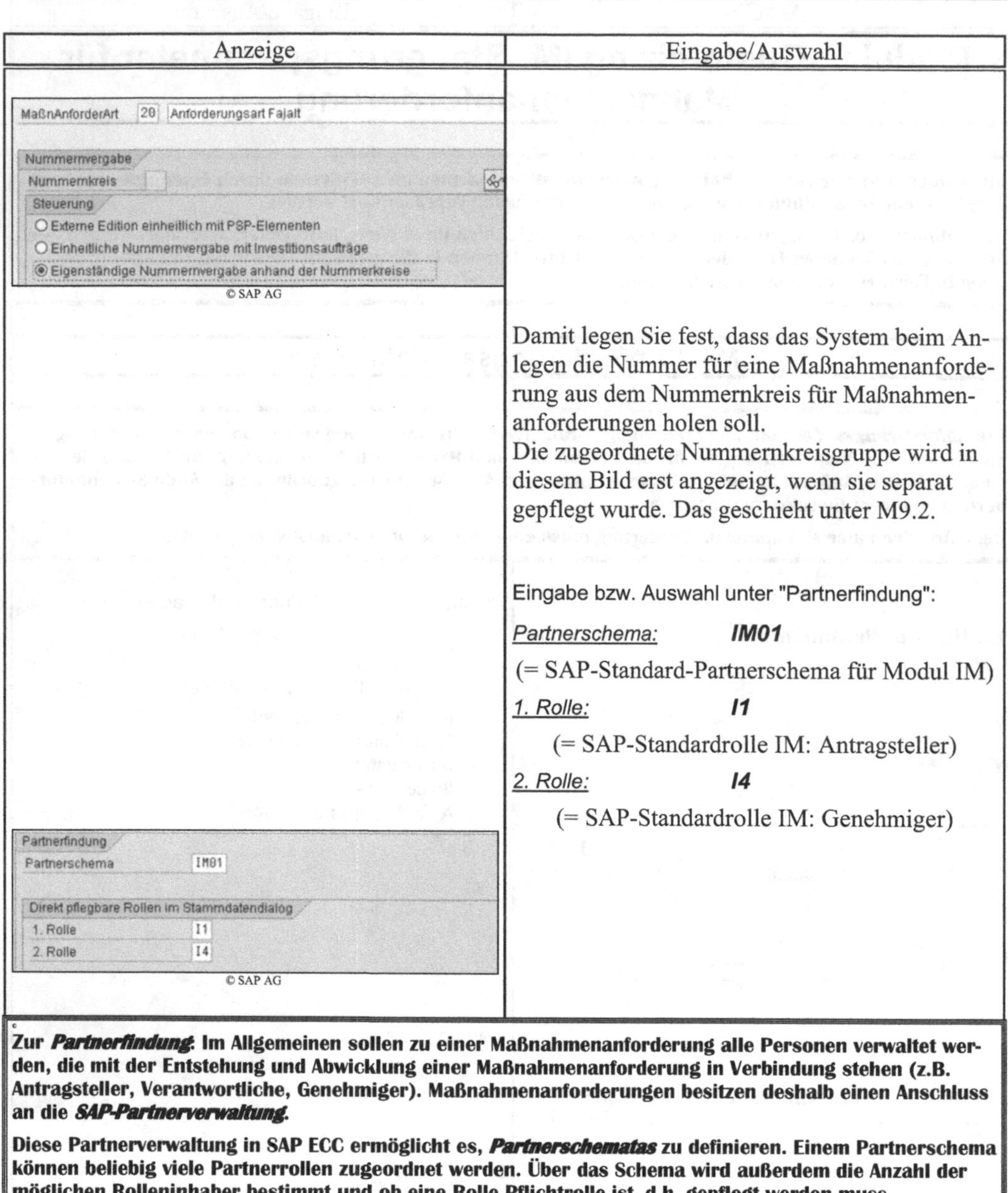

Anzeige	Eingabe/Auswahl
© SAP AG	Damit legen Sie fest, dass das System beim Anlegen die Nummer für eine Maßnahmenanforderung aus dem Nummernkreis für Maßnahmenanforderungen holen soll. Die zugeordnete Nummernkreisgruppe wird in diesem Bild erst angezeigt, wenn sie separat gepflegt wurde. Das geschieht unter M9.2.
© SAP AG	Eingabe bzw. Auswahl unter "Partnerfindung": *Partnerschema:* **IM01** (= SAP-Standard-Partnerschema für Modul IM) *1. Rolle:* **I1** (= SAP-Standardrolle IM: Antragsteller) *2. Rolle:* **I4** (= SAP-Standardrolle IM: Genehmiger)

Zur *Partnerfindung*: Im Allgemeinen sollen zu einer Maßnahmenanforderung alle Personen verwaltet werden, die mit der Entstehung und Abwicklung einer Maßnahmenanforderung in Verbindung stehen (z.B. Antragsteller, Verantwortliche, Genehmiger). Maßnahmenanforderungen besitzen deshalb einen Anschluss an die *SAP-Partnerverwaltung*.

Diese Partnerverwaltung in SAP ECC ermöglicht es, *Partnerschematas* zu definieren. Einem Partnerschema können beliebig viele Partnerrollen zugeordnet werden. Über das Schema wird außerdem die Anzahl der möglichen Rolleninhaber bestimmt und ob eine Rolle Pflichtrolle ist, d.h. gepflegt werden muss.

	Da hier nicht näher auf die SAP-Partnerverwaltung eingegangen werden soll, wird das von der SAP ausgelieferte Standard-Partnerschema für das Modul IM verwendet.

Anzeige	Eingabe/Auswahl
	Die Einträge zu 1. bzw. 2. Rolle legen fest, welche Partnerrollen als 1. bzw. als 2. Rolle im Stammdatenbild der Maßnahmenanforderung erscheinen sollen.
Einbindung in Programmplanung Programmart PA20 Erlaubte Realisierungsobjekte ☑ PSP-Element Projektprofil Feldschlüssel P ☑ Auftrag Auftragsart ☐ Ersetzen durch Realisierungsobjekt ☐ Kalkulation kopieren © SAP AG	Eingabe bzw. Auswahl unter "Einbindung in Programmplanung": *Programmart:* ***PAxx,*** xx = Ihre Teilnehmernummer (= (Ihre) Programmart Fajalt) Markieren Sie (durch Anklicken): **PSP-Element** **Auftrag**
	Damit ist für die Einbindung in die Investitionsplanung festgelegt: - die für die Zuordnung zu einem Investitionsprogramm zulässige Programmart - die erlaubten Realisierungsmaßnahmen (Investitionsaufträge und -projekte).
Variantensteuerung Var.StatSchema InvestProfil Nummernvergabe ○ Manuelle Nummernvergabe ○ 1 er Schritte ○ 5 er Schritte ◉ 10 er Schritte ○ 50 er Schritte ○ Individuelle Schrittweite © SAP AG	Markieren Sie unter "Variantensteuerung": **10 er Schritte**
	Beim Anlegen von Anforderungsvarianten zur Maßnahmenanforderung soll deren Nummerierung in 10-er Schritten erfolgen.
Einführungsleitfaden	Sichern Sie Ihre Eingaben und beenden Sie die Transaktion.

Anzeige	Eingabe/Auswahl
M9.2 Nummernvergabe für Maßnahmenanforderungen festlegen	
Wie für alle anzulegenden Objekte ist auch beim Anlegen einer Maßnahmenanforderung für die Vergabe der Anforderungsnummer ein *Nummernkreis* erforderlich. Sie können erst Maßnahmen zu einer bestimmten Anforderungsart anlegen, wenn diese einer Nummernkreisgruppe des Nummernkreisobjekts *Maßnahmenanforderung* zugeordnet ist.	
	Wählen Sie im Einführungsleitfaden: **Investitionsmanagement –** **Maßnahmenanforderungen -** **Stammdaten –** **Steuerung -** **Nummernvergabe definieren**
Maßnahmenanforderung Gruppen Gruppen Intervalle Stand Intervalle © SAP AG	
 Nummernkreisgruppen pflegen Element/Gruppe Nummernkreisobjekt Maßnahmenanforderung Gruppierung....... Standard-Nummernkreis für Maßnahmenanforderungen 1 Aufträge als Investitionsmaßnahmen nicht zugeordnet 2 Projekte als Investitionsmaßnahmen 20 Anforderungsart Fajalt © SAP AG	Klicken Sie auf  Gruppen
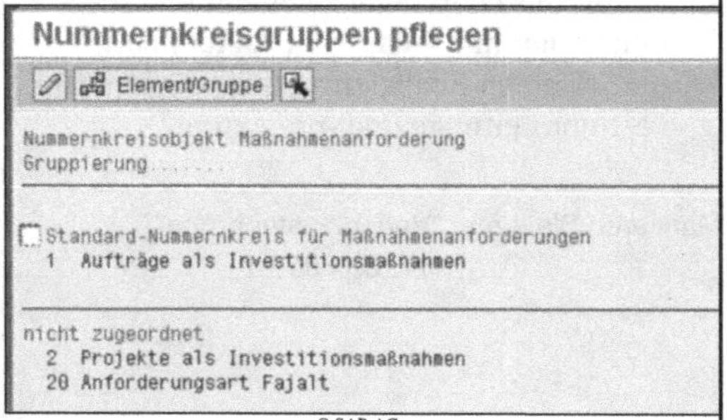	Ihre soeben angelegte Anforderungsart steht unter "nicht zugeordnet", ist also noch keiner Nummernkreisgruppe zugeordnet.
	Anforderungsart Nummernkreisgruppe zuordnen
 Standard-Nummernkreis für Maßnahmenanforderungen	Markieren Sie die Nummernkreisgruppe: **Standard-Nummernkreis für Maßnahmenanforderungen**
	Stellen Sie den Cursor unter "nicht zugeordnet" auf: **xx**, xx = Ihre Teilnehmernummer (= (Ihre) Anforderungsart Fajalt)

Anzeige	Eingabe/Auswahl
	Klicken Sie auf (= Markieren)
	Klicken Sie auf Element/Gruppe (= Element Gruppe zuordnen)
Standard-Nummernkreis für Maßnahmenanforderungen 1 Aufträge als Investitionsmaßnahmen 20 Anforderungsart Fajalt © SAP AG	
	Ihre Anforderungsart ist der markierten Standard-Nummernkreisgruppe für Maßnahmenanforderungen zugeordnet.
	Sichern Sie Ihre Änderungen.
Dialogfeld **"Transport Nummernkreisintervalle"**	
Meldung: *Änderungen sind gesichert.*	Klicken Sie auf (= Zurück)
Bildschirm "**Maßnahmenanforderung**"	**Nummernkreisintervalle ansehen** Klicken Sie auf (= Übersicht)
Nummernkreisobjekt Übersicht Gruppe Element Elementtext Von Nummer Bis Nummer Standard-Nummernkreis für Maßn 0000000100 0000000999 01 Aufträge als Investitionsmaßna 20 Anforderungsart Fajalt 30 Anforderungsart Fajalt nicht zugeordnet 02 Projekte als Investitionsmaßna © SAP AG	
	Der Standard-Nummernkreisgruppe für Maßnahmenanforderungen ist das **Nummernkreisintervall** [100, 999] zugeordnet, die Nummernvergabe erfolgt durch das System (**interne Nummernvergabe**), der aktuelle Nummernstand wird angezeigt.
Einführungsleitfaden	Beenden Sie die Transaktion.

Anzeige	Eingabe/Auswahl

M9.3 Planprofile für die Maßnahmenanforderungsplanung pflegen

Planprofile **für Maßnahmenanforderungen fassen Steuerungsparameter für die Planung der zu erwartenden Kosten und Erträge zu den Anforderungsvarianten zusammen.**

Jeder anzulegenden Maßnahmenanforderung muss sowohl ein Planprofil für die Kostenplanung als auch ein Planprofil für die Ertragsplanung zugeordnet werden. Das geschieht über die Anforderungsart.

M9.3.1 Planprofil für Kostenplanung zur Maßnahmenanforderung pflegen

Anzeige	Eingabe/Auswahl
	<u>Planprofil definieren</u> Wählen Sie im Einführungsleitfaden: **Investitionsmanagement – Maßnahmenanforderungen - Planung - Kostenplanung – Planprofile für Kostenplanung pflegen**
Bildschirm **"Sicht "Planprofil Maßnahmenanforderungen Kostenplanung" ändern: Übersicht"**	Klicken Sie auf Neue Einträge
Bildschirm **"Neue Einträge: Detail Hinzugefügte"**	Eingabe: *<u>Profil:</u>* ***MKPPxx,*** xx = Ihre Teilnehmernummer *<u>Text</u>* ***PlanprofKostenplMAnford Fajalt*** Markieren Sie (durch Anklicken): **Gesamtwerte** **Jahreswerte** Eingabe bzw. Auswahl: *<u>Zukunft:</u>* ***6*** *<u>Dezimalstellen:</u>* ***0*** Sichern Sie die Eingaben und kehren Sie zum Einführungsleitfaden zurück.
Einführungsleitfaden	**<u>Planprofil der Anforderungsart zuordnen</u>** Wählen Sie im Einführungsleitfaden: **Investitionsmanagement – Maßnahmenanforderungen - Planung – Kostenplanung – Zuordnung Anforderungsart/Planprofil festlegen**

Anzeige	Eingabe/Auswahl

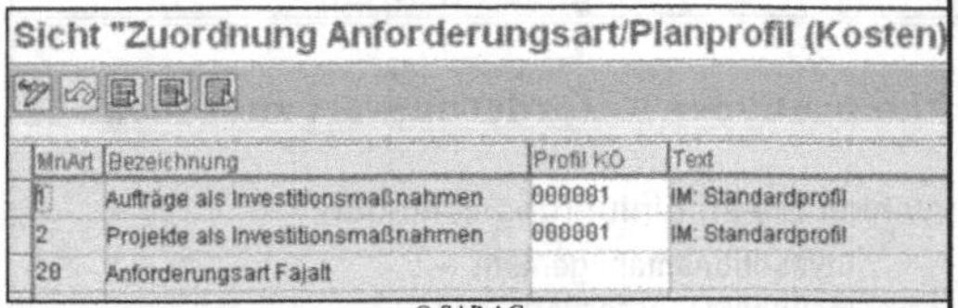

Sicht "Zuordnung Anforderungsart/Planprofil (Kosten)

MnArt	Bezeichnung	Profil KO	Text
1	Aufträge als Investitionsmaßnahmen	000001	IM: Standardprofil
2	Projekte als Investitionsmaßnahmen	000001	IM: Standardprofil
20	Anforderungsart Fajalt		

Eingabe/Auswahl unter "Profil" hinter <u>Ihrer</u> Anforderungsart xx, xx=Ihre Teilnehmernummer:

MKPPxx, xx = Ihre Teilnehmernummer

Sichern Sie die Eingaben und kehren Sie zum Einführungsleitfaden zurück.

Einführungsleitfaden

M9.3.2 Planprofil für Ertragsplanung zur Maßnahmenanforderung pflegen

<u>Planprofil definieren</u>

Wählen Sie im Einführungsleitfaden:

Investitionsmanagement –
Maßnahmenanforderung -
Planung -
Ertragsplanung –
Planprofile für Ertragsplanung pflegen

Bildschirm **"Sicht "Planprofil Investitionsprogramme" ändern: Übersicht"**

Klicken Sie auf [Neue Einträge]

Bildschirm **"Neue Einträge: Detail Hinzugefügte"**

Eingabe bzw. Auswahl:

<u>Profil:</u> ***MEPPxx,*** xx = Ihre Teilnehmernummer

<u>Text</u> ***PlanprErtragsplMAnford Fajalt***

<u>Zukunft:</u> ***6***

<u>Dezimalstellen:</u> ***0***

Sichern Sie die Eingaben und kehren Sie zum Einführungsleitfaden zurück.

Anzeige	Eingabe/Auswahl
	Planprofil der Anforderungsart zuordnen

Wählen Sie im Einführungsleitfaden:

Investitionsmanagement –
Maßnahmenanforderungen -
Planung –
Ertragsplanung –
Zuordnung Anforderungsart/Planprofil festlegen

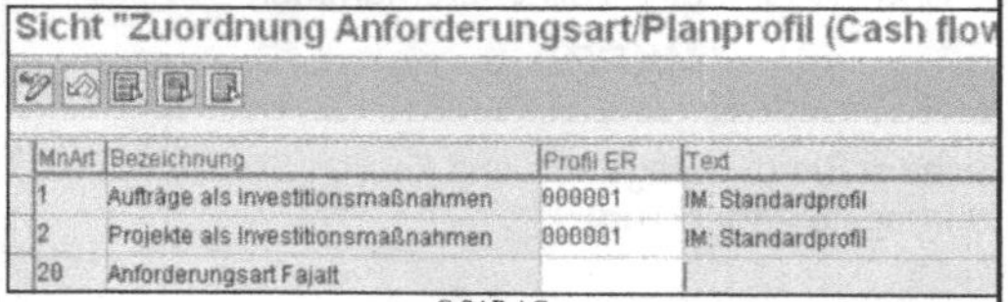

Sicht "Zuordnung Anforderungsart/Planprofil (Cash flow

MnArt	Bezeichnung	Profil ER	Text
1	Aufträge als Investitionsmaßnahmen	000001	IM: Standardprofil
2	Projekte als Investitionsmaßnahmen	000001	IM: Standardprofil
20	Anforderungsart Fajalt		

Eingabe/Auswahl unter "Profil" hinter Ihrer Anforderungsart xx, xx=Ihre Teilnehmernummer:

MEPPxx, xx = Ihre Teilnehmernummer

Sichern Sie die Eingaben und kehren Sie zum Einführungsleitfaden zurück.

M9.4 Einstellungen für die Wirtschaftlichkeitsrechnung

Für spätere *Wirtschaftlichkeitsrechnungen* der einzelnen Anforderungsvarianten müssen im Customizing Zinssätze für Soll- und Habenzinsen (Kalkulationszinsfuß) und ein Bezugsdatum (Bezugszeitpunkt) festgelegt sein.

Die Zinssätze werden vom System über Zinskurven ermittelt. Pro Währung muss eine Zinskurve für Habenzinsen (SAP-Zinskurvenart: 9990 Geldzinsen) und eine Zinskurve für Sollzinsen (SAP-Zinskurvenart: 9991 Briefzinsen) vorhanden sein. Für den Kurvenverlauf können pro Zinskurve beliebig viele Laufzeiten mit mindestens einem entsprechenden Referenzzinssatz pro Laufzeit definiert werden. Die Zinskurven gelten mandantenweit, also kostenrechnungskreisübergreifend.

Den *Kapitalwert* einer Variante (Investitionsalternative) z.B. ermittelt das System dann als Summe der ab- bzw. aufgezinsten geplanten Ein- und Auszahlungen je Jahr.

M9.4.1 Zinskurve für Kapitalwertermittlung ansehen

Da die Zinskurven nur einmal pro Mandant angelegt werden können und dann für alle Kostenrechnungskreise gültig sind, wurden sie für die Fallstudie Fajalt bereits angelegt und sollen im Folgenden lediglich gezeigt werden.

Einführungsleitfaden

Wählen Sie im Einführungsleitfaden:

Investitionsmanagement –
Maßnahmenanforderungen -
Planung –
Zinskurven für Kapitalwertermittlung festlegen

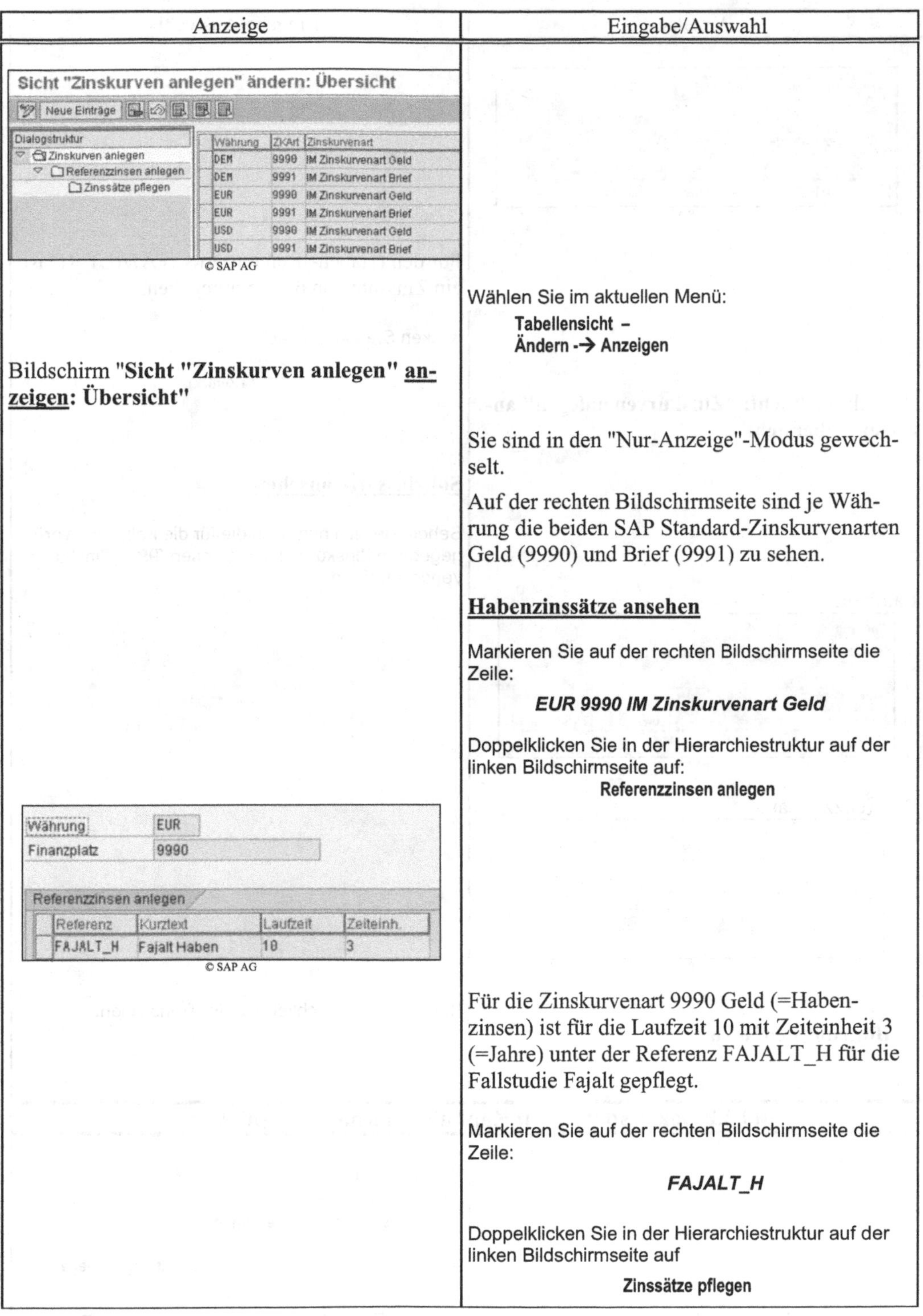

Anzeige	Eingabe/Auswahl

Sicht "Zinskurven anlegen" ändern: Übersicht

Neue Einträge

Dialogstruktur
- Zinskurven anlegen
  - Referenzzinsen anlegen
    - Zinssätze pflegen

Währung	ZKArt	Zinskurvenart
DEM	9990	IM Zinskurvenart Geld
DEM	9991	IM Zinskurvenart Brief
EUR	9990	IM Zinskurvenart Geld
EUR	9991	IM Zinskurvenart Brief
USD	9990	IM Zinskurvenart Geld
USD	9991	IM Zinskurvenart Brief

Wählen Sie im aktuellen Menü:

Tabellensicht –
Ändern -→ Anzeigen

Bildschirm "**Sicht "Zinskurven anlegen" <u>anzeigen</u>: Übersicht"**

Sie sind in den "Nur-Anzeige"-Modus gewechselt.

Auf der rechten Bildschirmseite sind je Währung die beiden SAP Standard-Zinskurvenarten Geld (9990) und Brief (9991) zu sehen.

<u>Habenzinssätze ansehen</u>

Markieren Sie auf der rechten Bildschirmseite die Zeile:

EUR 9990 IM Zinskurvenart Geld

Doppelklicken Sie in der Hierarchiestruktur auf der linken Bildschirmseite auf:

Referenzzinsen anlegen

Währung: EUR
Finanzplatz: 9990

Referenzzinsen anlegen

Referenz	Kurztext	Laufzeit	Zeiteinh.
FAJALT_H	Fajalt Haben	10	3

Für die Zinskurvenart 9990 Geld (=Habenzinsen) ist für die Laufzeit 10 mit Zeiteinheit 3 (=Jahre) unter der Referenz FAJALT_H für die Fallstudie Fajalt gepflegt.

Markieren Sie auf der rechten Bildschirmseite die Zeile:

FAJALT_H

Doppelklicken Sie in der Hierarchiestruktur auf der linken Bildschirmseite auf

Zinssätze pflegen

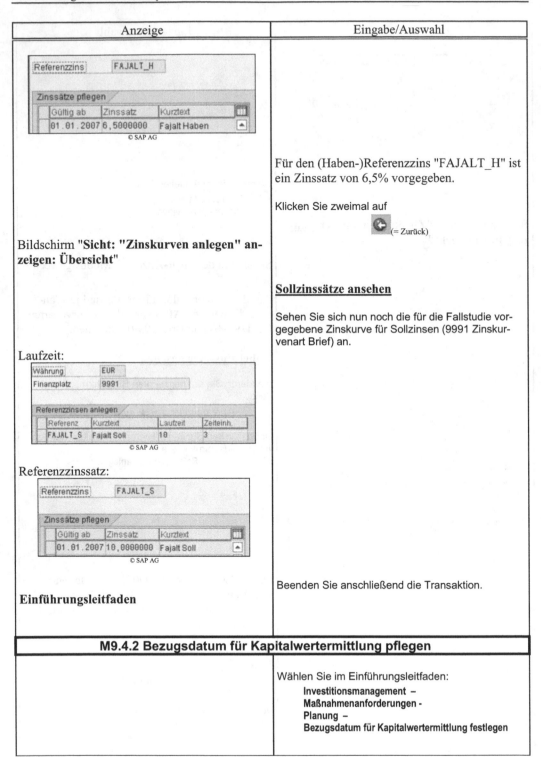

Anzeige	Eingabe/Auswahl
 Referenzzins: FAJALT_H Zinssätze pflegen Gültig ab: 01.01.2007, Zinssatz: 6,5000000, Kurztext: Fajalt Haben © SAP AG	Für den (Haben-)Referenzzins "FAJALT_H" ist ein Zinssatz von 6,5% vorgegeben. Klicken Sie zweimal auf (= Zurück)
Bildschirm "**Sicht: "Zinskurven anlegen" anzeigen: Übersicht**"	**Sollzinssätze ansehen** Sehen Sie sich nun noch die für die Fallstudie vorgegebene Zinskurve für Sollzinsen (9991 Zinskurvenart Brief) an.
Laufzeit: Währung: EUR Finanzplatz: 9991 Referenzzinsen anlegen Referenz: FAJALT_S, Kurztext: Fajalt Soll, Laufzeit: 10, Zeiteinh.: 3 © SAP AG Referenzzinssatz: Referenzzins: FAJALT_S Zinssätze pflegen Gültig ab: 01.01.2007, Zinssatz: 10,0000000, Kurztext: Fajalt Soll © SAP AG	
Einführungsleitfaden	Beenden Sie anschließend die Transaktion.

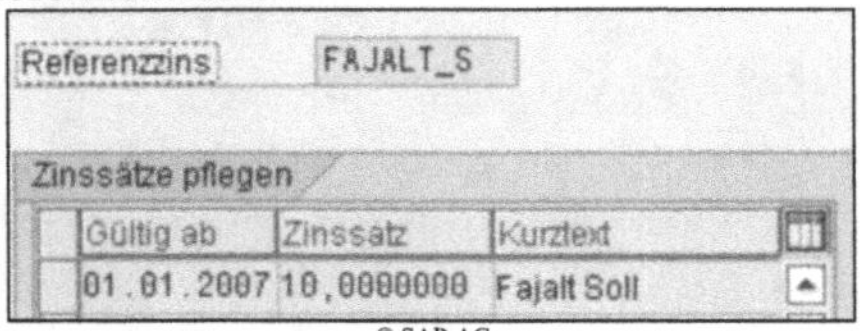

M9.4.2 Bezugsdatum für Kapitalwertermittlung pflegen

	Wählen Sie im Einführungsleitfaden: **Investitionsmanagement –** **Maßnahmenanforderungen -** **Planung –** **Bezugsdatum für Kapitalwertermittlung festlegen**

Anzeige	Eingabe/Auswahl
Sicht "Bezugsdatum für die Wirtschaftlichkeitsre	
	Eingabe hinter "Ihrer" Anforderungsart: *WirtRDatum:* ***1.7.jjjj****, jjjj= akt. Jahr* Damit haben Sie den Zeitpunkt festgelegt, zu dem das System – bei der späteren Durchführung von Wirtschaftlichkeitsrechnungen – den Kapitalwert zu den betroffenen Maßnahmenanforderungen berechnen wird. Sichern Sie die Eingaben und beenden Sie die Transaktion.
Einführungsleitfaden	Schließen Sie die Unterstruktur "Maßnahmenanforderungen" des IMG wieder.

MnArt	Bezeichnung	WirtRDatum
1	Aufträge als Investitionsmaßnahmen	01.01.1998
2	Projekte als Investitionsmaßnahmen	01.01.1998
20	Anforderungsart Fajalt	

© SAP AG

Modul 10: Definition der Maßnahmenanforderung

Stammdaten der Maßnahmenanforderung

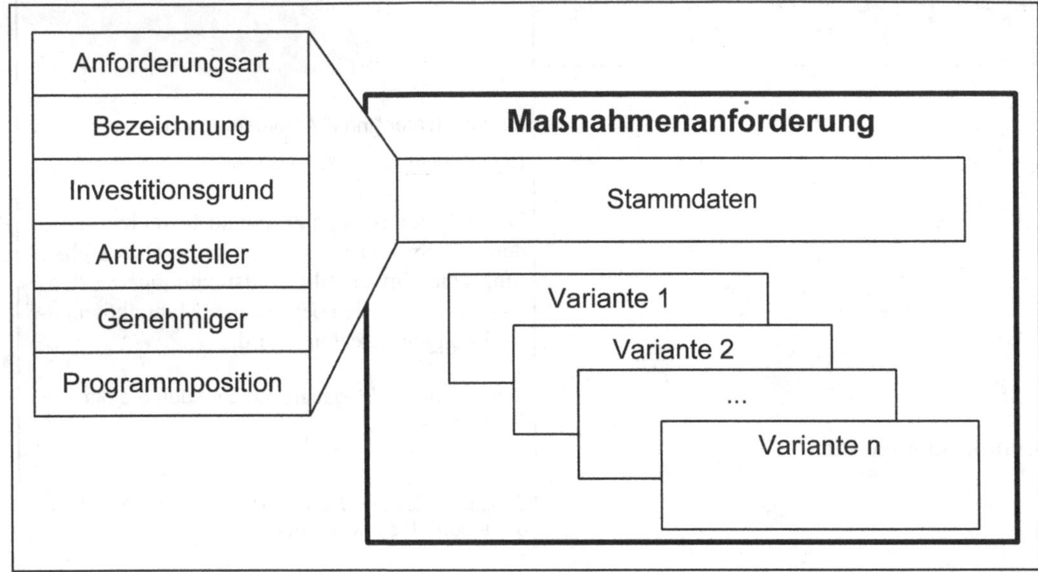

Abb. 4.11: Stammdaten der Maßnahmenanforderung

Eine Maßnahmenanforderung wird spezifiziert über ihre Stammdaten.

Die (Muss-)Angabe der Anforderungsart in den Stammdaten gewährleistet die Planung und Wirtschaftlichkeitsrechnung und steuert die Nummernvergabe. Durch Eintrag einer Programmposition in den Stammdaten der Maßnahmenanforderung erfolgt die Zuordnung zu einem Investitionsprogramm.

Varianten stellen die notwendige Konkretisierung einer Maßnahmenanforderung dar. Sie bilden Investitionsalternativen zu ihrer Erfüllung. Folglich muss eine Maßnahmenanforderung immer mindestens eine Variante besitzen.

Was ist zu tun?

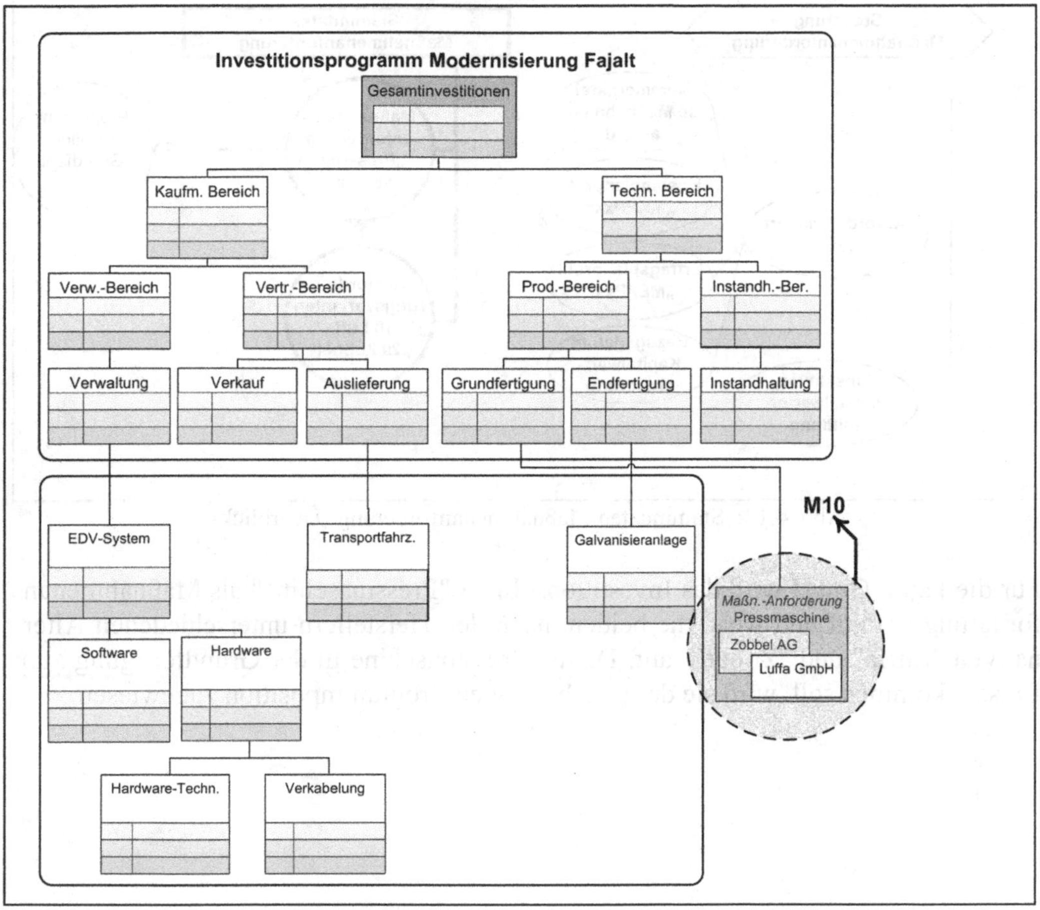

Abb. 4.12: Stammdaten Maßnahmenanforderung (Fokus)

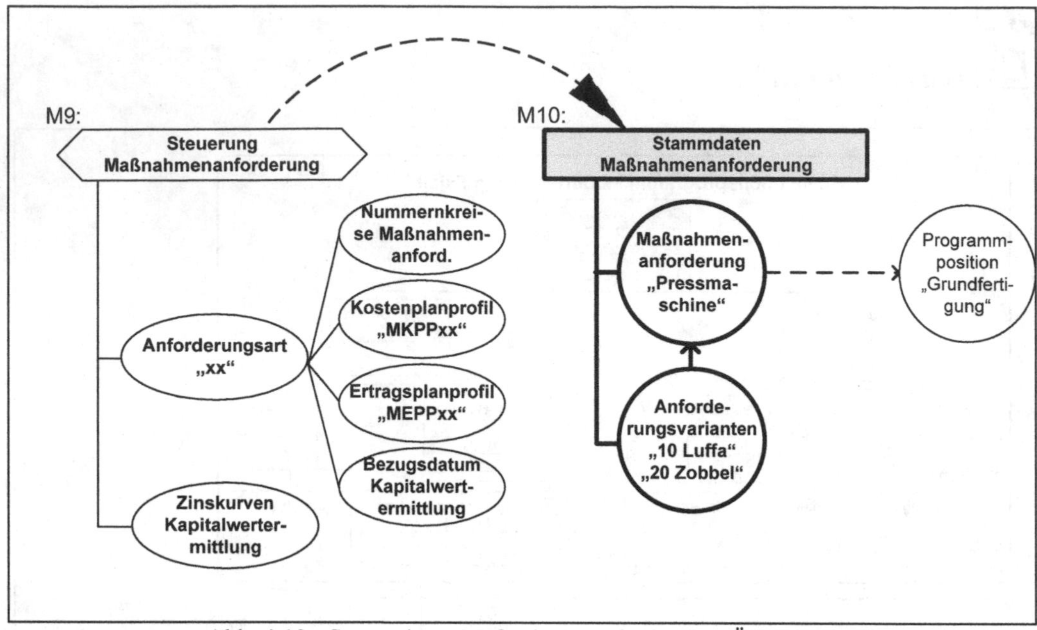

Abb. 4.13: Stammdaten Maßnahmenanforderung (Überblick)

Für die Fajalt GmbH wird das Investitionsobjekt "Pressmaschine" als Maßnahmenanforderung geführt und weist die beiden, nach den Herstellern unterschiedenen Alternativen "Luffa" und "Zobbel" auf. Da die Pressmaschine in der Grundfertigung zum Einsatz kommen soll, wird sie der gleichnamigen Programmposition zugewiesen.

Anzeige	Eingabe/Auswahl

Modul 10: Definition der Maßnahmenanforderung

Maßnahmenanforderungen **dienen als Merkposten für gewünschte Investitionen und – durch die Möglichkeit der frühzeitigen Einbeziehung in das jährliche Investitionsprogramm – außerdem auch der Investitionsplanung.**

Eine Maßnahmenanforderung besteht aus einem Stammsatz mit grundsätzlichen Informationen zur Art der gewünschten Investition, den organisatorischen Zuordnungen und Informationen zur zugehörigen Realisierungsmaßnahme.

Zu jeder Maßnahmenanforderung können mehrere *Varianten* anlegt werden, die zu der jeweiligen Investitionsmaßnahme Realisierungsalternativen darstellen. Jede Variante hat eigene Stammsatzinformationen. Eine Maßnahmenanforderung hat immer mindestens eine Variante.

Mit Hilfe verschiedener finanzmathematischer Verfahren können Wirtschaftlichkeitsanalysen direkt auf den einzelnen Varianten einer Maßnahmenanforderung durchgeführt werden.

M10.1 Maßnahmenanforderung anlegen und dem Investitionsprogramm zuordnen

Anzeige	Eingabe/Auswahl
	Wechseln Sie zum SAP-Menü (SAP Easy Access).
SAP Easy Access mit **SAP Menü**	Wählen Sie im SAP-Menü: **Rechnungswesen -** **Investitionsmanagement -** **Maßnahmenanforderungen –** **Anforderungen bearbeiten –** **Einzelbearbeitung**
Bildschirm "**Maßnahmenanforderung anzeigen**"	Klicken Sie auf (= Anlegen)
Dialogfeld "**Maßnahmenanforderung**"	Eingabe bzw. Auswahl: *MaßnAnforderungsart:* ***XX***, xx = Teilnehmernummer (= Schlüssel Ihrer Anforderungsart)
Bildschirm "**Maßnahmenanforderung anlegen**"	Eingabe bzw. Auswahl in Registerkarte "Allgemeine Daten": *Bezeichnung:* ***Pressmaschine*** *Investitionsgrund:* ***30*** (= Erweiterung)

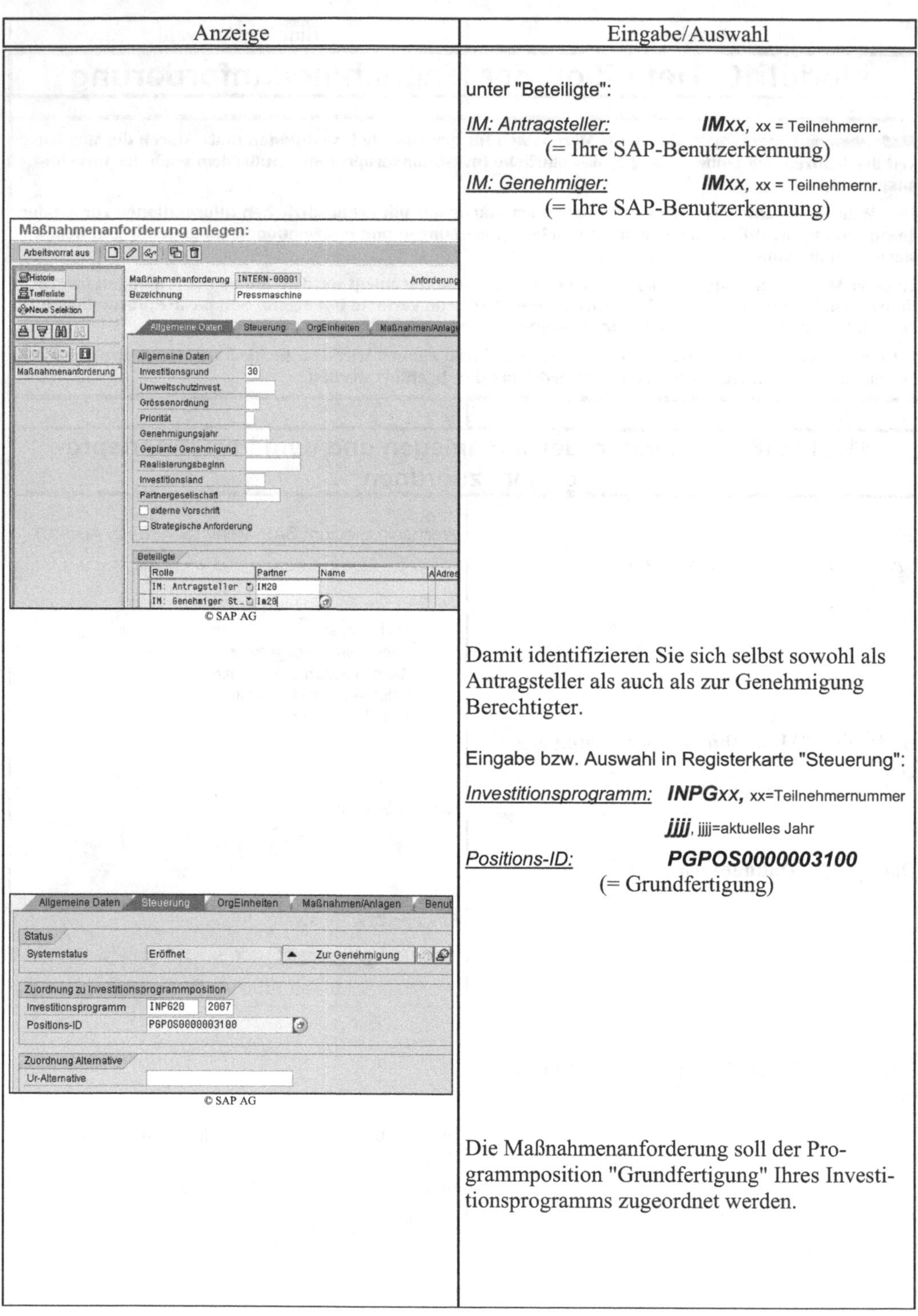

Anzeige	Eingabe/Auswahl
© SAP AG	unter "Beteiligte": *IM: Antragsteller:* ***IMxx,*** xx = Teilnehmernr. (= Ihre SAP-Benutzerkennung) *IM: Genehmiger:* ***IMxx,*** xx = Teilnehmernr. (= Ihre SAP-Benutzerkennung) Damit identifizieren Sie sich selbst sowohl als Antragsteller als auch als zur Genehmigung Berechtigter.
© SAP AG	Eingabe bzw. Auswahl in Registerkarte "Steuerung": *Investitionsprogramm:* ***INPGxx,*** xx=Teilnehmernummer ***jjjj***, jjjj=aktuelles Jahr *Positions-ID:* ***PGPOS0000003100*** (= Grundfertigung) Die Maßnahmenanforderung soll der Programmposition "Grundfertigung" Ihres Investitionsprogramms zugeordnet werden.

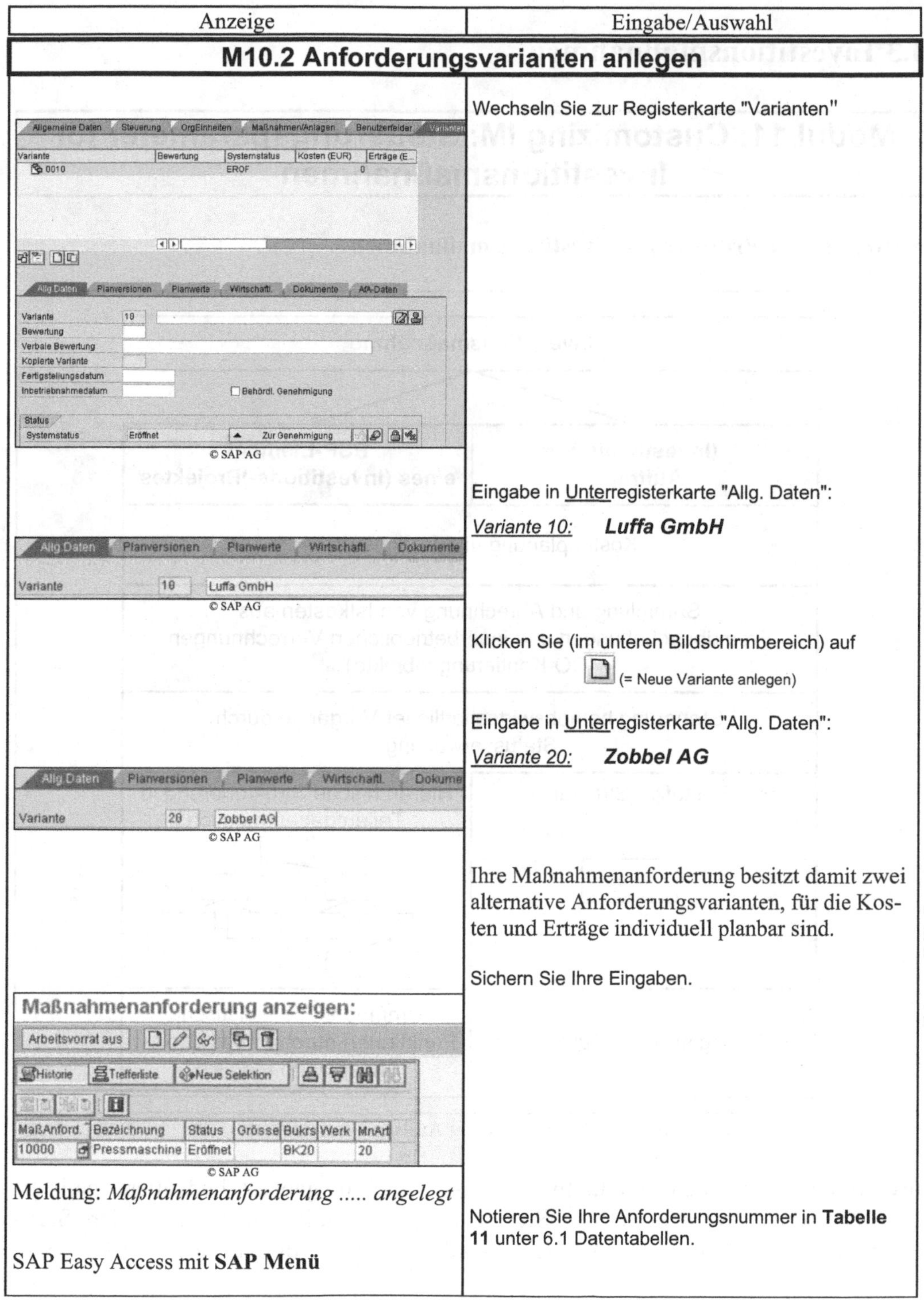

Anzeige	Eingabe/Auswahl
M10.2 Anforderungsvarianten anlegen	
© SAP AG	Wechseln Sie zur Registerkarte "Varianten"
© SAP AG	Eingabe in <u>Unter</u>registerkarte "Allg. Daten": *<u>Variante 10:</u>* ***Luffa GmbH***
	Klicken Sie (im unteren Bildschirmbereich) auf [Symbol] (= Neue Variante anlegen)
© SAP AG	Eingabe in <u>Unter</u>registerkarte "Allg. Daten": *<u>Variante 20:</u>* ***Zobbel AG***
	Ihre Maßnahmenanforderung besitzt damit zwei alternative Anforderungsvarianten, für die Kosten und Erträge individuell planbar sind.
	Sichern Sie Ihre Eingaben.
© SAP AG Meldung: *Maßnahmenanforderung ..... angelegt*	Notieren Sie Ihre Anforderungsnummer in **Tabelle 11** unter 6.1 Datentabellen.
SAP Easy Access mit **SAP Menü**	

4.3 Investitionsmaßnahmen

Modul 11: Customizing IM: Steuerungsparameter für Investitionsmaßnahmen

Aufträge oder Projekte als Investitionsmaßnahmen

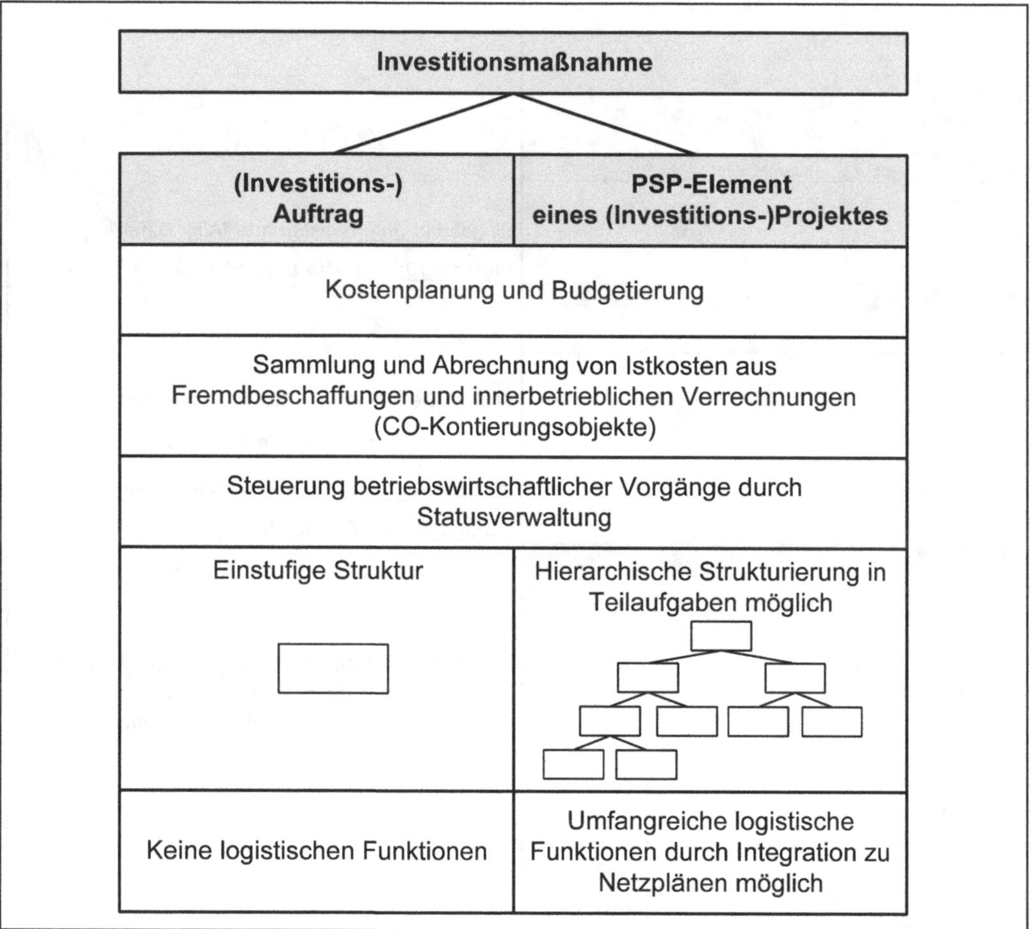

Abb. 4.14: Unterscheidung Aufträge und Projekte

Investitionsmaßnahmen sind die Investitionsobjekte, die geplant, budgetiert, realisiert und überwacht werden sollen. Sie sind keine originären Objekte der SAP-Komponente Investitionsmanagement, sondern werden durch Innenaufträge oder

PSP-Elemente eines Projektes abgebildet, die erst durch die Zuordnung eines Investitionsprofils zu Investitionsmaßnahmen werden.

Investitionsmaßnahmen unterscheiden sich ansonsten grundsätzlich nicht von den üblichen Innenaufträgen (SAP-Komponente CO) oder üblichen PSP-Elementen (SAP-Komponente PS), so dass für sie dieselben Funktionalitäten zur Verfügung stehen, die sich vor allem auf Kostenplanung, Budgetierung sowie Sammlung und Abrechnung von Istkosten erstrecken. Daneben ist für beide Objektarten die Steuerung betriebswirtschaftlicher Vorgänge über die SAP-Statusverwaltung möglich.

Während ein Innenauftrag stets eine einstufige Struktur besitzt, kann durch PSP-Elemente eine hierarchische Struktur der Investitionsmaßnahmen aufgebaut werden. Auch macht die Wahl von PSP-Elementen zur Abbildung von Investitionsmaßnahmen umfangreiche logistische Funktionen (Terminierungs-, Ressourcen- und Kapazitätsplanung) durch Integration zu Netzplänen möglich.

PSP-Elemente sind die hierarchisch angeordneten Projektstrukturplanelemente eines Projektes, die jeweils für Teilaufgaben gebildet und für sich erfüllt werden können.

Auftragsart und Projektprofil

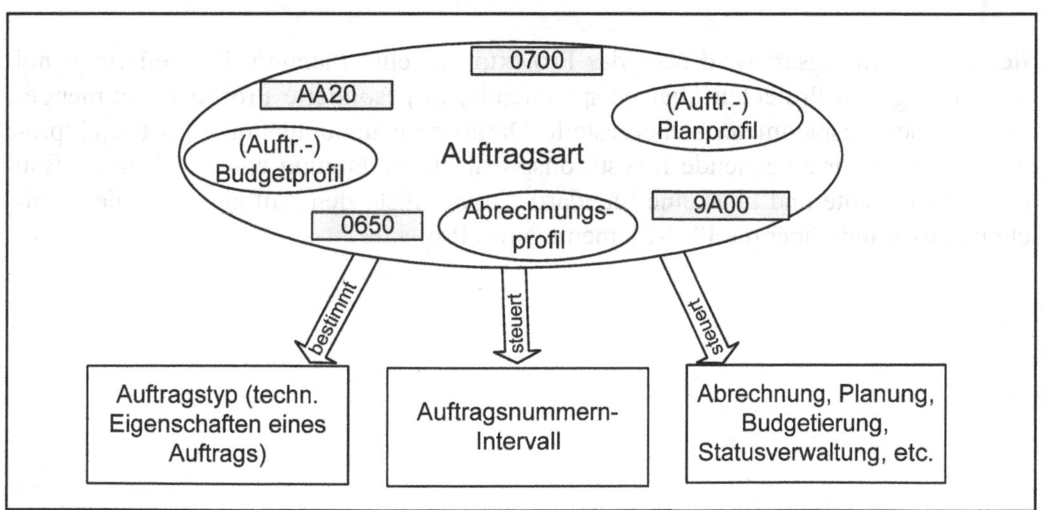

Abb. 4.15: Auftragsart

Planung, Budgetierung und Abrechnung von Aufträgen werden über jeweils gesonderte Profile innerhalb der **Auftragsart** gesteuert.

Die allgemeinen Erläuterungen zu Auftragsarten als Zusammenfassungen von Steuerungsparametern von Aufträgen sind bereits in Modul 6 gegeben worden, da Aufträge allgemein Objekte der Kostenrechnung sind und hier bereits ein sogenannter Abgrenzungsauftrag (Auftragsart "9A00") angelegt wurde.

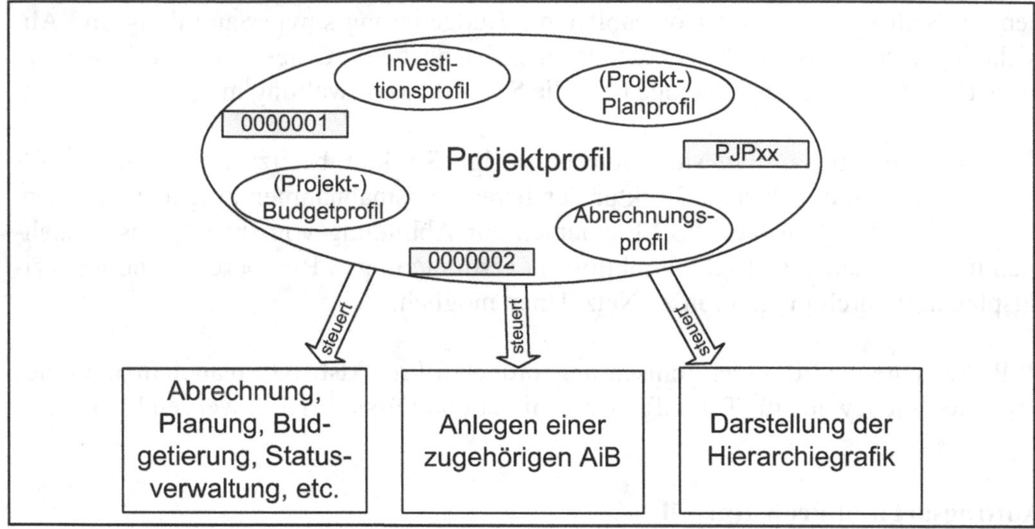

Abb. 4.16: Projektprofil

Gleich zur Auftragsart wird über das Projektprofil eine Planung, Budgetierung und Abrechnung von Projekten über entsprechende, in gesonderte Profile zusammengefasste Steuerungsparameter sichergestellt. Darüber hinaus unterstützt das Projektprofil über das in ihr eingehende Investitionsprofil die Erzeugung einer Anlage im Bau für PSP-Elemente und über eine Standard-Auswahlliste den Aufbau einer hierarchischen Darstellung über die PSP-Elemente eines Projektes.

Was ist zu tun?

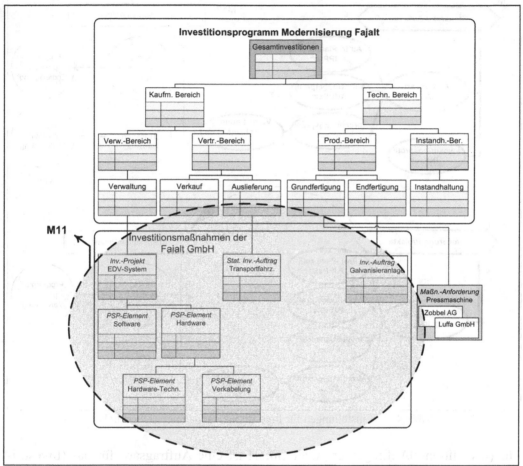

Abb. 4.17 Einstellungen für Investitionsmaßnahmen (Fokus)

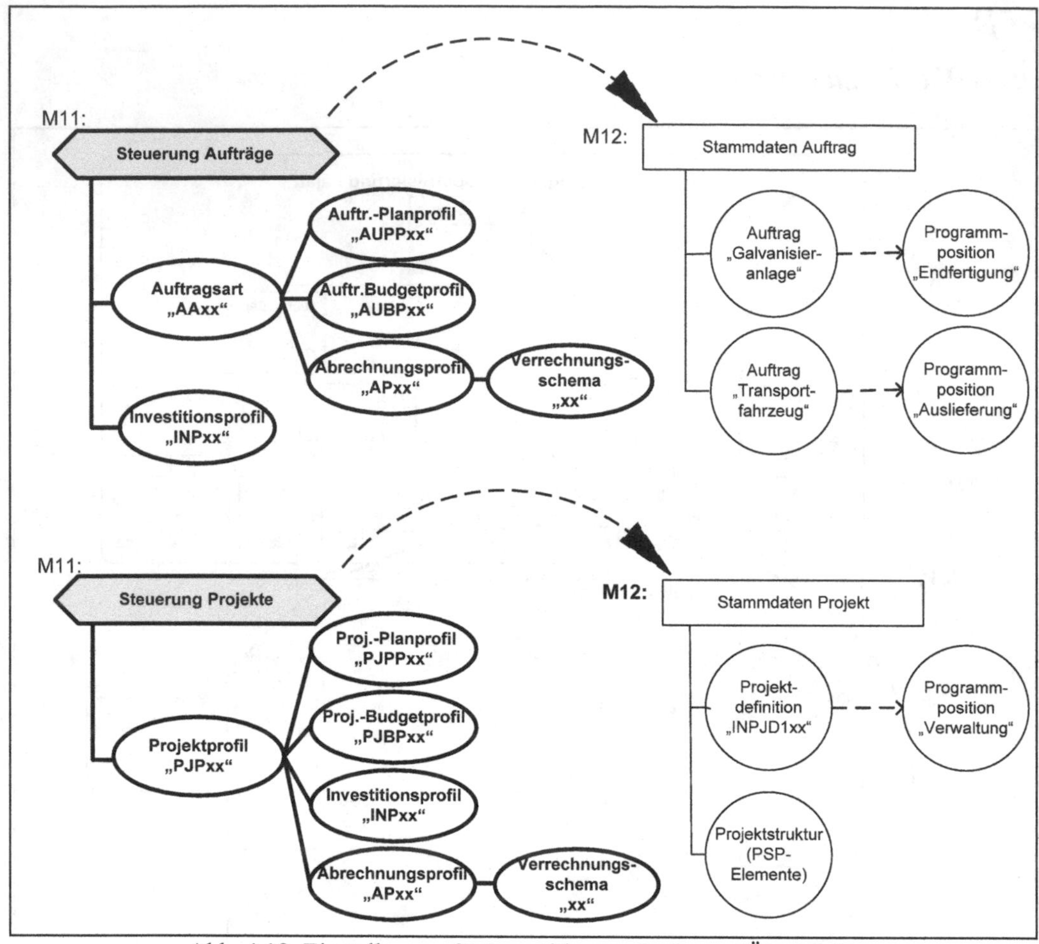

Abb. 4.18 Einstellungen für Investitionsmaßnahmen (Überblick)

Für (Investitions-)Aufträge der Fajalt GmbH ist eine Auftragsart, für das (Investitions-)Projekt ein Projektprofil anzulegen, für die getrennt ein Plan- und ein Budgetprofil sowie ein gemeinsames Abrechnungs- (mit inkludiertem Verrechnungsschema) und ein gemeinsames Investitionsprofil zu erstellen. Bis auf die Zuordnung Investitionsprofil zu Auftragsart sind diese Objekte der Auftragsart bzw. dem Projektprofil zuzuordnen. Das Investitionsprofil geht später direkt in den Auftragsstammsatz ein.

Anzeige	Eingabe/Auswahl

Modul 11: Customizing IM: Steuerungsparameter für Investitionsmaßnahmen

Die *Investitionsmaßnahme* ist keine eigene Objektart des SAP-Systems (d.h. sie hat keinen eigenen Stammsatz), sondern sie wird durch einen Innenauftrag oder durch ein PSP-Element (Projektstrukturplan-Element) eines Projektes und gegebenenfalls einer zugeordneten Anlage im Bau (AiB) abgebildet.

Vor dem Anlegen von Investitionsmaßnahmen müssen daher im Customizing zunächst sowohl die controllingrelevanten Steuerungsparameter für die Auftrags- bzw. Projektstammdaten gepflegt werden, als auch die anlagenbuchhaltungsspezifischen für die spätere Aktivierung der aktivierungspflichtigen Kostenanteile auf eine Anlage.

M11.1 Steuerungsparameter für Innenaufträge

M11.1.1 Auftragsart anlegen

Jedem *Innenauftrag* muss beim Anlegen eine *Auftragsart* zugeordnet werden.

Die Auftragsart umfasst eine Vielzahl von Steuerungsinformationen für das Anlegen und die Verwaltung von Aufträgen. Dazu zählen z. B. der Auftragstyp, der die technischen Eigenschaften eines Auftrags bestimmt, und der Nummernkreis für die Vergabe der Auftragsnummer, aber auch Parameter für Planung und Budgetierung auf dem Auftrag (über Plan- und/oder Budgetprofil) und Vorschlagswerte, die beim Anlegen eines neuen Auftrags dieser Auftragsart herangezogen werden.

Für die Fallstudie soll die ausgelieferte Standard-Auftragsart 650 für Investitionsaufträge kopiert und dann geringfügig (nur im Bereich der Parameter für Planung und Budgetierung) modifiziert werden.

Einführungsleitfaden

Wechseln Sie zum Einführungsleitfaden

Wählen Sie im Einführungsleitfaden:

Investitionsmanagement –
Innenaufträge als Investitionsmaßnahmen -
Stammdaten –
Aufträge –
Auftragsarten definieren

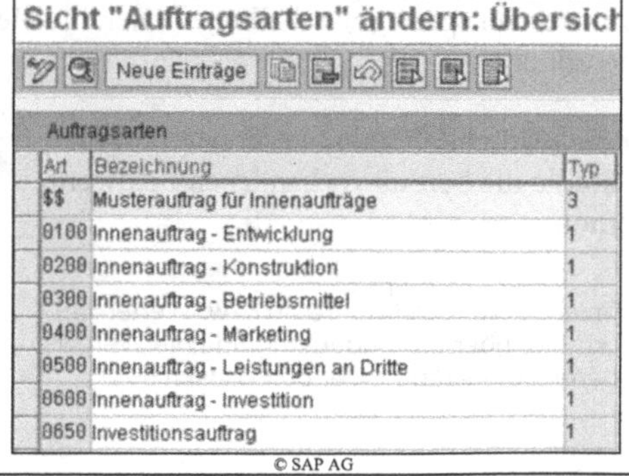
Sicht "Auftragsarten" ändern: Übersich
Neue Einträge

Auftragsarten

Art	Bezeichnung	Typ
$$	Musterauftrag für Innenaufträge	3
0100	Innenauftrag - Entwicklung	1
0200	Innenauftrag - Konstruktion	1
0300	Innenauftrag - Betriebsmittel	1
0400	Innenauftrag - Marketing	1
0500	Innenauftrag - Leistungen an Dritte	1
0600	Innenauftrag - Investition	1
0650	Investitionsauftrag	1

Anzeige	Eingabe/Auswahl
	Markieren Sie die Zeile der Auftragsart: ***0650 Investitionsauftrag*** Klicken Sie auf (= Kopieren als ...)
Bildschirm **"Sicht "Auftragsarten" ändern: Detail Auswahlmenge"** Meldung: *Bitte Zieleintrag eingeben!*	Eingabe (überschreiben Sie die vorhandenen Feldinhalte): *Auftragsart:* ***AA**xx*, xx = Ihre Teilnehmernummer ***Investitionsauftrag Fajalt,*** (=Zielauftragsart) Löschen Sie die Inhalte der Felder: *Abrechnungsprofil* *Planprofil* *Budgetprofil*
Sicht "Auftragsarten" ändern: Detail Auswahlmenge Auftragsart: aa20 Investitionsauftrag Fajalt Auftragstyp: Innerbetrieblicher Auftrag (Controlling) Nummernkreisintervall: 600000 - 699999 Allgemeine Parameter: Abrechnungsprofil Investit..., StratFolge AbrV, Planprofil Allgemei..., Execution Profil, Budgetprofil Allgemei..., Objektklasse Investition, Funktionsbereich, Musterauftrag, Auftragsnetz ohne auto. Warenbewegung Steuerungskennzeichen: CO-Partnerfortschr. teilaktiv, Klassifizierung, Obligoverwaltung, Erlösbuchungen, Planintegration © SAP AG	Als Abrechnungsprofil, Planprofil und Budgetprofil werden später jeweils Ihre eigenen Profile zugeordnet. Für die restlichen Parameter können für die Fallstudie die bereits vorhandenen Feldwerte übernommen werden. Informieren Sie sich (F1-Taste bzw. Wertehilfe-Drucktaste) über die Bedeutung und die Wertelisten der bereits gefüllten Felder des Bildschirms.

Anzeige	Eingabe/Auswahl
Bildschirm **"Sicht "Auftragsarten" ändern: Übersicht** Meldung: *Anzahl kopierter Einträge: 1*	↵
Einführungsleitfaden	Ihre Auftragsart AAxx wurde als modifizierte Kopie der Standard-Auftragsart 0650 angelegt. Sichern Sie Ihre Auftragsart und beenden Sie die Transaktion.

M11.1.2 Planprofil für die Kostenplanung von Innenaufträgen anlegen und der Auftragsart zuordnen

Für die Kostenplanung eines Investitionsauftrags wird – analog zur Kostenplanung von Investitionsprogrammen, Maßnahmenanforderungen oder der hierarchischen Kostenplanung von Projekten (s. u.) – ein *Planprofil* benötigt, das Steuerungsparameter für die Planung, z. B. zum Zeithorizont oder zur Wertdarstellung, enthält.

Ein Planprofil wird einem Auftrag über die Auftragsart zugeordnet.

Anzeige	Eingabe/Auswahl
	Planprofil für Innenaufträge anlegen Wählen Sie im Einführungsleitfaden: **Investitionsmanagement –** **Innenaufträge als Investitionsmaßnahmen -** **Planung und Budgetierung –** **Planprofile pflegen**
Dialogfenster "**Aktion auswählen**"	Doppelklicken Sie auf **Planprofile definieren**
Bildschirm "**Sicht "Planprofil Kostenplanung CO-Aufträge" ändern: Übersicht"**	Klicken Sie auf Neue Einträge
Bildschirm "**Neue Einträge: Detail Hinzugefügte"**	Eingabe bzw. Auswahl: *Profil:* ***AUPP****xx,* xx = Ihre Teilnehmernummer *Text* ***Auftrags-Planprofil Fajalt***

Anzeige	Eingabe/Auswahl
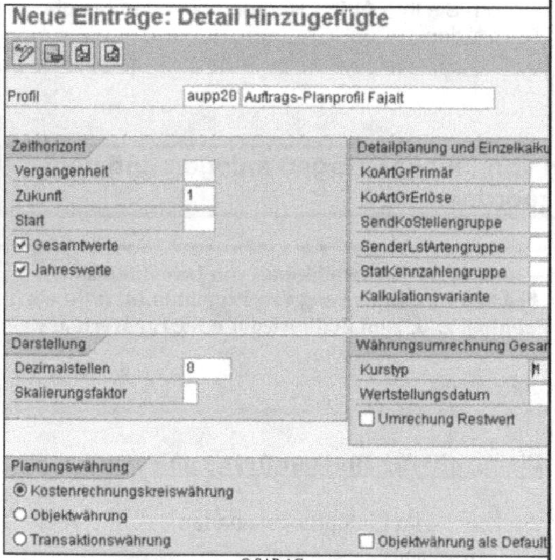 Neue Einträge: Detail Hinzugefügte Profil aupp28 Auftrags-Planprofil Fajalt Zeithorizont: Vergangenheit; Zukunft 1; Start; ☑ Gesamtwerte; ☑ Jahreswerte Detailplanung und Einzelkalku: KoArtGrPrimär; KoArtGrErlöse; SendKoStellengruppe; SenderLstArtengruppe; StatKennzahlengruppe; Kalkulationsvariante Darstellung: Dezimalstellen 0; Skalierungsfaktor Währungsumrechnung Gesar: Kurstyp M; Wertstellungsdatum; ☐ Umrechung Restwert Planungswährung: ◉ Kostenrechnungskreiswährung; ○ Objektwährung; ○ Transaktionswährung; ☐ Objektwährung als Default © SAP AG	Markieren Sie (durch Anklicken): **Gesamtwerte** **Jahreswerte** Eingabe bzw. Auswahl: *Zukunft:* ***1*** *Dezimalstellen:* ***0*** *Kurstyp:* ***M*** (=Standardumrechnung zum Mittelkurs)
	Sichern Sie die Eingaben und beenden Sie die Transaktion.
Dialogfenster "**Aktion auswählen**"	**Planprofil der Auftragsart zuordnen** Doppelklicken Sie auf **Zuordnung Planprofil/Auftragsart festlegen**
Bildschirm "**Sicht "Auftragsarten" ändern: Übersicht**"	Eingabe/Auswahl unter "Planprofil" hinter Ihrer Auftragsart AAxx, xx=Ihre Teilnehmernummer: ***AUPP****xx*, xx = Ihre Teilnehmernummer Sichern Sie die Eingabe und beenden Sie die Transaktion.
Dialogfenster "**Aktion auswählen**"	

Anzeige	Eingabe/Auswahl
Einführungsleitfaden	Schließen Sie das Dialogfenster.

M11.1.3 Budgetprofil für Innenaufträge anlegen und der Auftragsart zuordnen

Entsprechend dem Budgetprofil für das Investitionsprogramm (vgl. M6.4) enthält ein *Budgetprofil für Innenaufträge* Steuerungsparameter für die Steuerung des Budgetierungsvorgangs eines Innenauftrags, wie Zeithorizonte der Budgetierung oder Einstellungen für den Budgetierungsbildschirm, außerdem steuert es die Verfügbarkeitskontrolle des Budgets. Das Budgetprofil ist Voraussetzung für die Durchführung der separaten Budgetierung eines Innenauftrags bzw. für die Verteilung des Budgets von der zugeordneten Programmposition auf den Innenauftrag (Top-down budgetieren).

Wenn im Budgetprofil des Auftrages eine Investitionsprogrammart hinterlegt ist, dann kann ein Auftrag erst nach Zuordnung zu einer Investitionsprogrammposition ein Budget erhalten. Das Gesamt- und/oder Jahresbudget für Aufträge kann vorher nicht bearbeitet werden.

Ein Budgetprofil wird einem Auftrag über die Auftragsart zugeordnet.

Anzeige	Eingabe/Auswahl
	Budgetprofil für Innenaufträge anlegen
	Wählen Sie im Einführungsleitfaden: **Investitionsmanagement – Innenaufträge als Investitionsmaßnahmen - Planung und Budgetierung – Budgetprofile pflegen**
Dialogfenster "**Aktion auswählen**"	Doppelklicken Sie auf **Budgetprofile definieren**
Bildschirm "**Sicht "Budgetprofil CO-Aufträge" ändern: Übersicht**"	Klicken Sie auf Neue Einträge
Bildschirm "**Neue Einträge: Detail Hinzugefügte**"	Eingabe bzw. Auswahl: *Budgetprofil:* ***AUBPxx,*** xx = Ihre Teilnehmernummer *Text* ***Auftr.-Budgetprofil Fajalt*** Markieren Sie (durch Anklicken): **Gesamtwerte** **Jahreswerte** Eingabe bzw. Auswahl: *Zukunft:* ***6*** *Budget Programmart:* ***PAxx,*** xx = Ihre Teilnehmernr.

Anzeige	Eingabe/Auswahl
	Damit legen Sie fest, dass ein Auftrag mit diesem Budgetprofil erst nach Zuordnung zu einem Investitionsprogramm Ihrer Programmart PAxx budgetierbar ist.
	Kurstyp: ***M*** (= Standardumrechnung zum Mittelkurs) *Aktivierungsart:* ***0*** (=Nicht aktivierbar) *Dezimalstellen:* ***0***
Budgetprofil aubp20 Text Auftr.-Budgetprofil Fajalt Zeithorizont Vergangenheit Zukunft 6 Start ☑ Gesamtwerte ☑ Jahreswerte Investitionsmanagement Budget Programmart PA20 Währungsumrechnung Gesamtbudget Kurstyp M Wertstellung ☐ Umrechung Restwert Verfügbarkeitskontrolle Aktivierungsart 0 AusschöpfGrad ☐ Gesamt ☐ Objektwährung Darstellung Dezimalstellen 0 Skalierungsfaktor Budgetierungswährung ◉ Kostenrechnungskreiswährung ○ Objektwährung ○ Transaktionswährung ☐ Objektwährung als Default © SAP AG	
	Sichern Sie die Eingaben und beenden Sie die Transaktion.
Dialogfenster "**Aktion auswählen**"	**Budgetprofil der Auftragsart zuordnen** Doppelklicken Sie auf **Zuordnung Budgetprofil/Auftragsart festlegen**
Bildschirm "**Sicht "Auftragsarten" ändern: Übersicht"**	Eingabe/Auswahl unter "Planprofil" hinter Ihrer Auftragsart AAxx, xx=Ihre Teilnehmernummer: ***AUBP****xx,* xx = Ihre Teilnehmernummer Sichern Sie die Eingaben und beenden Sie die Transaktion.
Dialogfenster "**Aktion auswählen**"	Schließen Sie das Dialogfenster.
Einführungsleitfaden	

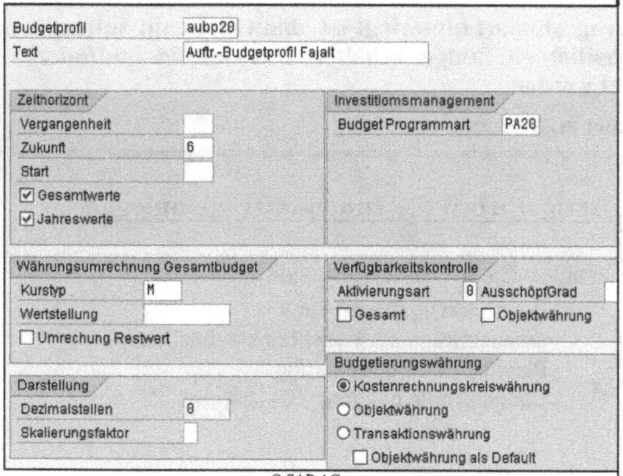

<table>
<tr><th>Anzeige</th><th>Eingabe/Auswahl</th></tr>
<tr><td colspan="2">M11.2 Steuerungsparameter für Projekte</td></tr>
<tr><td colspan="2">M11.2.1 Projektprofil anlegen</td></tr>
<tr><td colspan="2">Jedem Projekt muss beim Anlegen ein Projektprofil zugeordnet werden.
Das Projektprofil umfasst für zugeordnete Projekte – entsprechend der Auftragsart für Aufträge – eine Vielzahl von Steuerungsinformationen für das Anlegen und die Verwaltung. Dazu zählen auch Parameter für Planung und Budgetierung der Projekte (über Plan- und/oder Budgetprofil).</td></tr>
<tr><td></td><td>Wählen Sie im Einführungsleitfaden:
Investitionsmanagement –
Projekte als Investitionsmaßnahmen -
Stammdaten –
PSP-Elemente –
Projektprofile definieren</td></tr>
<tr><td>Bildschirm "Sicht "Profil Projekt" ändern: Übersicht"</td><td>Klicken Sie auf
Neue Einträge</td></tr>
<tr><td>Bildschirm "Neue Einträge: Detail Hinzugefügte"</td><td>Eingabe:
<u>ProjProf.:</u> PJPxx, xx = Ihre Teilnehmernummer
Projektprofil Fajalt xx
Eingabe bzw. Auswahl in Registerkarte "Steuerung" unter "Grunddaten":
<u>DarstForm</u>: 1
(= Identifikation mittels Projektnummer)
<u>Auflösung:</u> 5
Damit legen Sie fest, dass beim Aufruf des Projektstrukturplans zugeordneter Projekte PSP-Elemente mittels ihrer Projektnummer dargestellt werden sollen; außerdem setzen Sie die Auflösungstiefe auf den Wert 5, d.h. dass immer 5 Stufen der Hierarchiestruktur am Bildschirm angezeigt werden sollen.
Aktivieren Sie unter "Grunddaten" die Option:
<u>Alle PSP-Elm. kont.</u>
Damit können alle PSP-Elemente eines zugeordneten Projektes als Kontierungsobjekte für Istbuchungen verwendet werden.</td></tr>
</table>

Anzeige	Eingabe/Auswahl
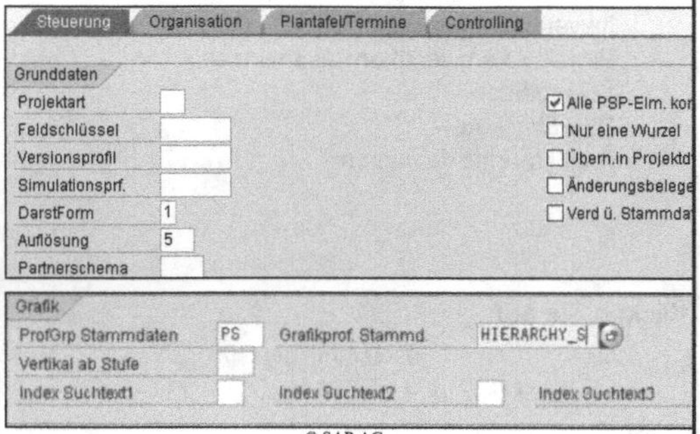 © SAP AG	Auswahl in Registerkarte "Steuerung" unter "Grafik": *ProfGrp Stammdaten*: ***PS HIERARCHY_S 1*** (= Projektsystem PSP-Stammdaten ändern) *Grafikprof Stammd*: ***HIERARCHY_S 1*** (= Projektsystem PSP-Stammdaten ändern) Durch diese Einträge legen Sie die Grafikform fest und erlauben Änderungen in der grafischen Hierarchiedarstellung zugeordneter Projekte.
Einführungsleitfaden	Eingabe bzw. Auswahl Registerkarte "Organisation": *Kostenrechnungskrs*: ***BKxx***, xx = Teilnehmernummer *Buchungskreis:* ***BKxx***, xx = Teilnehmernummer Sichern Sie anschließend die Eingaben und beenden Sie die Transaktion.

M11.2.2 Planprofil für Kostenplanung des Projekts anlegen und dem Projektprofil zuordnen

Für die Kostenplanung eines Investitionsprojekts wird – analog zur Kostenplanung von Investitionsprogrammen, Maßnahmenanforderungen oder von Investitionsaufträgen (s. o.) – ein *Planprofil* benötigt, das Steuerungsparameter für die Planung enthält.

Ein Planprofil wird einem Projekt über das Projektprofil zugeordnet.

Anzeige	Eingabe/Auswahl
Dialogfenster "**Aktion auswählen**"	**(Projekt-)Planprofil für Kostenplanung anlegen:** Wählen Sie im Einführungsleitfaden: **Investitionsmanagement – Projekte als Investitionsmaßnahmen - Planung und Budgetierung – Planprofile pflegen**

Anzeige	Eingabe/Auswahl
	Doppelklicken Sie auf **Planprofile definieren**
Bildschirm "**Sicht "Planprofil Kosten-/erlösplanung Projekte" ändern: Übersicht**"	Klicken Sie auf Neue Einträge
Bildschirm "**Neue Einträge: Detail Hinzugefügte**" Profil pjpp20 Projekt-Planprofil Fajalt Manuelle Planung ☑ Bottom-Up Planung ☐ Planelemente Zeithorizont Vergangenheit Zukunft 1 Start ☑ Gesamtwerte ☑ Jahreswerte Detailplanung und Einzelkalkulation KoArtGrPrimär KoArtGrErlöse SendKoStellengruppe SenderLstArtengruppe StKennzahlengruppe Kalkulationsvariante Darstellung Dezimalstellen 0 Skalierungsfaktor Währungsumrechnung Gesamtplanw Kurstyp M Wertstellungsdatum ☐ Umrechung Restwert © SAP AG	Eingabe bzw. Auswahl: _Profil:_ ***PJPP****xx*, xx = Ihre Teilnehmernummer _Text_ ***Projekt-Planprofil Fajalt*** Markieren Sie (durch Anklicken): **Buttom-Up-Planung** **Gesamtwerte** **Jahreswerte** Eingabe bzw. Auswahl: _Zukunft:_ ***1*** _Kurstyp:_ ***M*** (=Standardumrechnung zum Mittelkurs) _Dezimalstellen:_ ***0*** Sichern Sie die Eingaben und beenden Sie die Transaktion.
Dialogfenster "**Aktion auswählen**"	**Planprofil dem Projektprofil zuordnen** Doppelklicken Sie auf **Zuordnung Planprofil zum Projektprofil festlegen**

Anzeige	Eingabe/Auswahl
Bildschirm "**Sicht " Zuordnung Planprofil zum Projektprofil " ändern: Übersicht"** **Einführungsleitfaden**	Eingabe/Auswahl unter "Profil" hinter <u>Ihrem</u> Projektprofil PJPxx, xx=Ihre Teilnehmernummer: ***PJPPxx,*** xx = Teilnehmernummer Sichern Sie anschließend die Eingabe, beenden Sie die Transaktion und schließen Sie das Dialogfenster "Aktion auswählen".

M11.2.3 Budgetprofil für Projekte anlegen und dem Projektprofil zuordnen

Die Steuerungsparameter eines *Budgetprofils für Projekte* entsprechen denen eines Budgetprofils für Innenaufträge.

Analog gilt auch: Wenn im Budgetprofil des Projektes eine Investitionsprogrammart hinterlegt ist, dann können die PSP-Elemente des Projektes erst nach Zuordnung zu einer Investitionsprogrammposition ein Gesamtbudget erhalten. Das Gesamt- und/oder Jahresbudget für die PSP-Elemente kann vorher nicht bearbeitet werden.

Ein Budgetprofil wird einem Projekt über das Projektprofil zugeordnet.

Anzeige	Eingabe/Auswahl
	<u>**(Projekt-)Budgetprofil anlegen:**</u>
Dialogfenster "**Aktion auswählen**"	Wählen Sie im Einführungsleitfaden: **Investitionsmanagement –** **Projekte als Investitionsmaßnahmen -** **Planung und Budgetierung –** **Budgetprofile pflegen** Doppelklicken Sie auf **Budgetprofile definieren**
Bildschirm "**Sicht "Budgetprofil Projekte" ändern: Übersicht"**	Klicken Sie auf Neue Einträge
Bildschirm "**Neue Einträge: Detail Hinzugefügte"**	Eingabe bzw. Auswahl: *<u>Profil:</u>* ***PJBPxx,*** xx = Teilnehmernummer *<u>Text</u>* ***Proj.-Budgetprofil Fajalt***

Anzeige	Eingabe/Auswahl
	Markieren Sie (durch Anklicken): **Gesamtwerte** **Jahreswerte** Eingabe bzw. Auswahl: *Zukunft:* ***6*** *Budget Programmart:* ***PA****xx*, xx = lTeilnehmernummer Ein PSP-Element mit diesem Budgetprofil soll erst nach Zuordnung zu einem Investitionsprogramm Ihrer Programmart PAxx budgetierbar sein. *Dezimalstellen:* ***0*** *Aktivierungsart:* ***0*** (=Nicht aktivierbar) *Kurstyp:* ***M*** (=Standardumrechnung zum Mittelkurs)
Profil p1bp20 Text Proj.-Budgetprofil Fajalt Zeithorizont Vergangenheit Zukunft 6 Start ☑ Gesamtwerte ☑ Jahreswerte Investitionsmanagement Budget Programmart PA20 Darstellung Dezimalstellen 0 Skalierungsfaktor Verfügbarkeitskontrolle Aktivierungsart 0 AusschöpfGrad ☐ Gesamt ☐ Objektwährung ☐ Freigaben Währungsumrechnung Kurstyp M Wertstellungsdatum ☐ Umrechung Restwert Budgetierungswährung ◉ Kostenrechnungskreiswährung ○ Objektwährung ○ Transaktionswährung ☐ Objektwährung als Default © SAP AG	Sichern Sie die Eingaben und beenden Sie die Transaktion.
Dialogfenster "**Aktion auswählen**"	**<u>Budgetprofil dem Projektprofil zuordnen</u>** Doppelklicken Sie auf **Zuordnung Budgetprofil/Projektprofil festlegen**
Bildschirm "**Sicht " Zuordnung Budgetprofil zum Projektprofil " ändern: Übersicht**"	Eingabe/Auswahl unter "Profil" hinter <u>Ihrem</u> Projektprofil PJPxx, xx=Ihre Teilnehmernummer: ***PJBP****xx*, xx = Teilnehmernummer

Anzeige	Eingabe/Auswahl
Einführungsleitfaden	Sichern Sie die Eingabe, beenden Sie die Transaktion und schließen Sie das Dialogfenster.

M11.3 Steuerungsparameter für Anlagen im Bau und Abschreibungsvorschau im Investitionsprofil

Indem man einem Auftrag bzw. einem PSP-Element ein *Investitionsprofil* zuordnet, identifiziert man den jeweiligen Auftrag bzw. das PSP-Element als Investitionsmaßnahme.

Das Investitionsprofil ist aus Sicht des Investitionsmanagements das wichtigste Steuerungsinstrument. Es steuert für die Investitionsmaßnahmen das Anlegen zugehöriger Anlagen im Bau sowie das Anlegen von Stammdaten für die Abschreibungsvorschau.

M11.3.1 Investitionsprofil für Investitionsaufträge und Investitionsprojekte anlegen

Über die Parameter des *Investitionsprofils* wird u. a. gesteuert:

- **das automatische Anlegen einer zugehörigen Anlage im Bau bei Freigabe der Investitionsmaßnahme (Auftrag oder PSP-Element)**
- **die für die Anlage im Bau zu verwendende Anlagenklasse (vgl. M3.3)**
- **die periodische und die Gesamtabrechnung der Maßnahme.**

Für das automatische Anlegen der Anlage im Bau erhält das System alle erforderlichen Stammdaten sowie Daten für die Abschreibungssimulation aus der Anlagenklasse.

Anzeige	Eingabe/Auswahl
	Wählen Sie im Einführungsleitfaden: **Investitionsmanagement –** **Projekte als Investitionsmaßnahmen -** **Stammdaten –** **Investitionsprofil definieren** *Anmerkung*: Die Transaktion "Investitionsprofil pflegen" kann auch über die Unterstruktur "Innenaufträge als Investitionsmaßnahmen" aufgerufen werden, da sich Investitionsprofile für Innenaufträge und Projekte nicht unterscheiden.
Dialogfenster "**Aktion auswählen**"	Doppelklicken Sie auf **Investitionsprofil definieren**
Bildschirm "**Sicht "Investitionsprofil" ändern: Übersicht"**	Klicken Sie auf Neue Einträge

Anzeige	Eingabe/Auswahl
Bildschirm "**Neue Einträge: Detail Hinzugefügte**"	Eingabe bzw. Auswahl: *Investitionsprofil:* ***INP****xx*, xx = Teilnehmernummer ***Investitionsprofil Fajalt*** Markieren Sie (durch Anklicken): **Anlage im Bau führen** Eingabe bzw. Auswahl: *Invm. Anlagenklasse:* ***4001*** (=AiB als Investitionsmaßnahme) Die Anlagenklasse 4001 liefert Stammdaten und Vorschlagswerte für das Anlegen einer Anlage im Bau zur Investitionsmaßnahme. Markieren Sie: **Einzelposten-Aufteilung und -Herkunftsnachweis** Bei der Abrechnung der Investitionsmaßnahme sollen die Werte einzelpostengenau auf die Empfänger (Anlagen) aufteilbar sein. *Sim. Anlagenklasse:* ***2000*** (=Maschinen) Die hier eingegebene Anlagenklasse liefert AfA-Parameter für die AfA-Simulation. Sie stellt nur einen Vorschlagswert dar und kann beim Anlegen der jeweiligen Maßnahme manuell geändert werden. Bitte beachten Sie, dass das Kennzeichen "Fixe Anlagenklasse" nicht gesetzt sein darf, da sich sonst die Simulations-Anlagenklassen der jeweiligen Maßnahmen später nicht mehr manuell ändern lassen. ⏎

Anzeige	Eingabe/Auswahl
Investitionsprofil inp20 Investitionsprofil Fajalt Investitionsmaßnahme ☑ Anlage im Bau führen ☐ AiB je Ursprungsschema und -zuordnung Invm. Anlagenklasse 4001 ☐ Fixe Anlagenklasse Abrechnung ○ Summarische Aufteilung ◉ Einzelposten-Aufteilung und -Herkunftsnachweis AfA-Simulation Sim. Anlagenklasse 2000 ☐ Fixe Anlagenklasse ☐ Einheitliche Bewertung ☐ Abgleich mit Ist-Abrechnungen Art der Aufteilungsregeln ◉ Prozentsätze Vergleichswert bei Betragsaufteilung ◉ Gesamtplanwert Version © SAP AG	
Dialogfenster "**Aktion auswählen**"	Sichern Sie die Eingaben und beenden Sie die Transaktion.

M11.3.2 Investitionsprofil dem Projektprofil zuordnen

Die Zuordnung eines Investitionsprofils zu einem Innenauftrag kann entweder direkt im Stammsatz des Auftrags oder über einen Musterauftrag erfolgen.
PSP-Elementen kann ein Investitionsprofil entweder ebenfalls direkt im Stammsatz oder über das beim Anlegen verwendete Projektprofil zugeordnet werden.

Anzeige	Eingabe/Auswahl
	Doppelklicken Sie auf **Zuordnung Investitionsprofil/Projektprofil festlegen**
Bildschirm "**Sicht " Zuordnung Investitionsprofil zu Projektprofil " ändern: Übersicht**"	Eingabe/Auswahl unter "InvProfil" hinter Ihrem Projektprofil PJPxx, xx=Ihre Teilnehmernummer: ***INPxx***, xx = Teilnehmernummer Sichern Sie die Eingabe, beenden Sie die Transaktion und schließen Sie das Dialogfenster.
Einführungsleitfaden	

Anzeige	Eingabe/Auswahl

M11.4: Steuerungsparameter für die Abrechnung von Investitionsmaßnahmen

Bei der *periodischen Abrechnung* werden die auf den Investitionsmaßnahmen (Aufträgen oder PSP-Elementen) gesammelten Istkosten am Periodenende an die zugehörigen Anlagen im Bau (aktivierungsfähige oder -pflichtige Belastungen) und an CO-Empfänger wie Kostenstellen oder Gemeinkostenaufträge (nicht aktivierungsfähige bzw. -pflichtige Belastungen) weiterverrechnet.

Bei Fertigstellung werden im Rahmen der *Gesamtabrechnung* die Beträge, die auf Anlage im Bau belastet wurden, auf eine oder mehrere Anlagen als Empfänger abgerechnet.

Für die Abrechnungsprozesse, die weitgehend automatisiert ablaufen, müssen im Customizing verschiedene Steuerungsparameter und *Abrechnungsvorschriften* (Aufteilungsregeln) gepflegt werden.

M11.4.1 Verrechnungsschema anlegen

Welche Kosten (Kostenartengruppe von Belastungskostenarten des Senders) unter welcher Abrechnungskostenart an welchen Empfängertyp (z.B. Kostenstelle, Auftrag etc.) abgerechnet werden sollen, wird in der sogenannten *Abrechnungszuordnung* angegeben.

Ein *Verrechnungsschema* besteht aus einer oder mehreren Abrechnungszuordnungen.

Anzeige	Eingabe/Auswahl
	Wählen Sie im Einführungsleitfaden: **Investitionsmanagement – Innenaufträge als Investitionsmaßnahmen - Abrechnung – Verrechnungsschemata pflegen**
Bildschirm "**Sicht "Verrechnungsschemata" ändern: Übersicht"**	Klicken Sie auf Neue Einträge
Bildschirm "**Neue Einträge: Übersicht Hinzugefügte"**	Eingabe: _Schema_: *xx*, xx = Teilnehmernummer _Text:_ ***Abrechnung Fajalt*** ↵
	Markieren Sie auf der rechten Bildschirmseite die (neu eingegebene) Zeile: **xx Abrechnung Fajalt**, xx = Teilnehmernummer
	Doppelklicken Sie (in der Dialogstruktur der linken Bildschirmseite) auf **Zuordnungen**

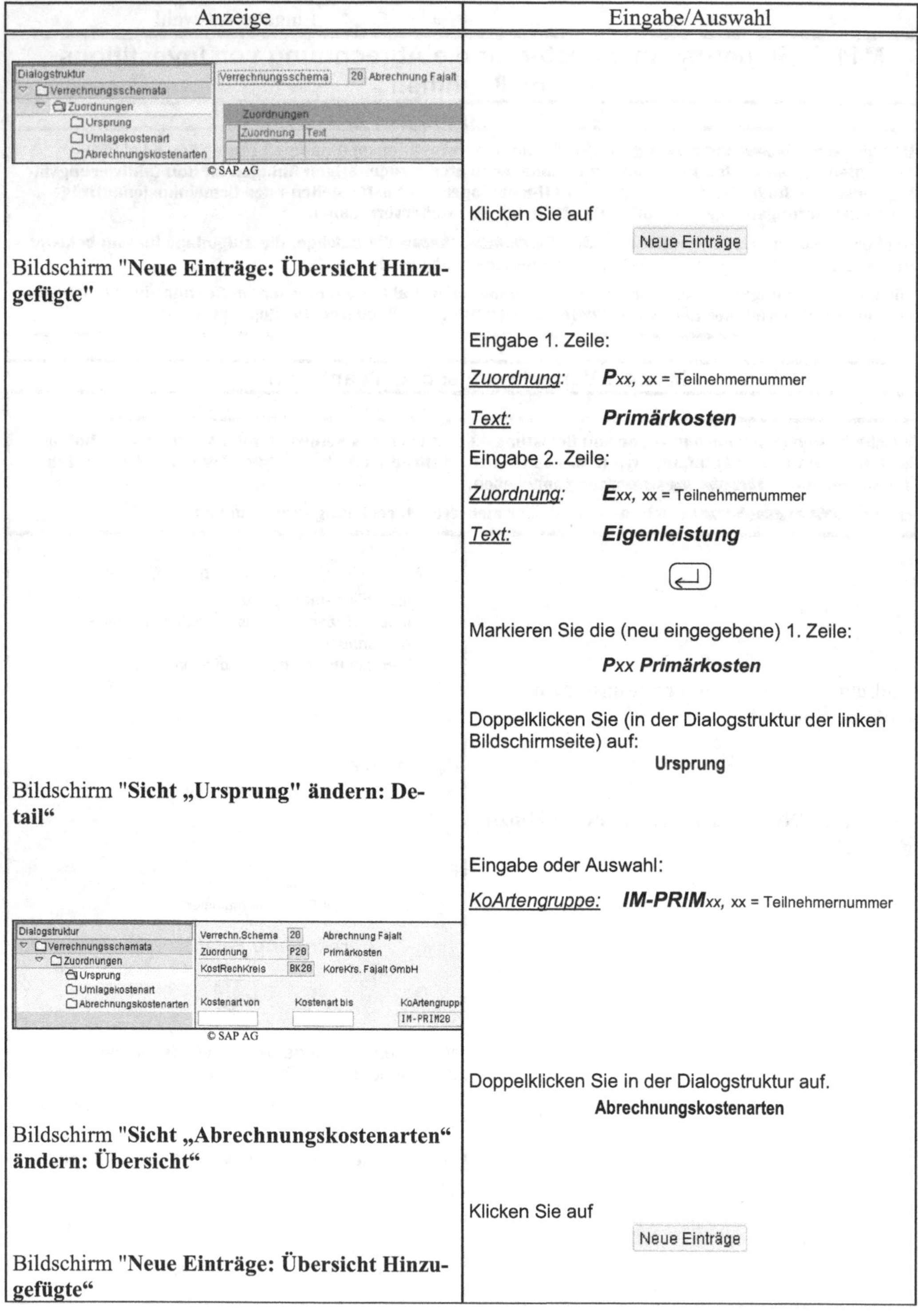

Anzeige	Eingabe/Auswahl
Dialogstruktur Verrechnungsschemata Zuordnungen Ursprung Umlagekostenart Abrechnungskostenarten Verrechnungsschema 20 Abrechnung Fajalt Zuordnungen Zuordnung Text © SAP AG	
	Klicken Sie auf Neue Einträge
Bildschirm "**Neue Einträge: Übersicht Hinzugefügte"**	Eingabe 1. Zeile: *Zuordnung:* ***P**xx,* xx = Teilnehmernummer *Text:* ***Primärkosten*** Eingabe 2. Zeile: *Zuordnung:* ***E**xx,* xx = Teilnehmernummer *Text:* ***Eigenleistung*** ↵
	Markieren Sie die (neu eingegebene) 1. Zeile: ***Pxx Primärkosten***
	Doppelklicken Sie (in der Dialogstruktur der linken Bildschirmseite) auf: **Ursprung**
Bildschirm "**Sicht „Ursprung" ändern: Detail"**	Eingabe oder Auswahl: *KoArtengruppe:* ***IM-PRIM**xx,* xx = Teilnehmernummer
Dialogstruktur Verrechnungsschemata Zuordnungen Ursprung Umlagekostenart Abrechnungskostenarten Verrechn.Schema 20 Abrechnung Fajalt Zuordnung P20 Primärkosten KostRechKreis BK20 KoreKrs. Fajalt GmbH Kostenart von Kostenart bis KoArtengrupp IM-PRIM20 © SAP AG	
	Doppelklicken Sie in der Dialogstruktur auf. **Abrechnungskostenarten**
Bildschirm "**Sicht „Abrechnungskostenarten" ändern: Übersicht"**	Klicken Sie auf Neue Einträge
Bildschirm "**Neue Einträge: Übersicht Hinzugefügte"**	

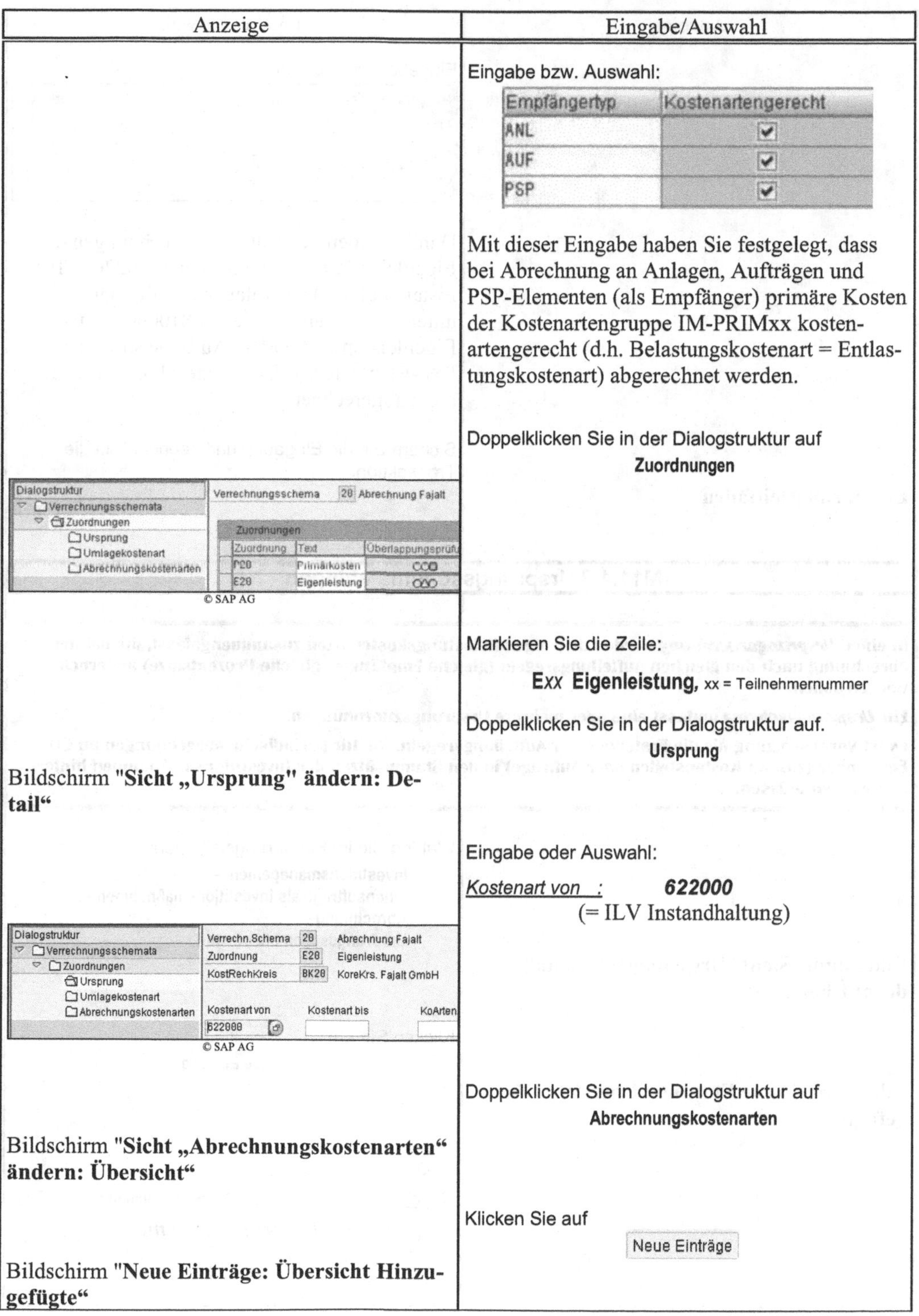

Anzeige	Eingabe/Auswahl
	Eingabe bzw. Auswahl: Empfängertyp | Kostenartengerecht ANL | ☑ AUF | ☑ PSP | ☑ Mit dieser Eingabe haben Sie festgelegt, dass bei Abrechnung an Anlagen, Aufträgen und PSP-Elementen (als Empfänger) primäre Kosten der Kostenartengruppe IM-PRIMxx kostenartengerecht (d.h. Belastungskostenart = Entlastungskostenart) abgerechnet werden. Doppelklicken Sie in der Dialogstruktur auf **Zuordnungen**
Dialogstruktur: Verrechnungsschemata / Zuordnungen / Ursprung / Umlagekostenart / Abrechnungskostenarten; Verrechnungsschema 20 Abrechnung Fajalt; Zuordnungen: Zuordnung | Text | Überlappungsprüfu…; P20 | Primärkosten; E20 | Eigenleistung © SAP AG	Markieren Sie die Zeile: **Exx Eigenleistung,** xx = Teilnehmernummer Doppelklicken Sie in der Dialogstruktur auf. **Ursprung**
Bildschirm "**Sicht „Ursprung" ändern: Detail“** Dialogstruktur: Verrechnungsschemata / Zuordnungen / Ursprung / Umlagekostenart / Abrechnungskostenarten; Verrechn.Schema 20 Abrechnung Fajalt; Zuordnung E20 Eigenleistung; KostRechKreis BK20 KoreKrs. Fajalt GmbH; Kostenart von 622000; Kostenart bis; KoArten… © SAP AG	Eingabe oder Auswahl: *Kostenart von :* ***622000*** (= ILV Instandhaltung) Doppelklicken Sie in der Dialogstruktur auf **Abrechnungskostenarten**
Bildschirm "**Sicht „Abrechnungskostenarten“ ändern: Übersicht“**	Klicken Sie auf Neue Einträge
Bildschirm "**Neue Einträge: Übersicht Hinzugefügte“**	

<table>
<tr><th>Anzeige</th><th>Eingabe/Auswahl</th></tr>
<tr><td>

Einführungsleitfaden</td><td>Eingabe bzw. Auswahl:

<table><tr><th>Empfängertyp</th><th>Kostenartengerecht</th><th>Abrechn.Kostenart</th></tr>
<tr><td>ANL</td><td>☐</td><td>810000</td></tr>
<tr><td>AUF</td><td>☑</td><td></td></tr>
<tr><td>PSP</td><td>☑</td><td></td></tr></table>

Damit werden bei späteren Abrechnungen die Eigenleistungen (Senderkostenart: 622000 ILV Instandhaltung) an Anlagen (als Empfänger) unter Abrechnungskostenart 810000 (Aktiv. Eigenleistungen) und an Aufträge sowie an PSP-Elemente (als Empfänger) kostenartengerecht abgerechnet.

Sichern Sie die Eingaben und beenden Sie die Transaktion.</td></tr>
<tr><td colspan="2">M11.4.2 Ursprungsschema anlegen</td></tr>
<tr><td colspan="2">In einer Ursprungszuordnung werden diejenigen Belastungskostenarten zusammengefasst, die bei der Abrechnung nach den gleichen Aufteilungsregeln (gleiche Empfänger, gleiche Prozentsätze) abgerechnet werden sollen.
Ein Ursprungsschema umfasst eine oder mehrere Ursprungszuordnungen.
Es ist Voraussetzung für die Erstellung der Aufteilungsregeln, die für periodische Abrechnungen an CO-Empfänger (z.B. an Kostenstellen oder Aufträge) in den Stammsätzen der Investitionsmaßnahmen hinterlegt werden müssen.</td></tr>
<tr><td>

Bildschirm "Sicht "Ursprungsschemata" ändern: Übersicht"

Bildschirm "Neue Einträge: Übersicht Hinzugefügte"</td><td>Wählen Sie im Einführungsleitfaden:
Investitionsmanagement –
Innenaufträge als Investitionsmaßnahmen -
Abrechnung –
Ursprungsschemata pflegen

Klicken Sie auf
[Neue Einträge]

Eingabe:
<u>Schema:</u> xx, xx = Ihre Teilnehmernummer
<u>Text:</u> Ursprungsschema
[↵]</td></tr>
</table>

Anzeige	Eingabe/Auswahl
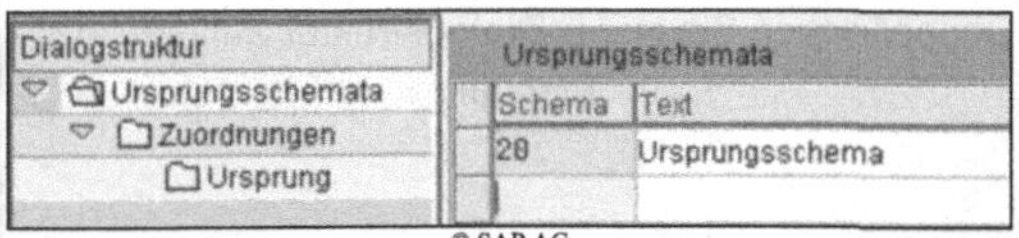 Dialogstruktur: Ursprungsschemata / Zuordnungen / Ursprung; Ursprungsschemata: Schema 28 – Text Ursprungsschema © SAP AG	
	Markieren Sie auf der rechten Bildschirmseite die Zeile: *xx* **Ursprungsschema,** xx = Teilnehmernummer
	Doppelklicken Sie in der Dialogstruktur der linken Bildschirmseite auf. **Zuordnungen**
Bildschirm **"Sicht „Zuordnungen" ändern: Übersicht"**	Klicken Sie auf Neue Einträge
Bildschirm "**Neue Einträge: Übersicht Hinzugefügte"**	Eingabe (bitte **xx** jeweils durch **Ihre Teilnehmernummer** ersetzen): Zuordnung / Text Uxx / Ursprungszuordn.Eigenleistung Vxx / Ursprungszuordn. Primärkosten [Enter]
	Für die Fajalt GmbH sollen später 10% der Eigenleistung für Verkabelung (Ursprungszuordnung Uxx), mit der das PSP-Element „Hardware" belastet wurde, an einen Controlling-Auftrag abgerechnet werden. Sämtliche restlichen auf „Hardware" gesammelten Kosten sollen aktiviert werden. Trotzdem ist es erforderlich, dass sämtliche Belastungskostenarten (hier also auch die primären Kosten) des Senderobjekts einer Ursprungszuordnung (Ursprungszuordnung Vxx) zugeordnet werden.
	Markieren Sie die (neu eingebebene) Zeile: U*xx* **Ursprungszuordn.Eigenleistung**, xx = Teilnehmernr.

Anzeige	Eingabe/Auswahl
	Doppelklicken Sie in der Dialogstruktur auf. **Ursprung**
Bildschirm "**Sicht „Ursprung" ändern: Übersicht“**	Klicken Sie auf Neue Einträge
Bildschirm "**Neue Einträge: Übersicht Hinzugefügte"**	Eingabe oder Auswahl: *Kostenart* *Von Wert:* ***622000*** (= ILV Instandhaltung)
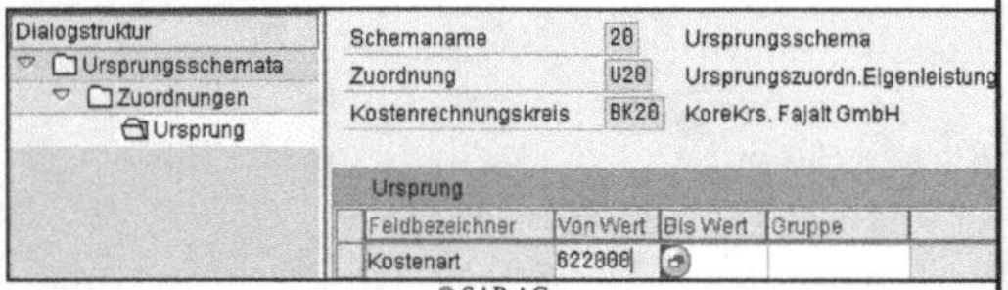 Dialogstruktur Ursprungsschemata Zuordnungen Ursprung Schemaname 20 Ursprungsschema Zuordnung U20 Ursprungszuordn.Eigenleistung Kostenrechnungskreis BK20 KoreKrs. Fajalt GmbH Ursprung Feldbezeichner / Von Wert / Bis Wert / Gruppe Kostenart / 622000 © SAP AG	
	Doppelklicken Sie in der Dialogstruktur auf: **Zuordnungen**
Bildschirm "**Neue Einträge: Übersicht Hinzugefügte"**	Markieren Sie die Zeile: **V*xx* Ursprungszuordn.Primärkosten** xx = Ihre Teilnehmernummer
	Doppelklicken Sie in der Dialogstruktur auf: **Ursprung**
Bildschirm "**Sicht "Ursprung" ändern: Detail"**	Klicken Sie auf Neue Einträge
Bildschirm "**Neue Einträge: Übersicht Hinzugefügte"**	Eingabe oder Auswahl: *Kostenart* *Gruppe:* ***IM-PRIM*xx*,*** xx = Teilnehmernr. (= Primäre Kosten)
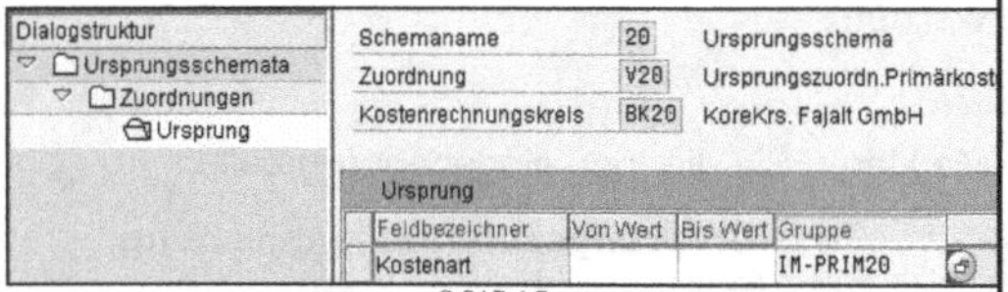 Dialogstruktur Ursprungsschemata Zuordnungen Ursprung Schemaname 20 Ursprungsschema Zuordnung V20 Ursprungszuordn.Primärkost Kostenrechnungskreis BK20 KoreKrs. Fajalt GmbH Ursprung Feldbezeichner / Von Wert / Bis Wert / Gruppe Kostenart / IM-PRIM20 © SAP AG	

Anzeige	Eingabe/Auswahl
Einführungsleitfaden	Sichern Sie die Eingaben und beenden Sie die Transaktion.

M11.4.3 Abrechnungsprofil anlegen

Ein *Abrechnungsprofil* umfasst eine Reihe von Steuerungsparameter für die Abrechnung von Investitionsmaßnahmen und ist Voraussetzung dafür, dass später für einen Sender (Auftrag oder PSP-Element) im jeweiligen Stammsatz eine Abrechnungsvorschrift erfasst werden kann.

Im Abrechnungsprofil können u. a. erlaubte Empfänger (z.B. Kostenstelle, Anlage), Bezugsgrößen für die Festlegung der Abrechnungsanteile (Prozent und/oder Äquivalenzziffern) oder die maximale Anzahl der Aufteilungsregeln festgelegt werden.

Die Zuordnung zum Auftrag bzw. PSP-Element erfolgt durch Hinterlegung in der Auftragsart bzw. im Projektprofil.

Anzeige	Eingabe/Auswahl
	Wählen Sie im Einführungsleitfaden: **Investitionsmanagement –** **Innenaufträge als Investitionsmaßnahmen -** **Abrechnung –** **Abrechnungsprofile pflegen**
Dialogfenster "**Aktion auswählen**"	Doppelklicken Sie auf **Abrechnungsprofil definieren**
Bildschirm "**Sicht "Abrechnungsprofil" ändern: Übersicht"**	Klicken Sie auf Neue Einträge
Bildschirm "**Neue Einträge: Detail Hinzugefügte"**	Eingabe bzw. Auswahl: *Abrechnungsprofil:* ***APxx,*** xx = Teilnehmernummer *Text* ***Abrechnungsprofil Fajalt*** Markieren Sie (unter „Istkosten/Kosten d. Ums."): **vollständig abzurechnen** Der Saldo muss für Investitionsmaßnahmen nach der Abrechnung Null sein. Eingabe bzw. Auswahl (unter „Vorschlagswerte"): *Verrechnungsschema:* ***xx,*** xx = Ihre Teilnehmernummer Markieren Sie (unter „Kennzeichen"): **Prozentabrechnung** **Äquivalenzziffern**

Anzeige	Eingabe/Auswahl
Abrechnungsprofil AP20 Abrechnungsprofil Fajalt Istkosten / Kosten des Umsatzes ◉ vollständig abzurechnen ○ können abgerechnet werden ○ nicht abzurechnen Vorschlagswerte Verrechnungsschema 20 Abrechnung Faj... Ursprungsschema Ergebnisschema Kontierungsvorschlag Kennzeichen ☐ 100%-Verprobung ☑ Prozentabrechnung ☑ Äquivalenzziffern ☐ Betragsabrechnung ☐ Abweichungen an kalk. Ergebnisrechn. Erlaubte Empfänger Sachkonto: Abrechnung nicht erlaubt Kostenstelle: Abrechnung nicht erlaubt Auftrag: kann abgerechnet werden PSP-Element: kann abgerechnet werden Anlage: kann abgerechnet werden Material: Abrechnung nicht erlaubt Netzplan: Abrechnung nicht erlaubt Ergebnisobjekt: Abrechnung nicht erlaubt Kundenauftrag: Abrechnung nicht erlaubt Kostenträger: Abrechnung nicht erlaubt Auftragsposition: Abrechnung nicht erlaubt Geschäftsprozeß: Abrechnung nicht erlaubt Immobilienobjekt: Abrechnung nicht erlaubt Sonstige Parameter Belegart AA Anlagenbuchung Anzahl Regeln 999 Residenzzeit 3 Monate © SAP AG	Auswahl (unter „Erlaubte Empfänger"): *Auftrag:* **kann abgerechnet werden** *PSP-Element:* **kann abgerechnet werden** *Anlage:* **kann abgerechnet werden** Eingabe bzw. Auswahl (unter „Sonstige Parameter"): *Belegart:* ***AA*** (= Anlagenbuchung) *Anzahl Regeln:* **999** *Residenzzeit:* ***3*** (= 3 Monate) ↵
Dialogfenster "**Aktion auswählen**"	Sichern Sie die Eingaben und beenden Sie die Transaktion.
M11.4.4 Abrechnungsprofil zu Auftragsart und Projektprofil zuordnen	
Dialogfenster "**Aktion auswählen**"	Da das angelegte Abrechnungsprofil in der Fajalt GmbH für alle Investitionsmaßnahmen (Aufträge und PSP-Elemente) gelten soll, ist es sowohl der Auftragsart als auch dem Projektprofil zuzuordnen. **Abrechnungsprofil der Auftragsart zuordnen** Doppelklicken Sie auf **Zuordnung Abrechnungsprofil/Auftragsart festlegen**

Anzeige	Eingabe/Auswahl
Bildschirm "**Sicht "Auftragsarten" ändern: Übersicht"**	Eingabe/Auswahl unter "Abrechnungsprofil" hinter <u>Ihrer</u> Auftragsart AAxx, xx=Ihre Teilnehmernummer: ***APxx***, xx = Teilnehmernummer
Auftragsarten Art | Bezeichnung | Typ | Abrechnungsprofil 0650 | Investitionsauftrag | 1 | 50 0700 | Innenauftrag - Fertigung | 1 | 20 0800 | Innenauftrag - Reparatur/Instandhaltung | 1 | 40 1000 | Innenauftrag - planintegriert | 1 | 20 9A00 | Innenauftrag - Abgrenzung Kostenrechnu... | 2 | 20 AA20 | Investitionsauftrag Fajalt | 1 | AP20 CL01 | Claim | 1 | 20 © SAP AG	Sichern Sie die Eingabe, beenden Sie die Transaktion und schließen Sie das Dialogfenster "Aktion auswählen".
Einführungsleitfaden	**<u>Abrechnungsprofil dem Projektprofil zuordnen</u>** Wählen Sie im Einführungsleitfaden: **Investitionsmanagement – Projekte als Investitionsmaßnahmen - Abrechnung – Abrechnungsprofile pflegen**
Dialogfenster "**Aktion auswählen**"	Doppelklicken Sie auf **Abrechnungsprofil einem Projektprofil zuordnen**
Bildschirm "**Sicht "Zuordnung Abrechnungsprofil zum Projektprofil" ändern: Übersicht"**	Eingabe/Auswahl unter "AbrPr" hinter <u>Ihrem</u> Projektprofil PJPxx, xx=Ihre Teilnehmernummer: ***APxx***, xx = Teilnehmernummer [Enter]
PrjProf | Beschreibung | Abr... | Text 0000001 | Standard-Projektprofil | 20 | Gemeinkosten 0000002 | Investitionsprojekte | 50 | Investitionsmaßnahme PJP20 | Projektprofil Fajalt | AP20 | Abrechnungsprofil Fajalt © SAP AG	Sichern Sie die Eingabe, beenden Sie die Transaktion und schließen Sie das Dialogfenster.
Einführungsleitfaden	

Modul 12: Definition von Investitionsmaßnahmen

Stammdaten Investitionsauftrag

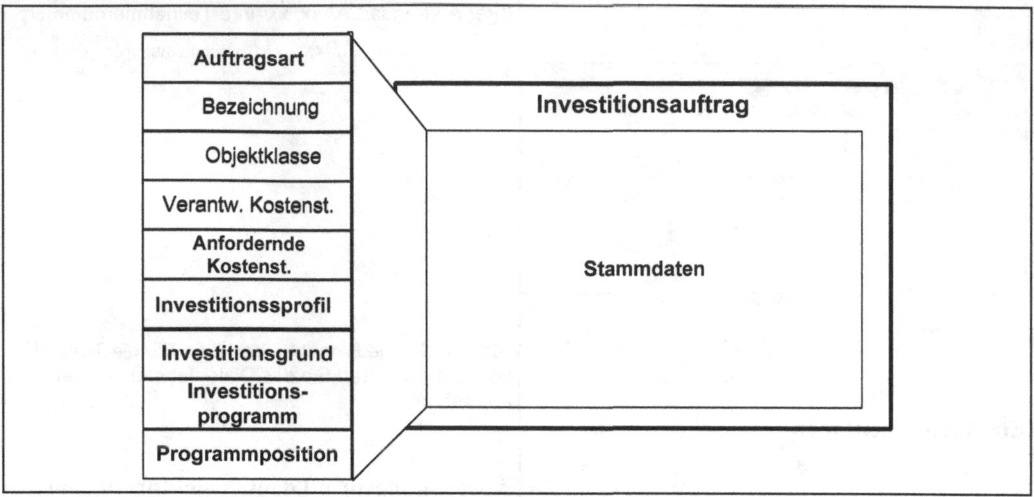

Abb. 4.19: Stammdaten eines Investitionsauftrages

Die inhaltliche Festlegung eines Investitionsauftrages erfolgt über dessen Stammdaten. Sie steuern außerdem die Erfassung von Geschäftvorgängen (Planung, Budgetierung, Kontierung, Abrechnung), die sich auf den individuellen Investitionsauftrag beziehen.

Stammdaten Investitionsprojekt

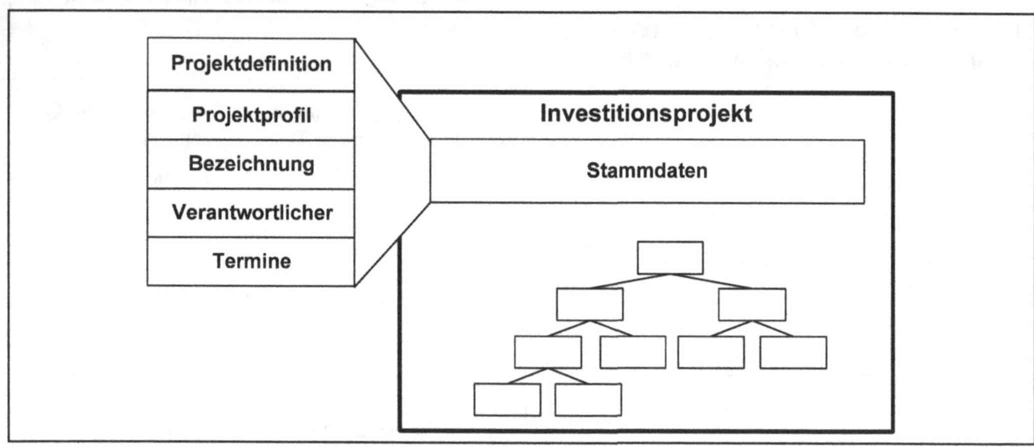

Abb. 4.20: Stammdaten eines Investitionsprojektes

Da Investitionsprojekte eine eigene Kategorie innerhalb der Investitionsmaßnahmen der Komponente IM darstellen, sind die entsprechenden Stammdaten für das jeweilige Projekt analog den Stammdaten eines Investitionsauftrages anzulegen. Zusätzlich ist zu den Stammdaten des Gesamtprojektes die Struktur aus hierarchisch angeordneten PSP-Elementen (Projektstrukturplanelemente) zu definieren, wobei für jedes PSP-Element eigenständige Stammdaten zu vergeben sind.

Was ist zu tun?

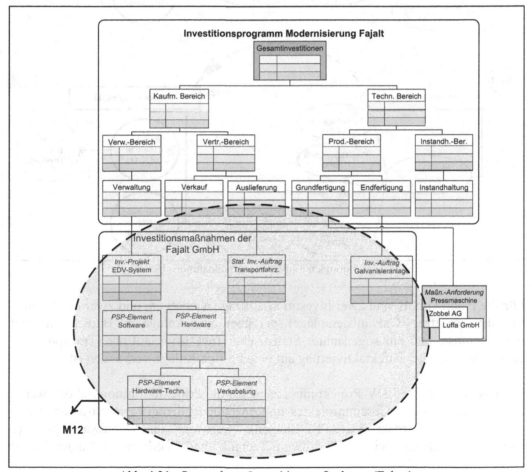

Abb. 4.21: Stammdaten Investitionsmaßnahmen (Fokus)

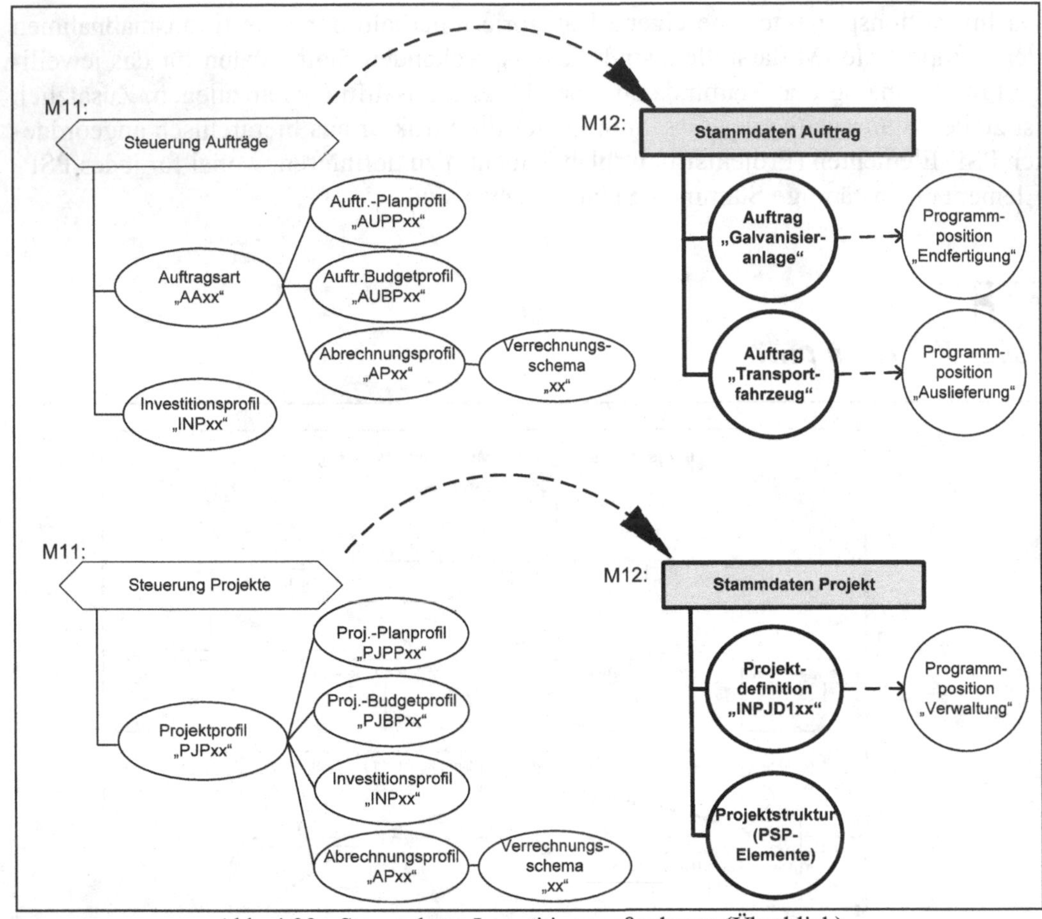

Abb. 4.22: Stammdaten Investitionsmaßnahmen (Überblick)

Für die Fajalt GmbH sind zwei Investitionsaufträge anzulegen, und zwar ein "echter" Investitionsauftrag (Galvanisieranlage), der über eine Anlage im Bau abgerechnet werden muss, und ein sogenannter Statistischer Investitionsauftrag (Transportfahrzeug), der mit einer Direktaktivierung auf eine Fertige Anlage verbunden ist.

Für das vorgesehene EDV-Projekt muss zunächst die Projektdefinition mit den weiteren Stammdaten des Gesamtprojektes und anschließend die Projektstruktur erfasst werden, die das Projekt in die PSP-Elemente "Software" und "Hardware" gliedert, wobei die Hardware weiter in "Hardware-Technik" und "Verkabelung" untergliedert wird.

Aufträge und Projekt müssen den entsprechenden Programmpositionen zugeordnet werden.

Anzeige	Eingabe/Auswahl

Modul 12: Definition von Investitionsmaßnahmen

Investitionsmaßnahmen **unterscheiden sich grundsätzlich nicht von anderen Innenaufträgen oder Projekten im SAP-System. Allerdings haben Sie einige spezielle Eigenschaften, die der anlagenbuchhalterischen Relevanz solcher Aufträge/Projekte Rechnung tragen. Sie verfügen neben den controllingorientierten Werten und Stammdaten des Auftrages bzw. Projektes auch über Daten einer Anlage im Bau für den Bilanzausweis der aktivierungspflichtigen Investitionsanteile und über Bewertungsparameter für Sonderabschreibungen und AfA-Simulationen während der Bauphase.**

Bei der Entscheidung, ob Investitionen als Aufträge oder Projekte verwaltet werden sollen, ist zu berücksichtigen, dass eine hierarchische Strukturierung kostentragender Objekte nur für Projekte möglich ist. Aufträge sind immer eindimensional, das heißt es ist zum Beispiel nicht möglich, Budgets innerhalb mehrerer Aufträge strukturiert von oben nach unten zu verteilen.

M12.1 Innenaufträge als Investitionsmaßnahmen anlegen und dem Investitionsprogramm zuordnen

Anzeige	Eingabe/Auswahl
	Auftrag "Galvanisierungsanlage" anlegen
SAP Easy Access mit **SAP Menü**	Wechseln Sie zum SAP-Menü (SAP Easy Access, SAP-Eingangsbildschirm).
	Wählen Sie im SAP-Menü: **Rechnungswesen -** **Investitionsmanagement -** **Innenaufträge –** **Stammdaten –** **Order Manager**
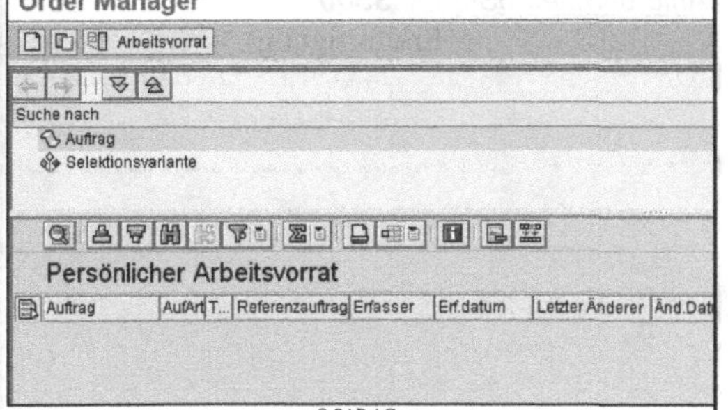 © SAP AG	
	Klicken Sie auf (=Anlegen)
Dialogfeld "**Innenauftrag anlegen**"	Eingabe bzw. Auswahl: *Auftragsart:* ***AAxx,*** xx = Teilnehmernummer (=Ihre Auftragsart)

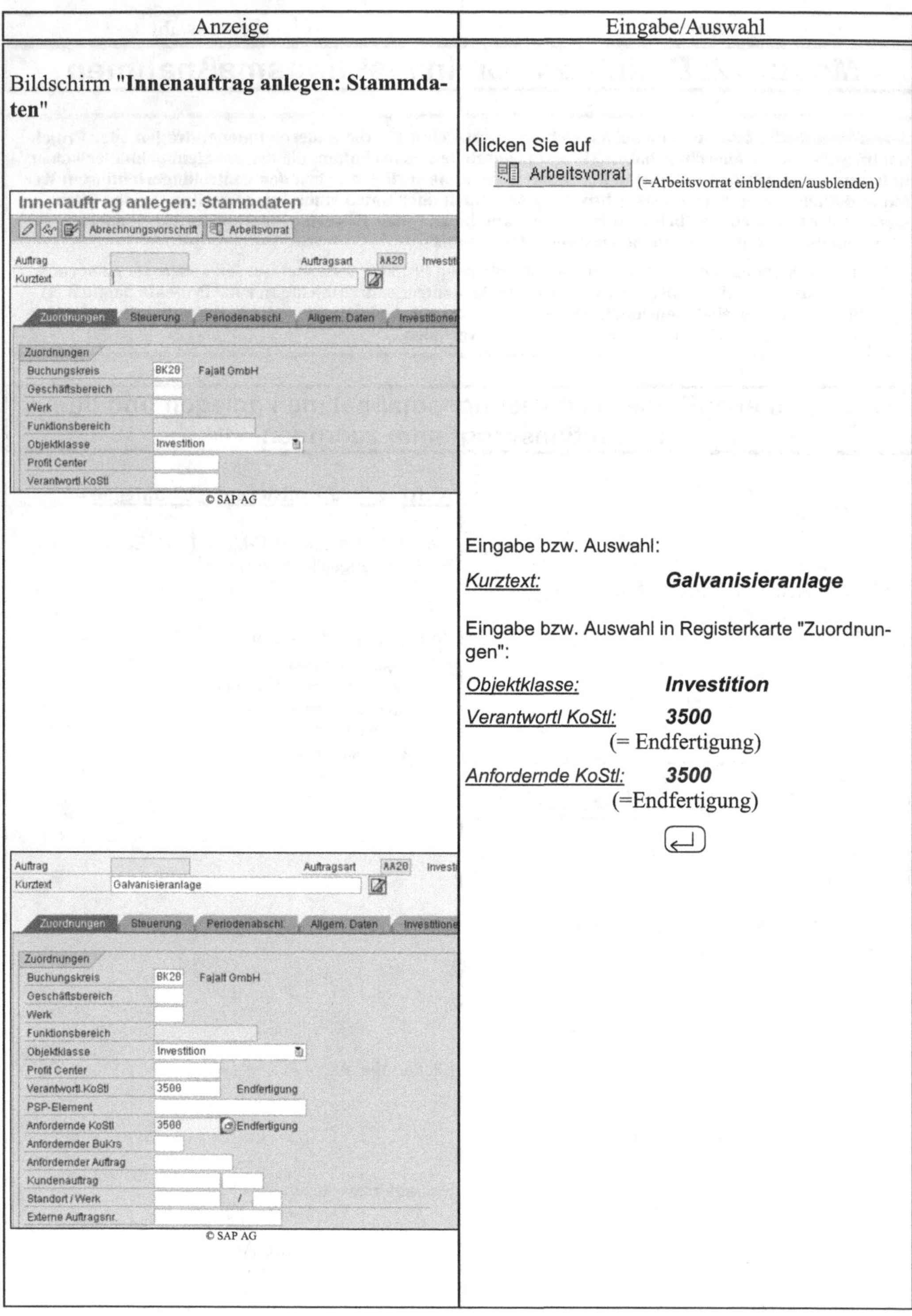

Anzeige	Eingabe/Auswahl
Bildschirm "**Innenauftrag anlegen: Stammdaten**" © SAP AG	Klicken Sie auf Arbeitsvorrat (=Arbeitsvorrat einblenden/ausblenden)
	Eingabe bzw. Auswahl: *Kurztext:* ***Galvanisieranlage*** Eingabe bzw. Auswahl in Registerkarte "Zuordnungen": *Objektklasse:* ***Investition*** *Verantwortl KoStl:* ***3500*** (= Endfertigung) *Anfordernde KoStl:* ***3500*** (=Endfertigung) ↵
© SAP AG	

Anzeige	Eingabe/Auswahl
	Damit haben Sie die verantwortliche und die anfordernde Kostenstelle definiert. Diese Angaben können vom System für Berechtigungsprüfungen verwandt werden, haben jedoch für die Fallstudie nur dokumentarischen Charakter.
	Eingabe bzw. Auswahl in Registerkarte "Investitionen":
	<u>*Investitionsprofil:*</u> ***INPxx***, xx = Teilnehmernummer (=Ihr Investitionsprofil)
	<u>*Investitionsgrund:*</u> ***10*** (= Ersatz)
	<u>*Investitionsprogramm:*</u> ***INPGxx***, xx = Teilnehmernr. (=Ihr Investitionsprogramm)
	<u>*Positions-ID:*</u> ***PGPOS0000003500*** (= Programmposition Endfertigung)
	Damit haben Sie die Investitionsmaßnahme "Galvanisieranlage" der Position "Endfertigung" Ihres Investitionsprogramms zugeordnet.
	Da das zugeordnete Investitionsprofil INPxx bereits als Vorschlags-Simulationsklasse "Maschinen" enthält, sind hier unter "AfA-Simulationsdaten" keine Eingaben erforderlich (Vgl. auch M11.3.1).
	↵
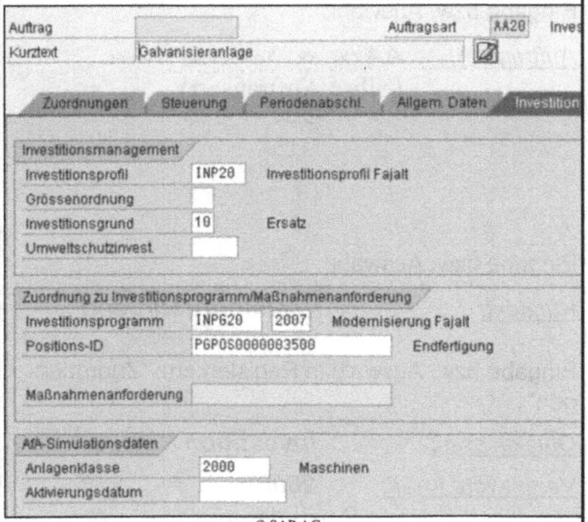 Auftrag ⬚ Auftragsart AA20 Inves Kurztext Galvanisieranlage Zuordnungen / Steuerung / Periodenabschl. / Allgem. Daten / Investition Investitionsmanagement Investitionsprofil INP20 Investitionsprofil Fajalt Grössenordnung Investitionsgrund 10 Ersatz Umweltschutzinvest. Zuordnung zu Investitionsprogramm/Maßnahmenanforderung Investitionsprogramm INPG20 2007 Modernisierung Fajalt Positions-ID PGPOS0000003500 Endfertigung Maßnahmenanforderung AfA-Simulationsdaten Anlagenklasse 2000 Maschinen Aktivierungsdatum © SAP AG	
	Sichern Sie Ihren Investitionsauftrag "Galvanisieranlage".

Anzeige	Eingabe/Auswahl
Meldung: *Auftrag wurde unter der Nummer .... angelegt*	Notieren Sie die vom System vergebene Nummer Ihres Auftrags "Galvanisieranlage" in der entsprechenden Zeile der **Tabelle 9.2 Investitionsaufträge** in 6.1 Datentabellen.
Innenauftrag anzeigen: Stammdaten Abrechnungsvorschrift Arbeitsvorrat he nach Auftrag Selektionsvariante Persönlicher Arbeitsvorrat Auftrag | AufArt | T... | ... | Erfasser | Erf.dat. | ... | ... | Kurztext | ... | BuKr. | ... | ... | KKrs | ... | Ver.Ko 600020 | AA20 | 1 | | IM20 | 17.05.... | | | Galvanisieranlage | | BK20 | | | BK20 | 1 | 3500 © SAP AG	Unter "Persönlicher Arbeitsvorrat" werden nun die Stammdatenfelder des neu angelegten Auftrags "Galvanisieranlage" in Spalten angezeigt. **<u>Auftrag "Transportfahrzeug" als statistischen Auftrag anlegen</u>** Klicken Sie wieder auf (=Anlegen)
Dialogfeld "**Innenauftrag anlegen**"	Eingabe bzw. Auswahl: <u>*Auftragsart:*</u> ***AA**xx,* xx = Teilnehmernummer (=Ihre Auftragsart)
Bildschirm "**Innenauftrag anlegen: Stammdaten**"	Eingabe bzw. Auswahl: <u>*Kurztext:*</u> ***Transportfahrzeug*** Eingabe bzw. Auswahl in Registerkarte "Zuordnungen": <u>*Objektklasse:*</u> ***Investition*** <u>*Verantwortl KoStl:*</u> ***2600*** (= Auslieferung) <u>*Anfordernde KoStl:*</u> ***2600*** (= Auslieferung)

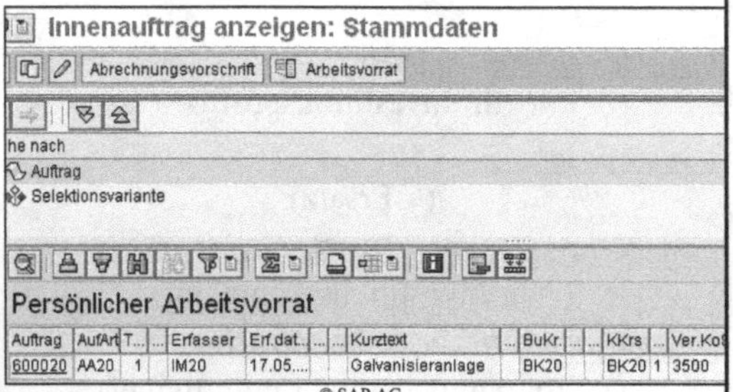

Anzeige	Eingabe/Auswahl
© SAP AG	Wechseln Sie zu Registerkarte "Steuerung". Markieren Sie (durch Anklicken) die Option: **Statistischer Auftrag**
© SAP AG	Mit diesen Eingaben legen Sie fest, dass der Auftrag "Transportfahrzeug" als "statistischer Auftrag" weder mit echten Kosten belastet noch abgerechnet werden kann, aber alle Funktionen eines Auftrags besitzt. Wechseln Sie zu Registerkarte "Investitionen". Eingabe bzw. Auswahl: *Investitionsprofil:* ***INPXX***, xx = Teilnehmernr. (=Ihr Investitionsprofil) *Investitionsgrund:* ***10*** (= Ersatz) *Investitionsprogramm:* ***INPGXX***, xx = Teilnehmernr. (=Ihr Investitionsprogramm) *Positions-ID:* ***PGPOS0000002600*** (= Programmposition Auslieferung) Löschen Sie den Inhalt des Feldes *Anlagenklasse*.

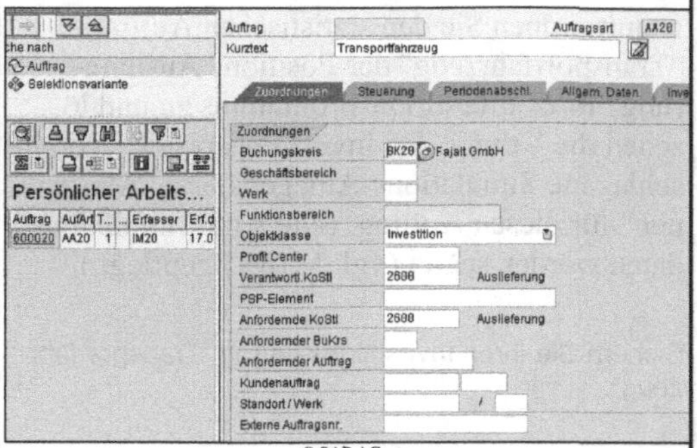

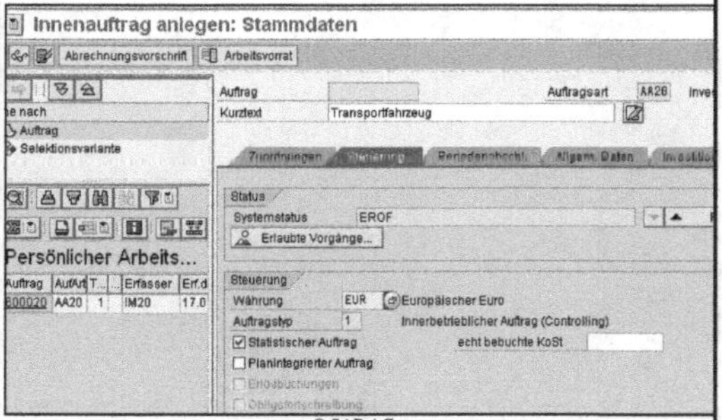

Anzeige	Eingabe/Auswahl
	Damit ordnen Sie den statistischen Auftrag "Transportfahrzeug" der Position "Auslieferung" Ihres Investitionsprogramms zu und löschen die – durch das Investitionsprofil – vorgeschlagene Simulations-Anlagenklasse "Maschinen" für diesen Auftrag. (Die AfA-Simulationsdaten werden später (vgl. M16.1) gepflegt.)
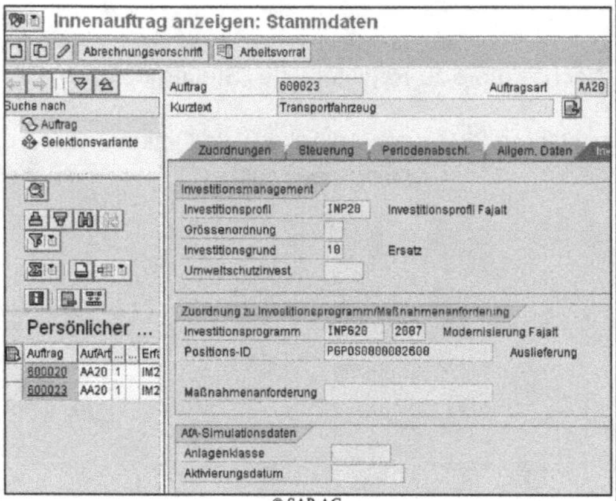 © SAP AG	Sichern Sie Ihren Investitionsauftrag "Transportfahrzeug".
SAP Easy Access mit **SAP Menü**	Notieren Sie die vom System vergebene Auftragsnummer in der Tabelle 9.2 des Anhangs Datentabellen und beenden Sie die Transaktion.

M12.2 Projekt mit PSP-Elementen als Investitionsmaßnahmen anlegen

M12.2.1 Projektdefinition anlegen

Anzeige	Eingabe/Auswahl
	Wählen Sie im SAP-Menü: **Rechnungswesen - Investitionsmanagement - Investitionsprojekte – Stammdaten – Projektstrukturplan – Anlegen**
Bildschirm "**Projekt anlegen: Einstieg**"	Eingabe bzw. Auswahl: Projektdef.: ***INPJD1xx***, xx = Teilnehmernummer (= Schlüssel Ihres Projektes) Projektprofil: ***Projektprofil Fajalt xx***, (= Bezeichnung Ihres Projektprofils)

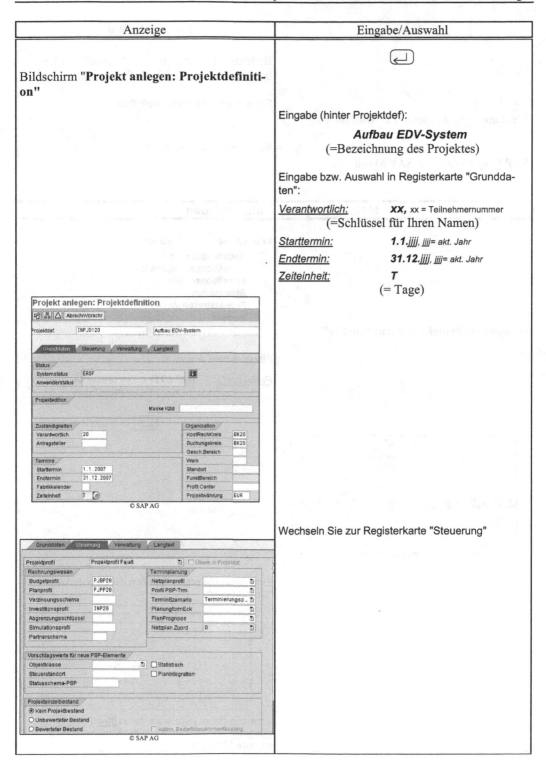

<table>
<tr><th>Anzeige</th><th>Eingabe/Auswahl</th></tr>
<tr><td>Bildschirm "Projekt anlegen: Projektdefinition"</td><td>↵</td></tr>
<tr><td>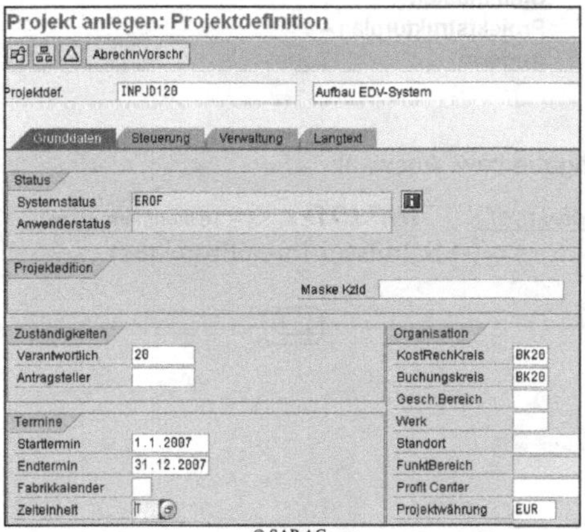

© SAP AG</td><td>Eingabe (hinter Projektdef):
Aufbau EDV-System
(=Bezeichnung des Projektes)

Eingabe bzw. Auswahl in Registerkarte "Grunddaten":
<u>Verantwortlich:</u> XX, xx = Teilnehmernummer
(=Schlüssel für Ihren Namen)
<u>Starttermin:</u> 1.1.jjjj, jjjj= akt. Jahr
<u>Endtermin:</u> 31.12.jjjj, jjjj= akt. Jahr
<u>Zeiteinheit:</u> T
(= Tage)</td></tr>
<tr><td>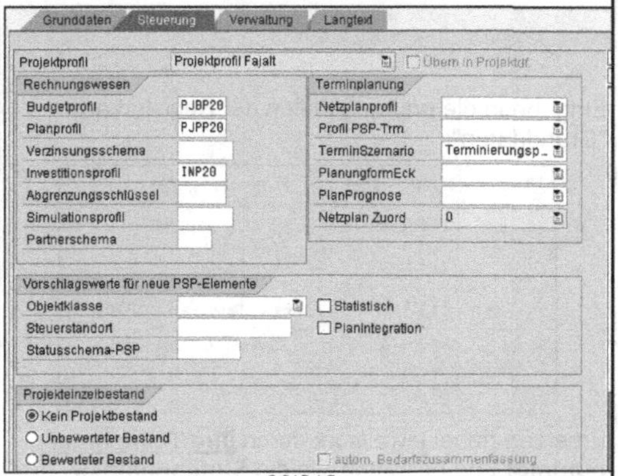

© SAP AG</td><td>Wechseln Sie zur Registerkarte "Steuerung"</td></tr>
</table>

Anzeige	Eingabe/Auswahl
	Budget-, Plan- und Investitionsprofil wurden bereits aus dem Projektprofil übernommen.
	Sichern Sie Ihre Projektdefinition.
Meldung: *Projekt INPJD1xx. wird angelegt*	
	Beenden Sie die Transaktion.
SAP Easy Access mit **SAP Menü**	

M12.2.2 Projektstruktur anlegen

Anzeige	Eingabe/Auswahl
	Wählen Sie im SAP-Menü: **Rechnungswesen - Investitionsmanagement - Investitionsprojekte – Stammdaten – Projektstrukturplan – Ändern**
Bildschirm "**Projekt ändern: Einstieg**"	Eingabe bzw. Auswahl: Projektdef.: ***INPJD1xx***, xx = Teilnehmernummer (= Schlüssel Ihres Projektes)
Projekt ändern: PSP-Elementübersicht Verdichtung ektdef INPJD120 Aufbau EDV-System Grunddaten Termine Zuordnungen Zuständigkeiten Steu U. Stufe PSP-Element Bez.. Kurz.. A P Plan Kont Fakt Systemstatus An 1 1 © SAP AG	
	Eingabe in die ersten 5 Zeilen der Registerkarte "Grunddaten":

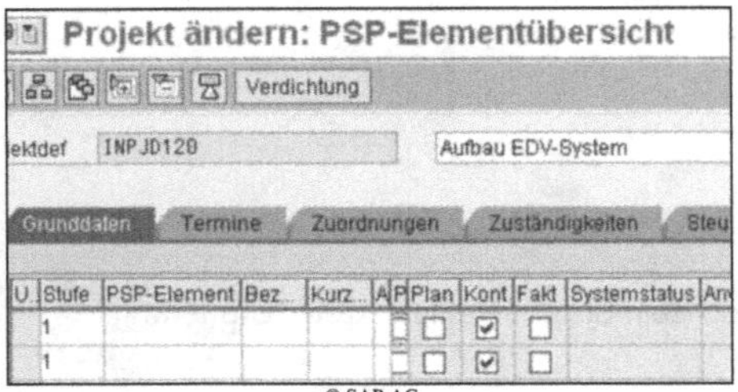

Stufe	PSP-Element	Bezeichnung
1	3100xx	EDV-System
2	3110xx	Hardware
3	3111xx	Hardware-Technik
3	3112xx	Verkabelung
2	3120xx	Software

Ersetzen dabei jeweils **xx** durch **Ihre Teilnehmernummer** und beachten Sie die **Stufennummer (Spalte "Stufe")** !

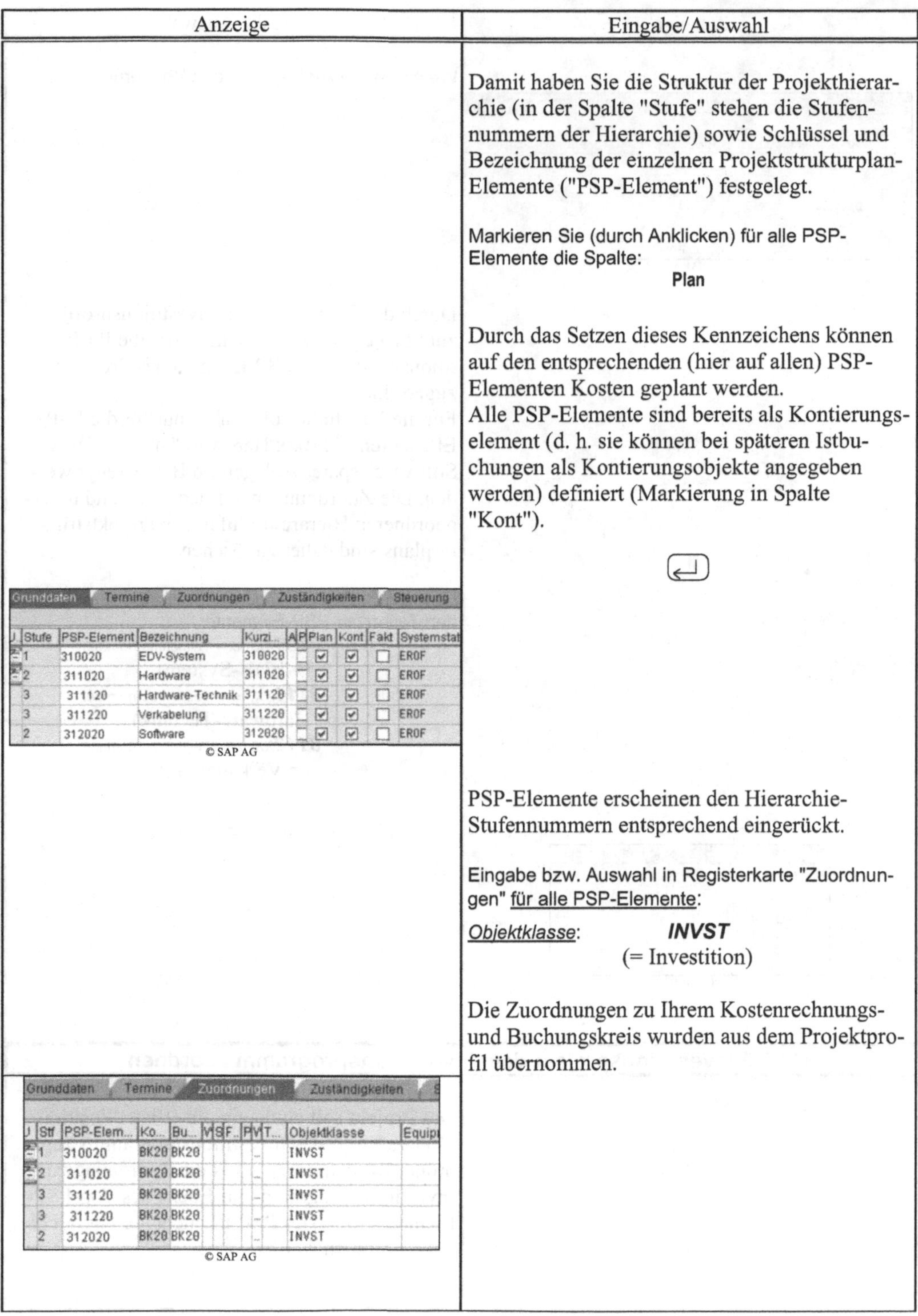

Anzeige	Eingabe/Auswahl

Damit haben Sie die Struktur der Projekthierarchie (in der Spalte "Stufe" stehen die Stufennummern der Hierarchie) sowie Schlüssel und Bezeichnung der einzelnen Projektstrukturplan-Elemente ("PSP-Element") festgelegt.

Markieren Sie (durch Anklicken) für alle PSP-Elemente die Spalte:

Plan

Durch das Setzen dieses Kennzeichens können auf den entsprechenden (hier auf allen) PSP-Elementen Kosten geplant werden.
Alle PSP-Elemente sind bereits als Kontierungselement (d. h. sie können bei späteren Istbuchungen als Kontierungsobjekte angegeben werden) definiert (Markierung in Spalte "Kont").

Grunddaten | Termine | Zuordnungen | Zuständigkeiten | Steuerung

Stufe	PSP-Element	Bezeichnung	Kurzi...	A	P	Plan	Kont	Fakt	Systemstat
1	310020	EDV-System	310020		☐	☑	☑	☐	EROF
2	311020	Hardware	311020		☐	☑	☑	☐	EROF
3	311120	Hardware-Technik	311120		☐	☑	☑	☐	EROF
3	311220	Verkabelung	311220		☐	☑	☑	☐	EROF
2	312020	Software	312020		☐	☑	☑	☐	EROF

PSP-Elemente erscheinen den Hierarchie-Stufennummern entsprechend eingerückt.

Eingabe bzw. Auswahl in Registerkarte "Zuordnungen" <u>für alle PSP-Elemente</u>:

<u>*Objektklasse*</u>: ***INVST***
(= Investition)

Die Zuordnungen zu Ihrem Kostenrechnungs- und Buchungskreis wurden aus dem Projektprofil übernommen.

Grunddaten | Termine | Zuordnungen | Zuständigkeiten

Stf	PSP-Elem...	Ko...	Bu...	V	S	F..	P	V	T...	Objektklasse	Equip
1	310020	BK20	BK20					...		INVST	
2	311020	BK20	BK20					...		INVST	
3	311120	BK20	BK20					...		INVST	
3	311220	BK20	BK20					...		INVST	
2	312020	BK20	BK20					...		INVST	

Anzeige	Eingabe/Auswahl

Wechseln Sie zur Registerkarte "Steuerung".

Grunddaten | Termine | Zuordnungen | Zuständigkeiten | Steueru

U	Stf	PSP-Element	Kal..	Z..	Zins..	InvestProfil	AbgrS..	Stat	Bebuchte ...
	1	310020				INP20		☐	
	2	311020				INP20		☐	
	3	311120				INP20		☐	
	3	311220				INP20		☐	
	2	312020				INP20		☐	

Durch die Zuordnung des Investitionsprofils zum Projektprofil wurde als Vorgabe Ihr Investitionsprofil allen PSP-Element des Projektes zugeordnet.
Für die Fallstudie sollen aber nur für die PSP-Elementen "3110xx Hardware" und "3120xx Software" später Anlagen im Bau erzeugt werden. Die Zuordnungen auf den über- und untergeordneten Hierarchiestufen des Projektstrukturplans sind daher zu löschen.

Löschen Sie die Einträge des Investitionsprofils aus den Zeilen der PSP-Elemente:

3100*xx*, *xx* = Teilnehmernummer
(= EDV-System)
3111*xx*, *xx* = Teilnehmernummer
(= Hardware-Technik)
3112*xx*, *xx* = Teilnehmernummer
(= Verkabelung)

[Enter]

Stf	PSP-Element	K	Z..	Z	InvestProfil	AbgrS.
1	310020					
2	311020				INP20	
3	311120					
3	311220					
2	312020				INP20	

M12.2.3 Investitionsprojekt dem Investitionsprogramm zuordnen

Das Projekt soll eindeutig der (Blatt-)Position "Verwaltung" des Investitionsprogramms zugeordnet werden. Dazu muss die Zuordnung zum Investitionsprogramm auf Ebene des Top-PSP-Elements (oberstes PSP-Element der Hierarchie) vorgenommen werden.

Anzeige	Eingabe/Auswahl
	Doppelklicken Sie auf die Zeile des obersten PSP-Elements: ***3100xx**, xx* = Teilnehmernummer (= EDV-System)
Dialogfeld "**PSP-Element ändern**" PSP-Element ändern PSP-Element 310020 EDV-System Grunddaten / Termine / Zuordnungen / Steuerung / Benutzerfelder Organisation KostRechKreis BK20 — Teilprojekt Buchungskreis BK20 — Werk Gesch.bereich — Standort FunktBereich — Fabrikkalender Profit Center — Equipment Objektklasse Investition — Techn.Platz Währung EUR — Änderungsnr. Steuerstandort © SAP AG	Wechseln Sie zur Registerkarte "Zuordnungen".
310020 - Zuordnung zu Investitionsprogrammposition Investitionsprogramm INP620 Positions-ID Genehmigungs-GJ 2007 Mehrfachzuordnung © SAP AG	Im aktuellen Bildschirm können Detail-Daten für das PSP-Element "3100xx EDV-System" gepflegt werden. Klicken Sie (im Bildschirm unten) auf [Investitionsprog]
	Eingabe bzw. Auswahl: <u>*Investitionsprogramm:*</u> ***INPGxx***, *<u>xx</u>* = Teilnehmernr. (= Ihr Investitionsprogramm) <u>*Positions-ID:*</u> ***PGPOS0000001000,*** (= Verwaltung) <u>*Genehmigungs-GJ:*</u> ***jjjj**, jjjj* = akt. Jahr [↵]
Dialogfeld "**PSP-Element ändern** " Meldung: *Zuordnungen wurden geändert*	Klicken Sie auf [✓] (=Zurück)
Bildschirm "**Projekt ändern**:**PSP-Elementübersicht**"	

Anzeige	Eingabe/Auswahl
M12.2.4 Projektstruktur grafisch darstellen	
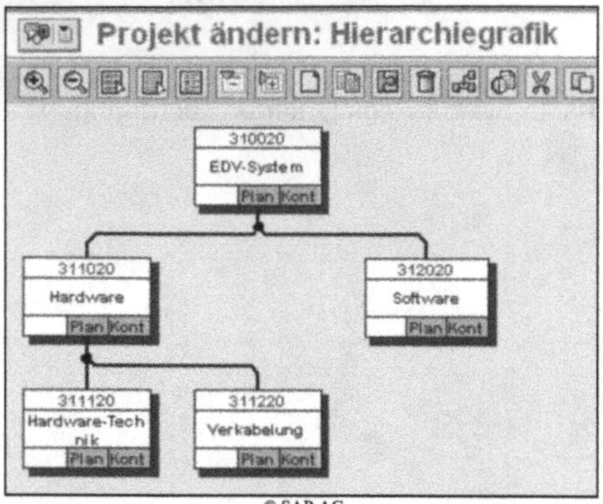 © SAP AG	Klicken Sie auf  (=Hierarchiegrafik) Sie sehen die grafische Darstellung Ihres Projekt-Strukturplans.
Bildschirm "**Projekt ändern**:**PSP-Elementübersicht**"	Klicken Sie auf  (=Zurück)
Bildschirm "**Projekt ändern**: **Einstieg**"	Sichern Sie Ihren Projekt-Strukturplan.
Meldung: *Projekt INPJD1xx wird geändert*	Beenden Sie die Transaktion.
M12.3 Investitionsprogramm mit Zuordnungen ansehen	
Bildschirm "**Allgemeine Struktur- und Werteliste**"	Wählen Sie im SAP-Menü: **Rechnungswesen -** **Investitionsmanagement -** **Programme –** **Infosystem –** **Berichte zum Investitionsmanagement -** **Programme aktuelle Daten -** **Allgemeine Struktur- und Werteliste –** **Strukturanzeige InvProgramm**

Anzeige	Eingabe/Auswahl

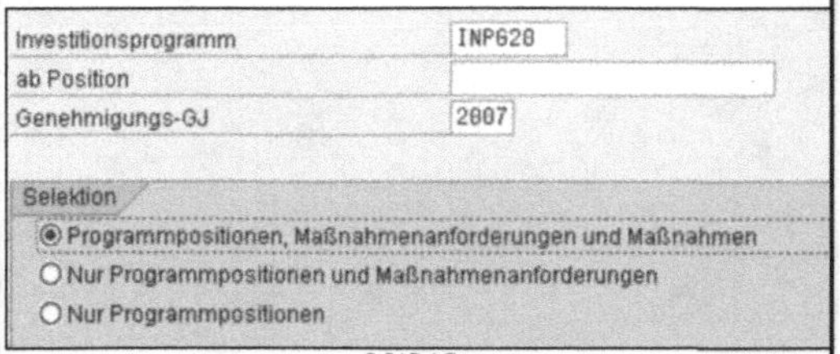

Eingabe bzw. Auswahl:

Investitionsprogramm: ***INPGxx***, xx = Teilnehmernr.
(= Ihr Investitionsprogramm)

Genehmigungs-GJ: ***jjjj***, jjjj = akt. Jahr

Markieren Sie (unter Selektion):
Programmpositionen, Maßnahmeanforderungen und Maßnahmen

Investitionsprogramm INP620
ab Position
Genehmigungs-GJ 2007

Selektion
- (●) Programmpositionen, Maßnahmenanforderungen und Maßnahmen
- ( ) Nur Programmpositionen und Maßnahmenanforderungen
- ( ) Nur Programmpositionen

Klicken Sie auf (=Ausführen)

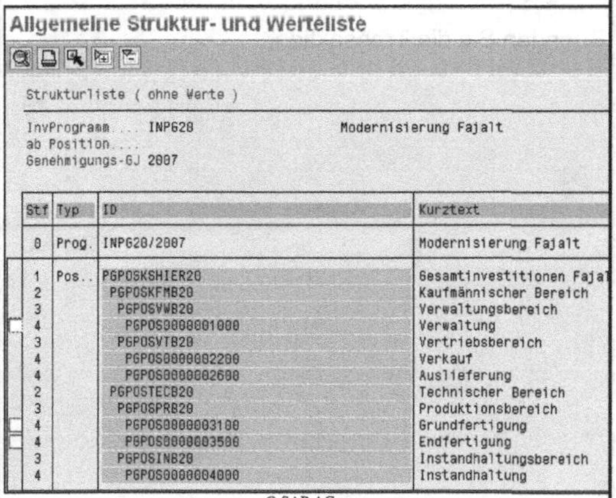

Allgemeine Struktur- und Werteliste

Strukturliste (ohne Werte)

InvProgramm ... INP620 Modernisierung Fajalt
ab Position....
Genehmigungs-GJ 2007

Stf	Typ	ID	Kurztext
0	Prog.	INP620/2007	Modernisierung Fajalt
1	Pos..	PGPOSKSHIER20	Gesamtinvestitionen Fajal
2		PGPOSKFMB20	Kaufmännischer Bereich
3		PGPOSVWB20	Verwaltungsbereich
4		PGPOS0000001000	Verwaltung
3		PGPOSVTB20	Vertriebsbereich
4		PGPOS0000002200	Verkauf
4		PGPOS0000002600	Auslieferung
2		PGPOSTECB20	Technischer Bereich
3		PGPOSPRB20	Produktionsbereich
4		PGPOS0000003100	Grundfertigung
4		PGPOS0000003500	Endfertigung
3		PGPOSINB20	Instandhaltungsbereich
4		PGPOS0000004000	Instandhaltung

Der Bericht zeigt zunächst Ihr Investitionsprogramm ohne Zuordnungen.

Markieren Sie (Kästchen am linken Rand) die Zeilen der Programmpositionen:

Verwaltung
Auslieferung
Grundfertigung
Endfertigung

Klicken Sie auf (=Mark. expandieren)

Anzeige	Eingabe/Auswahl

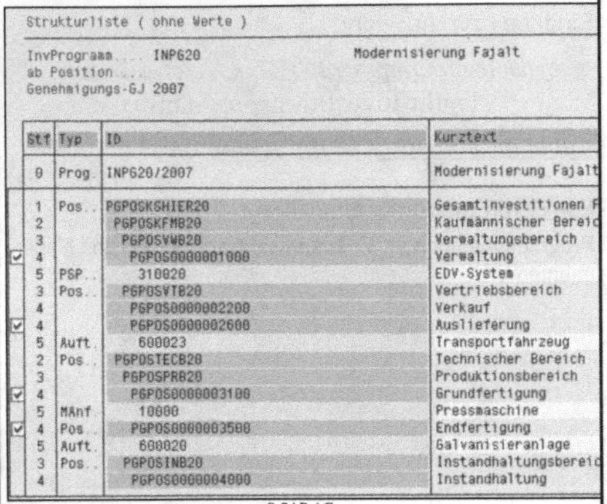

Strukturliste (ohne Werte)

InvProgramm .... INPG20 Modernisierung Fajalt
ab Position ....
Genehmigungs-GJ 2007

Stf	Typ	ID	Kurztext
0	Prog.	INPG20/2007	Modernisierung Fajalt
1	Pos..	PGPOSKSHIER20	Gesamtinvestitionen F
2		PGPOSKFMB20	Kaufmännischer Bereic
3		PGPOSVWB20	Verwaltungsbereich
☑ 4		PGPOS0000001000	Verwaltung
5	PSP..	310020	EDV-System
3	Pos..	PGPOSVTB20	Vertriebsbereich
4		PGPOS0000002200	Verkauf
☑ 4		PGPOS0000002600	Auslieferung
5	Auft.	600023	Transportfahrzeug
2	Pos..	PGPOSTECB20	Technischer Bereich
3		PGPOSPRB20	Produktionsbereich
☑ 4		PGPOS0000003100	Grundfertigung
5	MAnf	10000	Pressmaschine
☑ 4	Pos..	PGPOS0000003500	Endfertigung
5	Auft.	600020	Galvanisieranlage
3	Pos..	PGPOSINB20	Instandhaltungsbereic
4		PGPOS0000004000	Instandhaltung

Die dem Programm zugeordneten Maßnahmen und die zugeordnete Maßnahmeanforderung erscheinen.

Beenden Sie die Transaktion.

SAP Easy Access mit **SAP Menü**

5 Umsetzung des Fallbeispiels in IM sowie in damit verzahnten Anwendungskomponenten (FI, CO, FI-AA)

5.1 Entscheidungsüberlegungen zu den Investitionsvorhaben

Modul 13: Wirtschaftlichkeitsrechnung und Genehmigung der Maßnahmenanforderung

Modul 14: Kostenplanung

Modul 15: Ersetzen der Maßnahmenanforderung durch einen Investitionsauftrag

Modul 16: Abschreibungsvorschau

Modul 17: Budgetierung

5.2 Durchführung der Investitionsmaßnahmen

Modul 18: Erzeugung von Anlagen im Bau für und Freigabe von Investitionsmaßnahmen

Modul 19: Belastungen auf Investitionsmaßnahmen

5.3 Aktivierung von Investitionsmaßnahmen

Modul 20: Periodische Abrechnung der Investitionsmaßnahmen

Modul 21: Gesamtabrechnung der Investitionsmaßnahmen

5 Umsetzung des Fallbeispiels in IM sowie in damit verzahnten Anwendungskomponenten (FI, CO, FI-AA)

5.1 Entscheidungsüberlegungen zu den Investitionsvorhaben

Modul 13: Wirtschaftlichkeitsrechnung und Genehmigung der Maßnahmenanforderung

Wirtschaftlichkeitsrechnung

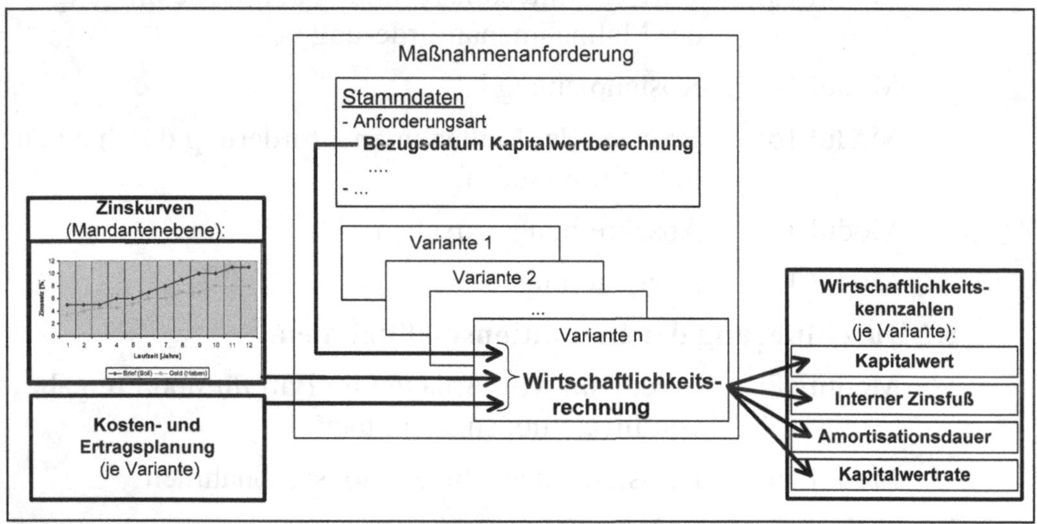

Abb. 5.01: Wirtschaftlichkeitsrechnung je Variante

Um eine Maßnahmenanforderung quantitativ zu beurteilen, wird über deren Varianten eine Investitionsrechnung über mehrere Wirtschaftlichkeitskennzahlen vorgenommen.

Dazu wird für jede Variante eine Kosten- und Ertragsplanung, die aus den Investitionskosten, den Gemeinkosten und den Erträgen in Abhängigkeit vom zeitlichen Anfall für die gesamte Investitionslaufzeit der Variante besteht, erforderlich. Zur Berechnung der Wirtschaftlichkeitskennzahlen greift das System einerseits auf Zinssätze zurück, die in den Zinskurven auf Mandantenebene hinterlegt (vgl. Modul 9) und nach Brief- und Geldzinsen (d. h. Soll- und Habenzinsen) differenziert sind. Zum Anderen wird das Bezugsdatum aus den Stammdaten der Maßnahmenanforderung zur Berechnung von Kennzahlen auf Kapitalwertbasis (Kapitalwert, Amortisationsdauer, Kapitalwertrate) herangezogen.

Was ist zu tun?

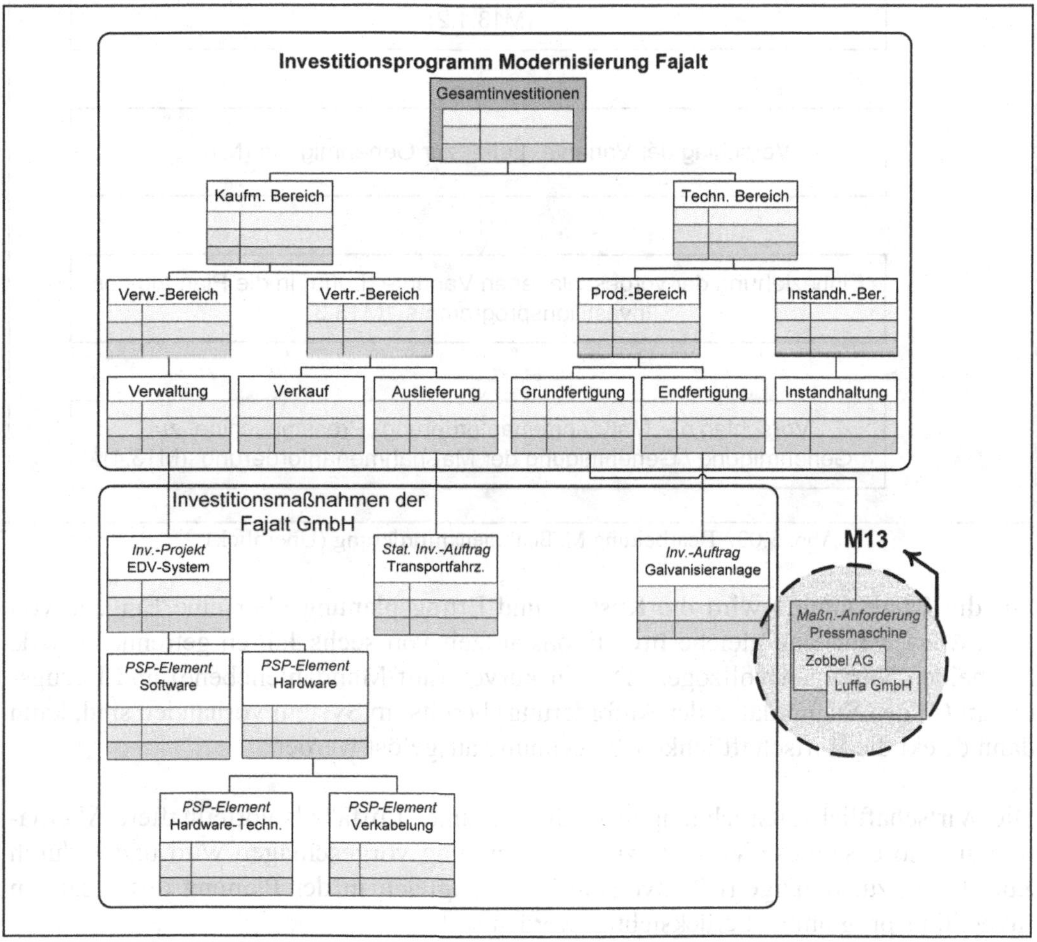

Abb. 5.02: Bearbeitung Maßnahmenanforderung (Fokus)

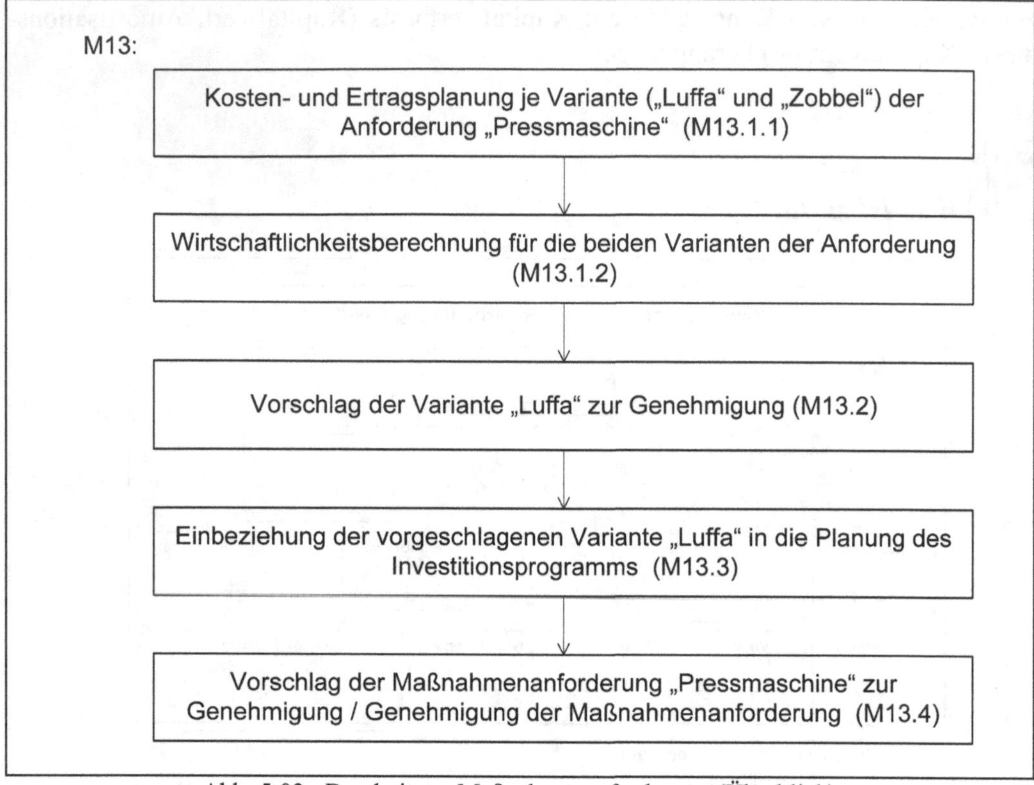

Abb. 5.03: Bearbeitung Maßnahmenanforderung (Überblick)

Für die Fajalt GmbH wird die Kosten- und Ertragsplanung über eine Eingabe von Jahreswerten für eine gleiche Investitionslaufzeit von sechs Jahren getrennt für jede der beiden Varianten vollzogen. Da Zinskurven (auf Mandantenebene) und Bezugsdatum (in den Stammdaten der Anforderung) bereits im System vorhanden sind, kann dann direkt die Wirtschaftlichkeitsberechnung ausgelöst werden.

Die Wirtschaftlichkeitsrechnung weist die Variante "Luffa" als vorteilhaftere Alternative aus, so dass diese Variante zur Genehmigung vorgeschlagen wird und – durch Zuordnung zur (einzigen) Planversion "0" – zugleich in der Planung des gesamten Investitionsprogramms berücksichtigt werden soll.

Auf der Grundlage der vorgeschlagenen Variante wird in einem zweiten Schritt die Maßnahmenanforderung "Pressmaschine" zur Genehmigung vorgeschlagen und in einem dritten Schritt genehmigt. Dies geschieht bei der Fajalt GmbH zur Vereinfachung in Personalunion von Antragsteller und Genehmiger.

Anzeige	Eingabe/Auswahl

Modul 13: Wirtschaftlichkeitsrechnung und Genehmigung der Maßnahmenanforderung

M13.1 Wirtschaftlichkeitsrechnung für alternative Anforderungsvarianten durchführen

M13.1.1 Kosten- und Ertragsplanung

Wählen Sie im SAP-Menü:

Rechnungswesen - Investitionsmanagement - Maßnahmenanforderungen – Anforderungen bearbeiten – Einzelbearbeitung

Maßnahmenanforderung anzeigen:

Arbeitsvorrat aus

Historie | Trefferliste | Neue Selektion

MaßAnford.	Bezeichnung	Status	Grösse	Bukrs	Werk	MnArt
10000	Pressmaschine	EROF		BK20		20

© SAP AG

Doppelklicken Sie in der linken Bildschirmseite (=Arbeitsvorrat) auf die Zeile Ihrer Maßnahmenanforderung

Pressmaschine

Klicken Sie auf

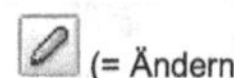 (= Ändern)

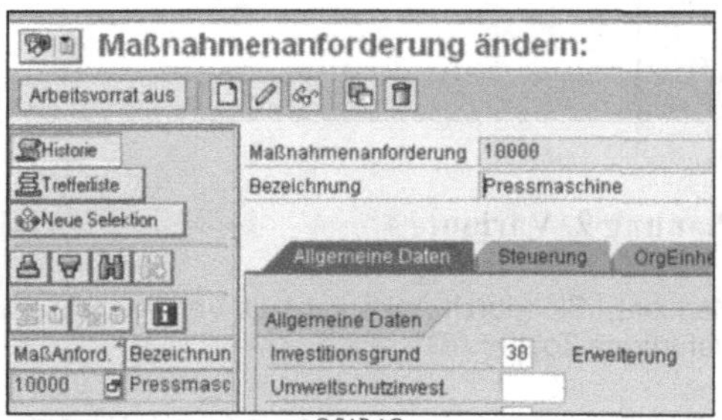

© SAP AG

Wechseln Sie zur Registerkarte "Varianten"

Planung 1. Variante

Markieren Sie (durch Anklicken) die Variante "0010 Lieferfirma Luffa GmbH".

Wechseln Sie zur Unterregisterkarte "Planwerte".

Eingabe bzw. Auswahl in Unterregisterkarte "Planwerte":

Anzeige	Eingabe/Auswahl

2. Zeile (Jahr = akt. Jahr):
Investitionskosten: ***300000***

3. Zeile (Jahr = akt. Jahr+1):
Investitionskosten: ***100000***

Gemeinkosten: ***200000***

Ertrag: ***300000***

Entnehmen Sie die Eingaben der vierten bis achten Zeile (für die Jahre akt. Jahr+2 bis akt. Jahr+6) der **Tabelle 13.1 Variante 10 Luffa GmbH** in 6.1 Datentabellen.

Klicken Sie (unterhalb der Eingabetabelle) auf (= Kumulieren der Jahreswerte)

Planwerte 1. bis 4. Zeile:

Planwerte auf der Variante 0010

Zeitraum	Investitionskosten	Gemeinkosten	Kosten (total)	Ertrag	CashFlow
Gesamt	400.000	1.880.000	2.280.000		
2007	300.000		300.000		300.000-
2008	100.000	200.000	300.000	300.000	0
2009		250.000	250.000	380.000	130.000

© SAP AG

Planwerte 5. bis 9. Zeile:

Planwerte auf der Variante 0010

Zeitraum	Investitionskosten	Gemeinkosten	Kosten (total)	Ertrag	CashFlow
2010		300.000	300.000	440.000	140.000
2011		400.000	400.000	500.000	100.000
2012		350.000	350.000	470.000	120.000
2013		380.000	380.000	350.000	30.000-
Summe	400.000	1.880.000	2.280.000	2.440.000	160.000

© SAP AG

Planung 2. Variante

Markieren Sie (durch Anklicken) die Variante "0020 Lieferfirma Zobbel AG".

Führen Sie nun, analog zur Planung der 1. Variante, die Kosten- und Erlösplanung für die **Variante "0020 Zobbel AG"** nach der **Tabelle 13.2** in 6.1 Datentabellen durch.

Planwerte 1. bis 4. Zeile:

Planwerte auf der Variante 0020

Zeitraum	Investitionskosten	Gemeinkosten	Kosten (total)	Ertrag	CashFlow
Gesamt	230.000	1.500.000	1.730.000		
2007	230.000		230.000		230.000
2008		250.000	250.000	300.000	50.000
2009		250.000	250.000	300.000	50.000

© SAP AG

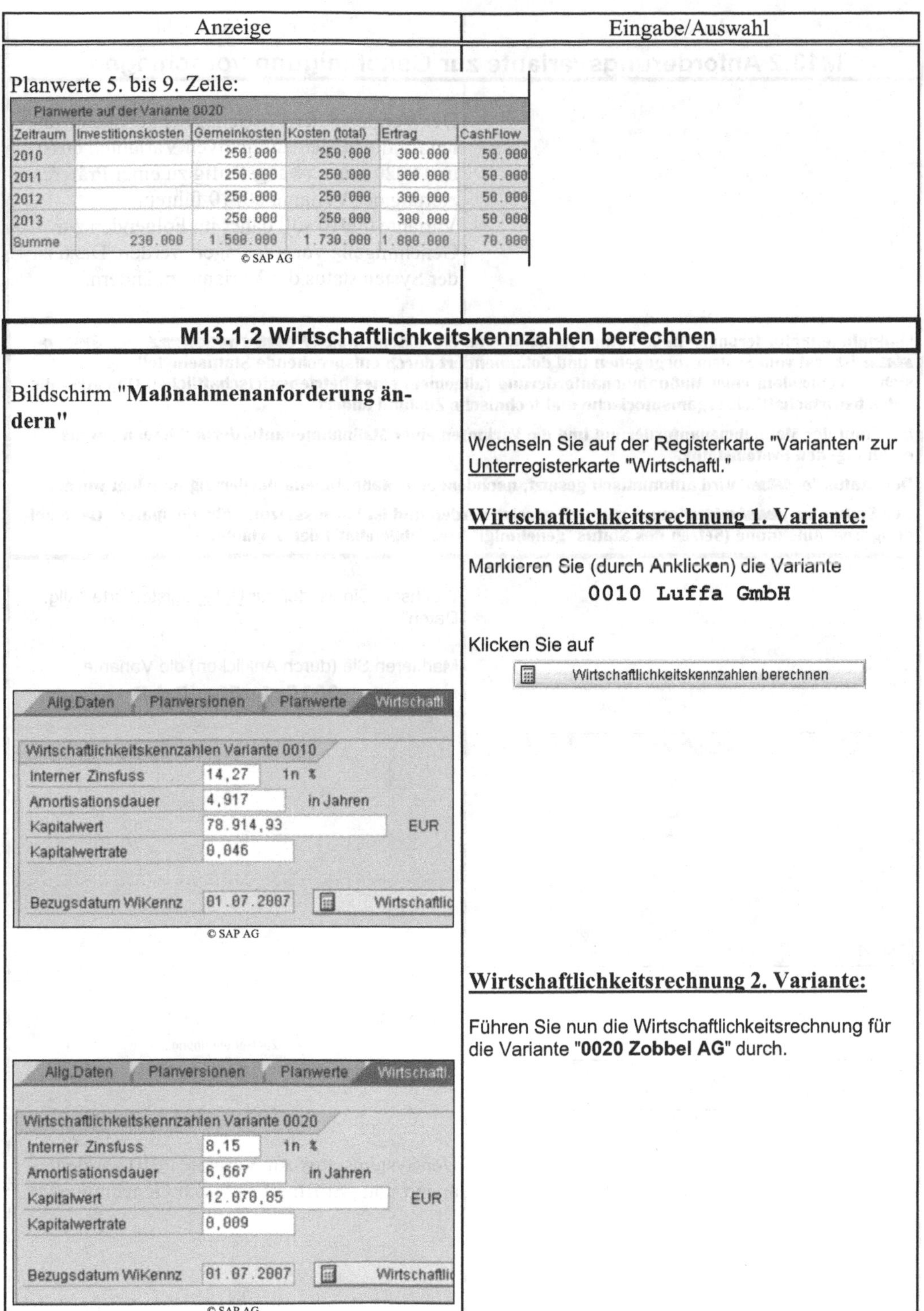

Anzeige	Eingabe/Auswahl

Planwerte 5. bis 9. Zeile:

Planwerte auf der Variante 0020

Zeitraum	Investitionskosten	Gemeinkosten	Kosten (total)	Ertrag	CashFlow
2010		250.000	250.000	300.000	50.000
2011		250.000	250.000	300.000	50.000
2012		250.000	250.000	300.000	50.000
2013		250.000	250.000	300.000	50.000
Summe	230.000	1.500.000	1.730.000	1.800.000	70.000

© SAP AG

M13.1.2 Wirtschaftlichkeitskennzahlen berechnen

Bildschirm "**Maßnahmenanforderung ändern**"

Wechseln Sie auf der Registerkarte "Varianten" zur Unterregisterkarte "Wirtschaftl."

Wirtschaftlichkeitsrechnung 1. Variante:

Markieren Sie (durch Anklicken) die Variante
0010 Luffa GmbH

Klicken Sie auf
Wirtschaftlichkeitskennzahlen berechnen

Alig.Daten | Planversionen | Planwerte | Wirtschaftl.

Wirtschaftlichkeitskennzahlen Variante 0010

Interner Zinsfuss	14,27	in %
Amortisationsdauer	4,917	in Jahren
Kapitalwert	78.914,93	EUR
Kapitalwertrate	0,046	
Bezugsdatum WiKennz	01.07.2007	Wirtschaftlic

© SAP AG

Wirtschaftlichkeitsrechnung 2. Variante:

Führen Sie nun die Wirtschaftlichkeitsrechnung für die Variante "**0020 Zobbel AG**" durch.

Alig.Daten | Planversionen | Planwerte | Wirtschaftl.

Wirtschaftlichkeitskennzahlen Variante 0020

Interner Zinsfuss	8,15	in %
Amortisationsdauer	6,667	in Jahren
Kapitalwert	12.070,85	EUR
Kapitalwertrate	0,009	
Bezugsdatum WiKennz	01.07.2007	Wirtschaftlic

© SAP AG

Anzeige	Eingabe/Auswahl
M13.2 Anforderungsvariante zur Genehmigung vorschlagen	
	Der Vergleich der Wirtschaftlichkeitskennzahlen für die beiden alternativen Varianten 0010 und 0020 muss zwangsläufig zu einer Präferenzierung der Variante 00010 führen. Variante 00010 soll daher im Folgenden zur Genehmigung vorgeschlagen werden. Dazu ist der Systemstatus der Variante zu ändern.

Maßnahmenanforderungen haben einen Anschluss an die allgemeine *SAP-Statusverwaltung*. Der *Systemstatus* ist fest vom System vorgegeben und dokumentiert durch entsprechende Statuseinstellungen, wie sich im Lebenslauf einer Maßnahmenanforderung (allgemein eines betriebswirtschaftlichen Objektes) der betriebswirtschaftlich/organisatorische und technische Zustand ändert.

Der Kopf der Maßnahmenanforderung und die Varianten einer Maßnahmenanforderung haben jeweils einen eigenen Systemstatus.

Der Status "*eröffnet*" wird automatisch gesetzt, nachdem eine Maßnahmenanforderung angelegt wurde.

Der Status "*zu genehmigen*" muss manuell gesetzt werden und ist Voraussetzung für die spätere Genehmigung bzw. Ablehnung (Setzen des Status "genehmigt" bzw. "abgelehnt") der Variante.

Anzeige	Eingabe/Auswahl
	Wechseln Sie wieder zur Unterregisterkarte "Allg. Daten". Markieren Sie (durch Anklicken) die Variante **0010 Luffa GmbH**
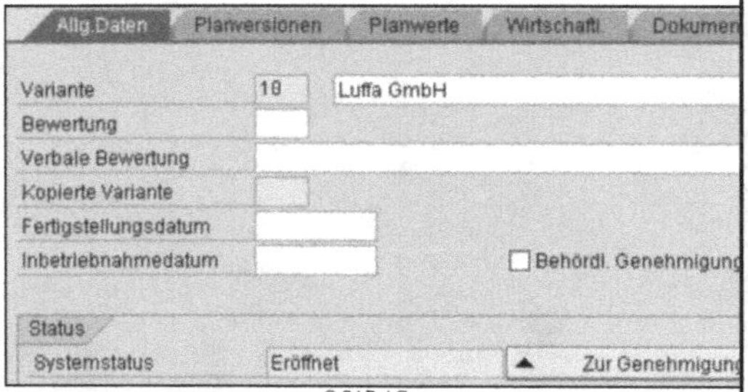 Allg.Daten / Planversionen / Planwerte / Wirtschaftl. / Dokumen Variante: 10 Luffa GmbH Bewertung Verbale Bewertung Kopierte Variante Fertigstellungsdatum Inbetriebnahmedatum Behördl. Genehmigung Status Systemstatus: Eröffnet — Zur Genehmigung © SAP AG	
	Klicken Sie auf Zur Genehmigung
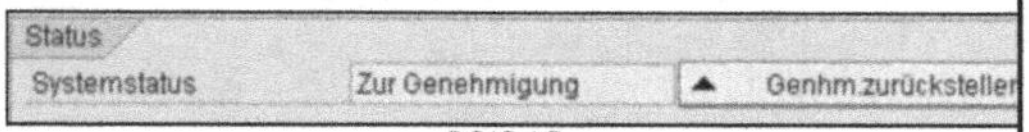 Status Systemstatus: Zur Genehmigung — Genhm.zurückstellen © SAP AG	
	Der Systemstatus zur Variante 0010 wurde geändert von „Eröffnet“ auf „Zur Genehmigung“.

Anzeige	Eingabe/Auswahl

M13.3 Anforderungsvariante der Planversion des Investitionsprogramms zuordnen

Sie haben die gesamte Maßnahmenanforderung bereits Ihrem Investitionsprogramm zugeordnet (s. M11.1).
Da die Planwerte der Maßnahmenanforderung jedoch aus der ausgewählten Anforderungsvariante 0010 kommen sollen, ist es für das spätere Hochrollen der Planwerte in das Investitionsprogramm noch notwendig, diese Anforderungsvariante der Planversion des Investitionsprogramms zuzuordnen.

Wechseln Sie wieder zur Unterregisterkarte "Planversionen".

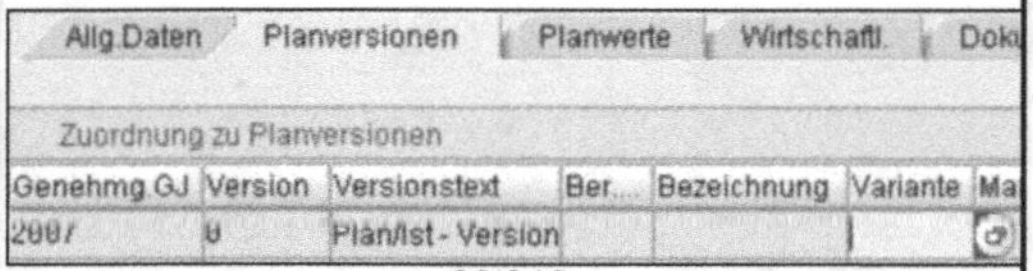

Allg.Daten | Planversionen | Planwerte | Wirtschaftl. | Dok

Zuordnung zu Planversionen

Genehmg.GJ	Version	Versionstext	Ber...	Bezeichnung	Variante	Ma
2007	0	Plan/Ist - Version				

© SAP AG

Die Version 0 ist die einzige zuordenbare Planversion.

Eingabe bzw. Auswahl in 1. Zeile (Version 0):

Variante: ***10***
(= Luffa GmbH)

M13.4 Maßnahmenanforderung genehmigen

Die gesamte Maßnahmenanforderung soll nun zunächst **zur Genehmigung vorgeschlagen** werden und anschließend durch Sie, diesmal in der Rolle des Genehmigers, genehmigt werden.

Wechseln Sie wieder zur Registerkarte "Steuerung" (im Hauptregister der Anforderung).

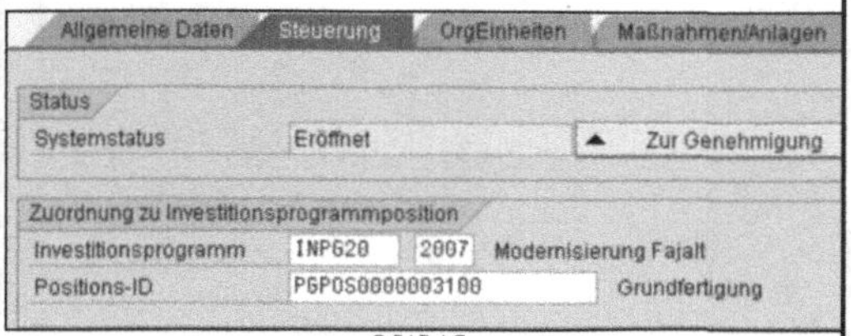

Allgemeine Daten | Steuerung | OrgEinheiten | Maßnahmen/Anlagen

Status
Systemstatus: Eröffnet — Zur Genehmigung

Zuordnung zu Investitionsprogrammposition
Investitionsprogramm: INP620 2007 Modernisierung Fajalt
Positions-ID: P6POS000000003100 Grundfertigung

© SAP AG

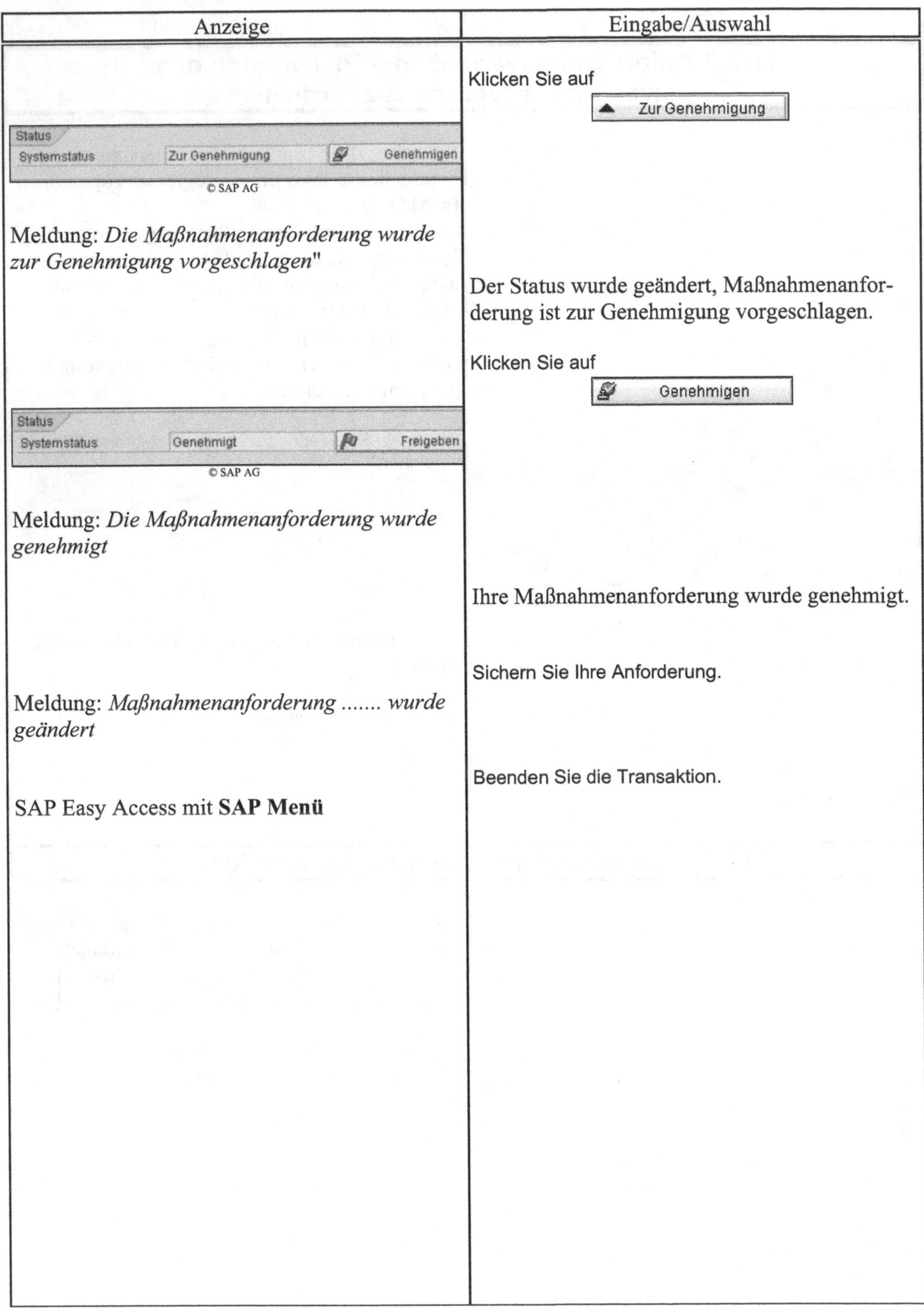

Anzeige	Eingabe/Auswahl
	Klicken Sie auf ▲ Zur Genehmigung
Status Systemstatus – Zur Genehmigung – Genehmigen © SAP AG	
Meldung: *Die Maßnahmenanforderung wurde zur Genehmigung vorgeschlagen*"	
	Der Status wurde geändert, Maßnahmenanforderung ist zur Genehmigung vorgeschlagen.
	Klicken Sie auf Genehmigen
Status Systemstatus – Genehmigt – Freigeben © SAP AG	
Meldung: *Die Maßnahmenanforderung wurde genehmigt*	
	Ihre Maßnahmenanforderung wurde genehmigt.
	Sichern Sie Ihre Anforderung.
Meldung: *Maßnahmenanforderung .... wurde geändert*	
	Beenden Sie die Transaktion.
SAP Easy Access mit **SAP Menü**	

Modul 14: Kostenplanung

Inhalt der Kostenplanung

Eine Kostenplanung in der Komponente Investitionsmanagement unterstützt einerseits die Planung der Investitionskosten aus den Investitionsmaßnahmen hinsichtlich Aufträge und PSP-Elemente sowie andererseits die Planung der Investitionskosten unter Einbeziehung von Varianten aus Maßnahmenanforderungen für das gesamte Investitionsprogramm. Über das Investitionsprogramm sollen geplante Kosten für einen bestimmten Investitionszeitraum verwaltet werden.

Generell kann eine Kostenplanung

- nach dem Kriterium der Planungsabstimmung (Art der sachlichen Koordination) als sukzessive oder simultane Planung,
- nach dem Kriterium der Planungsrichtung (Art der hierarchischen Koordination) als top down-Planung (retrogrades Verfahren), bottom up-Planung (progressives Verfahren) oder Gegenstromplanung (zirkuläres Verfahren) und
- nach dem Kriterium der Planungsfortschreibung (Art des Planungsrhythmus) als rollende bzw. revolvierende (gleitendes Verfahren) oder nichtrollende (zykluskonstantes Verfahren) Planung

vollzogen werden.

Die Kostenplanung im SAP-Standard IM ist grundsätzlich als sukzessive, d. h. schrittweise aufgebaute, Kostenplanung konzipiert und präferiert eine bottom up-Planung, die eine Kostenplanung von unten nach oben beinhaltet. Die bottom up-Planung geht in der Kostenplanung von den untersten (kleinsten) Investitionseinheiten aus und aggregiert diese stufenweise zu übergeordneten Investitionseinheiten bis zum gesamten Investitionsprogramm hin. Allerdings kann wahlweise auch eine Planung der Kosten eines Investitionsprogramms direkt auf den Programmpositionen erfolgen.

Die Kostenplanung in IM bezieht sich auf ein Genehmigungsjahr, das als fester Zyklus operiert. Für dieses Genehmigungsjahr lässt das SAP-System die Erstellung alternativer Planversionen zu, über die verschiedene Genehmigungskonstellationen oder verschiedene Sicherheitsstadien von Planwerten getrennt abgebildet werden können.

Was ist zu tun?

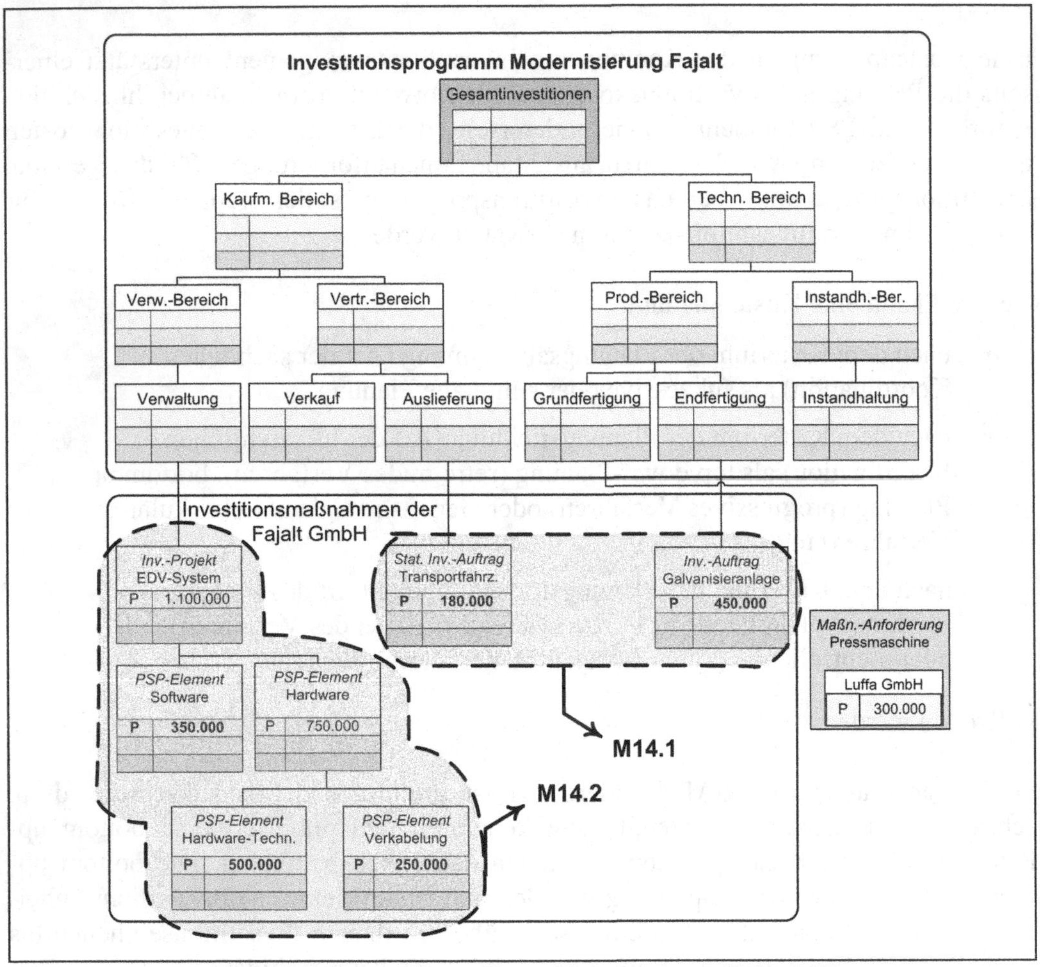

Abb. 5.04: Kostenplanung Investitionsprogramm (Fokus) (1)

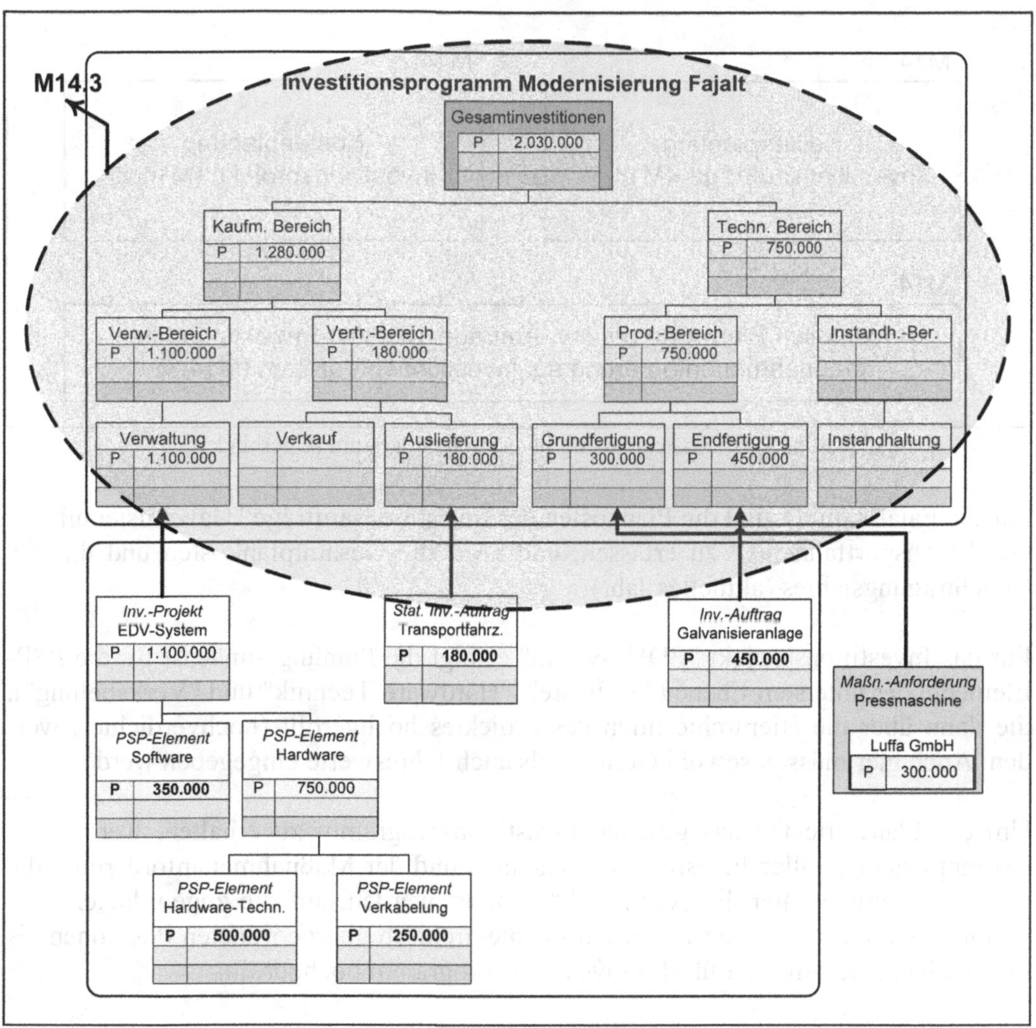

Abb. 5.05: Kostenplanung Investitionsprogramm (Fokus) (2)

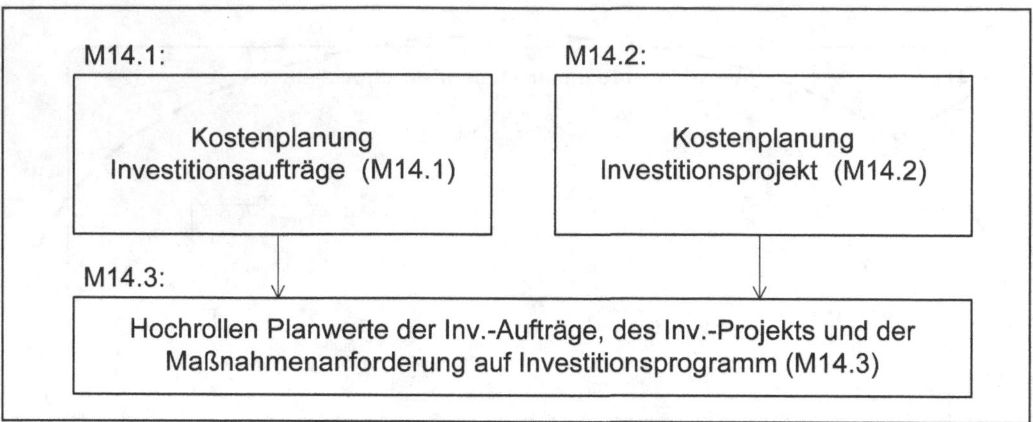

Abb. 5.06: Kostenplanung Investitionsprogramm (Überblick)

Für die Fajalt GmbH sind die Plankosten der Investitionsaufträge "Galvanisieranlage" und "Transportfahrzeug" zu erfassen, und zwar die Gesamtplankosten und die des Genehmigungsjahres (aktuelles Jahr).

Für das Investitionsprojekt "EDV-System" erfolgt die Planung zunächst für die PSP-Elemente der untersten Ebene ("Software", "Hardware-Technik" und "Verkabelung"), die dann über die Hierarchiestufen des Projektes hochgerollt (hochverdichtet) werden. Auch hier müssen sowohl Gesamt- als auch Jahreswerte eingegeben werden.

Um die Planwerte für das gesamte Investitionsprogramm zu erhalten, werden die Kostenplanungen aller Investitionsmaßnahmen und der Maßnahmenanforderung, die unter der gemeinsamen Planversion "0" geführt werden, auf die zugeordneten Programmpositionen und dann weiter auf die hierarchisch übergeordneten Positionen bis hin zu einem Gesamtwert für das Investitionsprogramm hochgerollt.

Anzeige	Eingabe/Auswahl

Modul 14: Kostenplanung

Die *Planung der Kosten* für ein Investitionsprogramm kann entweder direkt auf den Programmpositionen oder durch Hochrollen (Verdichten) der geplanten Kosten der zugehörigen Maßnahmen und Maßnahmen-anforderungen auf die übergeordneten Programmpositionen erfolgen (Bottom-up-Planung).

Die Kostenplanung in der Fallstudie soll bottom-up erfolgen.
Es soll eine Planversion (Standard-Version 0, vgl. M7.4) erstellt werden.

M14.1 Kosten der Investitionsaufträge planen

Im Folgenden sollen zunächst die Kosten der Investitionsaufträge ("Galvanisieranlage" und "Transportfahrzeug") geplant werden.

Kosten der Galvanisieranlage planen:

Wählen Sie im SAP-Menü:

Rechnungswesen -
Investitionsmanagement -
Innenaufträge –
Planung –
Gesamt –
Ändern

Bildschirm "**Gesamtplanung ändern: Einstieg**"

Auswahl:

Auftrag: *Nummer Galvanisieranlage,* (= 6-stellige Auftragsnummer)

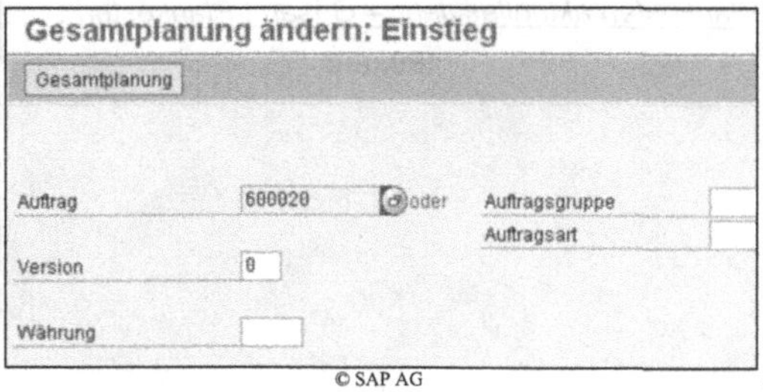

Gesamtplanung ändern: Einstieg

Gesamtplanung

Auftrag 600020 oder Auftragsgruppe
Auftragsart
Version 0
Währung

© SAP AG

[Enter]

Bildschirm "**Kostenplanwerte ändern: Jahresübersicht**"

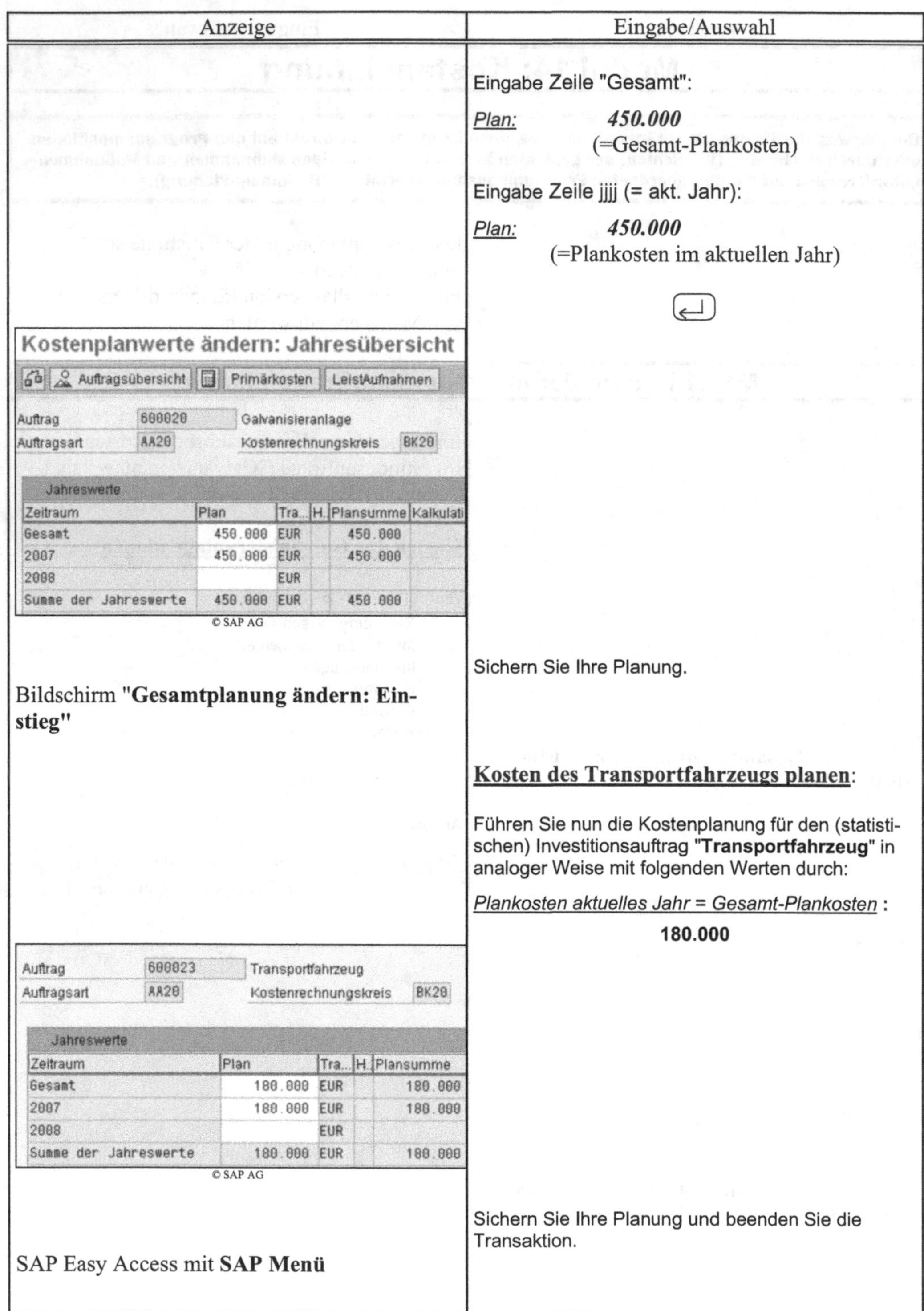

Anzeige	Eingabe/Auswahl
	Eingabe Zeile "Gesamt": *Plan:* ***450.000*** (=Gesamt-Plankosten) Eingabe Zeile jjjj (= akt. Jahr): *Plan:* ***450.000*** (=Plankosten im aktuellen Jahr) ⏎
Kostenplanwerte ändern: Jahresübersicht Auftragsübersicht · Primärkosten · LeistAufnahmen Auftrag 600020 Galvanisieranlage Auftragsart AA20 Kostenrechnungskreis BK20 © SAP AG	
Bildschirm **"Gesamtplanung ändern: Einstieg"**	Sichern Sie Ihre Planung.
	Kosten des Transportfahrzeugs planen: Führen Sie nun die Kostenplanung für den (statistischen) Investitionsauftrag **"Transportfahrzeug"** in analoger Weise mit folgenden Werten durch: *Plankosten aktuelles Jahr = Gesamt-Plankosten* : **180.000**
Auftrag 600023 Transportfahrzeug Auftragsart AA20 Kostenrechnungskreis BK20 © SAP AG	
SAP Easy Access mit **SAP Menü**	Sichern Sie Ihre Planung und beenden Sie die Transaktion.

Jahreswerte (Auftrag 600020):

Zeitraum	Plan	Tra...	H.	Plansumme	Kalkulati
Gesamt	450.000	EUR		450.000	
2007	450.000	EUR		450.000	
2008		EUR			
Summe der Jahreswerte	450.000	EUR		450.000	

Jahreswerte (Auftrag 600023):

Zeitraum	Plan	Tra...	H.	Plansumme
Gesamt	180.000	EUR		180.000
2007	180.000	EUR		180.000
2008		EUR		
Summe der Jahreswerte	180.000	EUR		180.000

Anzeige	Eingabe/Auswahl

M14.2 Projektkosten planen

Gesamtkosten planen:

Wählen Sie im SAP-Menü:

Rechnungswesen -
Investitionsmanagement -
Investitionsprojekte –
Planung –
Kosten gesamt –
Ändern

Bildschirm "**Kostenplanung ändern: Einstieg**"

Eingabe bzw. Auswahl:

Projektdef: ***INPJD1xx***, xx = Teilnehmernummer
(= Schlüssel Ihres Investitionsprojektes)

↵

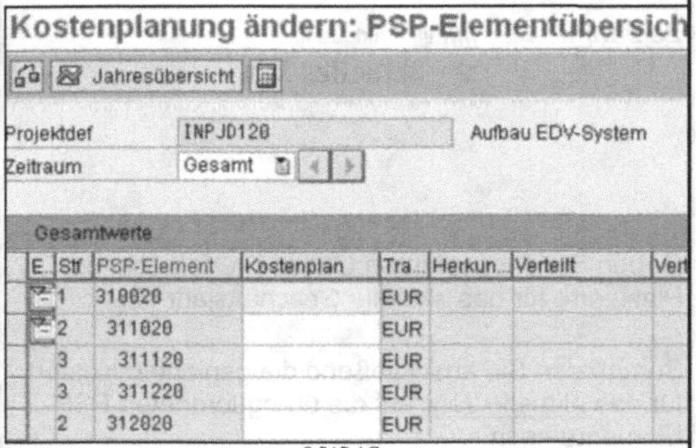

Kostenplanung ändern: PSP-Elementübersich

Jahresübersicht

Projektdef INPJD120 Aufbau EDV-System
Zeitraum Gesamt

Gesamtwerte

E..	Stf	PSP-Element	Kostenplan	Tra...	Herkun...	Verteilt	Ver
	1	310020		EUR			
	2	311020		EUR			
	3	311120		EUR			
	3	311220		EUR			
	2	312020		EUR			

© SAP AG

Eingabe:

Stf	PSP-Element	Kostenplan
1	310010	
2	311010	
3	311110	500000
3	311210	250000
2	312010	350000

(**Bitte beachten Sie**: Für die beiden Endziffern der PSP-Elemente (hier "10") muss **Ihre Teilnehmernummer xx** stehen.)

Wählen Sie im aktuellen Menü:

Bearbeiten –
Hochsummieren

Dialogfeld "**Hochsummieren**"

Markieren Sie im Dialogfeld (falls Markierung noch nicht vorhanden) die Option **"Gesamtwerte".**

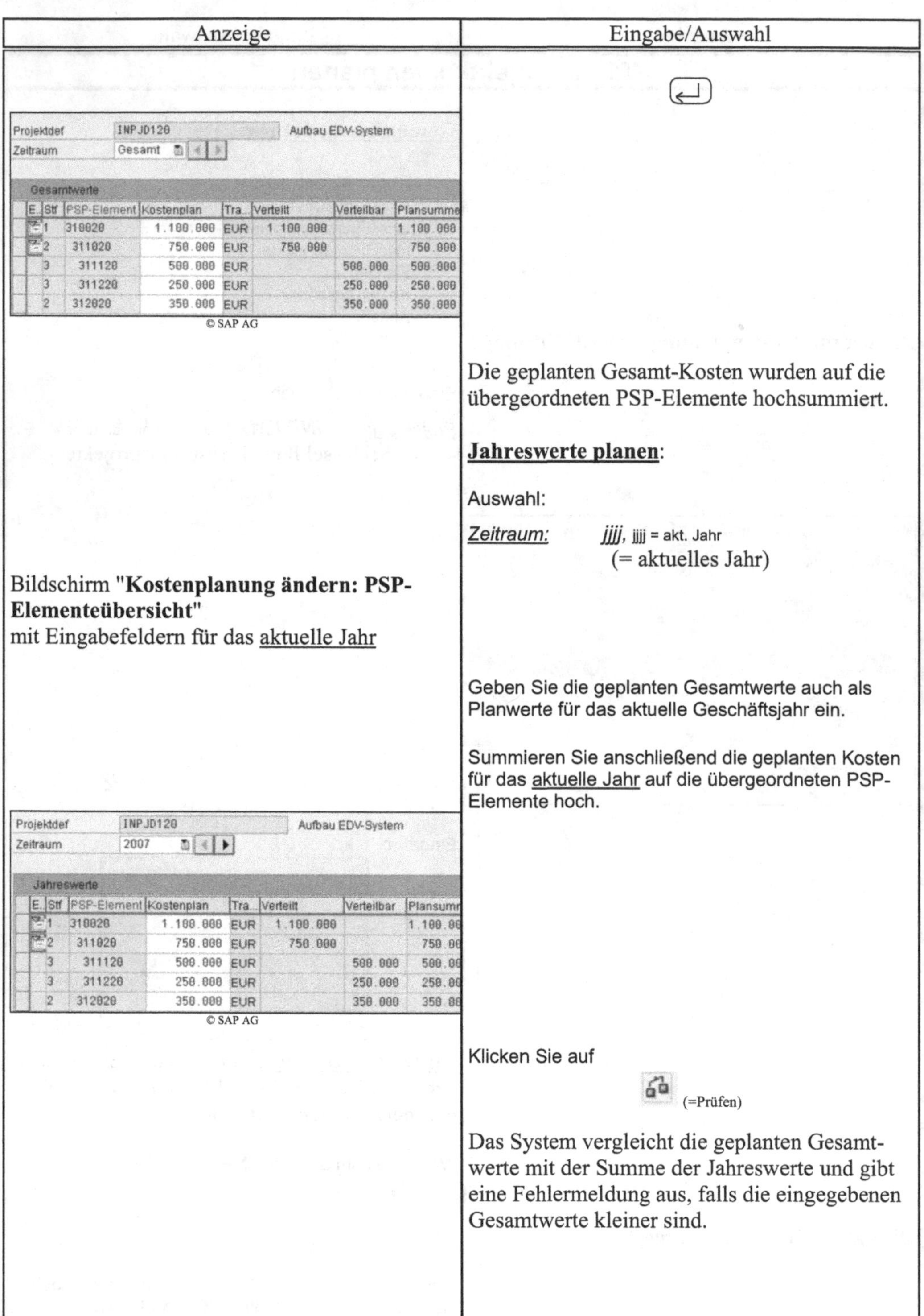

Anzeige	Eingabe/Auswahl
	⏎

Projektdef INPJD120 Aufbau EDV-System
Zeitraum Gesamt

Gesamtwerte

E.	Stf	PSP-Element	Kostenplan	Tra...	Verteilt	Verteilbar	Plansumme
	1	310020	1.100.000	EUR	1.100.000		1.100.000
	2	311020	750.000	EUR	750.000		750.000
	3	311120	500.000	EUR		500.000	500.000
	3	311220	250.000	EUR		250.000	250.000
	2	312020	350.000	EUR		350.000	350.000

© SAP AG

Die geplanten Gesamt-Kosten wurden auf die übergeordneten PSP-Elemente hochsummiert.

Jahreswerte planen:

Auswahl:

Zeitraum: *jjjj*, jjjj = akt. Jahr (= aktuelles Jahr)

Bildschirm "**Kostenplanung ändern: PSP-Elementeübersicht**"
mit Eingabefeldern für das aktuelle Jahr

Geben Sie die geplanten Gesamtwerte auch als Planwerte für das aktuelle Geschäftsjahr ein.

Summieren Sie anschließend die geplanten Kosten für das aktuelle Jahr auf die übergeordneten PSP-Elemente hoch.

Projektdef INPJD120 Aufbau EDV-System
Zeitraum 2007

Jahreswerte

E.	Stf	PSP-Element	Kostenplan	Tra...	Verteilt	Verteilbar	Plansumm
	1	310020	1.100.000	EUR	1.100.000		1.100.00
	2	311020	750.000	EUR	750.000		750.00
	3	311120	500.000	EUR		500.000	500.00
	3	311220	250.000	EUR		250.000	250.00
	2	312020	350.000	EUR		350.000	350.00

© SAP AG

Klicken Sie auf

(=Prüfen)

Das System vergleicht die geplanten Gesamtwerte mit der Summe der Jahreswerte und gibt eine Fehlermeldung aus, falls die eingegebenen Gesamtwerte kleiner sind.

Anzeige	Eingabe/Auswahl
Meldung: *Prüfen beendet: Es wurden keine Fehler festgestellt*	Sichern Sie Ihre Planung und beenden Sie die Transaktion.

M14.3 Planwerte der Maßnahmen und der Maßnahmenanforderung auf übergeordnete Programmpositionen hochrollen

	Für das Fallbeispiel sollen nun die geplanten Kosten der Investitionsaufträge, des Investitionsprojektes und der Maßnahmenanforderung durch Hochrollen in das Investitionsprogramm in die Gesamt-Kostenplanung einbezogen werden. Aus der Anforderung werden die Plankosten der genehmigten Anforderungsvariante „Luffa GmbH“ in die Kostenplanung einbezogen. **Planwerte hochrollen:** Wählen Sie im SAP-Menü: **Rechnungswesen -** **Investitionsmanagement -** **Programme –** **Programmplanung –** **Vorschlag Plan**
Bildschirm "**Hochrollen Planwerte**"	Eingabe bzw. Auswahl: *InvProgramm:* ***INPGxx,*** xx = Teilnehmernr. (= Schlüssel des Investitionsprogramms) *Genehmigungsjahr:* *jjjj*, , jjjj = aktuelles Jahr (= Genehmigungsgeschäftsjahr) Eingabe (falls noch nicht vorhanden) unter "Einstellungen": *Vorschlag für Version:* ***0*** (= Standard-Planversion) Markieren Sie unter "Vorhandene Werte" die Option: **überschreiben** Hochzurollende Werte sollen evtl. vorhandene überschreiben.

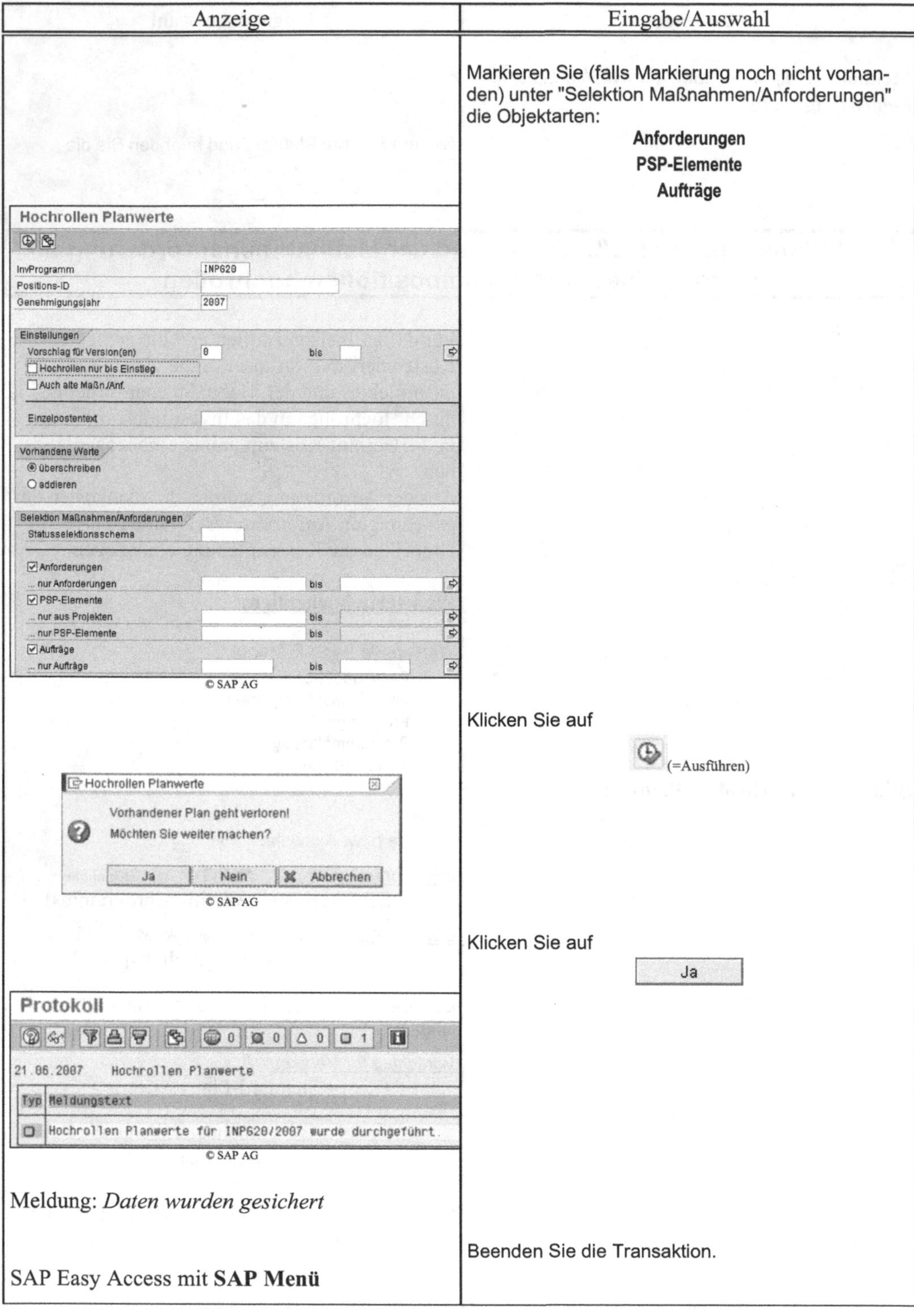

Anzeige	Eingabe/Auswahl
	Markieren Sie (falls Markierung noch nicht vorhanden) unter "Selektion Maßnahmen/Anforderungen" die Objektarten: **Anforderungen** **PSP-Elemente** **Aufträge**
© SAP AG	Klicken Sie auf (=Ausführen)
© SAP AG	Klicken Sie auf Ja
© SAP AG	
Meldung: *Daten wurden gesichert*	
SAP Easy Access mit **SAP Menü**	Beenden Sie die Transaktion.

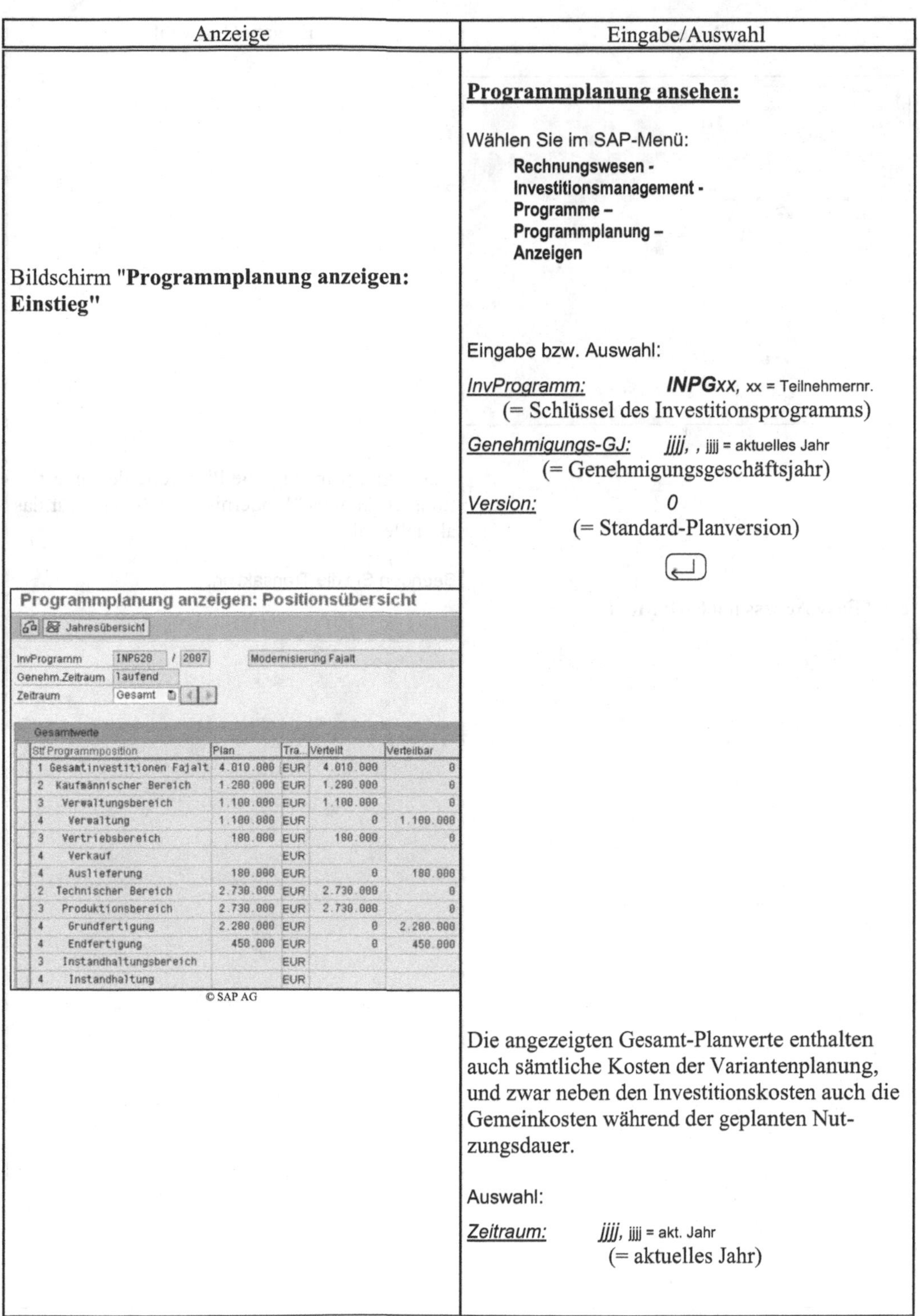

Anzeige	Eingabe/Auswahl
	Programmplanung ansehen:
	Wählen Sie im SAP-Menü: **Rechnungswesen - Investitionsmanagement - Programme – Programmplanung – Anzeigen**
Bildschirm "**Programmplanung anzeigen: Einstieg**"	Eingabe bzw. Auswahl:
	InvProgramm: ***INPG**XX*, xx = Teilnehmernr. (= Schlüssel des Investitionsprogramms)
	Genehmigungs-GJ: *jjjj*, , jjjj = aktuelles Jahr (= Genehmigungsgeschäftsjahr)
	Version: *0* (= Standard-Planversion)
	↵

Programmplanung anzeigen: Positionsübersicht

Jahresübersicht

InvProgramm: INP620 / 2007 Modernisierung Fajalt
Genehm.Zeitraum: laufend
Zeitraum: Gesamt

Gesamtwerte

Stf	Programmposition	Plan	Tra...	Verteilt	Verteilbar
1	Gesamtinvestitionen Fajalt	4.010.000	EUR	4.010.000	0
2	Kaufmännischer Bereich	1.280.000	EUR	1.280.000	0
3	Verwaltungsbereich	1.100.000	EUR	1.100.000	0
4	Verwaltung	1.100.000	EUR	0	1.100.000
3	Vertriebsbereich	180.000	EUR	180.000	0
4	Verkauf		EUR		
4	Auslieferung	180.000	EUR	0	180.000
2	Technischer Bereich	2.730.000	EUR	2.730.000	0
3	Produktionsbereich	2.730.000	EUR	2.730.000	0
4	Grundfertigung	2.280.000	EUR	0	2.280.000
4	Endfertigung	450.000	EUR	0	450.000
3	Instandhaltungsbereich		EUR		
4	Instandhaltung		EUR		

© SAP AG

Die angezeigten Gesamt-Planwerte enthalten auch sämtliche Kosten der Variantenplanung, und zwar neben den Investitionskosten auch die Gemeinkosten während der geplanten Nutzungsdauer.

Auswahl:

Zeitraum: *jjjj*, jjjj = akt. Jahr (= aktuelles Jahr)

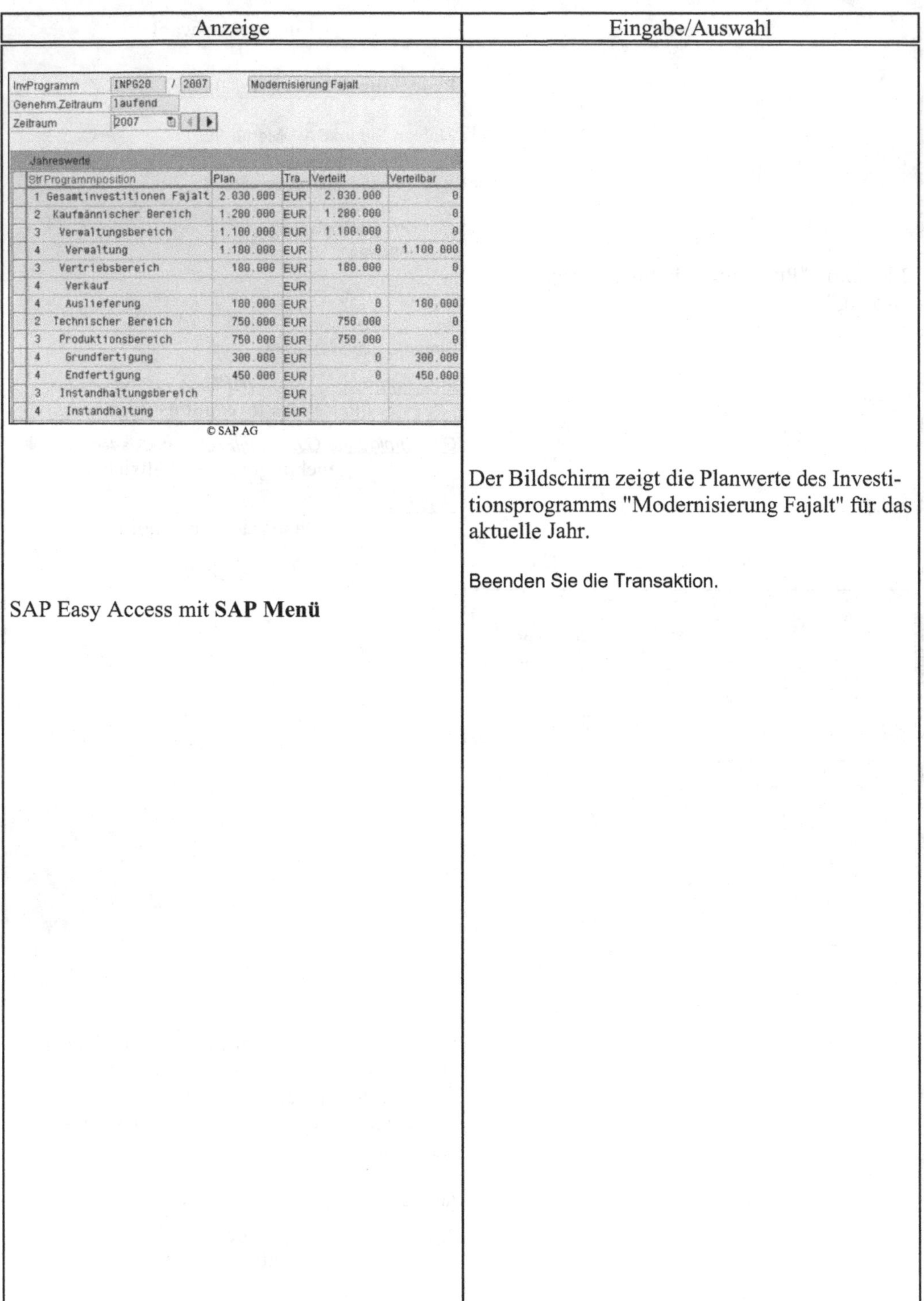

Anzeige	Eingabe/Auswahl
(Bildschirm, siehe unten) © SAP AG	Der Bildschirm zeigt die Planwerte des Investitionsprogramms "Modernisierung Fajalt" für das aktuelle Jahr. Beenden Sie die Transaktion.
SAP Easy Access mit **SAP Menü**	

InvProgramm INPG20 / 2007 Modernisierung Fajalt
Genehm.Zeitraum laufend
Zeitraum 2007

Jahreswerte

Stf	Programmposition	Plan	Tra..	Verteilt	Verteilbar
1	Gesamtinvestitionen Fajalt	2.030.000	EUR	2.030.000	0
2	Kaufmännischer Bereich	1.280.000	EUR	1.280.000	0
3	Verwaltungsbereich	1.100.000	EUR	1.100.000	0
4	Verwaltung	1.100.000	EUR	0	1.100.000
3	Vertriebsbereich	180.000	EUR	180.000	0
4	Verkauf		EUR		
4	Auslieferung	180.000	EUR	0	180.000
2	Technischer Bereich	750.000	EUR	750.000	0
3	Produktionsbereich	750.000	EUR	750.000	0
4	Grundfertigung	300.000	EUR	0	300.000
4	Endfertigung	450.000	EUR	0	450.000
3	Instandhaltungsbereich		EUR		
4	Instandhaltung		EUR		

© SAP AG

Modul 15: Ersetzen der Maßnahmenanforderung durch einen Investitionsauftrag

Systemstatus

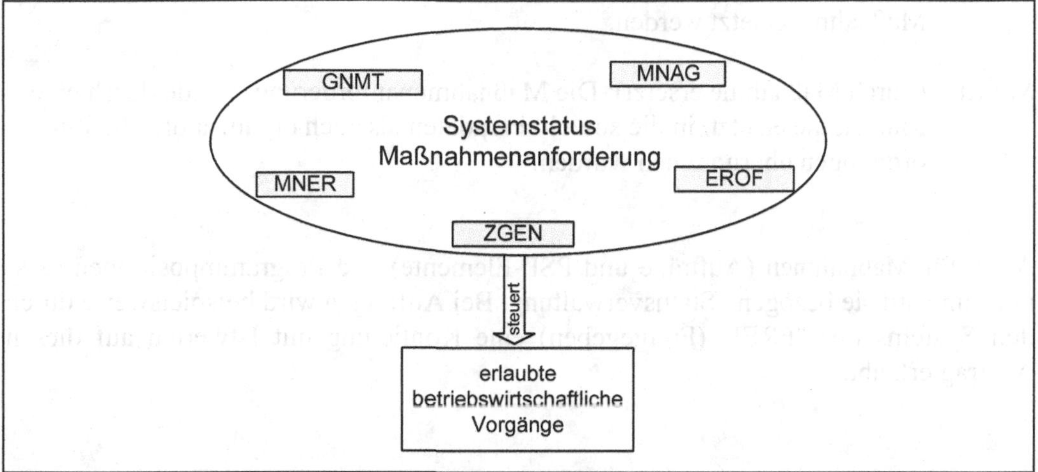

Abb. 5.07: Systemstatus Maßnahmenanforderung

Der Systemstatus einer Maßnahmenanforderung beschreibt den Zustand, den die Maßnahmenanforderung im System besitzt. In Abhängigkeit von der aktuellen Statuseinstellung können bestimmte betriebswirtschaftliche Vorgänge ausgeführt werden oder sind unzulässig (symbolisiert durch eine grüne bzw. rote Ampel). Im SAP-System sind die Systemeinstellungen des Systemstatus nicht änderbar.

Die Systemstatus werden entweder bei bestimmten Ereignissen automatisch vom System gesetzt oder können vom Anwender manuell vergeben werden.

Für Maßnahmenanforderungen sind die folgenden Systemstatus vorgesehen:

EROF (eröffnet): wird beim Anlegen der Maßnahmenanforderung automatisch gesetzt. Es können Varianten angelegt werden und die Maßnahmenanforderung zur Genehmigung vorgelegt werden.

ZGEN (zur Genehmigung): wird gesetzt, wenn die Maßnahmenanforderung vom Anwender zur Genehmigung gegeben wird. Die Maßnahmenanforderung kann jetzt genehmigt, abgelehnt oder zurückgestellt werden.

GNMT (genehmigt): wird durch die Genehmigung der Maßnahmenanforderung gesetzt. In diesem Zustand kann z. B. eine Maßnahme zu dieser Maßnahmenanforderung angelegt werden.

MNAG (Maßnahme angelegt): wird nach Beendigung des Anlegens einer zugehörigen Maßnahme erzeugt. Die Maßnahmenanforderung darf jetzt durch die Maßnahme ersetzt werden.

MNER (durch Maßnahme ersetzt): Die Maßnahmenanforderung wurde durch eine Maßnahme ersetzt, in die sowohl Plandaten als auch organisatorische Zuordnungen übernommen wurden.

Auch für Maßnahmen (Aufträge und PSP-Elemente) und Programmpositionen existiert eine auf sie bezogene Statusverwaltung. Bei Aufträgen wird beispielsweise durch den Systemstatus "FREI" (Freigegeben) eine Kontierung mit Istwerten auf diesen Auftrag erlaubt.

Was ist zu tun?

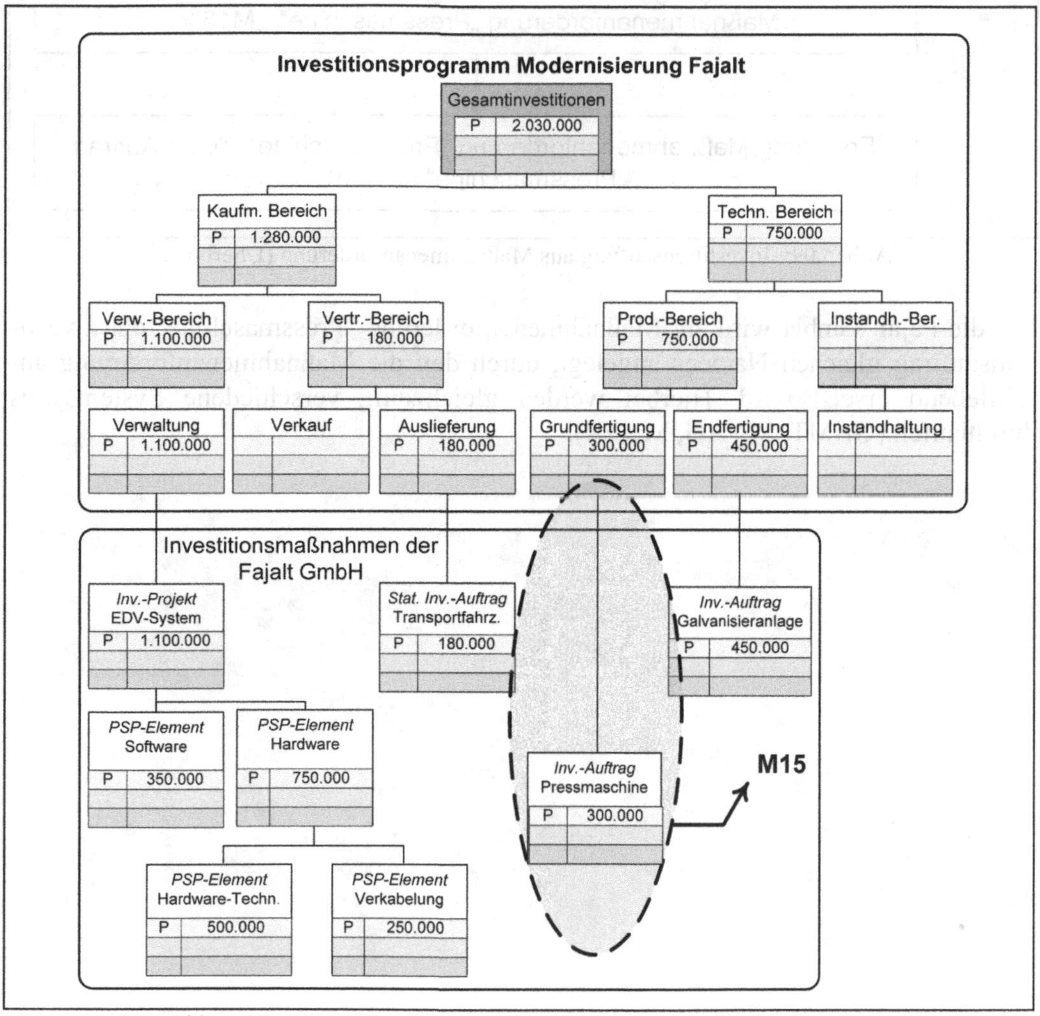

Abb. 5.08: Investitionsauftrag aus Maßnahmenanforderung (Fokus)

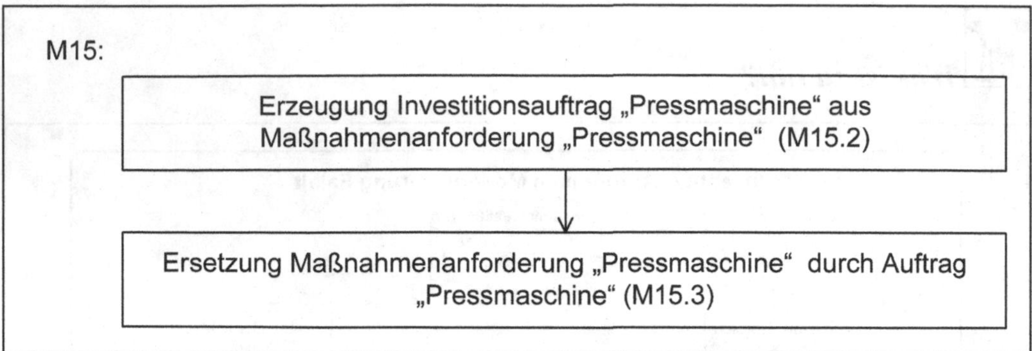

Abb. 5.09: Investitionsauftrag aus Maßnahmenanforderung (Überblick)

Für die Fajalt GmbH wird zur Maßnahmenanforderung "Pressmaschine" ein Investitionsauftrag gleichen Namens angelegt, durch den die Maßnahmenanforderung anschließend ersetzt wird. Hierbei werden gleichzeitig verschiedene Systemstatus durchlaufen (GNMT, MNAG, MNER).

Anzeige	Eingabe/Auswahl

Modul 15: Ersetzen der Maßnahmenanforderung durch einen Investitionsauftrag

Modul 15.1 Systemstatus der Maßnahmenanforderung ansehen

Anzeige	Eingabe/Auswahl
	Wählen Sie im SAP-Menü: **Rechnungswesen -** **Investitionsmanagement -** **Maßnahmenanforderungen –** **Anforderungen bearbeiten –** **Einzelbearbeitung**
Bildschirm "**Maßnahmenanforderung anzeigen**"	Doppelklicken Sie in der linken Bildschirmseite (=Arbeitsvorrat) auf die Zeile Ihrer Maßnahmenanforderung **Pressmaschine** Klicken Sie auf (= Ändern)
© SAP AG	Wechseln Sie zur Registerkarte "Steuerung".
© SAP AG	Als aktueller Systemstatus der Anforderung ist "Genehmigt" gesetzt. Klicken Sie auf (= Statusübersicht anzeigen)

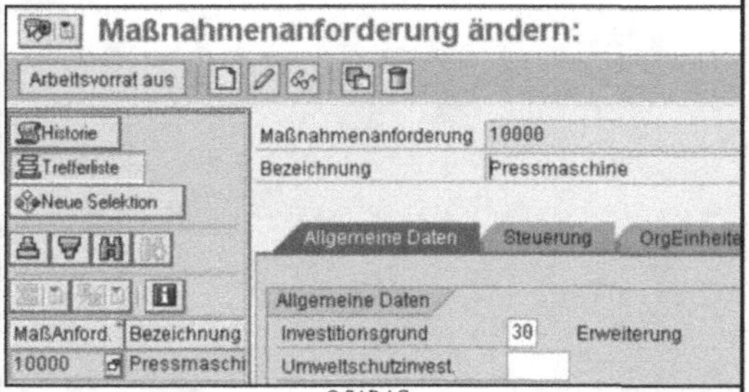

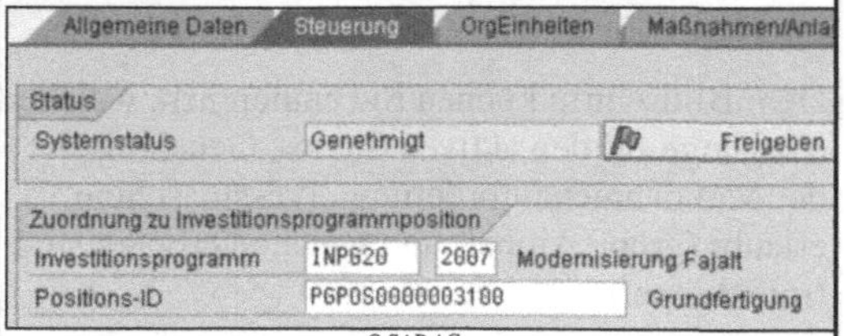

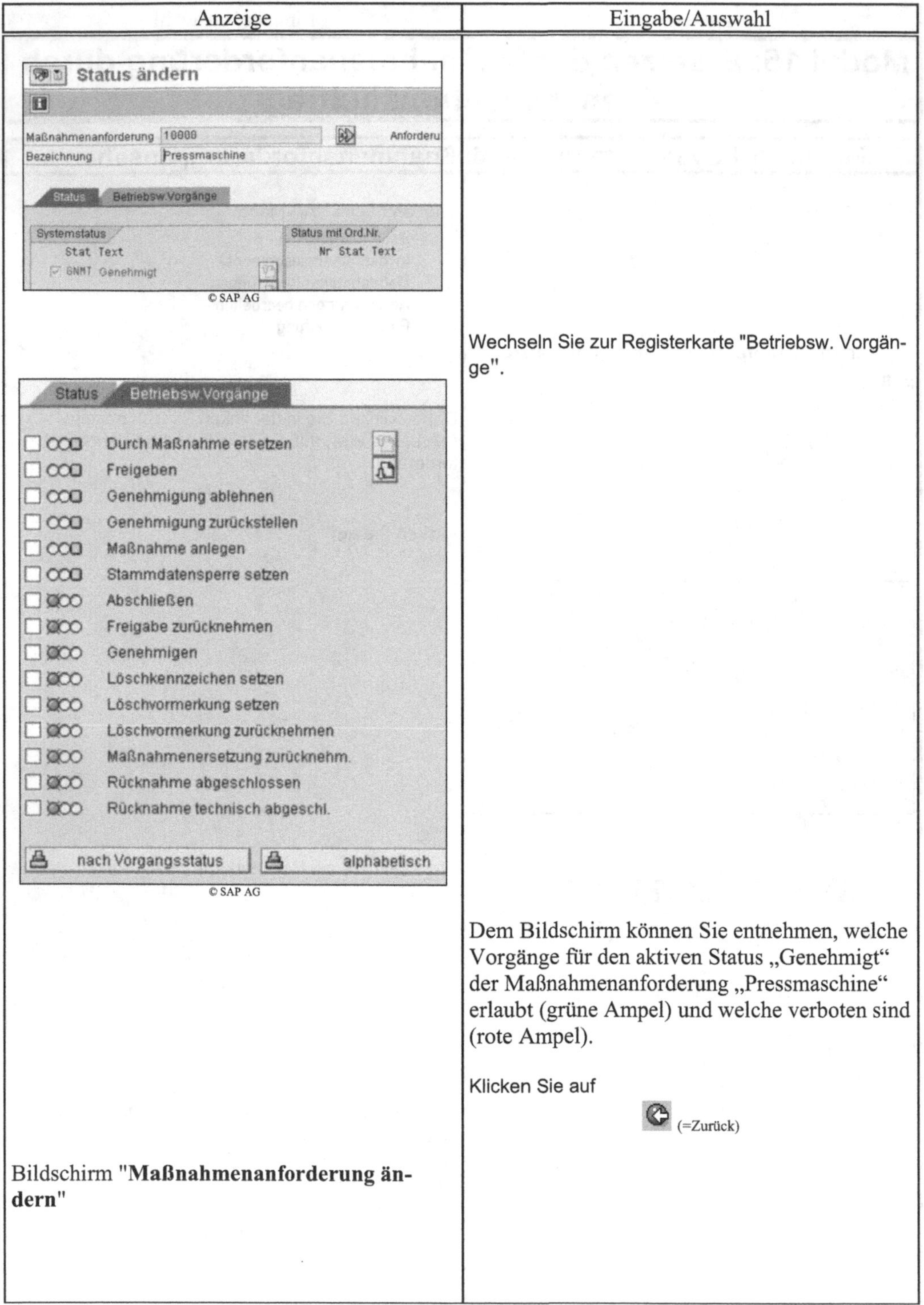

Anzeige	Eingabe/Auswahl
© SAP AG	Wechseln Sie zur Registerkarte "Betriebsw. Vorgänge".
© SAP AG	Dem Bildschirm können Sie entnehmen, welche Vorgänge für den aktiven Status „Genehmigt“ der Maßnahmenanforderung „Pressmaschine“ erlaubt (grüne Ampel) und welche verboten sind (rote Ampel). Klicken Sie auf (=Zurück)
Bildschirm "**Maßnahmenanforderung ändern**"	

Anzeige	Eingabe/Auswahl
Modul 15.2 Auftrag zur Maßnahmenanforderung anlegen	
	Wechseln Sie zur Registerkarte "Maßnahmen/Anlagen".
	Klicken Sie auf  Auftrag (= Auftrag Anlegen)
Dialogfenster "**Anlegen Auftrag**"	Eingabe bzw. Auswahl: *Auftragsart:* ***AA**xx*, xx = Teilnehmernummer (= Schlüssel Ihrer Auftragsart) Wählen Sie (falls noch nicht gesetzt) die Option **Planwerte übernehmen** Eingabe: *Prozent:* ***100*** Die Planwerte sollen zu 100% auf den Auftrag übernommen werden.
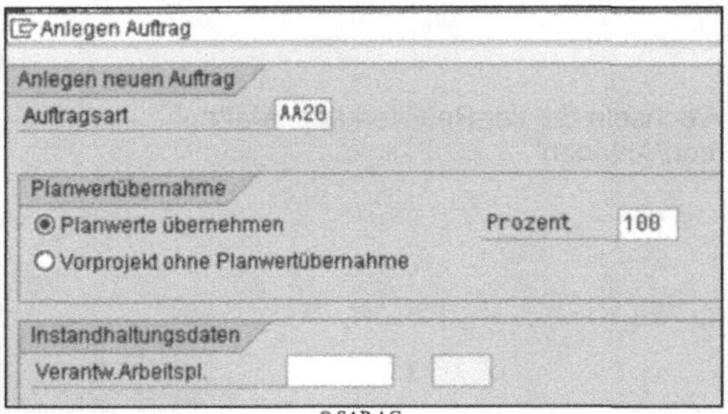 Anlegen Auftrag Anlegen neuen Auftrag Auftragsart AA20 Planwertübernahme ◉ Planwerte übernehmen Prozent 100 ○ Vorprojekt ohne Planwertübernahme Instandhaltungsdaten Verantw.Arbeitspl. © SAP AG	 ↵
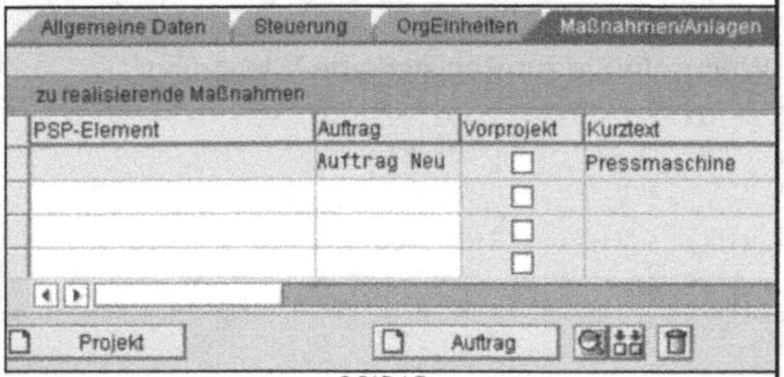 Allgemeine Daten / Steuerung / OrgEinheiten / Maßnahmen/Anlagen zu realisierende Maßnahmen PSP-Element / Auftrag / Vorprojekt / Kurztext Auftrag Neu ☐ Pressmaschine Projekt / Auftrag © SAP AG	
Meldung: *Auftrag wird beim Sichern angelegt*	Klicken Sie auf (=Sichern)
Bildschirm "**Maßnahmenanforderung anzeigen**"	

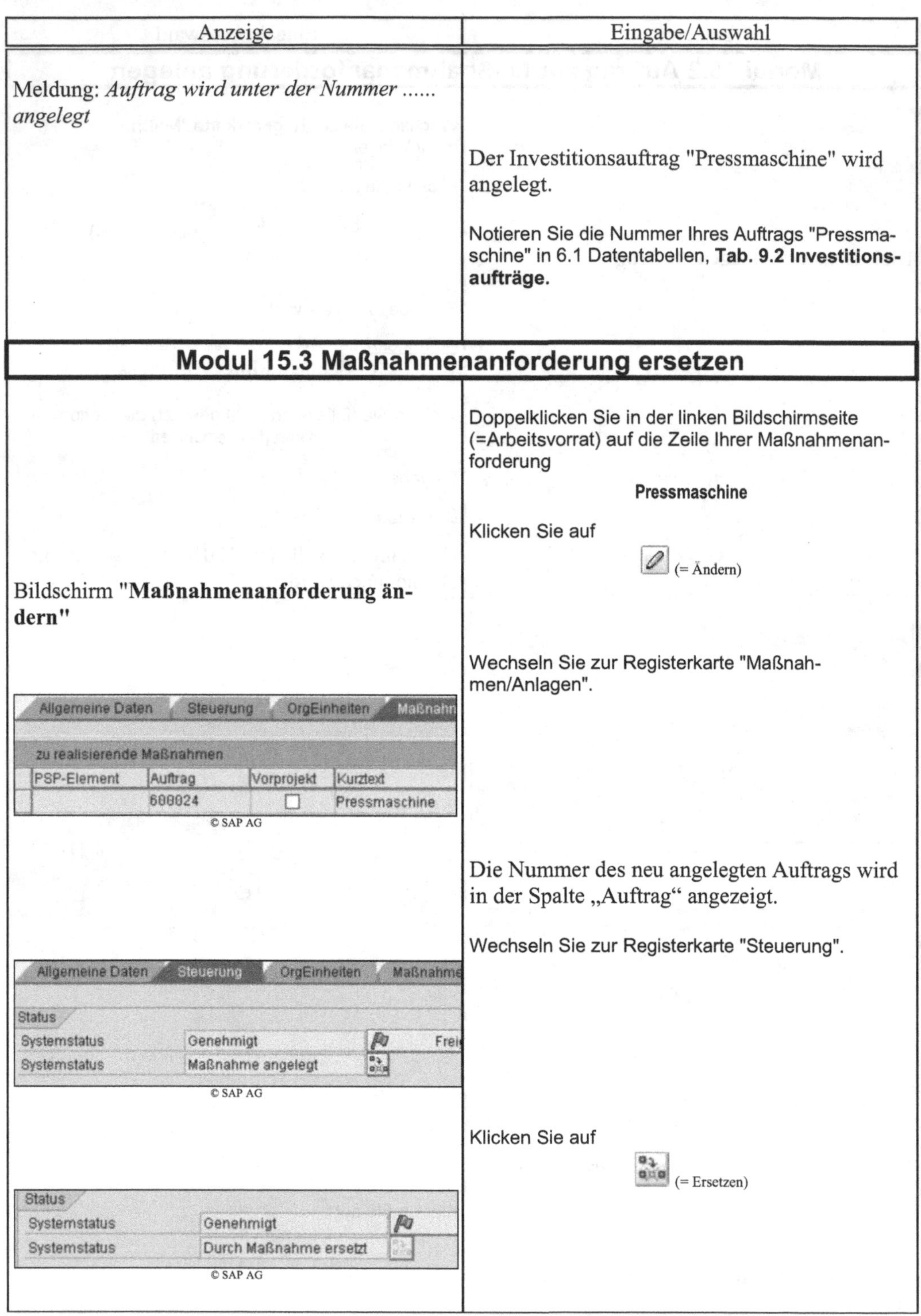

Anzeige	Eingabe/Auswahl
Meldung: *Auftrag wird unter der Nummer ...... angelegt*	Der Investitionsauftrag "Pressmaschine" wird angelegt. Notieren Sie die Nummer Ihres Auftrags "Pressmaschine" in 6.1 Datentabellen, **Tab. 9.2 Investitionsaufträge.**

Modul 15.3 Maßnahmenanforderung ersetzen

Anzeige	Eingabe/Auswahl
	Doppelklicken Sie in der linken Bildschirmseite (=Arbeitsvorrat) auf die Zeile Ihrer Maßnahmenanforderung **Pressmaschine**
	Klicken Sie auf (= Ändern)
Bildschirm "**Maßnahmenanforderung ändern"**	Wechseln Sie zur Registerkarte "Maßnahmen/Anlagen".
© SAP AG	Die Nummer des neu angelegten Auftrags wird in der Spalte „Auftrag" angezeigt. Wechseln Sie zur Registerkarte "Steuerung".
© SAP AG	Klicken Sie auf (= Ersetzen)
© SAP AG	

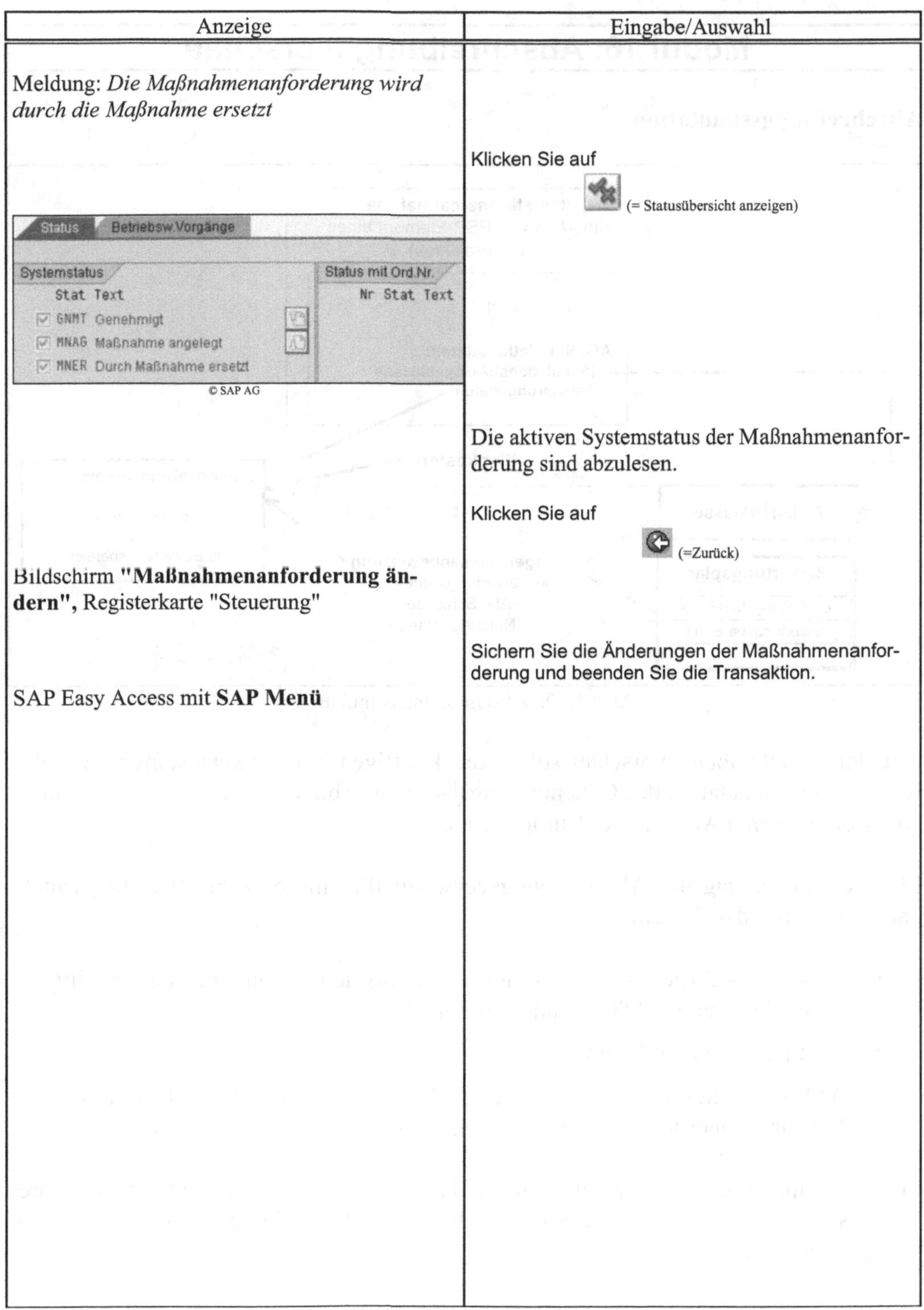

Anzeige	Eingabe/Auswahl
Meldung: *Die Maßnahmenanforderung wird durch die Maßnahme ersetzt*	Klicken Sie auf (= Statusübersicht anzeigen)
Status / Betriebsw.Vorgänge Systemstatus Stat Text GNMT Genehmigt MNAG Maßnahme angelegt MNER Durch Maßnahme ersetzt Status mit Ord.Nr. Nr Stat Text © SAP AG	Die aktiven Systemstatus der Maßnahmenanforderung sind abzulesen.
	Klicken Sie auf (=Zurück)
Bildschirm **"Maßnahmenanforderung ändern"**, Registerkarte "Steuerung"	Sichern Sie die Änderungen der Maßnahmenanforderung und beenden Sie die Transaktion.
SAP Easy Access mit **SAP Menü**	

Modul 16: Abschreibungsvorschau

Abschreibungssimulation

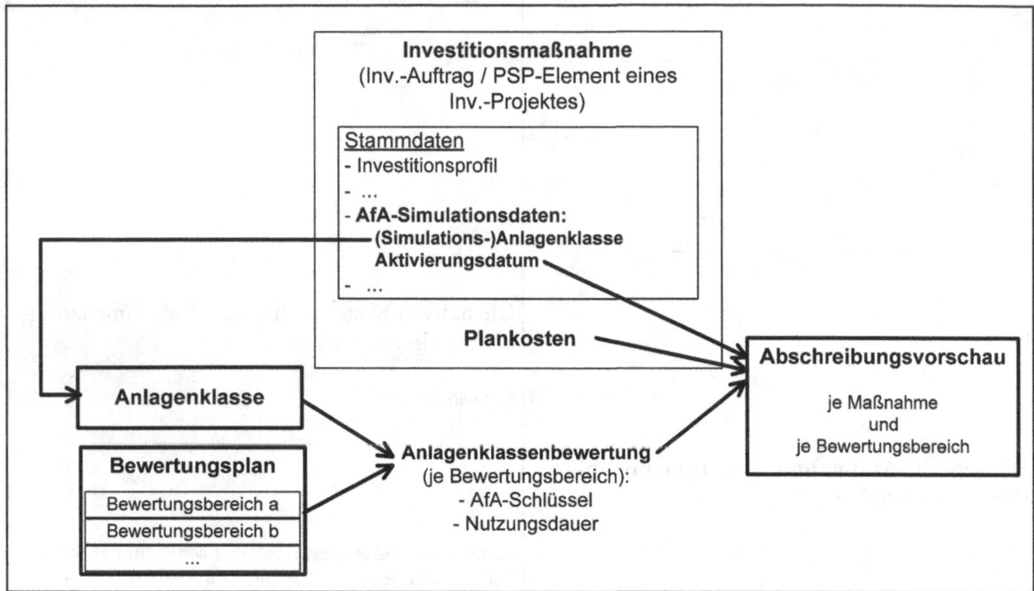

Abb. 5.10: Abschreibungssimulation

Mit der Abschreibungsvorschau sollen die künftigen Ergebnisbelastungen aus den Investitionsmaßnahmen des Genehmigungsjahres in Abhängigkeit von der Nutzungsdauer der späteren Anlagen verdeutlicht werden.

Für die Berechnung der Abschreibungsvorschau für eine einzelne Investitionsmaßnahme benötigt das System:

- ein voraussichtliches Aktivierungsdatum (aus den Stammdaten der jeweiligen Maßnahme unter "AfA-Simulationsdaten"),
- die Plankosten der Maßnahme,
- AfA-Parameter in Form von AfA-Schlüssel (Abschreibungsverfahren) und Nutzungsdauer je Bewertungsbereich aus der Anlagenklassenbewertung.

Für die Anlagenklassenbewertung greift das System auf die im Stammsatz unter "AfA-Simulationsdaten" aufgeführte Simulations-Anlagenklasse und den aktuell gesetzten Bewertungsplan zu.

Was ist zu tun?

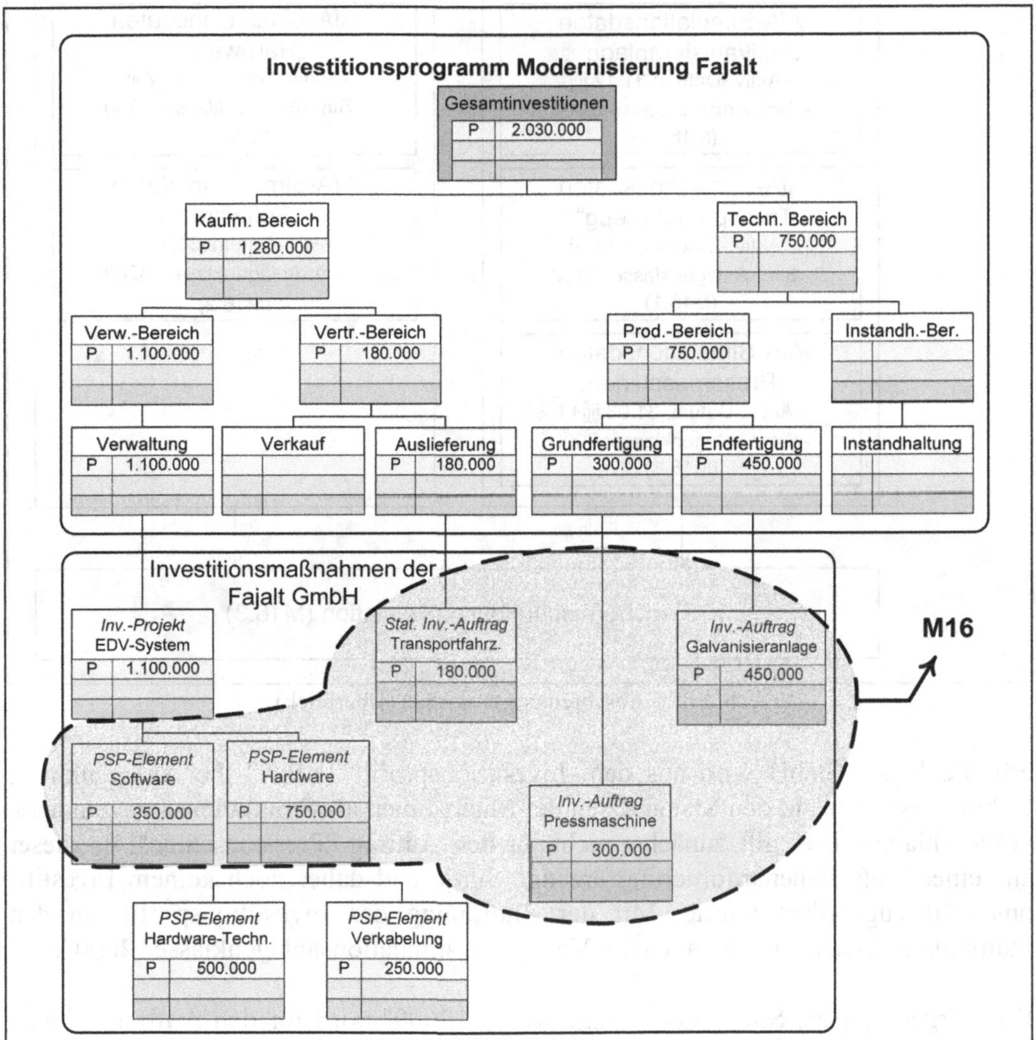

Abb. 5.11: Abschreibungsvorschau (Fokus)

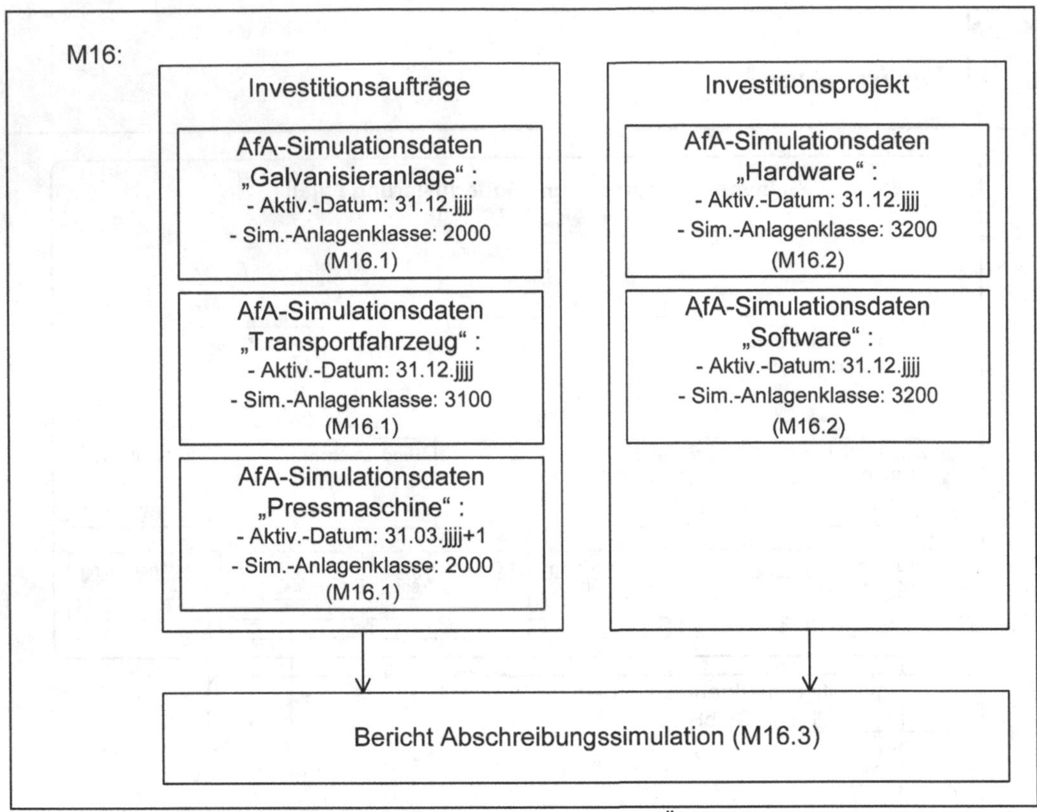

Abb. 5.12: Abschreibungsvorschau (Überblick)

Für die Fajalt GmbH wird aus dem Investitionsprofil "INPxx" die Anlagenklasse "2000 Maschinen" in den Stammdaten der Maßnahmen als Simulationsanlagenklasse vorgeschlagen. Dies gilt zunächst nicht für den Auftrag "Pressmaschine", da dieser aus einer Maßnahmenanforderung erzeugt wurde und daher noch keinem Investitionsprofil zugeordnet wurde. Mit der Zuordnung des Investitionsprofils in den Stammdaten erscheint dann auch die Vorschlagssimulationsanlagenklasse "2000".

Die vorgeschlagene Simulationsanlagenklasse "2000" wird für den Auftrag "Transportfahrzeug" in "3100 Fuhrpark" und für die PSP-Elemente "Hardware" und "Software" in "3200 EDV/Hardware" geändert. Darüber hinaus ist in allen Stammsätzen das entsprechende (Simulations-)Aktivierungsdatum einzutragen.

Anschließend werden Berichte zur Abschreibungsvorschau je Maßnahme für die Bewertungsbereiche "Handelsrecht" und "Steuerbilanz" ausgeführt.

Anzeige	Eingabe/Auswahl

Modul 16: Abschreibungsvorschau

In die *Abschreibungsvorausschau* bereits aktiver Anlagen können auch die Auswirkungen geplanter Investitionen miteinbezogen werden. Dazu können geplante Investitionen in Form von Aufträgen, Projektstrukturplanelementen, Investitionsprogrammpositionen oder Maßnahmenanforderungen in die Simulation einbezogen werden.

Im Informationssystem des Systems IM befinden sich entsprechende Varianten des Simulationsreports.

Die erforderlichen Abschreibungsparameter und das geplante Inbetriebnahmedatum müssen in den Stammdaten der geplanten Investitionen hinterlegt sein.

Als Basis für die Anschaffungs- bzw. Herstellungskosten verwendet das System bei geplanten Investitionen wahlweise die Budget- oder die Planwerte.

M16.1 AfA-Simulationsdaten für Investitionsaufträge pflegen

Wählen Sie im SAP-Menü:

Rechnungswesen -
Investitionsmanagement -
Innenaufträge –
Stammdaten –
Order Manager

Bildschirm "**Order Manager**"

Klicken Sie auf Arbeitsvorrat

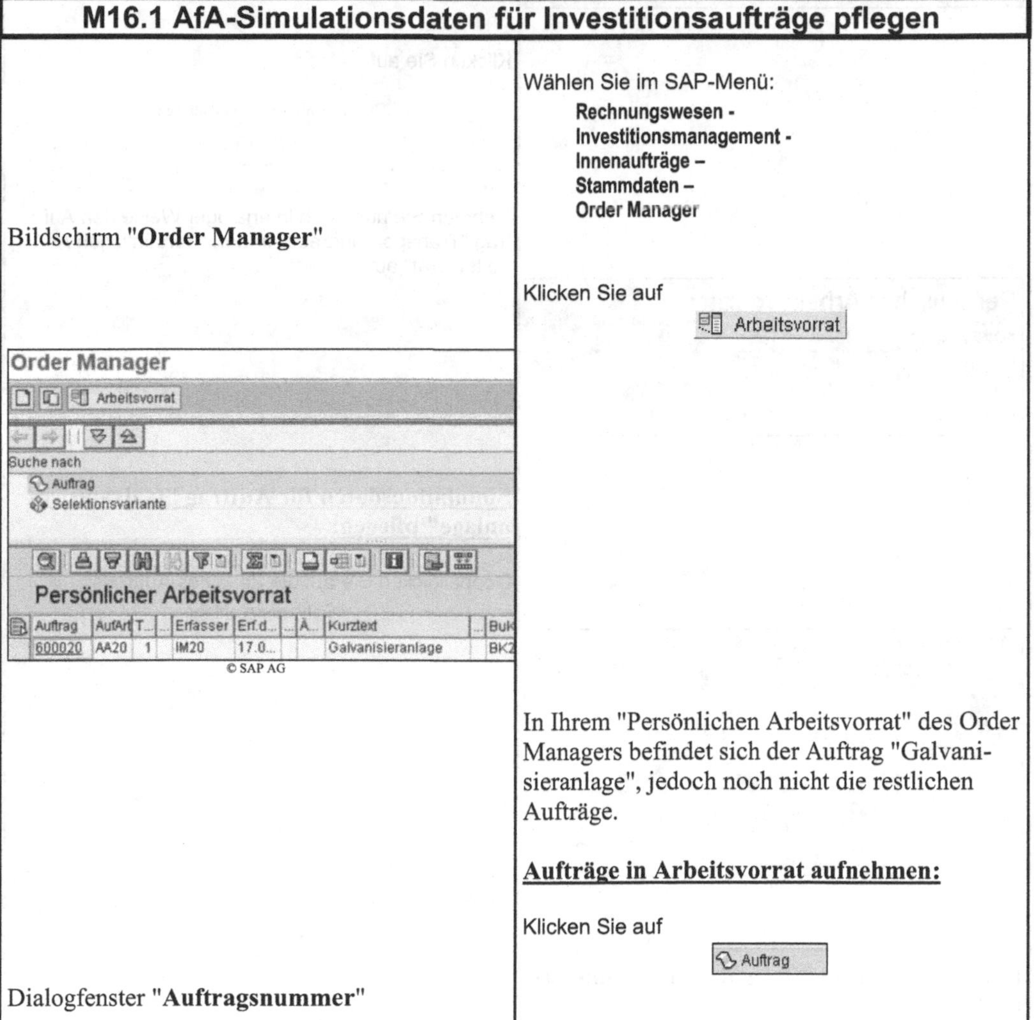

© SAP AG

In Ihrem "Persönlichen Arbeitsvorrat" des Order Managers befindet sich der Auftrag "Galvanisieranlage", jedoch noch nicht die restlichen Aufträge.

<u>Aufträge in Arbeitsvorrat aufnehmen:</u>

Klicken Sie auf Auftrag

Dialogfenster "**Auftragsnummer**"

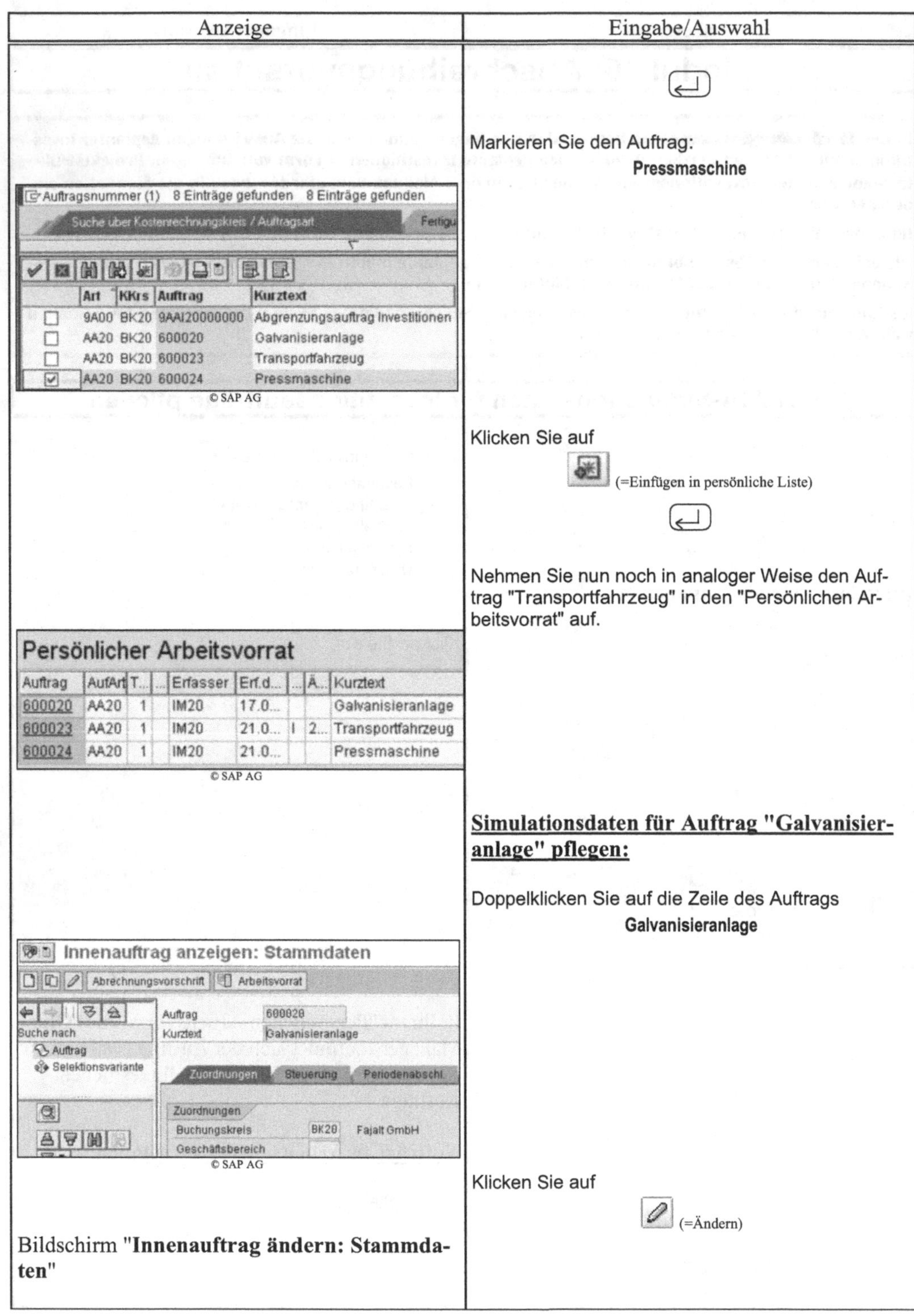

Anzeige	Eingabe/Auswahl
	↵
© SAP AG	Markieren Sie den Auftrag: **Pressmaschine**
	Klicken Sie auf (=Einfügen in persönliche Liste) ↵
	Nehmen Sie nun noch in analoger Weise den Auftrag "Transportfahrzeug" in den "Persönlichen Arbeitsvorrat" auf.
© SAP AG	
	Simulationsdaten für Auftrag "Galvanisieranlage" pflegen: Doppelklicken Sie auf die Zeile des Auftrags **Galvanisieranlage**
© SAP AG	Klicken Sie auf (=Ändern)
Bildschirm "**Innenauftrag ändern: Stammdaten**"	

Anzeige	Eingabe/Auswahl
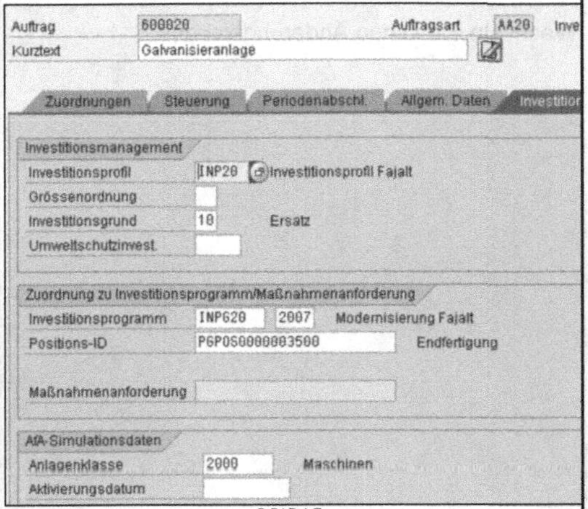 Auftrag 600020 Auftragsart AA20 Inve Kurztext Galvanisieranlage Zuordnungen / Steuerung / Periodenabschl. / Allgem. Daten / Investitio Investitionsmanagement Investitionsprofil INP20 Investitionsprofil Fajalt Grössenordnung Investitionsgrund 10 Ersatz Umweltschutzinvest. Zuordnung zu Investitionsprogramm/Maßnahmenanforderung Investitionsprogramm INP620 2007 Modernisierung Fajalt Positions-ID P6P0S0000003500 Endfertigung Maßnahmenanforderung AfA-Simulationsdaten Anlagenklasse 2000 Maschinen Aktivierungsdatum © SAP AG	Das Stammdatenfenster der Auftrags erscheint im Änderungsmodus auf der rechten Bildschirmseite des Order Managers. Wechseln Sie zur Registerkarte "Investitionen".
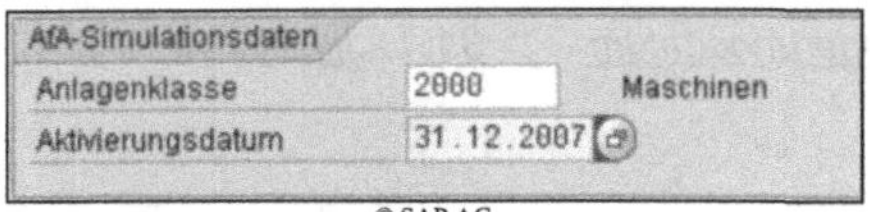 AfA-Simulationsdaten Anlagenklasse 2000 Maschinen Aktivierungsdatum 31.12.2007 © SAP AG	Als Anlagenklasse für die AfA-Simulation ist hier bereits (als Vorschlagswert aus dem Investitionsprofil) die Anlagenklasse 2000 "Maschinen" eingetragen. Sehen sich noch einmal (vgl. M3.4) Abschreibungsschlüssel und Nutzungsdauer für die Handelsbilanz und die Steuerbilanz in dieser Anlagenklasse an. Eingabe: <u>*Aktivierungsdatum:*</u> ***31.12.jjjj,*** jjjj = *akt. Jahr*
Meldung: *Auftrag .... wurde geändert.*	Das Beginndatum der monatsgenauen AfA-Simulation der Galvanisieranlage für die einzelnen Bewertungsbereiche haben Sie damit auf den 1.12. des aktuellen Geschäftsjahres gesetzt. Sichern Sie Ihre Eingaben.

Anzeige	Eingabe/Auswahl
	Simulationsdaten für Auftrag "Transportfahrzeug" pflegen: Doppelklicken Sie auf die Zeile des Auftrags **Transportfahrzeug** Wechseln Sie in den Änderungsmodus.
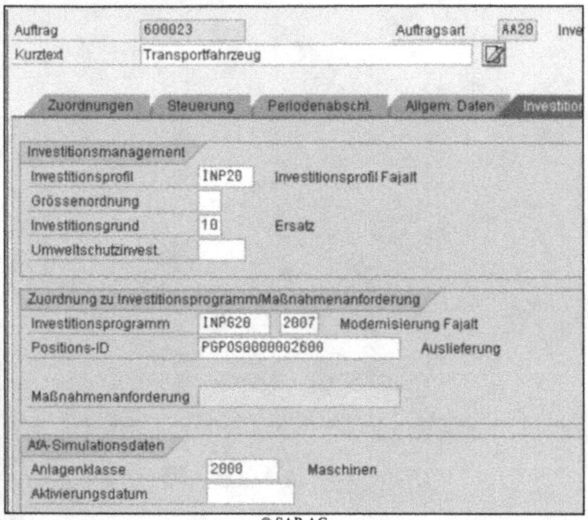 Auftrag 600023 Auftragsart AA20 Inv Kurztext Transportfahrzeug Zuordnungen / Steuerung / Periodenabschl. / Allgem. Daten / Investition Investitionsmanagement Investitionsprofil INP20 Investitionsprofil Fajalt Grössenordnung Investitionsgrund 10 Ersatz Umweltschutzinvest. Zuordnung zu Investitionsprogramm/Maßnahmenanforderung Investitionsprogramm INP620 2007 Modernisierung Fajalt Positions-ID P6POS00000002600 Auslieferung Maßnahmenanforderung AfA-Simulationsdaten Anlagenklasse 2000 Maschinen Aktivierungsdatum © SAP AG	
	Als Anlagenklasse für die AfA-Simulation ist auch hier in den Auftragsstammdaten bereits als Vorschlagswert aus dem Investitionsprofil die Anlagenklasse 2000 "Maschinen" eingetragen. Diese soll jedoch für den Auftrag "Transportfahrzeug" geändert werden. Eingabe: *Anlagenklasse :* ***3100*** (= Fuhrpark) *Aktivierungsdatum:* ***31.12.jjjj,*** *jjjj = akt. Jahr* ⏎
Meldung: *Anlagenklasse stimmt nicht mit Anlagenklasse 2000 im InvProfil INPxx überein.*	⏎
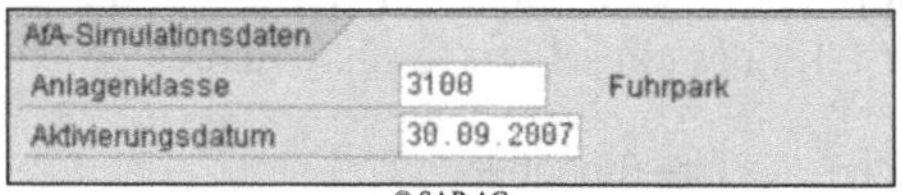 AfA-Simulationsdaten Anlagenklasse 3100 Fuhrpark Aktivierungsdatum 30.09.2007 © SAP AG	
Meldung: *Auftrag .... wurde geändert.*	Sichern Sie Ihre Eingaben.

Anzeige	Eingabe/Auswahl
	Simulationsdaten für Auftrag "Pressmaschine" pflegen:
	Doppelklicken Sie auf die Zeile des Auftrags **Pressmaschine**
Auftrag 600024 Auftragsart AA20 Inv Kurztext Pressmaschine Zuordnungen Steuerung Periodenabschl. Allgem. Daten Investitio Investitionsmanagement Investitionsprofil Grössenordnung Investitionsgrund 30 Erweiterung Umweltschutzinvest Zuordnung zu Investitionsprogramm/Maßnahmenanforderung Investitionsprogramm INP620 2007 Modernisierung Fajalt Positions-ID P6P0S0000003100 Grundfertigung Maßnahmenanforderung 10000 Pressmaschine AfA-Simulationsdaten Anlagenklasse Aktivierungsdatum © SAP AG	Wechseln Sie in den Änderungsmodus.
	Eingabe bzw. Auswahl: *Investitionsprofil:* ***INPxx,*** xx = Teilnehmernummer ↵
	Das Feld "Anlagenklasse" unter AfA-Simulationsdaten wird mit der Vorschlags-Simulationsklasse 2000 (= Maschinen) gefüllt (vgl. auch 11.3).
	Eingabe bzw. Auswahl: *Aktivierungsdatum:* ***31.03.jjjj +1,*** jjjj = *akt. Jahr*

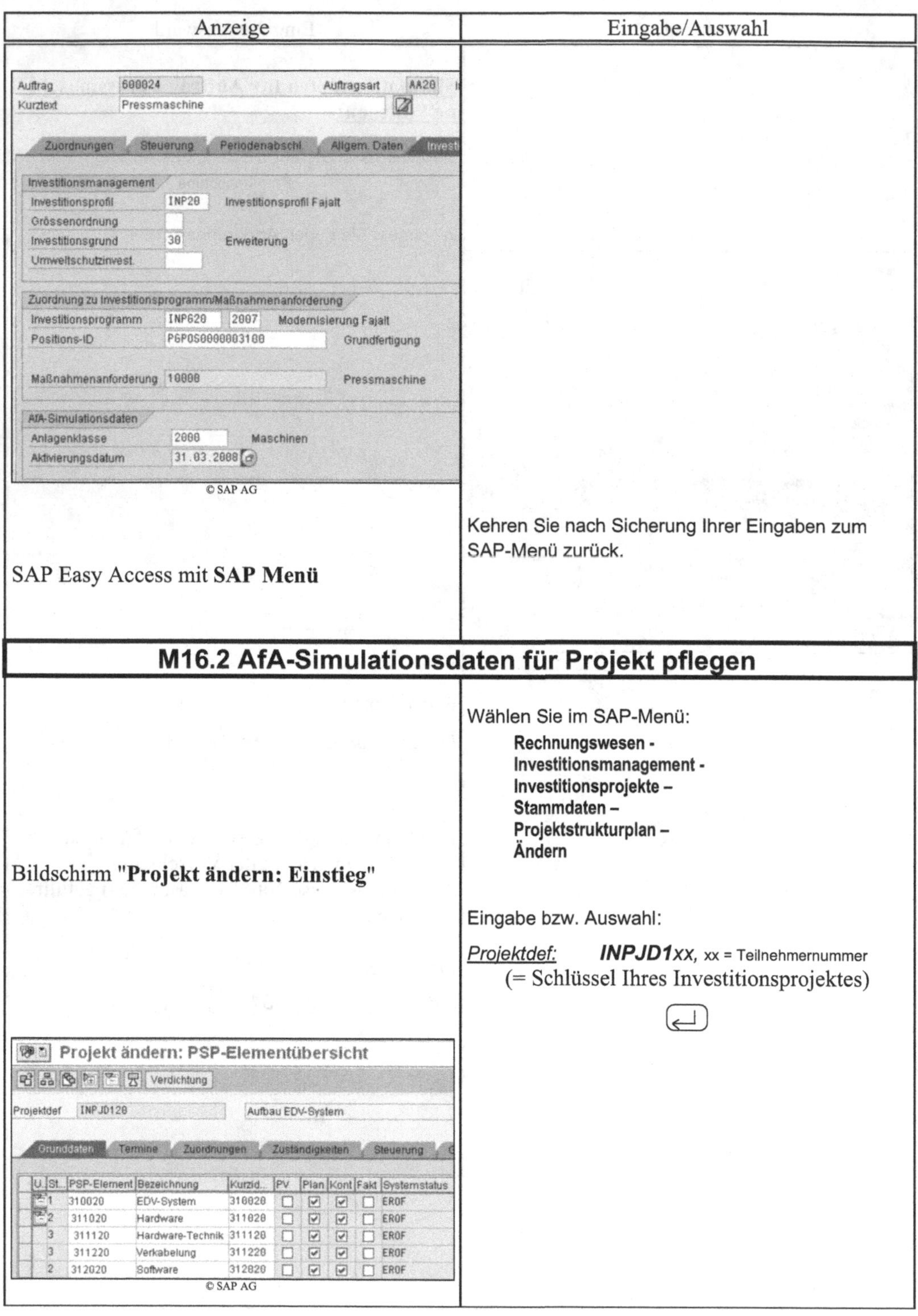

Anzeige	Eingabe/Auswahl
© SAP AG	
SAP Easy Access mit **SAP Menü**	Kehren Sie nach Sicherung Ihrer Eingaben zum SAP-Menü zurück.
M16.2 AfA-Simulationsdaten für Projekt pflegen	
Bildschirm "**Projekt ändern: Einstieg**"	Wählen Sie im SAP-Menü: **Rechnungswesen - Investitionsmanagement - Investitionsprojekte – Stammdaten – Projektstrukturplan – Ändern** Eingabe bzw. Auswahl: *Projektdef:* ***INPJD1xx***, xx = Teilnehmernummer (= Schlüssel Ihres Investitionsprojektes) ⏎
© SAP AG	

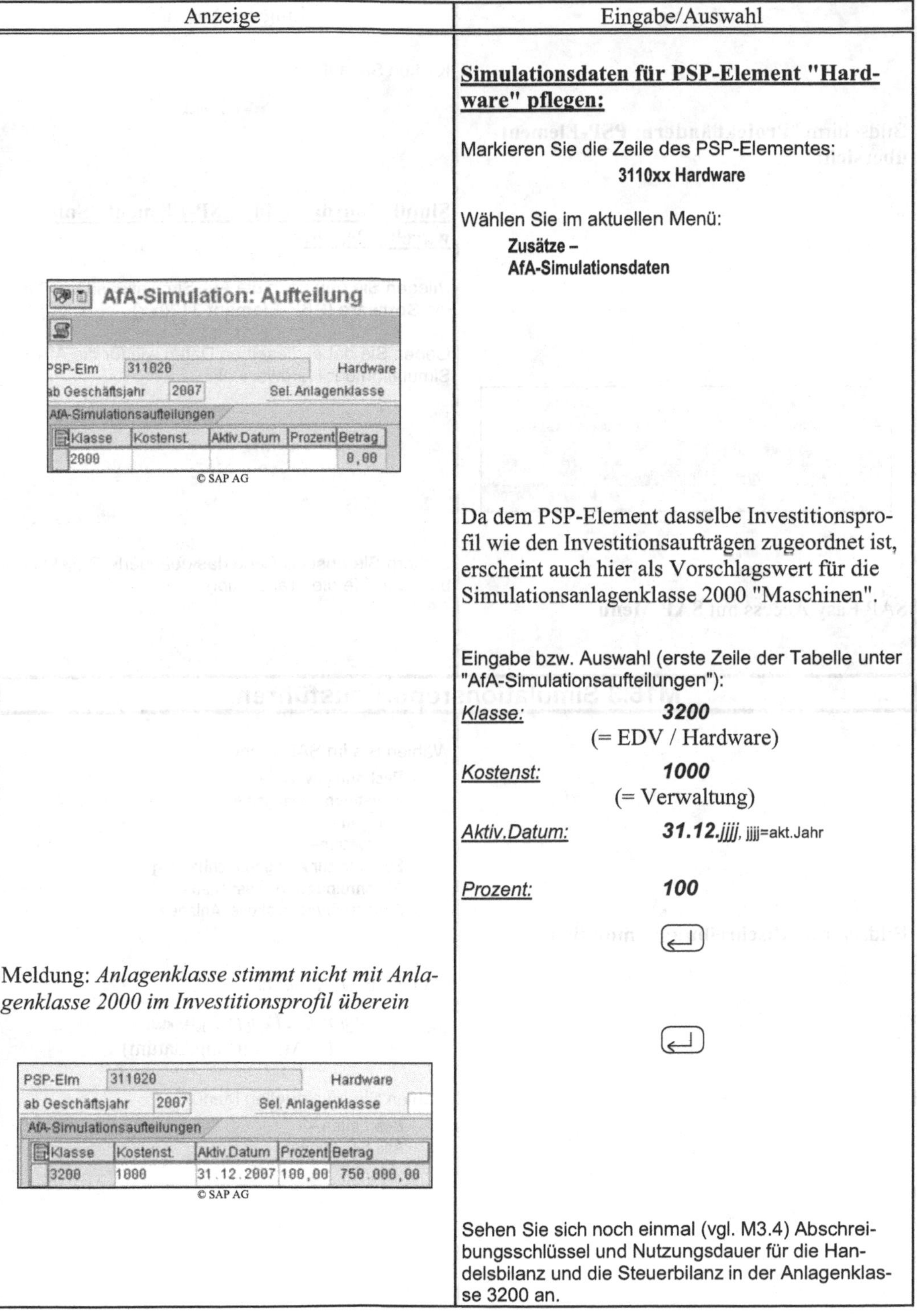

Anzeige	Eingabe/Auswahl
	Simulationsdaten für PSP-Element "Hardware" pflegen: Markieren Sie die Zeile des PSP-Elementes: **3110xx Hardware** Wählen Sie im aktuellen Menü: **Zusätze –** **AfA-Simulationsdaten**
AfA-Simulation: Aufteilung PSP-Elm 311020 Hardware ab Geschäftsjahr 2007 Sel. Anlagenklasse AfA-Simulationsaufteilungen Klasse | Kostenst. | Aktiv.Datum | Prozent | Betrag 2000 | | | | 0,00 © SAP AG	Da dem PSP-Element dasselbe Investitionsprofil wie den Investitionsaufträgen zugeordnet ist, erscheint auch hier als Vorschlagswert für die Simulationsanlagenklasse 2000 "Maschinen".
	Eingabe bzw. Auswahl (erste Zeile der Tabelle unter "AfA-Simulationsaufteilungen"): *Klasse:* ***3200*** (= EDV / Hardware) *Kostenst:* ***1000*** (= Verwaltung) *Aktiv.Datum:* ***31.12.jjjj***, jjjj=akt.Jahr *Prozent:* ***100*** ↵
Meldung: *Anlagenklasse stimmt nicht mit Anlagenklasse 2000 im Investitionsprofil überein*	↵
PSP-Elm 311020 Hardware ab Geschäftsjahr 2007 Sel. Anlagenklasse AfA-Simulationsaufteilungen Klasse | Kostenst. | Aktiv.Datum | Prozent | Betrag 3200 | 1000 | 31.12.2007 | 100,00 | 750.000,00 © SAP AG	Sehen Sie sich noch einmal (vgl. M3.4) Abschreibungsschlüssel und Nutzungsdauer für die Handelsbilanz und die Steuerbilanz in der Anlagenklasse 3200 an.

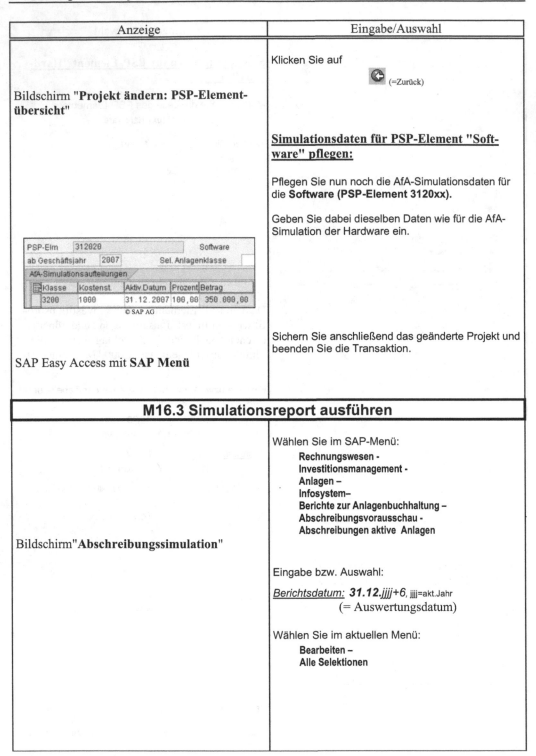

Anzeige	Eingabe/Auswahl
Bildschirm "**Projekt ändern: PSP-Element-übersicht**"	Klicken Sie auf (=Zurück)
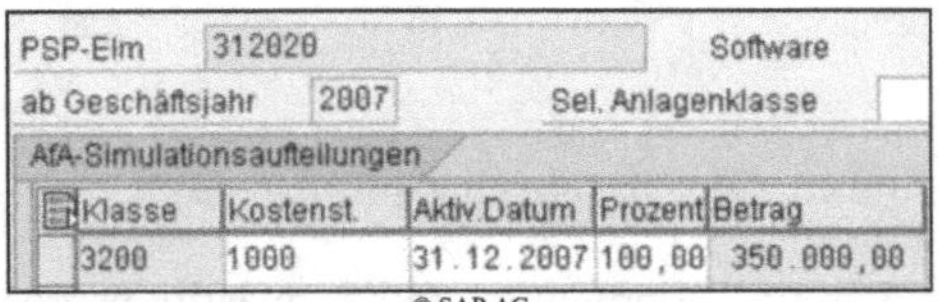	**Simulationsdaten für PSP-Element "Soft-ware" pflegen:** Pflegen Sie nun noch die AfA-Simulationsdaten für die **Software (PSP-Element 3120xx).** Geben Sie dabei dieselben Daten wie für die AfA-Simulation der Hardware ein.
PSP-Elm 312020 Software ab Geschäftsjahr 2007 Sel. Anlagenklasse AfA-Simulationsaufteilungen Klasse | Kostenst. | Aktiv.Datum | Prozent | Betrag 3200 | 1000 | 31.12.2007 | 100,00 | 350.000,00 © SAP AG	
SAP Easy Access mit **SAP Menü**	Sichern Sie anschließend das geänderte Projekt und beenden Sie die Transaktion.

M16.3 Simulationsreport ausführen

Anzeige	Eingabe/Auswahl
	Wählen Sie im SAP-Menü: **Rechnungswesen -** **Investitionsmanagement -** **Anlagen –** **Infosystem–** **Berichte zur Anlagenbuchhaltung –** **Abschreibungsvorausschau -** **Abschreibungen aktive Anlagen**
Bildschirm"**Abschreibungssimulation**"	Eingabe bzw. Auswahl: *Berichtsdatum:* ***31.12.jjjj+6***, jjjj=akt.Jahr (= Auswertungsdatum) Wählen Sie im aktuellen Menü: **Bearbeiten –** **Alle Selektionen**

Anzeige	Eingabe/Auswahl

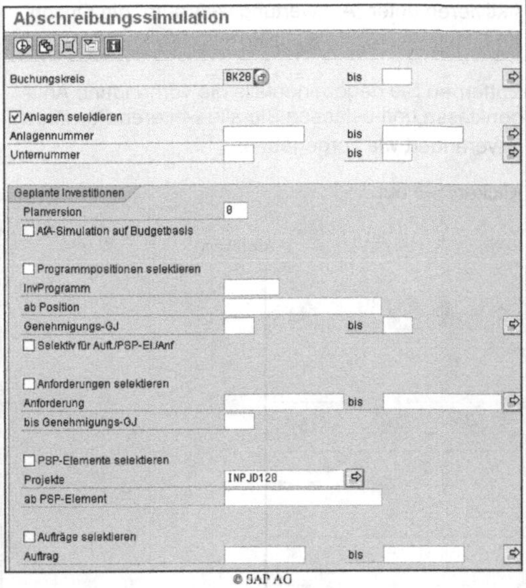

Abschreibungssimulation

Buchungskreis BK28 bis

☑ Anlagen selektieren

Anlagennummer bis

Unternummer bis

Geplante Investitionen

Planversion 0

☐ AfA-Simulation auf Budgetbasis

☐ Programmpositionen selektieren

InvProgramm

ab Position

Genehmigungs-GJ bis

☐ Selektiv für Auft./PSP-El./Anf

☐ Anforderungen selektieren

Anforderung bis

bis Genehmigungs-GJ

☐ PSP-Elemente selektieren

Projekte INPJD128

ab PSP-Element

☐ Aufträge selektieren

Auftrag bis

Eingabe bzw. Auswahl:

Buchungskreis: ***BKxx***, xx = Teilnehmernummer
(= Schlüssel Ihres Buchungskreises)

Deaktivieren Sie die Option:
Anlagen selektieren

Damit werden nur geplante Investitionen ausgewertet.

Eingabe bzw. Auswahl:

Planversion: ***0***
(= Standard-Planversion)

Aktivieren (markieren) Sie die Option:
Aufträge selektieren
und entfernen Sie eine eventuell vorhandene Auftragsnummer aus dem Feld "Auftrag".

Das System soll nur die Aufträge in die Auswertung einbeziehen.

Eingabe bzw. Auswahl (weiter unten um Bildschirm):

Bewertungsbereich: ***01***
(= Handelsrecht)

Anzeige	Eingabe/Auswahl
	Aktivieren unter "Auswertungszeitraum" die Option: **Jahr** Entfernen Sie gegebenenfalls die vorhandene Anlagenklasse und belassen Sie alle weiteren Parameter unverändert wie vorgegeben. Klicken Sie auf (=Ausführen)

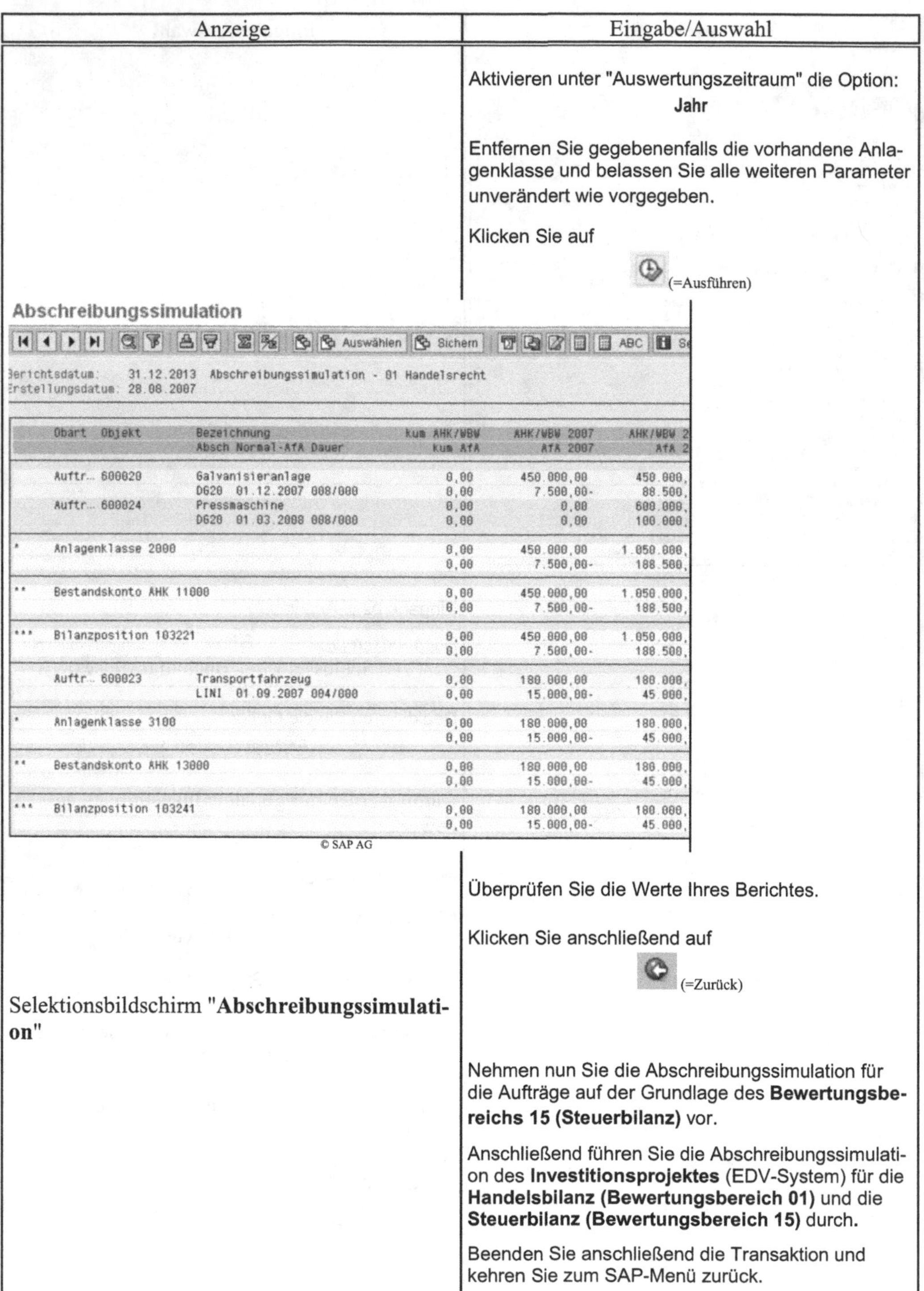

Abschreibungssimulation

Auswählen Sichern ABC

Berichtsdatum: 31.12.2013 Abschreibungssimulation - 01 Handelsrecht
Erstellungsdatum: 28.08.2007

	Obart Objekt	Bezeichnung Absch Normal-AfA Dauer	kum AHK/WBW kum AfA	AHK/WBW 2007 AfA 2007	AHK/WBW 2 AfA 2
	Auftr... 600020	Galvanisieranlage DG20 01.12.2007 008/000	0,00 0,00	450.000,00 7.500,00-	450.000, 88.500,
	Auftr... 600024	Pressmaschine DG20 01.03.2008 008/000	0,00 0,00	0,00 0,00	600.000, 100.000,
*	Anlagenklasse 2000		0,00 0,00	450.000,00 7.500,00-	1.050.000, 188.500,
**	Bestandskonto AHK 11000		0,00 0,00	450.000,00 7.500,00-	1.050.000, 188.500,
***	Bilanzposition 103221		0,00 0,00	450.000,00 7.500,00-	1.050.000, 188.500,
	Auftr... 600023	Transportfahrzeug LINI 01.09.2007 004/000	0,00 0,00	180.000,00 15.000,00-	180.000, 45.000,
*	Anlagenklasse 3100		0,00 0,00	180.000,00 15.000,00-	180.000, 45.000,
**	Bestandskonto AHK 13000		0,00 0,00	180.000,00 15.000,00-	180.000, 45.000,
***	Bilanzposition 103241		0,00 0,00	180.000,00 15.000,00-	180.000, 45.000,

© SAP AG

Anzeige	Eingabe/Auswahl
	Überprüfen Sie die Werte Ihres Berichtes. Klicken Sie anschließend auf (=Zurück)
Selektionsbildschirm "**Abschreibungssimulation**"	Nehmen nun Sie die Abschreibungssimulation für die Aufträge auf der Grundlage des **Bewertungsbereichs 15 (Steuerbilanz)** vor. Anschließend führen Sie die Abschreibungssimulation des **Investitionsprojektes** (EDV-System) für die **Handelsbilanz (Bewertungsbereich 01)** und die **Steuerbilanz (Bewertungsbereich 15)** durch. Beenden Sie anschließend die Transaktion und kehren Sie zum SAP-Menü zurück.

Modul 17: Budgetierung

Inhalt der Budgetierung

Eine Budgetierung in der Komponente Investitionsmanagement weist zur Realisierung des Investitionsprogramms Budgetmittel zu. Die Budgetierung setzt folglich ein genehmigtes Investitionsprogramm voraus; im SAP-System ist dies jedoch formal nicht erforderlich. Eine Budgetzuteilung kann objektbezogen nur auf Investitionsmaßnahmen, also Aufträge und PSP-Elemente, vorgenommen werden; Maßnahmenanforderungen dagegen können wegen ihres Charakters als Investitionsanträge – und damit in der Vorgenehmigungsphase befindlich – keine Budgetmittel erhalten.

Von (Kosten-)Planwerten unterscheiden sich Budgetwerte durch die ihnen zugesprochene Verbindlichkeit. Nach erfolgter Genehmigung werden Mittel zur Erfüllung des Investitionsprogramms in Form von Budgets zuerkannt. Über das Investitionsprogramm sollen daher genehmigte und zugeteilte Budgetwerte verwaltet und überwacht werden.

Auch für die Budgetzuteilung kommen analog der Plankostenzuteilung unterschiedliche Verfahren in Betracht.
Die eher übliche Verfahrensweise wäre eine top down-Budgetierung, die von übergeordneten Programmpositionen aus vorgenommen wird und die dort zugewiesenen Budgets an die zugehörigen Investitionsmaßnahmen weitergibt. Dies entspricht der Überlegung, dass Budgetmittel an organisatorische Stellen gegeben werden, die die ihnen zugeordneten Investitionen zu verwirklichen haben und für die Budgeteinhaltung Verantwortung tragen. Sind die Budgets an Maßnahmen weitergegeben worden, folgt bei Investitionsprojekten eine Unterverteilung auf die budgettragenden PSP-Elemente dieses Projektes. Für diese gestufte Budgetweitergabe gewährleistet das SAP-System stets, dass jeweils nicht mehr Budgetwerte unterverteilt werden als auf der übergeordneten Position vorhanden sind.
Eine andere Verfahrensweise stellt die direkte Budgetierung der Maßnahmen dar. In diesem Falle findet keine Fortschreibung von verteilten Werten des Budgets statt.

Zur Verfolgung und Überwachung von Budgets kann zusätzlich eine aktive und eine passive Verfügbarkeitskontrolle auf der Ebene der Maßnahmen eingesetzt werden. Die aktive Verfügbarkeitskontrolle zeigt zum Zeitpunkt der Entstehung an, ob Vorgänge das verfügbare Budget nach Maßgabe zusätzlicher Toleranzgrenzen überschreiten würden. Die passive Verfügbarkeitskontrolle bezieht sich dagegen allein auf das Reporting durch entsprechende Berichte.

Überdies erlaubt das SAP-System bei den Budgetwerten eine Unterscheidung nach Originalbudget, Nachtragsbudget und Budgetrückgaben. Ferner wird es über die Festlegung von Budgetarten, die je Programmart formuliert werden müssen, möglich, auf den Programmpositionen mehrere Budgets parallel zu führen. Allerdings muss in diesem Fall die Budgetvergabe dann direkt auf der Maßnahmenebene erfolgen, da eine Trennung von Budgetarten bei Maßnahmen nicht fortgeführt wird. Die Budgetverteilung von der übergeordneten Programmposition auf Maßnahmen ist folglich ausgeschlossen.

Was ist zu tun?

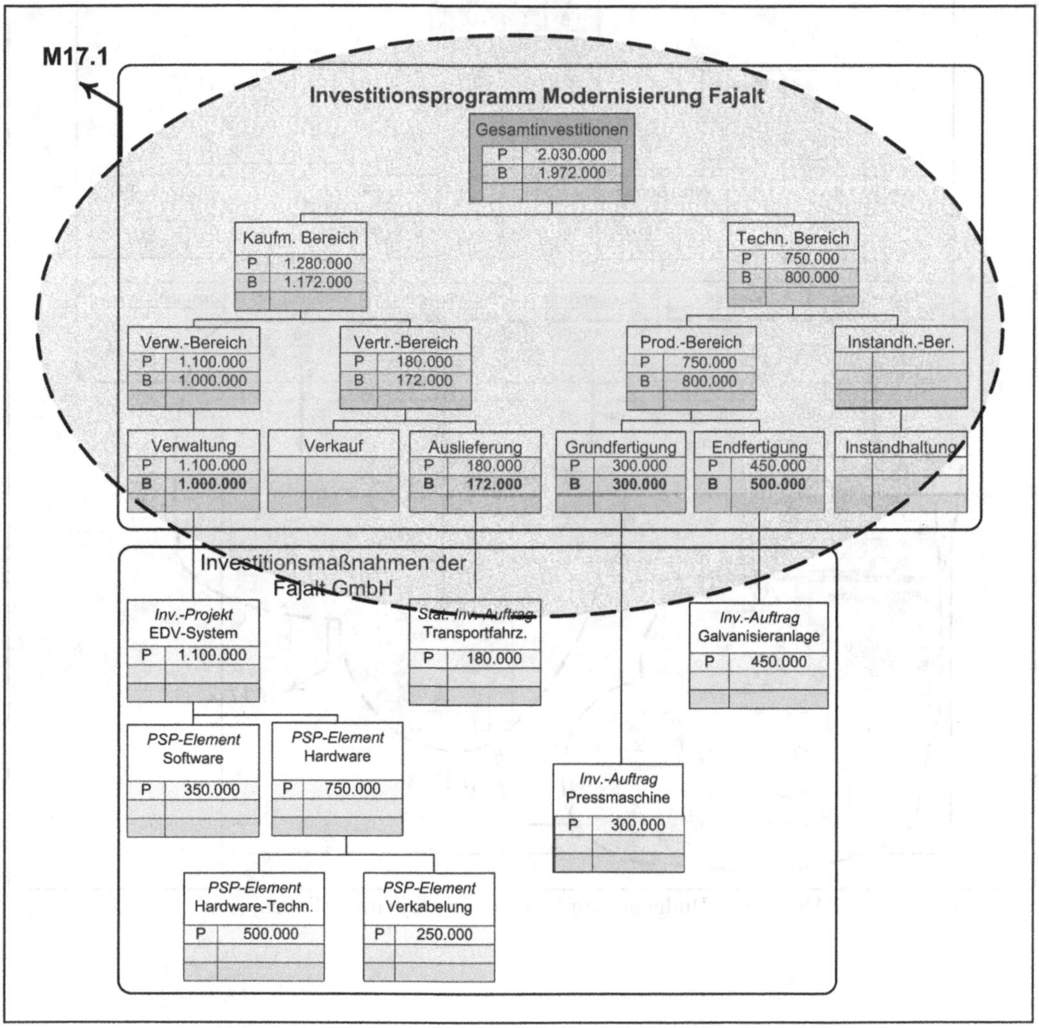

M17.1

Investitionsprogramm Modernisierung Fajalt

Gesamtinvestitionen
P 2.030.000
B 1.972.000

Kaufm. Bereich
P 1.280.000
B 1.172.000

Techn. Bereich
P 750.000
B 800.000

Verw.-Bereich
P 1.100.000
B 1.000.000

Vertr.-Bereich
P 180.000
B 172.000

Prod.-Bereich
P 750.000
B 800.000

Instandh.-Ber.

Verwaltung
P 1.100.000
B **1.000.000**

Verkauf

Auslieferung
P 180.000
B **172.000**

Grundfertigung
P 300.000
B **300.000**

Endfertigung
P 450.000
B **500.000**

Instandhaltung

Investitionsmaßnahmen der Fajalt GmbH

Inv.-Projekt
EDV-System
P 1.100.000

Stat. Inv.-Auftrag
Transportfahrz.
P 180.000

Inv.-Auftrag
Galvanisieranlage
P 450.000

PSP-Element
Software
P 350.000

PSP-Element
Hardware
P 750.000

Inv.-Auftrag
Pressmaschine
P 300.000

PSP-Element
Hardware-Techn.
P 500.000

PSP-Element
Verkabelung
P 250.000

Abb. 5.13: Budgetierung Investitionsprogramm (Fokus) (1)

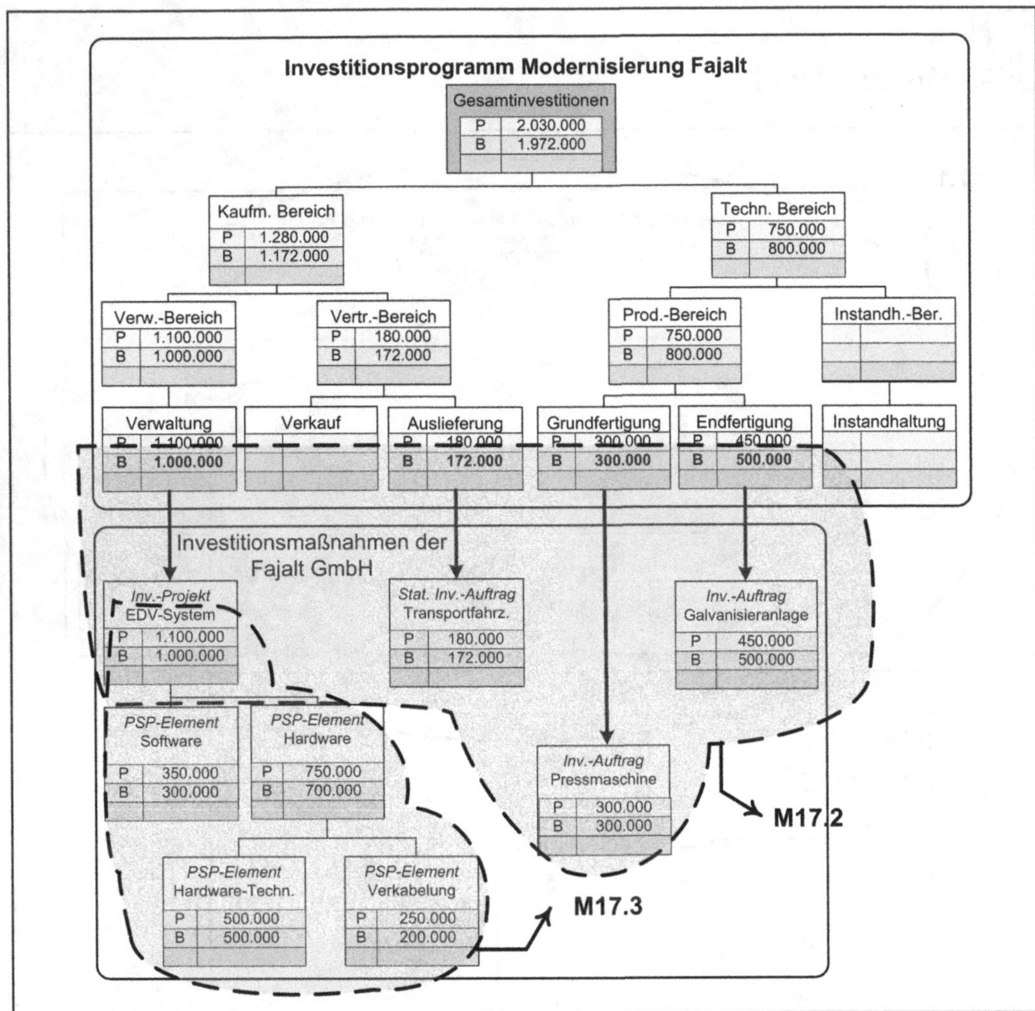

Abb. 5.14: Budgetierung Investitionsprogramm (Fokus) (2)

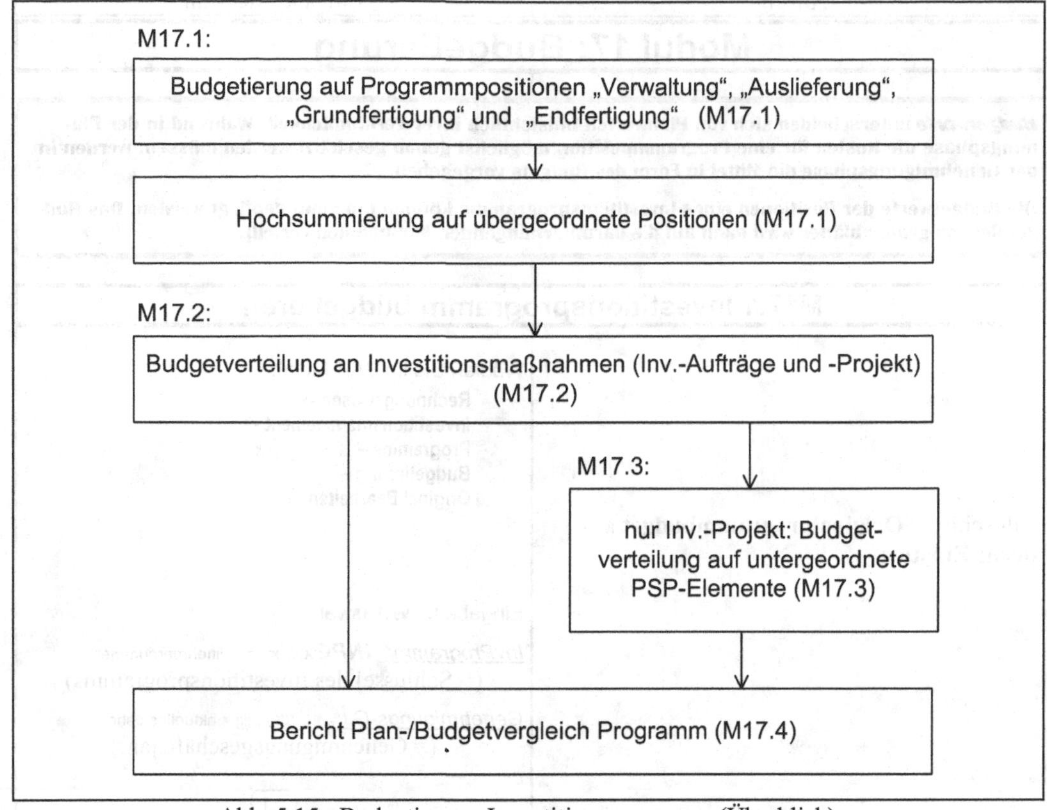

Abb. 5.15: Budgetierung Investitionsprogramm (Überblick)

Bei der Fajalt GmbH erhalten die Programmpositionen "Verwaltung", "Auslieferung", "Grundfertigung" und "Endfertigung" ihre Budgetzuweisung für die Investitionsmaßnahmen, die in deren Verantwortung gelegt sind. Anschließend ist das Hochrollen (Verdichten) der Budgetmittel auf die jeweils übergeordneten Programmpositionen auszulösen.

Von den budgetierten Programmpositionen der untersten Ebene werden die Budgetwerte auf die einzelnen zugehörigen Investitionsmaßnahmen, d. h. auf die Aufträge "Galvanisieranlage", "Transportfahrzeug", "Pressmaschine" und das oberste PSP-Element des Projektes "EDV-System", verteilt.

Für das Investitionsprojekt "EDV-System" wird dessen Budgetwert nach der bestehenden Hierarchie unterverteilt auf die PSP-Elemente.

Nach der vollzogenen Budgetverteilung im Investitionsprogramm der Fajalt GmbH wird ein Bericht aufgerufen, der einen Plan-/Budgetvergleich ausweist.

Anzeige	Eingabe/Auswahl

Modul 17: Budgetierung

Budgetwerte **unterscheiden sich von Planwerten hinsichtlich ihrer Verbindlichkeit. Während in der Planungsphase die Kosten für eine Programmposition möglichst genau geschätzt werden müssen, werden in der Genehmigungsphase die Mittel in Form des Budgets vorgegeben.**

Die Budgetwerte der Positionen eines Investitionsprogramms können top-down gepflegt werden. Das Budget der Programmblätter wird dann auf die darunterhängenden Maßnahmen verteilt.

M17.1 Investitionsprogramm budgetieren

Wählen Sie im SAP-Menü:

Rechnungswesen -
Investitionsmanagement -
Programme –
Budgetierung –
Original Bearbeiten

Bildschirm "**Originalprogrammbudget ändern: Einstieg**"

Eingabe bzw. Auswahl:

<u>*InvProgramm:*</u> ***INPG****xx*, xx = Teilnehmernummer
(= Schlüssel des Investitionsprogramms)

<u>*Genehmigungs-GJ:*</u> *jjjj*, , jjjj = aktuelles Jahr
(= Genehmigungsgeschäftsjahr)

Originalprogrammbudget ändern: Positionsübersic

Jahresübersicht

InvProgramm INP620 / 2007 Modernisierung Fajalt
Genehm.Zeitraum laufend
Zeitraum Gesamt

Gesamtwerte

Stf	Programmposition	Budget	Tra...	Aktuel. B...	V	V...	Plansumme ...
1	Gesamtinvestitionen Fajalt		EUR				4.010.000
2	Kaufmännischer Bereich		EUR				1.280.000
3	Verwaltungsbereich		EUR				1.100.000
4	Verwaltung		EUR				1.100.000
3	Vertriebsbereich		EUR				180.000
4	Verkauf		EUR				
4	Auslieferung		EUR				180.000
2	Technischer Bereich		EUR				2.730.000
3	Produktionsbereich		EUR				2.730.000
4	Grundfertigung		EUR				2.280.000
4	Endfertigung		EUR				450.000
3	Instandhaltungsbereich		EUR				

Anzeige	Eingabe/Auswahl
	Eingabe:
Dialogfeld "**Hochsummieren**"	Wählen Sie im aktuellen Menü: **Bearbeiten – Hochsummieren** Markieren Sie im Dialogfeld (falls Markierung noch nicht vorhanden) die Option **Gesamtwerte**
	Das Gesamt-Budget wurde auf die übergeordneten Programmpositionen hochsummiert.
	Auswahl: *Zeitraum:* *jjjj*, jjjj = aktuelles Jahr

Eingabe:

Stf Programmposition	Budget	Transa
1 Gesamtinvestitionen Fajalt		EUR
2 Kaufmännischer Bereich		EUR
3 Verwaltungsbereich		EUR
4 Verwaltung	1.000.000	EUR
3 Vertriebsbereich		EUR
4 Verkauf		EUR
4 Auslieferung	172.000	EUR
2 Technischer Bereich		EUR
3 Produktionsbereich		EUR
4 Grundfertigung	300.000	EUR
4 Endfertigung	500.000	EUR
3 Instandhaltungsbereich		EUR

InvProgramm INP620 / 2007 Modernisierung Fajalt
Genehm.Zeitraum laufend
Zeitraum Gesamt

Gesamtwerte

Stf Programmposition	Budget	Tr...	Verteilt	Verteilbar
1 Gesamtinvestitionen Fajalt	1.972.000	EUR	1.972.000	
2 Kaufmännischer Bereich	1.172.000	EUR	1.172.000	
3 Verwaltungsbereich	1.000.000	EUR	1.000.000	
4 Verwaltung	1.000.000	EUR		1.000.000
3 Vertriebsbereich	172.000	EUR	172.000	
4 Verkauf		EUR		
4 Auslieferung	172.000	EUR		172.000
2 Technischer Bereich	800.000	EUR	800.000	
3 Produktionsbereich	800.000	EUR	800.000	
4 Grundfertigung	300.000	EUR		300.000
4 Endfertigung	500.000	EUR		500.000
3 Instandhaltungsbereich		EUR		

Anzeige	Eingabe/Auswahl
Bildschirm "**Originalprogrammbudget ändern: Positionsübersicht**" mit Eingabefeldern für das <u>aktuelle Jahr</u>	Geben Sie die obigen Gesamt-Budgetwerte auch als Budgetwerte für das aktuelle Geschäftsjahr ein. Summieren Sie diese anschließend für das <u>aktuelle Jahr</u> auf die übergeordneten Programmpositionen hoch.

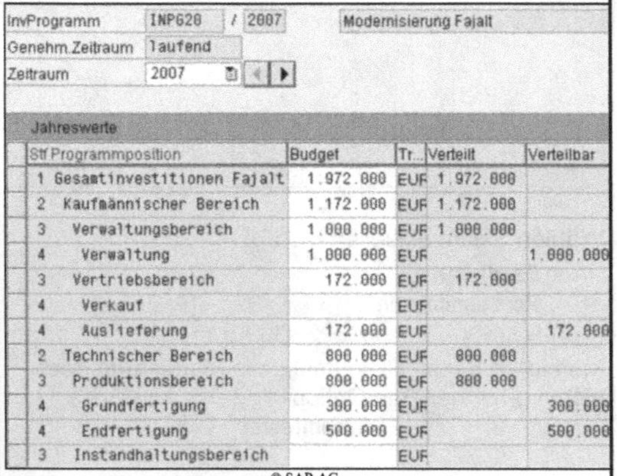

InvProgramm INP620 / 2007 Modernisierung Fajalt
Genehm.Zeitraum laufend
Zeitraum 2007

Jahreswerte

Stf	Programmposition	Budget	Tr...	Verteilt	Verteilbar
1	Gesamtinvestitionen Fajalt	1.972.000	EUR	1.972.000	
2	Kaufmännischer Bereich	1.172.000	EUR	1.172.000	
3	Verwaltungsbereich	1.000.000	EUR	1.000.000	
4	Verwaltung	1.000.000	EUR		1.000.000
3	Vertriebsbereich	172.000	EUR	172.000	
4	Verkauf		EUR		
4	Auslieferung	172.000	EUR		172.000
2	Technischer Bereich	800.000	EUR	800.000	
3	Produktionsbereich	800.000	EUR	800.000	
4	Grundfertigung	300.000	EUR		300.000
4	Endfertigung	500.000	EUR		500.000
3	Instandhaltungsbereich		EUR		

© SAP AG

Anzeige	Eingabe/Auswahl
	Es wurde nur das aktuelle Geschäftsjahr budgetiert, daher müssen die Gesamtwerte mit den Werten des aktuellen Jahres übereinstimmen. Klicken Sie auf (=Prüfen)
	Gesamtwerte werden mit den Summen der Jahreswerte verglichen.
Meldung: *Prüfen beendet: Es wurden keine Fehler festgestellt*	Sichern Sie Ihre Programm-Budgetwerte.
Bildschirm "**Originalprogrammbudget ändern: Einstieg**" Meldung: *Beleg ..... wurde gebucht.*	Das System hat einen Budgetierungs-Beleg geschrieben. Beenden Sie die Transaktion.
SAP Easy Access mit **SAP Menü**	

Anzeige	Eingabe/Auswahl

M17.2 Budget an Maßnahmen verteilen

Wählen Sie im SAP-Menü:

Rechnungswesen - Investitionsmanagement - Programme – Budgetierung – Budgetverteilung – Bearbeiten

Bildschirm "**Budgetverteilung**"

Eingabe bzw. Auswahl:

<u>*Investitionsprogramm:*</u> ***INPGxx,*** xx = Teilnehmernr.
(= Schlüssel des Investitionsprogramms)

<u>*Genehmigungs-GJ:*</u> *jjjj,* , jjjj = aktuelles Jahr
(= Genehmigungsgeschäftsjahr)

<u>*Genehmigungszeitraum Maßnahmen:*</u>
Laufende Maßnahmen selektieren

<u>*Vorgang bearbeiten:*</u>
Original

Markieren Sie (falls Markierung noch nicht vorhanden):

Maßnahmen zu Anforderungen
PSP-Elemente
Aufträge

Klicken Sie auf

(=Ausführen)

InvProgramm INPG20 / 2007 Modernisierung Fajalt
Genehm.Zeitraum laufend
Zeitraum Gesamt

Gesamtwerte

Stf Programmposition	Budget	Tra..	Aktuel. Budget	Verteilt
1 Gesamtinvestitionen Fajalt	1.972.000	EUR	1.972.000	1.972.000
2 Kaufmännischer Bereich	1.172.000	EUR	1.172.000	1.172.000
3 Verwaltungsbereich	1.000.000	EUR	1.000.000	1.000.000
4 Verwaltung	1.000.000	EUR	1.000.000	
5 EDV-System		EUR		
3 Vertriebsbereich	172.000	EUR	172.000	172.000
4 Verkauf		EUR		
4 Auslieferung	172.000	EUR	172.000	
5 Transportfahrzeug		EUR		
2 Technischer Bereich	800.000	EUR	800.000	800.000
3 Produktionsbereich	800.000	EUR	800.000	800.000
4 Grundfertigung	300.000	EUR	300.000	
5 Pressmaschine		EUR		
4 Endfertigung	500.000	EUR		
5 Galvanisieranlage		EUR		
3 Instandhaltungsbereich		EUR		
4 Instandhaltung		EUR		

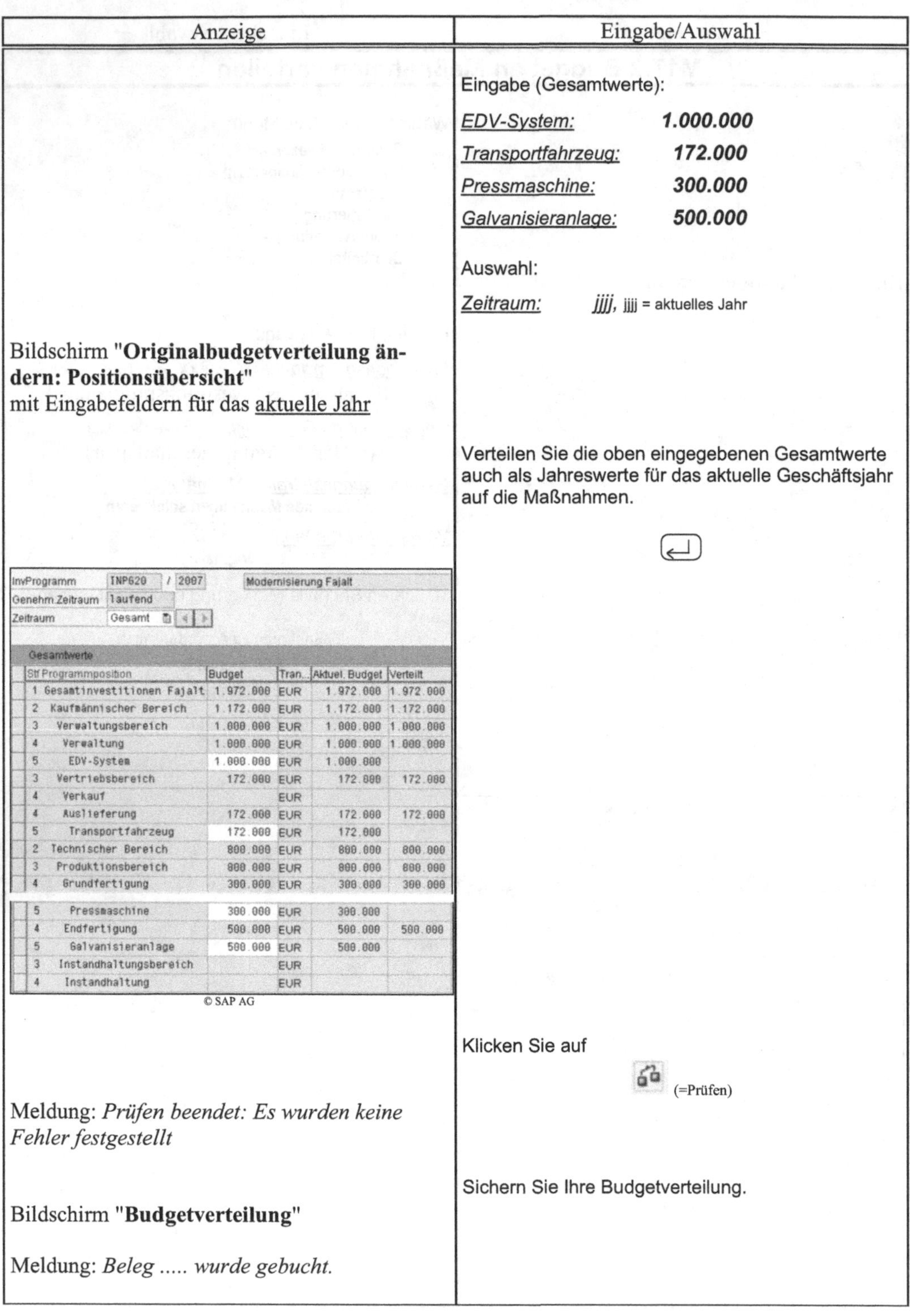

Anzeige	Eingabe/Auswahl
	Eingabe (Gesamtwerte): *EDV-System:* **1.000.000** *Transportfahrzeug:* **172.000** *Pressmaschine:* **300.000** *Galvanisieranlage:* **500.000** Auswahl: *Zeitraum:* *jjjj*, jjjj = aktuelles Jahr
Bildschirm "**Originalbudgetverteilung ändern: Positionsübersicht**" mit Eingabefeldern für das aktuelle Jahr	Verteilen Sie die oben eingegebenen Gesamtwerte auch als Jahreswerte für das aktuelle Geschäftsjahr auf die Maßnahmen.
	↵
Meldung: *Prüfen beendet: Es wurden keine Fehler festgestellt*	Klicken Sie auf (=Prüfen)
Bildschirm "**Budgetverteilung**" Meldung: *Beleg ..... wurde gebucht.*	Sichern Sie Ihre Budgetverteilung.

InvProgramm: INP620 / 2007 — Modernisierung Fajalt
Genehm.Zeitraum: laufend
Zeitraum: Gesamt

Gesamtwerte

Stf	Programmposition	Budget	Tran...	Aktuel. Budget	Verteilt
1	Gesamtinvestitionen Fajalt	1.972.000	EUR	1.972.000	1.972.000
2	Kaufmännischer Bereich	1.172.000	EUR	1.172.000	1.172.000
3	Verwaltungsbereich	1.000.000	EUR	1.000.000	1.000.000
4	Verwaltung	1.000.000	EUR	1.000.000	1.000.000
5	EDV-System	1.000.000	EUR	1.000.000	
3	Vertriebsbereich	172.000	EUR	172.000	172.000
4	Verkauf		EUR		
4	Auslieferung	172.000	EUR	172.000	172.000
5	Transportfahrzeug	172.000	EUR	172.000	
2	Technischer Bereich	800.000	EUR	800.000	800.000
3	Produktionsbereich	800.000	EUR	800.000	800.000
4	Grundfertigung	300.000	EUR	300.000	300.000
5	Pressmaschine	300.000	EUR	300.000	
4	Endfertigung	500.000	EUR	500.000	500.000
5	Galvanisieranlage	500.000	EUR	500.000	
3	Instandhaltungsbereich		EUR		
4	Instandhaltung		EUR		

© SAP AG

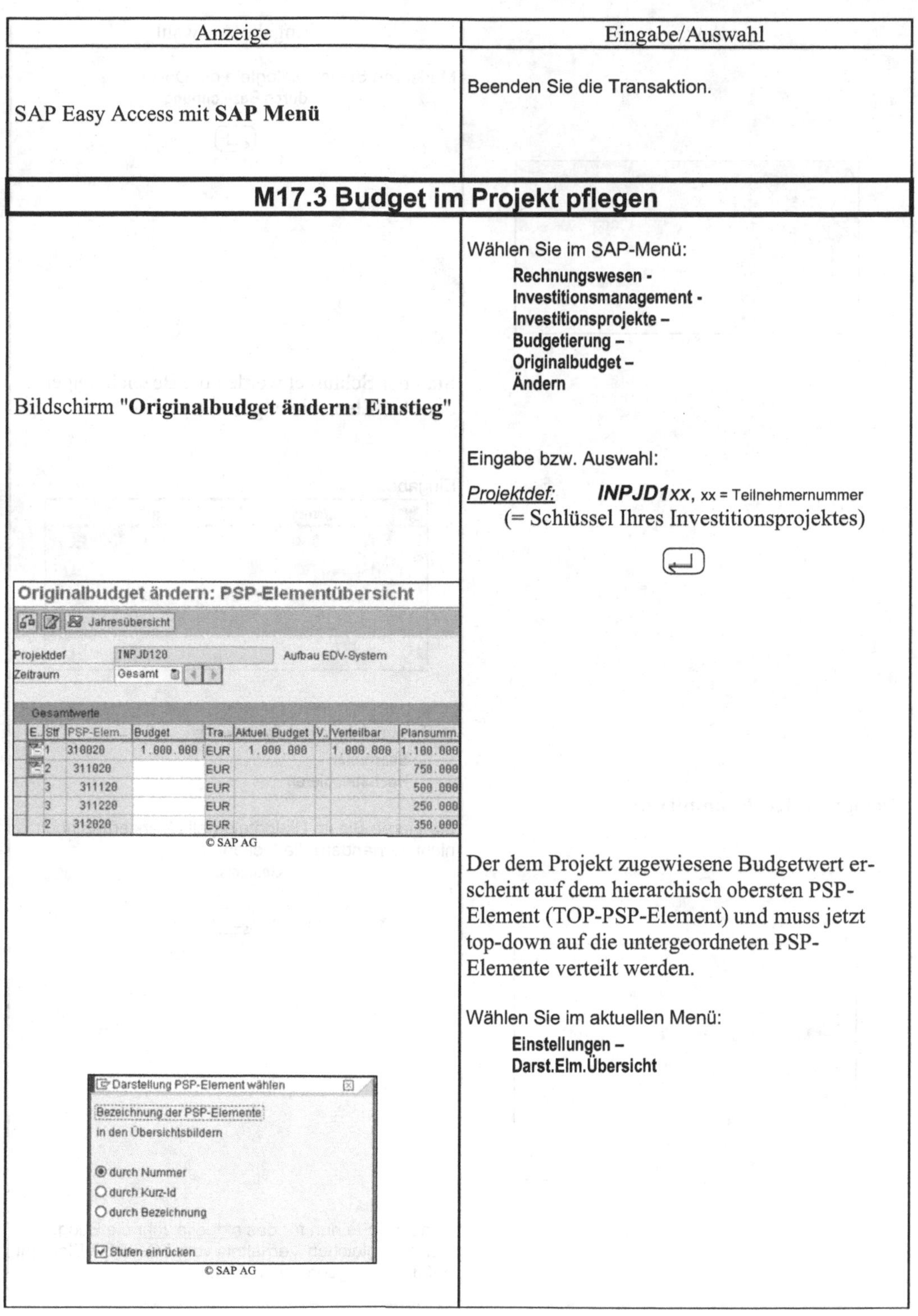

Anzeige	Eingabe/Auswahl
SAP Easy Access mit **SAP Menü**	Beenden Sie die Transaktion.

M17.3 Budget im Projekt pflegen

Anzeige	Eingabe/Auswahl
Bildschirm "**Originalbudget ändern: Einstieg**"	Wählen Sie im SAP-Menü: **Rechnungswesen -** **Investitionsmanagement -** **Investitionsprojekte –** **Budgetierung –** **Originalbudget –** **Ändern** Eingabe bzw. Auswahl: *Projektdef:* ***INPJD1xx***, xx = Teilnehmernummer (= Schlüssel Ihres Investitionsprojektes)
Originalbudget ändern: PSP-Elementübersicht (Bildschirmabbildung, © SAP AG)	Der dem Projekt zugewiesene Budgetwert erscheint auf dem hierarchisch obersten PSP-Element (TOP-PSP-Element) und muss jetzt top-down auf die untergeordneten PSP-Elemente verteilt werden.
Darstellung PSP-Element wählen (Bildschirmabbildung, © SAP AG)	Wählen Sie im aktuellen Menü: **Einstellungen –** **Darst.Elm.Übersicht**

E.	Stf	PSP-Elem.	Budget	Tra.	Aktuel. Budget	V.	Verteilbar	Plansumm.
	1	310020	1.000.000	EUR	1.000.000		1.000.000	1.100.000
	2	311020		EUR				750.000
	3	311120		EUR				500.000
	3	311220		EUR				250.000
	2	312020		EUR				350.000

© SAP AG

© SAP AG

Anzeige	Eingabe/Auswahl
	Markieren Sie im Dialogfeld die Option: **durch Bezeichnung** ↵
Gesamtwerte E.. / Stf / PSP-Element / Budget / Tra... 1 / EDV-System / 1.000.000 / EUR 2 / Hardware / / EUR 3 / Hardware-Technik / / EUR 3 / Verkabelung / / EUR 2 / Software / / EUR © SAP AG	Statt der Schlüssel werden die Bezeichnungen der PSP-Elemente angezeigt.
	Eingabe: Stf / PSP-Element / Budget / Tra... 1 / EDV-System / 1.000.000 / EUR 2 / Hardware / / EUR 3 / Hardware-Technik / 500.000 / EUR 3 / Verkabelung / 200.000 / EUR 2 / Software / 300.000 / EUR
Dialogfeld "**Hochsummieren**"	Wählen Sie im aktuellen Menü: **Bearbeiten –** **Hochsummieren** Markieren Sie im Dialogfeld (falls Markierung noch nicht vorhanden) die Option **Gesamtwerte** ↵
Projektdef INPJD120 Zeitraum Gesamt Gesamtwerte E.. / Stf / PSP-Element / Budget / Tra... 1 / EDV-System / 1.000.000 / EUR 2 / Hardware / 700.000 / EUR 3 / Hardware-Technik / 500.000 / EUR 3 / Verkabelung / 200.000 / EUR 2 / Software / 300.000 / EUR © SAP AG	Verteilen Sie nun für das aktuelle Jahr die Budgetwerte im gleichen Verhältnis vom TOP-PSP-Element auf die untergeordneten Elemente.

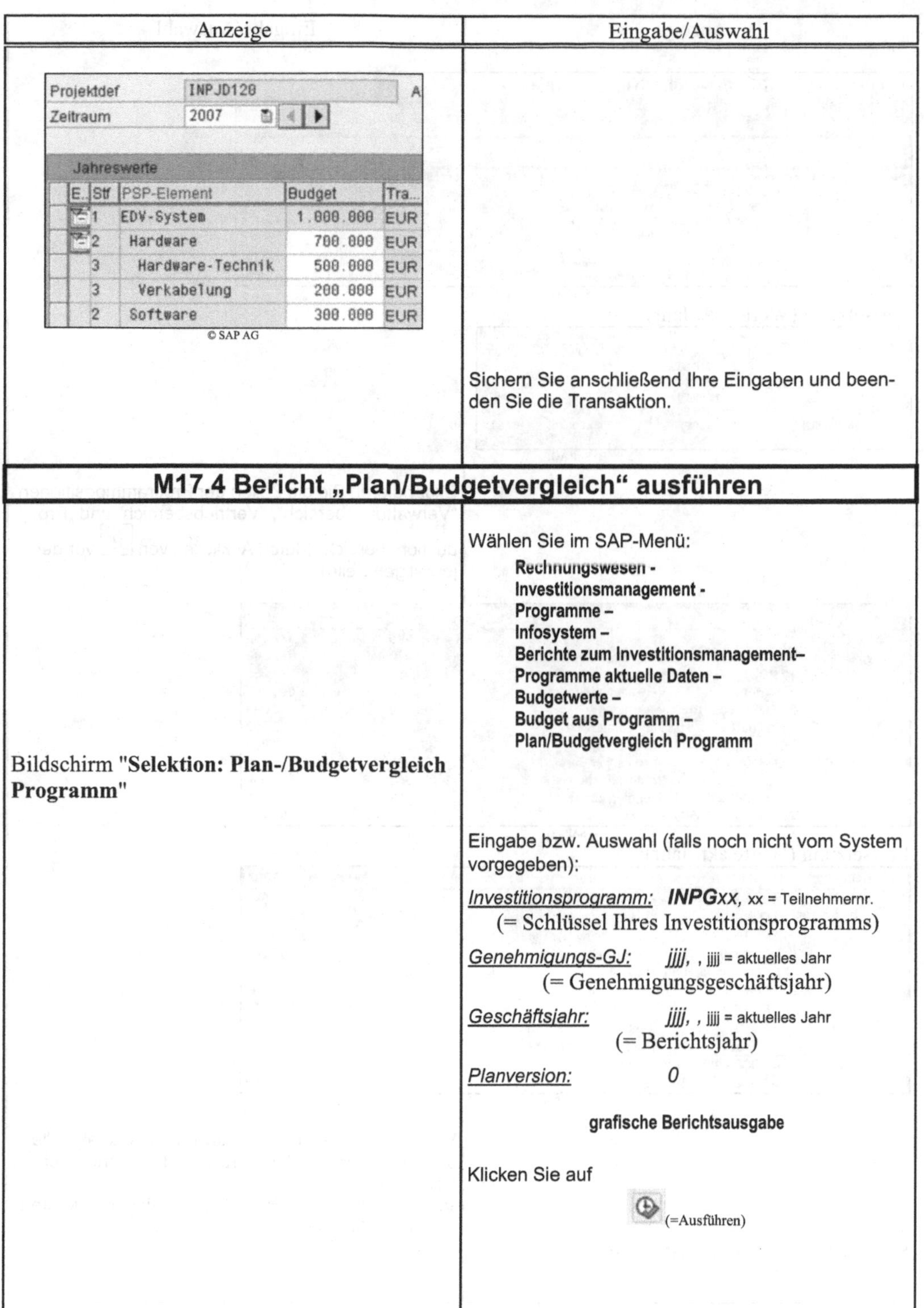

Anzeige	Eingabe/Auswahl

Projektdef: INPJD120

Zeitraum: 2007

Jahreswerte

E..	Stf	PSP-Element	Budget	Tra...
	1	EDV-System	1.000.000	EUR
	2	Hardware	700.000	EUR
	3	Hardware-Technik	500.000	EUR
	3	Verkabelung	200.000	EUR
	2	Software	300.000	EUR

© SAP AG

Sichern Sie anschließend Ihre Eingaben und beenden Sie die Transaktion.

M17.4 Bericht „Plan/Budgetvergleich“ ausführen

Wählen Sie im SAP-Menü:

Rechnungswesen -
Investitionsmanagement -
Programme –
Infosystem –
Berichte zum Investitionsmanagement–
Programme aktuelle Daten –
Budgetwerte –
Budget aus Programm –
Plan/Budgetvergleich Programm

Bildschirm "**Selektion: Plan-/Budgetvergleich Programm**"

Eingabe bzw. Auswahl (falls noch nicht vom System vorgegeben):

Investitionsprogramm: ***INPGxx***, xx = Teilnehmernr.
(= Schlüssel Ihres Investitionsprogramms)

Genehmigungs-GJ: *jjjj*, , jjjj = aktuelles Jahr
(= Genehmigungsgeschäftsjahr)

Geschäftsjahr: *jjjj*, , jjjj = aktuelles Jahr
(= Berichtsjahr)

Planversion: *0*

grafische Berichtsausgabe

Klicken Sie auf

(=Ausführen)

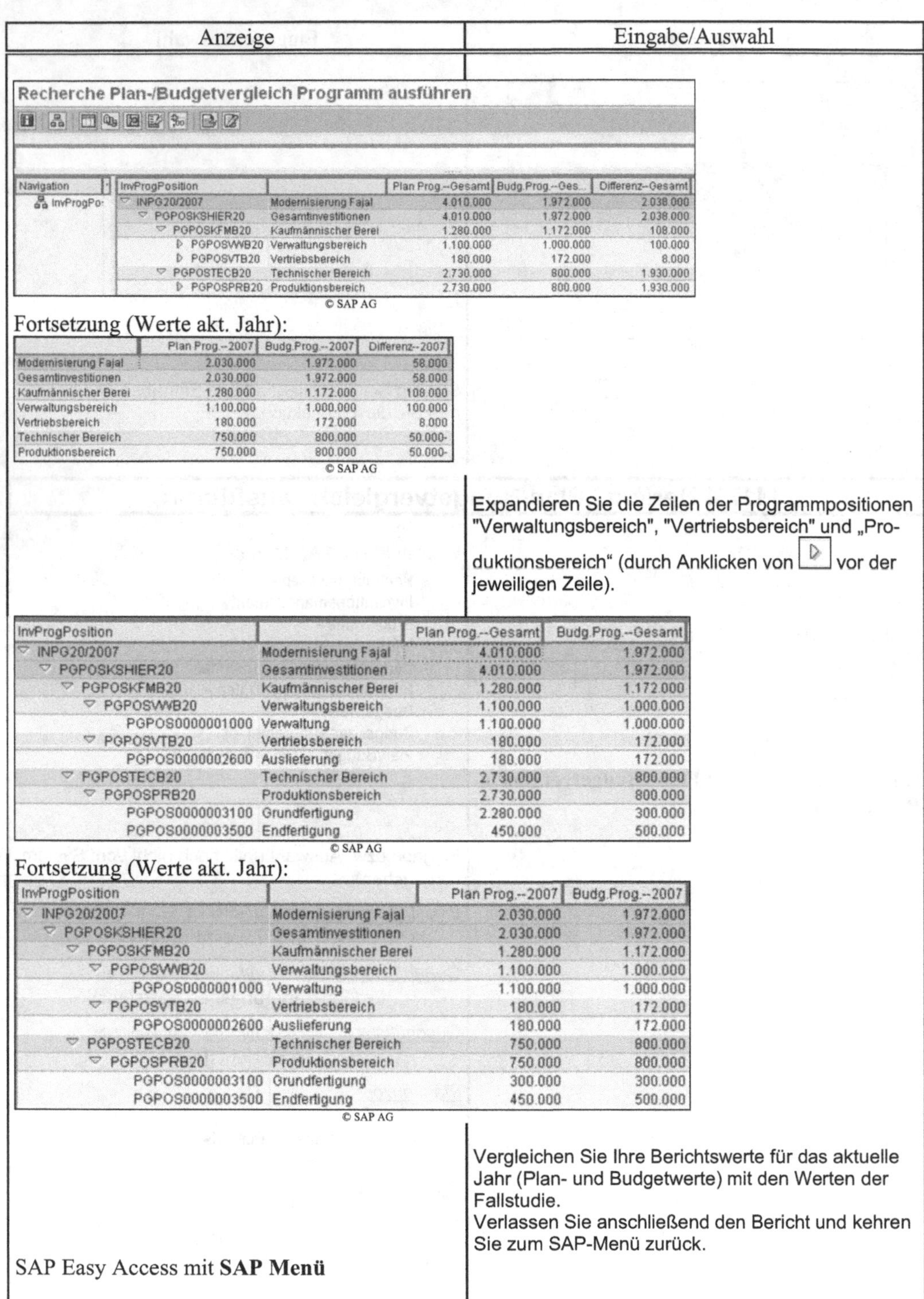

Anzeige	Eingabe/Auswahl

Recherche Plan-/Budgetvergleich Programm ausführen

Navigation: InvProgPo:

InvProgPosition		Plan Prog.--Gesamt	Budg.Prog.--Ges...	Differenz--Gesamt
INPG20/2007	Modernisierung Fajal	4.010.000	1.972.000	2.038.000
PGPOSKSHIER20	Gesamtinvestitionen	4.010.000	1.972.000	2.038.000
PGPOSKFMB20	Kaufmännischer Berei	1.280.000	1.172.000	108.000
PGPOSVWB20	Verwaltungsbereich	1.100.000	1.000.000	100.000
PGPOSVTB20	Vertriebsbereich	180.000	172.000	8.000
PGPOSTECB20	Technischer Bereich	2.730.000	800.000	1.930.000
PGPOSPRB20	Produktionsbereich	2.730.000	800.000	1.930.000

© SAP AG

Fortsetzung (Werte akt. Jahr):

	Plan Prog.--2007	Budg.Prog.--2007	Differenz--2007
Modernisierung Fajal	2.030.000	1.972.000	58.000
Gesamtinvestitionen	2.030.000	1.972.000	58.000
Kaufmännischer Berei	1.280.000	1.172.000	108.000
Verwaltungsbereich	1.100.000	1.000.000	100.000
Vertriebsbereich	180.000	172.000	8.000
Technischer Bereich	750.000	800.000	50.000-
Produktionsbereich	750.000	800.000	50.000-

© SAP AG

Expandieren Sie die Zeilen der Programmpositionen "Verwaltungsbereich", "Vertriebsbereich" und „Produktionsbereich“ (durch Anklicken von ▷ vor der jeweiligen Zeile).

InvProgPosition		Plan Prog.--Gesamt	Budg.Prog.--Gesamt
INPG20/2007	Modernisierung Fajal	4.010.000	1.972.000
PGPOSKSHIER20	Gesamtinvestitionen	4.010.000	1.972.000
PGPOSKFMB20	Kaufmännischer Berei	1.280.000	1.172.000
PGPOSVWB20	Verwaltungsbereich	1.100.000	1.000.000
PGPOS0000001000	Verwaltung	1.100.000	1.000.000
PGPOSVTB20	Vertriebsbereich	180.000	172.000
PGPOS0000002600	Auslieferung	180.000	172.000
PGPOSTECB20	Technischer Bereich	2.730.000	800.000
PGPOSPRB20	Produktionsbereich	2.730.000	800.000
PGPOS0000003100	Grundfertigung	2.280.000	300.000
PGPOS0000003500	Endfertigung	450.000	500.000

© SAP AG

Fortsetzung (Werte akt. Jahr):

InvProgPosition		Plan Prog.--2007	Budg.Prog.--2007
INPG20/2007	Modernisierung Fajal	2.030.000	1.972.000
PGPOSKSHIER20	Gesamtinvestitionen	2.030.000	1.972.000
PGPOSKFMB20	Kaufmännischer Berei	1.280.000	1.172.000
PGPOSVWB20	Verwaltungsbereich	1.100.000	1.000.000
PGPOS0000001000	Verwaltung	1.100.000	1.000.000
PGPOSVTB20	Vertriebsbereich	180.000	172.000
PGPOS0000002600	Auslieferung	180.000	172.000
PGPOSTECB20	Technischer Bereich	750.000	800.000
PGPOSPRB20	Produktionsbereich	750.000	800.000
PGPOS0000003100	Grundfertigung	300.000	300.000
PGPOS0000003500	Endfertigung	450.000	500.000

© SAP AG

Vergleichen Sie Ihre Berichtswerte für das aktuelle Jahr (Plan- und Budgetwerte) mit den Werten der Fallstudie.
Verlassen Sie anschließend den Bericht und kehren Sie zum SAP-Menü zurück.

SAP Easy Access mit **SAP Menü**

5.2 Durchführung der Investitionsmaßnahmen

Modul 18: Erzeugung von Anlagen im Bau für und Freigabe von Investitionsmaßnahmen

Anlagen im Bau für Investitionsmaßnahmen

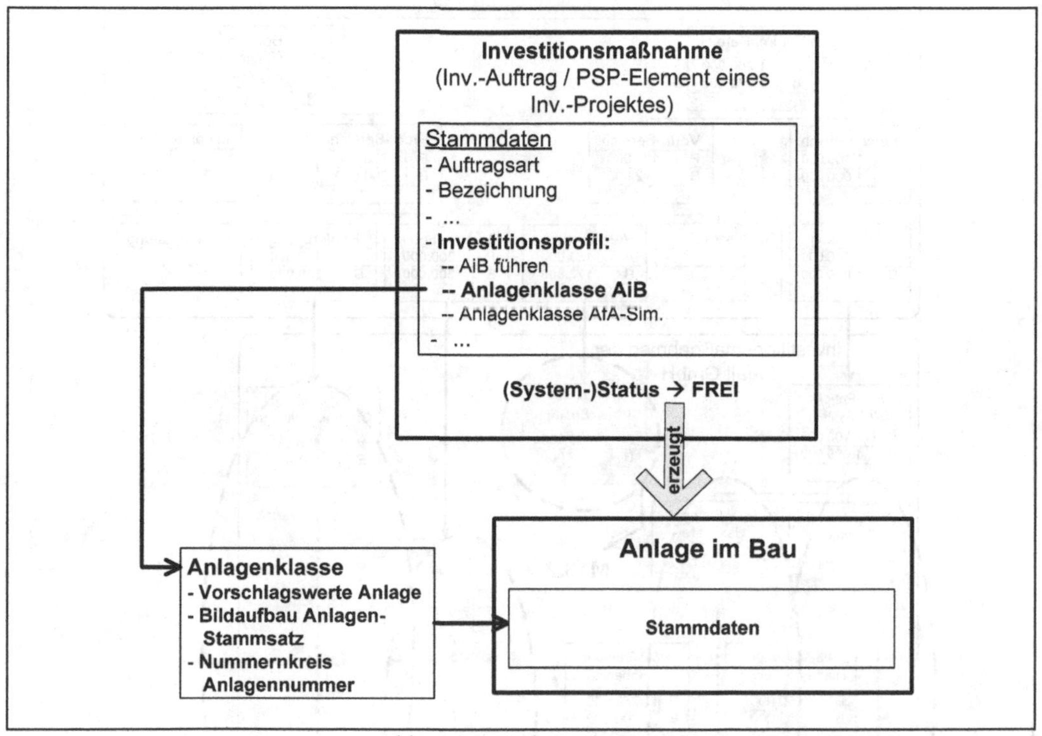

Abb. 5.16: Anlagen im Bau

Um Anlagen im Bau führen zu können, muss für jede Investitionsmaßnahme eine Anlage im Bau zur Verfügung stehen.

Die Anlage im Bau entsteht mit der Freigabe der Investitionsmaßnahme durch manuelles Setzen dieses Systemstatus. Aus dem Investitionsprofil in den Stammdaten der Maßnahme werden über die "Anlagenklasse AiB" Anlagennummer und Aufbau des AiB-Stammsatzes bestimmt.

Die Freigabe der Investitionsmaßnahmen dient auch dazu, diese Maßnahme als CO-Kontierungsobjekt zuzulassen.

Was ist zu tun?

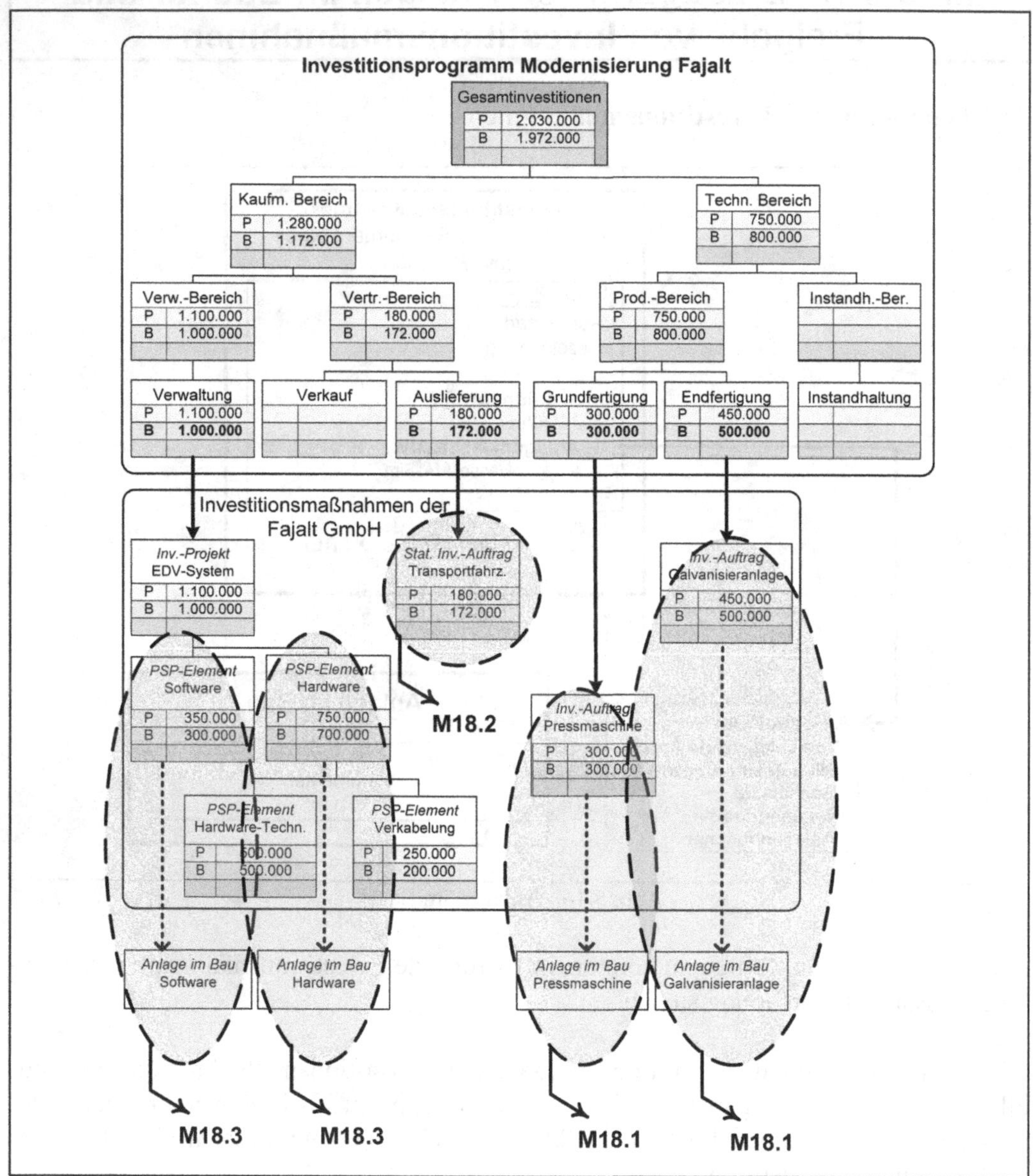

Abb. 5.17: Anlagen im Bau und Maßnahmenfreigabe (Fokus)

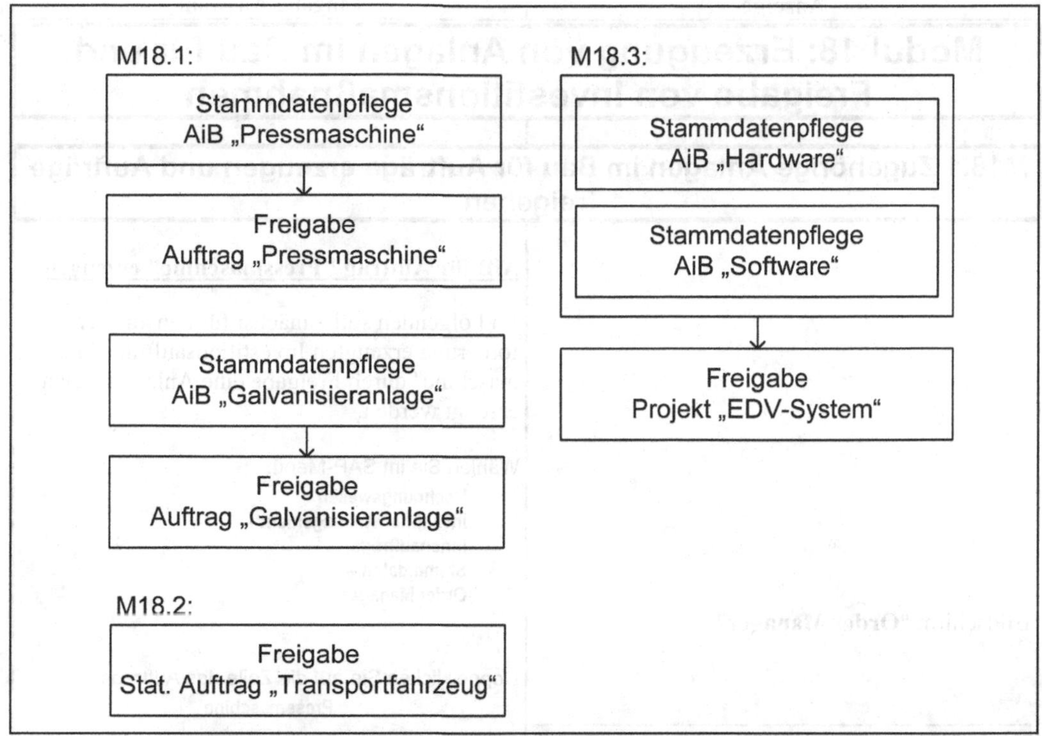

Abb. 5.18: Anlagen im Bau und Maßnahmenfreigabe (Überblick)

Die vorhandenen Stammdaten einer Anlage im Bau, die aus der zugeordneten Maßnahme (z. B. Nummer und Bezeichnung des Auftrags bzw. PSP-Elementes, Buchungskreis) oder aus der Anlagenklasse AiB (z. B. Kontenfindungsregeln) übernommen werden, sind um eine Bezeichnung für die Anlage im Bau zu ergänzen.

Nach der Freigabe des jeweiligen Auftrages ("Galvanisieranlage" und "Pressmaschine") sowie des Projektes "EDV-System" werden die zugehörigen Anlagen im Bau erzeugt und erhalten ihre Anlagen-Nummer durch interne Nummernvergabe aus dem in der Anlagenklasse vorgegebenen Nummernkreisintervall.

Da der statistische Auftrag "Transportfahrzeug" keine Im-Bau-Phase besitzt, ist dieser lediglich freizugeben, um (statistisch) seine Kontierung zu ermöglichen.

Anzeige	Eingabe/Auswahl

Modul 18: Erzeugung von Anlagen im Bau für und Freigabe von Investitionsmaßnahmen

M18.1 Zugehörige Anlagen im Bau für Aufträge erzeugen und Aufträge freigeben

Anzeige	Eingabe/Auswahl
	AiB für Auftrag "Pressmaschine" erzeugen:
	Im Folgenden soll zunächst für den aus der Anforderung erzeugten Investitionsauftrag "Pressmaschine" durch Freigabe eine Anlage im Bau erzeugt werden.
	Wählen Sie im SAP-Menü: **Rechnungswesen - Investitionsmanagement - Innenaufträge – Stammdaten – Order Manager**
Bildschirm "**Order Manager**"	Doppelklicken Sie auf die Zeile des Auftrags **Pressmaschine**
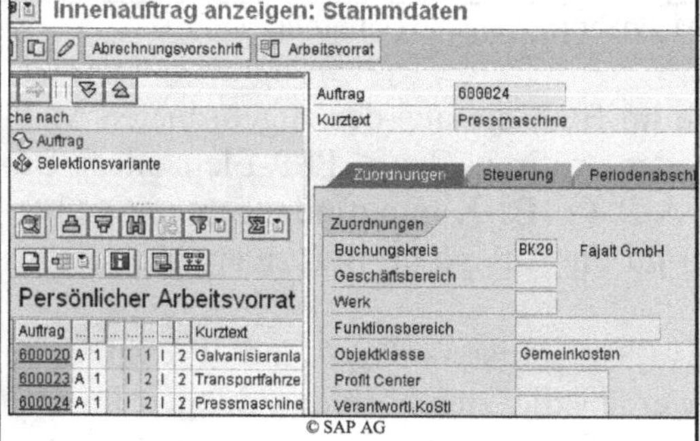 © SAP AG	
Bildschirm "**Innenauftrag <u>ändern</u>: Stammdaten**"	Wechseln Sie in den Änderungsmodus. Wechseln Sie zu Registerkarte "Investitionen".

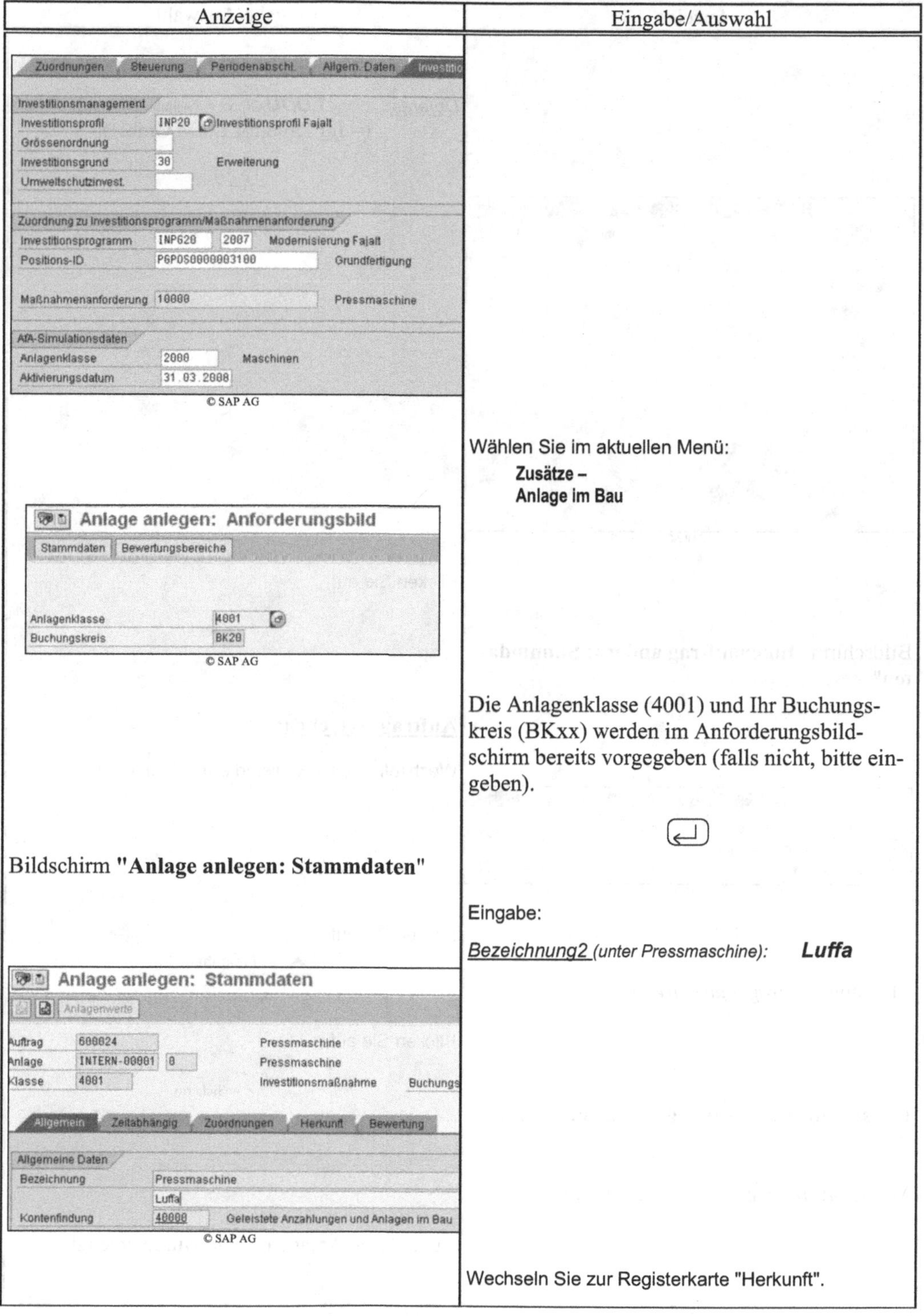

Anzeige	Eingabe/Auswahl
© SAP AG	Wählen Sie im aktuellen Menü: **Zusätze –** **Anlage im Bau**
© SAP AG	Die Anlagenklasse (4001) und Ihr Buchungskreis (BKxx) werden im Anforderungsbildschirm bereits vorgegeben (falls nicht, bitte eingeben).
Bildschirm "**Anlage anlegen: Stammdaten**"	Eingabe: Bezeichnung2 *(unter Pressmaschine):* ***Luffa***
© SAP AG	Wechseln Sie zur Registerkarte "Herkunft".

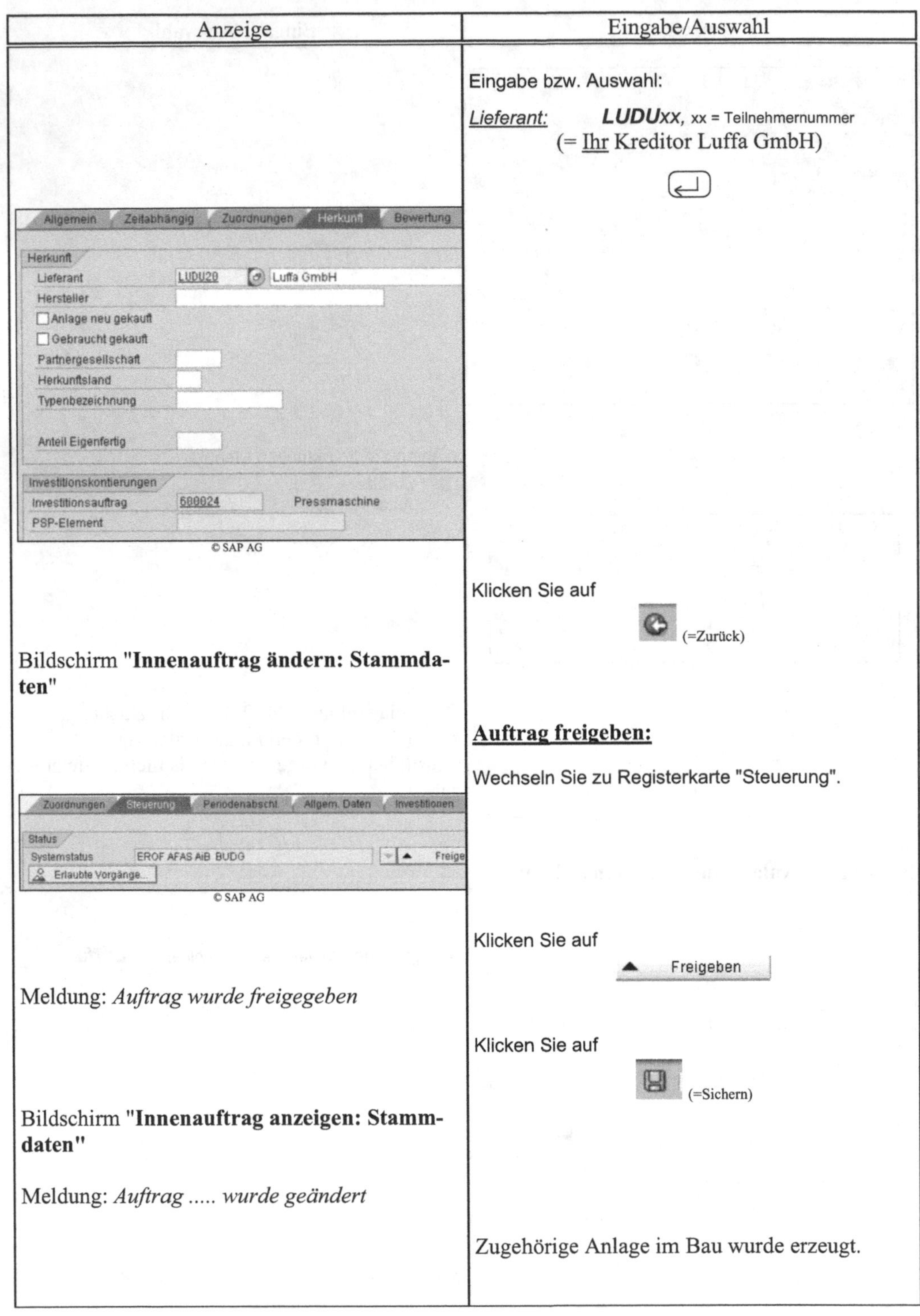

Anzeige	Eingabe/Auswahl
	Eingabe bzw. Auswahl: *Lieferant:* ***LUDUxx***, xx = Teilnehmernummer (= Ihr Kreditor Luffa GmbH) ⏎
Allgemein / Zeitabhängig / Zuordnungen / Herkunft / Bewertung Herkunft Lieferant LUDU20 Luffa GmbH Hersteller Anlage neu gekauft Gebraucht gekauft Partnergesellschaft Herkunftsland Typenbezeichnung Anteil Eigenfertig Investitionskontierungen Investitionsauftrag 600024 Pressmaschine PSP-Element © SAP AG	Klicken Sie auf (=Zurück)
Bildschirm "**Innenauftrag ändern: Stammdaten**"	**Auftrag freigeben:** Wechseln Sie zu Registerkarte "Steuerung".
Zuordnungen / Steuerung / Periodenabschl. / Allgem. Daten / Investitionen Status Systemstatus EROF AFAS AIB BUDG Freige Erlaubte Vorgänge... © SAP AG	Klicken Sie auf Freigeben
Meldung: *Auftrag wurde freigegeben*	Klicken Sie auf (=Sichern)
Bildschirm "**Innenauftrag anzeigen: Stammdaten**" Meldung: *Auftrag ..... wurde geändert*	Zugehörige Anlage im Bau wurde erzeugt.

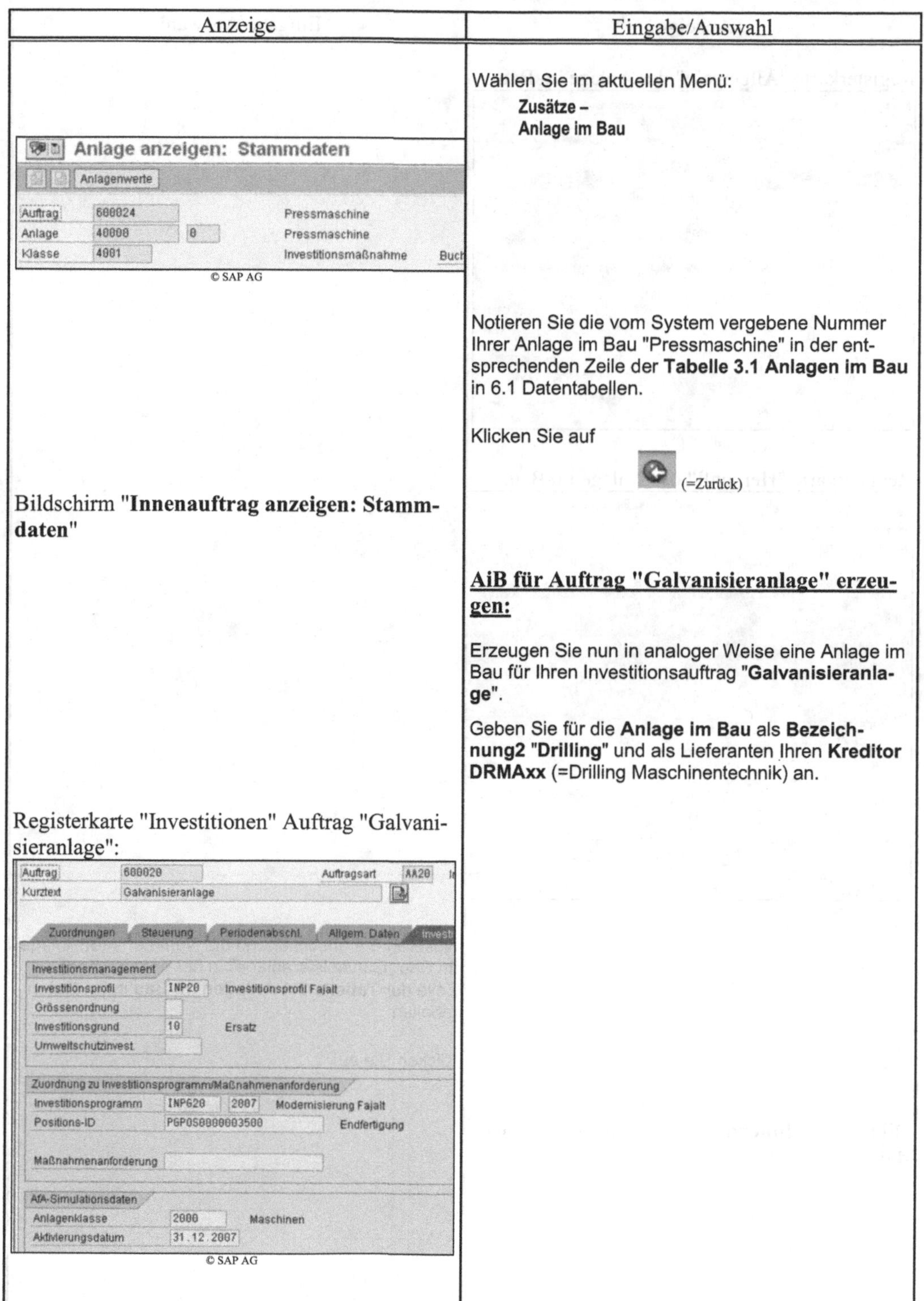

Anzeige	Eingabe/Auswahl
© SAP AG	Wählen Sie im aktuellen Menü: **Zusätze – Anlage im Bau** Notieren Sie die vom System vergebene Nummer Ihrer Anlage im Bau "Pressmaschine" in der entsprechenden Zeile der **Tabelle 3.1 Anlagen im Bau** in 6.1 Datentabellen. Klicken Sie auf (=Zurück)
Bildschirm "**Innenauftrag anzeigen: Stammdaten**"	**<u>AiB für Auftrag "Galvanisieranlage" erzeugen:</u>** Erzeugen Sie nun in analoger Weise eine Anlage im Bau für Ihren Investitionsauftrag "**Galvanisieranlage**". Geben Sie für die **Anlage im Bau** als **Bezeichnung2 "Drilling"** und als Lieferanten Ihren **Kreditor DRMAxx** (=Drilling Maschinentechnik) an.
Registerkarte "Investitionen" Auftrag "Galvanisieranlage": © SAP AG	

Anzeige	Eingabe/Auswahl
Registerkarte "Allgemein" der Anlage im Bau: © SAP AG Registerkarte "Herkunft" der Anlage im Bau: © SAP AG	Notieren Sie anschließend die Nummer Ihrer Anlage im Bau "Galvanisieranlage" in der entsprechenden Zeile der **Tabelle 3.1 Anlagen im Bau** in 6.1 Datentabellen. Klicken Sie auf (=Zurück)
Bildschirm "**Innenauftrag anzeigen: Stammdaten**"	

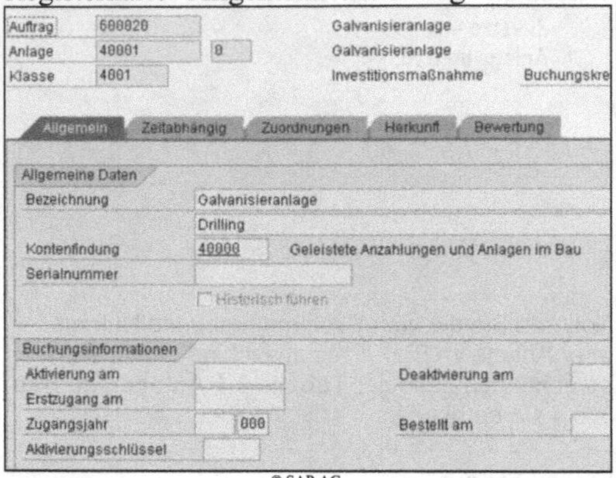

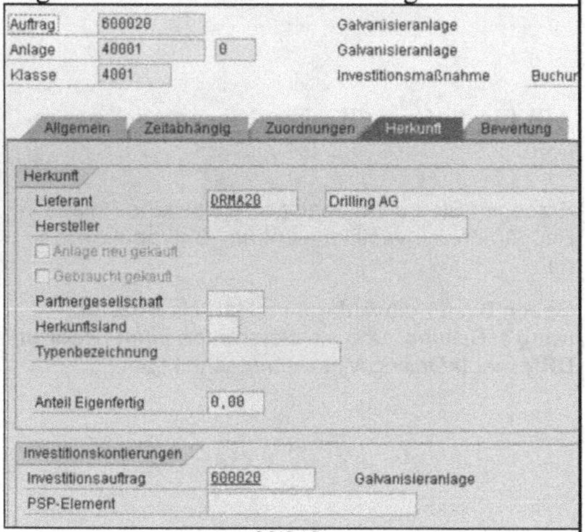

Anzeige	Eingabe/Auswahl
M18.2 Statistischen Auftrag freigeben	
	Da der Zugang des Transportfahrzeugs als Direktaktivierung, also ohne AiB-Phase erfolgen und für den statistischen Auftrag "Transportfahrzeug" daher keine AiB erzeugt werden soll, muss dieser Auftrag hier lediglich freigegeben werden, um den späteren Anlagenzugang (s. M19.2) statistisch auf dem Auftrag kontieren zu können.
	Doppelklicken Sie auf die Zeile des Auftrags **Transportfahrzeug**
	Wechseln Sie in den Änderungsmodus.
Bildschirm "**Innenauftrag <u>ändern</u>: Stammdaten**"	
Auftrag 600023 Auftragsart AA20 Investitio Kurztext Transportfahrzeug Zuordnungen Steuerung Periodenabschl. Allgem. Daten Investitionen Status Systemstatus FREI AFAS BUDG Techn Erlaubte Vorgänge... Steuerung Währung EUR Europäischer Euro Auftragstyp 1 Innerbetrieblicher Auftrag (Controlling) Statistischer Auftrag echt bebuchte KoSt Planintegrierter Auftrag Erlösbuchungen Obligofortschreibung © SAP AG	Wechseln Sie zu Registerkarte "Steuerung" und geben Sie den Auftrag "Transportfahrzeug" frei.
	Sichern Sie Ihre Änderung und beenden Sie die Transaktion.
SAP Easy Access mit **SAP Menü**	

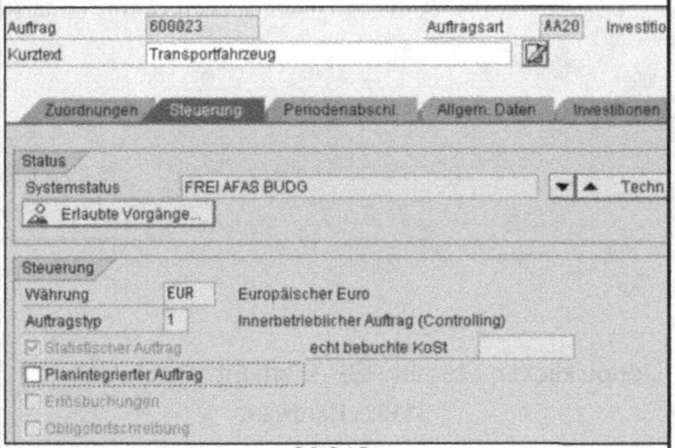

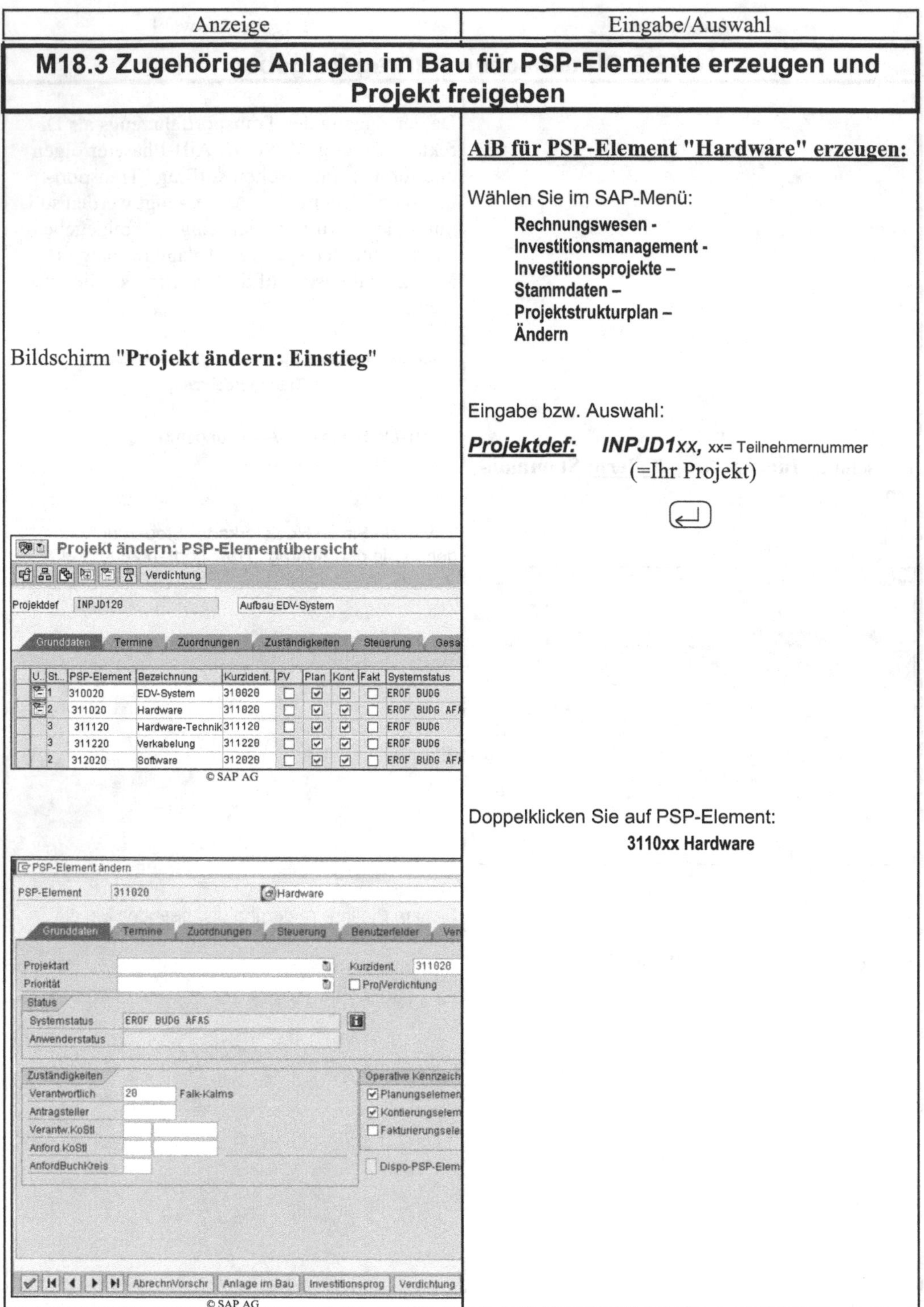

Anzeige	Eingabe/Auswahl

M18.3 Zugehörige Anlagen im Bau für PSP-Elemente erzeugen und Projekt freigeben

AiB für PSP-Element "Hardware" erzeugen:

Wählen Sie im SAP-Menü:

Rechnungswesen - Investitionsmanagement - Investitionsprojekte – Stammdaten – Projektstrukturplan – Ändern

Bildschirm "**Projekt ändern: Einstieg**"

Eingabe bzw. Auswahl:

Projektdef: ***INPJD1xx,*** xx= Teilnehmernummer (=Ihr Projekt)

U..	St...	PSP-Element	Bezeichnung	Kurzident.	PV	Plan	Kont	Fakt	Systemstatus
	1	310020	EDV-System	310020	☐	☑	☑	☐	EROF BUDG
	2	311020	Hardware	311020	☐	☑	☑	☐	EROF BUDG AFA
	3	311120	Hardware-Technik	311120	☐	☑	☑	☐	EROF BUDG
	3	311220	Verkabelung	311220	☐	☑	☑	☐	EROF BUDG
	2	312020	Software	312020	☐	☑	☑	☐	EROF BUDG AFA

© SAP AG

Doppelklicken Sie auf PSP-Element:

3110xx Hardware

© SAP AG

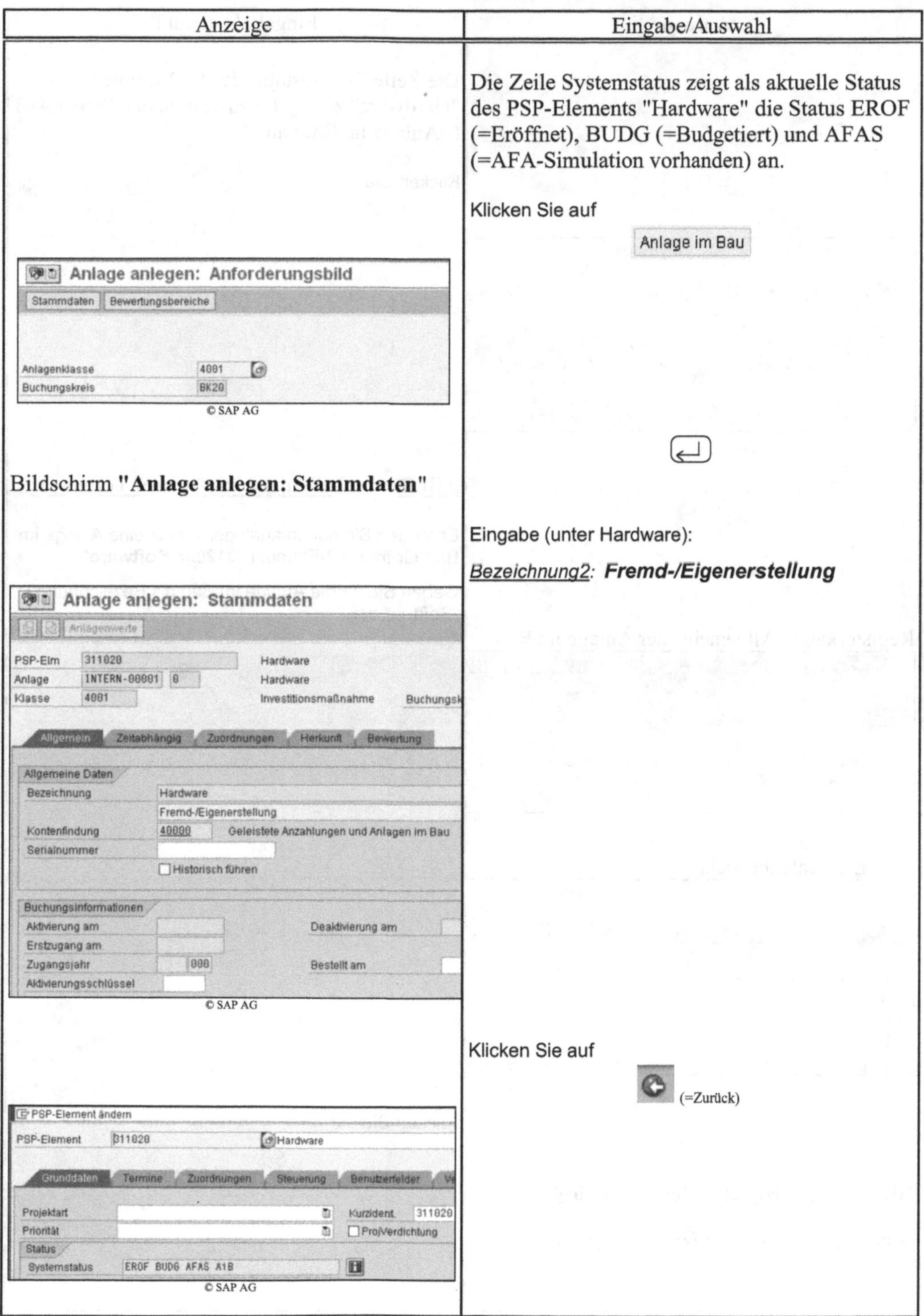

Anzeige	Eingabe/Auswahl
	Die Zeile Systemstatus zeigt als aktuelle Status des PSP-Elements "Hardware" die Status EROF (=Eröffnet), BUDG (=Budgetiert) und AFAS (=AFA-Simulation vorhanden) an. Klicken Sie auf Anlage im Bau
Anlage anlegen: Anforderungsbild Stammdaten Bewertungsbereiche Anlagenklasse 4001 Buchungskreis BK20 © SAP AG	
Bildschirm **"Anlage anlegen: Stammdaten"**	Eingabe (unter Hardware): _Bezeichnung2_: ***Fremd-/Eigenerstellung***
Anlage anlegen: Stammdaten Anlagenwerte PSP-Elm 311020 Hardware Anlage INTERN-00001 0 Hardware Klasse 4001 Investitionsmaßnahme Buchungsk Allgemein Zeitabhängig Zuordnungen Herkunft Bewertung Allgemeine Daten Bezeichnung Hardware Fremd-/Eigenerstellung Kontenfindung 40000 Geleistete Anzahlungen und Anlagen im Bau Serialnummer Historisch führen Buchungsinformationen Aktivierung am Deaktivierung am Erstzugang am Zugangsjahr 000 Bestellt am Aktivierungsschlüssel © SAP AG	
	Klicken Sie auf (=Zurück)
PSP-Element ändern PSP-Element 311020 Hardware Grunddaten Termine Zuordnungen Steuerung Benutzerfelder Projektart Kurzident. 311020 Priorität ProjVerdichtung Status Systemstatus EROF BUDG AFAS AIB © SAP AG	

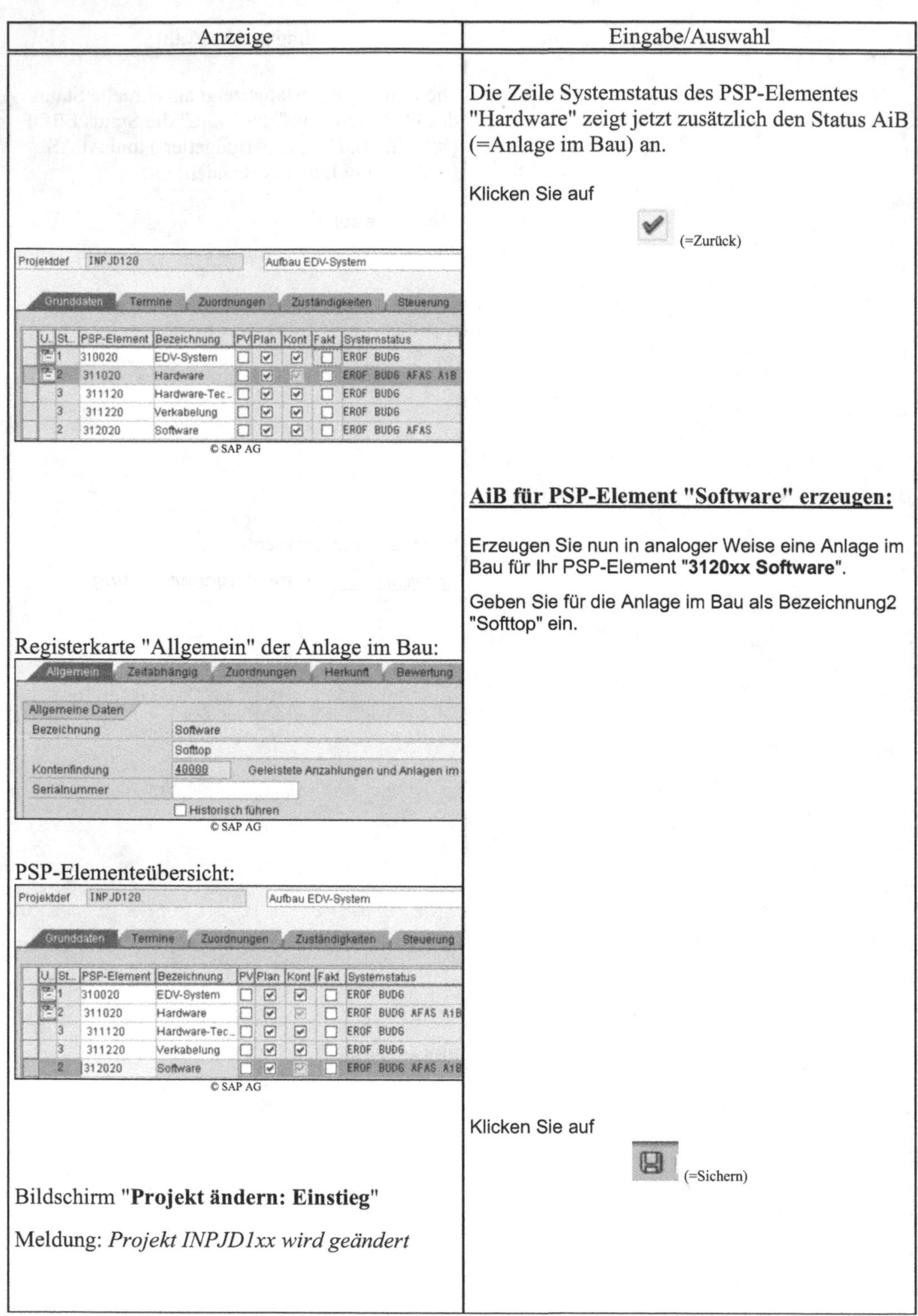

Anzeige	Eingabe/Auswahl
Projektdef INPJD120 Aufbau EDV-System Grunddaten Termine Zuordnungen Zuständigkeiten Steuerung U. St. PSP-Element Bezeichnung PV Plan Kont Fakt Systemstatus 1 310020 EDV-System EROF BUDG 2 311020 Hardware EROF BUDG AFAS AiB 3 311120 Hardware-Tec... EROF BUDG 3 311220 Verkabelung EROF BUDG 2 312020 Software EROF BUDG AFAS © SAP AG	Die Zeile Systemstatus des PSP-Elementes "Hardware" zeigt jetzt zusätzlich den Status AiB (=Anlage im Bau) an. Klicken Sie auf (=Zurück)
Registerkarte "Allgemein" der Anlage im Bau: Allgemein Zeitabhängig Zuordnungen Herkunft Bewertung Allgemeine Daten Bezeichnung Software Softtop Kontenfindung 40000 Geleistete Anzahlungen und Anlagen im Serialnummer Historisch führen © SAP AG	**AiB für PSP-Element "Software" erzeugen:** Erzeugen Sie nun in analoger Weise eine Anlage im Bau für Ihr PSP-Element "**3120xx Software**". Geben Sie für die Anlage im Bau als Bezeichnung2 "Softtop" ein.
PSP-Elementeübersicht: Projektdef INPJD120 Aufbau EDV-System Grunddaten Termine Zuordnungen Zuständigkeiten Steuerung U. St. PSP-Element Bezeichnung PV Plan Kont Fakt Systemstatus 1 310020 EDV-System EROF BUDG 2 311020 Hardware EROF BUDG AFAS AiB 3 311120 Hardware-Tec... EROF BUDG 3 311220 Verkabelung EROF BUDG 2 312020 Software EROF BUDG AFAS AiB © SAP AG	Klicken Sie auf (=Sichern)
Bildschirm "**Projekt ändern: Einstieg**" Meldung: *Projekt INPJD1xx wird geändert*	

Anzeige	Eingabe/Auswahl
	Die zugehörigen Anlagen im Bau wurden erzeugt.  ⏎
Bildschirm "**Projekt ändern: PSP-Elementeübersicht**"	Sie sind noch einmal in die Stammdatenpflege des Projektstrukturplans zurückgekehrt, um die Nummern der zugehörigen Anlagen im Bau zu notieren: Markieren Sie die Zeile des PSP-Elementes: **3110xx Hardware** Wählen Sie im aktuellen Menü: **Zusätze – Anlage im Bau**
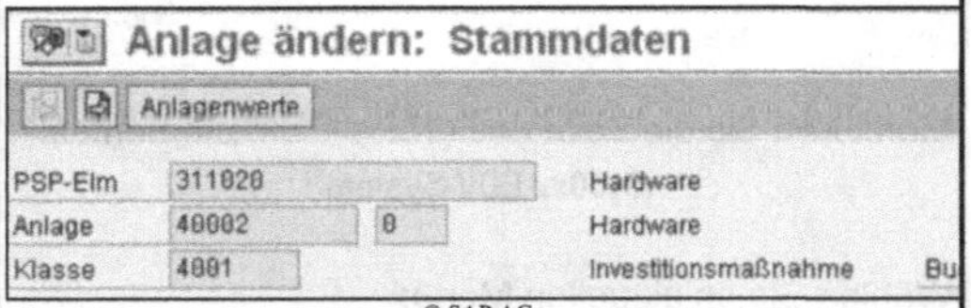 **Anlage ändern: Stammdaten** Anlagenwerte PSP-Elm 311020 Hardware Anlage 40002 0 Hardware Klasse 4001 Investitionsmaßnahme Bu © SAP AG	Notieren Sie die Nummer Ihrer Anlage im Bau "Hardware" in der entsprechenden Zeile der **Tabelle 3.1 Anlagen im Bau** in 6.1 Datentabellen. Kehren Sie zurück zum Bildschirm "Projekt ändern: PSP-Elementeübersicht".
Bildschirm "**Projekt ändern: PSP-Elementeübersicht**"	Lassen Sie sich nun die Anlagennummer der AiB "Software" anzeigen.
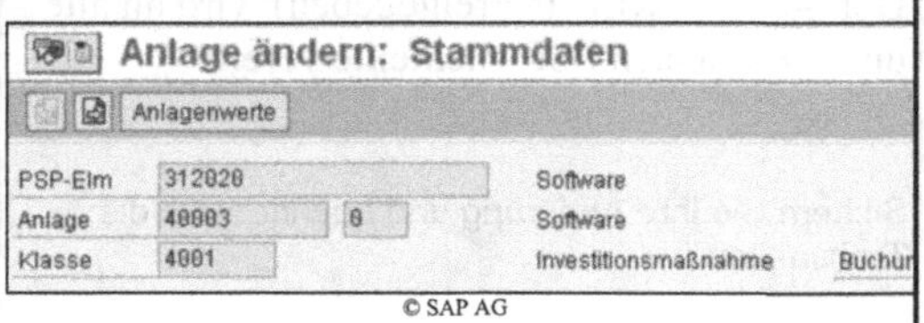 **Anlage ändern: Stammdaten** Anlagenwerte PSP-Elm 312020 Software Anlage 40003 0 Software Klasse 4001 Investitionsmaßnahme Buchur © SAP AG	Notieren Sie auch die Nummer Ihrer Anlage im Bau "Software" in der entsprechenden Zeile der **Tabelle 3.1 Anlagen im Bau** in 6.1 Datentabellen.

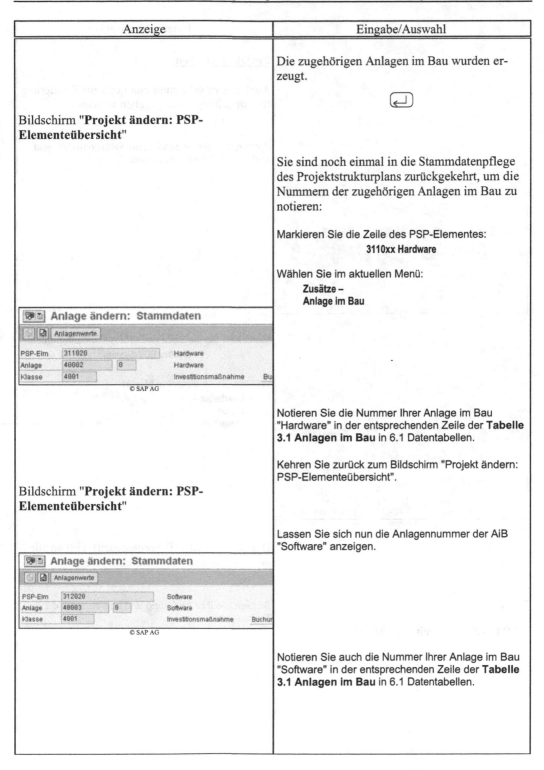

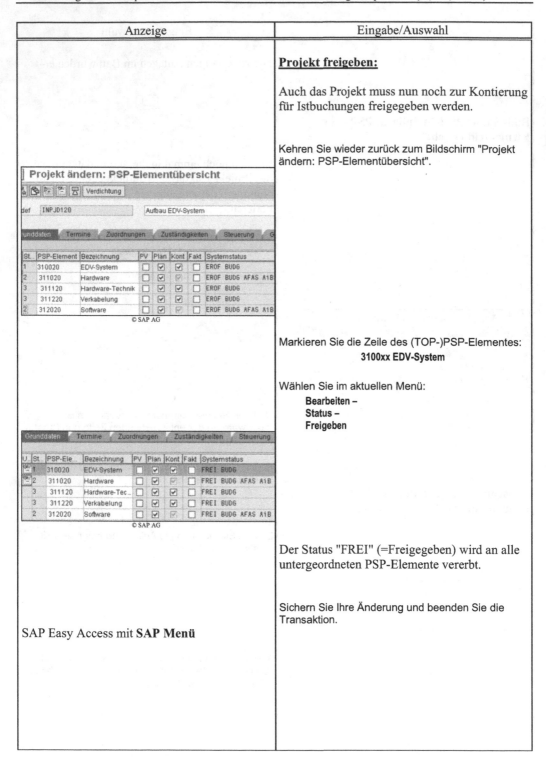

Anzeige	Eingabe/Auswahl

Projekt freigeben:

Auch das Projekt muss nun noch zur Kontierung für Istbuchungen freigegeben werden.

Kehren Sie wieder zurück zum Bildschirm "Projekt ändern: PSP-Elementübersicht".

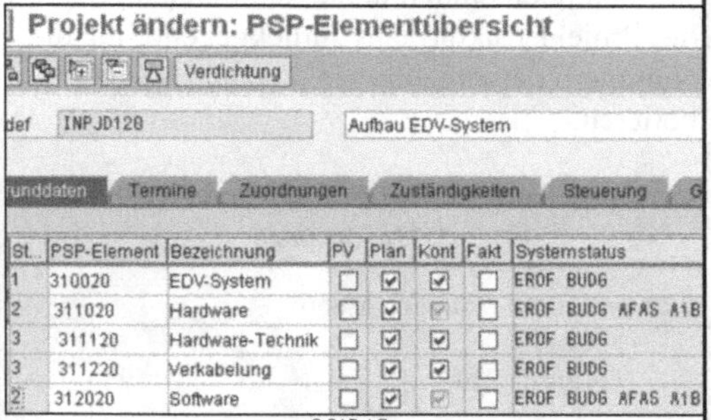

© SAP AG

Markieren Sie die Zeile des (TOP-)PSP-Elementes:

3100xx EDV-System

Wählen Sie im aktuellen Menü:

Bearbeiten –
Status –
Freigeben

© SAP AG

Der Status "FREI" (=Freigegeben) wird an alle untergeordneten PSP-Elemente vererbt.

Sichern Sie Ihre Änderung und beenden Sie die Transaktion.

SAP Easy Access mit **SAP Menü**

Modul 19: Belastungen auf Investitionsmaßnahmen

Istbuchungen auf Investitionsmaßnahmen

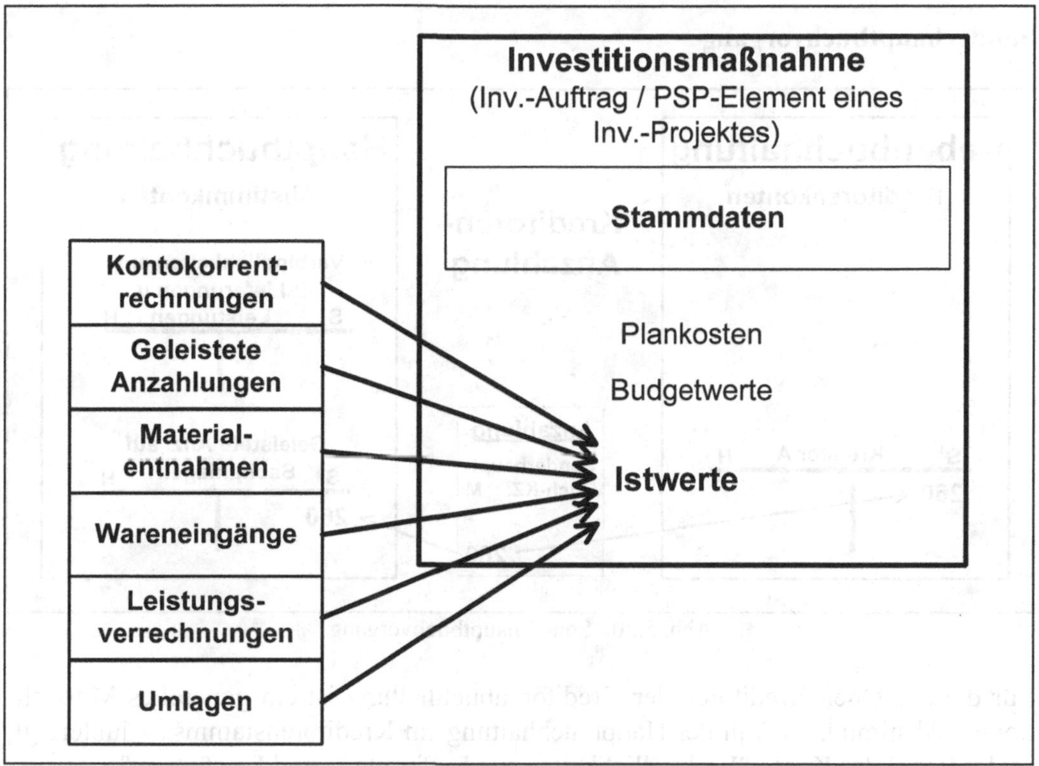

Abb. 5.19: Istwerte Investitionsmaßnahmen

Die Belastungen auf Investitionsmaßnahmen werden durch Buchungen mit Istwerten verschiedener Vorgänge in unterschiedlichen Anwendungskomponenten des SAP-Systems ausgelöst. Wesentliche Buchungsfälle entstehen aus

- Kontokorrentrechnungen und geleistete Anzahlungen der Komponente FI-AP Kreditorenbuchhaltung,
- Materialentnahmen und Wareneingänge der Komponente MM Materialwirtschaft,
- Leistungsverrechnungen und Umlagen der Komponente CO-OM Gemeinkostencontrolling.

Bei jeder Buchung, die eine Kostenbelastung bei einer Investitionsmaßnahme bewirken soll, ist dazu der zugehörige Auftrag bzw. das zugehörige PSP-Element als CO-Kontierungsobjekt anzugeben.

Sonderhauptbuchvorgang

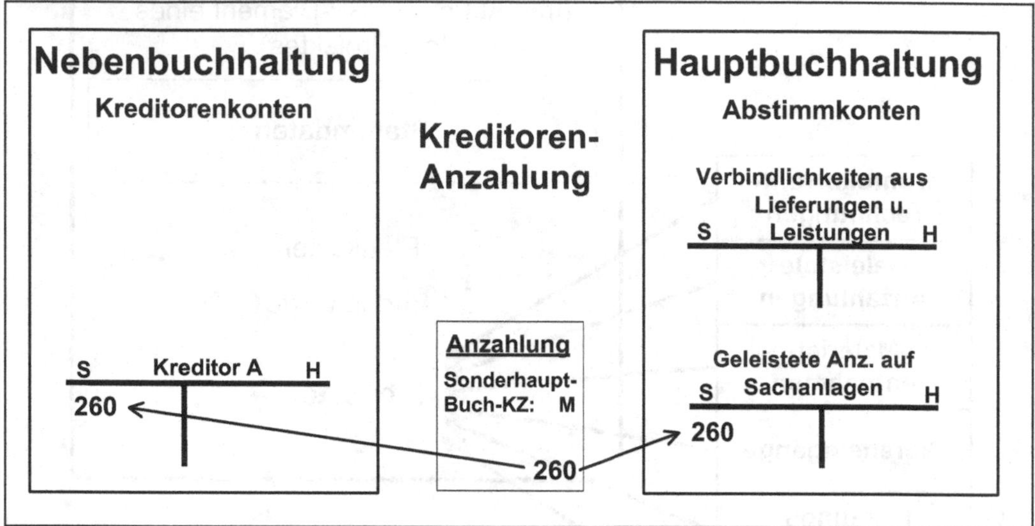

Abb. 5.20: Sonderhauptbuchvorgang

Für die einzelnen Kreditoren der Kreditorenbuchhaltung ist ein generelles Mitbuchkonto (Abstimmkonto) in der Hauptbuchhaltung im Kreditorenstammsatz hinterlegt, in der Regel das Konto "Verbindlichkeiten aus Lieferungen und Leistungen".

Bei bestimmten Kreditorenbuchungen (im SAP-Standard z. B. Anzahlungen, Wechsel, Disagio, Bürgschaften) kann das allgemein hinterlegte Abstimmkonto nicht herangezogen werden, so dass ein sogenanntes Sonderhauptbuchkennzeichen gesetzt werden muss. Das Sonderhauptbuchkennzeichen hat die Funktion, dass in diesem Fall als Mitbuchkonto das für das Sonderhauptbuchkennzeichen geltende Mitbuchkonto benutzt wird.

Bei geleisteten Anzahlungen kommen je nach Grund der Anzahlungsleistung verschiedene Sonderhauptbuchkennzeichen in Betracht. Für Anzahlungen auf Sachanlagen sieht das SAP-System das Sonderhauptbuchkennzeichen "M" vor, dem als Mitbuchkonto das Konto "Geleistete Anzahlungen auf Sachanlagen" zugeordnet ist.

Was ist zu tun?

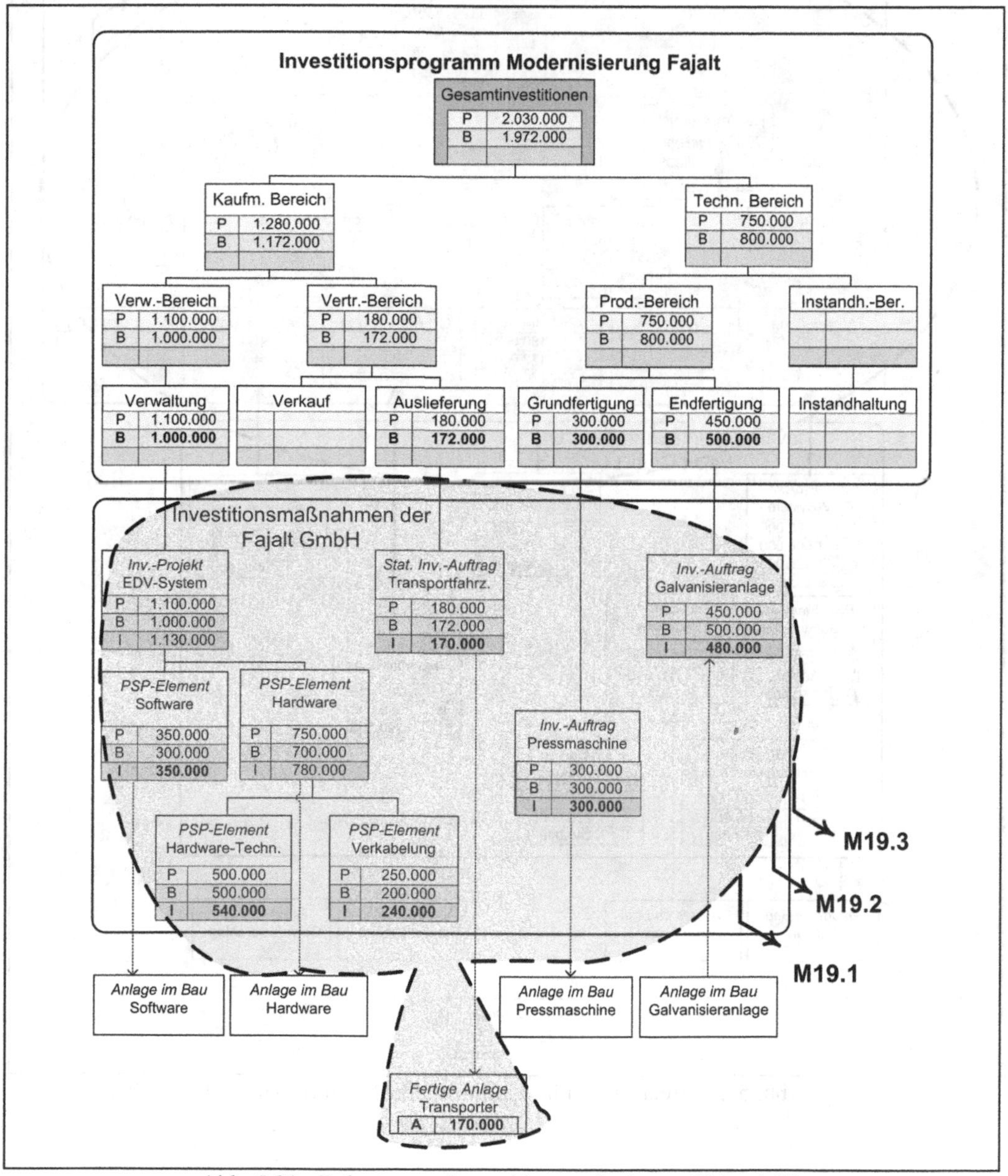

Abb. 5.21: Belastungen Investitionsmaßnahmen (Fokus) (1)

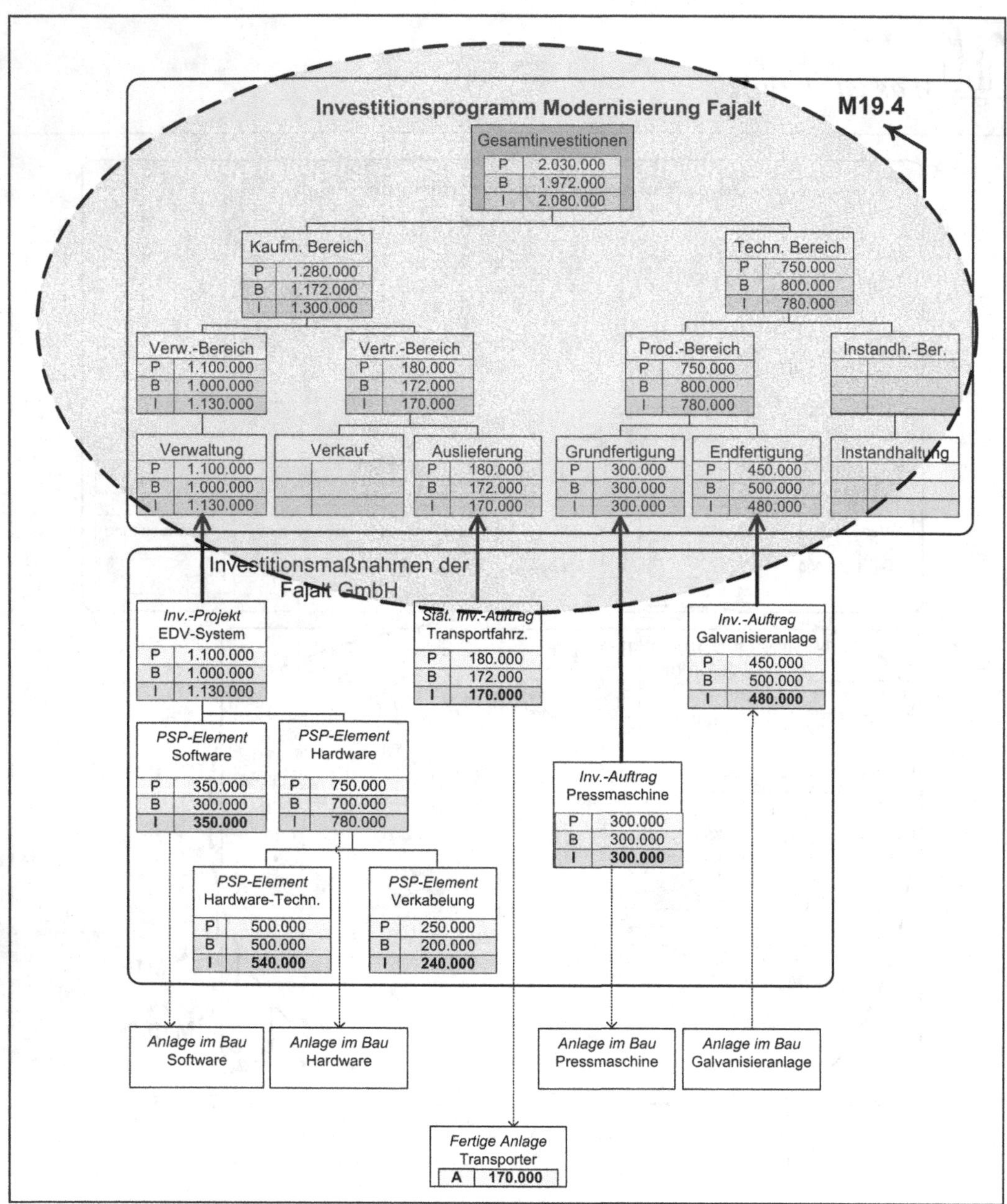

Abb. 5.22: Belastungen Investitionsmaßnahmen (Fokus) (2)

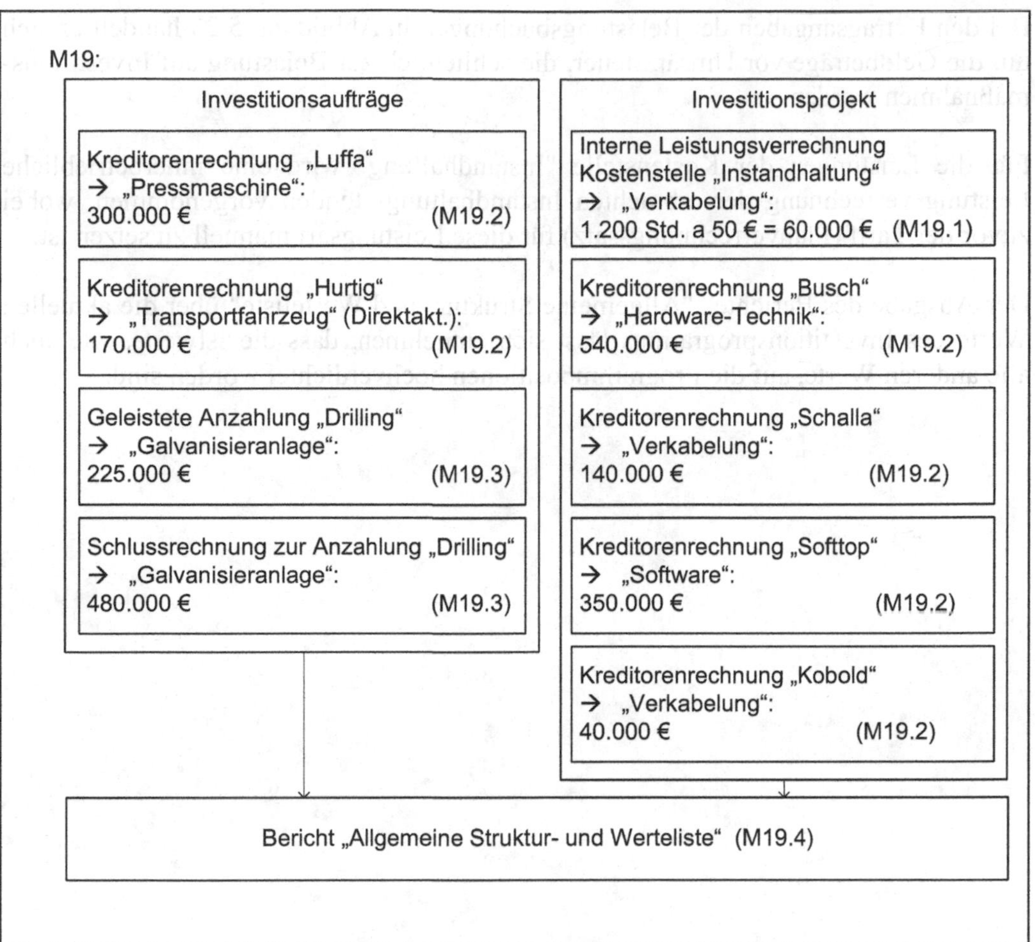

Abb. 5.23: Belastungen Investitionsmaßnahmen (Überblick)

Für die Fajalt GmbH werden übliche Kreditorenrechnungen für "Luffa", "Hurtig", "Busch", "Schalla", "Softtop" und "Kobold" gebucht, wobei die Rechnungserfassung für "Hurtig" nicht in der sogenannten Enjoy Transaktion (Einbild-Transaktion), sondern wegen der Direktaktivierung in der sogenannten Standard-Transaktion innerhalb der Kreditorenbuchhaltung erfolgen muss.

Für den Kreditor "Drilling" fällt eine zu leistende Anzahlung an, die unter Setzung des Sonderhauptbuchkennzeichens "M" zu buchen und mit der späteren Schlussrechnung zu verrechnen ist.

Bei den Betragsangaben der Belastungsbuchungen in Abbildung 5.23 handelt es sich um die Geldbeträge vor Umsatzsteuer, die schließlich zur Belastung auf Investitionsmaßnahmen werden.

Für die Leistungen der Kostenstelle "Instandhaltung" wird eine innerbetriebliche Leistungsverrechnung der erbrachten Instandhaltungsstunden vorgenommen, wobei zuvor der Tarif (Planverrechnungssatz) für diese Leistungsart manuell zu setzen ist.

Der Ausgabe des Berichtes "Allgemeine Struktur- und Werteliste" über die aktuellen Werte des Investitionsprogramms lässt sich entnehmen, dass die Istwerte, wie auch alle anderen Werte, auf die Programmpositionen hochverdichtet worden sind.

Anzeige	Eingabe/Auswahl

Modul 19: Belastungen auf Investitionsmaßnahmen

Istkosten **auf Investitionsmaßnahmen können grundsätzlich aus Buchungen in der Finanzbuchhaltung (FI), Warenbewegungen in der Materialwirtschaft (MM), innerbetrieblichen Leistungsverrechnungen und Gemeinkostenzuschlägen innerhalb der Kostenrechnung (CO) entstehen.**

Kontierungsobjekt beim Buchen von Zugängen ist der Auftrag bzw. das PSP-Element einer Investitionsmaßnahme. Die zugehörige Anlage im Bau kann nicht direkt kontiert werden.

M19.1 Interne Leistungsverrechnung

Interne Leistungen **werden von der Kostenstelle direkt der Investitionsmaßnahme belastet.**

Das System legt hierbei einen Preis (Verrechnungssatz) zugrunde, der zuvor maschinell in der Kostenstellenrechnung ermittelt wurde ("Tarif") oder manuell festgesetzt wurde ("politischer Preis").

M19.1.1 Verrechnungssatz manuell setzen

Anzeige	Eingabe/Auswahl
	Der Verrechnungssatz (Tarif) für die Eigenleistung (Leistungsart Instandhaltungsstunden der Kostenstelle Instandhaltung) würde im Normalfall in der Kostenstellenrechnung am Ende der Kostenstellenplanung maschinell aus allen geplanten Kosten und internen Leistungsverflechtungen ermittelt werden. Es besteht jedoch auch die Möglichkeit, den internen Verrechnungspreis der Leistungsart manuell zu setzen. Dies soll nun für die Fajalt GmbH (im Modul CO) durchgeführt werden, bevor dann im nächsten Abschnitt das PSP-Element "Verkabelung" mit der Eigenleistung belastet werden kann.
	Wählen Sie im SAP-Menü: **Rechnungswesen - Controlling - Kostenstellenrechnung – Planung – Leistungserbringung/Tarife - Ändern**
Bildschirm **"Planung Leistungen/Tarife ändern: Einstieg"**	Eingabe bzw. Auswahl: *Version:* ***0*** (= Standard-Planversion) *von Periode:* ***1*** *bis Periode:* ***12***

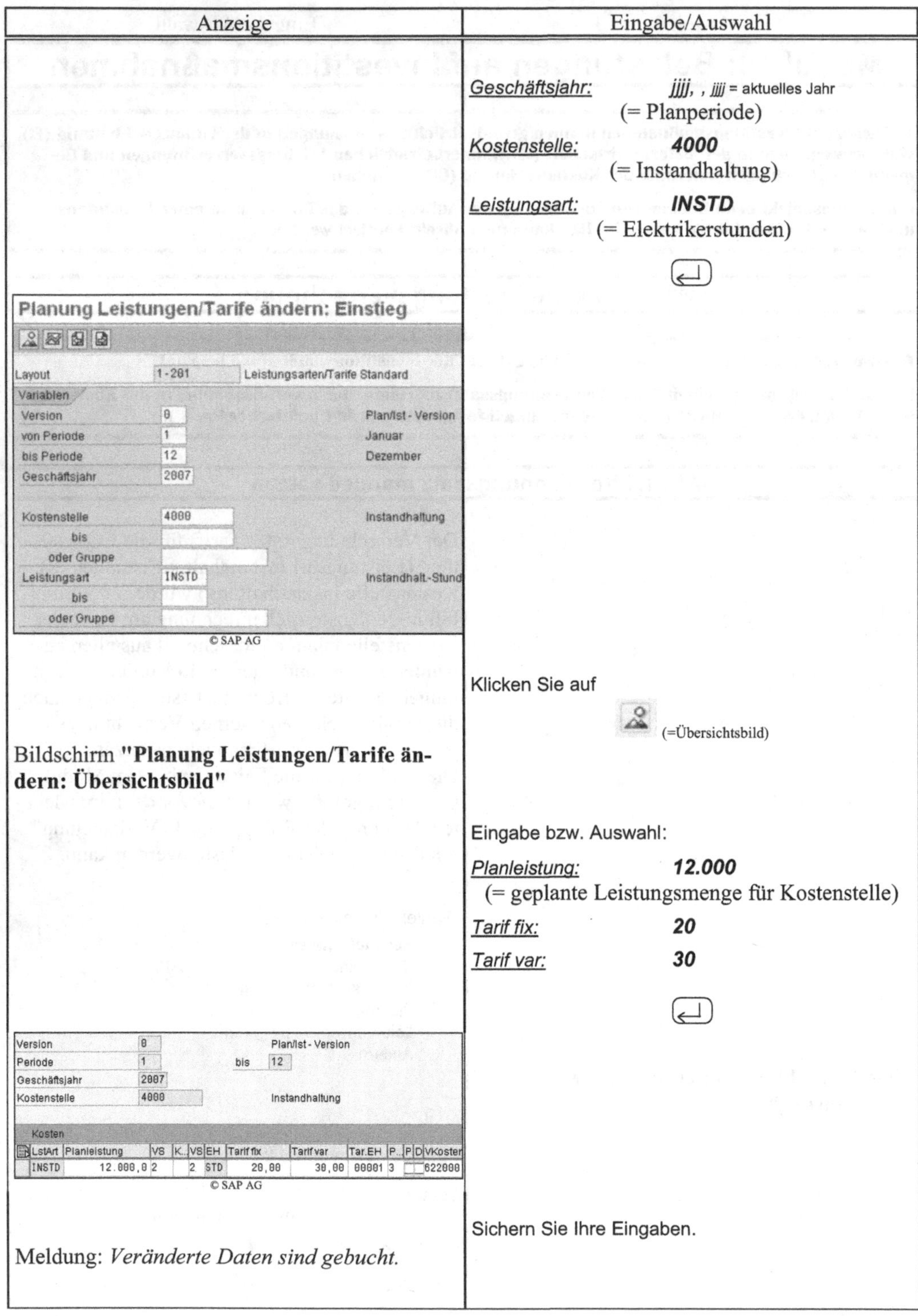

Anzeige	Eingabe/Auswahl
	Geschäftsjahr: ***jjjj***, *jjjj* = aktuelles Jahr (= Planperiode) *Kostenstelle:* ***4000*** (= Instandhaltung) *Leistungsart:* ***INSTD*** (= Elektrikerstunden) ⏎
Planung Leistungen/Tarife ändern: Einstieg Layout 1-201 Leistungsarten/Tarife Standard Variablen Version 0 Plan/Ist - Version von Periode 1 Januar bis Periode 12 Dezember Geschäftsjahr 2007 Kostenstelle 4000 Instandhaltung bis oder Gruppe Leistungsart INSTD Instandhalt.-Stund bis oder Gruppe © SAP AG	Klicken Sie auf (=Übersichtsbild)
Bildschirm **"Planung Leistungen/Tarife ändern: Übersichtsbild"**	Eingabe bzw. Auswahl: *Planleistung:* ***12.000*** (= geplante Leistungsmenge für Kostenstelle) *Tarif fix:* ***20*** *Tarif var:* ***30*** ⏎
Version 0 Plan/Ist - Version Periode 1 bis 12 Geschäftsjahr 2007 Kostenstelle 4000 Instandhaltung Kosten LstArt | Planleistung | VS | K.. | VS | EH | Tarif fix | Tarif var | Tar.EH | P.. | P | D | VKoster INSTD | 12.000,0 | 2 | | 2 | STD | 20,00 | 30,00 | 00001 | 3 | | | 622000 © SAP AG	
Meldung: *Veränderte Daten sind gebucht.*	Sichern Sie Ihre Eingaben.

Anzeige	Eingabe/Auswahl
SAP Easy Access mit **SAP Menü**	Damit haben Sie einen Stundensatz für die interne Leistungsverrechnung der Elektrikerstunden von 50 Euro festgesetzt. Beenden Sie die Transaktion und schließen Sie die Unterstruktur "Controlling" des SAP-Menüs wieder.
M19.1.2 Direkte Leistungsverrechnung auf PSP-Element kontieren	
Bildschirm "**Direkte Leistungsverrechnung erfassen**" Erfassungsdaten · Zusatzinformationen Belegdatum 03.09.2007 BuchDatum 03.09.2007 · Periode 9 VorlBeleg · Übernehmen Belegtext Leistungsverrechnung Verkabelung ErfassVar Psp-Element/Auftrag · Eingabetyp Einzelerfassung Belegposition Menge Tarif ges. 0,00 EUR · Betrag 0,00 Sender: Kostenst. · LeistArt Empfänger: Auftrag · BMot · PSP-Elm Übernehm... · Daten halten · Halten beenden · Position 1 © SAP AG	**<u>Leistungsverrechnung erfassen:</u>** Wählen Sie im SAP-Menü: **Rechnungswesen - Investitionsmanagement - Investitionsprojekte – Istbuchungen – Leistungsverrechnung – Erfassen** Eingabe bzw. Auswahl: *<u>Belegdatum:</u>* ***3.9.jjjj***, , *jjjj* = aktuelles Jahr *<u>BuchDatum:</u>* ***3.9.jjjj***, , *jjjj* = aktuelles Jahr *<u>Belegtext:</u>* ***Leistungsverrechnung Verkabelung*** *<u>ErfassVar:</u>* ***PSP-Element/Auftrag*** (= Standard-Erfassungsvariante für Kontierungen auf PSP-Elemente u. Aufträge) *<u>Eingabetyp:</u>* ***Einzelerfassung***

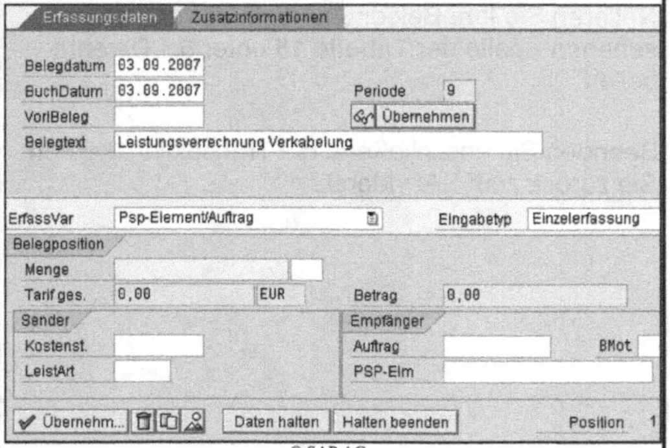

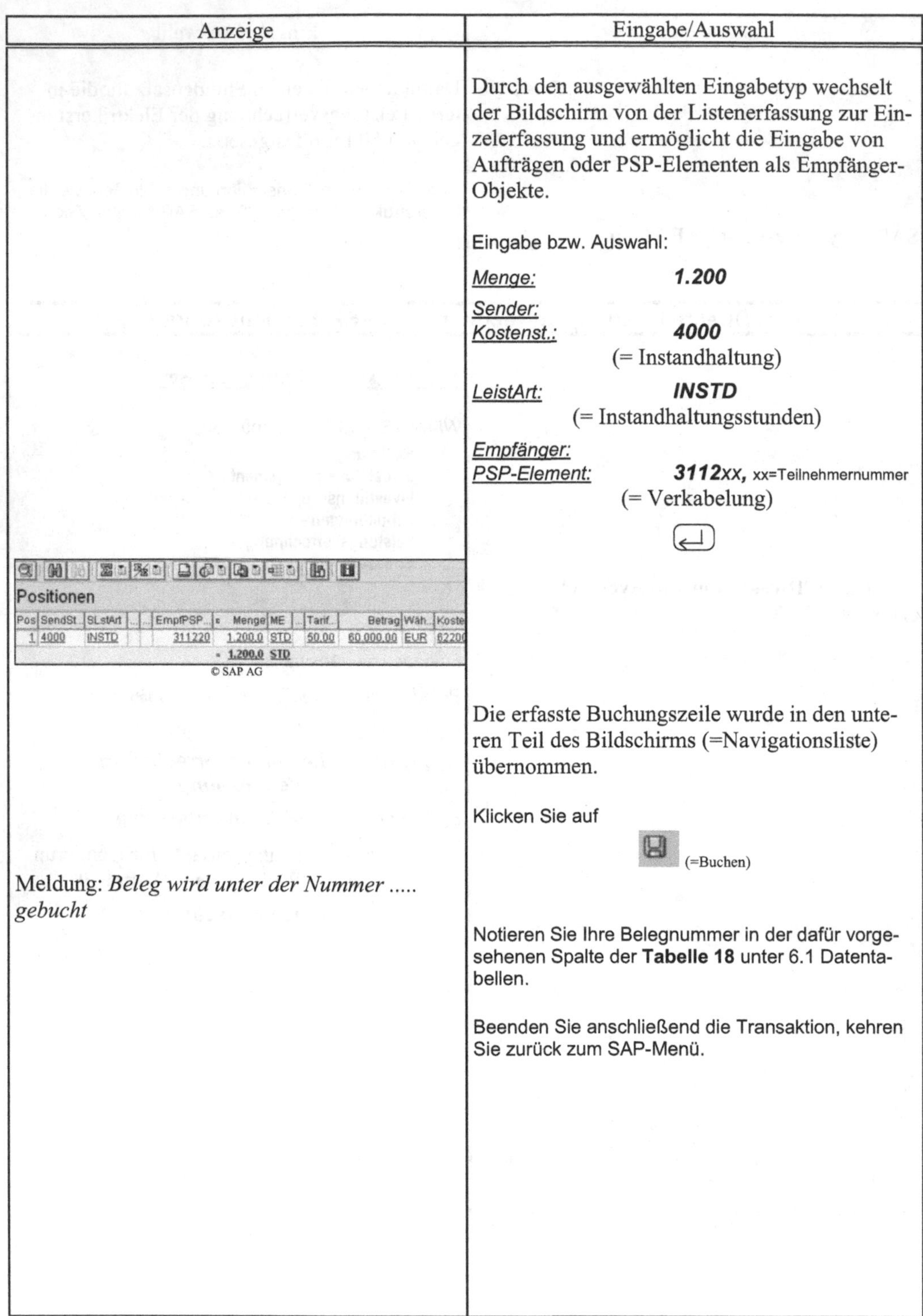

Anzeige	Eingabe/Auswahl
	Durch den ausgewählten Eingabetyp wechselt der Bildschirm von der Listenerfassung zur Einzelerfassung und ermöglicht die Eingabe von Aufträgen oder PSP-Elementen als Empfänger-Objekte. Eingabe bzw. Auswahl: *Menge:* **1.200** *Sender:* *Kostenst.:* **4000** (= Instandhaltung) *LeistArt:* ***INSTD*** (= Instandhaltungsstunden) *Empfänger:* *PSP-Element:* ***3112xx,*** xx=Teilnehmernummer (= Verkabelung) [Enter]
(Bildschirmausschnitt „Positionen“, siehe unten) © SAP AG	Die erfasste Buchungszeile wurde in den unteren Teil des Bildschirms (=Navigationsliste) übernommen. Klicken Sie auf [Symbol] (=Buchen)
Meldung: *Beleg wird unter der Nummer ..... gebucht*	Notieren Sie Ihre Belegnummer in der dafür vorgesehenen Spalte der **Tabelle 18** unter 6.1 Datentabellen. Beenden Sie anschließend die Transaktion, kehren Sie zurück zum SAP-Menü.

Positionen

Pos	SendSt...	SLstArt	...	...	EmpfPSP...	Menge	ME	...	Tarif...	Betrag	Wäh...	Koste
1	4000	INSTD			311220	1.200,0	STD		50,00	60.000,00	EUR	6220(
						• 1.200,0	STD					

© SAP AG

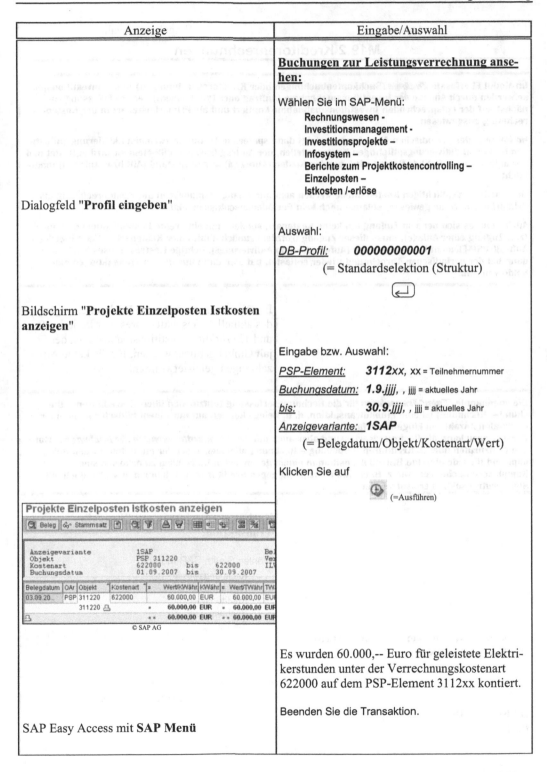

Anzeige	Eingabe/Auswahl
	Buchungen zur Leistungsverrechnung ansehen: Wählen Sie im SAP-Menü: **Rechnungswesen -** **Investitionsmanagement -** **Investitionsprojekte –** **Infosystem –** **Berichte zum Projektkostencontrolling –** **Einzelposten –** **Istkosten /-erlöse**
Dialogfeld "**Profil eingeben**"	Auswahl: DB-Profil: ***000000000001*** (= Standardselektion (Struktur)
Bildschirm "**Projekte Einzelposten Istkosten anzeigen**"	Eingabe bzw. Auswahl: PSP-Element: ***3112xx***, xx = Teilnehmernummer Buchungsdatum: ***1.9.jjjj***, , jjjj = aktuelles Jahr bis: ***30.9.jjjj***, jjjj = aktuelles Jahr Anzeigevariante: ***1SAP*** (= Belegdatum/Objekt/Kostenart/Wert) Klicken Sie auf (=Ausführen)
Projekte Einzelposten Istkosten anzeigen Beleg Stammsatz Anzeigevariante 1SAP Bel Objekt PSP 311220 Ver Kostenart 622000 bis 622000 ILV Buchungsdatum 01.09.2007 bis 30.09.2007 Belegdatum | OAr | Objekt | Kostenart | Σ | Wert/KWähr | KWähr | Σ | Wert/TWähr | TWä 03.09.20.. | PSP | 311220 | 622000 | | 60.000,00 | EUR | | 60.000,00 | EUR 311220 • 60.000,00 EUR • 60.000,00 EUR •• 60.000,00 EUR •• 60.000,00 EUR © SAP AG	Es wurden 60.000,-- Euro für geleistete Elektrikerstunden unter der Verrechnungskostenart 622000 auf dem PSP-Element 3112xx kontiert. Beenden Sie die Transaktion.
SAP Easy Access mit **SAP Menü**	

Anzeige	Eingabe/Auswahl

M19.2 Kreditorenrechnungen

Im Modul FI erfasste *Zugänge* (Sachkontenbuchungen oder Kreditorenrechnungen) in der Investitionsphase werden durch Angabe der Investitionsmaßnahme (Auftrag oder PSP-Element) bei der Erfassung zunächst auf der entsprechenden Investitionsmaßnahme kontiert und als Primärkostenart in der Kostenrechnung ausgewiesen.

Im Rahmen der periodischen Abrechnung erfolgt dann später die Trennung zwischen aktivierungspflichtigen und nicht aktivierungspflichtigen Kostenanteilen, der Auftrag bzw. das PSP-Element wird entlastet und der aktivierungspflichtige Betrag wird aus den Kosten (Aufwand) in den Bestand (AiB bzw. Anlagen) umgebucht.

Die aktivierungspflichtigen Kostenanteile werden also nur solange temporär in der Kostenrechnung als Primärkostenart ausgewiesen, solange noch kein Periodenabschluss erfolgt ist.

Auch wenn es sich bei dem Zugang um keine Kostenart, sondern um eine reine Bestandsbuchung handelt (z.B. Zugang einer Anlage), muss dieser Zugang trotzdem zunächst mit einer Kostenart auf den jeweiligen Auftrag/PSP-Element kontiert werden (Aufwandskonto Aktivierungspflichtige Kosten). Dieses Konto wird dann bei der periodischen Abrechnung wieder entlastet, hat also dann aus diesen Transaktionen einen Saldo von Null.

Anzeige	Eingabe/Auswahl
	Es sollen nun zunächst die Rechnungseingänge des aktuellen Geschäftsjahres (der Perioden 9 und 12) für die Investitionsmaßnahmen der Fajalt GmbH gebucht werden, für die keine Anzahlungen geleistet wurden.

Die sogenannte *"Enjoy"-Transaktion* für die Rechnungserfassung (aufzurufen über ... Kreditoren – Buchung – Rechnung) ist eine Einbildtransaktion, d. h. Belege können auf nur einem Bildschirm mit einer minimalen Anzahl von Eingaben erfasst werden.
Parallel dazu kann die Rechnungserfassung aber auch mit der *Standardtransaktion für Buchungen* erfolgen (aufzurufen über ... Kreditoren – Buchung – Rechnung allgemein), bei der die Daten für den Belegkopf und für jede einzelne Buchungsposition in einem gesonderten Bildschirm zu erfassen sind.
Komplexere Buchungen, wie z. B. ein Anlagenzugang gegen Kreditor (s. u.), können ausschließlich mit der Standardtransaktion erfasst werden.

Anzeige	Eingabe/Auswahl
	Rechnungen erfassen mit "Enjoy"-Transaktion:
	Wählen Sie im SAP-Menü: **Rechnungswesen - Finanzwesen - Kreditoren – Buchung – Rechnung**
Bildschirm "**Kreditorenrechnung erfassen: Buchungskreis BKxx**"	Klicken Sie auf Bearbeitungsoptionen
Bildschirm "**Bearbeitungsoptionen Buchhaltung**"	

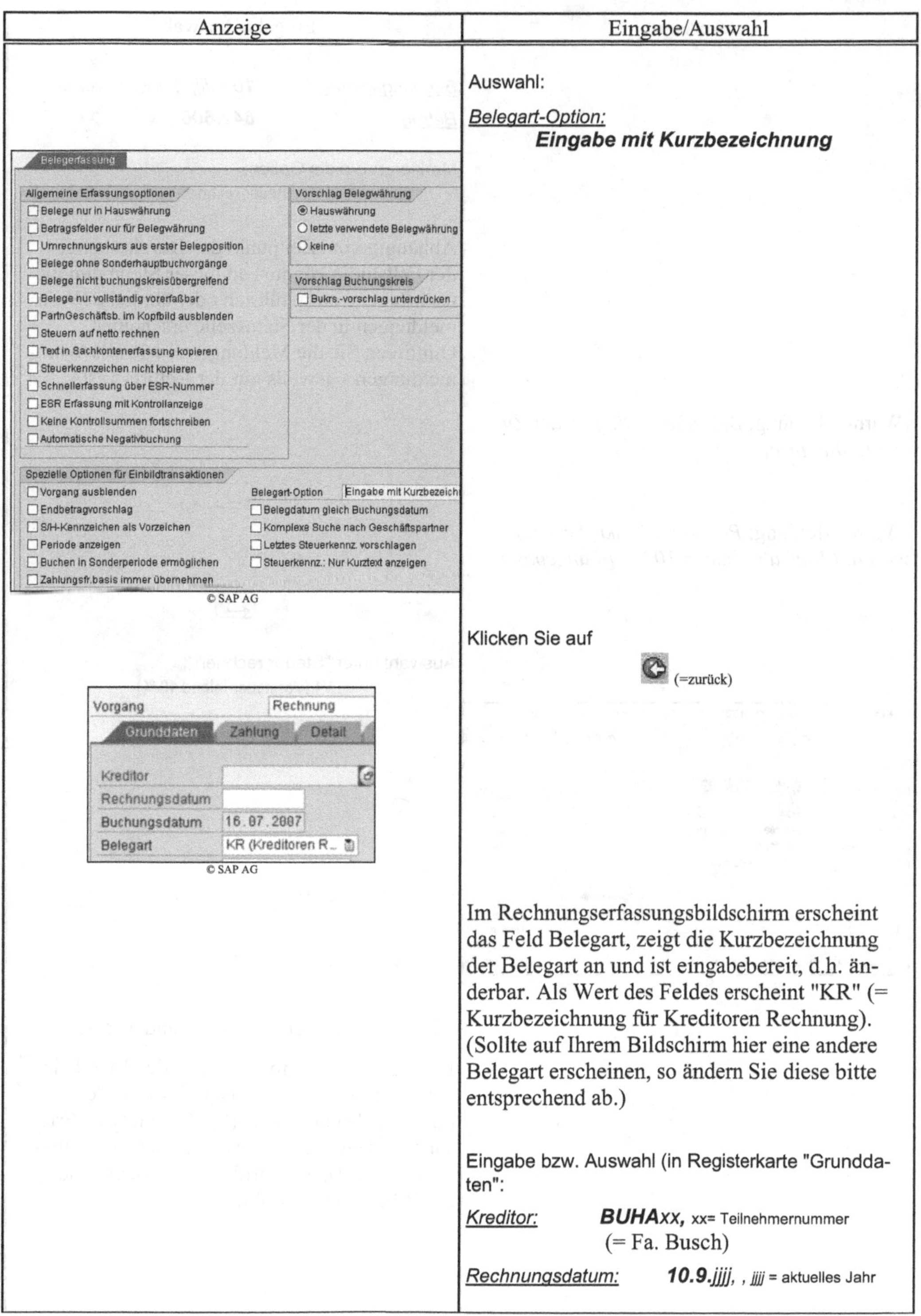

Anzeige	Eingabe/Auswahl
© SAP AG	Auswahl: *Belegart-Option:* ***Eingabe mit Kurzbezeichnung***
	Klicken Sie auf (=zurück)
© SAP AG	Im Rechnungserfassungsbildschirm erscheint das Feld Belegart, zeigt die Kurzbezeichnung der Belegart an und ist eingabebereit, d.h. änderbar. Als Wert des Feldes erscheint "KR" (= Kurzbezeichnung für Kreditoren Rechnung). (Sollte auf Ihrem Bildschirm hier eine andere Belegart erscheinen, so ändern Sie diese bitte entsprechend ab.)
	Eingabe bzw. Auswahl (in Registerkarte "Grunddaten": *Kreditor:* ***BUHAxx,*** xx= Teilnehmernummer (= Fa. Busch) *Rechnungsdatum:* ***10.9.jjjj***, , jjjj = aktuelles Jahr

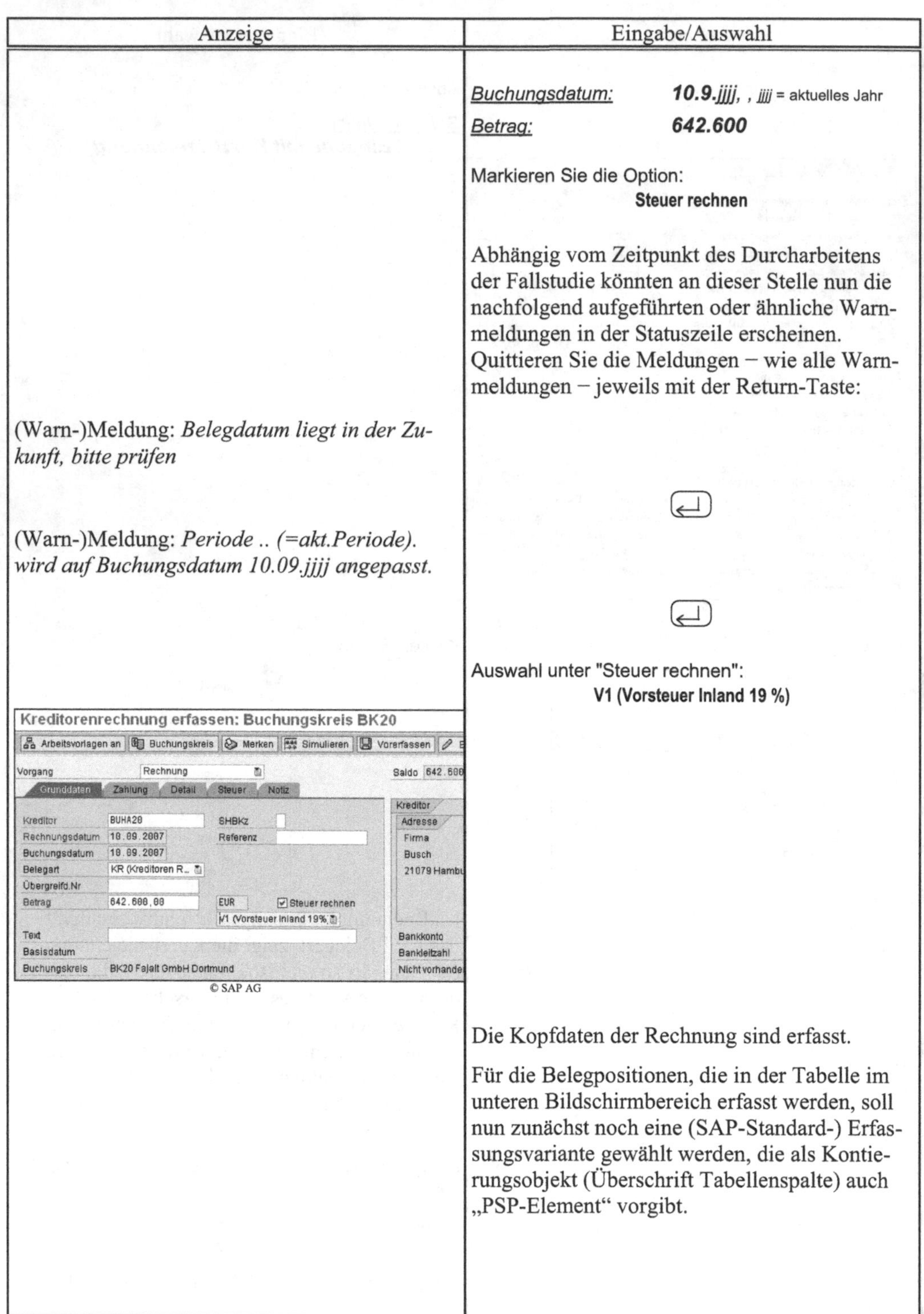

Anzeige	Eingabe/Auswahl
	Buchungsdatum: **10.9.jjjj**, , jjjj = aktuelles Jahr *Betrag:* **642.600** Markieren Sie die Option: **Steuer rechnen** Abhängig vom Zeitpunkt des Durcharbeitens der Fallstudie könnten an dieser Stelle nun die nachfolgend aufgeführten oder ähnliche Warnmeldungen in der Statuszeile erscheinen. Quittieren Sie die Meldungen – wie alle Warnmeldungen – jeweils mit der Return-Taste:
(Warn-)Meldung: *Belegdatum liegt in der Zukunft, bitte prüfen*	↵
(Warn-)Meldung: *Periode .. (=akt.Periode). wird auf Buchungsdatum 10.09.jjjj angepasst.*	↵
Kreditorenrechnung erfassen: Buchungskreis BK20 Arbeitsvorlagen an · Buchungskreis · Merken · Simulieren · Vorerfassen Vorgang: Rechnung · Saldo: 642.600 Grunddaten · Zahlung · Detail · Steuer · Notiz Kreditor: BUHA20 · SHBKz Rechnungsdatum: 10.09.2007 · Referenz Buchungsdatum: 10.09.2007 Belegart: KR (Kreditoren R... Übergreifd.Nr Betrag: 642.600,00 · EUR · ☑ Steuer rechnen V1 (Vorsteuer Inland 19%) Text Basisdatum Buchungskreis: BK20 Fajalt GmbH Dortmund Kreditor · Adresse · Firma · Busch · 21079 Hamb... Bankkonto · Bankleitzahl · Nicht vorhande... © SAP AG	Auswahl unter "Steuer rechnen": **V1 (Vorsteuer Inland 19 %)**
	Die Kopfdaten der Rechnung sind erfasst. Für die Belegpositionen, die in der Tabelle im unteren Bildschirmbereich erfasst werden, soll nun zunächst noch eine (SAP-Standard-) Erfassungsvariante gewählt werden, die als Kontierungsobjekt (Überschrift Tabellenspalte) auch „PSP-Element" vorgibt.

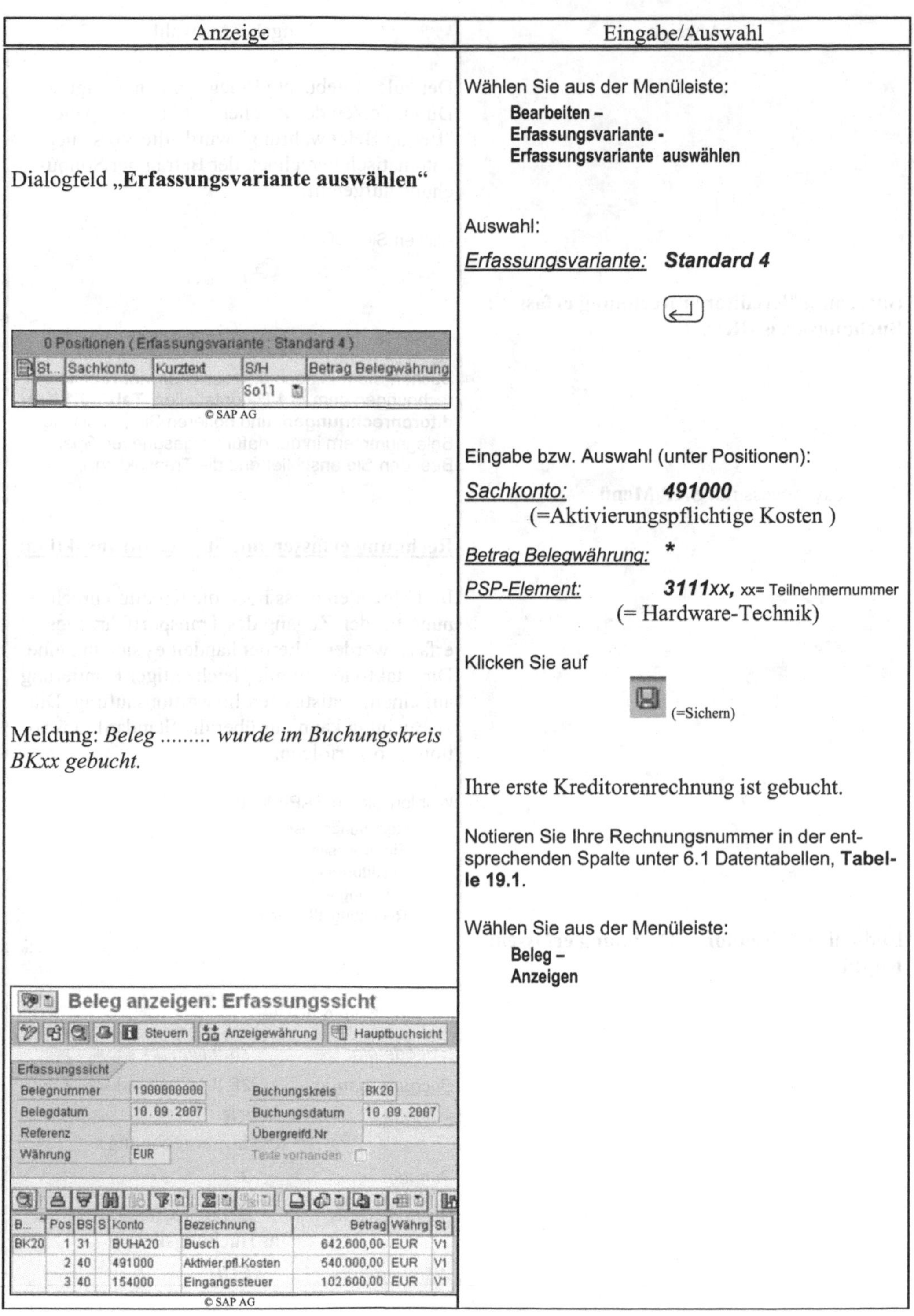

Anzeige	Eingabe/Auswahl
	Wählen Sie aus der Menüleiste: **Bearbeiten – Erfassungsvariante - Erfassungsvariante auswählen**
Dialogfeld „**Erfassungsvariante auswählen**“	Auswahl: *Erfassungsvariante:* ***Standard 4***
0 Positionen (Erfassungsvariante : Standard 4) St.. | Sachkonto | Kurztext | S/H | Betrag Belegwährung So11 © SAP AG	Eingabe bzw. Auswahl (unter Positionen): *Sachkonto:* ***491000*** (=Aktivierungspflichtige Kosten) *Betrag Belegwährung:* ***** *PSP-Element:* ***3111xx,*** xx= Teilnehmernummer (= Hardware-Technik) Klicken Sie auf (=Sichern)
Meldung: *Beleg .... wurde im Buchungskreis BKxx gebucht.*	Ihre erste Kreditorenrechnung ist gebucht. Notieren Sie Ihre Rechnungsnummer in der entsprechenden Spalte unter 6.1 Datentabellen, **Tabelle 19.1**. Wählen Sie aus der Menüleiste: **Beleg – Anzeigen**
Beleg anzeigen: Erfassungssicht Steuern | Anzeigewährung | Hauptbuchsicht Erfassungssicht Belegnummer 1900000000 Buchungskreis BK20 Belegdatum 10.09.2007 Buchungsdatum 10.09.2007 Referenz Übergreifd.Nr Währung EUR Texte vorhanden	

B...	Pos	BS	S	Konto	Bezeichnung	Betrag	Währg	St
BK20	1	31		BUHA20	Busch	642.600,00-	EUR	V1
	2	40		491000	Aktivier.pfl.Kosten	540.000,00	EUR	V1
	3	40		154000	Eingangssteuer	102.600,00	EUR	V1

© SAP AG

Anzeige	Eingabe/Auswahl
	Der zuletzt gebuchte Beleg wird angezeigt. Durch Setzen des Zeichens "*" in der Spalte "Betrag Belegwährung" wurde die Vorsteuer automatisch berechnet, der Betrag der Sollbuchung aufgeteilt. Klicken Sie auf (=zurück)
Bildschirm "**Kreditoren Rechnung erfassen: Buchungskreis BK**xx"	Buchen Sie nun noch die restlichen vier Kreditorenrechnungen gem. 6.1 Datentabellen, **Tab. 19.1 Kreditorenrechnungen,** und notieren Sie jeweils die Belegnummern in der dafür vorgesehenen Spalte. Beenden Sie anschließend die Transaktion.
SAP Easy Access mit **SAP Menü**	**<u>Rechnung erfassen mit Standardtransaktion:</u>** Im Folgenden muss noch die Kreditorenrechnung für den Zugang des Transportfahrzeugs erfasst werden. Hierbei handelt es sich um eine Direktaktivierung mit gleichzeitiger Kontierung auf einem statistischen Investitionsauftrag. Diese Buchung kann nur über die Standardtransaktion (s. o.) erfolgen. Wählen Sie im SAP-Menü: **Rechnungswesen -** **Finanzwesen -** **Kreditoren –** **Buchung –** **Rechnung allgemein**
Bildschirm "**Kreditoren Rechnung erfassen: Kopfdaten**"	Eingabe bzw. Auswahl: *<u>Belegdatum:</u>* ***28.9.jjjj***, , *jjjj* = aktuelles Jahr *<u>Buchungsdatum:</u>* ***28.9.jjjj***, , *jjjj* = aktuelles Jahr *<u>Belegart:</u>* ***KR*** (= Kreditorenrechnung) *<u>Periode:</u>* ***9*** *<u>Buchungskreis :</u>* ***BKxx,*** xx= Teilnehmernummer (= Ihr Buchungskreis) *<u>Währung/Kurs:</u>* ***EUR***

Anzeige	Eingabe/Auswahl
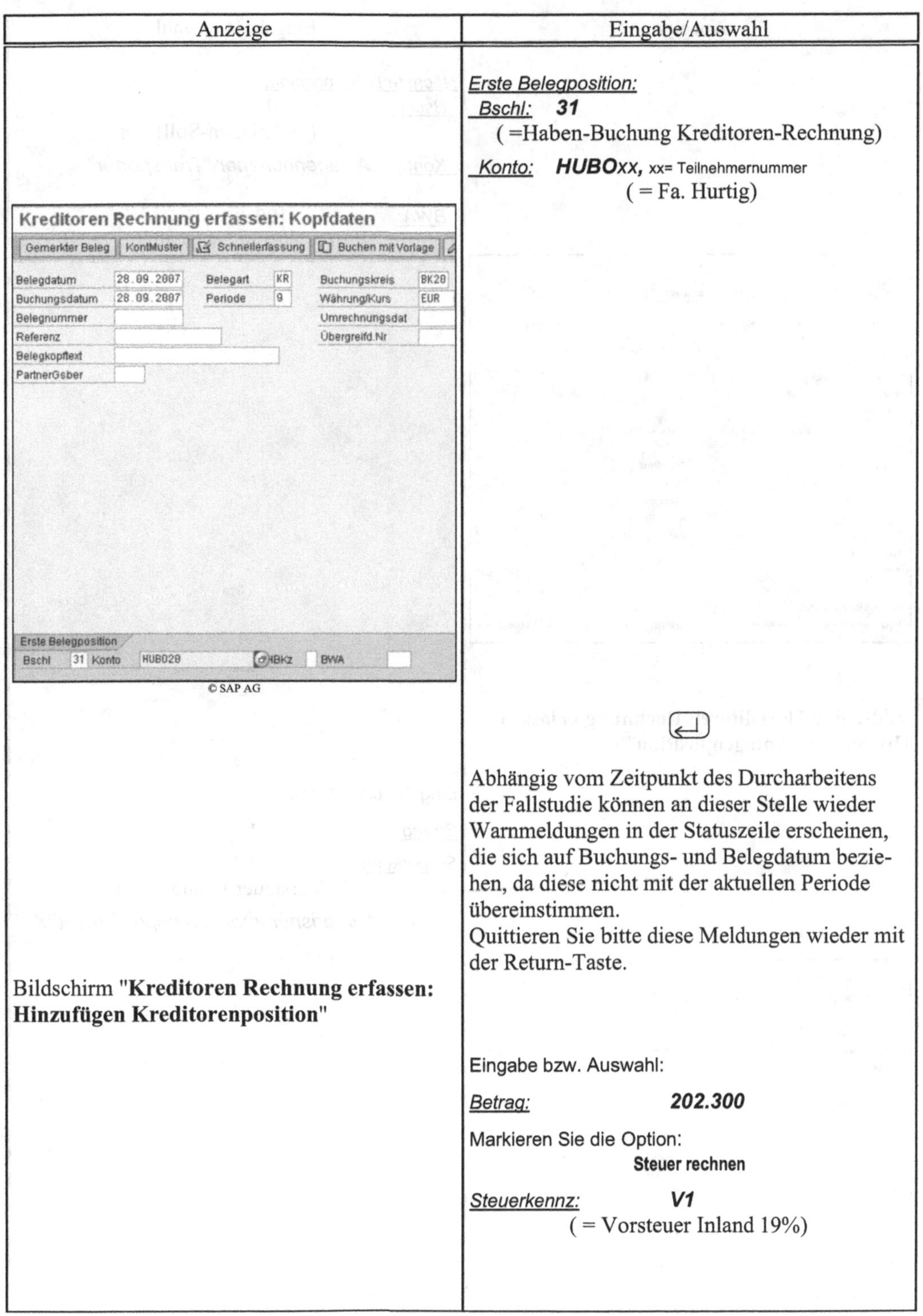 © SAP AG	*Erste Belegposition:* *Bschl:* ***31*** (=Haben-Buchung Kreditoren-Rechnung) *Konto:* ***HUBOxx,*** xx= Teilnehmernummer (= Fa. Hurtig) [Return-Taste] Abhängig vom Zeitpunkt des Durcharbeitens der Fallstudie können an dieser Stelle wieder Warnmeldungen in der Statuszeile erscheinen, die sich auf Buchungs- und Belegdatum beziehen, da diese nicht mit der aktuellen Periode übereinstimmen. Quittieren Sie bitte diese Meldungen wieder mit der Return-Taste.
Bildschirm "**Kreditoren Rechnung erfassen: Hinzufügen Kreditorenposition**"	Eingabe bzw. Auswahl: *Betrag:* ***202.300*** Markieren Sie die Option: **Steuer rechnen** *Steuerkennz:* ***V1*** (= Vorsteuer Inland 19%)

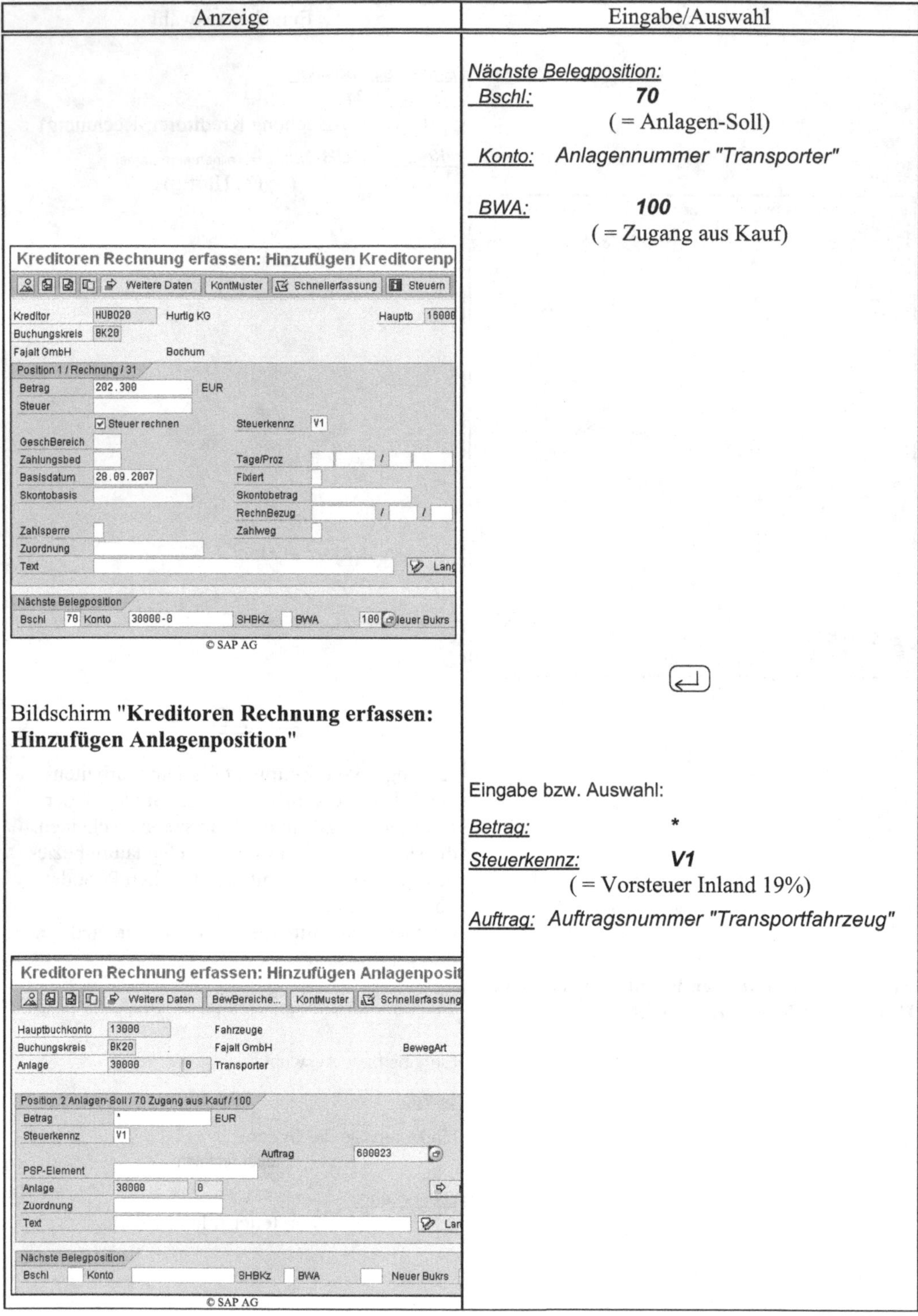

Anzeige	Eingabe/Auswahl
© SAP AG	*Nächste Belegposition:* *Bschl:* ***70*** (= Anlagen-Soll) *Konto:* *Anlagennummer "Transporter"* *BWA:* ***100*** (= Zugang aus Kauf) ⏎
Bildschirm "**Kreditoren Rechnung erfassen: Hinzufügen Anlagenposition**" © SAP AG	Eingabe bzw. Auswahl: *Betrag:* ***** *Steuerkennz:* ***V1*** (= Vorsteuer Inland 19%) *Auftrag:* *Auftragsnummer "Transportfahrzeug"*

Anzeige	Eingabe/Auswahl
Meldung: *Beleg .... wurde im Buchungskreis BKxx gebucht.*	Klicken Sie auf (= Buchen)
SAP Easy Access mit **SAP Menü**	Notieren Sie Ihre Belegnummer in der entsprechenden Spalte der **Tabelle 19.2** unter 6.1 Datentabellen und beenden Sie anschließend die Transaktion.

M19.3 Geleistete Anzahlung und Schlussrechnung

Auch *geleistete Anzahlungen* für Investitionsmaßnahmen stellen Zugangsbuchungen dar, für die das Buchen als Primärkostenart zum temporären Ausweis der Anzahlungen als Kosten in der Projekt-/Auftragskostenrechnung erforderlich ist.

Da Primärkostenarten keine Bilanzkonten sein dürfen, können die entsprechenden Sonderhauptbuchkonten der Kreditoren oder Mitbuchkonten der Anlagenbuchhaltung nicht direkt kontiert werden. Sie werden erst durch die periodische Abrechnung der Investitionsmaßnahme auf die zugehörige Anlage im Bau kontiert.

Im Zusammenhang mit einer geleisteten Anzahlung sind immer folgende Buchungen erforderlich:
- **die Anzahlungsbuchung,**
- **die Buchung der zugehörigen Schlussrechnung,**
- **die Verrechnung der Anzahlung(en) mit der zugehörigen Schlussrechnung.**

M19.3.1 Abweichendes Abstimmkonto für Anzahlungen ansehen

Bei üblichen Buchungen (z.B. Rechnungen, Zahlungen) wird das Abstimmkonto (Mitbuchkonto) 160000 Verbindlichkeiten parallel zum Kreditorenkonto fortgeschrieben (allgemein: ein Abstimmkonto der Hauptbuchhaltung zum Konto der jeweiligen Nebenbuchhaltung).

Bei besonderen Buchungen (z.B. Anzahlungen, Wechsel) wird dieses Konto durch ein anderes ersetzt (z.B. Geleistete Anzahlungen statt Verbindlichkeiten).

Gesteuert wird diese Ersetzung durch das sog. *Sonderhauptbuch-Kennzeichen*, das bei solchen Buchungen anzugeben ist.

Anzeige	Eingabe/Auswahl
	Da Sie in der Fajalt GmbH mit dem SAP-Standard Kontenplan INT arbeiten, sind die Sonderhauptbuch-Konten und deren Zuordnungen bereits gepflegt. Im Folgenden sollen Sie sich diese Customizing-Einstellungen zum Verständnis des nachfolgenden (Anzahlungs-)Buchungsvorgangs lediglich ansehen. Wechseln Sie zum Einführungsleitfaden.

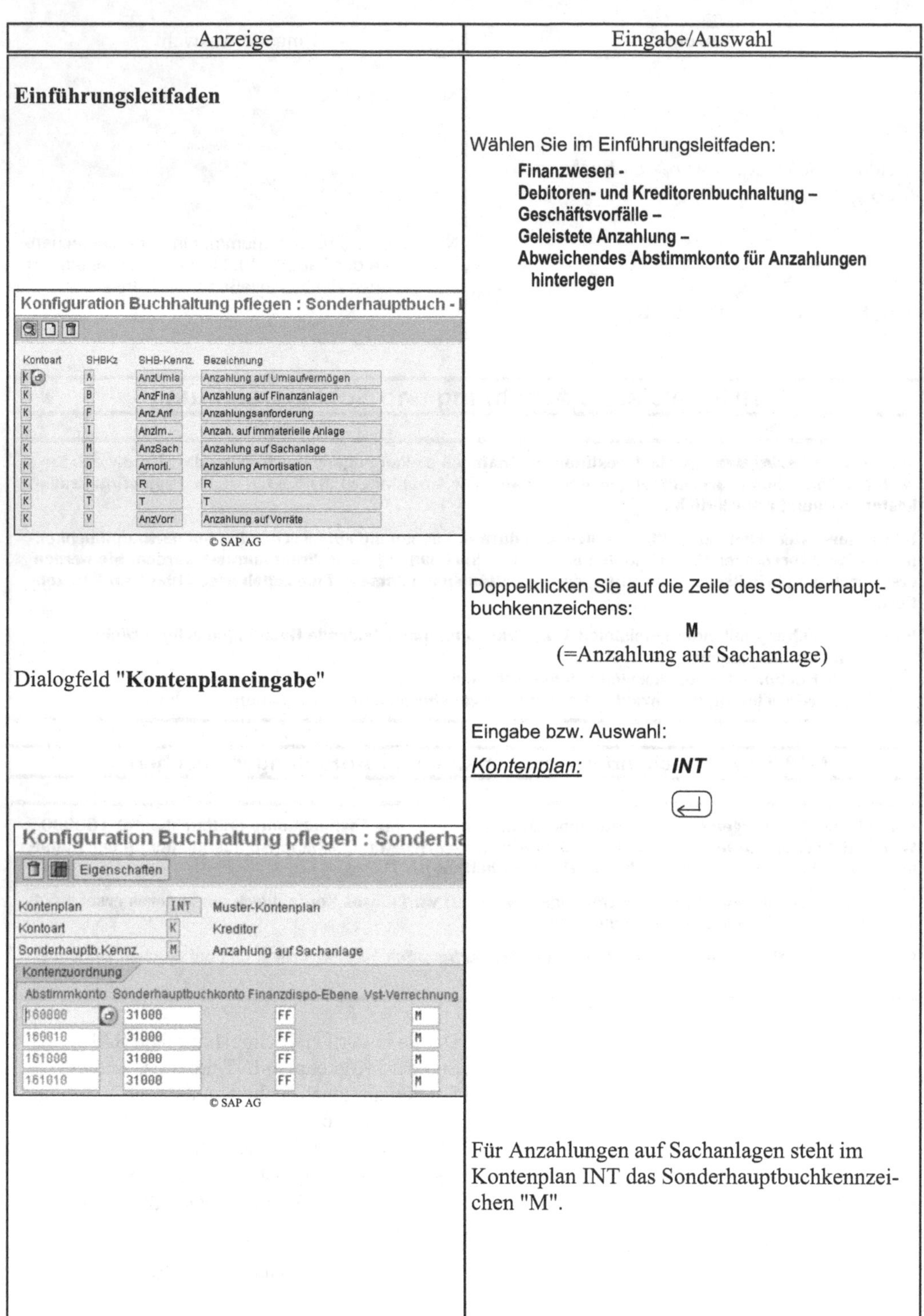

Anzeige	Eingabe/Auswahl
Einführungsleitfaden	Wählen Sie im Einführungsleitfaden: **Finanzwesen -** **Debitoren- und Kreditorenbuchhaltung –** **Geschäftsvorfälle –** **Geleistete Anzahlung –** **Abweichendes Abstimmkonto für Anzahlungen hinterlegen**
Konfiguration Buchhaltung pflegen : Sonderhauptbuch - Kontoart / SHBKz / SHB-Kennz. / Bezeichnung: K / A / AnzUmla / Anzahlung auf Umlaufvermögen K / B / AnzFina / Anzahlung auf Finanzanlagen K / F / Anz.Anf / Anzahlungsanforderung K / I / AnzIm... / Anzah. auf immaterielle Anlage K / M / AnzSach / Anzahlung auf Sachanlage K / O / Amorti. / Anzahlung Amortisation K / R / R / R K / T / T / T K / V / AnzVorr / Anzahlung auf Vorräte © SAP AG	Doppelklicken Sie auf die Zeile des Sonderhauptbuchkennzeichens: **M** (=Anzahlung auf Sachanlage)
Dialogfeld "**Kontenplaneingabe**"	Eingabe bzw. Auswahl: *Kontenplan:* ***INT*** ↵
Konfiguration Buchhaltung pflegen : Sonderha Eigenschaften Kontenplan INT Muster-Kontenplan Kontoart K Kreditor Sonderhauptb.Kennz. M Anzahlung auf Sachanlage Kontenzuordnung Abstimmkonto / Sonderhauptbuchkonto / Finanzdispo-Ebene / Vst-Verrechnung: 160000 / 31000 / FF / M 160010 / 31000 / FF / M 161000 / 31000 / FF / M 161010 / 31000 / FF / M © SAP AG	Für Anzahlungen auf Sachanlagen steht im Kontenplan INT das Sonderhauptbuchkennzeichen "M".

Anzeige	Eingabe/Auswahl
	Die Kreditoren-Abstimmkonten (Verbindlichkeiten-Konten) werden beim Sonderhauptbuch-Vorgang "Anzahlung auf Sachanlagen" durch das Sonderhauptbuchkonto 31000 ("Geleistete Anzahlungen auf Sachanlagen") ersetzt.
Einführungsleitfaden	Beenden Sie die Customizing-Transaktion

M19.3.2 Defaultkostenart für Anzahlungen definieren

Anzeige	Eingabe/Auswahl
	Wählen Sie im Einführungsleitfaden: **Controlling -** **Innenaufträge –** **Istbuchungen –** **Defaultkostenarten für Anzahlungen definieren**
Bildschirm **"Sicht "Anzahlungen: Defaultkostenarten" ändern: Übersicht"**	Eingabe bzw. Auswahl (hinter <u>Ihrem</u> Kostenrechnungskreis BKxx): *<u>KredAnz:</u>* ***400020*** (= Material Verbrauch/Handelsw. ohne Kont.)

Sicht "Anzahlungen: Defaultkostenarten" ändern:

Anzahlungen: Defaultkostenarten

KKrs	Bezeichnung	Kred.Anzah	Deb.Anzahl
0001	Kostenrechnungskreis 0001	400000	
0MB1	IS-B Musterbank Deutschl.		
B10	Kostenrechnungskreis 10		
BE01	Kostenrechnungskreis BE01		
BK20	KoreKrs. Fajalt GmbH	400020	

© SAP AG

Anzeige	Eingabe/Auswahl
	Damit haben Sie für Ihren Buchungskreis die (Default-)Kostenart für kreditorische Anzahlungen ohne Bestellbezug festgelegt. Diese wird benötigt, da Anzahlungen im CO kostenartenweise fortgeschrieben werden und – bei einer Anzahlung ohne Bestellbezug, wie in der Fallstudie – dem System die Kostenart der (späteren) Rechnung nicht bekannt ist.
SAP Easy Access mit **SAP-Menü**.	Sichern Sie Ihre Eingabe, beenden Sie anschließend die Customizing-Transaktion und kehren Sie wieder zurück zum SAP-Menü (SAP Easy Access).

Anzeige	Eingabe/Auswahl
M19.3.3 Geleistete Anzahlung buchen	
	Anzahlung buchen: Wählen Sie im SAP-Menü: **Rechnungswesen -** **Finanzwesen -** **Kreditoren –** **Buchung –** **Anzahlung –** **Anzahlung**
Bildschirm: „**Kreditorenanzahlung buchen: Kopfdaten**“	Eingabe bzw. Auswahl: *Belegdatum:* **1.9.*jjjj*,** , *jjjj* = aktuelles Jahr *Buchungsdatum:* **1.9.*jjjj*,** , *jjjj* = aktuelles Jahr *Belegart:* ***KZ*** *Periode:* ***9*** *Buchungskreis:* ***BKxx,*** xx = Teilnehmernr. (= Ihr Buchungskreis) *Währung/Kurs:* ***EUR*** *Kreditor Konto:* ***DRMAxx,*** xx = Teilnehmernr. (= Fa. Drilling) *Sonderhauptb.Kz:* ***M*** (= Anzahlung auf Sachanlagen) *Bank Konto:* ***113100*** (= Bank) *Betrag:* ***267.750*** *Valutadatum:* **1.9.*jjjj*,** , *jjjj* = aktuelles Jahr

Kreditorenanzahlung buchen: Kopfdaten

Neue Position | Anforderungen

Belegdatum	1.9.2007	Belegart	KZ	Buchungskreis	BK20
Buchungsdatum	1.9.2007	Periode	9	Währung/Kurs	EUR
Belegnummer				Umrechnungsdat	
Referenz				Übergreifd.Nr	
Belegkopftext					
PartnerGsber					

Kreditor

Konto	DRMA20	Sonderhauptb.Kz	M
Abweich.Buchkrs			

Bank

Konto	113100	GeschBereich	
Betrag	267.750	HW-Betrag	
Spesen		HW-Spesen	
Valutadatum	1.9.2007	Profit Center	
Text		Zuordnung	

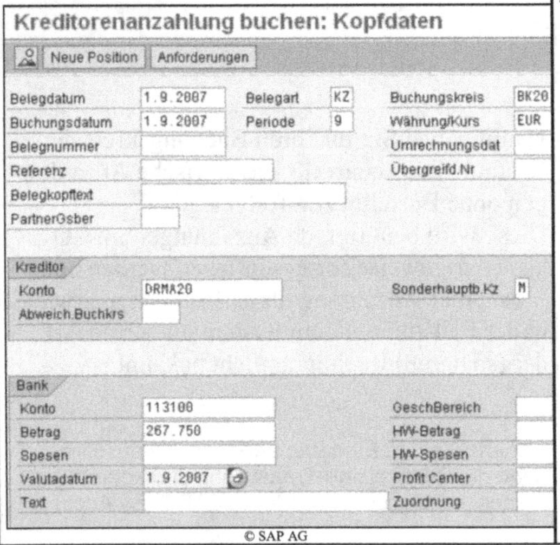

Anzeige	Eingabe/Auswahl
Meldung: *Periode .. (=akt.Periode). wird auf Buchungsdatum 1.9.jjjj angepasst.*	↵ Die Meldung hängt vom Zeitpunkt des Durcharbeitens der Fallstudie ab und erscheint gar nicht, falls September der gerade aktuelle Monat ist. ↵
Meldung: *Belegdatum liegt in der Zukunft bitte prüfen.*	Auch diese Warnmeldung variiert mit dem Zeitpunkt des Durcharbeitens der Fallstudie. ↵
Bildschirm: „**Kreditorenanzahlung buchen Hinzufügen Kreditorenposition**" 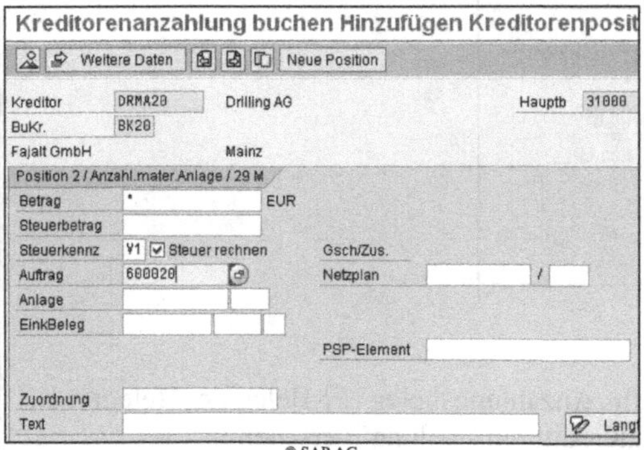 Kreditorenanzahlung buchen Hinzufügen Kreditorenposit Weitere Daten · Neue Position Kreditor DRMA20 Drilling AG Hauptb 31000 BuKr. BK20 Fajalt GmbH Mainz Position 2 / Anzahl.mater.Anlage / 29 M Betrag * EUR Steuerbetrag Steuerkennz V1 ☑ Steuer rechnen · Gsch/Zus. Auftrag 600020 · Netzplan / Anlage EinkBeleg PSP-Element Zuordnung Text · Lang © SAP AG	Eingabe bzw. Auswahl: <u>*Betrag:*</u> * <u>*Steuerkennz:*</u> ***V1*** (= Vorsteuer Inland 19%) Markieren Sie die Option: **Steuer rechnen** <u>*Auftrag:*</u> *Auftragsnummer Galvanisieranlage*
Meldung: *Beleg ...... wurde im Buchungskreis BKxx gebucht.*	Buchen Sie den Beleg. Notieren Sie Ihre Belegnummer in **Tabelle 20** unter 6.1 Datentabellen und beenden Sie die Transaktion.

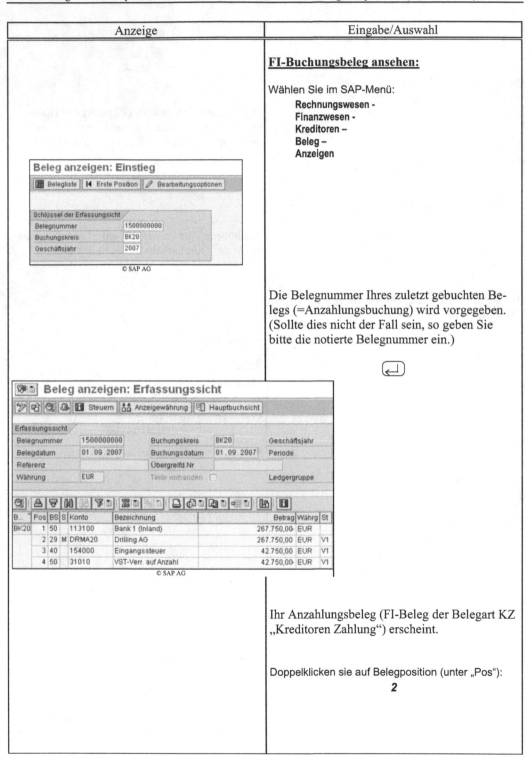

Anzeige	Eingabe/Auswahl

FI-Buchungsbeleg ansehen:

Wählen Sie im SAP-Menü:

Rechnungswesen -
Finanzwesen -
Kreditoren –
Beleg –
Anzeigen

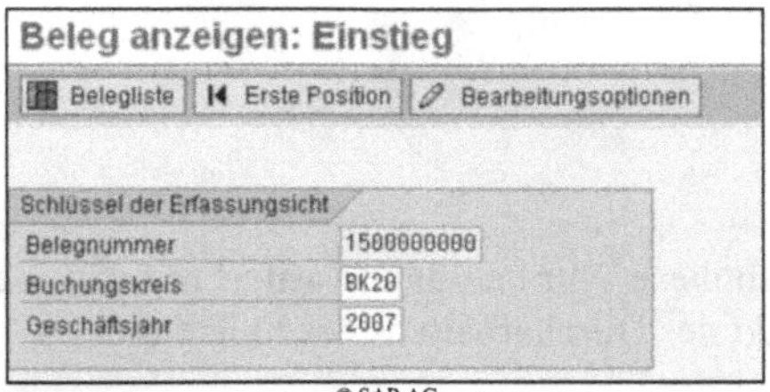

© SAP AG

Die Belegnummer Ihres zuletzt gebuchten Belegs (=Anzahlungsbuchung) wird vorgegeben. (Sollte dies nicht der Fall sein, so geben Sie bitte die notierte Belegnummer ein.)

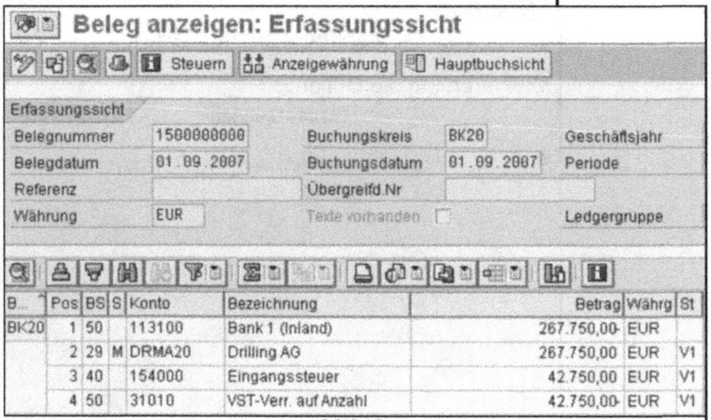

© SAP AG

Ihr Anzahlungsbeleg (FI-Beleg der Belegart KZ „Kreditoren Zahlung") erscheint.

Doppelklicken sie auf Belegposition (unter „Pos"):

2

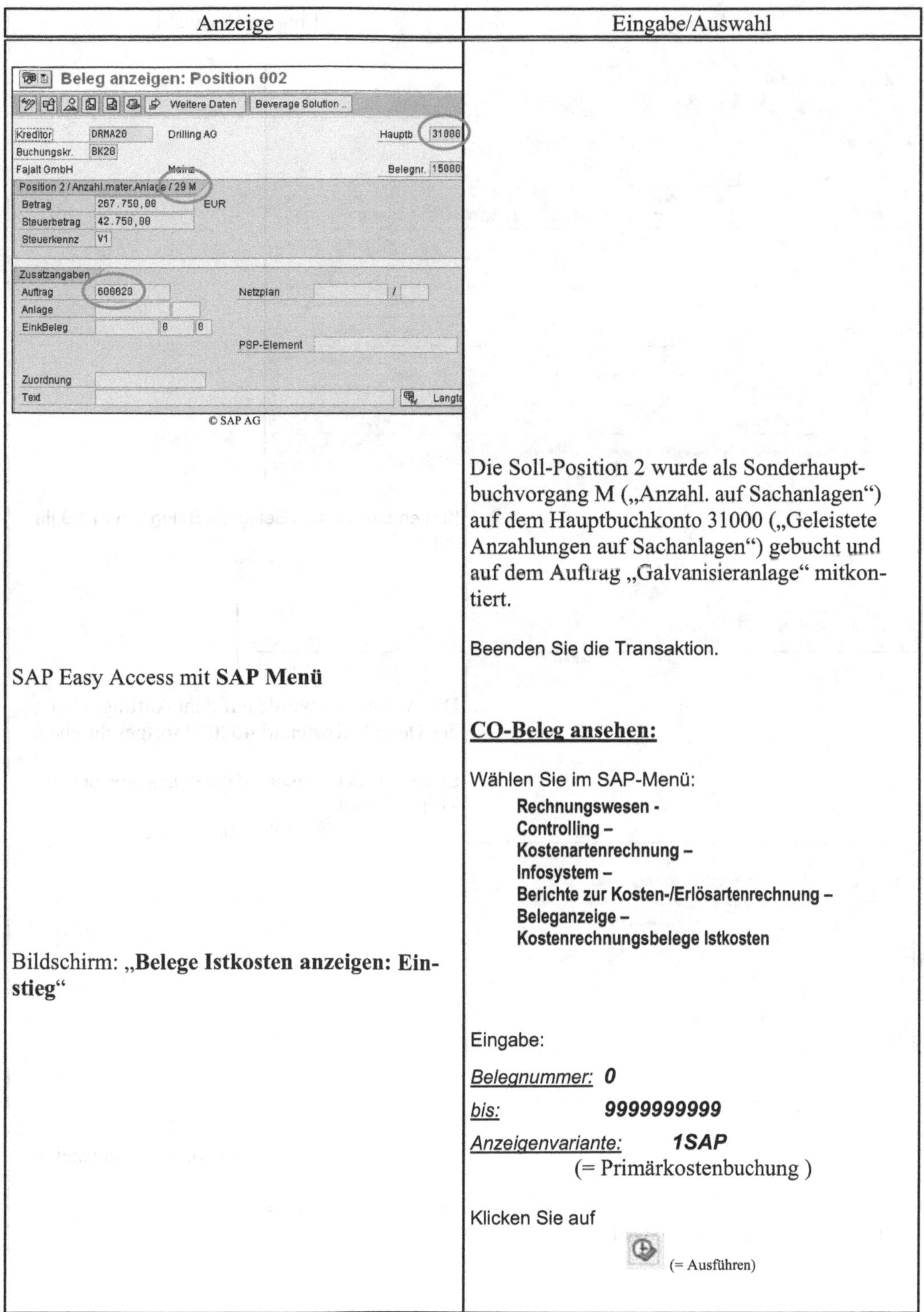

Anzeige	Eingabe/Auswahl
© SAP AG	Die Soll-Position 2 wurde als Sonderhauptbuchvorgang M („Anzahl. auf Sachanlagen") auf dem Hauptbuchkonto 31000 („Geleistete Anzahlungen auf Sachanlagen") gebucht und auf dem Auftrag „Galvanisieranlage" mitkontiert. Beenden Sie die Transaktion.
SAP Easy Access mit **SAP Menü**	**CO-Beleg ansehen:** Wählen Sie im SAP-Menü: **Rechnungswesen -** **Controlling –** **Kostenartenrechnung –** **Infosystem –** **Berichte zur Kosten-/Erlösartenrechnung –** **Beleganzeige –** **Kostenrechnungsbelege Istkosten**
Bildschirm: „**Belege Istkosten anzeigen: Einstieg**"	Eingabe: *Belegnummer:* ***0*** *bis:* ***9999999999*** *Anzeigenvariante:* ***1SAP*** (= Primärkostenbuchung) Klicken Sie auf (= Ausführen)

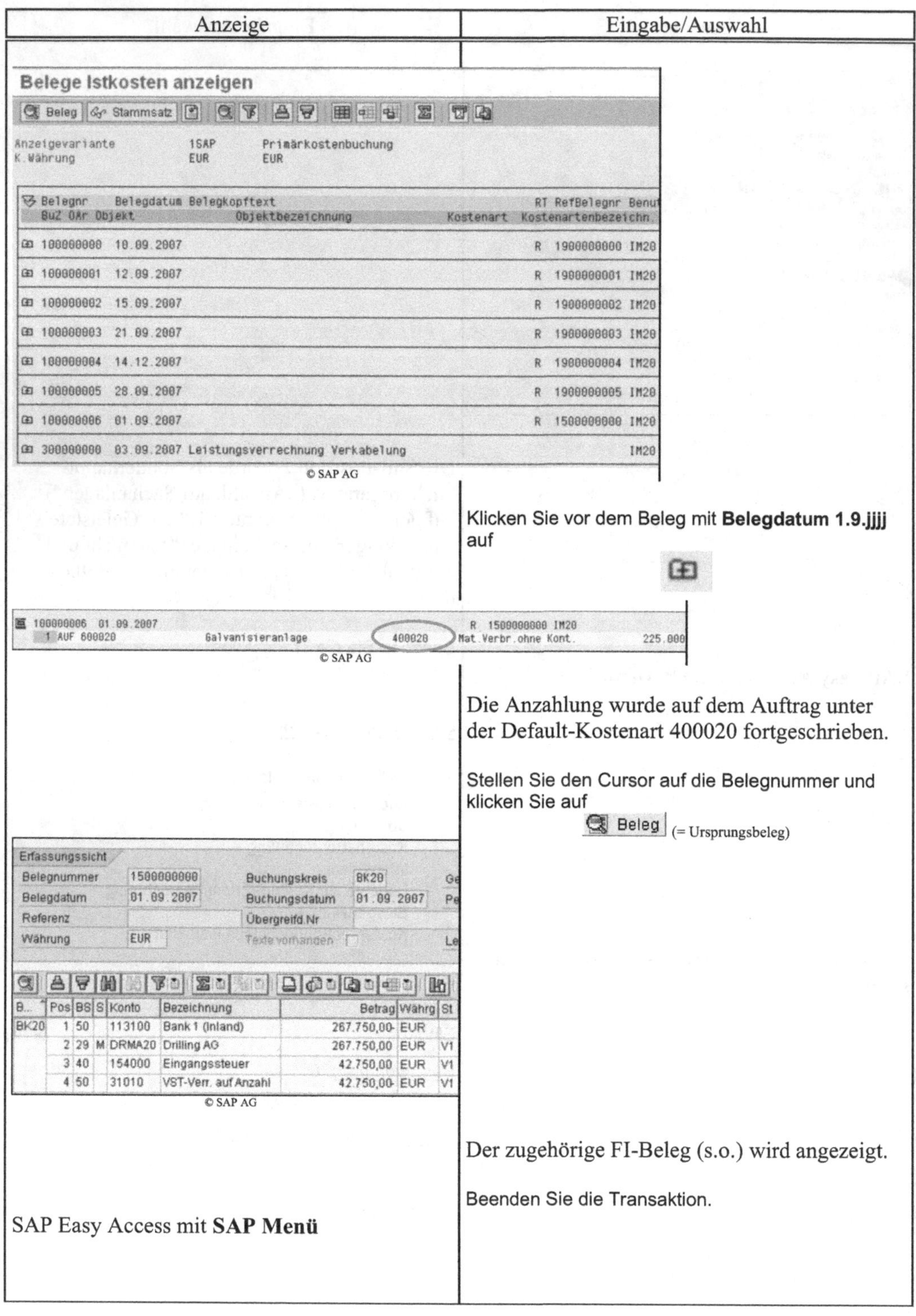

Anzeige	Eingabe/Auswahl
Belege Istkosten anzeigen Beleg · Stammsatz Anzeigevariante 1SAP Primärkostenbuchung K.Währung EUR EUR Belegnr Belegdatum Belegkopftext RT RefBelegnr Benu BuZ OAr Objekt Objektbezeichnung Kostenart Kostenartenbezeichn. 100000000 10.09.2007 R 1900000000 IM20 100000001 12.09.2007 R 1900000001 IM20 100000002 15.09.2007 R 1900000002 IM20 100000003 21.09.2007 R 1900000003 IM20 100000004 14.12.2007 R 1900000004 IM20 100000005 28.09.2007 R 1900000005 IM20 100000006 01.09.2007 R 1500000000 IM20 300000000 03.09.2007 Leistungsverrechnung Verkabelung IM20 © SAP AG	Klicken Sie vor dem Beleg mit **Belegdatum 1.9.jjjj** auf
100000006 01.09.2007 R 1500000000 IM20 1 AUF 600020 Galvanisieranlage 400020 Mat.Verbr.ohne Kont. 225.000 © SAP AG	Die Anzahlung wurde auf dem Auftrag unter der Default-Kostenart 400020 fortgeschrieben. Stellen Sie den Cursor auf die Belegnummer und klicken Sie auf Beleg (= Ursprungsbeleg)
Erfassungssicht Belegnummer 1500000000 · Buchungskreis BK20 Belegdatum 01.09.2007 · Buchungsdatum 01.09.2007 Referenz · Übergreifd.Nr Währung EUR · Texte vorhanden B... Pos BS S Konto Bezeichnung Betrag Währg St BK20 1 50 113100 Bank 1 (Inland) 267.750,00- EUR 2 29 M DRMA20 Drilling AG 267.750,00 EUR V1 3 40 154000 Eingangssteuer 42.750,00 EUR V1 4 50 31010 VST-Verr. auf Anzahl 42.750,00- EUR V1 © SAP AG	Der zugehörige FI-Beleg (s.o.) wird angezeigt. Beenden Sie die Transaktion.
SAP Easy Access mit **SAP Menü**	

Anzeige	Eingabe/Auswahl
M19.3.4 Schlussrechnung zur Anzahlung buchen	
	Wählen Sie im SAP-Menü: **Rechnungswesen -** **Finanzwesen -** **Kreditoren –** **Buchung –** **Rechnung**
Bildschirm "**Kreditorenrechnung erfassen: Buchungskreis BKxx**"	Eingabe bzw. Auswahl (in Registerkarte "Grunddaten"): *Kreditor:* ***DRMAxx,*** xx = Teilnehmernummer (= Drilling) *Rechnungsdatum:* ***18.12.jjjj,*** , *jjjj* = aktuelles Jahr *Buchungsdatum:* ***18.12.jjjj,*** , *jjjj* = aktuelles Jahr *Betrag:* ***571.200*** Markieren Sie die Option: **Steuer rechnen** Auch an dieser Stelle können abhängig vom Zeitpunkt des Durcharbeitens der Fallstudie wieder Warnmeldungen erscheinen, die sich auf die Nichtübereinstimmung von aktueller Periode mit Buchungs- und Belegdatum beziehen. Diese Meldungen müssen wieder mit der Return-Taste quittiert werden. Auswahl unter "Steuer rechnen": **V1 (Vorsteuer Inland 19 %)** Eingabe bzw. Auswahl (unter Positionen): *Sachkonto:* ***491000*** (=Aktivierungspflichtige Kosten) *Betrag Belegwährung:* ***** *Auftrag:* *Auftragsnummer Galvanisieranlage* Klicken Sie auf (=Buchen)
Information Es existieren 267.750,00 EUR Anzahlung auf Sachanlage 	

Anzeige	Eingabe/Auswahl
	Sie erhalten einen Hinweis vom System, dass für den Kreditor noch nicht verrechnete Anzahlungen vorliegen. ⏎
Meldung: *Beleg .... wurde im Buchungskreis BKxx gebucht.*	Die Rechnung wurde gebucht.
SAP Easy Access mit **SAP Menü**	Notieren Sie Ihre Belegnummer in **Tabelle 21** unter 6.1 Datentabellen und beenden Sie die Transaktion.
M19.3.5 Anzahlung mit Schlussrechnung verrechnen	
Bildschirm "**Kreditorenanzahlung auflösen: Kopfdaten**"	Wählen Sie im SAP-Menü: **Rechnungswesen -** **Finanzwesen -** **Kreditoren –** **Buchung –** **Anzahlung –** **Verrechnung** Eingabe bzw. Auswahl: *Belegdatum:* ***18.12.jjjj***, , jjjj = aktuelles Jahr *Buchungsdatum:* ***18.12.jjjj***, , jjjj = aktuelles Jahr *Belegart:* ***ZV*** (= Zahlungsverrechnung) *Periode:* ***12*** *Buchungskreis :* ***BKxx***, xx= Teilnehmernummer (= Ihr Buchungskreis) *Währung/Kurs:* ***EUR*** *unter Kreditor* *Konto:* ***DRMAxx***, xx = Teilnehmernummer (= Fa. Drilling) *unter zugehörige Rechnung* *Rechnung:* *Belegnummer Ihrer Schlussrechnung* *Geschäftsjahr:* *jjjj*, , jjjj = aktuelles Jahr

Anzeige	Eingabe/Auswahl
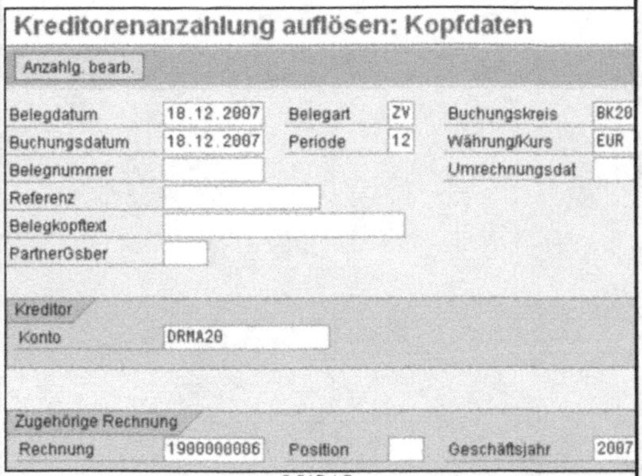 **Kreditorenanzahlung auflösen: Kopfdaten** Anzahlg. bearb. Belegdatum 18.12.2007 Belegart ZV Buchungskreis BK20 Buchungsdatum 18.12.2007 Periode 12 Währung/Kurs EUR Belegnummer Umrechnungsdat Referenz Belegkopftext PartnerGsber Kreditor Konto DRMA20 Zugehörige Rechnung Rechnung 1900000006 Position Geschäftsjahr 2007 © SAP AG	
	↵
	Etwaige Meldungen, die sich auf die Nichtübereinstimmung von aktueller Periode mit Buchungs- und Belegdatum beziehen, müssen wieder mit der Return-Taste quittiert werden.
Bildschirm "**Kreditorenanzahlung auflösen: Auswählen Anzahlungen**" Meldung: *Es wurde 1 Posten selektiert*	
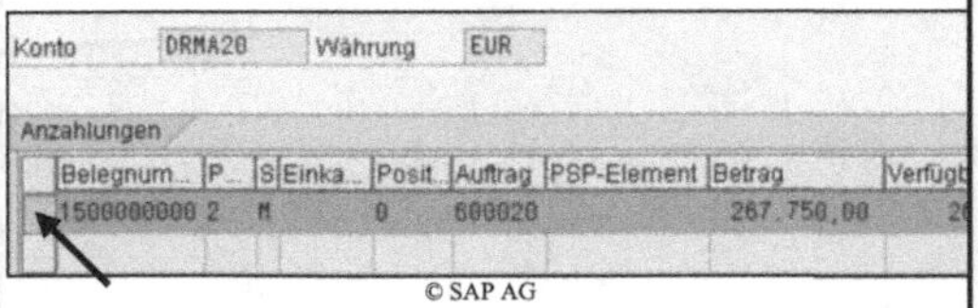 Konto DRMA20 Währung EUR Anzahlungen Belegnum... P... S Einka... Posit. Auftrag PSP-Element Betrag Verfügb 1500000000 2 M 0 600020 267.750,00 2 © SAP AG	Markieren Sie den angezeigten Posten.
	Eingabe: <u>*Umbuchung:*</u> ***267.750*** (= zu verrechnender Betrag) ↵

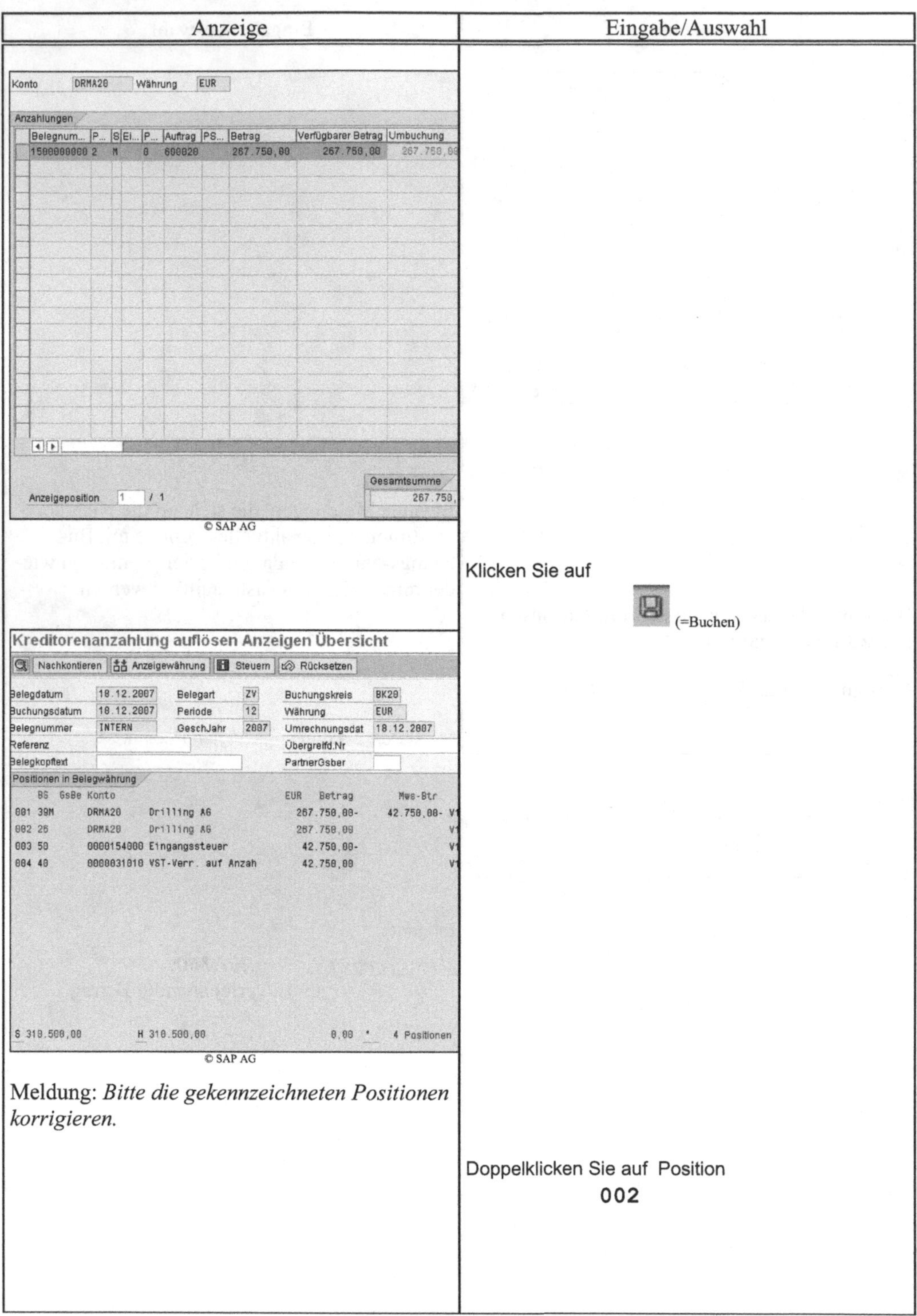

Anzeige	Eingabe/Auswahl
 © SAP AG	Klicken Sie auf (=Buchen)
 © SAP AG Meldung: *Bitte die gekennzeichneten Positionen korrigieren.*	Doppelklicken Sie auf Position **002**

Anzeige	Eingabe/Auswahl
Kreditorenanzahlung auflösen Korrigieren Kreditorenposi Nachkontieren Weitere Daten Rücksetzen Kreditor DRMA20 Drilling AG Hauptb 160000 Buchungskreis BK20 Fajalt GmbH Mainz Position 2 / Zahlungsdifferenz / 26 Betrag 267.750,00 EUR Steuer 0,00 Steuer rechnen Steuerkennz V1 GeschBereich Zahlungsbed Tage/Proz 0,000 / / Basisdatum 18.12.2007 Fixiert Skontobasis 0,00 Skontobetrag 0,00 RechnBezug 1900000006 / 2007 / 1 Zahlsperre Zahlweg Zuordnung Text © SAP AG	
	Das Feld „Text" ist ein Mussfeld. Eingabe: <u>Text:</u> ***Anzahlungsverrechnung*** Klicken Sie auf (=Buchen)
Bildschirm "**Kreditorenanzahlung auflösen: Kopfdaten**" Meldung: *Beleg .... wurde im Buchungskreis BKxx gebucht.*	
SAP Easy Access mit **SAP Menü**	Notieren Sie Ihre Belegnummer in **Tabelle 22** unter 6.1 Datentabellen und beenden Sie die Transaktion.

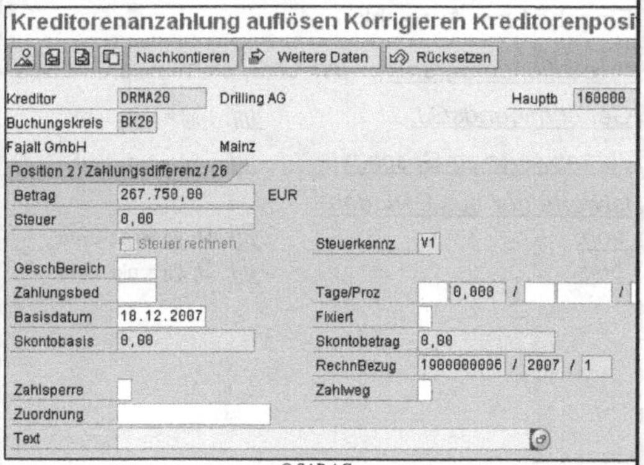

M19.4 Aktuelle Werte des Investitionsprogramms ansehen

	Wählen Sie im SAP-Menü: **Rechnungswesen -** **Investitionsmanagement -** **Programme –** **Infosystem –** **Berichte zum Investitionsmanagement –** **Programme aktuelle Daten –** **Allgemeine Struktur- und Werteliste** **Allgemeine Werteliste**
Bildschirm "**Allgemeine Struktur- und Werteliste**"	

Anzeige	Eingabe/Auswahl
Allgemeine Struktur- und Werteliste Investitionsprogramm: INPG20 ab Position: Genehmigungs-GJ: 2007 Selektion ◉ Programmpositionen, Maßnahmenanforderungen und Maßnahmen ○ Nur Programmpositionen und Maßnahmenanforderungen ○ Nur Programmpositionen Einstellungen ☑ Auch alte Werte und Maßn./Anf. ○ Gesamtwerte ☐ Auch zukünftige Werte ◉ Jahreswerte zu Geschäftsjahr 2007 Berichtswährung: EUR Istwerte nur aus Perioden von: 2007 9 bis 2007 9 Budgetart: bis Statussel.schema (Maßn./Anf.) © SAP AG	Eingabe bzw. Auswahl: *Investitionsprogramm:* **INPG***xx*, xx= Teilnehmernummer *GenehmigungsGJ:* *jjjj*, , jjjj = akt. Jahr *Jahreswerte zu Gesch.jahr:* *jjjj*, , jjjj = akt. Jahr *Istwerte nur aus Perioden* *von:* *jjjj* **9**, jjjj = akt. Jahr *bis:* *jjjj* **9**, jjjj = akt. Jahr Eingaben unter "Weitere Einstellung", Register "Ausgabereihenfolge der Wertfeldspalten": Planwerte Positionen 1 Planwerte Positionen vert. Planwerte Maßnahmen 2 Planwerte Anforderungen Budgetwerte Positionen 3 Budgetwerte Positionen vert. Budgetwerte Maßnahmen 4 Budgetfreigaben Maßnahmen Istwerte 5 Obligowerte Auftragsrestplan Verfügtwerte Verfügbare Werte Anzahlungen 6 Benutzerwertfeld Klicken Sie auf (=Ausführen)

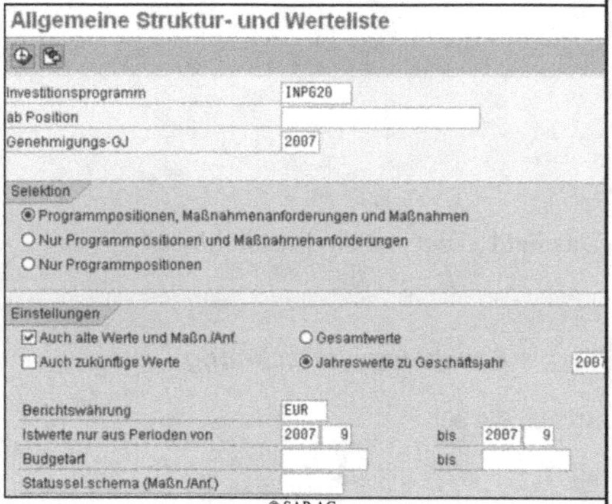

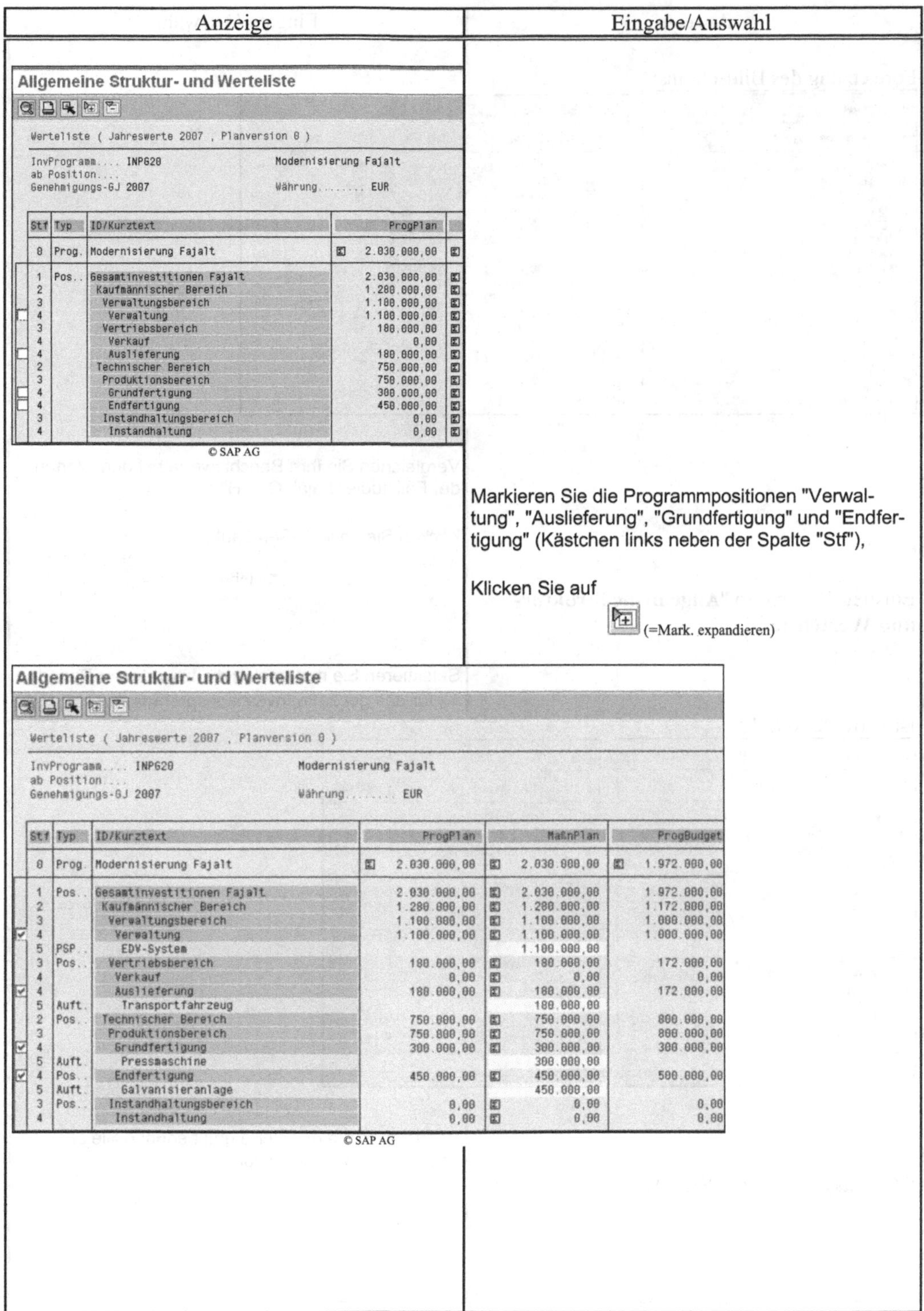

Anzeige	Eingabe/Auswahl

Allgemeine Struktur- und Werteliste

Werteliste (Jahreswerte 2007 , Planversion 0)

InvProgramm.... INPG20 — Modernisierung Fajalt
ab Position....
Genehmigungs-GJ 2007 — Währung........ EUR

Stf	Typ	ID/Kurztext	ProgPlan
0	Prog.	Modernisierung Fajalt	2.030.000,00
1	Pos..	Gesamtinvestitionen Fajalt	2.030.000,00
2		Kaufmännischer Bereich	1.280.000,00
3		Verwaltungsbereich	1.100.000,00
4		Verwaltung	1.100.000,00
3		Vertriebsbereich	180.000,00
4		Verkauf	0,00
4		Auslieferung	180.000,00
2		Technischer Bereich	750.000,00
3		Produktionsbereich	750.000,00
4		Grundfertigung	300.000,00
4		Endfertigung	450.000,00
3		Instandhaltungsbereich	0,00
4		Instandhaltung	0,00

© SAP AG

Markieren Sie die Programmpositionen "Verwaltung", "Auslieferung", "Grundfertigung" und "Endfertigung" (Kästchen links neben der Spalte "Stf"),

Klicken Sie auf

(=Mark. expandieren)

Allgemeine Struktur- und Werteliste

Werteliste (Jahreswerte 2007 , Planversion 0)

InvProgramm.... INPG20 — Modernisierung Fajalt
ab Position....
Genehmigungs-GJ 2007 — Währung........ EUR

Stf	Typ	ID/Kurztext	ProgPlan	MaßnPlan	ProgBudget
0	Prog.	Modernisierung Fajalt	2.030.000,00	2.030.000,00	1.972.000,00
1	Pos..	Gesamtinvestitionen Fajalt	2.030.000,00	2.030.000,00	1.972.000,00
2		Kaufmännischer Bereich	1.280.000,00	1.280.000,00	1.172.000,00
3		Verwaltungsbereich	1.100.000,00	1.100.000,00	1.000.000,00
4		Verwaltung	1.100.000,00	1.100.000,00	1.000.000,00
5	PSP..	EDV-System		1.100.000,00	
3	Pos..	Vertriebsbereich	180.000,00	180.000,00	172.000,00
4		Verkauf	0,00	0,00	0,00
4		Auslieferung	180.000,00	180.000,00	172.000,00
5	Auft.	Transportfahrzeug		180.000,00	
2	Pos..	Technischer Bereich	750.000,00	750.000,00	800.000,00
3		Produktionsbereich	750.000,00	750.000,00	800.000,00
4		Grundfertigung	300.000,00	300.000,00	300.000,00
5	Auft.	Pressmaschine		300.000,00	
4	Pos..	Endfertigung	450.000,00	450.000,00	500.000,00
5	Auft.	Galvanisieranlage		450.000,00	
3	Pos..	Instandhaltungsbereich	0,00	0,00	0,00
4		Instandhaltung	0,00	0,00	0,00

© SAP AG

Anzeige	Eingabe/Auswahl

Fortsetzung des Bildschirms:

ID/Kurztext	MaßnBudget	Ist	Anzahlungen
Modernisierung Fajalt	1.972.000,00	1.300.000,00	225.000,00
Gesamtinvestitionen Fajalt	1.972.000,00	1.300.000,00	225.000,00
Kaufmännischer Bereich	1.172.000,00	1.300.000,00	0,00
Verwaltungsbereich	1.000.000,00	1.130.000,00	0,00
Verwaltung	1.000.000,00	1.130.000,00	0,00
EDV-System	1.000.000,00	1.130.000,00	0,00
Vertriebsbereich	172.000,00	170.000,00	0,00
Verkauf	0,00	0,00	0,00
Auslieferung	172.000,00	170.000,00	0,00
Transportfahrzeug	172.000,00	170.000,00	0,00
Technischer Bereich	800.000,00	0,00	225.000,00
Produktionsbereich	800.000,00	0,00	225.000,00
Grundfertigung	300.000,00	0,00	0,00
Pressmaschine	300.000,00	0,00	0,00
Endfertigung	500.000,00	0,00	225.000,00
Galvanisieranlage	500.000,00	0,00	225.000,00
Instandhaltungsbereich	0,00	0,00	0,00
Instandhaltung	0,00	0,00	0,00

Vergleichen Sie Ihre Berichtswerte mit den Werten der Fallstudie "Fajalt GmbH".

Klicken Sie anschließend auf

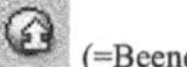 (=Beenden)

Einstiegsbildschirm "**Allgemeine Struktur- und Werteliste**"

Selektieren Sie nun analog die Istwerte der Periode **12** für das gesamte Investitionsprogramm.

Istwerte Periode 12:

ID/Kurztext	Ist	Anzahlungen
Modernisierung Fajalt	780.000,00	225.000,00-
Gesamtinvestitionen Fajalt	780.000,00	225.000,00-
Kaufmännischer Bereich	0,00	0,00
Verwaltungsbereich	0,00	0,00
Verwaltung	0,00	0,00
EDV-System	0,00	0,00
Vertriebsbereich	0,00	0,00
Verkauf	0,00	0,00
Auslieferung	0,00	0,00
Transportfahrzeug	0,00	0,00
Technischer Bereich	780.000,00	225.000,00-
Produktionsbereich	780.000,00	225.000,00-
Grundfertigung	300.000,00	0,00
Pressmaschine	300.000,00	0,00
Endfertigung	480.000,00	225.000,00-
Galvanisieranlage	480.000,00	225.000,00-
Instandhaltungsbereich	0,00	0,00
Instandhaltung	0,00	0,00

Vergleichen Sie die Werte und beenden Sie anschließend die Transaktion.

SAP Easy Access mit **SAP Menü**

5.3 Aktivierung von Investitionsmaßnahmen

Modul 20: Periodische Abrechnung der Investitionsmaßnahmen

Periodenabrechnung

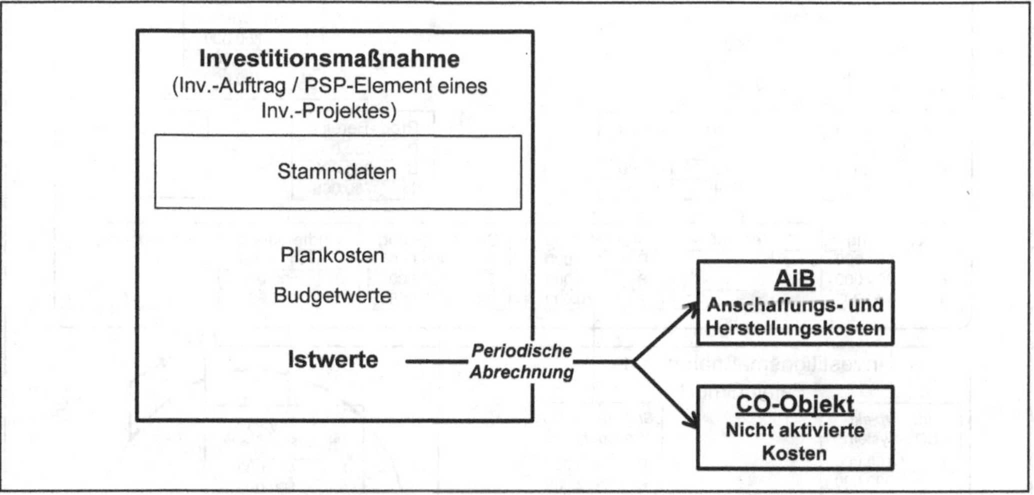

Abb. 5.24: Periodenabrechnung Investitionsmaßnahmen

Über die periodische Abrechnung werden die Kosten, die Investitionsmaßnahmen belastet worden sind, auf andere Kontierungsobjekte als Empfänger von Kosten weiterverrechnet. Diese Weiterverrechnung dient dazu, die Kosten bei den Objekten auszuweisen, die diese Kostenbelastung zu tragen haben.

Empfänger von Kosten aus Investitionsmaßnahmen sind für aktivierungsfähige Aufwendungen in erster Linie Anlagen im Bau der Komponente Anlagenbuchhaltung sowie daneben für Kostenabgrenzungen, die nicht aktiviert werden sollen oder dürfen, CO-Objekte wie (Abgrenzungs-)Aufträge oder Kostenstellen.

Gesteuert wird die Trennung der weiter zu verrechnenden Kosten über ein sogenanntes Ursprungsschema, das angibt, welche Belastungskostenarten mit welcher Aufteilung den einzelnen CO-Empfängern zuzuweisen sind. Die nicht CO-Empfängern zukommenden Kosten werden automatisch auf die zugeordnete Anlage im Bau abgerechnet.

Was ist zu tun?

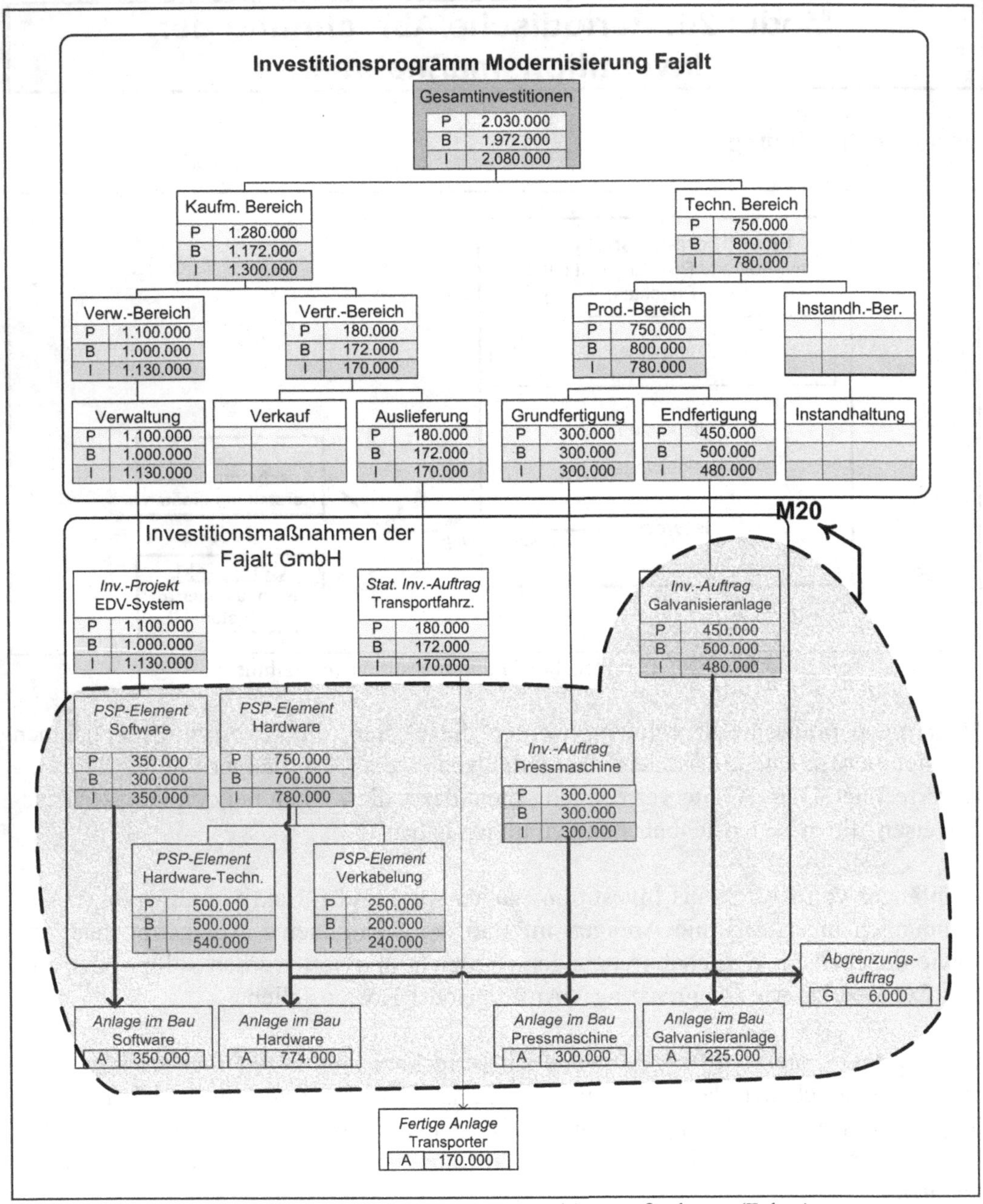

Investitionsprogramm Modernisierung Fajalt

Gesamtinvestitionen
P 2.030.000
B 1.972.000
I 2.080.000

Kaufm. Bereich
P 1.280.000
B 1.172.000
I 1.300.000

Techn. Bereich
P 750.000
B 800.000
I 780.000

Verw.-Bereich
P 1.100.000
B 1.000.000
I 1.130.000

Vertr.-Bereich
P 180.000
B 172.000
I 170.000

Prod.-Bereich
P 750.000
B 800.000
I 780.000

Instandh.-Ber.

Verwaltung
P 1.100.000
B 1.000.000
I 1.130.000

Verkauf

Auslieferung
P 180.000
B 172.000
I 170.000

Grundfertigung
P 300.000
B 300.000
I 300.000

Endfertigung
P 450.000
B 500.000
I 480.000

Instandhaltung

M20

Investitionsmaßnahmen der Fajalt GmbH

Inv.-Projekt EDV-System
P 1.100.000
B 1.000.000
I 1.130.000

Stat. Inv.-Auftrag Transportfahrz.
P 180.000
B 172.000
I 170.000

Inv.-Auftrag Galvanisieranlage
P 450.000
B 500.000
I 480.000

PSP-Element Software
P 350.000
B 300.000
I 350.000

PSP-Element Hardware
P 750.000
B 700.000
I 780.000

Inv.-Auftrag Pressmaschine
P 300.000
B 300.000
I 300.000

PSP-Element Hardware-Techn.
P 500.000
B 500.000
I 540.000

PSP-Element Verkabelung
P 250.000
B 200.000
I 240.000

Abgrenzungsauftrag
G 6.000

Anlage im Bau Software
A 350.000

Anlage im Bau Hardware
A 774.000

Anlage im Bau Pressmaschine
A 300.000

Anlage im Bau Galvanisieranlage
A 225.000

Fertige Anlage Transporter
A 170.000

Abb. 5.25: Periodenabrechnung Investitionsmaßnahmen (Fokus)

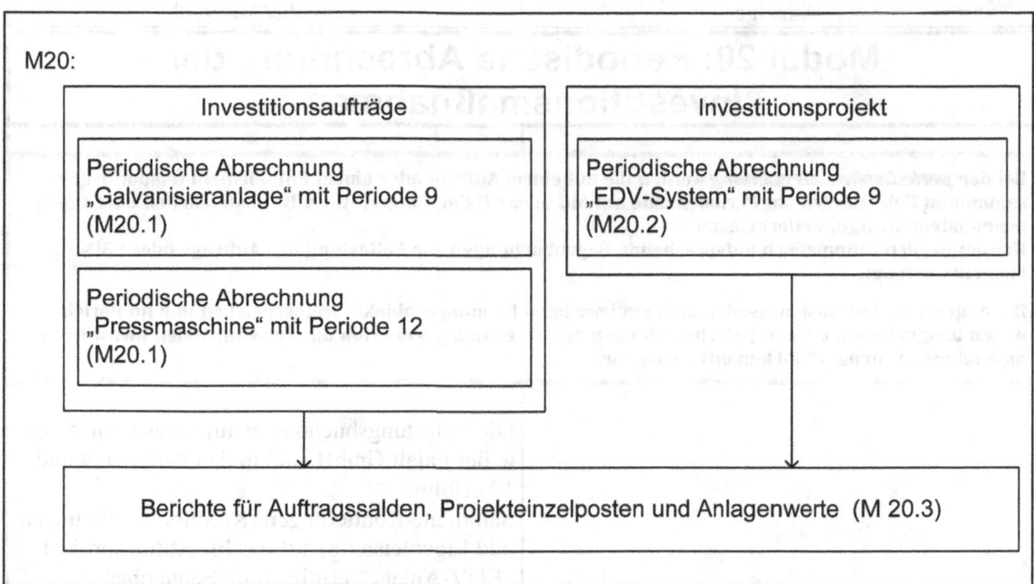

Abb. 5.26: Periodenabrechnung Investitionsmaßnahmen (Überblick)

Für die Fajalt GmbH wird eine periodische Abrechnung auf Anlage im Bau zu den zwei verschiedenen Buchungsmonaten 9 (für die Galvanisieranlage und das EDV-System) bzw. 12 (für die Pressmaschine – erste Belastungsbuchung fällt in der Buchungsperiode 12 an –) ausgeführt.

Die Ergebnisse der periodischen Abrechnungen können in verschiedenen Berichten nachvollzogen werden.

Anzeige	Eingabe/Auswahl

Modul 20: Periodische Abrechnung der Investitionsmaßnahmen

Bei der *periodischen Abrechnung* werden die auf einem Auftrag oder einem PSP-Element temporär gesammelten Belastungen am Periodenende auf AiB oder CO-Empfänger, wie z. B. Kostenstellen oder Gemeinkostenaufträge, weiterbelastet.
Hierbei werden automatisch entsprechende Gegenbuchungen zur Entlastung des Auftrags oder PSP-Elements erzeugt.

Die abgerechneten Kosten werden auf dem jeweiligen Empfängerobjekt fortgeschrieben und im Berichtswesen ausgewiesen, bleiben jedoch auch nach der Abrechnung weiterhin auf der entlasteten Investitionsmaßnahme (Auftrag, PSP-Element) anzeigbar.

Anzeige	Eingabe/Auswahl
	Die Belastungsbuchungen auf Investitionsobjekte der Fajalt GmbH sind in den Perioden 9 und 12 erfolgt. Sämtliche Kontierungen (Kreditorenrechnungen und Eigenleistung) auf das Investitionsprojekt „EDV-Anlage" erfolgten im September. Auf den Investitionsauftrag „Galvanisieranlage" wurde im September eine Anzahlung und im Dezember die zugehörige Schlussrechnung kontiert. Auf den Investitionsauftrag „Pressmaschine" erfolgte die einzige Belastungsbuchung (Kreditorenrechnung) im Dezember. Periodische Abrechnungen sollen daher für die Fajalt GmbH im aktuellen Jahr für die Perioden 9 (EDV-Anlage und Galvanisieranlage) und 12 (Galvanisieranlage und Pressmaschine) durchgeführt werden.

M20.1 Periodische Abrechnungen der Investitionsaufträge

M20.1.1 Investitionsauftrag "Galvanisieranlage" periodisch abrechnen

Anzeige	Eingabe/Auswahl
SAP Easy Access mit **SAP Menü**	**<u>Testlauf durchführen:</u>** Wählen Sie im SAP-Menü: **Rechnungswesen - Investitionsmanagement - Innenaufträge – Periodenabschluss – Einzelfunktionen - Abrechnung - Einzelverarbeitung**
Bildschirm **"Ist-Abrechnung Auftrag"**	

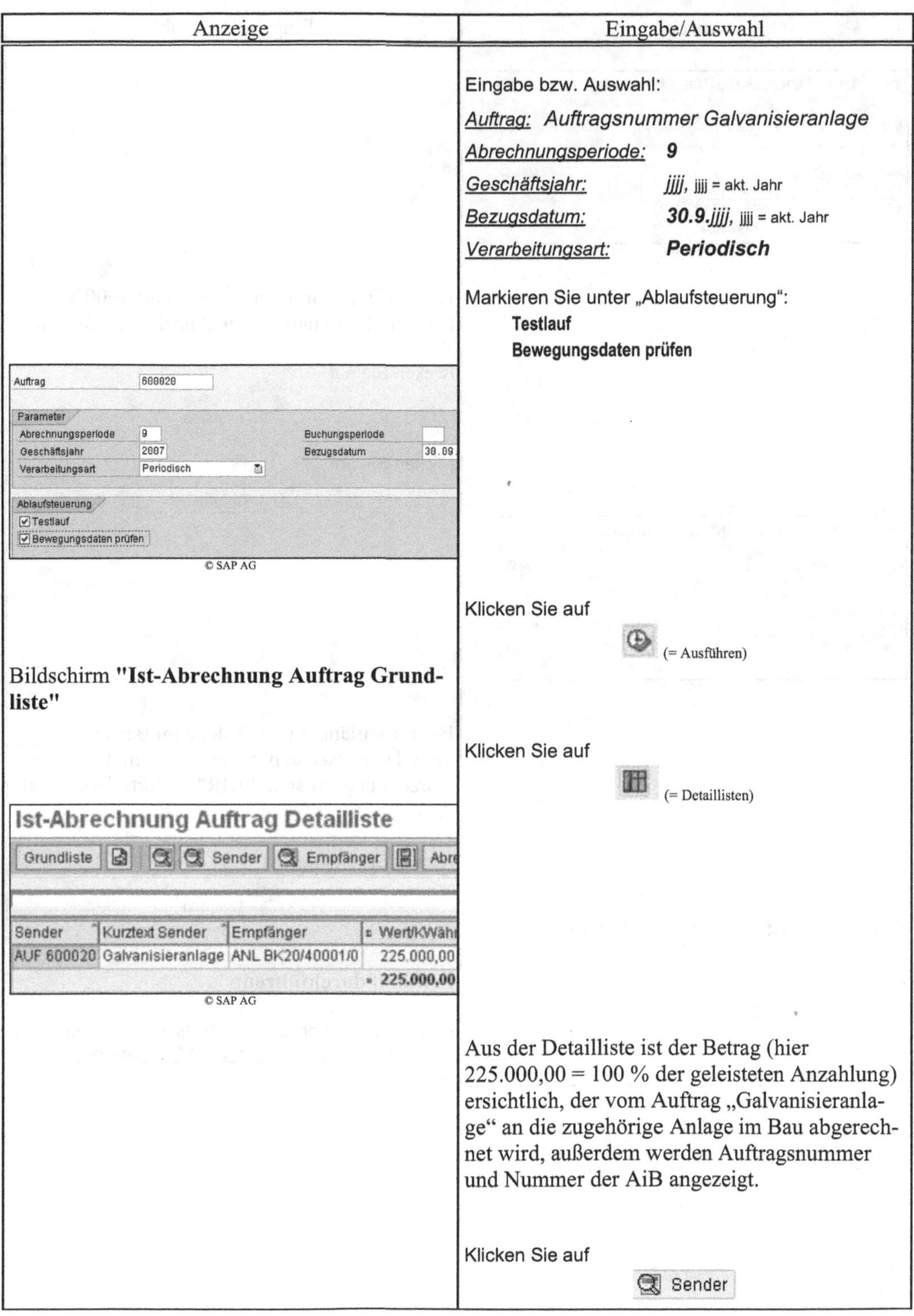

Anzeige	Eingabe/Auswahl
	Eingabe bzw. Auswahl: *Auftrag:* *Auftragsnummer Galvanisieranlage* *Abrechnungsperiode:* ***9*** *Geschäftsjahr:* ***jjjj***, jjjj = akt. Jahr *Bezugsdatum:* ***30.9.jjjj***, jjjj = akt. Jahr *Verarbeitungsart:* ***Periodisch*** Markieren Sie unter „Ablaufsteuerung": **Testlauf** **Bewegungsdaten prüfen**
Auftrag 600020 Parameter Abrechnungsperiode 9 · Buchungsperiode Geschäftsjahr 2007 · Bezugsdatum 30.09. Verarbeitungsart Periodisch Ablaufsteuerung ☑ Testlauf ☑ Bewegungsdaten prüfen © SAP AG	
	Klicken Sie auf (= Ausführen)
Bildschirm **"Ist-Abrechnung Auftrag Grundliste"**	Klicken Sie auf (= Detaillisten)
Ist-Abrechnung Auftrag Detailliste Grundliste · Sender · Empfänger · Abre Sender | Kurztext Sender | Empfänger | Σ Wert/KWähr AUF 600020 | Galvanisieranlage | ANL BK20/40001/0 | 225.000,00 • **225.000,00** © SAP AG	
	Aus der Detailliste ist der Betrag (hier 225.000,00 = 100 % der geleisteten Anzahlung) ersichtlich, der vom Auftrag „Galvanisieranlage" an die zugehörige Anlage im Bau abgerechnet wird, außerdem werden Auftragsnummer und Nummer der AiB angezeigt.
	Klicken Sie auf Sender

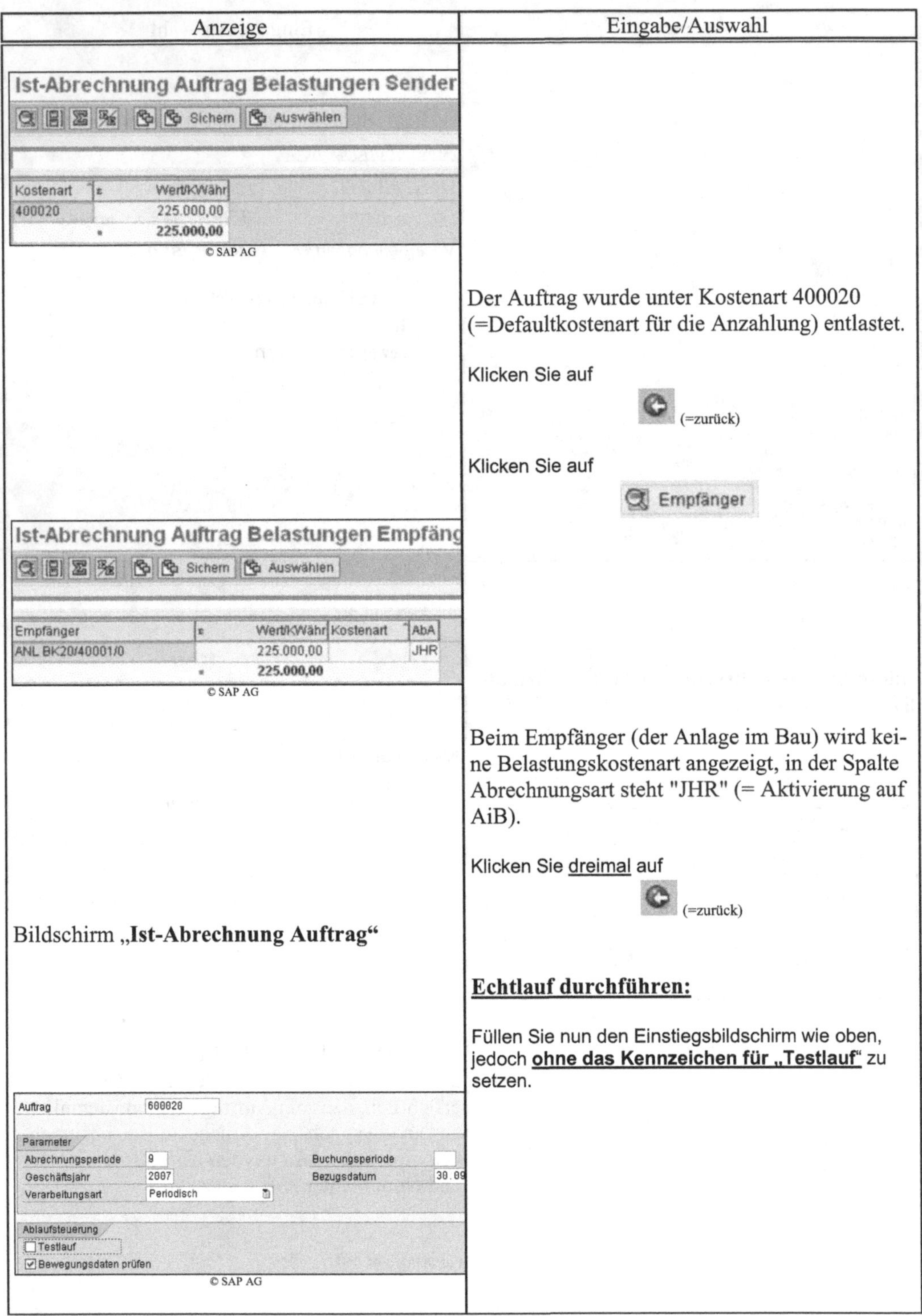

Anzeige	Eingabe/Auswahl
Ist-Abrechnung Auftrag Belastungen Sender Sichern · Auswählen Kostenart | Wert/KWähr 400020 | 225.000,00 • | **225.000,00** © SAP AG	Der Auftrag wurde unter Kostenart 400020 (=Defaultkostenart für die Anzahlung) entlastet. Klicken Sie auf (=zurück) Klicken Sie auf Empfänger
Ist-Abrechnung Auftrag Belastungen Empfäng Sichern · Auswählen Empfänger | Wert/KWähr | Kostenart | AbA ANL BK20/40001/0 | 225.000,00 | | JHR • | **225.000,00** © SAP AG	Beim Empfänger (der Anlage im Bau) wird keine Belastungskostenart angezeigt, in der Spalte Abrechnungsart steht "JHR" (= Aktivierung auf AiB). Klicken Sie dreimal auf (=zurück)
Bildschirm „**Ist-Abrechnung Auftrag**" Auftrag 600020 Parameter Abrechnungsperiode 9 · Buchungsperiode Geschäftsjahr 2007 · Bezugsdatum 30.09 Verarbeitungsart Periodisch Ablaufsteuerung ☐ Testlauf ☑ Bewegungsdaten prüfen © SAP AG	**Echtlauf durchführen:** Füllen Sie nun den Einstiegsbildschirm wie oben, jedoch **ohne das Kennzeichen für „Testlauf"** zu setzen.

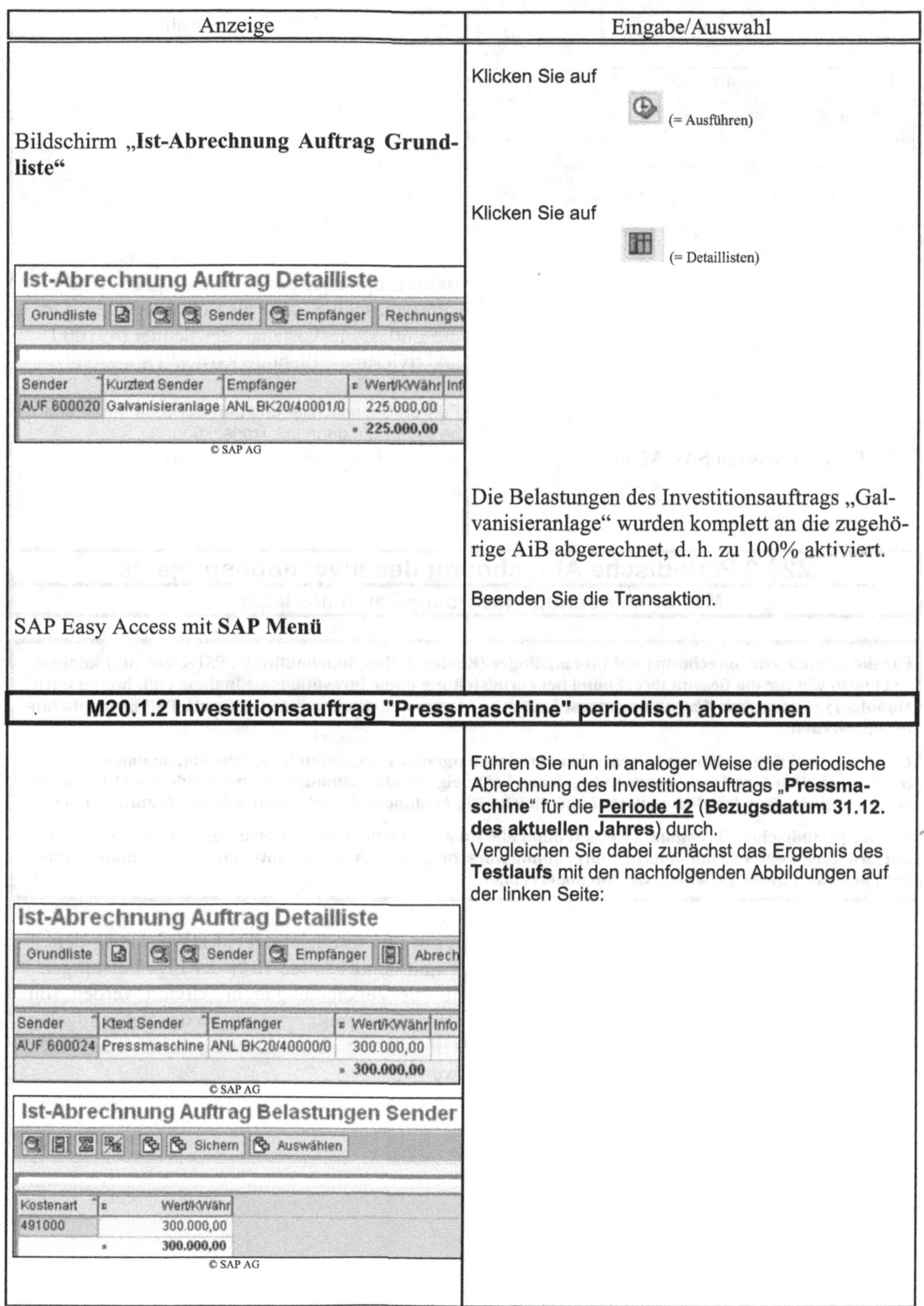

Anzeige	Eingabe/Auswahl
	Klicken Sie auf (= Ausführen)
Bildschirm „**Ist-Abrechnung Auftrag Grundliste**“	Klicken Sie auf (= Detaillisten)
Ist-Abrechnung Auftrag Detailliste (Screenshot, siehe unten) © SAP AG	Die Belastungen des Investitionsauftrags „Galvanisieranlage“ wurden komplett an die zugehörige AiB abgerechnet, d. h. zu 100% aktiviert.
SAP Easy Access mit **SAP Menü**	Beenden Sie die Transaktion.

Ist-Abrechnung Auftrag Detailliste

Grundliste | Sender | Empfänger | Rechnungsv

Sender	Kurztext Sender	Empfänger	Wert/KWähr	Inf
AUF 600020	Galvanisieranlage	ANL BK20/40001/0	225.000,00	
			• **225.000,00**	

© SAP AG

M20.1.2 Investitionsauftrag "Pressmaschine" periodisch abrechnen

Führen Sie nun in analoger Weise die periodische Abrechnung des Investitionsauftrags „**Pressmaschine**“ für die **Periode 12** (**Bezugsdatum 31.12. des aktuellen Jahres**) durch.
Vergleichen Sie dabei zunächst das Ergebnis des **Testlaufs** mit den nachfolgenden Abbildungen auf der linken Seite:

Ist-Abrechnung Auftrag Detailliste

Grundliste | Sender | Empfänger | Abrech

Sender	Ktext Sender	Empfänger	Wert/KWähr	Info
AUF 600024	Pressmaschine	ANL BK20/40000/0	300.000,00	
			• **300.000,00**	

© SAP AG

Ist-Abrechnung Auftrag Belastungen Sender

Sichern | Auswählen

Kostenart	Wert/KWähr
491000	300.000,00
	• **300.000,00**

© SAP AG

Anzeige	Eingabe/Auswahl

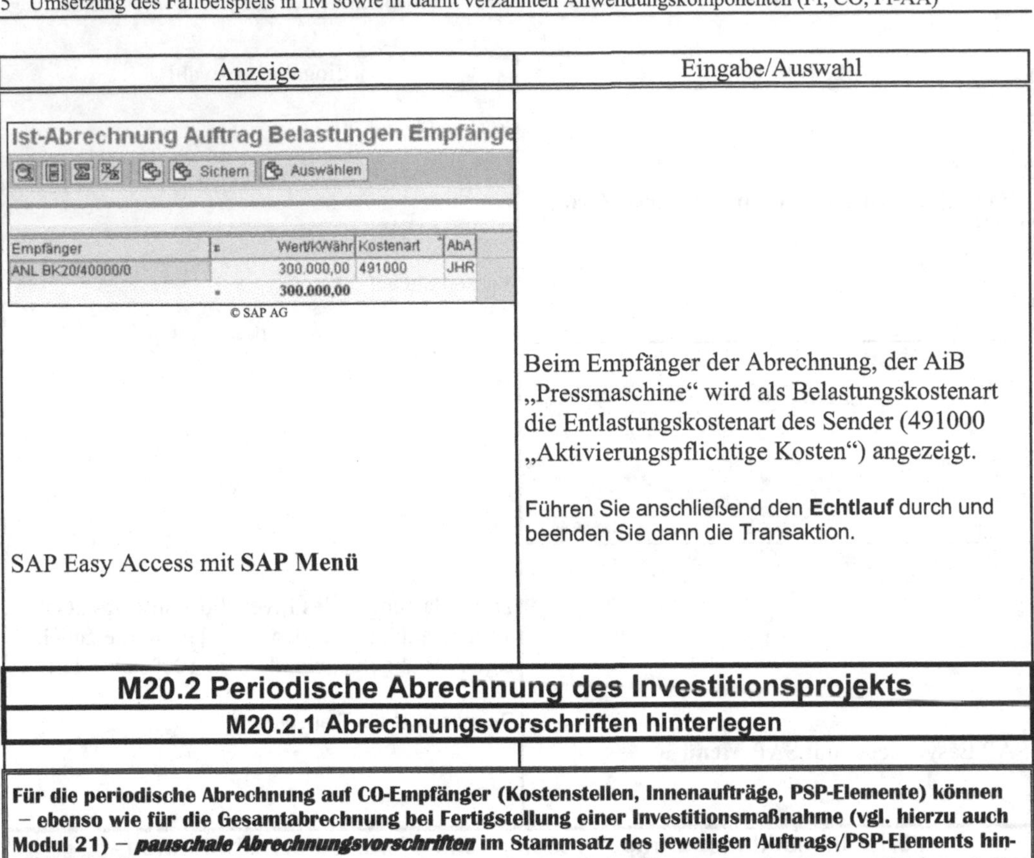

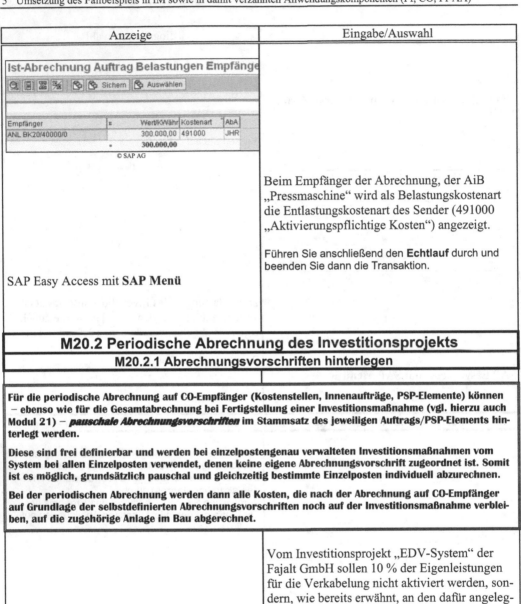

Ist-Abrechnung Auftrag Belastungen Empfänge

Sichern | Auswählen

Empfänger	Σ	Wert/KWähr	Kostenart	AbA
ANL BK20/40000/0		300.000,00	491000	JHR
	•	**300.000,00**		

© SAP AG

Beim Empfänger der Abrechnung, der AiB „Pressmaschine“ wird als Belastungskostenart die Entlastungskostenart des Sender (491000 „Aktivierungspflichtige Kosten“) angezeigt.

Führen Sie anschließend den **Echtlauf** durch und beenden Sie dann die Transaktion.

SAP Easy Access mit **SAP Menü**

M20.2 Periodische Abrechnung des Investitionsprojekts

M20.2.1 Abrechnungsvorschriften hinterlegen

Für die periodische Abrechnung auf CO-Empfänger (Kostenstellen, Innenaufträge, PSP-Elemente) können – ebenso wie für die Gesamtabrechnung bei Fertigstellung einer Investitionsmaßnahme (vgl. hierzu auch Modul 21) – *pauschale Abrechnungsvorschriften* im Stammsatz des jeweiligen Auftrags/PSP-Elements hinterlegt werden.

Diese sind frei definierbar und werden bei einzelpostengenau verwalteten Investitionsmaßnahmen vom System bei allen Einzelposten verwendet, denen keine eigene Abrechnungsvorschrift zugeordnet ist. Somit ist es möglich, grundsätzlich pauschal und gleichzeitig bestimmte Einzelposten individuell abzurechnen.

Bei der periodischen Abrechnung werden dann alle Kosten, die nach der Abrechnung auf CO-Empfänger auf Grundlage der selbstdefinierten Abrechnungsvorschriften noch auf der Investitionsmaßnahme verbleiben, auf die zugehörige Anlage im Bau abgerechnet.

Vom Investitionsprojekt „EDV-System“ der Fajalt GmbH sollen 10 % der Eigenleistungen für die Verkabelung nicht aktiviert werden, sondern, wie bereits erwähnt, an den dafür angelegten CO-Abgrenzungsauftrag weiterverrechnet werden.

Anzeige	Eingabe/Auswahl
	Abrechnungsvorschriften für untergeordnete PSP-Elemente pflegen: Wählen Sie im SAP-Menü: **Rechnungswesen - Investitionsmanagement - Investitionsprojekte – Stammdaten – Projektstrukturplan – Ändern**
Bildschirm "**Projekt ändern: Einstieg**"	Eingabe bzw. Auswahl: _Projektdef:_ ***INPJD1xx,*** xx = Teilnehmernummer (=Ihr Projekt) ⏎
Bildschirm **„Projekt ändern: PSP-Elementübersicht"**	Markieren Sie die Zeile des PSP-Elementes: **3111xx Hardware-Technik** Klicken Sie auf [AbrechnVorschr]
Bildschirm **„Abrechnungsvorschrift pflegen: Übersicht"** Abrechnungsvorschrift pflegen: Übersicht PSP-Element 311120 Hardware-Technik Abrechnung Ist Aufteilungsregeln Typ | Abrechnungsempfän... | Empfänger-Kurzt... | % | Ä... | Abrechnungsart | Nr. PSP | 311020 | Hardware | 100,00 | | PER | 1 © SAP AG	Eingabe bzw. Auswahl: _Typ:_ ***PSP*** (= PSP-Element) _Abrechnungsempfänger:_ ***3110xx,*** *xx* = Teilnehmernr. (= <u>Ihr</u> PSP-Element Hardware) _%:_ ***100*** _Abrechnungsart:_ ***PER*** (= periodische Abrechnung) _Nr:_ ***1*** ⏎

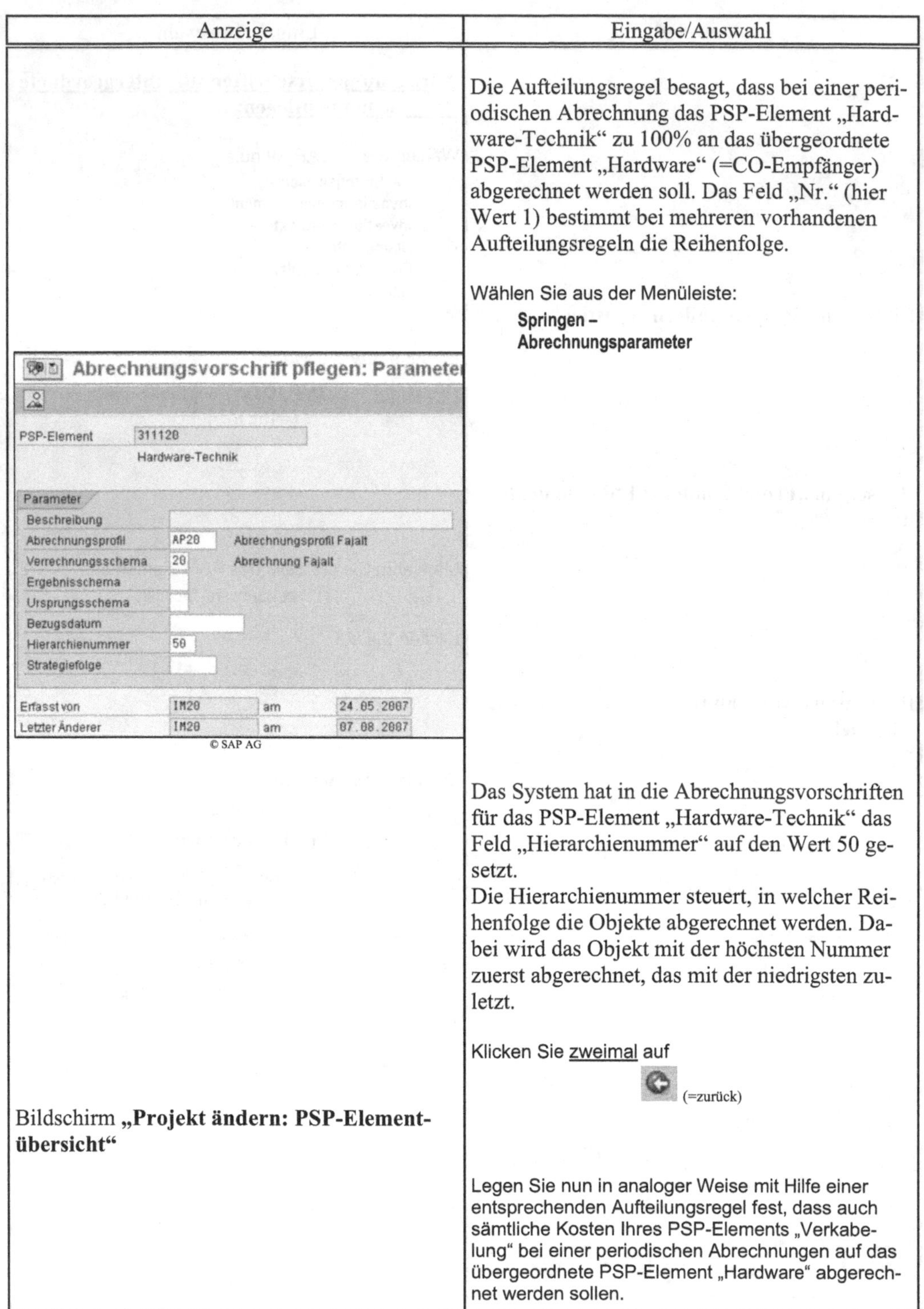

Anzeige	Eingabe/Auswahl
	Die Aufteilungsregel besagt, dass bei einer periodischen Abrechnung das PSP-Element „Hardware-Technik“ zu 100% an das übergeordnete PSP-Element „Hardware“ (=CO-Empfänger) abgerechnet werden soll. Das Feld „Nr.“ (hier Wert 1) bestimmt bei mehreren vorhandenen Aufteilungsregeln die Reihenfolge. Wählen Sie aus der Menüleiste: **Springen – Abrechnungsparameter**
© SAP AG	Das System hat in die Abrechnungsvorschriften für das PSP-Element „Hardware-Technik“ das Feld „Hierarchienummer“ auf den Wert 50 gesetzt. Die Hierarchienummer steuert, in welcher Reihenfolge die Objekte abgerechnet werden. Dabei wird das Objekt mit der höchsten Nummer zuerst abgerechnet, das mit der niedrigsten zuletzt. Klicken Sie <u>zweimal</u> auf (=zurück)
Bildschirm **„Projekt ändern: PSP-Elementübersicht“**	Legen Sie nun in analoger Weise mit Hilfe einer entsprechenden Aufteilungsregel fest, dass auch sämtliche Kosten Ihres PSP-Elements „Verkabelung“ bei einer periodischen Abrechnungen auf das übergeordnete PSP-Element „Hardware“ abgerechnet werden sollen.

Anzeige	Eingabe/Auswahl
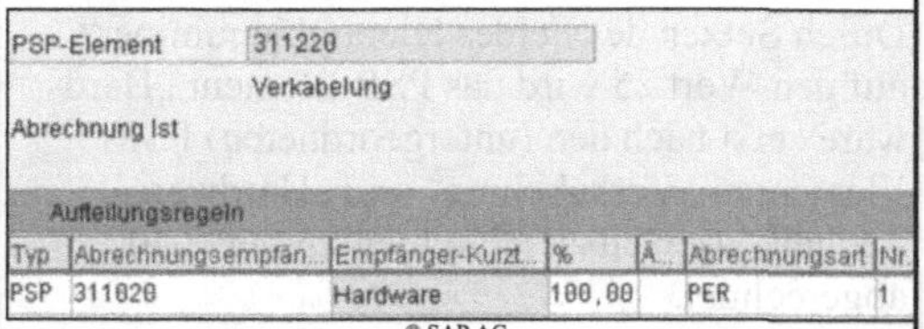 PSP-Element 311220 Verkabelung Abrechnung Ist Aufteilungsregeln Typ | Abrechnungsempfän... | Empfänger-Kurzt... | % | Ä... | Abrechnungsart | Nr. PSP | 311020 | Hardware | 100,00 | | PER | 1 © SAP AG	Klicken Sie anschließend auf (=zurück)
Bildschirm **„Projekt ändern: PSP-Element-übersicht“**	<u>**Abrechnungsvorschriften für PSP-Element Hardware pflegen:**</u> Markieren Sie die Zeile des PSP-Elementes: **3110xx Hardware** Klicken Sie auf AbrechnVorschr
Bildschirm **„Abrechnungsvorschrift pflegen: Übersicht“**	Wählen Sie aus der Menüleiste: **Springen – Abrechnungsparameter**
Bildschirm **„Abrechnungsvorschriften pflegen: Parameter“** 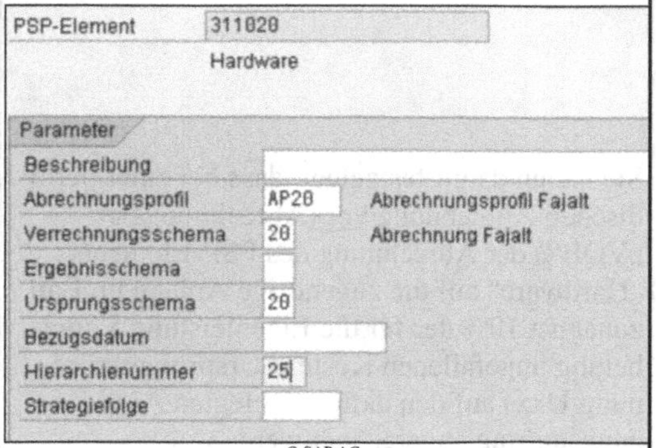 PSP-Element 311020 Hardware Parameter Beschreibung Abrechnungsprofil AP20 Abrechnungsprofil Fajalt Verrechnungsschema 20 Abrechnung Fajalt Ergebnisschema Ursprungsschema 20 Bezugsdatum Hierarchienummer 25 Strategiefolge © SAP AG	Eingabe bzw. Auswahl: *<u>Ursprungsschema:</u>* ***xx***, xx = Teilnehmernummer (= <u>Ihr</u> Ursprungsschema) *<u>Hierarchienummer:</u>* ***25***

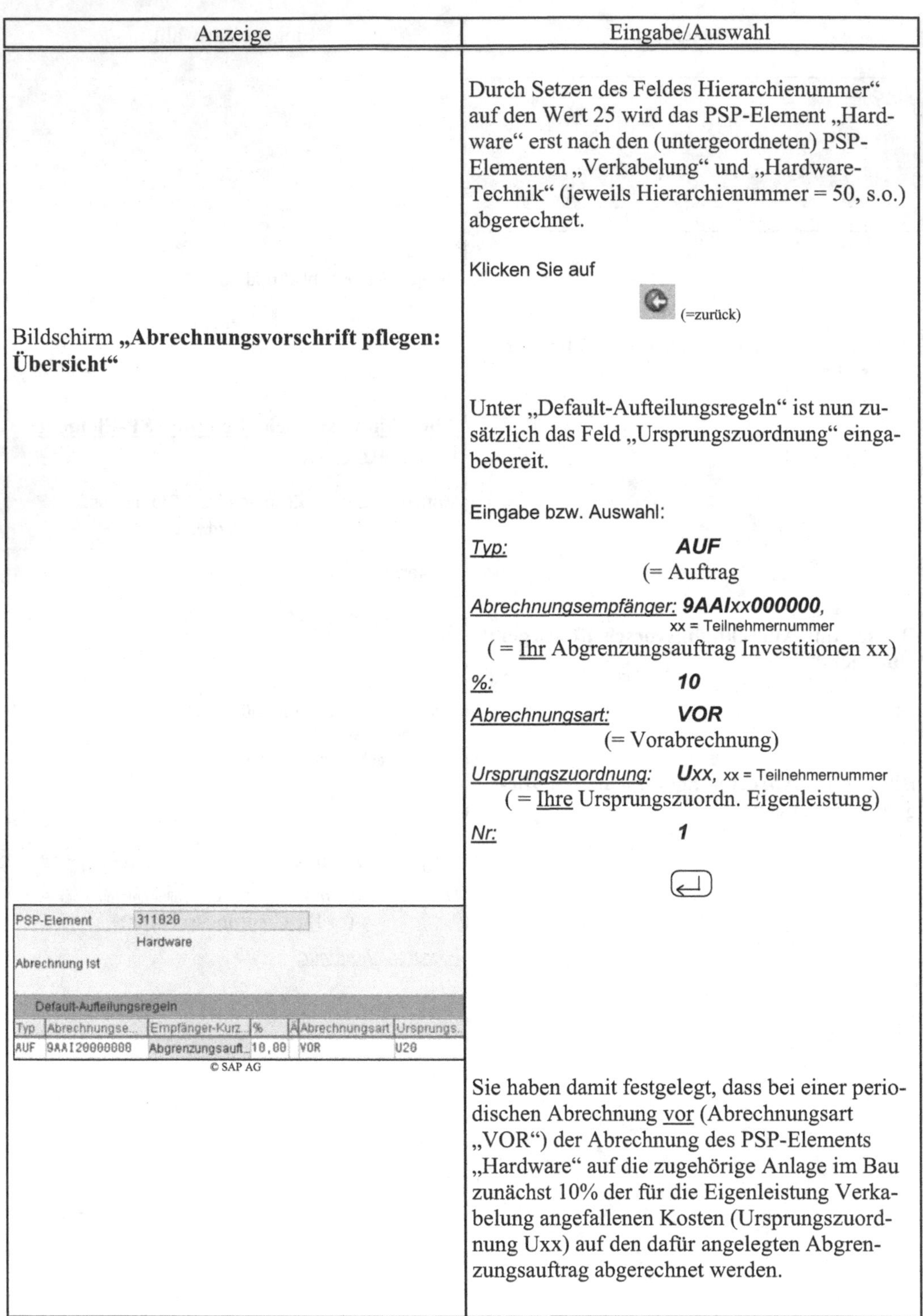

Anzeige	Eingabe/Auswahl
	Durch Setzen des Feldes Hierarchienummer“ auf den Wert 25 wird das PSP-Element „Hardware“ erst nach den (untergeordneten) PSP-Elementen „Verkabelung“ und „Hardware-Technik“ (jeweils Hierarchienummer = 50, s.o.) abgerechnet.
	Klicken Sie auf (=zurück)
Bildschirm **„Abrechnungsvorschrift pflegen: Übersicht“**	Unter „Default-Aufteilungsregeln“ ist nun zusätzlich das Feld „Ursprungszuordnung“ eingabebereit. Eingabe bzw. Auswahl: *Typ:* ***AUF*** (= Auftrag *Abrechnungsempfänger:* ***9AAIxx000000,*** xx = Teilnehmernummer (= Ihr Abgrenzungsauftrag Investitionen xx) *%:* ***10*** *Abrechnungsart:* ***VOR*** (= Vorabrechnung) *Ursprungszuordnung:* ***Uxx,*** xx = Teilnehmernummer (= Ihre Ursprungszuordn. Eigenleistung) *Nr:* ***1***
PSP-Element 311020 Hardware Abrechnung Ist Default-Aufteilungsregeln Typ | Abrechnungse... | Empfänger-Kurz... | % | A | Abrechnungsart | Ursprungs... AUF | 9AAI20000000 | Abgrenzungsauft... | 10,00 | | VOR | U20 © SAP AG	Sie haben damit festgelegt, dass bei einer periodischen Abrechnung vor (Abrechnungsart „VOR“) der Abrechnung des PSP-Elements „Hardware“ auf die zugehörige Anlage im Bau zunächst 10% der für die Eigenleistung Verkabelung angefallenen Kosten (Ursprungszuordnung Uxx) auf den dafür angelegten Abgrenzungsauftrag abgerechnet werden.

Anzeige	Eingabe/Auswahl
	Klicken Sie auf (=zurück)
Bildschirm **„Projekt ändern: PSP-Element-übersicht"**	
	Sichern Sie die gemachten Änderungen in den Stammdaten Ihres Investitionsprojektes.
Bildschirm **„Projekt ändern: Einstieg"** Meldung: *Projekt INPJD1xx wird geändert.*	
	Beenden Sie die Transaktion
SAP Easy Access mit **SAP Menü**	
M20.2.2 Investitionsprojekt „EDV-System" periodisch abrechnen	
	Für das Investitionsprojekt "EDV-System" der Fajalt GmbH soll nun zum Ende der Periode 9, d.h. zum Ende des 3. Quartals, eine periodische Abrechnung durchgeführt werden. Dabei werden die auf dem PSP-Element "Software" gesammelten Kosten zu 100% auf die zugehörige Anlage im Bau abgerechnet. Das PSP-Element "Hardware" empfängt bei der Abrechnung zunächst sämtliche Belastungen der untergeordneten PSP-Elemente "Hardware-Technik" und "Verkabelung", gibt anschließend 10% der Eigenleistungen weiter an den Abgrenzungsauftrag und danach sämtliche noch verbliebenen Kosten an die zugehörige Anlage im Bau.
	Testlauf durchführen:
	Wählen Sie im SAP-Menü: **Rechnungswesen - Investitionsmanagement - Investitionsprojekte - Periodenabschluss - Einzelfunktionen - Abrechnung - Einzelverarbeitung**
Bildschirm **"Ist-Abrechnung Projekt/PSP-Element/Netzplan"**	

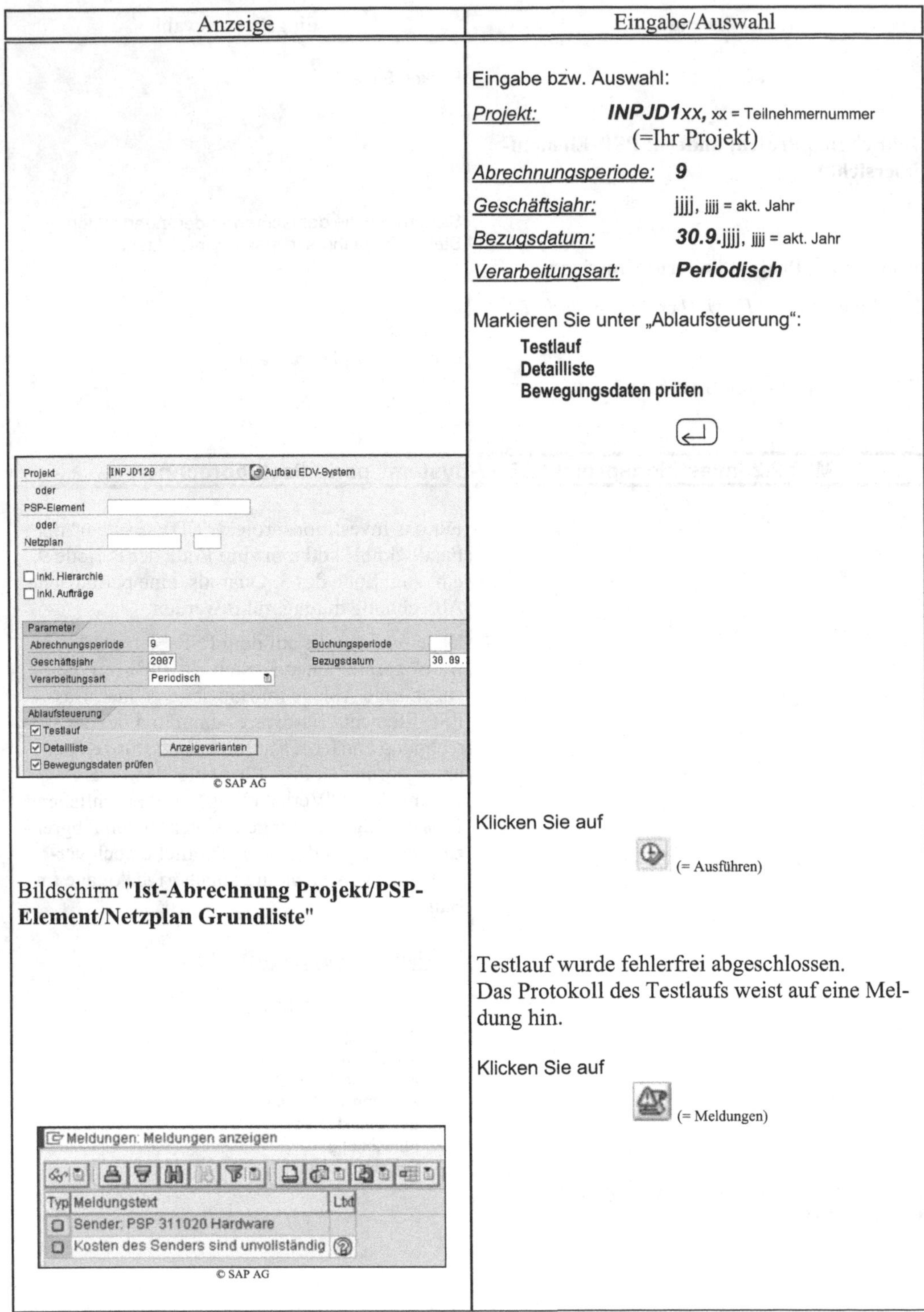

Anzeige	Eingabe/Auswahl
	Eingabe bzw. Auswahl: *Projekt:* ***INPJD1xx,*** xx = Teilnehmernummer (=Ihr Projekt) *Abrechnungsperiode:* ***9*** *Geschäftsjahr:* jjjj, jjjj = akt. Jahr *Bezugsdatum:* ***30.9.***jjjj, jjjj = akt. Jahr *Verarbeitungsart:* ***Periodisch*** Markieren Sie unter „Ablaufsteuerung": **Testlauf** **Detailliste** **Bewegungsdaten prüfen**
Projekt INPJD120 Aufbau EDV-System oder PSP-Element oder Netzplan inkl. Hierarchie inkl. Aufträge Parameter Abrechnungsperiode 9 Buchungsperiode Geschäftsjahr 2007 Bezugsdatum 30.09. Verarbeitungsart Periodisch Ablaufsteuerung Testlauf Detailliste Anzeigevarianten Bewegungsdaten prüfen © SAP AG	Klicken Sie auf (= Ausführen)
Bildschirm **"Ist-Abrechnung Projekt/PSP-Element/Netzplan Grundliste"**	Testlauf wurde fehlerfrei abgeschlossen. Das Protokoll des Testlaufs weist auf eine Meldung hin. Klicken Sie auf (= Meldungen)
Meldungen: Meldungen anzeigen Typ Meldungstext Ltxt Sender: PSP 311020 Hardware Kosten des Senders sind unvollständig © SAP AG	

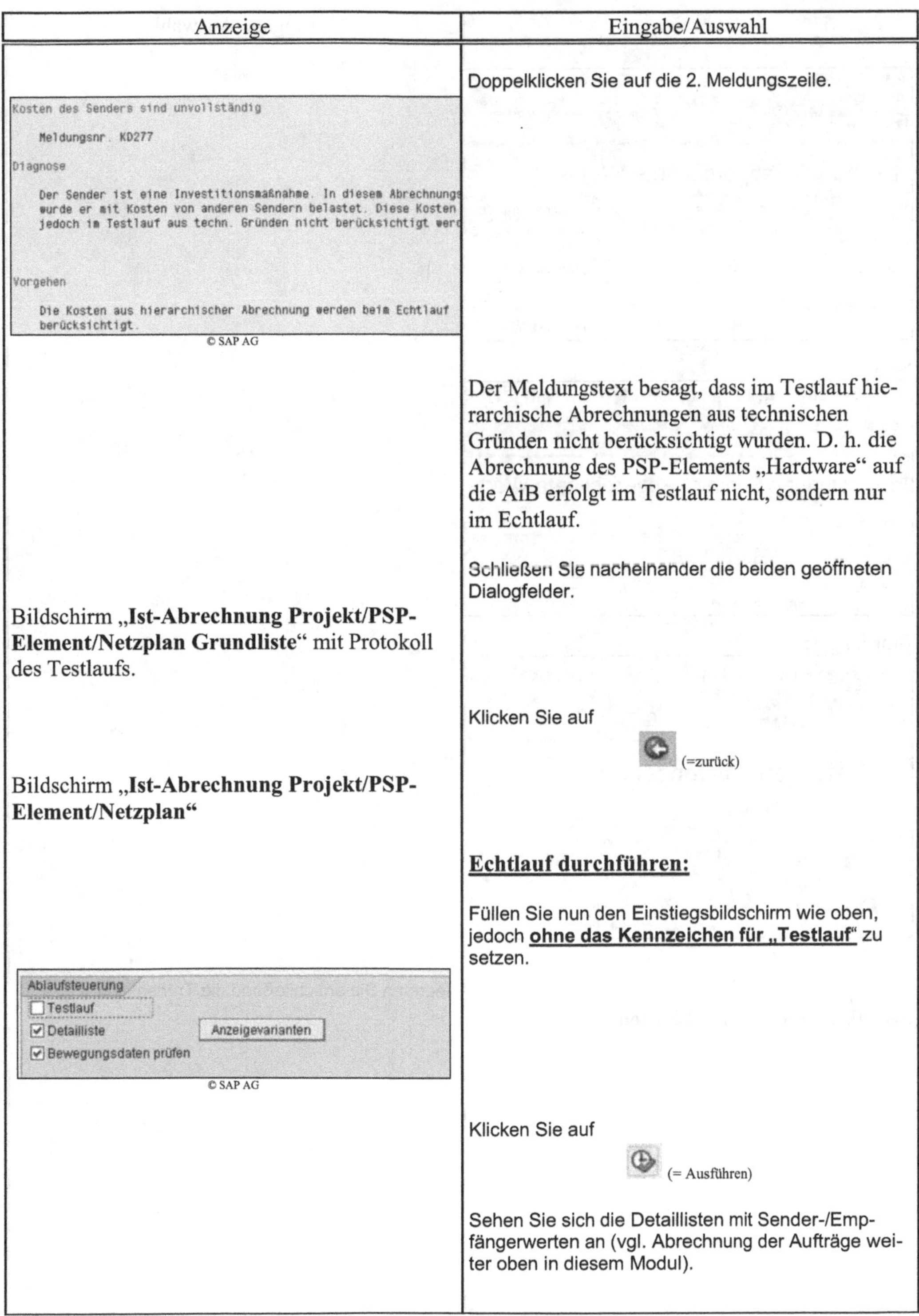

Anzeige	Eingabe/Auswahl
Kosten des Senders sind unvollständig Meldungsnr. KD277 Diagnose Der Sender ist eine Investitionsmaßnahme. In diesem Abrechnungs wurde er mit Kosten von anderen Sendern belastet. Diese Kosten jedoch im Testlauf aus techn. Gründen nicht berücksichtigt wer Vorgehen Die Kosten aus hierarchischer Abrechnung werden beim Echtlauf berücksichtigt. © SAP AG	Doppelklicken Sie auf die 2. Meldungszeile.
	Der Meldungstext besagt, dass im Testlauf hierarchische Abrechnungen aus technischen Gründen nicht berücksichtigt wurden. D. h. die Abrechnung des PSP-Elements „Hardware" auf die AiB erfolgt im Testlauf nicht, sondern nur im Echtlauf. Schließen Sie nacheinander die beiden geöffneten Dialogfelder.
Bildschirm „**Ist-Abrechnung Projekt/PSP-Element/Netzplan Grundliste**" mit Protokoll des Testlaufs.	Klicken Sie auf (=zurück)
Bildschirm „**Ist-Abrechnung Projekt/PSP-Element/Netzplan**"	**Echtlauf durchführen:** Füllen Sie nun den Einstiegsbildschirm wie oben, jedoch **ohne das Kennzeichen für „Testlauf"** zu setzen.
Ablaufsteuerung ☐ Testlauf ☑ Detailliste Anzeigevarianten ☑ Bewegungsdaten prüfen © SAP AG	
	Klicken Sie auf (= Ausführen) Sehen Sie sich die Detaillisten mit Sender-/Empfängerwerten an (vgl. Abrechnung der Aufträge weiter oben in diesem Modul).

Anzeige	Eingabe/Auswahl

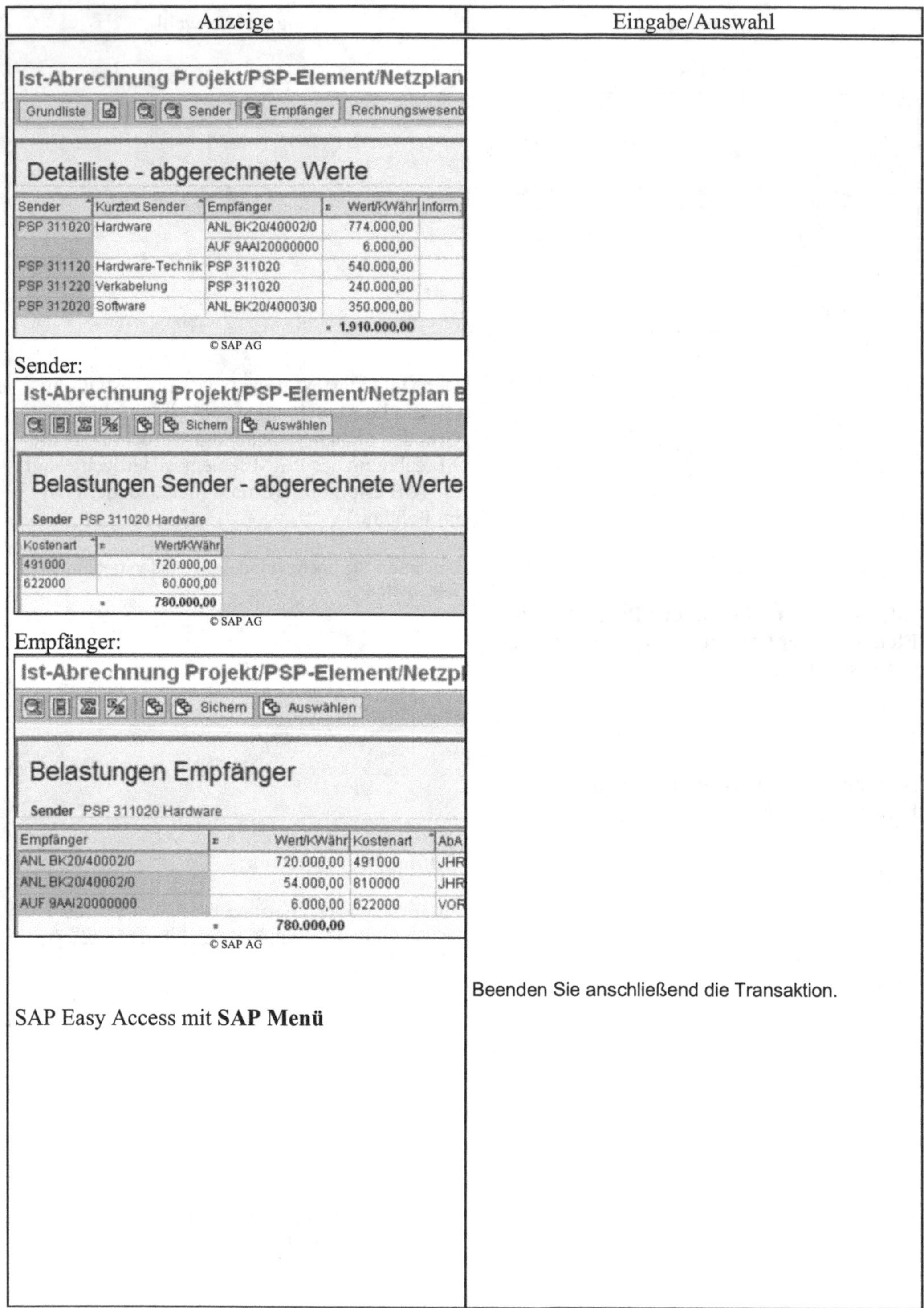

Anzeige	Eingabe/Auswahl

M20.3 Ergebnisse der periodischen Abrechnungen ansehen

M20.3.1 Auftragssalden anzeigen

Saldo des Auftrags "Galvanisieranlage":

Wählen Sie im SAP-Menü:

Rechnungswesen -
Investitionsmanagement -
Innenaufträge –
Stammdaten –
Order Manager

Bildschirm **"Order Manager"**

Doppelklicken Sie auf die Zeile des Auftrags
Galvanisieranlage

Bildschirm **"Innenauftrag anzeigen: Stammdaten"** für Auftrag Galvanisieranlage

Wählen Sie im aktuellen Menü:

Zusätze –
Auftragssaldo

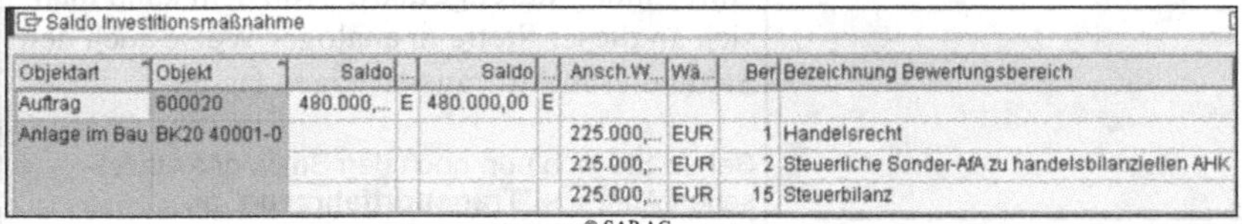

Saldo Investitionsmaßnahme

Objektart	Objekt	Saldo	...	Saldo	...	Ansch.W...	Wä...	Ber	Bezeichnung Bewertungsbereich
Auftrag	600020	480.000,...	E	480.000,00	E				
Anlage im Bau	BK20 40001-0					225.000,...	EUR	1	Handelsrecht
						225.000,...	EUR	2	Steuerliche Sonder-AfA zu handelsbilanziellen AHK
						225.000,...	EUR	15	Steuerbilanz

Dem Dialogfenster ist zu entnehmen, dass von den gesamten Belastungen, die auf dem Investitionsauftrag "Galvanisieranlage" gesammelt wurden, bereits 225.000 € auf Anlage im Bau abgerechnet wurden (= Anzahlung, die in Periode 9 gebucht und bereits aktiviert wurde) und 480.000 € auf dem Auftrag verblieben sind (=Betrag der Schlussrechnung, die erst in Periode 12 gebucht wurde).

Schließen Sie das Dialogfenster.

Saldo des Auftrags "Pressmaschine":

Lassen Sie sich in analoger Weise den Saldo des Auftrags "**Pressmaschine**" anzeigen.

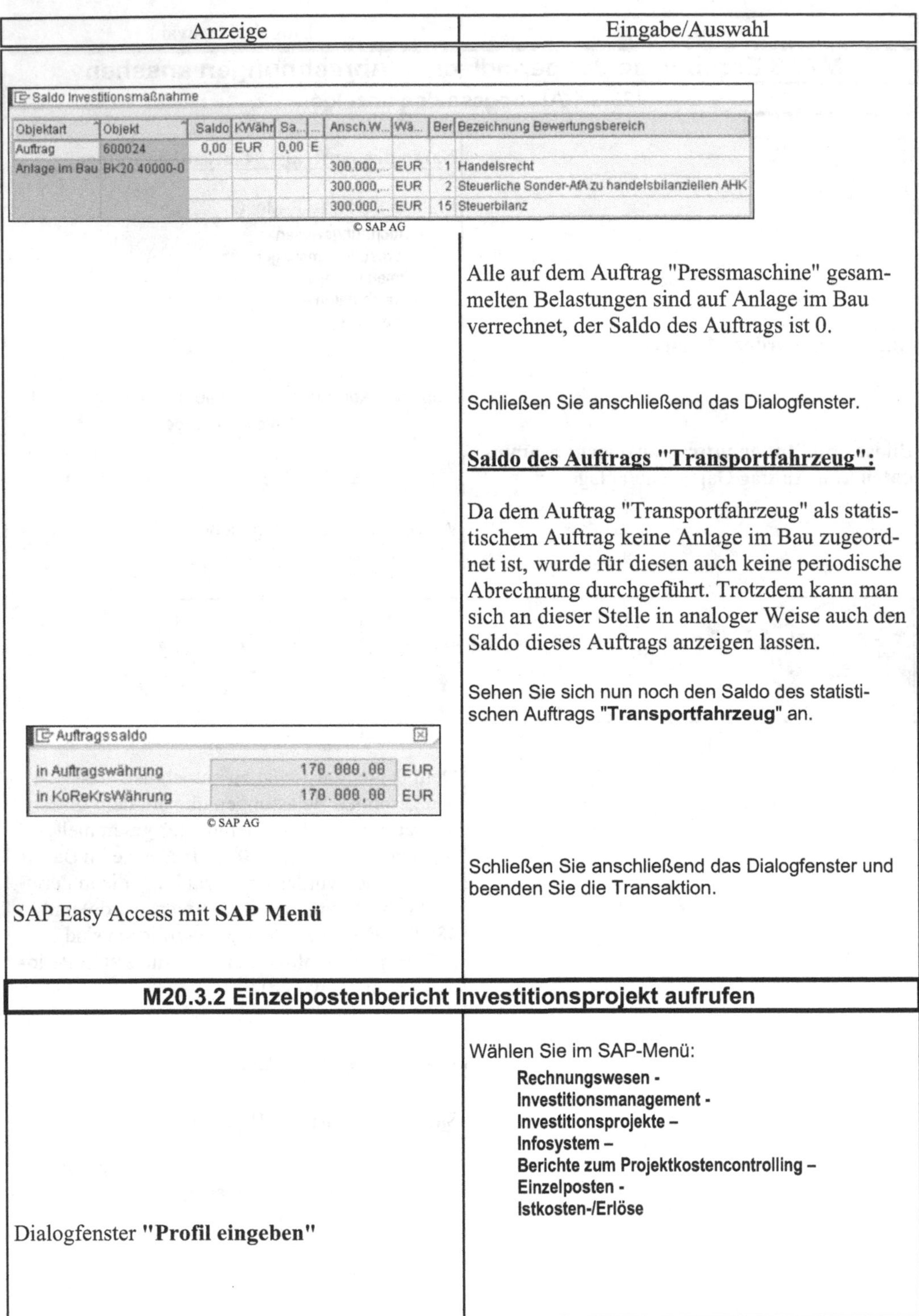

Anzeige	Eingabe/Auswahl

Saldo Investitionsmaßnahme

Objektart	Objekt	Saldo	KWähr	Sa...	...	Ansch.W...	Wä...	Ber	Bezeichnung Bewertungsbereich
Auftrag	600024	0,00	EUR	0,00	E				
Anlage im Bau	BK20 40000-0					300.000,...	EUR	1	Handelsrecht
						300.000,...	EUR	2	Steuerliche Sonder-AfA zu handelsbilanziellen AHK
						300.000,...	EUR	15	Steuerbilanz

© SAP AG

Alle auf dem Auftrag "Pressmaschine" gesammelten Belastungen sind auf Anlage im Bau verrechnet, der Saldo des Auftrags ist 0.

Schließen Sie anschließend das Dialogfenster.

Saldo des Auftrags "Transportfahrzeug":

Da dem Auftrag "Transportfahrzeug" als statistischem Auftrag keine Anlage im Bau zugeordnet ist, wurde für diesen auch keine periodische Abrechnung durchgeführt. Trotzdem kann man sich an dieser Stelle in analoger Weise auch den Saldo dieses Auftrags anzeigen lassen.

Sehen Sie sich nun noch den Saldo des statistischen Auftrags **"Transportfahrzeug"** an.

Auftragssaldo

in Auftragswährung	170.000,00	EUR
in KoReKrsWährung	170.000,00	EUR

© SAP AG

Schließen Sie anschließend das Dialogfenster und beenden Sie die Transaktion.

SAP Easy Access mit **SAP Menü**

M20.3.2 Einzelpostenbericht Investitionsprojekt aufrufen

Wählen Sie im SAP-Menü:

Rechnungswesen -
Investitionsmanagement -
Investitionsprojekte –
Infosystem –
Berichte zum Projektkostencontrolling –
Einzelposten -
Istkosten-/Erlöse

Dialogfenster **"Profil eingeben"**

Anzeige	Eingabe/Auswahl
	Auswahl: *DB-Profil:* ***000000000001*** (= Standardselektion Struktur) ⏎
Bildschirm **"Projekte Einzelposten Istkosten anzeigen"**	Eingabe bzw. Auswahl: *Projekt:* ***INPJD1xx***, xx=Teilnehmernr. (=Ihr Projekt) *Buchungsdatum:* ***1.1.jjjj***, jjjj = akt. Jahr *bis:* ***31.12.jjjj***, jjjj = akt. Jahr
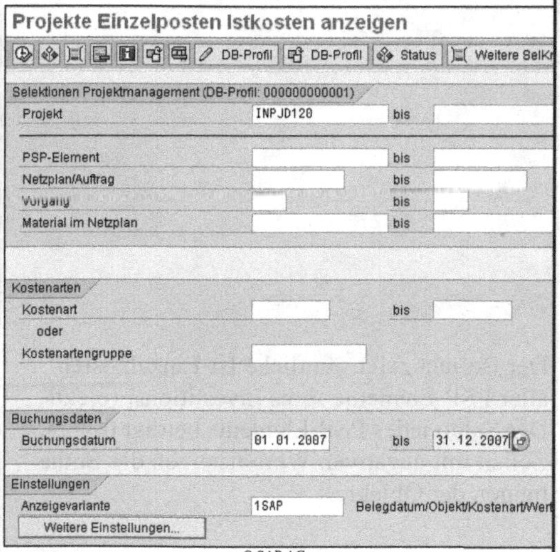 **Projekte Einzelposten Istkosten anzeigen** DB-Profil DB-Profil Status Weitere Selkr Selektionen Projektmanagement (DB-Profil: 000000000001) Projekt INPJD120 bis PSP-Element bis Netzplan/Auftrag bis Vorgang bis Material im Netzplan bis Kostenarten Kostenart bis oder Kostenartengruppe Buchungsdaten Buchungsdatum 01.01.2007 bis 31.12.2007 Einstellungen Anzeigevariante 1SAP Belegdatum/Objekt/Kostenart/Wert Weitere Einstellungen... © SAP AG	Als Anzeigenvariante ist die Standardvariante "1SAP: Belegdatum/Objekt/Kostenart/Wert" voreingestellt. Klicken Sie auf (= Ausführen)

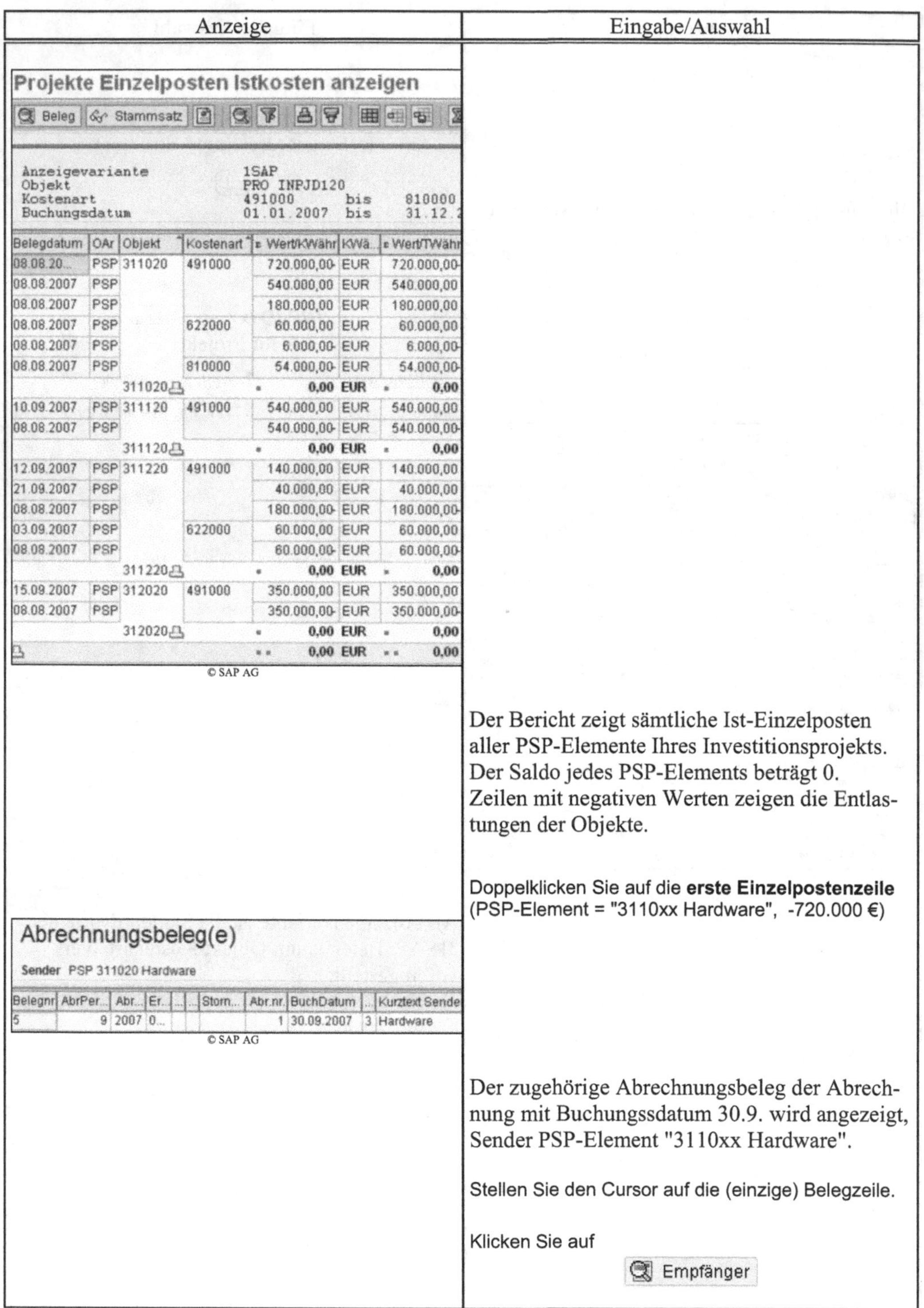

Anzeige	Eingabe/Auswahl
Projekte Einzelposten Istkosten anzeigen	

Beleg | Stammsatz

Anzeigevariante 1SAP
Objekt PRO INPJD120
Kostenart 491000 bis 810000
Buchungsdatum 01.01.2007 bis 31.12.2

Belegdatum	OAr	Objekt	Kostenart	Σ Wert/KWähr	KWä..	Σ Wert/TWähr
08.08.20...	PSP	311020	491000	720.000,00-	EUR	720.000,00-
08.08.2007	PSP			540.000,00	EUR	540.000,00
08.08.2007	PSP			180.000,00	EUR	180.000,00
08.08.2007	PSP		622000	60.000,00	EUR	60.000,00
08.08.2007	PSP			6.000,00-	EUR	6.000,00-
08.08.2007	PSP		810000	54.000,00-	EUR	54.000,00-
		311020		• 0,00	EUR	• 0,00
10.09.2007	PSP	311120	491000	540.000,00	EUR	540.000,00
08.08.2007	PSP			540.000,00-	EUR	540.000,00-
		311120		• 0,00	EUR	• 0,00
12.09.2007	PSP	311220	491000	140.000,00	EUR	140.000,00
21.09.2007	PSP			40.000,00	EUR	40.000,00
08.08.2007	PSP			180.000,00-	EUR	180.000,00-
03.09.2007	PSP		622000	60.000,00	EUR	60.000,00
08.08.2007	PSP			60.000,00-	EUR	60.000,00-
		311220		• 0,00	EUR	• 0,00
15.09.2007	PSP	312020	491000	350.000,00	EUR	350.000,00
08.08.2007	PSP			350.000,00-	EUR	350.000,00-
		312020		• 0,00	EUR	• 0,00
				•• 0,00	EUR	•• 0,00

© SAP AG

Der Bericht zeigt sämtliche Ist-Einzelposten aller PSP-Elemente Ihres Investitionsprojekts. Der Saldo jedes PSP-Elements beträgt 0. Zeilen mit negativen Werten zeigen die Entlastungen der Objekte.

Doppelklicken Sie auf die **erste Einzelpostenzeile** (PSP-Element = "3110xx Hardware", -720.000 €)

Abrechnungsbeleg(e)

Sender PSP 311020 Hardware

Belegnr	AbrPer...	Abr...	Er...	...	...	Storn...	Abr.nr.	BuchDatum	...	Kurztext Sende
5	9	2007	0...				1	30.09.2007	3	Hardware

© SAP AG

Der zugehörige Abrechnungsbeleg der Abrechnung mit Buchungssdatum 30.9. wird angezeigt, Sender PSP-Element "3110xx Hardware".

Stellen Sie den Cursor auf die (einzige) Belegzeile.

Klicken Sie auf

Empfänger

Anzeige	Eingabe/Auswahl
Belastungen Empfänger Sender PSP 311020 Hardware Empfänger | Σ | Wert/KWähr | Kostenart | AbA ANL BK20/40002/0 | | 720.000,00 | 491000 | JHR ANL BK20/40002/0 | | 54.000,00 | 810000 | JHR AUF 9AAI20000000 | | 6.000,00 | 622000 | VOR | ▪ | 780.000,00 | | © SAP AG	Die Belastungen der Abrechnungsempfänger (774.000€ auf AiB und 60.000 € auf dem Abgrenzungsauftrag) werden mit den jeweiligen Belastungskostenarten angezeigt. Klicken Sie <u>zweimal</u> auf (=zurück)
Bericht **"Projekte Einzelposten Istkosten anzeigen"** für Ihr Investitionsprojekt	Sehen Sie sich noch die Belege zu den anderen Einzelposten (Be- und Entlastungen) an. Verlassen Sie anschließend den Einzelpostenbericht und beenden Sie die Transaktion.
SAP Easy Access mit **SAP Menü**	
M20.3.3 Anlagenwerte der Anlagen im Bau ansehen	
Bildschirm "**Asset Explorer**"	**<u>Werte der AiB "Hardware":</u>** Wählen Sie im SAP-Menü: **Rechnungswesen -** **Finanzwesen -** **Anlagen –** **Anlage -** **Asset Explorer** Eingabe bzw. Auswahl: <u>*Buchungskreis:*</u> ***BK**xx,* xx=Ihre Teilnehmernummer <u>*Geschäftsjahr:*</u> *<u>jjjj</u>,* jjjj=akt. Jahr Stellen Sie den Cursor auf das Feld "Anlage" und klicken Sie auf (= Wertehilfe)

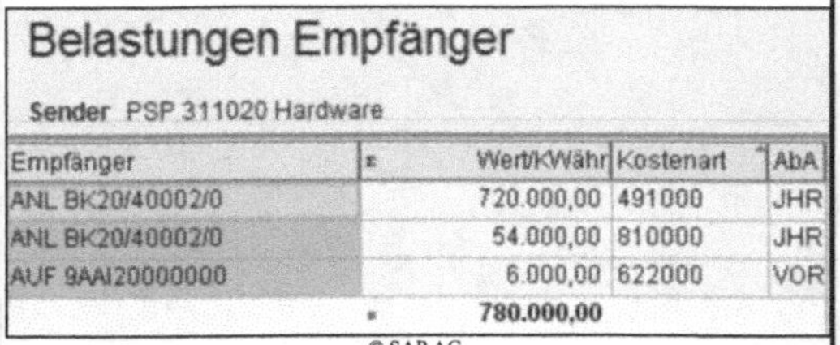

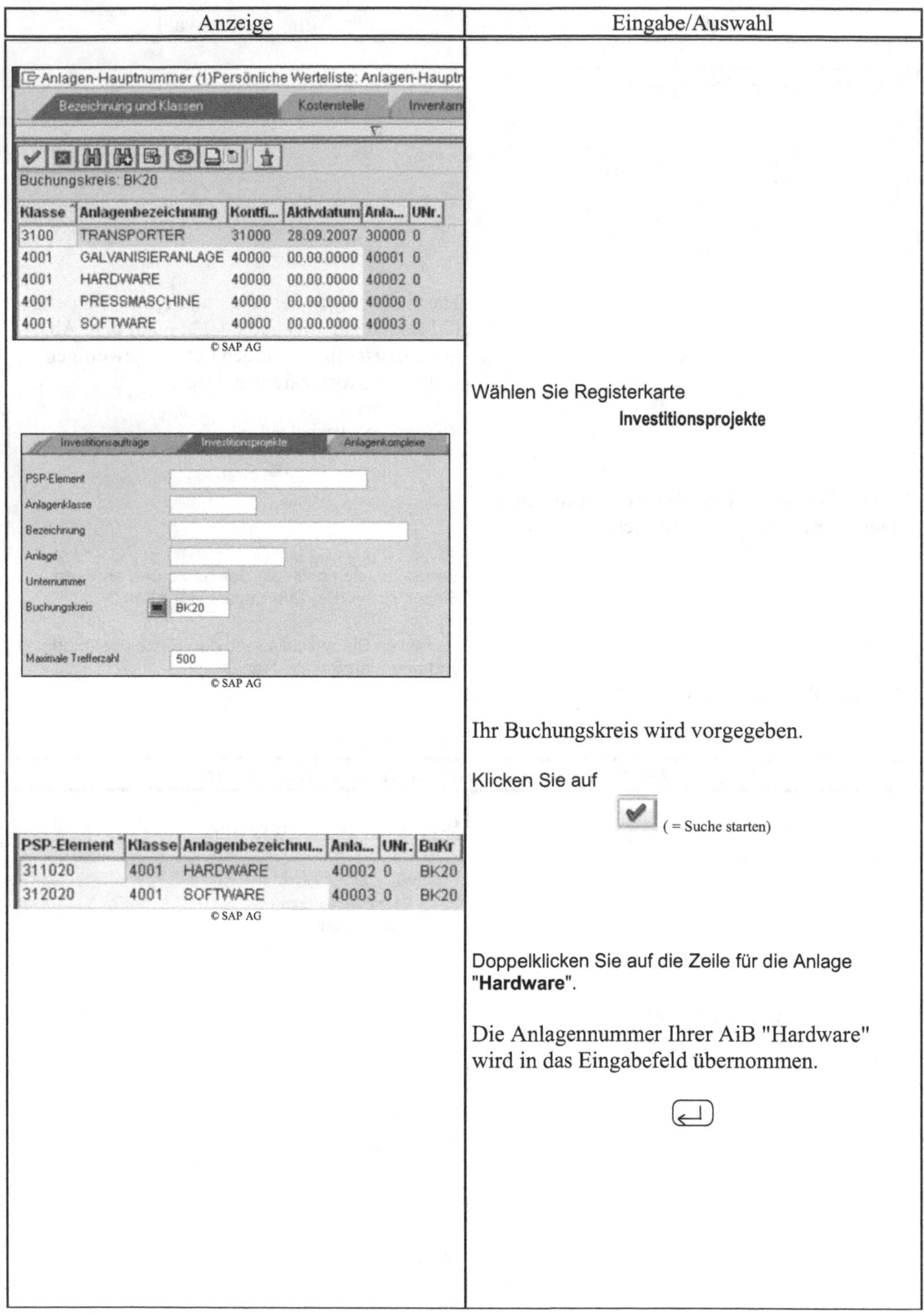

Anzeige	Eingabe/Auswahl
Anlagen-Hauptnummer (1)Persönliche Werteliste: Anlagen-Hauptn Bezeichnung und Klassen / Kostenstelle / Inventarn Buchungskreis: BK20 Klasse | Anlagenbezeichnung | Kontfi... | Aktivdatum | Anla... | UNr. 3100 | TRANSPORTER | 31000 | 28.09.2007 | 30000 | 0 4001 | GALVANISIERANLAGE | 40000 | 00.00.0000 | 40001 | 0 4001 | HARDWARE | 40000 | 00.00.0000 | 40002 | 0 4001 | PRESSMASCHINE | 40000 | 00.00.0000 | 40000 | 0 4001 | SOFTWARE | 40000 | 00.00.0000 | 40003 | 0 © SAP AG	Wählen Sie Registerkarte **Investitionsprojekte**
Investitionsaufträge / Investitionsprojekte / Anlagenkomplexe PSP-Element Anlagenklasse Bezeichnung Anlage Unternummer Buchungskreis BK20 Maximale Trefferzahl 500 © SAP AG	Ihr Buchungskreis wird vorgegeben. Klicken Sie auf ✔ (= Suche starten)
PSP-Element | Klasse | Anlagenbezeichnu... | Anla... | UNr. | BuKr 311020 | 4001 | HARDWARE | 40002 | 0 | BK20 312020 | 4001 | SOFTWARE | 40003 | 0 | BK20 © SAP AG	Doppelklicken Sie auf die Zeile für die Anlage "**Hardware**". Die Anlagennummer Ihrer AiB "Hardware" wird in das Eingabefeld übernommen. ↵

Anzeige	Eingabe/Auswahl
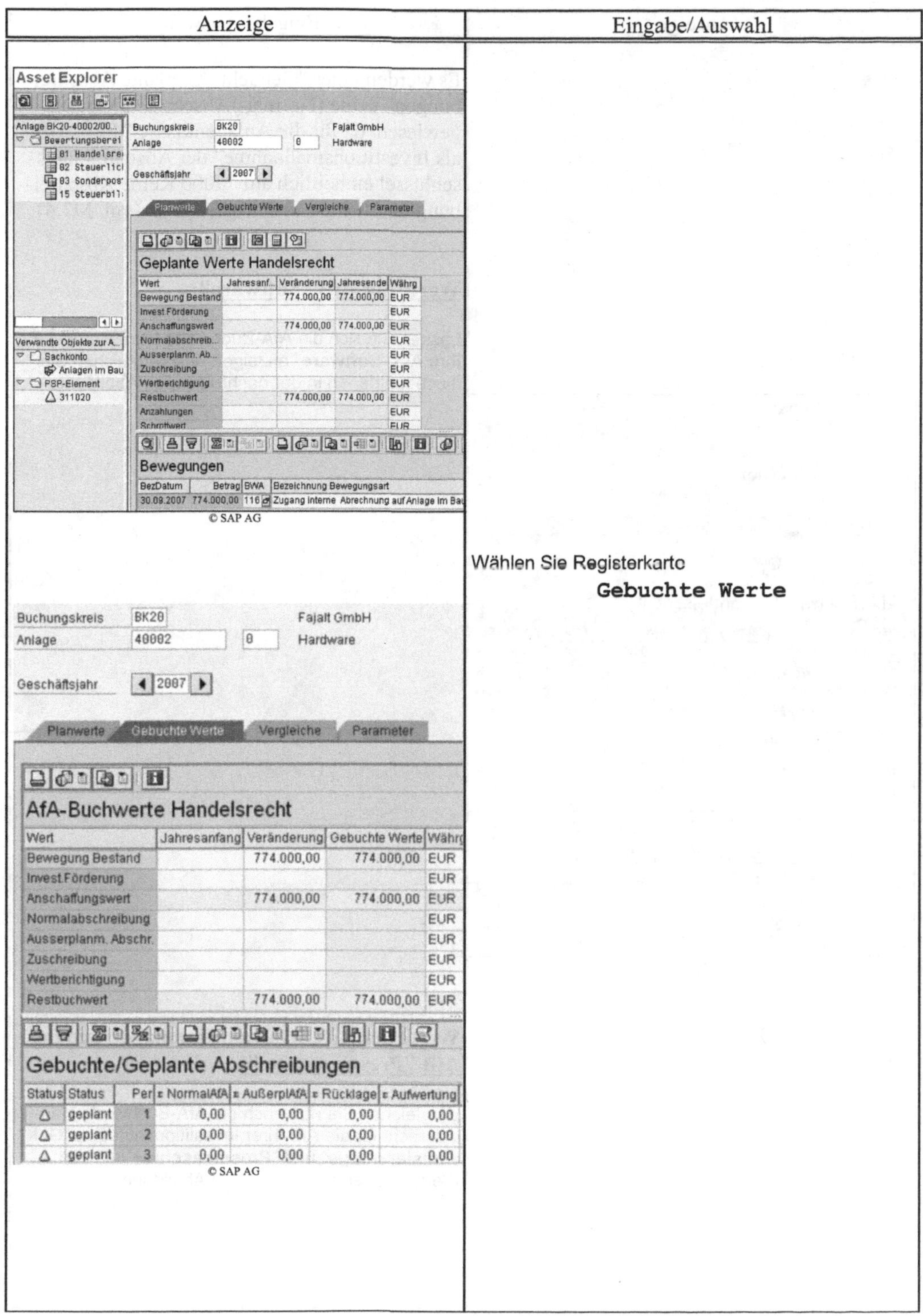	Wählen Sie Registerkarte **Gebuchte Werte**

Anzeige	Eingabe/Auswahl

Es werden unter "Gebuchte/Geplante Abschreibungen" keine (Normal-)Abschreibungen ausgewiesen, da für die Anlagenklasse "4001 AiB als Investitionsmaßnahme" der Abschreibungsschlüssel einheitlich auf "0000 Keine Abschreibung und keine Zinsen" gesetzt ist (vgl. M3.4).

Werte der AiB "Software":

Lassen Sie sich die AfA-Buchwerte Handelsrecht für Ihre AiB "**Software**" anzeigen und vergleichen Sie diese mit denen in der nachfolgenden Abbildung.

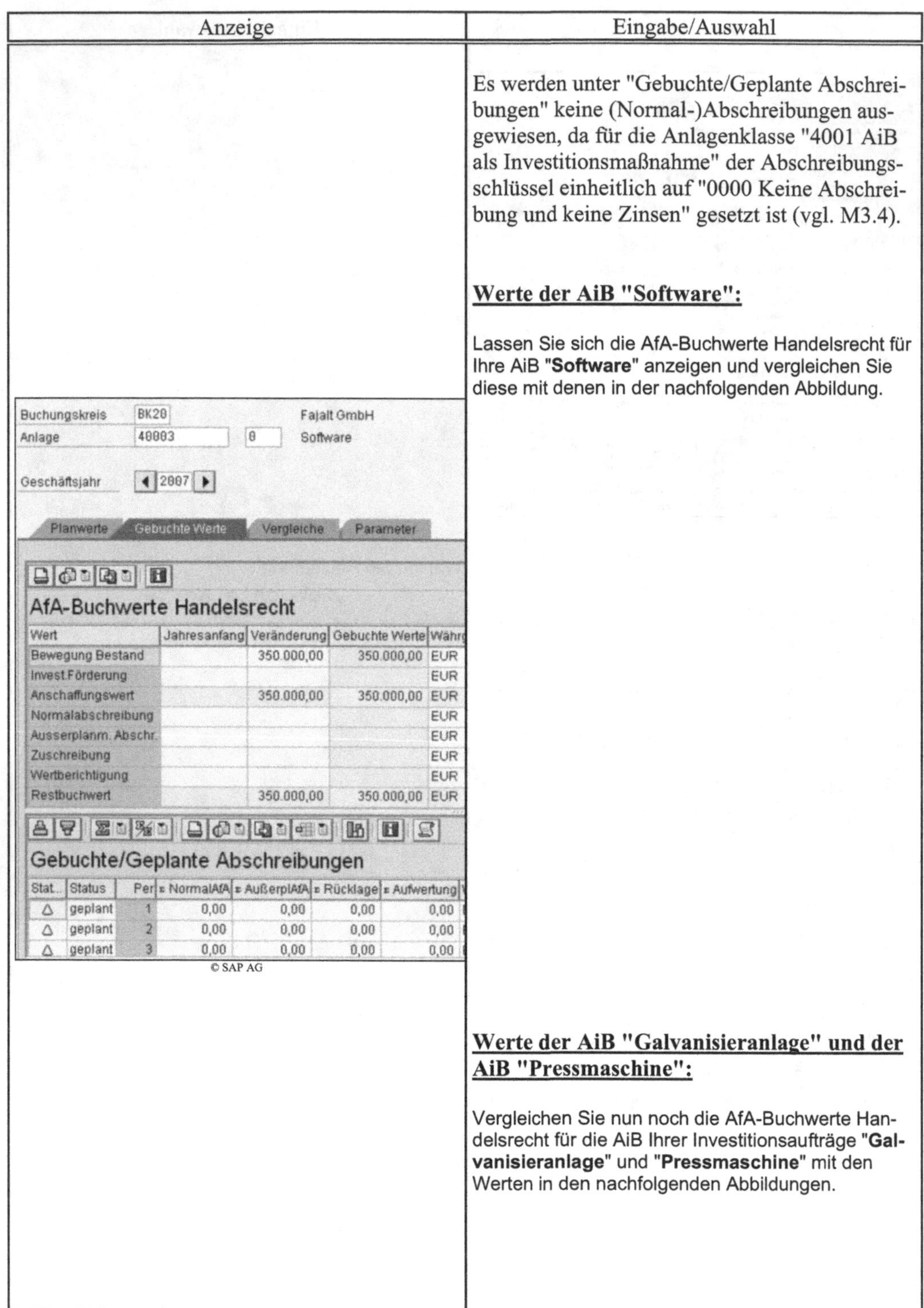

AfA-Buchwerte Handelsrecht

Wert	Jahresanfang	Veränderung	Gebuchte Werte	Währ
Bewegung Bestand		350.000,00	350.000,00	EUR
Invest.Förderung				EUR
Anschaffungswert		350.000,00	350.000,00	EUR
Normalabschreibung				EUR
Ausserplanm. Abschr.				EUR
Zuschreibung				EUR
Wertberichtigung				EUR
Restbuchwert		350.000,00	350.000,00	EUR

Gebuchte/Geplante Abschreibungen

Stat...	Status	Per	Σ NormalAfA	Σ AußerplAfA	Σ Rücklage	Σ Aufwertung
△	geplant	1	0,00	0,00	0,00	0,00
△	geplant	2	0,00	0,00	0,00	0,00
△	geplant	3	0,00	0,00	0,00	0,00

© SAP AG

Werte der AiB "Galvanisieranlage" und der AiB "Pressmaschine":

Vergleichen Sie nun noch die AfA-Buchwerte Handelsrecht für die AiB Ihrer Investitionsaufträge "**Galvanisieranlage**" und "**Pressmaschine**" mit den Werten in den nachfolgenden Abbildungen.

Anzeige	Eingabe/Auswahl

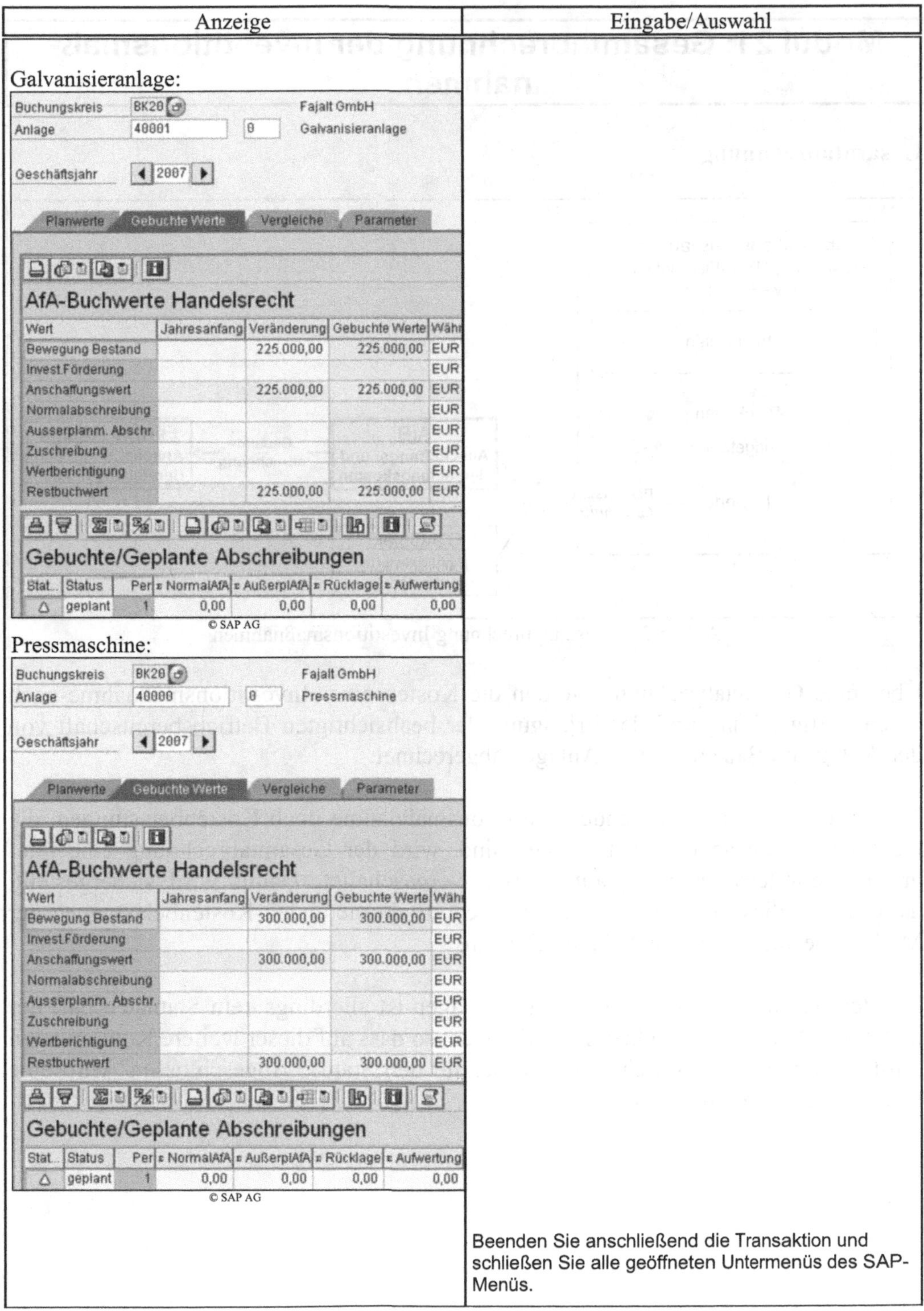

Galvanisieranlage:

Buchungskreis BK20 Fajalt GmbH
Anlage 40001 0 Galvanisieranlage
Geschäftsjahr 2007

Planwerte | Gebuchte Werte | Vergleiche | Parameter

AfA-Buchwerte Handelsrecht

Wert	Jahresanfang	Veränderung	Gebuchte Werte	Währ
Bewegung Bestand		225.000,00	225.000,00	EUR
Invest.Förderung				EUR
Anschaffungswert		225.000,00	225.000,00	EUR
Normalabschreibung				EUR
Ausserplanm. Abschr.				EUR
Zuschreibung				EUR
Wertberichtigung				EUR
Restbuchwert		225.000,00	225.000,00	EUR

Gebuchte/Geplante Abschreibungen

Stat...	Status	Per	NormalAfA	AußerplAfA	Rücklage	Aufwertung
△	geplant	1	0,00	0,00	0,00	0,00

Pressmaschine:

Buchungskreis BK20 Fajalt GmbH
Anlage 40000 0 Pressmaschine
Geschäftsjahr 2007

Planwerte | Gebuchte Werte | Vergleiche | Parameter

AfA-Buchwerte Handelsrecht

Wert	Jahresanfang	Veränderung	Gebuchte Werte	Währ
Bewegung Bestand		300.000,00	300.000,00	EUR
Invest.Förderung				EUR
Anschaffungswert		300.000,00	300.000,00	EUR
Normalabschreibung				EUR
Ausserplanm. Abschr.				EUR
Zuschreibung				EUR
Wertberichtigung				EUR
Restbuchwert		300.000,00	300.000,00	EUR

Gebuchte/Geplante Abschreibungen

Stat...	Status	Per	NormalAfA	AußerplAfA	Rücklage	Aufwertung
△	geplant	1	0,00	0,00	0,00	0,00

Beenden Sie anschließend die Transaktion und schließen Sie alle geöffneten Untermenüs des SAP-Menüs.

Modul 21: Gesamtabrechnung der Investitionsmaßnahmen

Gesamtabrechnung

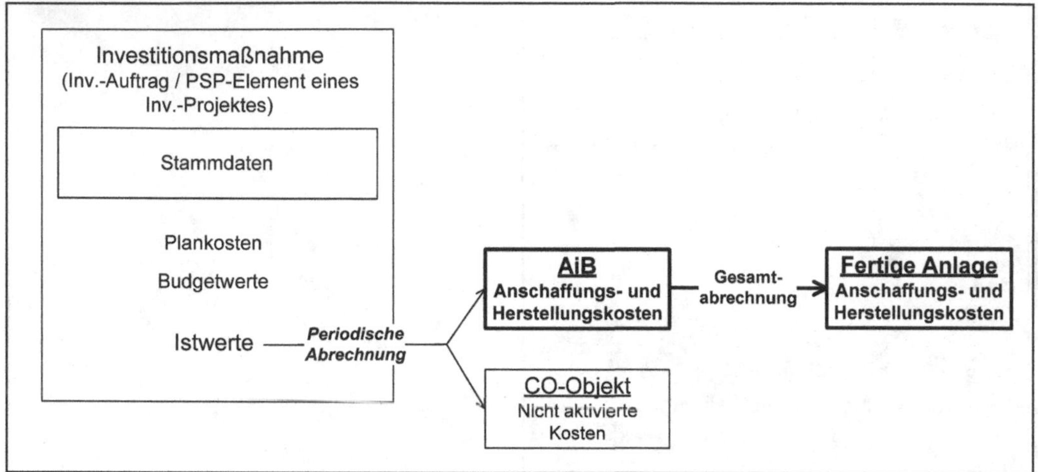

Abb. 5.27: Gesamtabrechnung Investitionsmaßnahmen

Über eine Gesamtabrechnung werden die Kosten einer Investitionsmaßnahme nach deren Fertigstellung und der Erlangung der beabsichtigten Betriebsbereitschaft von der Anlage im Bau auf fertige Anlagen abgerechnet.

Trägt die gesamtabzurechnende Investitionsmaßnahme noch Kostenbelastungen, die nicht periodisch abgerechnet worden sind, wird der Gesamtabrechnung eine integrierte Periodenabrechnung automatisch vorgeschaltet. Damit wird sichergestellt, dass alle zu diesem Zeitpunkt vorhandenen zu aktivierenden Kostenbelastungen der Maßnahme auf die fertige Anlage gelangen.

Mit der Gesamtabrechnung auf fertige Anlagen ist allerdings kein Statuswechsel der jeweiligen Investitionsmaßnahme verbunden, so dass auf dieser weitere Kontierungen erfolgen können. Erst durch den Wechsel auf den Status "Abgeschlossen" wird eine Kontierung ausgeschlossen.

Was ist zu tun?

Investitionsprogramm Modernisierung Fajalt

Gesamtinvestitionen
P 2.030.000
B 1.972.000
I 2.080.000

Kaufm. Bereich
P 1.280.000
B 1.172.000
I 1.300.000

Techn. Bereich
P 750.000
B 800.000
I 780.000

Verw.-Bereich
P 1.100.000
B 1.000.000
I 1.130.000

Vertr.-Bereich
P 180.000
B 172.000
I 170.000

Prod.-Bereich
P 750.000
B 800.000
I 780.000

Instandh.-Ber.

Verwaltung
P 1.100.000
B 1.000.000
I 1.130.000

Verkauf

Auslieferung
P 180.000
B 172.000
I 170.000

Grundfertigung
P 300.000
B 300.000
I 300.000

Endfertigung
P 450.000
B 500.000
I 480.000

Instandhaltung

Investitionsmaßnahmen der Fajalt GmbH

Inv.-Projekt EDV-System
P 1.100.000
B 1.000.000
I 1.130.000

Stat. Inv.-Auftrag Transportfahrz.
P 180.000
B 172.000
I 170.000

Inv.-Auftrag Galvanisieranlage
P 450.000
B 500.000
I 480.000

PSP-Element Software
P 350.000
B 300.000
I 350.000

PSP-Element Hardware
P 750.000
B 700.000
I 780.000

Inv.-Auftrag Pressmaschine
P 300.000
B 300.000
I 300.000

PSP-Element Hardware-Techn.
P 500.000
B 500.000
I 540.000

PSP-Element Verkabelung
P 250.000
B 200.000
I 240.000

Abgrenzungs-auftrag
G 6.000

Anlage im Bau Software
A 350.000

Anlage im Bau Hardware
A 774.000

Anlage im Bau Pressmaschine
A 300.000

Anlage im Bau Galvanisieranlage
A 480.000

Fertige Anlage Software
A 350.000

Fertige Anlage Hardware
A 774.000

Fertige Anlage Transporter
A 170.000

Fertige Anlage Galvanisieranlage
A 480.000

M21

M21

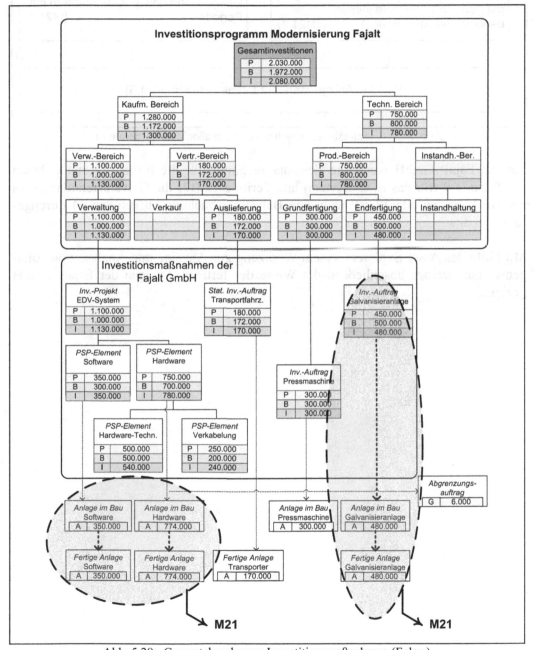

Abb. 5.28: Gesamtabrechnung Investitionsmaßnahmen (Fokus)

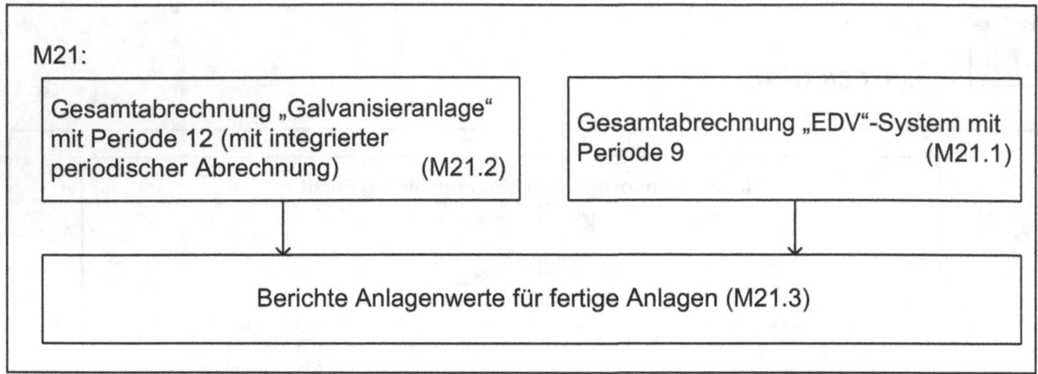

Abb. 5.29: Gesamtabrechnung Investitionsmaßnahmen (Überblick)

Für die Fajalt GmbH wird eine Gesamtabrechnung für die Investitionsmaßnahmen mit Periode 9 (für das EDV-System) und Periode 12 (für die Galvanisieranlage – in der Buchungsperiode 12 ist noch eine Belastungsbuchung aufgetreten –) durchgeführt.

Mit Hilfe des Asset Explorers, einem Werkzeug zur Anzeige und Analyse von Anlagenwerten, werden abschließend die Werte der fertigen Anlagen der Fajalt GmbH gezeigt.

Anzeige	Eingabe/Auswahl

Modul 21: Gesamtabrechnung der Investitionsmaßnahmen

Bei Fertigstellung der Investitionsmaßnahme erfolgt die *Gesamtabrechnung*. Dabei werden alle bis dahin auf AiB abgerechneten Belastungen auf fertige Anlagen umgebucht.

Voraussetzung für die Gesamtabrechnung ist, dass die jeweilige Investitionsmaßnahme per Statuseinstellung technisch abgeschlossen ist und dass die abzurechnenden Anzahlungen und Anzahlungsverrechnungen per Saldo Null ergeben.

Um sicherzustellen, dass alle auf die Maßnahme gebuchten, aktivierungspflichtigen Belastungen auf AiB abgegrenzt sind, führt das System vor der Gesamtabrechnung automatisch eine periodische Abrechnung durch.

Anzeige	Eingabe/Auswahl
	Aus dem Investitionsprogramm der Fajalt GmbH werden die Maßnahmen "EDV-System" (Investitionsprojekt) und "Galvanisieranlage" (Investitionsauftrag) im aktuellen Kalenderjahr fertiggestellt. Für beide Maßnahmen soll nach Fertigstellung am jeweiligen Quartalsende eine Gesamtabrechnung durchgeführt werden.

M21.1 Gesamtabrechnung des Investitionsprojekts "EDV-System"

Anzeige	Eingabe/Auswahl
	Das Investitionsprojekt "EDV-System" wurde bereits im September fertiggestellt. Nach der periodischen Abrechnung erfolgen keine weiteren Belastungsbuchungen mehr; die Salden sämtlicher PSP-Elemente betragen zum Zeitpunkt der Gesamtabrechnung Null (vgl. M21.4.2).

M21.1.1 Systemstatus der PSP-Elemente ändern

Anzeige	Eingabe/Auswahl
SAP Easy Access mit **SAP Menü**	Wählen Sie im SAP-Menü: **Rechnungswesen - Investitionsmanagement - Investitionsprojekte - Stammdaten - Projektstrukturplan - Ändern**
Bildschirm **"Projekt ändern: Einstieg"**	Eingabe bzw. Auswahl: *Projektdef:* ***INPJD1xx,*** xx = Teilnehmernummer (= Ihr Projekt) [Enter]

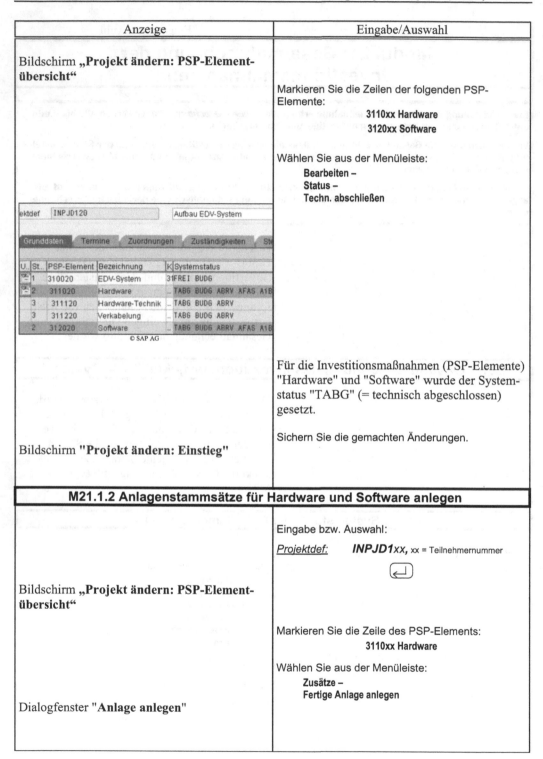

Anzeige	Eingabe/Auswahl
Bildschirm „**Projekt ändern: PSP-Element-übersicht**“	Markieren Sie die Zeilen der folgenden PSP-Elemente: **3110xx Hardware** **3120xx Software** Wählen Sie aus der Menüleiste: **Bearbeiten –** **Status –** **Techn. abschließen**

ektdef INPJD120 Aufbau EDV-System

Grunddaten | Termine | Zuordnungen | Zuständigkeiten | Ste

U..	St..	PSP-Element	Bezeichnung	K	Systemstatus
	1	310020	EDV-System	31	FREI BUDG
	2	311020	Hardware	..	TABG BUDG ABRV AFAS A1B
	3	311120	Hardware-Technik	..	TABG BUDG ABRV
	3	311220	Verkabelung	..	TABG BUDG ABRV
	2	312020	Software	..	TABG BUDG ABRV AFAS A1B

© SAP AG

Anzeige	Eingabe/Auswahl
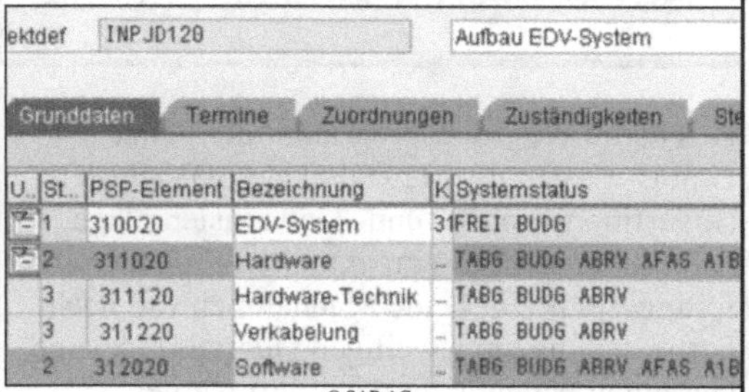	Für die Investitionsmaßnahmen (PSP-Elemente) "Hardware" und "Software" wurde der Systemstatus "TABG" (= technisch abgeschlossen) gesetzt.
Bildschirm "**Projekt ändern: Einstieg**"	Sichern Sie die gemachten Änderungen.
M21.1.2 Anlagenstammsätze für Hardware und Software anlegen	
	Eingabe bzw. Auswahl: <u>Projektdef:</u> ***INPJD1xx,*** xx = Teilnehmernummer ⏎
Bildschirm „**Projekt ändern: PSP-Element-übersicht**“	Markieren Sie die Zeile des PSP-Elements: **3110xx Hardware** Wählen Sie aus der Menüleiste: **Zusätze –** **Fertige Anlage anlegen**
Dialogfenster "**Anlage anlegen**"	

Anzeige	Eingabe/Auswahl
Anlage anlegen: Anzulegende Anlage Anlagenklasse 3200 Buchungskreis / Anlage BK20 Anzahl gleichartiger Anlagen 1 ☐ Unternummer Vorlage Buchungskreis / Anlage Stammsatz-Daten Bezeichnung Hardware, EDV20 Inventarnummer Geschäftsbereich Kostenstelle 1000 Werk Standort © SAP AG	Eingabe: *Anlagenklasse:* **3200** (= EDV / Hardware) *Anzahl gleichartiger Anlagen:* **1** *Bezeichnung:* **Hardware, EDVxx**, xx = Teilnehmernr. *Kostenstelle:* **1000** (= Verwaltung) ⏎
Meldung: *1 Anlage angelegt und Aufteilungsregeln erzeugt*	Klicken Sie auf AbrechnVorschr
Abrechnungsvorschrift pflegen: Übersich PSP-Element 311020 Hardware Abrechnung Ist Default-Aufteilungsregeln	

Typ	Abrechnungsempf...	Empfänger-Kurztext	%	Äqui...	Abr...	Ur...	N
AUF	9AAI20000000	Abgrenzungsauftrag Inv...	10,00	0	VOR	U20	1
ANL	40002-0	Hardware	100,00	0	AIB		2
ANL	INTERN00001-0	Hardware, EDV20		1	GES	U20	3
ANL	INTERN00001-0	Hardware, EDV20		1	GES	V20	4

© SAP AG

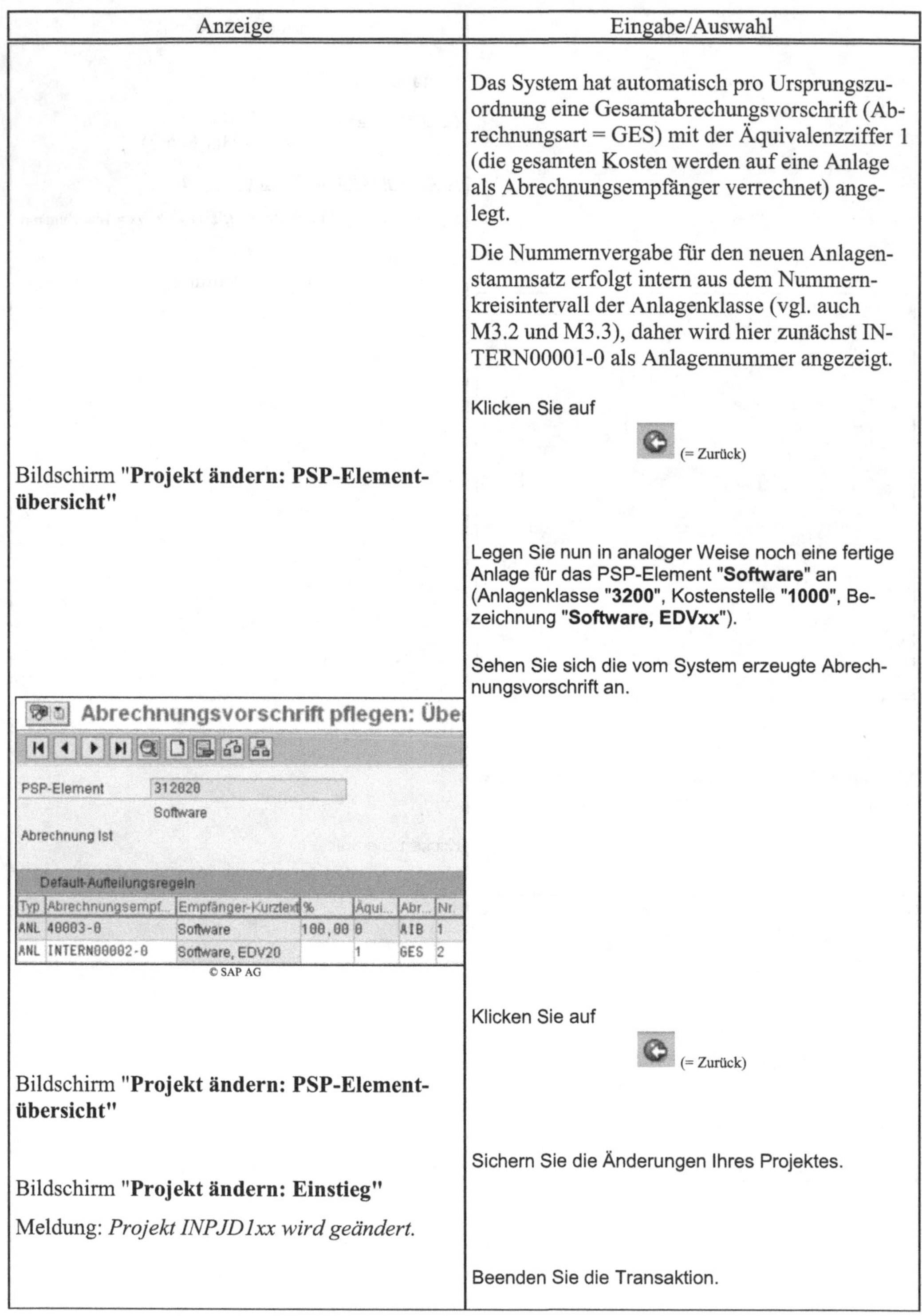

<table>
<tr><th>Anzeige</th><th>Eingabe/Auswahl</th></tr>
<tr><td></td><td>Das System hat automatisch pro Ursprungszuordnung eine Gesamtabrechungsvorschrift (Abrechnungsart = GES) mit der Äquivalenzziffer 1 (die gesamten Kosten werden auf eine Anlage als Abrechnungsempfänger verrechnet) angelegt.

Die Nummernvergabe für den neuen Anlagenstammsatz erfolgt intern aus dem Nummernkreisintervall der Anlagenklasse (vgl. auch M3.2 und M3.3), daher wird hier zunächst INTERN00001-0 als Anlagennummer angezeigt.

Klicken Sie auf
(= Zurück)</td></tr>
<tr><td>Bildschirm "Projekt ändern: PSP-Elementübersicht"</td><td>Legen Sie nun in analoger Weise noch eine fertige Anlage für das PSP-Element "Software" an (Anlagenklasse "3200", Kostenstelle "1000", Bezeichnung "Software, EDVxx").

Sehen Sie sich die vom System erzeugte Abrechnungsvorschrift an.</td></tr>
<tr><td>Abrechnungsvorschrift pflegen: Übe
PSP-Element 312020
Software
Abrechnung Ist
Default-Aufteilungsregeln
<table>
<tr><th>Typ</th><th>Abrechnungsempf...</th><th>Empfänger-Kurztext</th><th>%</th><th>Äqui...</th><th>Abr...</th><th>Nr.</th></tr>
<tr><td>ANL</td><td>40003-0</td><td>Software</td><td>100,00</td><td>0</td><td>AIB</td><td>1</td></tr>
<tr><td>ANL</td><td>INTERN00002-0</td><td>Software, EDV20</td><td></td><td>1</td><td>GES</td><td>2</td></tr>
</table>
© SAP AG</td><td></td></tr>
<tr><td></td><td>Klicken Sie auf
(= Zurück)</td></tr>
<tr><td>Bildschirm "Projekt ändern: PSP-Elementübersicht"</td><td>Sichern Sie die Änderungen Ihres Projektes.</td></tr>
<tr><td>Bildschirm "Projekt ändern: Einstieg"
Meldung: Projekt INPJD1xx wird geändert.</td><td>Beenden Sie die Transaktion.</td></tr>
</table>

Anzeige	Eingabe/Auswahl
M21.1.3 Gesamtabrechnung EDV-System durchführen	
	Testlauf durchführen: Wählen Sie im SAP-Menü: **Rechnungswesen - Investitionsmanagement - Investitionsprojekte – Periodenabschluss – Einzelfunktionen - Abrechnung – Einzelverarbeitung**
Bildschirm "**Ist-Abrechnung Projekt/PSP-Element/Netzplan**"	Eingabe bzw. Auswahl: *Projekt :* ***INPJD1xx,*** xx = Teilnehmernummer Markieren Sie: **inkl. Hierarchie** Eingabe bzw. Auswahl: *Abrechnungsperiode:* **9** *Geschäftsjahr:* ***jjjj,*** jjjj = akt. Jahr *Bezugsdatum:* ***30.9.jjjj,*** jjjj = akt. Jahr *Verarbeitungsart:* ***Gesamtabrechnung*** Markieren Sie unter „Ablaufsteuerung": **Testlauf** **Detailliste** **Bewegungsdaten prüfen** Klicken Sie auf (= Ausführen)
Bildschirm "**Ist-Abrechnung Projekt/PSP-Element/Netzplan Grundliste**" 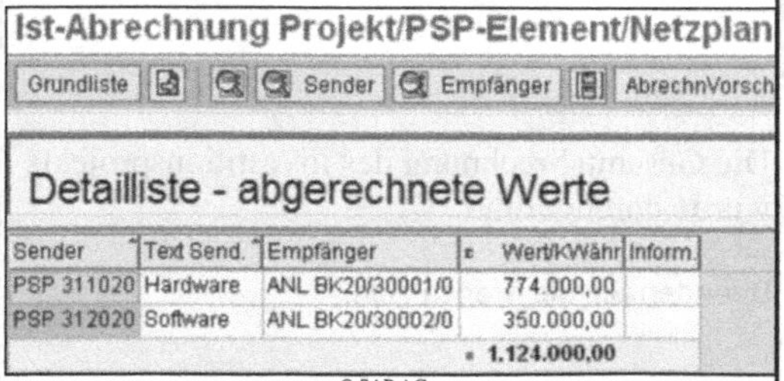	Klicken Sie auf (= Detaillisten)

Ist-Abrechnung Projekt/PSP-Element/Netzplan

Grundliste | Sender | Empfänger | AbrechnVorsch

Detailliste - abgerechnete Werte

Sender	Text Send.	Empfänger		Wert/KWähr	Inform.
PSP 311020	Hardware	ANL BK20/30001/0		774.000,00	
PSP 312020	Software	ANL BK20/30002/0		350.000,00	
			•	1.124.000,00	

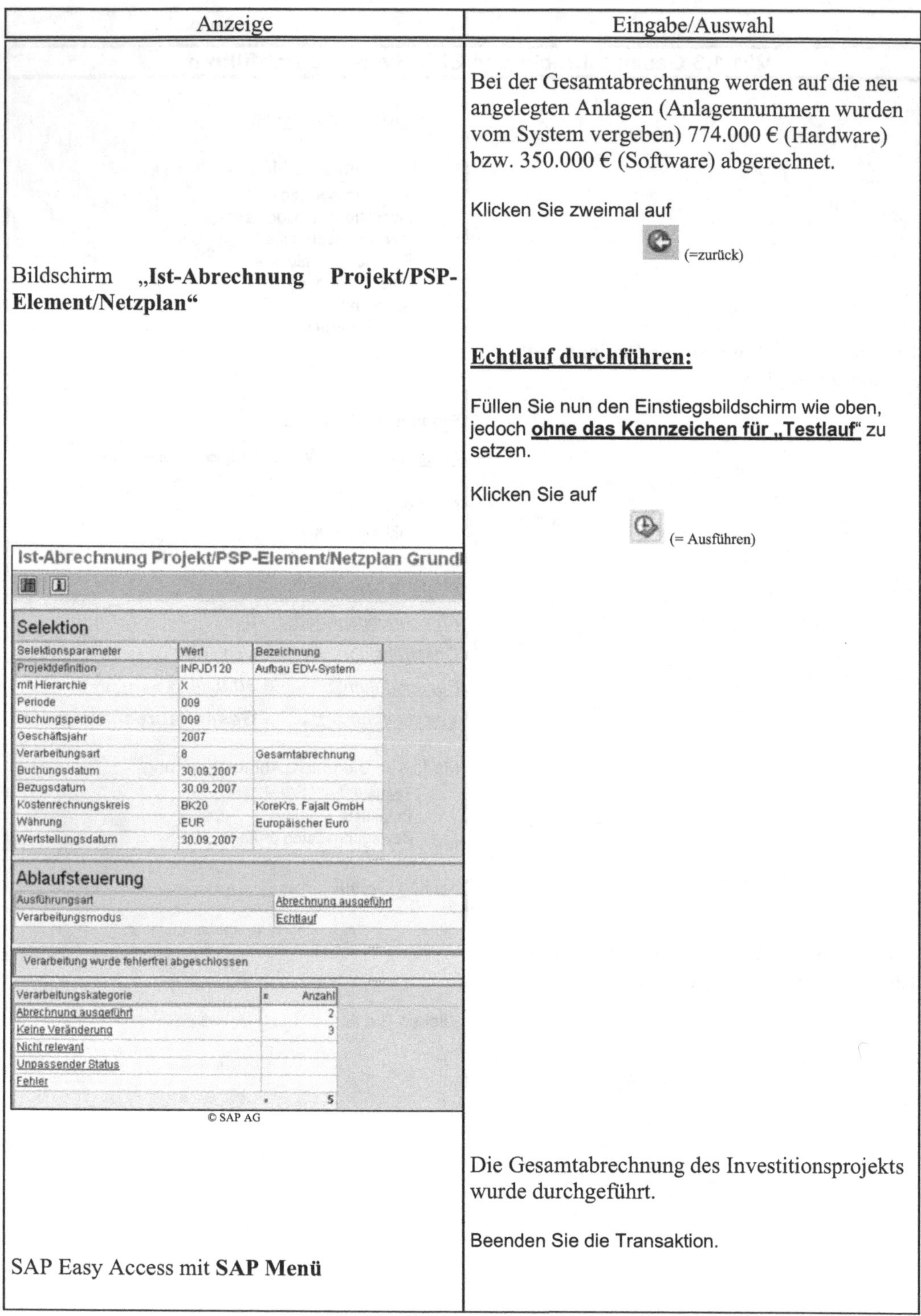

Anzeige	Eingabe/Auswahl
Bildschirm **„Ist-Abrechnung Projekt/PSP-Element/Netzplan“**	Bei der Gesamtabrechnung werden auf die neu angelegten Anlagen (Anlagennummern wurden vom System vergeben) 774.000 € (Hardware) bzw. 350.000 € (Software) abgerechnet. Klicken Sie zweimal auf (=zurück) **Echtlauf durchführen:** Füllen Sie nun den Einstiegsbildschirm wie oben, jedoch **ohne das Kennzeichen für „Testlauf“** zu setzen. Klicken Sie auf (= Ausführen)
Ist-Abrechnung Projekt/PSP-Element/Netzplan Grundl © SAP AG	Die Gesamtabrechnung des Investitionsprojekts wurde durchgeführt.
SAP Easy Access mit **SAP Menü**	Beenden Sie die Transaktion.

Selektion

Selektionsparameter	Wert	Bezeichnung
Projektdefinition	INPJD120	Aufbau EDV-System
mit Hierarchie	X	
Periode	009	
Buchungsperiode	009	
Geschäftsjahr	2007	
Verarbeitungsart	8	Gesamtabrechnung
Buchungsdatum	30.09.2007	
Bezugsdatum	30.09.2007	
Kostenrechnungskreis	BK20	KoreKrs. Fajalt GmbH
Währung	EUR	Europäischer Euro
Wertstellungsdatum	30.09.2007	

Ablaufsteuerung

Ausführungsart	Abrechnung ausgeführt
Verarbeitungsmodus	Echtlauf

Verarbeitung wurde fehlerfrei abgeschlossen

Verarbeitungskategorie	Σ Anzahl
Abrechnung ausgeführt	2
Keine Veränderung	3
Nicht relevant	
Unpassender Status	
Fehler	
	• 5

Anzeige	Eingabe/Auswahl

M21.2 Gesamtabrechnung des Investitionsauftrags "Galvanisieranlage"

Anzeige	Eingabe/Auswahl
	Der Investitionsauftrag "Galvanisieranlage" wurde zuletzt zum Ende des 3. Quartals periodisch abgerechnet (vgl. auch M20.2.1 und M20.4.1). Danach erfolgte noch im Dezember des aktuellen Jahres die Buchung einer Kreditorenrechnung (als Schlussrechnung zur bereits im September erfolgten Anzahlung). Der Auftrag weist also Ende des Jahres noch aktivierungspflichtige Belastungen aus, die noch nicht auf die zugehörige AiB abgerechnet wurden.

M21.2.1 Status des Auftrags ändern

Anzeige	Eingabe/Auswahl
	Wählen Sie im SAP-Menü: **Rechnungswesen -** **Investitionsmanagement -** **Innenaufträge –** **Stammdaten –** **Order Manager**
	Doppelklicken Sie auf die Zeile des Auftrags **Galvanisieranlage**
© SAP AG	Wechseln Sie in den Änderungsmodus.
Bildschirm "**Innenauftrag <u>ändern</u>: Stammdaten**"	Wählen Sie aus der Menüleiste: **Bearbeiten –** **Techn. abschließen**
Meldung: *Auftrag wurde technisch abgeschlossen*	

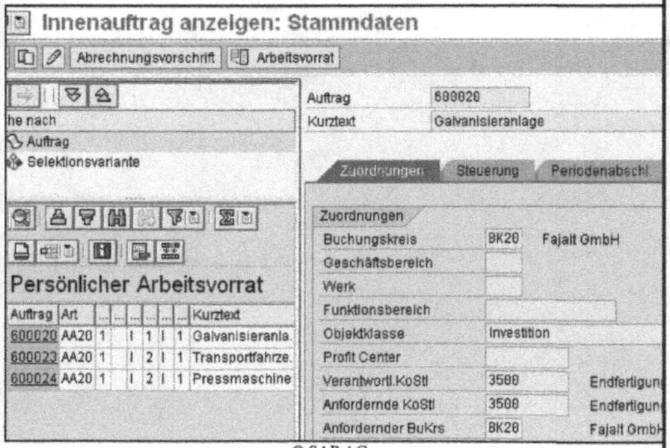

Anzeige	Eingabe/Auswahl
M21.2.2 Anlagenstammsatz für Galvanisieranlage anlegen	
Bildschirm **"Innenauftrag ändern: Stammdaten"** für Ihren Investitionsauftrag" Galvanisieranlage	Wählen Sie aus der Menüleiste: **Zusätze –** **Fertige Anlage anlegen**
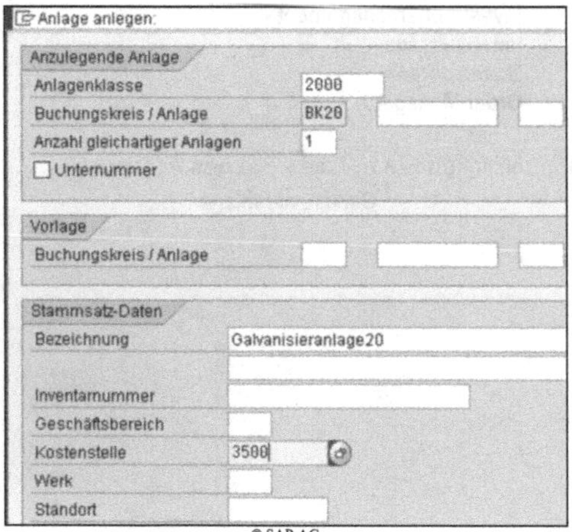 Dialogfenster "**Anlage anlegen**"	Eingabe: *Anlagenklasse:* ***2000*** (= Maschinen) *Anzahl gleichartiger Anlagen:* ***1*** *Bezeichnung:* ***Galvanisieranlage****xx*, xx = Teilnehmernr. *Kostenstelle:* ***3500*** (= Endfertigung)
Anlage anlegen: Anzulegende Anlage Anlagenklasse 2000 Buchungskreis / Anlage BK20 Anzahl gleichartiger Anlagen 1 Unternummer Vorlage Buchungskreis / Anlage Stammsatz-Daten Bezeichnung Galvanisieranlage20 Inventarnummer Geschäftsbereich Kostenstelle 3500 Werk Standort © SAP AG	↵
Meldung: *1 Anlage angelegt und Aufteilungsregeln erzeugt*	Klicken Sie auf Abrechnungsvorschrift

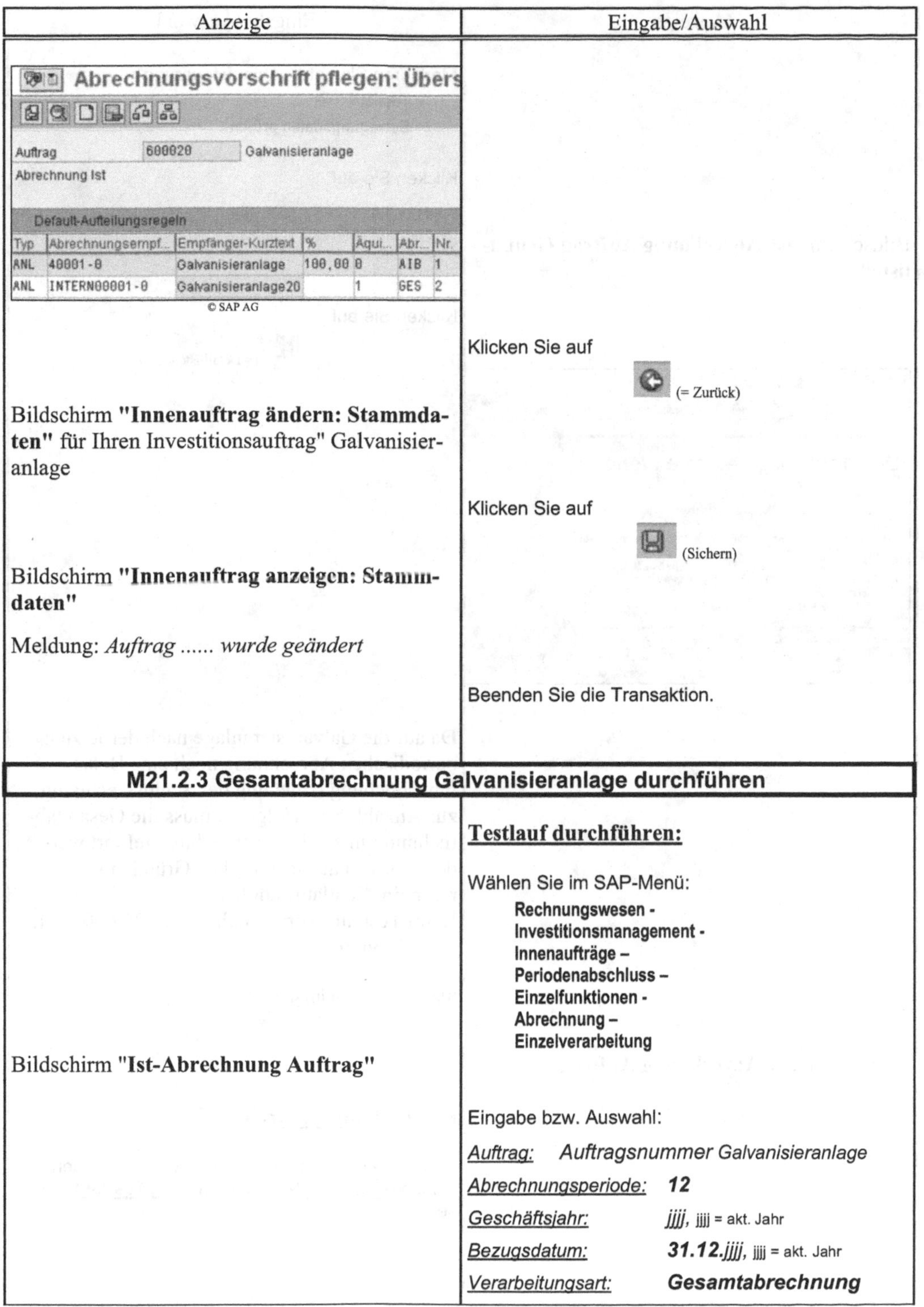

Anzeige	Eingabe/Auswahl
Abrechnungsvorschrift pflegen: Übers Auftrag 600020 Galvanisieranlage Abrechnung Ist Default-Aufteilungsregeln Typ | Abrechnungsempf... | Empfänger-Kurztext | % | Äqui... | Abr... | Nr. ANL | 40001-0 | Galvanisieranlage | 100,00 | 0 | AIB | 1 ANL | INTERN00001-0 | Galvanisieranlage20 | | 1 | GES | 2 © SAP AG	
	Klicken Sie auf (= Zurück)
Bildschirm **"Innenauftrag ändern: Stammdaten"** für Ihren Investitionsauftrag" Galvanisieranlage	Klicken Sie auf (Sichern)
Bildschirm **"Innenauftrag anzeigen: Stammdaten"** Meldung: *Auftrag ...... wurde geändert*	Beenden Sie die Transaktion.
M21.2.3 Gesamtabrechnung Galvanisieranlage durchführen	
	Testlauf durchführen: Wählen Sie im SAP-Menü: **Rechnungswesen - Investitionsmanagement - Innenaufträge – Periodenabschluss – Einzelfunktionen - Abrechnung – Einzelverarbeitung**
Bildschirm **"Ist-Abrechnung Auftrag"**	Eingabe bzw. Auswahl: Auftrag: *Auftragsnummer Galvanisieranlage* Abrechnungsperiode: ***12*** Geschäftsjahr: *jjjj*, jjjj = akt. Jahr Bezugsdatum: ***31.12.jjjj***, jjjj = akt. Jahr Verarbeitungsart: ***Gesamtabrechnung***

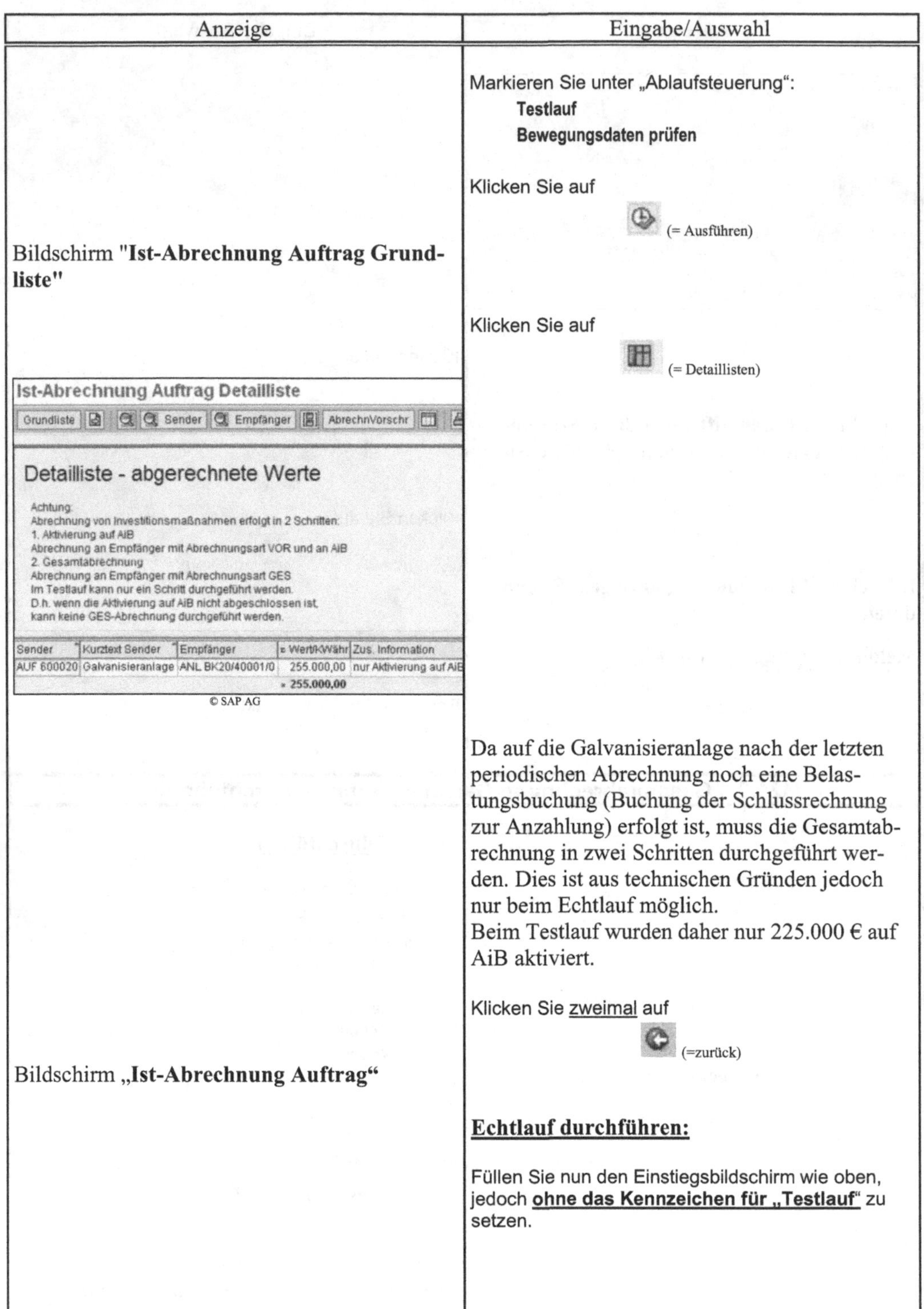

<table>
<tr><th>Anzeige</th><th>Eingabe/Auswahl</th></tr>
<tr><td></td><td>Markieren Sie unter „Ablaufsteuerung“:
Testlauf
Bewegungsdaten prüfen

Klicken Sie auf
(= Ausführen)</td></tr>
<tr><td>Bildschirm "Ist-Abrechnung Auftrag Grundliste"</td><td>Klicken Sie auf
(= Detaillisten)</td></tr>
<tr><td>Ist-Abrechnung Auftrag Detailliste
Grundliste Sender Empfänger AbrechnVorschr

Detailliste - abgerechnete Werte

Achtung:
Abrechnung von Investitionsmaßnahmen erfolgt in 2 Schritten:
1. Aktivierung auf AiB
Abrechnung an Empfänger mit Abrechnungsart VOR und an AiB
2. Gesamtabrechnung
Abrechnung an Empfänger mit Abrechnungsart GES
Im Testlauf kann nur ein Schritt durchgeführt werden.
D.h. wenn die Aktivierung auf AiB nicht abgeschlossen ist,
kann keine GES-Abrechnung durchgeführt werden.

Sender | Kurztext Sender | Empfänger | Σ Wert/KWähr | Zus. Information
AUF 600020 | Galvanisieranlage | ANL BK20/40001/0 | 255.000,00 | nur Aktivierung auf AiB
| | | • 255.000,00 |

© SAP AG</td><td>Da auf die Galvanisieranlage nach der letzten periodischen Abrechnung noch eine Belastungsbuchung (Buchung der Schlussrechnung zur Anzahlung) erfolgt ist, muss die Gesamtabrechnung in zwei Schritten durchgeführt werden. Dies ist aus technischen Gründen jedoch nur beim Echtlauf möglich.
Beim Testlauf wurden daher nur 225.000 € auf AiB aktiviert.

Klicken Sie <u>zweimal</u> auf
(=zurück)</td></tr>
<tr><td>Bildschirm „Ist-Abrechnung Auftrag“</td><td><u>Echtlauf durchführen:</u>

Füllen Sie nun den Einstiegsbildschirm wie oben, jedoch <u>ohne das Kennzeichen für „Testlauf“</u> zu setzen.</td></tr>
</table>

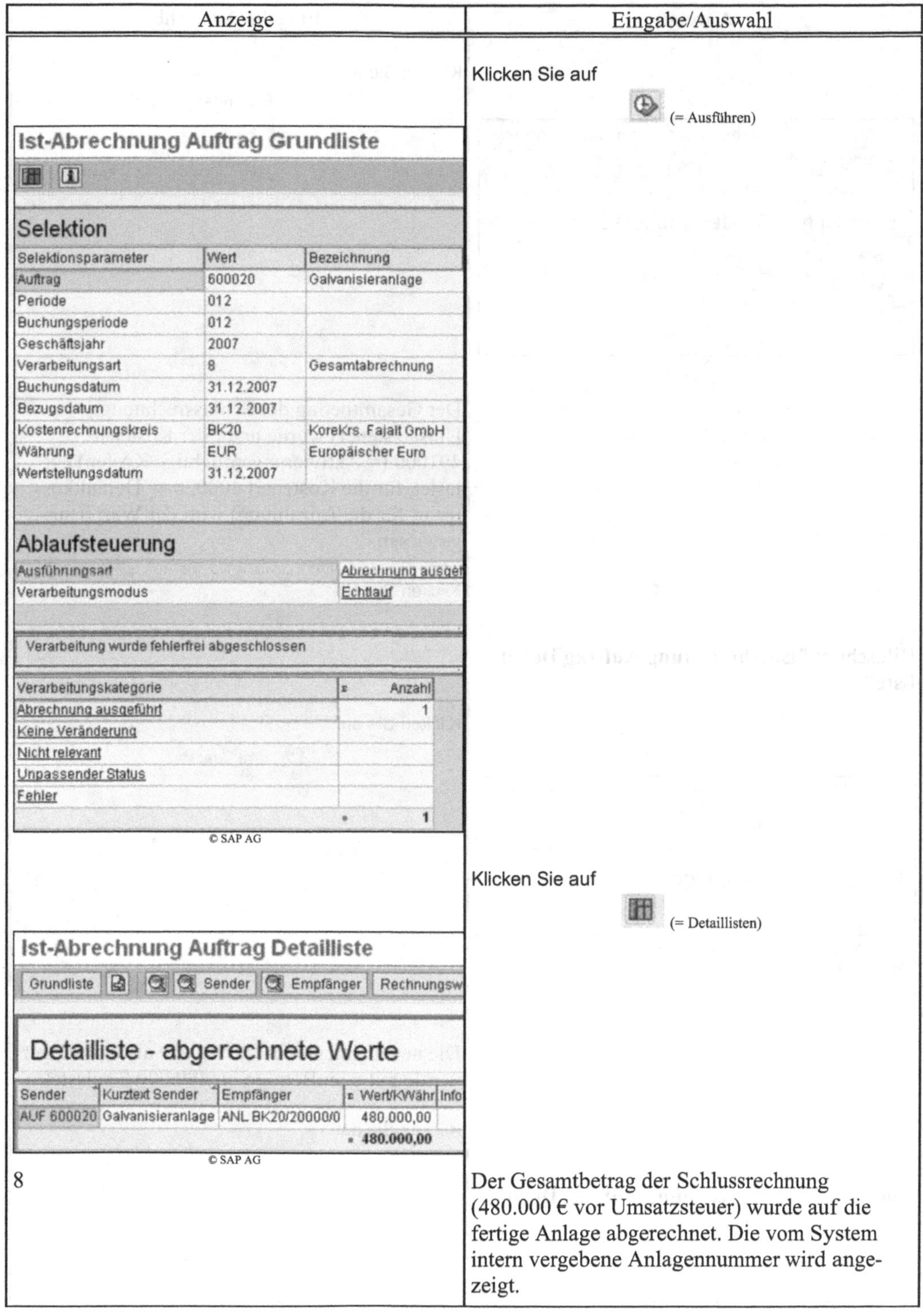

Anzeige	Eingabe/Auswahl
Ist-Abrechnung Auftrag Grundliste (© SAP AG)	Klicken Sie auf (= Ausführen)
Ist-Abrechnung Auftrag Detailliste (© SAP AG)	Klicken Sie auf (= Detaillisten)
8	Der Gesamtbetrag der Schlussrechnung (480.000 € vor Umsatzsteuer) wurde auf die fertige Anlage abgerechnet. Die vom System intern vergebene Anlagennummer wird angezeigt.

Ist-Abrechnung Auftrag Grundliste

Selektion

Selektionsparameter	Wert	Bezeichnung
Auftrag	600020	Galvanisieranlage
Periode	012	
Buchungsperiode	012	
Geschäftsjahr	2007	
Verarbeitungsart	8	Gesamtabrechnung
Buchungsdatum	31.12.2007	
Bezugsdatum	31.12.2007	
Kostenrechnungskreis	BK20	KoreKrs. Fajalt GmbH
Währung	EUR	Europäischer Euro
Wertstellungsdatum	31.12.2007	

Ablaufsteuerung

Ausführungsart	Abrechnung ausgef
Verarbeitungsmodus	Echtlauf

Verarbeitung wurde fehlerfrei abgeschlossen

Verarbeitungskategorie	Σ Anzahl
Abrechnung ausgeführt	1
Keine Veränderung	
Nicht relevant	
Unpassender Status	
Fehler	
	• 1

© SAP AG

Ist-Abrechnung Auftrag Detailliste

Grundliste · Sender · Empfänger · Rechnungsw

Detailliste - abgerechnete Werte

Sender	Kurztext Sender	Empfänger	Σ Wert/KWähr	Info
AUF 600020	Galvanisieranlage	ANL BK20/20000/0	480.000,00	
			• 480.000,00	

© SAP AG

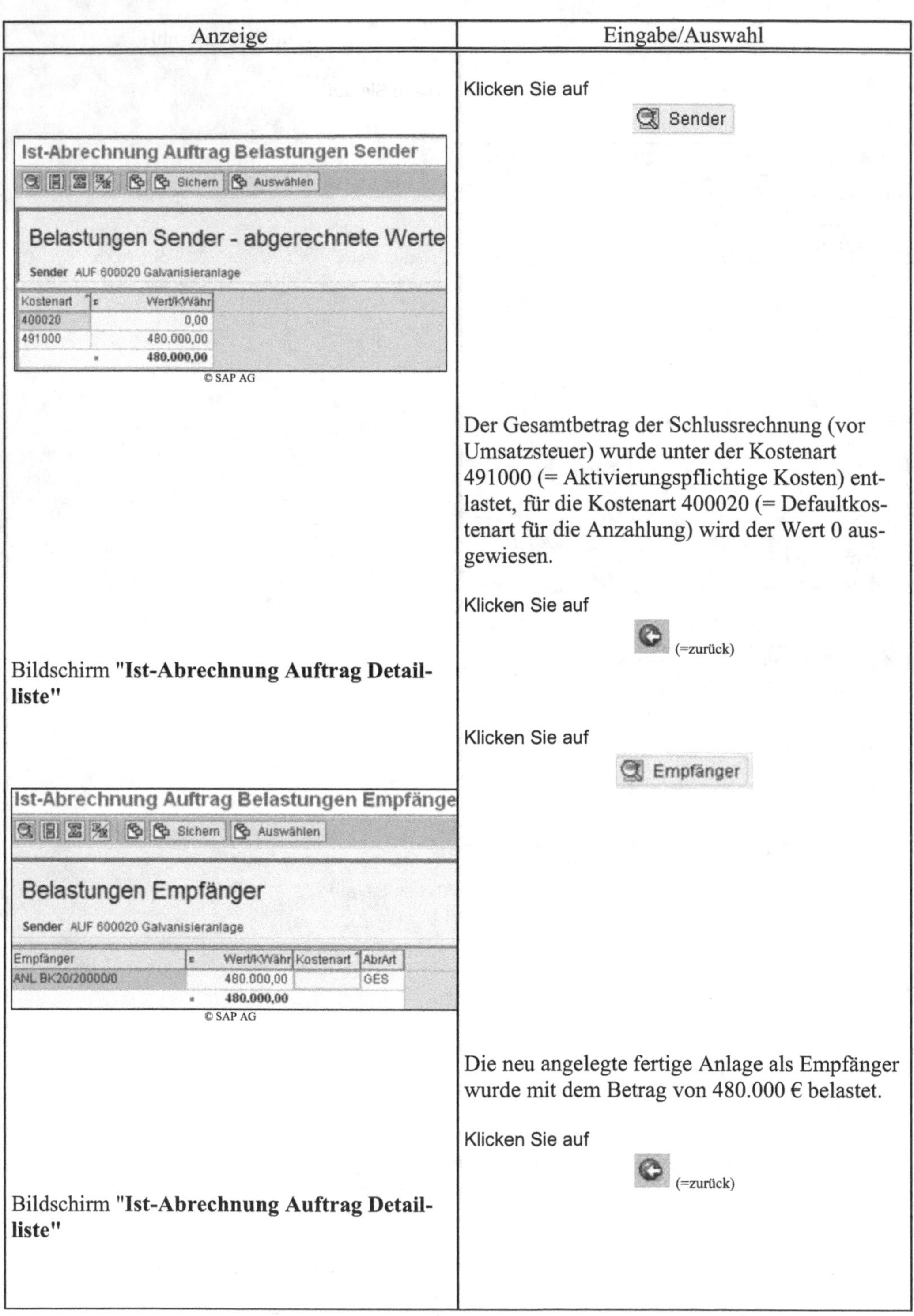

Anzeige	Eingabe/Auswahl
	Klicken Sie auf Sender
Ist-Abrechnung Auftrag Belastungen Sender Sichern Auswählen **Belastungen Sender - abgerechnete Werte** Sender AUF 600020 Galvanisieranlage Kostenart | Wert/KWähr 400020 | 0,00 491000 | 480.000,00 • | **480.000,00** © SAP AG	
	Der Gesamtbetrag der Schlussrechnung (vor Umsatzsteuer) wurde unter der Kostenart 491000 (= Aktivierungspflichtige Kosten) entlastet, für die Kostenart 400020 (= Defaultkostenart für die Anzahlung) wird der Wert 0 ausgewiesen.
	Klicken Sie auf (=zurück)
Bildschirm "**Ist-Abrechnung Auftrag Detailliste**"	Klicken Sie auf Empfänger
Ist-Abrechnung Auftrag Belastungen Empfänge Sichern Auswählen **Belastungen Empfänger** Sender AUF 600020 Galvanisieranlage Empfänger | Wert/KWähr | Kostenart | AbrArt ANL BK20/20000/0 | 480.000,00 | | GES • | **480.000,00** © SAP AG	
	Die neu angelegte fertige Anlage als Empfänger wurde mit dem Betrag von 480.000 € belastet.
	Klicken Sie auf (=zurück)
Bildschirm "**Ist-Abrechnung Auftrag Detailliste**"	

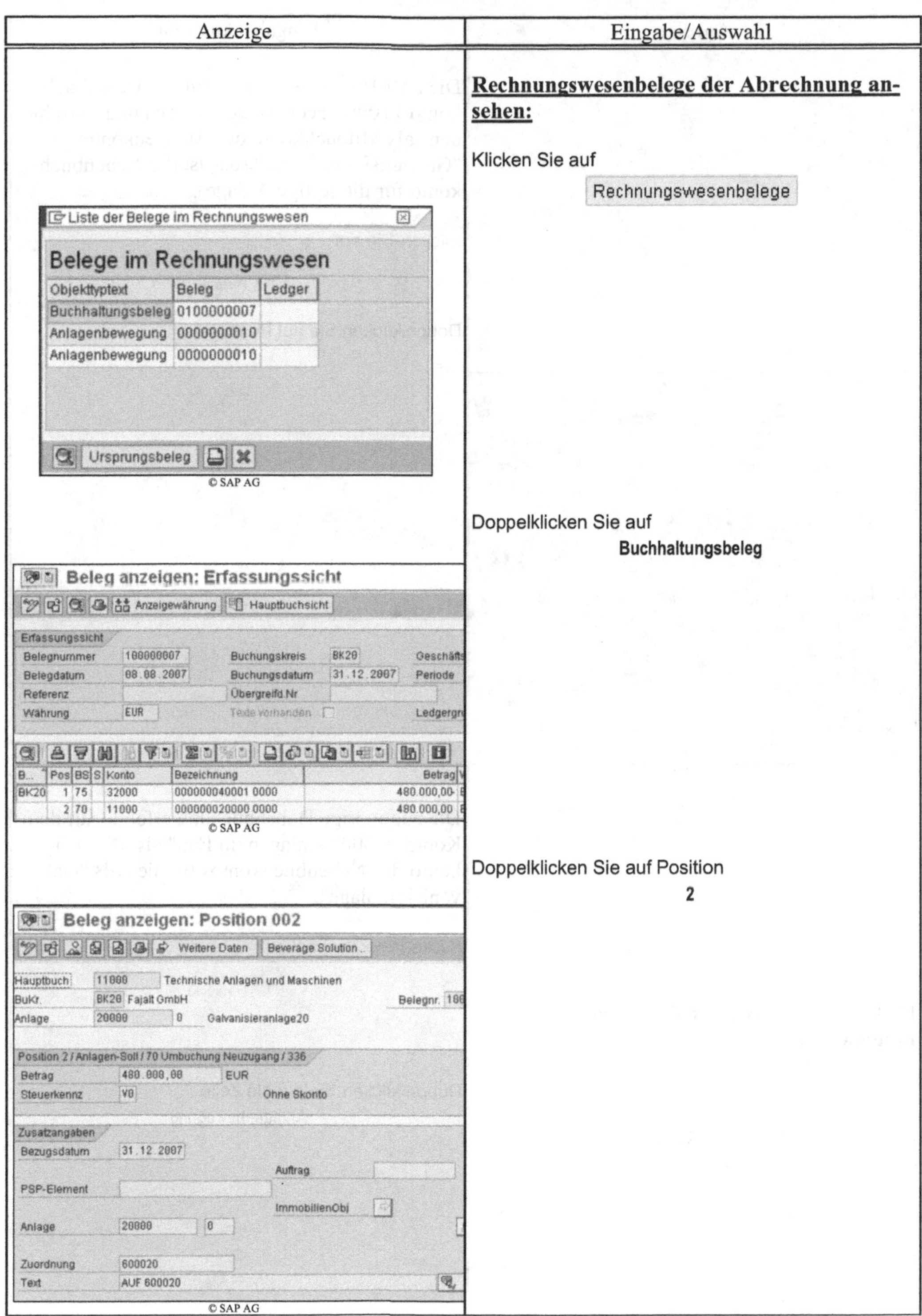
Anzeige
Eingabe/Auswahl
Rechnungswesenbelege der Abrechnung ansehen:
Klicken Sie auf
Rechnungswesenbelege
Liste der Belege im Rechnungswesen
Belege im Rechnungswesen
Objekttyptext | Beleg | Ledger
Buchhaltungsbeleg | 0100000007
Anlagenbewegung | 0000000010
Anlagenbewegung | 0000000010
Ursprungsbeleg
© SAP AG
Doppelklicken Sie auf
Buchhaltungsbeleg
Beleg anzeigen: Erfassungssicht
Anzeigewährung
Hauptbuchsicht
Erfassungssicht
Belegnummer 100000007
Buchungskreis BK20
Belegdatum 08.08.2007
Buchungsdatum 31.12.2007
Periode
Referenz
Übergreifd.Nr
Währung EUR
Texte vorhanden
B... | Pos | BS | S | Konto | Bezeichnung | Betrag
BK20 | 1 | 75 | | 32000 | 000000040001 0000 | 480.000,00-
| 2 | 70 | | 11000 | 000000020000 0000 | 480.000,00
© SAP AG
Doppelklicken Sie auf Position
2
Beleg anzeigen: Position 002
Weitere Daten
Beverage Solution
Hauptbuch 11000 Technische Anlagen und Maschinen
BuKr. BK20 Fajalt GmbH
Belegnr.
Anlage 20000 0 Galvanisieranlage20
Position 2 / Anlagen-Soll / 70 Umbuchung Neuzugang / 336
Betrag 480.000,00 EUR
Steuerkennz V0 Ohne Skonto
Zusatzangaben
Bezugsdatum 31.12.2007
Auftrag
PSP-Element
ImmobilienObj
Anlage 20000 0
Zuordnung 600020
Text AUF 600020
© SAP AG

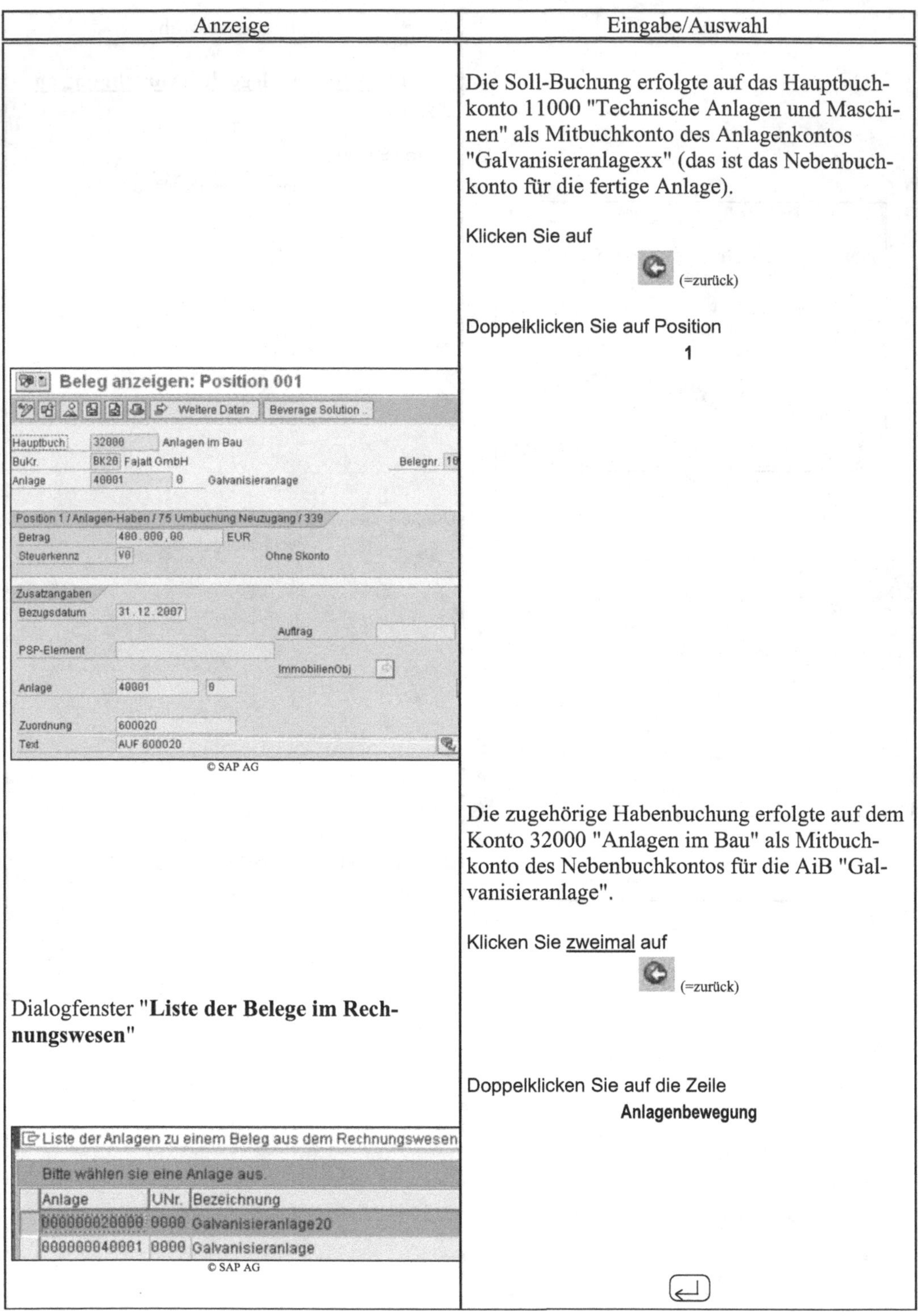

Anzeige	Eingabe/Auswahl
	Die Soll-Buchung erfolgte auf das Hauptbuchkonto 11000 "Technische Anlagen und Maschinen" als Mitbuchkonto des Anlagenkontos "Galvanisieranlagexx" (das ist das Nebenbuchkonto für die fertige Anlage). Klicken Sie auf (=zurück) Doppelklicken Sie auf Position **1**
Beleg anzeigen: Position 001 Weitere Daten / Beverage Solution .. Hauptbuch 32000 Anlagen im Bau BuKr. BK20 Fajalt GmbH Belegnr. 10 Anlage 40001 0 Galvanisieranlage Position 1 / Anlagen-Haben / 75 Umbuchung Neuzugang / 339 Betrag 400.000,00 EUR Steuerkennz V0 Ohne Skonto Zusatzangaben Bezugsdatum 31.12.2007 Auftrag PSP-Element ImmobilienObj Anlage 40001 0 Zuordnung 600020 Text AUF 600020 © SAP AG	
	Die zugehörige Habenbuchung erfolgte auf dem Konto 32000 "Anlagen im Bau" als Mitbuchkonto des Nebenbuchkontos für die AiB "Galvanisieranlage". Klicken Sie <u>zweimal</u> auf (=zurück)
Dialogfenster "**Liste der Belege im Rechnungswesen**"	Doppelklicken Sie auf die Zeile **Anlagenbewegung**
Liste der Anlagen zu einem Beleg aus dem Rechnungswesen Bitte wählen sie eine Anlage aus. Anlage / UNr. / Bezeichnung 000000020000 0000 Galvanisieranlage20 000000040001 0000 Galvanisieranlage © SAP AG	↵

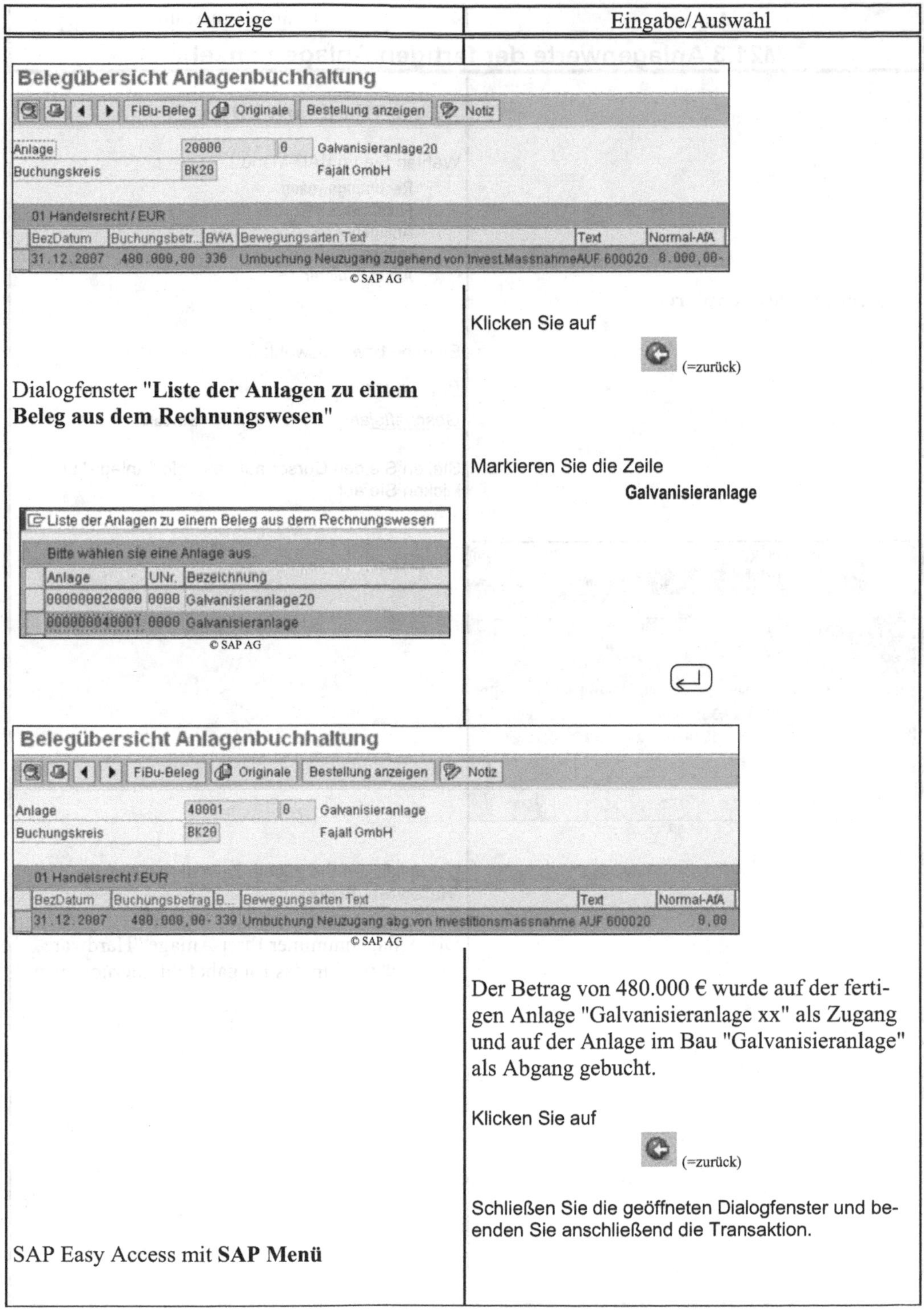

Anzeige	Eingabe/Auswahl
Belegübersicht Anlagenbuchhaltung (Screenshot: Anlage 20000 0 Galvanisieranlage20; Buchungskreis BK20 Fajalt GmbH; 01 Handelsrecht / EUR; BezDatum 31.12.2007, Buchungsbetr. 480.000,00, BWA 336, Bewegungsarten Text: Umbuchung Neuzugang zugehend von Invest.MassnahmeAUF 600020, Normal-AfA 8.000,00-) © SAP AG	
	Klicken Sie auf (=zurück)
Dialogfenster "**Liste der Anlagen zu einem Beleg aus dem Rechnungswesen**"	Markieren Sie die Zeile **Galvanisieranlage**
(Screenshot: Liste der Anlagen zu einem Beleg aus dem Rechnungswesen; Bitte wählen sie eine Anlage aus; Anlage / UNr. / Bezeichnung: 000000020000 0000 Galvanisieranlage20; 000000040001 0000 Galvanisieranlage) © SAP AG	↵
Belegübersicht Anlagenbuchhaltung (Screenshot: Anlage 40001 0 Galvanisieranlage; Buchungskreis BK20 Fajalt GmbH; 01 Handelsrecht / EUR; BezDatum 31.12.2007, Buchungsbetrag 480.000,00-, B... 339, Bewegungsarten Text: Umbuchung Neuzugang abg.von Investitionsmassnahme AUF 600020, Normal-AfA 0,00) © SAP AG	
	Der Betrag von 480.000 € wurde auf der fertigen Anlage "Galvanisieranlage xx" als Zugang und auf der Anlage im Bau "Galvanisieranlage" als Abgang gebucht.
	Klicken Sie auf (=zurück)
	Schließen Sie die geöffneten Dialogfenster und beenden Sie anschließend die Transaktion.
SAP Easy Access mit **SAP Menü**	

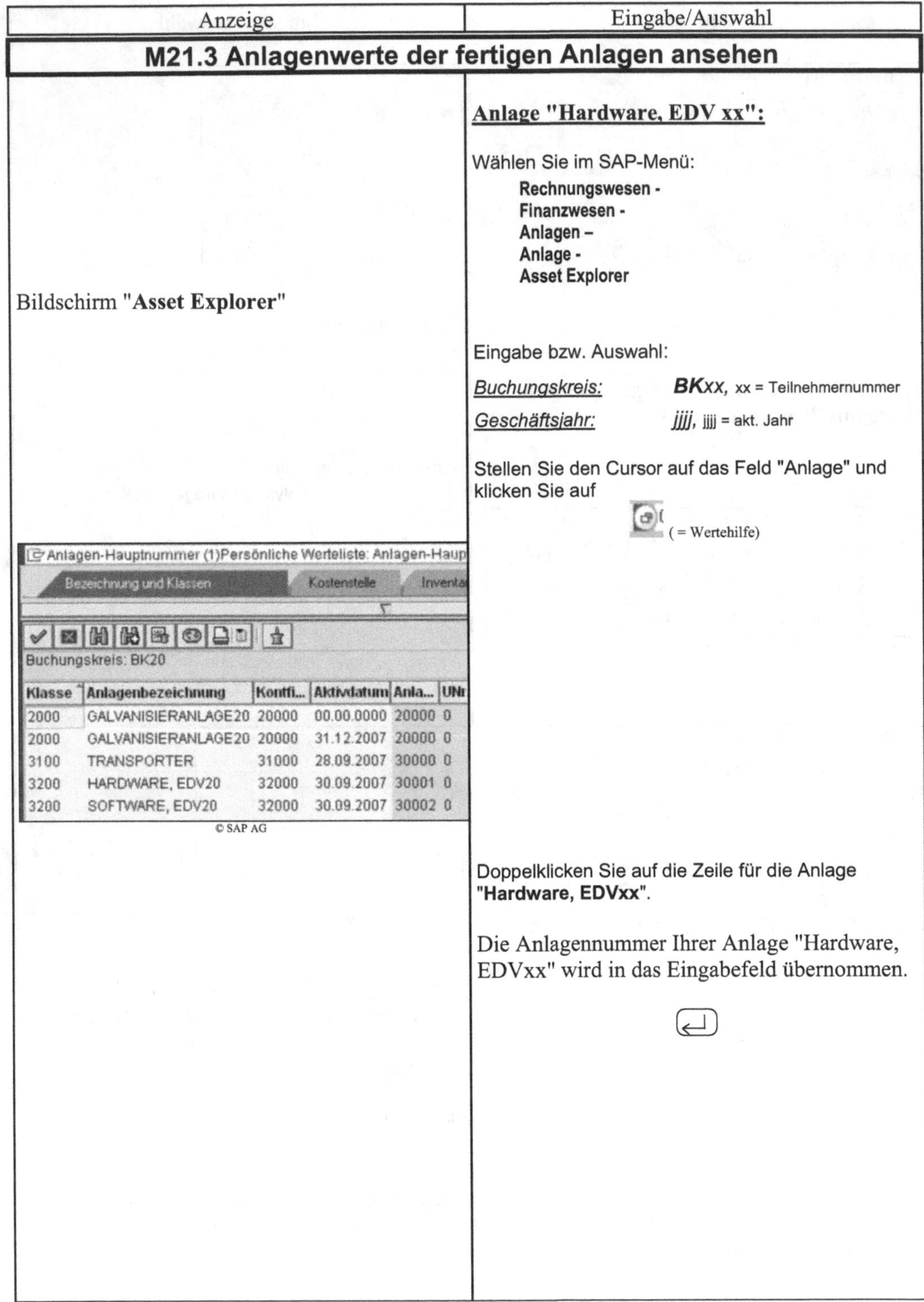

Anzeige	Eingabe/Auswahl

M21.3 Anlagenwerte der fertigen Anlagen ansehen

Anlage "Hardware, EDV xx":

Wählen Sie im SAP-Menü:

Rechnungswesen -
Finanzwesen -
Anlagen –
Anlage -
Asset Explorer

Bildschirm "**Asset Explorer**"

Eingabe bzw. Auswahl:

Buchungskreis: ***BKxx***, xx = Teilnehmernummer

Geschäftsjahr: *jjjj*, jjjj = akt. Jahr

Stellen Sie den Cursor auf das Feld "Anlage" und klicken Sie auf

(= Wertehilfe)

Anlagen-Hauptnummer (1)Persönliche Werteliste: Anlagen-Haup

Bezeichnung und Klassen | Kostenstelle | Inventa

Buchungskreis: BK20

Klasse	Anlagenbezeichnung	Kontfi...	Aktivdatum	Anla...	UNr
2000	GALVANISIERANLAGE20	20000	00.00.0000	20000	0
2000	GALVANISIERANLAGE20	20000	31.12.2007	20000	0
3100	TRANSPORTER	31000	28.09.2007	30000	0
3200	HARDWARE, EDV20	32000	30.09.2007	30001	0
3200	SOFTWARE, EDV20	32000	30.09.2007	30002	0

Doppelklicken Sie auf die Zeile für die Anlage "**Hardware, EDVxx**".

Die Anlagennummer Ihrer Anlage "Hardware, EDVxx" wird in das Eingabefeld übernommen.

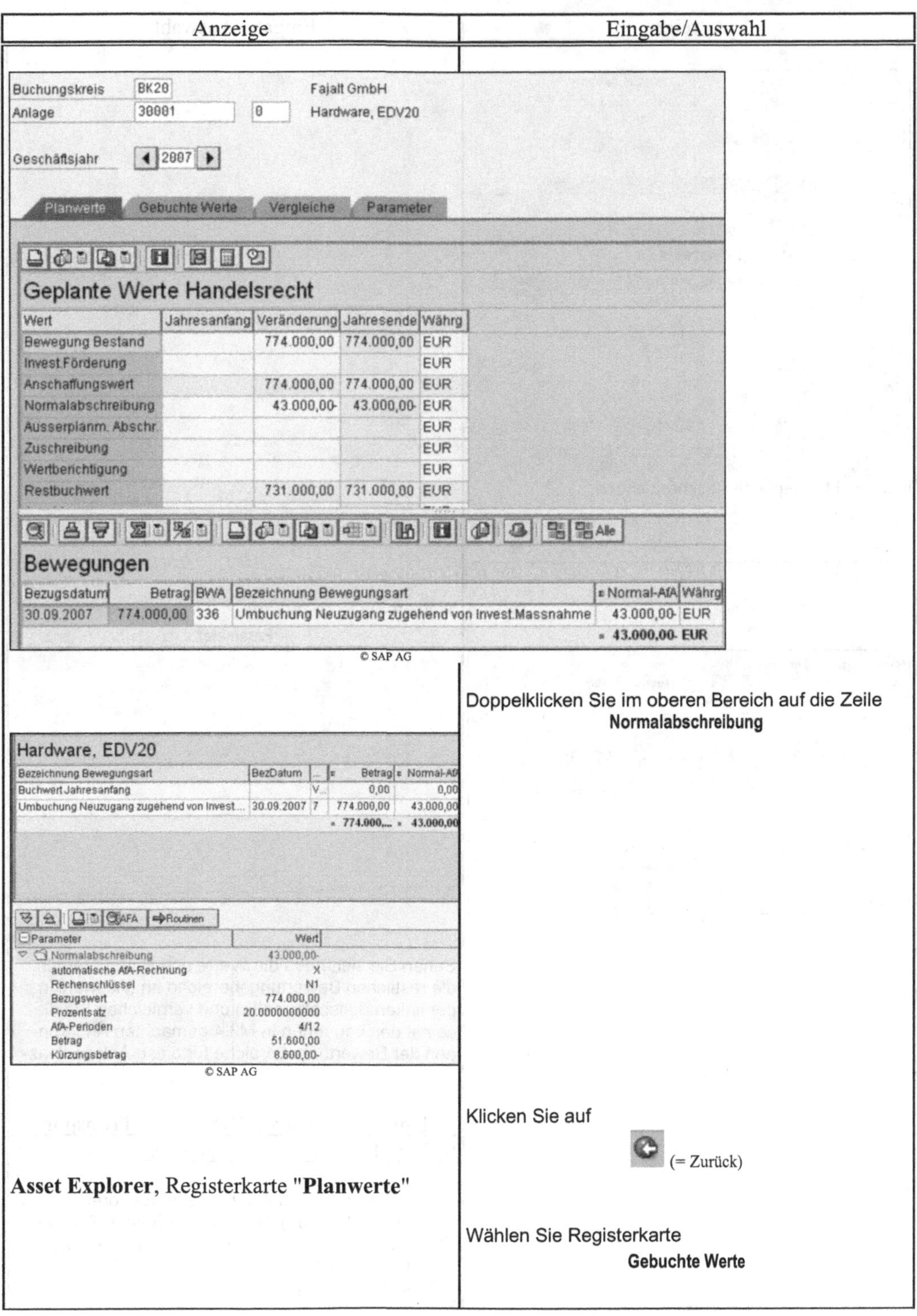

Anzeige	Eingabe/Auswahl
© SAP AG	Doppelklicken Sie im oberen Bereich auf die Zeile **Normalabschreibung**
© SAP AG	Klicken Sie auf (= Zurück)
Asset Explorer, Registerkarte "**Planwerte**"	Wählen Sie Registerkarte **Gebuchte Werte**

Anzeige	Eingabe/Auswahl

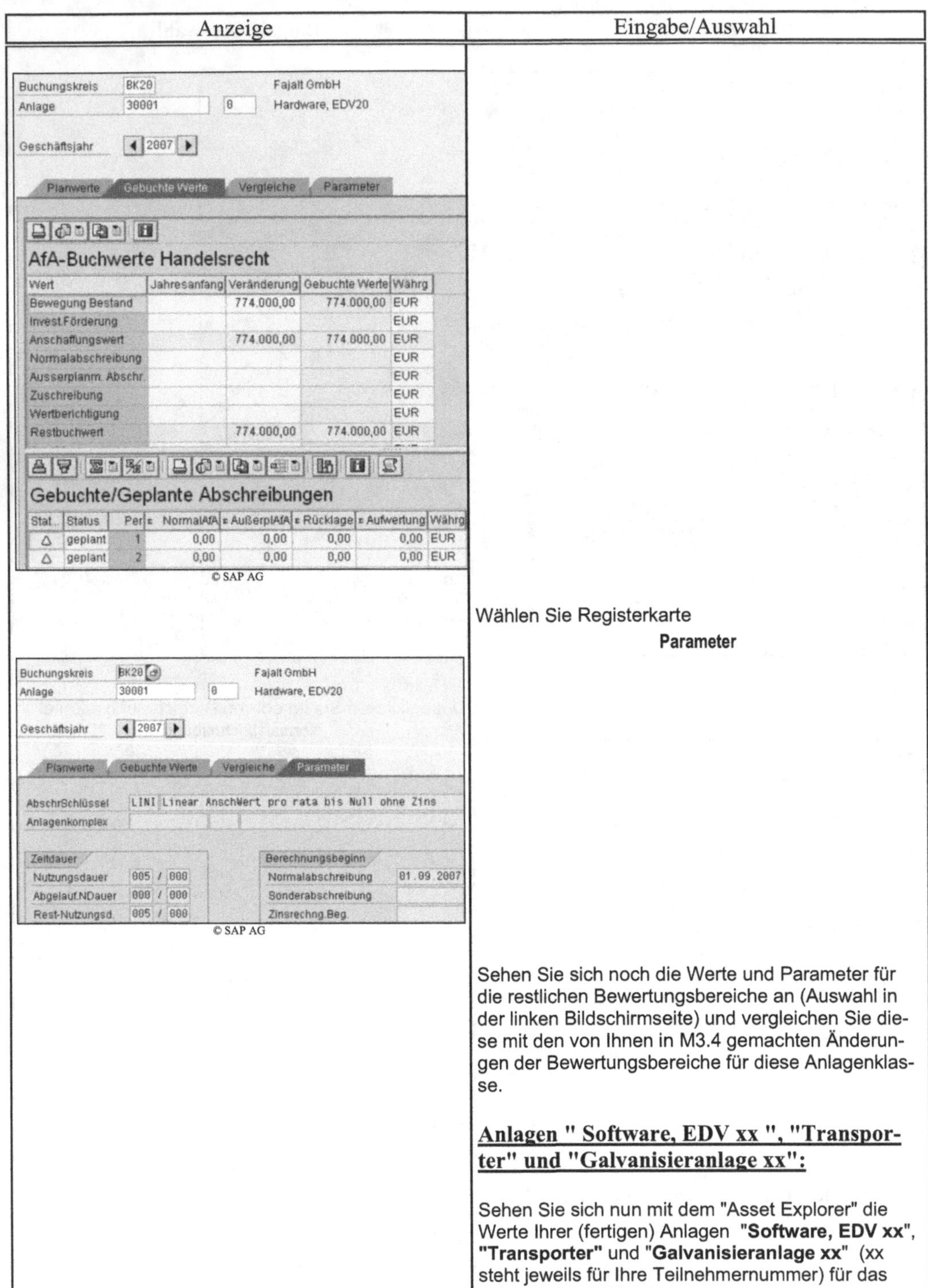

© SAP AG

Wählen Sie Registerkarte

Parameter

© SAP AG

Sehen Sie sich noch die Werte und Parameter für die restlichen Bewertungsbereiche an (Auswahl in der linken Bildschirmseite) und vergleichen Sie diese mit den von Ihnen in M3.4 gemachten Änderungen der Bewertungsbereiche für diese Anlagenklasse.

Anlagen " Software, EDV xx ", "Transporter" und "Galvanisieranlage xx":

Sehen Sie sich nun mit dem "Asset Explorer" die Werte Ihrer (fertigen) Anlagen **"Software, EDV xx"**, **"Transporter"** und "**Galvanisieranlage xx**" (xx steht jeweils für Ihre Teilnehmernummer) für das aktuelle Geschäftsjahr an.

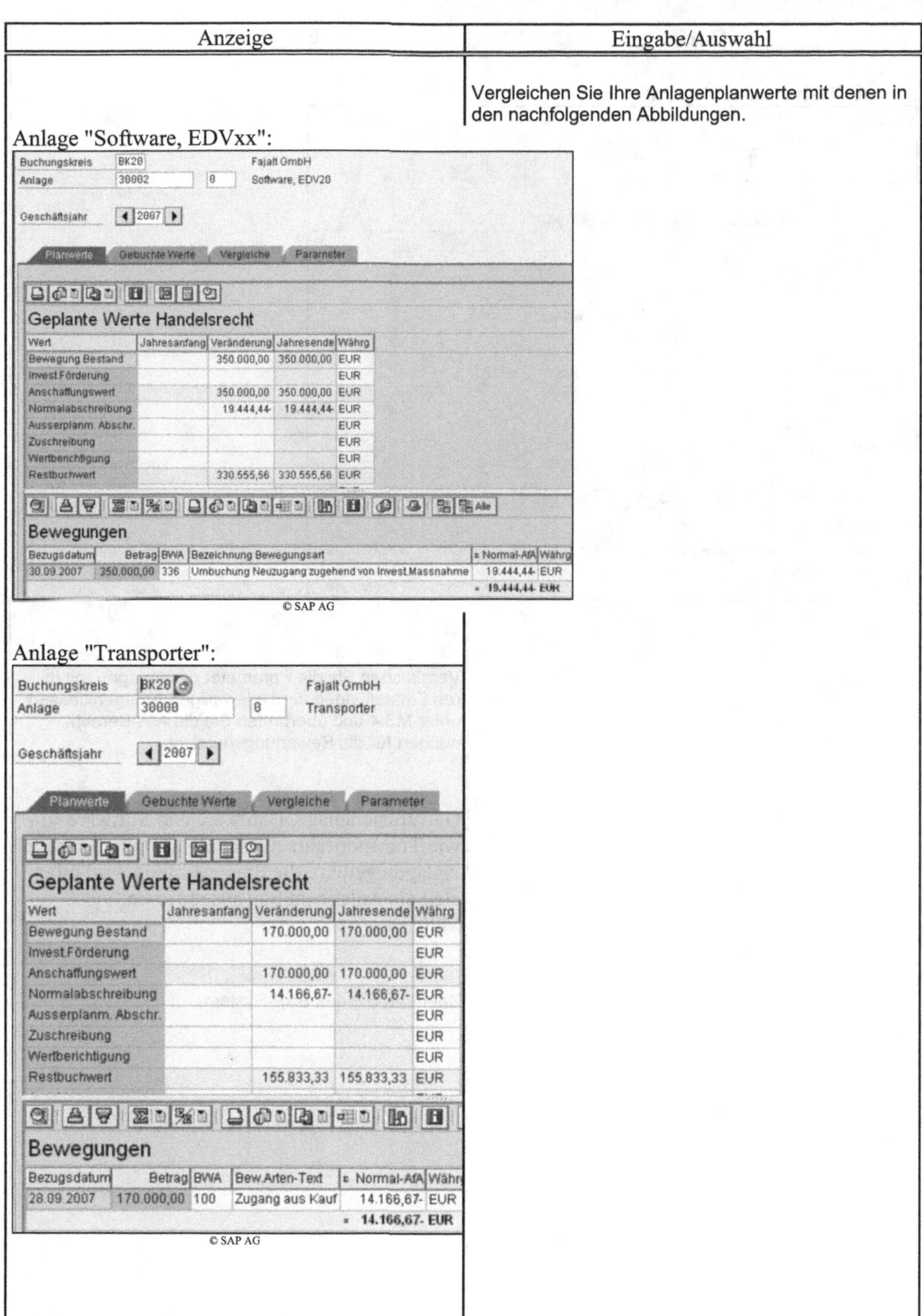

Anzeige	Eingabe/Auswahl
	Vergleichen Sie Ihre Anlagenplanwerte mit denen in den nachfolgenden Abbildungen.

Anlage "Software, EDVxx":

Buchungskreis BK20 Fajalt GmbH
Anlage 30002 0 Software, EDV20

Geschäftsjahr 2007

Planwerte | Gebuchte Werte | Vergleiche | Parameter

Geplante Werte Handelsrecht

Wert	Jahresanfang	Veränderung	Jahresende	Währg
Bewegung Bestand		350.000,00	350.000,00	EUR
Invest.Förderung				EUR
Anschaffungswert		350.000,00	350.000,00	EUR
Normalabschreibung		19.444,44-	19.444,44-	EUR
Ausserplanm. Abschr.				EUR
Zuschreibung				EUR
Wertberichtigung				EUR
Restbuchwert		330.555,56	330.555,56	EUR

Bewegungen

Bezugsdatum	Betrag	BWA	Bezeichnung Bewegungsart	Σ Normal-AfA	Währg
30.09.2007	350.000,00	336	Umbuchung Neuzugang zugehend von Invest.Massnahme	19.444,44-	EUR
				• 19.444,44-	EUR

Anlage "Transporter":

Buchungskreis BK20 Fajalt GmbH
Anlage 30000 0 Transporter

Geschäftsjahr 2007

Planwerte | Gebuchte Werte | Vergleiche | Parameter

Geplante Werte Handelsrecht

Wert	Jahresanfang	Veränderung	Jahresende	Währg
Bewegung Bestand		170.000,00	170.000,00	EUR
Invest.Förderung				EUR
Anschaffungswert		170.000,00	170.000,00	EUR
Normalabschreibung		14.166,67-	14.166,67-	EUR
Ausserplanm. Abschr.				EUR
Zuschreibung				EUR
Wertberichtigung				EUR
Restbuchwert		155.833,33	155.833,33	EUR

Bewegungen

Bezugsdatum	Betrag	BWA	Bew.Arten-Text	Σ Normal-AfA	Währg
28.09.2007	170.000,00	100	Zugang aus Kauf	14.166,67-	EUR
				• 14.166,67-	EUR

Anzeige	Eingabe/Auswahl

Anlage "Galvanisieranlagexx":

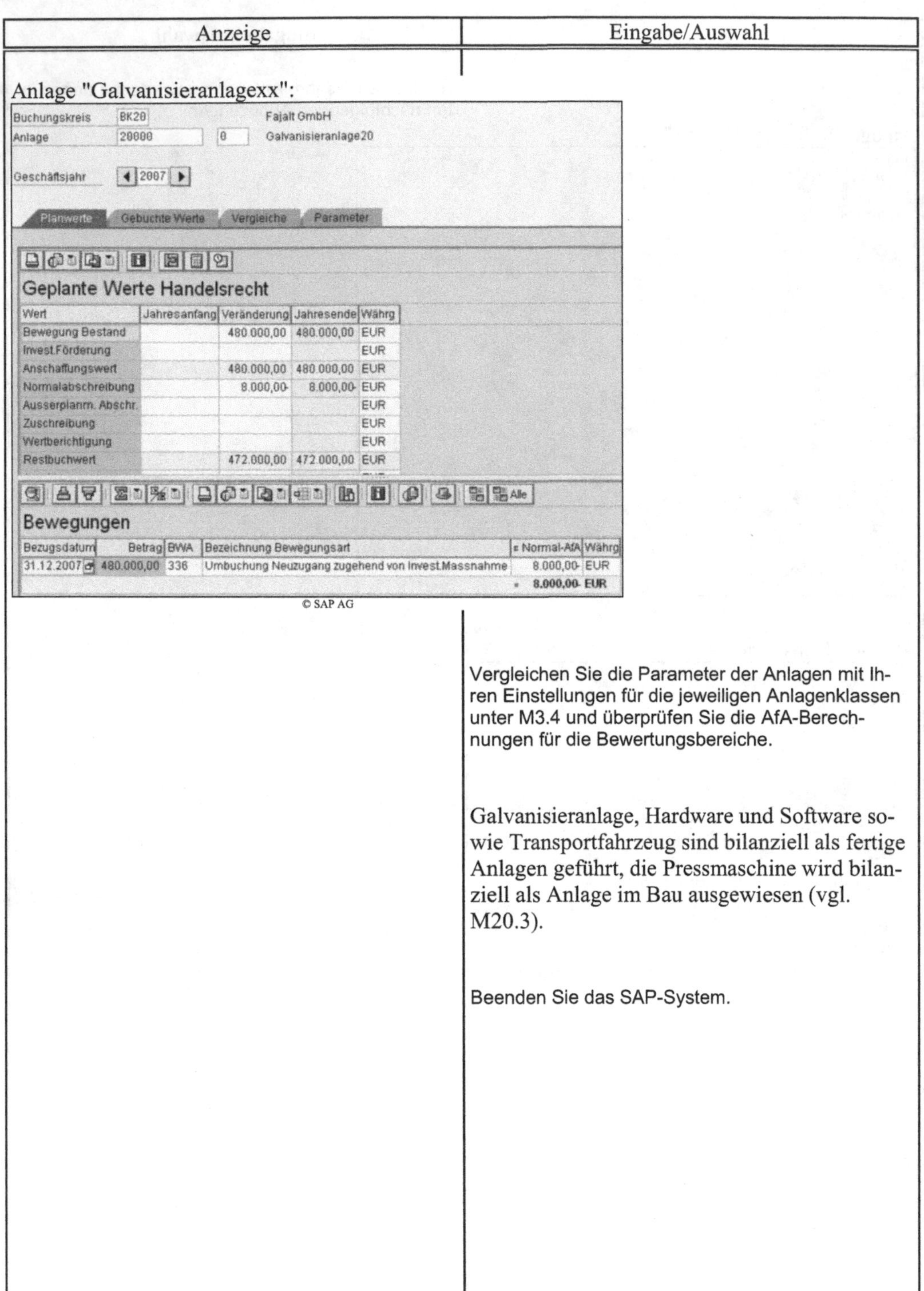

© SAP AG

Vergleichen Sie die Parameter der Anlagen mit Ihren Einstellungen für die jeweiligen Anlagenklassen unter M3.4 und überprüfen Sie die AfA-Berechnungen für die Bewertungsbereiche.

Galvanisieranlage, Hardware und Software sowie Transportfahrzeug sind bilanziell als fertige Anlagen geführt, die Pressmaschine wird bilanziell als Anlage im Bau ausgewiesen (vgl. M20.3).

Beenden Sie das SAP-System.

6 Anhang

6.1 Datentabellen

Die Datentabellen enthalten alle Stamm- und Bewegungsdatensätze für die Fajalt GmbH, begrenzt auf die für das Fallbeispiel relevanten Datenfelder.

Die nicht grau unterlegten Felder sind – nach Aufforderung an den entsprechenden Stellen der Tastenteile – explizit einzugeben. Alle grau unterlegten Felder werden vom System aus zuvor angelegten Steuerungsparametern, Stammdatensätzen, Strukturen oder aus hierarchischen Zuordnungen abgeleitet. Z. B. werden Budgetprofil und Planprofil aus dem Projektprofil (Tab. 12), die Projektstruktur aus den Projektstammdaten (Tab. 17), Programmpositionen aus der Kostenstellenstandardhierarchie (Tab. 10) und Felder der Sachkontenstammsätze aus dem dem Buchungskreis zugeordneten Kontenplan INT entnommen (Tab 1).

Tabelle 1: Sachkonten

Tabelle 1.1: Bestandskonten

			Typ/Bezeichnung:			Steuerungsdaten:			Erfassung/Bank/Zins:
Sachkonto		**Buchungskreis***	**Kontengruppe**	**Erfolgskonto**	**Bestandskonto**	**Kontowährung**	**Steuerkategorie**	**Abstimmkonto f. Kontenart**	**Feldstatusgruppe**
011000	Technische Anlagen und Maschinen	BKxx	AS (Konten des Anlagevermögens)		•	EUR	–	Anlagen	G007 (Anlagekonten)
013000	Fahrzeuge	BKxx	AS (Konten des Anlagevermögens)		•	EUR	–	Anlagen	G007 (Anlagekonten)
021000	Betriebs- und Geschäftsaustattung	BKxx	AS (Konten des Anlagevermögens)		•	EUR	–	Anlagen	G007 (Anlagekonten)
031000	Gel. Anzahlungen auf Sachanlagen	BKxx	GL (Sachkonten allgemein)		•	EUR	–B	Kreditoren	G039 (Konten für gel. Anz. auf Anlagen)
031010	Vorsteuer-Verrechnung auf Anz. fuer Sachanlagen	BKxx	GL (Sachkonten allgemein)		•	EUR	–		G001 (Allgemein)
031100	Aktivierte Anzahlungen auf Sachanlagen	BKxx	GL (Sachkonten allgemein)		•	EUR		Anlagen	G007 (Anlagekonten)
031200	Verrechnung aktiv. Anzahlungen auf Sachanlagen	BKxx	GL (Sachkonten allgemein)		•	EUR			G001 (Allgemein)
032000	Anlagen im Bau	BKxx	AS (Konten des Anlagevermögens)		•	EUR	–	Anlagen	G007 (Anlagekonten)
034000	EDV-Software	BKxx	AS (Konten des Anlagevermögens)		•	EUR	–	Anlagen	G007 (Anlagekonten)
113100	Bank 1 (Inland)	BKxx	GL (Sachkonten allgemein)		•	EUR			G005 (Bankkonten)

*: Bitte verwenden Sie jeweils Ihre zweistellige Teilnehmernummer anstelle von "xx".

Abb. 6.01: Tabelle 1.1: Bestandskonten

Tabelle 1.1: Bestandskonten (Fortsetzung)

			Typ/Bezeichnung:			Steuerungsdaten:			Erfassung/Bank/Zins:
Sachkonto		**Buchungskreis***	**Kontengruppe**	**Erfolgskonto**	**Bestandskonto**	**Kontowährung**	**Steuerkategorie**	**Abstimmkonto f. Kontenart**	**Feldstatusgruppe**
154000	Eingangssteuer	BKxx	GL (Sachkonten allgemein)		•	EUR	<		G001 (Allgemein)
159000	Sonst. gel. Anzahlungen Umlaufvermögen	BKxx	GL (Sachkonten allgemein)		•	EUR	-B	Kreditoren	G026 (Konten für gel. Anzahlungen)
160000	Kreditoren-Verbindlichkeiten Inland	BKxx	GL (Sachkonten allgemein)		•	EUR	*	Kreditoren	G067 (Abstimmkonten)
199990	Verrechnungskonto Anlagenzugang	BKxx	MAT (Konten der Materialwirtschaft)		•	EUR			G008 (Verrechnungskonten Anlagebereich)
900000	Ergebnis-Vortrag aus dem Vorjahr	BKxx	GL (Sachkonten allgemein)		•	EUR			G001 (Allgemein)

*: Bitte verwenden Sie jeweils Ihre zweistellige Teilnehmernummer anstelle von "xx".

Abb. 6.02: Tabelle 1.1: Bestandskonten (Fortsetzung)

Tabelle 1.2: Erfolgskonten

			Typ/Bezeichnung:			Steuerungsdaten:		Erfassung/Bank/Zins:
Sachkonto		**Buchungskreis***	**Kontengruppe**	**Erfolgskonto**	**Bestandskonto**	**Kontowährung**	**Steuerkategorie**	**Feldstatusgruppe**
400020	Material Verbrauch/Handelswaren ohne Kontierung	BKxx	MAT (Konten der Materialwirtschaft	•		EUR	-	G030 (Bestandsveränderungskonten)
491000	Aktivierungspflichtige Kosten	BKxx	PL (Erfolgskonten)	•		EUR	-	G004 (Kostenkonten)
810000	Aktivierte Eigenleistungen	BKxx	PL (Erfolgskonten)	•		EUR		G036 (Erlöskonten)

*: Bitte verwenden Sie jeweils Ihre zweistellige Teilnehmernummer anstelle von "xx".

Abb. 6.03: Tabelle 1.2: Erfolgskonten

Tabelle 2: Kreditoren

Einstieg:			Anschrift:							Kontoführung Buchhaltung:
Kreditor*	**Bukrs***	**Kontengruppe**	**Anrede**	**Name**	**Such-begriff 1**	**Such-begriff 2***	**Post-leitzahl**	**Ort**	**Land**	**Abstimmkonto**
BUHAxx	BKxx	LIEF (Kreditoren (ext. NrVergabe))	Firma	Busch	Computer	xx	21079	Hamburg	DE	160000
SCWIxx	BKxx	LIEF (Kreditoren (ext. NrVergabe))	Firma	Schalla	Installation	xx	58454	Witten	DE	160000
LUDUxx	BKxx	LIEF (Kreditoren (ext. NrVergabe))	Firma	Luffa GmbH	Maschinen	xx	47167	Duisburg	DE	160000
SOHAxx	BKxx	LIEF (Kreditoren (ext. NrVergabe))	Firma	Softtop GmbH	Software	xx	45529	Hattingen	DE	160000
DRMAxx	BKxx	LIEF (Kreditoren (ext. NrVergabe))	Firma	Drilling AG	Maschinen	xx	55130	Mainz	DE	160000
HUBOxx	BKxx	LIEF (Kreditoren (ext. NrVergabe))	Firma	Hurtig KG	Autohaus	xx	44795	Bochum	DE	160000
KODOxx	BKxx	LIEF (Kreditoren (ext. NrVergabe))	Firma	Kobold GmbH	Baubedarf	xx	44227	Dortmund	DE	160000
ZOWUxx	BKxx	LIEF (Kreditoren (ext. NrVergabe))	Firma	Zobbel AG	Anlagenbau	xx	42349	Wuppertal	DE	160000

*: Bitte verwenden Sie jeweils Ihre zweistellige Teilnehmernummer anstelle von "xx".

Abb. 6.04: Tabelle 2: Kreditoren

Tabelle 3: Anlagen

Tabelle 3.1: Anlagen im Bau

Einstieg:			Allgemein:				Herkunft:						Be-wertung:
Anlagen-klasse	**Bu-chungs-kreis***	**Anlage****	**Bezeichnung**		**Konten-findung**	**Akti-vierung am*****	**Lieferant***		**Investitionsauftrag**		**PSP-Element**		**N-AfA Beginn***** (alle Bew. bereiche)
4001	BKxx	*Intern vergeb. Nr.:*	Galvanisier-anlage	Drilling	40000	30.09.jjjj	DRMAxx	Drilling AG	*Intern vergeb. Auftr.-Nr.:*	Galvanisier-anlage			1.9.jjjj
4001	BKxx	*Intern vergeb. Nr.:*	Hardware	Fremd-/Eigen-erstellung	40000	30.09.jjjj					3110xx	Hardware	1.9.jjjj
4001	BKxx	*Intern vergeb. Nr.:*	Software	Softtop	40000	30.09.jjjj					3120xx	Software	1.9.jjjj
4001	BKxx	*Intern vergeb. Nr.:*	Press-maschine	Luffa	40000	31.12.jjjj	LUDUxx	Luffa GmbH	*Intern vergeb. Auftr.-Nr.:*	Press-maschine			1.12.jjjj

*: Bitte verwenden Sie jeweils Ihre zweistellige Teilnehmernummer anstelle von "xx".
**: Nummer wird intern (vom System) vergeben. Bitte tragen Sie Ihre Anlagennummern hier ein.
***: "jjjj" steht für das aktuelle Jahr

Abb. 6.05: Tabelle 3.1: Anlagen im Bau

Tabelle 3.2: Fertige Anlagen

Einstieg:				Allgemein:			Zeitabhängig:	Herkunft:				Bewertung:
Anlagen-klasse	**Bu-chungs-kreis***	**Anzahl gleich-art. Anlagen**	**Anlage****	**Bezeichnung***	**Konten-findung**	**Akti-vierung am*****	**Kostenstelle**	**Lieferant***		**Ursprüng-liche Anlage**	**Zugang am**	**N-AfA Beginn***** (alle Bew.bereiche)
3100	BKxx	1	*Intern vergeb. Nr.:*	Transporter	31000	28.09.jjjj		HUBOxx	Hurtig KG			01.09.jjjj
2000	BKxx	1	*Intern vergeb. Nr.:*	Galvanisier-anlagexx	20000	31.12.jjjj	3500			*Intern vergeb. Nr. der AiB:*	30.09.jjjj	01.12.jjjj
3200	BKxx	1	*Intern vergeb. Nr.:*	Hardware, EDVxx	32000	30.09.jjjj	1000			*Intern vergeb. Nr. der AiB:*	30.09.jjjj	01.09.jjjj
3200	BKxx	1	*Intern vergeb. Nr.:*	Software, EDVxx	32000	30.09.jjjj	1000			*Intern vergeb. Nr. der AiB:*	30.09.jjjj	01.09.jjjj

*: Bitte verwenden Sie jeweils Ihre zweistellige Teilnehmernummer anstelle von "xx".
**: Nummer wird intern (vom System) vergeben. Bitte tragen Sie Ihre Anlagennummern hier ein.
***: jjjj steht für das aktuelle Jahr

Abb. 6.06: Tabelle 3.2: Fertige Anlagen

Tabelle 4: Kostenarten

Tabelle 4.1: Primäre Kostenarten

Einstieg:			Grunddaten:	
Kostenart	**Gültig ab ***	**Gültig bis**	**Bezeichnung**	**Kosten-artentyp**
13000	01.01.jjjj	31.12.9999	Fahrzeuge	90
400020	01.01.jjjj	31.12.9999	Material Verbrauch / Handelsw. ohne Kontierung	1
491000	01.01.jjjj	31.12.9999	Aktivierungspflichtige Kosten	1
810000	01.01.jjjj	31.12.9999	Aktivierte Eigenleistungen	22

Tabelle 4.2: Sekundäre Kostenart

Einstieg:			Grunddaten:	
Kostenart	**Gültig ab ****	**Gültig bis**	**Bezeichnung**	**Kosten-artentyp**
622000	01.01.jjjj	31.12.9999	ILV Instandhaltung	43

*: "jjjj" bitte für das Fallbeispiel durch das aktuelle Jahr ersetzen.

Abb. 6.07: Tabelle 4: Kostenarten

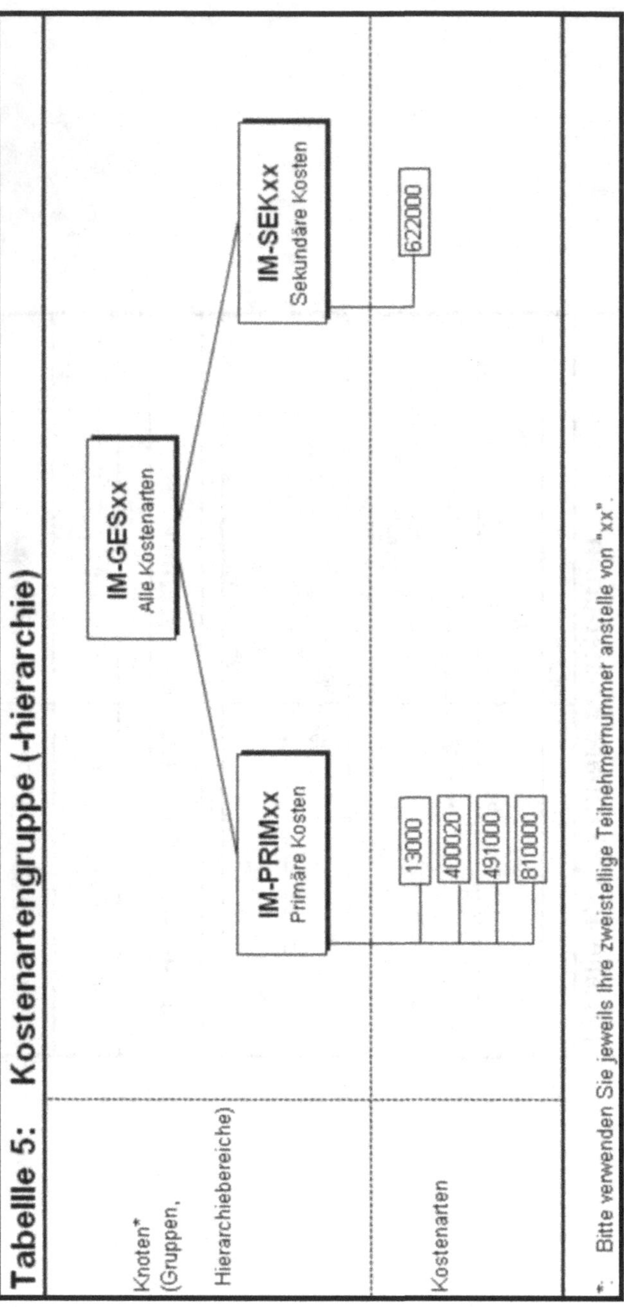

Abb. 6.08: Tabelle 5: Kostenartengruppe (-hierarchie)

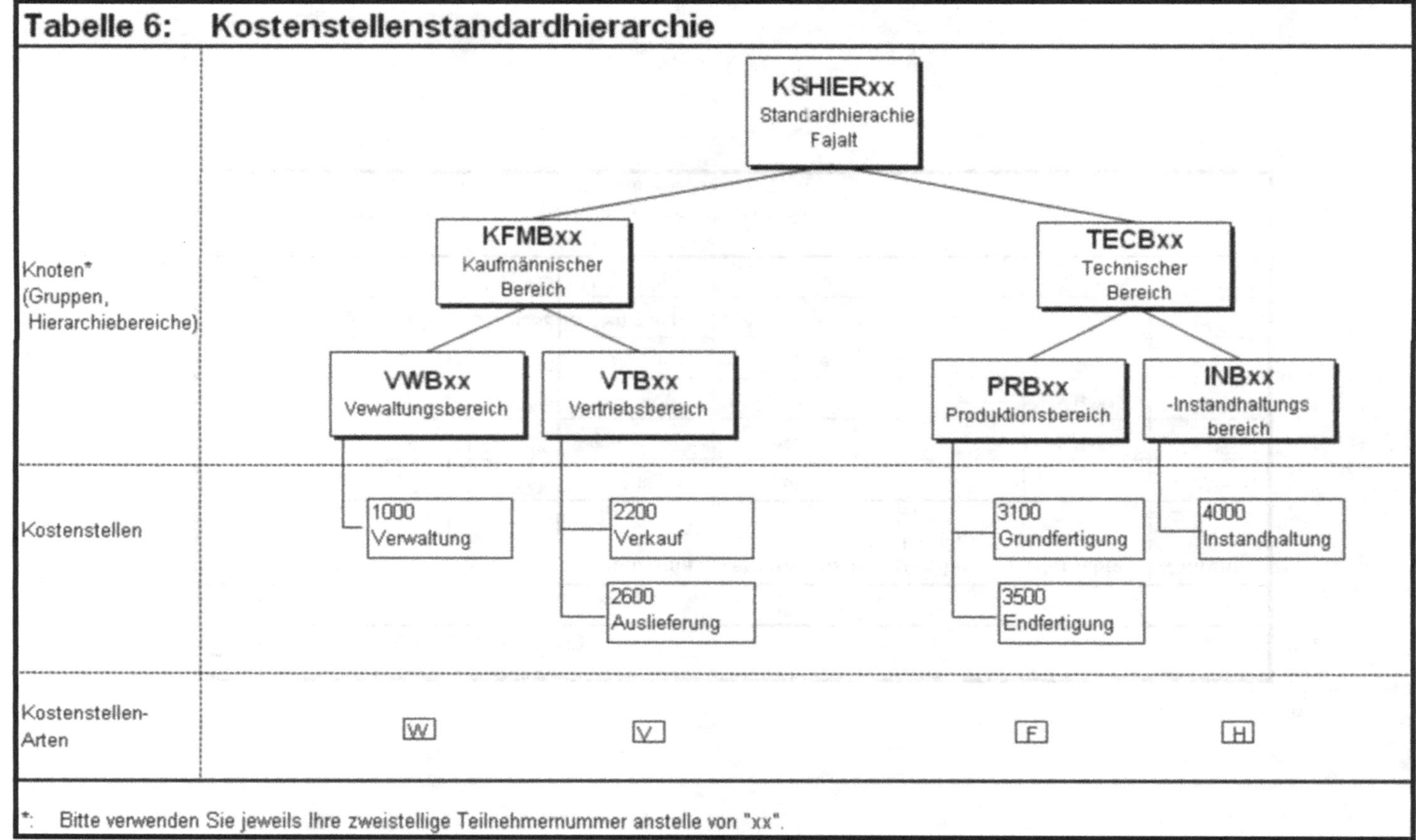

Abb. 6.09: Tabelle 6: Kostenstellenstandardhierarchie

Tabelle 7: Kostenstellen

Einstieg:			Grunddaten:				
Kostenstelle	**Gültig ab** **	**Gültig bis**	**Bezeichnung**	**Verantwortlicher**	**Art der Kosten-stelle**	**Hierachie-bereich** *	**Währung**
1000	01.01.jjjj**	31.12.9999	Verwaltung	*Name*	W	VWBxx	EUR
2200	01.01.jjjj**	31.12.9999	Verkauf	*Name*	V	VTBxx	EUR
2600	01.01.jjjj**	31.12.9999	Auslieferung	*Name*	V	VTBxx	EUR
3100	01.01.jjjj**	31.12.9999	Grundfertigung	*Name*	F	PRBxx	EUR
3500	01.01.jjjj**	31.12.9999	Endfertigung	*Name*	F	PRBxx	EUR
4000	01.01.jjjj**	31.12.9999	Instandhaltung	*Name*	H	INBxx	EUR

*: Bitte verwenden Sie jeweils Ihre zweistellige Teilnehmernummer anstelle von "xx".
**: "jjjj" bitte für das Fallbeispiel durch das aktuelle Jahr ersetzen.

Abb. 6.10: Tabelle 7: Kostenstellen

Tabelle 8: Leistungsart

Einstieg:			Grunddaten:					
Leistungsart	**Gültig ab ***	**Gültig bis**	**Bezeichnung**	**Leistungs-einheit**	**Kosten-stellen-arten**	**Leistungs-artentyp**	**Verrech-nungs-Kosten-art**	**Tarif-kenn-zeichen**
INSTD	01.01.jjjj	31.12.9999	Instandhalt.-Stunden	STD	H	1	622000	3

*: "jjjj" bitte für das Fallbeispiel durch das aktuelle Jahr ersetzen.

Abb. 6.11: Tabelle 8: Leistungsart

Tabelle 9: Aufträge

Tabelle 9.1: Abgrenzungsauftrag

Einstieg:			Zuordnungen:		Steuerung:	
Auftrags-art	Auftrag *	Kurztext	Bu-chungs-kreis *	Objekt-klasse	Wäh-rung	Auf-trags-typ
9A00	9AAIxx000000	Abgrenzungs-auftrag Investitionen	BKxx	Gemein-kosten	EUR	2

Tabelle 9.2: Investitionsaufträge

Einstieg:			Zuordnungen:					Steuerung:			Investitionen:						
Auftrags-art*	Auftrag **	Kurztext	Bu-chungs-kreis *	Objekt-klasse	Verant-wortl. KoStl	Anfor-dernde KoStl	Anfor-dernder BuKrs*	Wäh-rung	Auf-trags-typ	Sta-tisti-scher Auf-trag	Inves-titions-profil*	Inves-titions-grund	Inves-titions-pro-gramm*	Positions-ID	Maß-nahmen-anfor-derung	An-lagen-klasse	Aktivie-rungs-datum**
AAxx	*Intern vergeb. Nr.:*	Galvanisier-anlage	BKxx	Inves-tition	3500	3500	BKxx	EUR	1		INPxx	10	INPGxx	PGPOS 0000003500		2000	31.12.jjjj
AAxx	*Intern vergeb. Nr.:*	Press-maschine	BKxx	Gemein-kosten			BKxx	EUR	1		INPxx	30	INPGxx	PGPOS 0000003100	*Intern vergeb. Anf.-Nr.:*	2000	31.03.jjjj+1
AAxx	*Intern vergeb. Nr.:*	Transport-fahrzeug	BKxx	Inves-tition	2600	2600	BKxx	EUR	1	√	INPxx	10	INPGxx	PGPOS 0000002600		3100	30.09.jjjj

*: Bitte verwenden Sie jeweils Ihre zweistellige Teilnehmernummer anstelle von "xx"!

Abb. 6.12: Tabelle 9: Aufträge

Tabelle 10: Investitionsprogramm

Einstieg:			Programmdefinition:				Programmstruktur:						
										Allgemein:	Organisationseinheiten:		
Inv Programm*	**Genehmigungs-GJ ****	**Programmart***	**InvProgramm**	**Verantwortlich***	**Gjahresvariante**	**Währung**	**Stufe**	**Programmposition (Knoten)**		**BudgVert Gesamt**	**Kost Rech Kreis**	**Kostenstelle**	**Buchungskreis**
INPGxx	jjjj	PAxx	Modernisierung Fajalt	xx	K4	EUR	01	PGPOSKSHIERxx	Gesamtinvestitionen Fajalt		BKxx		
							02	PGPOSKFMBxx	Kaufmännischer Bereich		BKxx		
							03	PGPOSVWBxx	Verwaltungsbereich		BKxx		
							04	PGPOS0000001000	Verwaltung	√	BKxx	1000	BKxx
							03	PGPOSVTBxx	Vertriebsbereich		BKxx		
							04	PGPOS0000002200	Verkauf	√	BKxx	2200	BKxx
							04	PGPOS0000002600	Auslieferung	√	BKxx	2600	BKxx
							02	PGPOSTECBxx	Technischer Bereich		BKxx		
							03	PGPOSPRBxx	Produktionsbereich		BKxx		
							04	PGPOS0000003100	Grundfertigung	√	BKxx	3100	BKxx
							04	PGPOS0000003500	Endfertigung	√	BKxx	3500	BKxx
							03	PGPOSINBxx	Instandhaltungsbereich		BKxx		
							04	PGPOS0000004000	Instandhaltung	√	BKxx	4000	BKxx

*: Bitte verwenden Sie jeweils Ihre zweistellige Teilnehmernummer anstelle von "xx".
**: "jjjj" bitte für das Fallbeispiel durch das aktuelle Jahr ersetzen.

Abb. 6.13: Tabelle 10: Investitionsprogramm

Tabelle 11: Maßnahmenanforderung

Einstieg:		Allgemeine Daten:						OrgEinheiten:			Steuerung:		Varianten / Allg Daten:	
Maßn-Anforde-rungs-art*	**Maßnahmen-anforderung ****	**Bezeichnung**	**Inves-titions-grund**	**Rolle / IM: Antragsteller**		**Rolle / IM: Genehmiger**		**Anford. Bu-chungs-kreis***	**Verantw-Bu-chungs-kreis***	**Wäh-rung**	**Inves-titions-pro-gramm***	**Positions-ID**	**Variante**	
				Partner*	**Name**	**Partner***	**Name**							
xx	*Intern vergeb. Nr.:*	Pressmaschine	30	IMxx	*Name*	IMxx	*Name*	BKxx	BKxx	EUR	INPGxx	PGPOS 0000003100	10	Luffa GmbH
													20	Zobbel AG

*: Bitte verwenden Sie jeweils Ihre zweistellige Teilnehmernummer anstelle von "xx"
**: Nummer wird intern (vom System) vergeben. Bitte tragen Sie die Nummer Ihrer Maßnahmenanforderung hier ein.

Abb. 6.14: Tabelle 11: Maßnahmenanforderung

Tabelle 12: Investitionsprojekt

Einstieg:		Projektdefinition:					Steuerung:		
Projektdef.*	**Projekt-profil***	**Projektdef.**	**Verant-wortlich***	**Start-termin****	**End-termin****	**Zeitein-heit**	**Budget-profil***	**Plan-profil***	**Inves-titions-profil***
INPJD1xx	Projektprofil Fajalt xx	Aufbau EDV-System	xx	1.1.jjjj	31.12.jjjj	T	PJBPxx	PJPPxx	INPxx

*: Bitte verwenden Sie jeweils Ihre zweistellige Teilnehmernummer anstelle von "xx".
**: "jjjj" bitte für das Fallbeispiel durch das aktuelle Jahr ersetzen.

Abb. 6.15: Tabelle 12: Investitionsprojekt

Fortsetzung Tabelle 12: Investitionsprojekt

	Projektstruktur:																
	Grunddaten:					Zuordnungen:						Steuerung:	Zusätze - AfA-Simulationsdaten:			Zusätze - Anlage im Bau:	
Projektdef.*	**Stufe**	**PSP-Element***	**Bezeichnung**	**Plan**	**Kont**	**Kore Krs***	**Bu Krs***	**Objektklasse**	**Investitionsprogramm***	**Positions-ID**	**Genehmigungs-GJ****	**Invest Profil***	**Klasse**	**Kostenst.**	**Aktiv. Datum****	**Anlage**	
INPJD1xx	1	3100xx	EDV-System	√	√	BKxx	BKxx	INVST	INPGxx	PGPOS 000000100	jjjj						
	2	3110xx	Hardware	√	√	BKxx	BKxx	INVST				INPxx	3200	1000	31.12.jjjj	*vergeb. Anl.-Nr.:*	Hardware
	3	3111xx	Hardware-Technik	√	√	BKxx	BKxx	INVST									
	3	3112xx	Verkabelung	√	√	BKxx	BKxx	INVST									
	2	3120xx	Software	√	√	BKxx	BKxx	INVST				INPxx	3200	1000	31.12.jjjj	*vergeb. Anl.-Nr.:*	Software

*: Bitte verwenden Sie jeweils Ihre zweistellige Teilnehmernummer anstelle von "xx".
**: "jjjj" bitte für das Fallbeispiel durch das aktuelle Jahr ersetzen.

Abb. 6.16: Tabelle 12: Investitionsprojekt (Fortsetzung)

Tabelle 13: Planwerte Anforderungsvarianten

Tabelle 13.1: Variante 10 Luffa GmbH

Varianten / Planwerte:

Zeitraum *	Investitionskosten	Gemeinkosten	Kosten (total)	Ertrag	CashFlow
Gesamt	400.000	1.000.000	1.400.000		
jjjj	300.000		300.000		300.000-
jjjj +1	100.000	200.000	300.000	300.000	0
jjjj +2		250.000	250.000	380.000	130.000
jjjj +3		300.000	300.000	440.000	140.000
jjjj +4		400.000	400.000	500.000	100.000
jjjj +5		350.000	350.000	470.000	120.000
jjjj +6		380.000	380.000	350.000	30.000-

Tabelle 13.2: Variante 20 Zobbel AG

Varianten / Planwerte:

Zeitraum *	Investitionskosten	Gemeinkosten	Kosten (total)	Ertrag	CashFlow
Gesamt	230.000	1.500.000	1.730.000		
jjjj	230.000		230.000		230.000-
jjjj +1		250.000	250.000	300.000	50.000
jjjj +2		250.000	250.000	300.000	50.000
jjjj +3		250.000	250.000	300.000	50.000
jjjj +4		250.000	250.000	300.000	50.000
jjjj +5		250.000	250.000	300.000	50.000
jjjj +6		250.000	250.000	300.000	50.000

*: "jjjj" bitte durch das aktuelle Jahr ersetzen

Abb. 6.17: Tabelle 13: Planwerte Anforderungsvarianten

Tabelle 14: Planwerte Investitionsaufträge

Einstieg:				Jahresübersicht:	
Auftrag		**Auftrags-art***	**Kosten-rechnungs-kreis***	**Zeitraum ***	**Plan**
Intern vergeb. Auftr.Nr. Galvanisieranl.	Galvanisieranlage	AAxx	BKxx	Gesamt	450.000
				jjjj	450.000
				jjjj+1	
Intern vergeb. Auftr.Nr. Transportfahrz.	Transporter	AAxx	BKxx	Gesamt	180.000
				jjjj	180.000
				jjjj+1	
Intern vergeb. Auftr.Nr. Pressmaschine	Pressmaschine	AAxx	BKxx	Gesamt	2.280.000
				jjjj	300.000
				jjjj+1	300.000

*: Bitte verwenden Sie jeweils Ihre zweistellige Teilnehmernummer anstelle von "xx".
**: "jjjj" bitte für das Fallbeispiel durch das aktuelle Jahr ersetzen.

Abb. 6.18: Tabelle 14: Planwerte Investitionsaufträge

Tabelle 15: Planwerte Investitionsprojekt

Einstieg:				Gesamtwerte:			Jahreswerte jjjj**:		
Projektdef.*		**Stufe**	**PSP-Element***	**Kostenplan**	**Verteilt**	**Verteilbar**	**Kostenplan**	**Verteilt**	**Verteilbar**
INPJD1xx	Aufbau EDV-System	1	3100xx	1.100.000	1.100.000	1.100.000	1.100.000	1.100.000	1.100.000
		2	3110xx	750.000	750.000	750.000	750.000	750.000	750.000
		3	3111xx	500.000	500.000	500.000	500.000	500.000	500.000
		3	3112xx	250.000	250.000	250.000	250.000	250.000	250.000
		2	3120xx	350.000	350.000	350.000	350.000	350.000	350.000

*: Bitte verwenden Sie jeweils Ihre zweistellige Teilnehmernummer anstelle von "xx".
**: "jjjj" bitte für das Fallbeispiel durch das aktuelle Jahr ersetzen.

Abb. 6.19: Tabelle 15: Planwerte Investitionsprojekt

Tabelle 16: Budgetierung und Budgetverteilung Investitionsprogramm

Tabelle 16.1: Budgetierung Investitionsprogramm

Einstieg:			Budgetierung Jahreswerte jjjj** (= Gesamtwerte):				
Inv Programm*	**Geneh-migungs-GJ ****		**Stf**	**Programm-position**	**Budget**	**Verteilt**	**Verteilbar**
INPGxx	jjjj	Modernisierung Fajalt	01	Gesamtinvestitionen Fajalt	1.972.000	1.972.000	
			02	Kaufmännischer Bereich	1.172.000	1.172.000	
			03	Verwaltungsbereich	1.000.000	1.000.000	
			04	Verwaltung	1.000.000		1.000.000
			03	Vertriebsbereich	172.000	172.000	
			04	Verkauf			
			04	Auslieferung	172.000		172.000
			02	Technischer Bereich	800.000	800.000	
			03	Produktionsbereich	800.000	800.000	
			04	Grundfertigung	300.000		300.000
			04	Endfertigung	500.000		500.000
			03	Instandhaltungsbereich			
			04	Instandhaltung			

*: Bitte verwenden Sie jeweils Ihre zweistellige Teilnehmernummer anstelle von "xx".
**: "jjjj" bitte für das Fallbeispiel durch das aktuelle Jahr ersetzen.

Abb. 6.20: Tabelle 16.1: Budgetierung Investitionsprogramm

Tabelle 16.2: Budgetverteilung an Maßnahmen

Einstieg:			Budgetverteilung Jahreswerte jjjj** (= Gesamtwerte):				
Inv Programm*	**Geneh-migungs-GJ ****		**Stf**	**Programm-position**	**Budget**	**Aktuel. Budget**	**Verteilt**
INPGxx	jjjj	Modernisierung Fajalt	01	Gesamtinvestitionen Fajalt	1.972.000	1.972.000	1.972.000
			02	Kaufmännischer Bereich	1.172.000	1.172.000	1.172.000
			03	Verwaltungsbereich	1.000.000	1.000.000	1.000.000
			04	Verwaltung	1.000.000	1.000.000	1.000.000
			05	EDV-System	1.000.000	1.000.000	
			03	Vertriebsbereich	172.000	172.000	172.000
			04	Verkauf			
			04	Auslieferung	172.000	172.000	172.000
			05	Transportfahrzeug	172.000	172.000	
			02	Technischer Bereich	800.000	800.000	800.000
			03	Produktionsbereich	800.000	800.000	800.000
			04	Grundfertigung	300.000	300.000	300.000
			05	Pressmaschine	300.000	300.000	
			04	Endfertigung	500.000	500.000	500.000
			05	Galvanisieranlage	500.000	500.000	
			03	Instandhaltungsbereich			
			04	Instandhaltung			

*: Bitte verwenden Sie jeweils Ihre zweistellige Teilnehmernummer anstelle von "xx".
**: "jjjj" bitte für das Fallbeispiel durch das aktuelle Jahr ersetzen.

Abb. 6.21: Tabelle 16.2: Budgetverteilung an Maßnahmen

Tabelle 17: Budgetverteilung Investitionsprojekt

Einstieg:				Gesamtwerte Zeitraum jjjj* (= Zeitraum Gesamt):
Projektdef.*		**Stf**	**PSP-Element***	**Budget**
INPJD1xx	Aufbau EDV-	1	EDV-System	1.000.000
		2	Hardware	700.000
		3	Hardware-Technik	500.000
		3	Verkabelung	200.000
		2	Software	300.000

*: Bitte verwenden Sie jeweils Ihre zweistellige Teilnehmernummer anstelle von "xx".
**: "jjjj" bitte für das Fallbeispiel durch das aktuelle Jahr ersetzen.

Abb. 6.22: Tabelle 17: Budgetverteilung Investitionsprojekt

Tabelle 18: Leistungsverrechnung											
Erfassungsdaten:					Belegposition:						
Beleg-datum **	**Buch-datum ****	**Belegtext**	**ErfassVar**	**Eingabetyp**	**Menge**	**Tarif ges.**	**Betrag**	**Sender / Kostenst.**	**Sender / LeistArt**	**Emp-fänger / PSP-Element***	*Intern vergeb. Beleg-Nr. ***:*
03.09.jjjj	03.09.jjjj	Leistungsverrechnung Verkabelung	PSP-Element/ Auftrag	Einzel-erfassung	1.200	50,00	60.000,00	4.000	INSTD	3112xx	

*: Bitte verwenden Sie jeweils Ihre zweistellige Teilnehmernummer anstelle von "xx".
**: "jjjj" bitte für das Fallbeispiel durch das aktuelle Jahr ersetzen.
***: Nummer wird intern (vom System) vergeben. Bitte tragen Sie die Nummer Ihres Beleges hier ein.

Abb. 6.23: Tabelle 18: Leistungsverrechnung

Tabelle 19: Kreditorenrechnungen

Tabelle 19.1: Kreditorenrechnungen (Erfassung über "Enjoy"-Transaktion)

Grunddaten:						1. Position						
Kreditor	**Rechnungsdatum****	**Buchungsdatum****	**Betrag**	**Steuer rechnen**		**Sachkonto**	**S/H**	**Betrag Belegw.**	**Auftrag**	**PSP-Element ***	*Nettobetrag ****	*Intern vergeb. Beleg-Nr. ****:*
BUHAxx	10.09.jjjj	10.09.jjjj	642.600	√	V1 (Vorsteuer Inland 19%)	491000	Soll	*		3111xx Hardwaretechnik	*540.000*	
SCWIxx	12.09.jjjj	12.09.jjjj	166.600	√	V1 (Vorsteuer Inland 19%)	491000	Soll	*		3112xx Verkabelung	*140.000*	
SOHAxx	15.09.jjjj	15.09.jjjj	416.500	√	V1 (Vorsteuer Inland 19%)	491000	Soll	*		3120xx Software	*350.000*	
KODOxx	21.09.jjjj	21.09.jjjj	47.600	√	V1 (Vorsteuer Inland 19%)	491000	Soll	*		3112xx Verkabelung	*40.000*	
LUDUxx	14.12.jjjj	14.12.jjjj	357.000	√	V1 (Vorsteuer Inland 19%)	491000	Soll	*	*Auftr.-Nr. Pressmaschine*		*300.000*	

*: Bitte verwenden Sie jeweils Ihre zweistellige Teilnehmernummer anstelle von "xx".
**: "jjjj" bitte für das Fallbeispiel durch das aktuelle Jahr ersetzen.
***: Nur zur Kontrolle; Nettobetrag ist nicht einzugeben!
****: Nummern werden intern (vom System) vergeben. Bitte tragen Sie die Nummern Ihrer Belege hier ein.

Abb. 6.24: Tabelle 19.1: Kreditorenrechnungen (Erfassung über "Enjoy"-Transaktion)

Tabelle 19.2: Kreditorenrechnungen (Erfassung über Standardtransaktion)

Kopfdaten:						Erste Beleg-position:		Kreditorenposition:			Nächste Beleg-position:			Anlagenposition:				
Beleg-datum**	**Bu-chungs-datum****	**Be-leg-art**	**Pe-ri-ode**	**Bu-chungs-kreis**	**Wäh-rung/ Kurs**	**Bschl**	**Konto***	**Betrag**	**Steu-er rech-nen**	**Steu-er-kenn-z.**	**Bschl**	**Konto**	**BWA**	**Be-trag**	**Steu-er-kenn-z.**	**Auftrag**	*Netto-betrag ****	*Intern vergeb. Beleg-Nr. ****:*
28.09.jjjj	28.09.jjjj	KR	9	BKxx	EUR	31	HUBOxx	202.300	√	V1	70	Anlagen-nummer "Trans-porter"	100	*	V1	Auftrags-nummer "Transport-fahrzeug"	170.000	

*: Bitte verwenden Sie jeweils Ihre zweistellige Teilnehmernummer anstelle von "xx".
**: "jjjj" bitte für das Fallbeispiel durch das aktuelle Jahr ersetzen.
***: Nur zur Kontrolle; Nettobetrag ist nicht einzugeben!
***: Nummer wird intern (vom System) vergeben. Bitte tragen Sie die Nummer Ihres Beleges hier ein.

Abb. 6.25: Tabelle 19.2: Kreditorenrechnung (Erfassung über Standardtransaktion)

Tabelle 20: Anzahlung

Kopfdaten:											Kreditorenposition:					
Beleg-datum **	**Bu-chungs-datum** **	**Be-leg-art**	**Pe-ri-ode**	**Bu-chungs-kreis**	**Wäh-rung / Kurs**	**Kreditor Konto** *	**Sonder-haupt-buch KZ**	**Bank Konto**	**Betrag**	**Valuta-datum** **	**Betrag**	**Steu-er-kennz.**	**Steu-er rech-nen**	**Auftrag**	*Netto-betrag* ***	*Intern vergeb. Beleg-Nr.* ****:
01.09.jjjj	01.09.jjjj	KZ	9	BKxx	EUR	DRMAxx	M	113100	267.750	01.09.jjjj	*	V1	√	*Auftrags-nummer "Galvanisier-anlage"*	*225.000*	

*: Bitte verwenden Sie jeweils Ihre zweistellige Teilnehmernummer anstelle von "xx".
**: "jjjj" bitte für das Fallbeispiel durch das aktuelle Jahr ersetzen.
***: Nur zur Kontrolle; Nettobetrag ist nicht einzugeben!
****: Nummer wird intern (vom System) vergeben. Bitte tragen Sie die Nummer Ihres Beleges hier ein.

Abb. 6.26: Tabelle 20: Anzahlung

Tabelle 21: Schlussrechnung										
Grunddaten:						Position:				
Kreditor *	**Rech-nungs-datum** **	**Bu-chungs-datum** **	**Betrag**	**Steuer rechnen**		**Sach-konto**	**Betrag Belegw.**	**Auftrag**	*Netto-betrag* ***	*Intern vergeb. Beleg-Nr.* ****:
DRMAxx	18.12.jjjj	18.12.jjjj	571.200	√	V1 (Vorsteuer Inland 19%)	491000	*	*Auftrags-nummer "Galvanisier-anlage"*	*480.000*	

*: Bitte verwenden Sie jeweils Ihre zweistellige Teilnehmernummer anstelle von "xx".
**: "jjjj" bitte für das Fallbeispiel durch das aktuelle Jahr ersetzen.
***: Nur zur Kontrolle; Nettobetrag ist nicht einzugeben!
****: Nummer wird intern (vom System) vergeben. Bitte tragen Sie die Nummer Ihres Beleges hier ein.

Abb. 6.27: Tabelle 21: Schlussrechnung

Tabelle 22: Anzahlungsverrechnung

Kopfdaten:									Anzahlungen:		
Beleg-datum **	**Bu-chungs-datum ****	**Beleg-art**	**Periode**	**Bu-chungs-kreis***	**Wäh-rung**	**Konto ***	**Rech-nung**	**Ge-schäfts-jahr****	**Umbu-chung**	*Netto-betrag ****	*Intern vergeb. Beleg-Nr. ****:*
18.12.jjjj	18.12.jjjj	ZV	12	BKxx	EUR	DRMAxx	*Beleg-nummer der Schluss-rechnung*	jjjj	267.750	225.000	

*: Bitte verwenden Sie jeweils Ihre zweistellige Teilnehmernummer anstelle von "xx".
**: "jjjj" bitte für das Fallbeispiel durch das aktuelle Jahr ersetzen.
***: Nur zur Kontrolle; Nettobetrag ist nicht einzugeben!
****: Nummer wird intern (vom System) vergeben. Bitte tragen Sie die Nummer Ihres Beleges hier ein.

Abb. 6.28: Tabelle 22: Anzahlungsverrechnung

6.2 Hinweise für den Systemadministrator

Die Fallstudie wurde in einer Vorfassung schon seit vielen Jahren in Rechnungswesen- und Controllingseminaren durchgeführt. Erläuterungen und Tastenteil beziehen sich auf das **SAP-Standard-System, ECC** Rel. 5.0.

Für die Seminare wurde der **initiale SAP-Auslieferungsmandant 000** kopiert. In dieser Mandantenkopie (im Beispiel Mandant 601) wurden dann die folgenden, für das Testbeispiel notwendigen Einstellungen vorgenommen:

1) Mandantenpflege:

- Auswahl im **SAP-Menü**:
  Werkzeuge –
  Administration –
  Mandantenverwaltung –
  Mandantenpflege
  (Transaktion SCC4)
- Einstellungen:

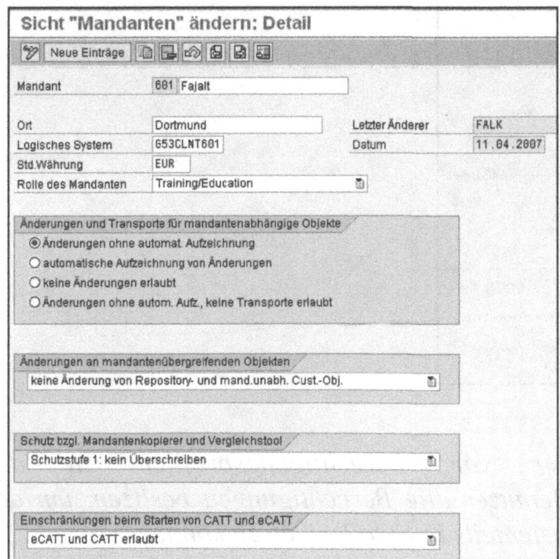

2) Einrichtung von Benutzerstammsätzen:

- Auswahl im **SAP-Menü:**

  Werkzeuge –
  Administration –
  Benutzerpflege –
  Benutzer
  (Transaktion SU01)

- Anlegen eines eigenen **Benutzerstammsatzes "IMxx"** (xx ist dabei durch zwei Ziffern zu ersetzen mit **10 <= xx <= 99**) mit dem **Initialkennwort "fajalt"** für jeden Teilnehmer bzw. jede Teilnehmergruppe.

  Anmerkung: *"xx" entsprach in den durchgeführten Seminaren immer zweistelligen Teilnehmer(gruppen)nummern. Diese Nummern dienen in der Fallstudie auch zur Identifikation betriebswirtschaftlicher Objekte der einzelnen Teilnehmer bzw. Teilnehmergruppen (Beispiel aus dem Tastenteil: "Eingabe in Feld Buchungskreis: BKxx, xx = Ihre Teilnehmernummer").*

- Zuordnung der nachfolgenden **Berechtigungsprofile** zu allen angelegten Benutzerstammsätzen:

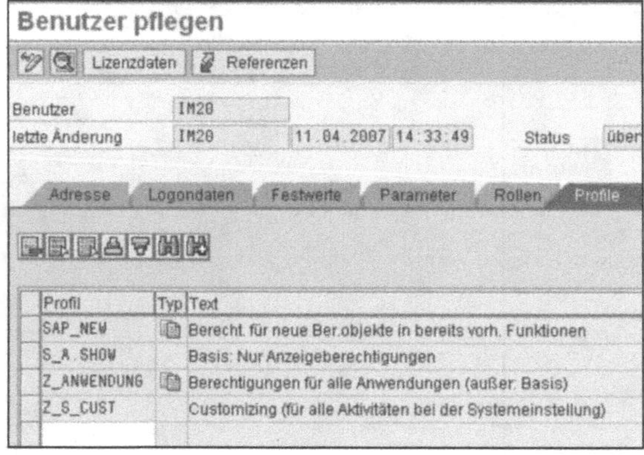

Anmerkung: *Durch Zuweisung von Berechtigungsprofilen zu den Benutzerstammsätzen sollten die Benutzer alle Berechtigungen besitzen, um das gesamte Fallbeispiel anhand des Tastenteils nachvollziehen zu können.*

*Um die Beschäftigung mit der sehr komplexen SAP-Berechtigungsverwaltung zu vermeiden, wurde den Seminarteilnehmern **für die Dauer des Seminars** das allumfassende Berechtigungsprofil SAP_ALL zugewiesen.*

3) Umsatzsteuerkennzeichen (Vorsteuersatz) ändern:
(zu Modul 2, Tastenteil M2.4.2 und Modul 19, Tastenteil M19.2, M19.3)

Nur notwendig, falls in einem System die Steuersätze noch nicht von 16% auf 19% geändert sind.

- Pfad in der Hierarchiestruktur des **SAP-Referenz-IMG**:

  Finanzwesen -
  Grundeinstellung Finanzwesen -
  Umsatzsteuer –
  Berechnung

- **Umsatzsteuerkennzeichen definieren**

- Eingabe bzw. Auswahl Feld "Steuerkennzeichen": V1 (=Vorsteuer Inland 16%)
- Im Bildschirm "Steuerkennzeichen pflegen: Steuersätze" Vorsteuer-Prozentsatz von 16% auf 19 % ändern:

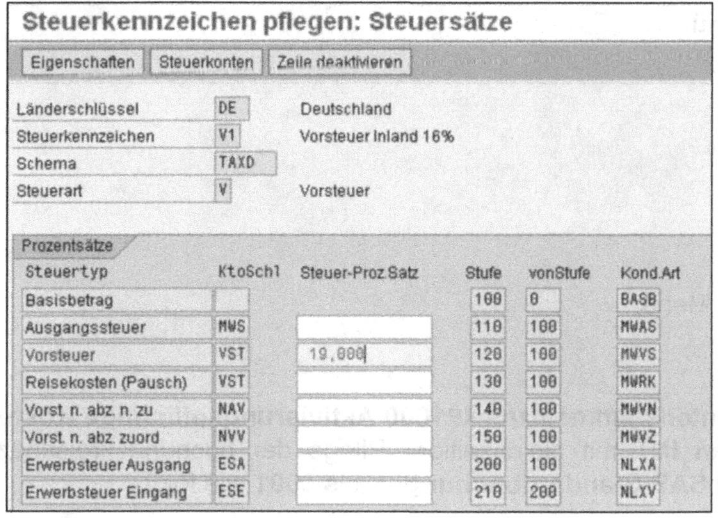

Steuerkennzeichen pflegen: Steuersätze

Eigenschaften | Steuerkonten | Zeile deaktivieren

Länderschlüssel	DE	Deutschland
Steuerkennzeichen	V1	Vorsteuer Inland 16%
Schema	TAXD	
Steuerart	V	Vorsteuer

Prozentsätze

Steuertyp	KtoSchl	Steuer-Proz.Satz	Stufe	vonStufe	Kond.Art
Basisbetrag			100	0	BASB
Ausgangssteuer	MWS		110	100	MWAS
Vorsteuer	VST	19,000	120	100	MWVS
Reisekosten (Pausch)	VST		130	100	MWRK
Vorst. n. abz. n. zu	NAV		140	100	MWVN
Vorst. n. abz. zuord	NVV		150	100	MWVZ
Erwerbsteuer Ausgang	ESA		200	100	NLXA
Erwerbsteuer Eingang	ESE		210	200	NLXV

- Auf Eigenschaften klicken und im Dialogfenster "Eigenschaften" Bezeichnung des Steuerkennzeichens "V1" wie folgt ändern:

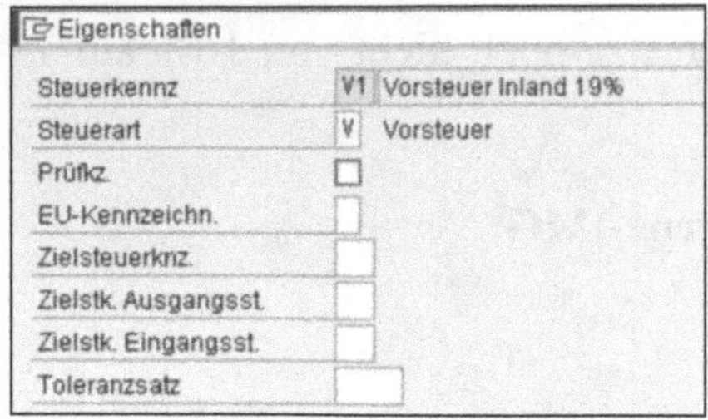

- Anschließend das Dialogfeld schließen und die Änderungen sichern.

4) Sachkontenstammsatz im SAP-Standardkontenplan INT anlegen:
(zu Modul 3, Tastenteil M3.3 und Modul 19, Tastenteil M19.2, M19.3)

- Auswahl im **SAP-Menü**:

  Rechnungswesen -
  Finanzwesen -
  Hauptbuch –
  Stammdaten –
  Sachkonten -
  Einzelbearbeitung -
  Zentral
  (Transaktion FS00)

- Auswahl im aktuellen Menü:

  Sachkonto -
  Anlegen

- Anlegen des **Sachkontenstammsatzes 491000 Aktivierungspflichtige Kosten** im **Musterkontenplan INT** mit gleichzeitiger Pflege der buchungskreisspezifischen Daten für den **SAP-Standardbuchungskreis 0001** wie folgt.

Registerkarte **Typ/Bezeichnung**:

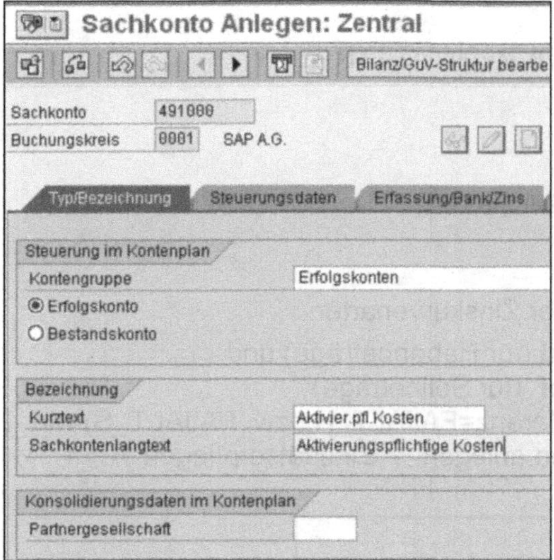

Registerkarte **Steuerungsdaten**:

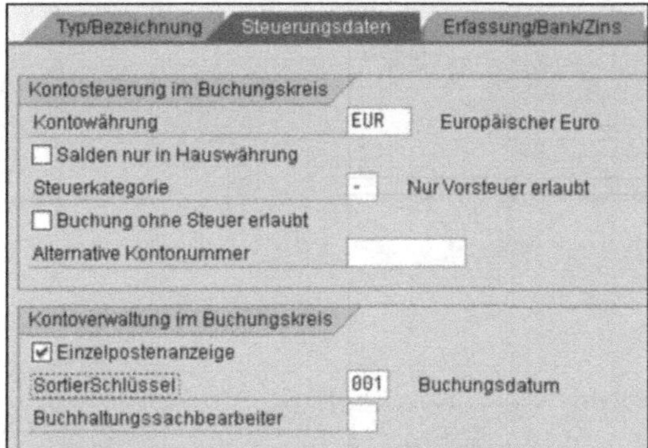

Registerkarte **Erfassung/Bank/Zins**:

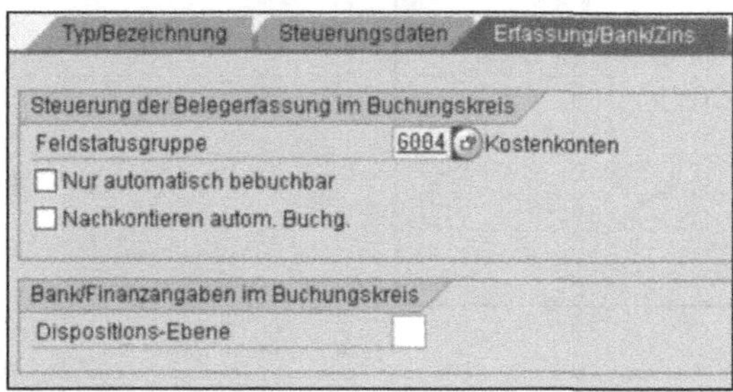

5) Referenzzinssätze für IM-Zinskurven pflegen (zu Modul 9, Tastenteil M9.4.1):

- Pfad in der Hierarchiestruktur des **SAP-Referenz-IMG**:
  Investitionsmanagement -
  Maßnahmenanforderungen -
  Planung
- **Zinskurve für Kapitalwertermittlung festlegen**
  (Transaktion SPRO)

- Zinssätze für Währung Euro (EUR) der Zinskurvenarten
  a) **9990 IM Zinskurvenart Geld** (für Habenbeträge) und
  b) **9991 IM Zinskurvenart Brief** (für Sollbeträge)
  jeweils für Laufzeit = 10 Jahre (Referenz=FAJALT_H bzw. FAJALT_S) wie folgt anlegen (über "Referenzzinsen anlegen" - "Zinssätze pflegen"):

  a)

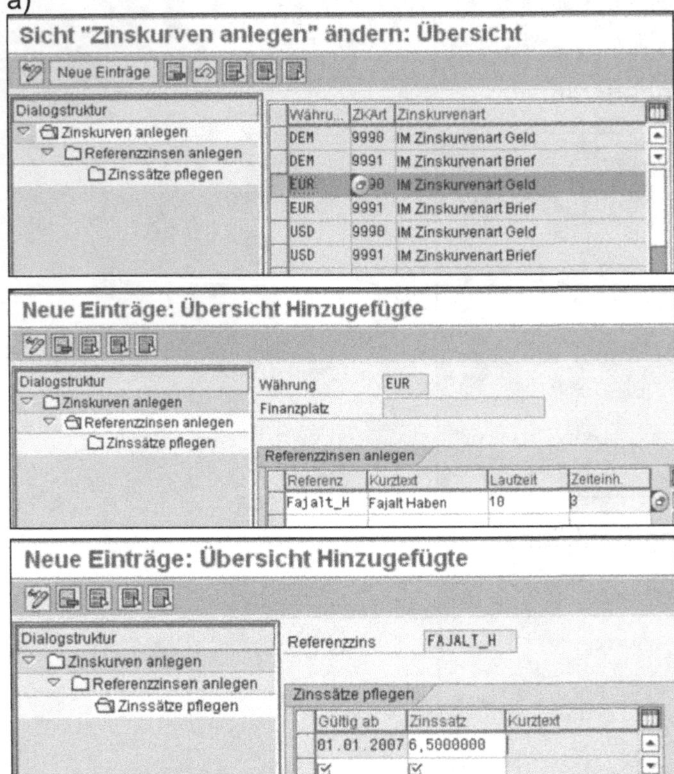

b)

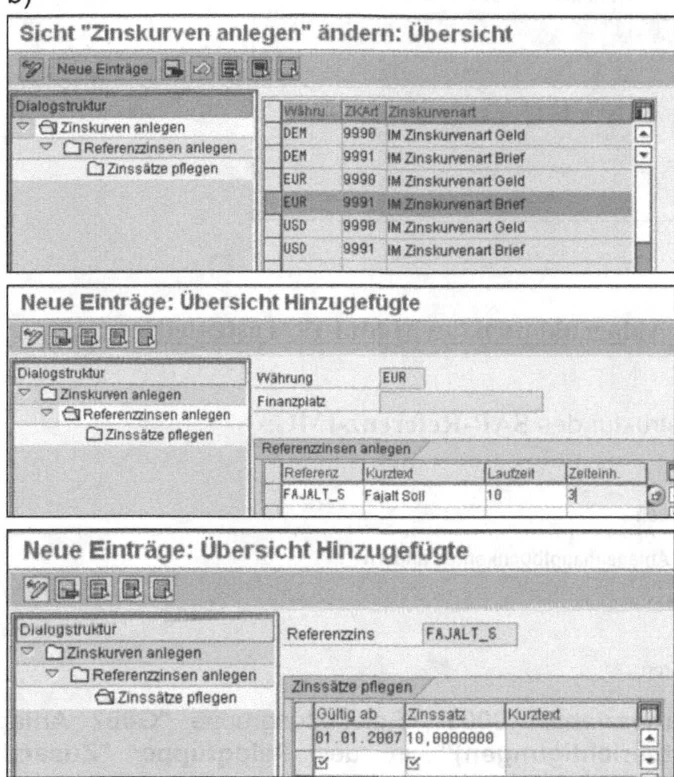

6) Buchungsperioden in SAP-Standardvariante für offene Buchungsperioden öffnen (zu Modul 2, Tastenteil M2.3 und Modul 19, Tastenteil M19.2, M19.3):

- Pfad in der Hierarchiestruktur des **SAP-Referenz-IMG**:

  Finanzwesen -
  Grundeinstellungen Finanzwesen -
  Bücher -
  Geschäftsjahr und Buchungsperioden -
  Buchungsperioden

- **Buchungsperioden öffnen und schließen**
  (Transaktion OB52)

- In allen Zeilen der **SAP-Standardvariante "0001"**, d. h. für alle Kontoarten, jeweils in den entsprechenden Spalten das **"Von"**-Jahr auf das 2006 und das **"Bis"**-Jahr auf das 2015 setzen:

Sicht "Buchungsperioden: Zeiträume festlegen" ändern: Übersi

Neue Einträge

Var.	K	Von Konto	Bis Konto	Von Per. 1	Jahr	Bis Per. 1	Jahr	Von Per. 2	Jahr	Bis Per. 2	Jahr	BeGr
0001	+			1	2006	12	2015	13	2006	16	2015	
0001	A		ZZZZZZZZZZ	1	2006	12	2015	13	2006	16	2015	
0001	D		ZZZZZZZZZZ	1	2006	12	2015	13	2006	16	2015	
0001	K		ZZZZZZZZZZ	1	2006	12	2015	13	2006	16	2015	
0001	M		ZZZZZZZZZZ	1	2006	12	2015	13	2006	16	2015	
0001	S		ZZZZZZZZZZ	1	2006	12	2015	13	2006	16	2015	

7) Feldstatusvariante zu Anlagenkonten (zu Modul 19, Tastenteil M19.2, M19.3):

- Pfad in der Hierarchiestruktur des **SAP-Referenz-IMG**:

  Finanzwesen -
  Anlagenbuchhaltung -
  Integration mit dem Hauptbuch -

- **Feldstatusvariante der Anlagenhauptbuchkonten ändern**
  (Transaktion OBC4)

- Aktion auswählen:
  Feldstatusvarianten definieren

- Für die **SAP-Standardvariante "0001"**, Feldstatusgruppe **"G007 Anlagenkonten (ohne Wertberichtigungen)"** in der **Feldgruppe "Zusatzkontierungen"** das Feld **"CO/PP Auftrag"** von Feldstatus "Ausblenden" auf Feldstatus **"Kanneingabe"** setzen:

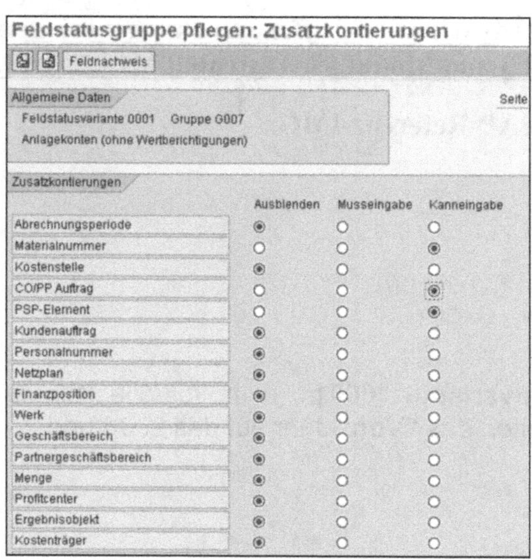

6.3 Online-Service

Für Lehrzwecke wurde ein Online-Service unter

http://www.wirtschaft.fh-dortmund.de/inv

eingerichtet.

Die Abbildungen aus dem dritten bis fünften Kapitel (Vorbemerkungen zu den Tastenteilen) sind als PowerPoint-Präsentation verfügbar. Darüber hinaus enthält die Präsentation ausgewählte Abbildungen aus dem zweiten Kapitel (Überblicke über die SAP-Komponenten, die Komponente Investitionsmanagement und das Fallbeispiel Fajalt GmbH) sowie zusätzlich ergänzt einige weitere Abbildungen, die Ergebnisse der Fajalt GmbH im SAP-System zeigen.

Literaturverzeichnis

Albach, Horst:
Investitionspolitik erfolgreicher Unternehmen,
in: Zeitschrift für Betriebswirtschaft (ZfB), 57. Jg., 1987, S. 636 - 661.

Bosse, Christian:
Investitionsmanagement in divisionalen Unternehmen. Strategiebestimmung, Koordination von Investitionsentscheidungen und Anreizsysteme,
Chemnitz 2000, GUC-Verlag der Gesellschaft für Unternehmensrechnung und Controlling.

Forsthuber, Heinz:
Praxishandbuch SAP-Finanzwesen,
2. Aufl., Bonn 2005, Verlag Galileo Press.

Klenger, Franz; Falk-Kalms, Ellen:
Masterkurs Kostenstellenrechnung mit SAP®,
4. Aufl., Wiesbaden 2005, Verlag Vieweg.

Klenger, Franz; Falk-Kalms, Ellen:
Kostenträgerrechnung mit SAP R/3,
Wiesbaden 2003, Verlag Vieweg.

Küpper, Hans-Ulrich:
Gegenstand, theoretische Fundierung und Instrumente eines Investitions-Controlling,
in: Zeitschrift für Betriebswirtschaft (ZfB), 61. Jg., 1991, Ergänzungsheft 3, S. 167 - 192.

Lange, Christoph; Schaefer, Sigrid:
Aufgaben, Aktivitäten und Instrumente eines DV-gestützten Investitions-Controllingsystems,
in: Die Betriebswirtschaft (DBW), 52. Jg., 1992, S. 489 - 504.

Maassen, Andre; Schoenen, Markus; Frick, Detlev; Gadatsch, Andreas:
Grundkurs SAP R/3,
4. Aufl., Wiesbaden 2006, Verlag Vieweg.

Schwellnuß, Axel Georg:
Investitions-Controlling. Erfolgspotentiale auf Basis systematischer Investitionsnachrechnungen sichtbar machen,
München 1991, Verlag Vahlen.

Staehelin, Erwin:
Investitionsrechnung,
8. Aufl., Chur/Zürich 1993, Verlag Rüegger.

SAP AG:
Online-Dokumentation für SAP ERP (http://help.sap.com),
ECC Release 5.0 SR1 (August 2005) und ECC Release 6.0 SR1 (Juli 2007).

Sachwortverzeichnis

Das Business im Griff

Hradilak, Kay P.

Führen von IT-Service-Unternehmen

Zukunft erfolgreich gestalten

2007. XIII, 163 S. Mit 21 Abb. Geb. EUR 39,90 ISBN 978-3-8348-0260-6

Brechen Sie mit alten Überzeugungen - Wird IT eine Utility? - IT als Kostenfaktor - Was sind IT-Services? - Service-Vertrieb: Reißen Sie Wände ein - Personal: Die Besten gewinnen, fördern und entwickeln - Beschaffung und Partnerschaftsnetze - Organisation: Regionen, Kunden, Projekte, Produkte - Ausblick: Servicearchitekt und Utility Engineer

Hans-Georg Kemper/Walid Mehanna/Carsten Unger

Business Intelligence - Grundlagen und praktisch Anwendungen

Eine Einführung in die IT-basierte Managementunterstützung

2., erg. Aufl. 2006. X, 223 S. mit 98 Abb. u. Online-Service. Br. EUR 24,90

ISBN 978-3-8348-0275-0

Business Intelligence: Begriffsabgrenzung und Ordnungsrahmen - Datenbereitstellung und -modellierung: Data Warehouses - Informationsgenerierung: Analysesysteme - Informationsspeicherung und -distribution: Wissensmanagementsystem - Informationszugriff: Business-Intelligence-Portale - Entwicklung integrierter BI-Anwendungssysteme - Praktische Anwendungen

Andreas Gadatsch

IT-Controlling realisieren

Praxiswissen für IT-Controller, CIOs und IT-Verantwortliche

2005. XIV, 246 S. mit 110 Abb. u. Online-Service. Br. EUR 39,90

ISBN 978-3-528-05926-2

Grundlegende Begriffe - Werkzeuge und Vorgehen - Praxis des Projektcontrollings - Am Ball bleiben: Markt-Studien und Software

Abraham-Lincoln-Straße 46
65189 Wiesbaden
Fax 0611.7878-400
www.vieweg.de

Stand 1.7.2007. Änderungen vorbehalten.
Erhältlich im Buchhandel oder im Verlag.